KB247595

서울대 텝스관리위원회
텝스공식문제 최신기출 2

문제와 해설

챔프스터디
www.ChampStudy.com

해설

박가은 해커스어학원 텝스 독해/어휘 강의
챔프스터디 [해커스텝스 Reading] 강의

오현진 챔프스터디 [해커스텝스 Reading] 강의

최기동 해커스어학원 텝스 청해 강의

텝스공식문제 최신기출 2 문제와 해설

초판 3쇄 발행 2014년 2월 17일

초판 1쇄 발행 2010년 2월 1일
저자 서울대TEPS관리위원회 제공 | 해커스 TEPS전문강사 특별 해설
펴낸곳 (주)챔프스터디
펴낸이 챔프스터디 출판팀
주소 서울특별시 서초구 강남대로61길 23 챔프스터디
전화 02-566-0001
팩스 02-563-0622
이메일 publishing@hackers.com
홈페이지 www.HackersIngang.com
ISBN 978-89-960553-5-8 13740

저작권자 © 2010, 챔프스터디
이 책 및 음성파일의 모든 내용, 이미지, 디자인, 편집 형태에 대한 저작권은 저자에게 있습니다.
서면에 의한 저자와 출판사의 허락 없이 내용의 일부 혹은 전부를 인용, 발췌하거나
복제, 배포할 수 없습니다.

COPYRIGHT © 2010 ChampStudy
All rights reserved including the rights of reproduction
in whole or part in any form.
Printed in KOREA
Serial Number: 01-03-04

Preface

텝스 실전 문제 풀이로 실전 감각을 높이기 원하는 학습자들의 요구에 부응하고자, 챔프스터디에서 100% 순수 기출 문제로 구성된 '텝스공식문제 최신기출 2 문제와 해설'을 출간합니다. '텝스공식문제 최신기출 2 문제와 해설'은 한 권으로 텝스 전 영역을 마무리할 수 있는 실전 문제집입니다.

본 교재는 실전 텝스 문제들을 최신 텝스 문제지와 동일한 구성으로 제공하고 있으며, 생생한 실전 문제를 통해 텝스 시험의 취지에 걸맞은 전략적이고 효과적인 학습을 할 수 있도록 고안되었습니다. 따라서 텝스에 처음 입문하는 학생에서 고득점을 목표로 하는 중상급 학습자까지 실제 텝스의 유형을 정확히 파악하고, 실전 감각을 기를 수 있습니다.

또한 텝스 강의의 최고 권위를 자랑하는 해커스어학원 텝스 강사진이 직접 해설 작업을 맡아, 각 분야별로 현장에서 쌓은 경험과 노하우를 그대로 담은 충실한 해설을 제공하고 있습니다. 해설집에서는 각 문제의 출제 포인트를 정확히 짚어주고, 정답과 함께 오답의 논리도 명쾌하게 해설해 주기 때문에, 효율적으로 텝스 시험을 대비할 수 있을 뿐만 아니라 고득점 달성을 위한 최적의 지침서가 될 것입니다.

'텝스공식문제 최신기출 2 문제와 해설'과 함께, 모든 학습자들이 실제 기출 텝스 문제의 출제 의도를 정확히 파악하고, 그에 걸맞은 효율적인 학습을 함으로써, 원하는 점수를 보다 빨리 달성하고, 아울러 더 큰 꿈을 향해 성큼 다가설 수 있기를 진심으로 기원합니다.

박가은, 오현진, 최기둥

Contents

해설집

문제집

기출 TEST 1

기출 TEST 2

기출 TEST 3

책의 특징

01 최신 공개된 100% 순수 텝스공식문제 수록

서울대학교TEPS관리위원회에서 공개한 최신 텝스공식문제 3회분 600문제를 수록하였다. 최신 기출문제를 풀어봄으로써 텝스의 경향을 익힐 뿐만 아니라 시험 전 자신의 취약점을 파악하고 이를 중점적으로 학습할 수 있다.

02 최신 실제 텝스 문제지와 동일한 구성

최근 바뀐 텝스 문제지의 디자인을 반영하여 실제 텝스 문제지와 동일하게 구성하였다. 따라서 학습자들이 실제 텝스 시험을 보는 느낌으로 문제를 풀어볼 수 있다.

03 현직 텝스전문강사들의 상세한 강의식 해설

해커스어학원과 챔프스터디 동영상강의 최고의 텝스전문강사들의 상세하고 친절한 해설이 담긴 해설집을 제공한다. 실제 강의하는 듯이 텝스공식문제를 자세하게 설명하여 학습자들이 쉽게 이해할 수 있다. 또한 문제와 해석을 나란히 배치하고, 정답의 단서가 되는 부분을 표시하여 효과적으로 학습할 수 있다.

04 분야별 강사들이 공개하는 문제풀이 전략

유명 강사들이 다년간의 경험에서 우러난 텝스 영역별 자신만의 문제풀이 전략을 공개하였다. 영역별, 파트별로 각각의 전략을 터득함으로써 문제를 보다 쉽게 풀 수 있는 요령을 배워 적용하는 훈련을 통해 시험에서 고득점을 올릴 수 있을 것이다.

05 한 권으로 텝스 전 영역 실전 마무리 훈련

학습자들은 시험 보기 전에 전 영역을 마무리 짓는 의미에서 이 교재를 학습하고, 실전처럼 훈련하여 실력 향상은 물론 실전에 대한 감각을 기르며 실제 텝스를 완벽하게 대비할 수 있다.

06 청해 영역 MP3 CD 무료 제공

텝스공식문제 청해 영역 3회분의 원어민의 음성 파일이 담긴 MP3 CD를 무료로 제공한다. '실전테스트' 파일을 이용하여 실제 시험과 같은 속도로 MP3 CD를 들으며 문제를 풀어 실전 감각을 키우고, 복습시에는 '문제별복습' 파일을 이용하여 복습하고자 하는 문제만 선택하여 청취함으로써 청해 영역 고득점을 위해 중요한 청취력을 기를 수 있다.

07 모든 테스트의 어휘 정리와 퀴즈 및 MP3 무료 다운로드

매 테스트의 해설 마지막 부분에 테스트에서 사용된 어휘들을 별도로 정리해두고 이와 관련된 퀴즈를 제공함으로써 효과적인 어휘 학습을 가능하게 하였다. 또한 정리된 단어와 표현을 들으면서 학습할 수 있도록 제작된 MP3 파일을 챔프스터디(www.ChampStudy.com)에서 무료로 다운로드 받을 수 있다.

08 성향별 학습 방법 및 기간별 학습 플랜 제시

학습자의 성향에 따라 이 책을 가장 효과적으로 학습할 수 있도록 다양한 학습 방법을 제공하였다. 또한 텝스를 준비하는 기간이 각자 다른 것을 반영하여 기간별 학습 플랜을 실었으므로 이를 체계적인 학습을 위한 도구로 사용할 수 있다.

09 동영상강의 ChampStudy.com

온라인 동영상강의 포털 챔프스터디(www.ChampStudy.com)에서 동영상강의를 제공한다. 동영상강의를 통해 강사들의 명쾌하고 상세한 해설을 직접 학원에서 수업을 수강하는 것처럼 생생하게 들으며 학습 효과를 강화시킬 수 있다.

10 www.HackersTEPS.com에서 무료 추가 학습 자료 제공

해커스 텝스 사이트(www.HackersTEPS.com)를 통하여 매일 올라오는 수많은 무료 텝스 학습 자료를 접할 수 있다. 또한 텝스에 대한 다양하고 방대한 정보를 다른 학습자들과 공유할 수 있고, 실시간으로 서로 질문하고 답변이 가능하여 실제 시험을 좀더 효과적으로 대비할 수 있다.

책의 구성

강사들이 직접 제시하는 영역별 소개 및 전략

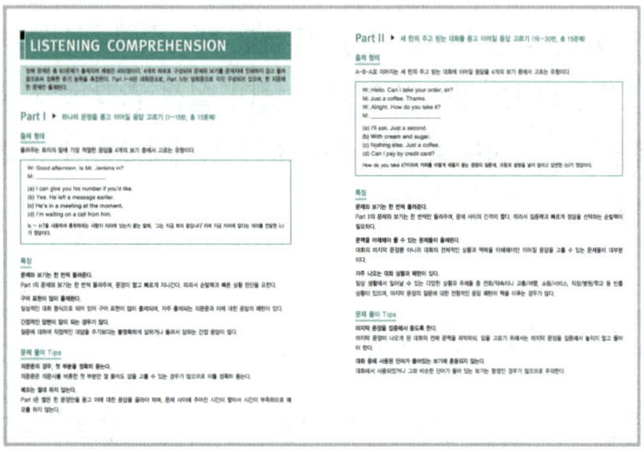

강사들이 각 영역별 소개 및 특징, 그리고 문제풀이 Tip을 직접 제시하여 학습자들이 시험에서 보다 더 높은 점수를 획득하는 데 유용하게 사용할 수 있다.

테스트 전 확인사항

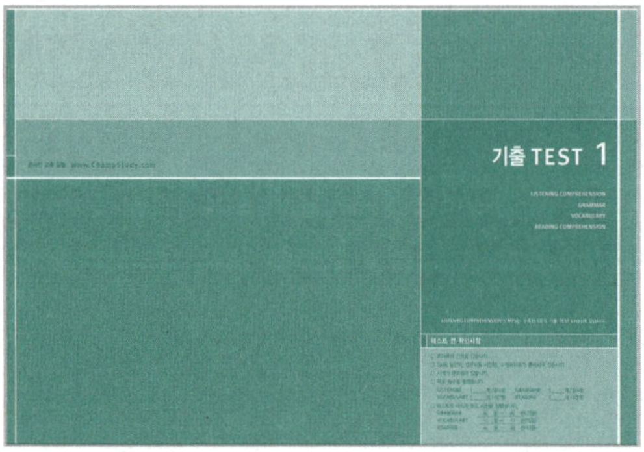

테스트를 치기 위해 준비해야 할 것, 목표 점수 및 테스트 시작과 종료 시간 등과 같이 확인해야 할 사항들을 수록하여 매 테스트를 풀기 전 학습자가 스스로 체크할 수 있다.

기출 TEST

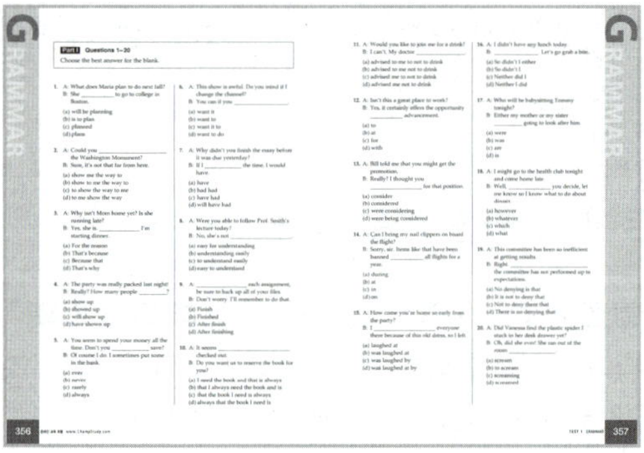

총 3회분의 텝스공식문제가 실제 텝스와 동일한 디자인과 구성으로 제공되어 학습자가 실전과 같은 느낌으로 풀어볼 수 있다.

SELF-CHECK LIST

매 테스트를 마친 후 해설집의 해당 테스트 첫 페이지에 자신의 문제 풀이 방식과 태도를 스스로 점검할 수 있도록 SELF-CHECK LIST를 두었다. 이를 통해 시험을 볼 때 자신이 버려야 할 습관과 길러야 할 습관을 파악하여 보다 효과적으로 텝스를 대비할 수 있다.

강사들의 상세하고 명쾌한 해석 · 해설

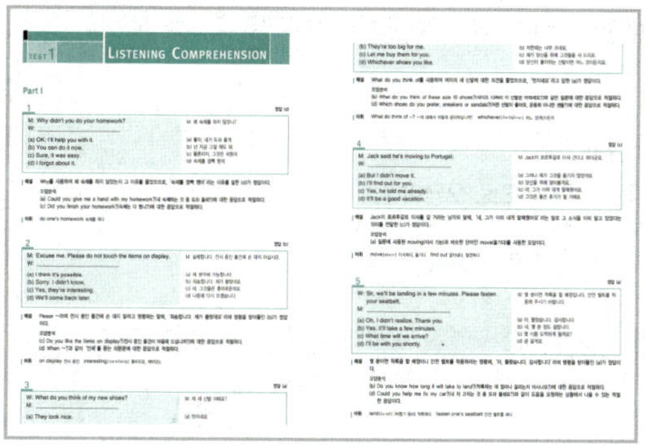

각 테스트의 모든 문제에 대한 강사의 상세하고 명쾌한 해설을 수록하였다. 문제와 해석을 함께 배치하여 학습자가 보기 편하게 하였으며, 정답의 단서 및 단어를 함께 제공하였다.

어휘 정리와 퀴즈

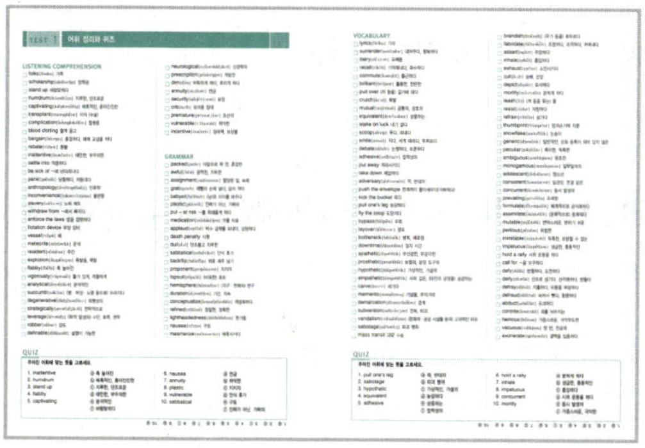

각 테스트의 해설 마지막에 해당 테스트 전 영역의 기출 어휘 정리와 퀴즈를 제공한다. 테스트를 학습한 후, 기출 어휘를 익히고 퀴즈를 통하여 어휘 실력을 점검할 수 있다.

해석 · 해설의 예

1 정답의 단서 / 2 해석

40 정답 (b)

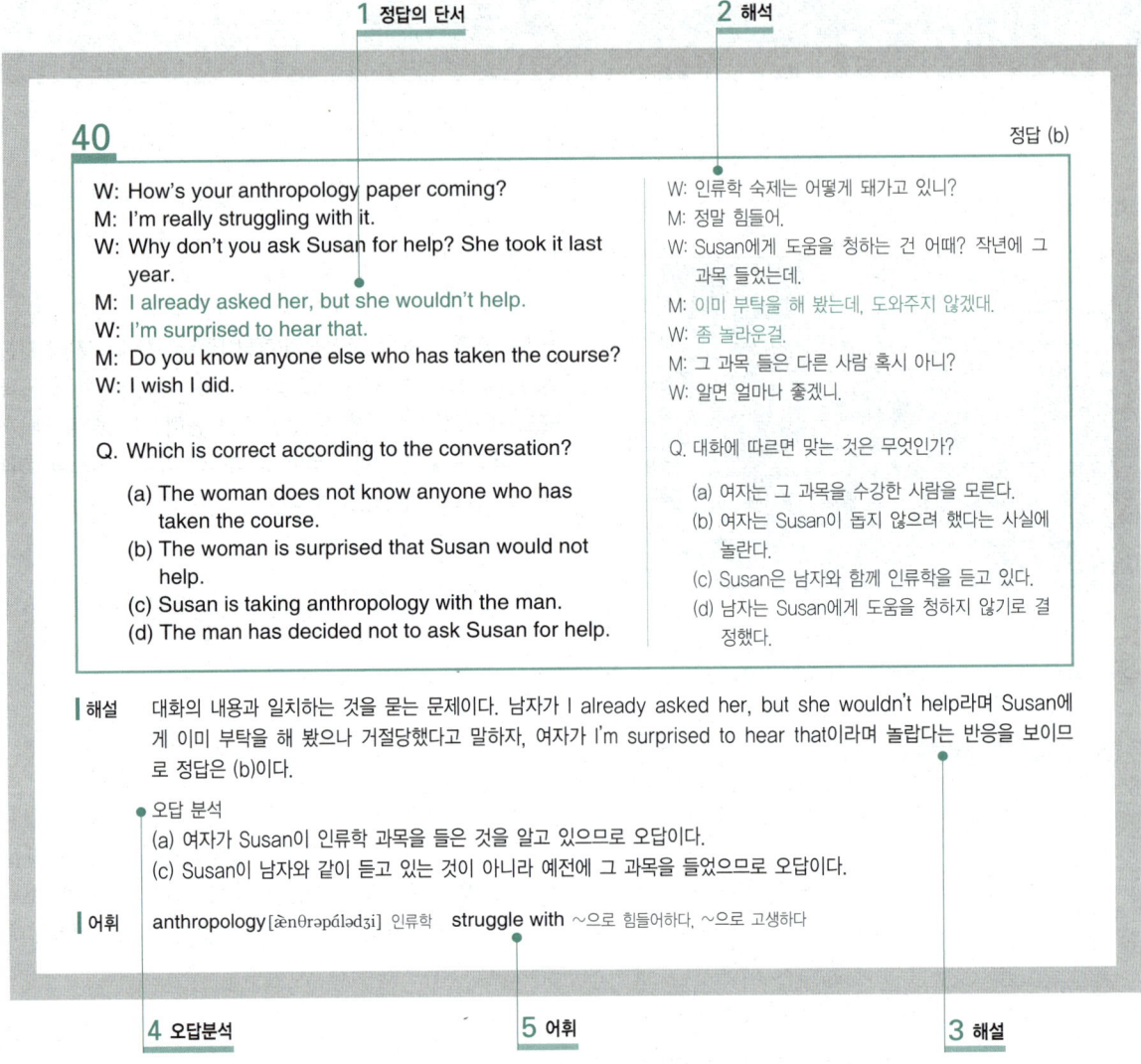

W: How's your anthropology paper coming?
M: I'm really struggling with it.
W: Why don't you ask Susan for help? She took it last year.
M: I already asked her, but she wouldn't help.
W: I'm surprised to hear that.
M: Do you know anyone else who has taken the course?
W: I wish I did.

Q. Which is correct according to the conversation?

(a) The woman does not know anyone who has taken the course.
(b) The woman is surprised that Susan would not help.
(c) Susan is taking anthropology with the man.
(d) The man has decided not to ask Susan for help.

W: 인류학 숙제는 어떻게 돼가고 있니?
M: 정말 힘들어.
W: Susan에게 도움을 청하는 건 어때? 작년에 그 과목 들었는데.
M: 이미 부탁을 해 봤는데, 도와주지 않겠대.
W: 좀 놀라운걸.
M: 그 과목 들은 다른 사람 혹시 아니?
W: 알면 얼마나 좋겠니.

Q. 대화에 따르면 맞는 것은 무엇인가?

(a) 여자는 그 과목을 수강한 사람을 모른다.
(b) 여자는 Susan이 돕지 않으려 했다는 사실에 놀란다.
(c) Susan은 남자와 함께 인류학을 듣고 있다.
(d) 남자는 Susan에게 도움을 청하지 않기로 결정했다.

| 해설 대화의 내용과 일치하는 것을 묻는 문제이다. 남자가 I already asked her, but she wouldn't help라며 Susan에게 이미 부탁을 해 봤으나 거절당했다고 말하자, 여자가 I'm surprised to hear that이라며 놀랍다는 반응을 보이므로 정답은 (b)이다.

오답 분석
(a) 여자가 Susan이 인류학 과목을 들은 것을 알고 있으므로 오답이다.
(c) Susan이 남자와 같이 듣고 있는 것이 아니라 예전에 그 과목을 들었으므로 오답이다.

| 어휘 anthropology [æ̀nθrəpɑ́lədʒi] 인류학 struggle with ~으로 힘들어하다, ~으로 고생하다

4 오답분석 / 5 어휘 / 3 해설

1 정답의 단서

문제를 풀 때 정답의 단서가 되는 부분을 녹색으로 표시하여 지문에서 단서를 쉽게 찾을 수 있다.

2 해석

모든 문제의 지문과 보기에 대한 정확한 해석이 수록되었고, 정답의 단서를 녹색으로 표시하여 해당 부분의 해석을 쉽게 찾아볼 수 있다.

3 해설

정답에 이르는 과정과 그 이유에 대한 상세하고 알기 쉬운 설명이 제공된다.

2 해석

3

정답 (d)

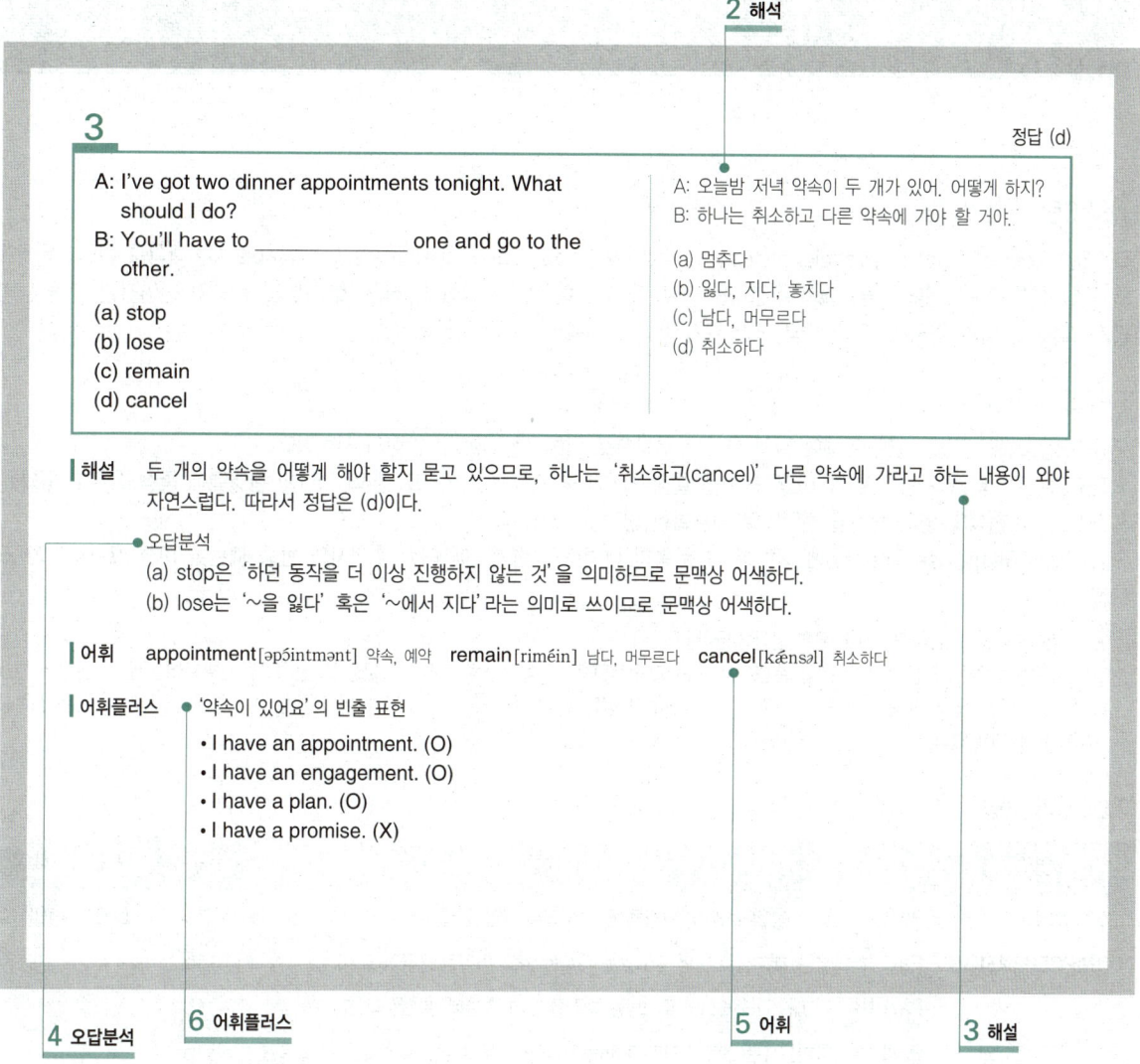

A: I've got two dinner appointments tonight. What should I do?
B: You'll have to ____________ one and go to the other.

(a) stop
(b) lose
(c) remain
(d) cancel

A: 오늘밤 저녁 약속이 두 개가 있어. 어떻게 하지?
B: 하나는 취소하고 다른 약속에 가야 할 거야.

(a) 멈추다
(b) 잃다, 지다, 놓치다
(c) 남다, 머무르다
(d) 취소하다

| 해설 두 개의 약속을 어떻게 해야 할지 묻고 있으므로, 하나는 '취소하고(cancel)' 다른 약속에 가라고 하는 내용이 와야 자연스럽다. 따라서 정답은 (d)이다.

오답분석
(a) stop은 '하던 동작을 더 이상 진행하지 않는 것'을 의미하므로 문맥상 어색하다.
(b) lose는 '~을 잃다' 혹은 '~에서 지다'라는 의미로 쓰이므로 문맥상 어색하다.

| 어휘 appointment[əpɔ́intmənt] 약속, 예약 remain[riméin] 남다, 머무르다 cancel[kǽnsəl] 취소하다

| 어휘플러스 '약속이 있어요'의 빈출 표현
- I have an appointment. (O)
- I have an engagement. (O)
- I have a plan. (O)
- I have a promise. (X)

4 오답분석 6 어휘플러스 5 어휘 3 해설

4 오답분석

혼동하기 쉬운 오답의 경우, 오답이 되는 이유가 상세히 분석되어 있다.

5 어휘

사전을 따로 찾지 않고도 각 문제에서 사용된 단어나 표현의 의미와 발음을 쉽게 알 수 있도록 했다.

6 어휘플러스

어휘 영역에서는 문제와 관련해 추가적으로 알아두면 좋은 빈출 표현을 수록하고 있어 어휘력을 향상시킬 수 있다.

텝스 소개

TEPS란 무엇인가?

TEPS는 Test of English Proficiency developed by Seoul National University의 약자로 서울대학교 언어교육원에서 개발하고, TEPS 관리위원회에서 주관하는 국내 토종 영어 인증시험이다. 최근 기업체 및 공사의 신입사원 영어 능력 평가, 고시 및 대학 입시 등 각종 자격 요건 평가시험으로 폭넓은 관심을 끌고 있다.

TEPS의 특징

- TEPS는 청해, 문법, 어휘, 독해에 걸쳐 총 200문항으로 이루어진 990점 만점의 시험이다.
- TEPS는 우리나라 사람들의 의사소통 능력을 측정하기 위해 개발된 시험으로, 실력 평가의 변별력에 중점을 두고 있다.
- TEPS는 수험생의 영어 능력을 영역별로 세분화한 평가를 제공한다.
- IRT(Item Response Theory)에 의하여 각 문항의 난이도와 변별도에 대한 수험자의 반응 패턴을 바탕으로 점수가 조정된다.

  * IRT(Item Response Theory, 문항 반응 이론)란?
  문항 반응 이론은 맞은 개수의 합을 총점으로 하는 고전적인 평가 방식과는 달리, 각 문항의 난이도와 변별도에 대한 수험자의 반응 패턴을 근거로 영어 능력을 추정한다. 결국 같은 개수의 정답을 맞추더라도 난이도가 높은 문제를 많이 맞춘 수험자가 좋은 점수를 취득하게 되어 있다.

TEPS의 구성

영역	파트	내용	문항수	시간	배점
LISTENING COMPREHENSION	Part I	질의 응답 (하나의 문장을 듣고 이어질 응답 고르기)	15	55분	400점
	Part II	짧은 대화 (세 턴의 주고받는 대화를 듣고 이어질 응답 고르기)	15		
	Part III	긴 대화 (6~8턴의 주고받는 대화를 듣고 질문에 알맞은 답 고르기)	15		
	Part IV	담화문 (한 명의 화자가 말하는 긴 내용은 듣고 질문에 알맞은 답 고르기)	15		
GRAMMAR	Part I	구어체 (두 사람의 대화 중 빈칸에 적절한 표현 고르기)	20	25분	100점
	Part II	문어체 (한 문장으로 이루어진 서술문의 빈칸에 적절한 표현 고르기)	20		
	Part III	대화문 (긴 대화문에서 어법상 틀리거나 어색한 부분 고르기)	5		
	Part IV	담화문 (네 문장의 글에서 어법상 틀리거나 어색한 부분 고르기)	5		
VOCABULARY	Part I	구어체 (두 사람의 대화 중 빈칸에 적절한 단어 고르기)	25	15분	100점
	Part II	문어체 (하나 또는 두 개의 문장의 빈칸에 적절한 단어 고르기)	25		
READING COMPREHENSION	Part I	빈칸 채우기 (빈칸에 흐름상 알맞은 내용 고르기)	16	45분	400점
	Part II	내용 이해 (한 단락의 글을 읽고 질문에 알맞은 내용 고르기)	21		
	Part III	흐름 찾기 (한 단락의 글에서 흐름상 어색한 부분 고르기)	3		
	13개 Part		200문항	140분	990점

* IRT(Item Response Theory)에 의하여 최고점이 990점, 최저점이 10점으로 조정됨.

TEPS 응시 안내

1. 원서 접수

- 응시료: 36,000원 (추가접수는 39,000원)
- 인터넷 접수
  - www.teps.or.kr 접속 → 시험접수 메뉴 이용
  - 사진 파일 필요, 신용카드 또는 실시간 계좌이체로 응시료 결제
- 방문 접수
  - www.teps.or.kr 접속 → 가까운 접수처 확인 후 이용
  - 3×4cm 사진 1장 및 응시료 필요 (현금 접수만 가능)

2. 시험 응시

- 응시일: 매달 토요일과 일요일 중 1~2회
  * 정확한 날짜는 www.teps.or.kr로 접속 → 시험접수 → 시험일정 안내를 통해 확인
- 입실 시간: 토요일은 14시 30분, 일요일은 09시 30분
- 준비물: 규정 신분증, 컴퓨터용 사인펜, 수정테이프, 손목시계, 수험표
- 성적 확인: 시험 응시일로부터 약 2주 후에 온라인 혹은 문자 발송으로 확인 가능

TEPS 시험 관련 Tips

1. 시험 전

- 시험에 필요한 준비물을 반드시 확인한다.
- 최상의 컨디션 유지
  - 시험 전날 충분한 수면과 휴식을 취한다.
  - 시험 당일 최소한 30분 일찍 시험장에 도착한다.
  - 시험 당일 가벼운 아침식사를 통해 최상의 컨디션을 유지한다.
- 영역별 Warming up: 불안하다고 두꺼운 기본서를 가져가 공부하는 것은 금물!
  - 청해: 아침에 리스닝 자료를 들으면서 귀가 영어 문장에 익숙해지도록 한다.
  - 문법: 새로운 문제를 풀기보다는 그 동안 정리해 놓은 오답노트를 복습한다.
  - 어휘: 빈출 표현을 중심으로 복습한다.
  - 독해: 지문 5개 정도를 준비해 가서 가볍게 읽어본다.
- 모든 영역의 시험이 끝날 때까지 쉬는 시간이 없으므로 화장실은 미리 다녀온다.

2. 시험 시

- 답안을 마킹할 시간이 따로 주어지지 않으므로 풀면서 바로 마킹한다.
- 청해 시험 시, 문제지에 필기하는 것이 가능하므로 Part III과 IV를 풀 때 간단히 메모하도록 한다.
- 연필이나 볼펜으로 먼저 마킹한 후 사인펜으로 마킹하면 OMR 카드에 오류가 날 수 있으므로 주의한다.

3. 시험 후

- 해커스 텝스 사이트(www.HackersTeps.com)의 텝스자유게시판에서 정답을 확인한 후, 맞은 개수를 해커스 텝스 예상점수 환산기에 입력해서 예상 점수를 알아본다.
- 정답을 확인하며 틀린 문제는 확실히 정리하고, 다음 시험에서 다시 틀리지 않도록 대비한다.

성향별 학습 방법

개별 학습

◀ **혼자서 공부할 때 가장 집중이 잘 된다면?**

01 교재에 제공된 학습 플랜을 참고하여 계획을 세운 후, 그에 따라 학습한다.

02 테스트를 풀어본 후 틀린 문제를 중심으로 학습하고 어휘를 정리한다.

03 모르는 부분은 메모해 놓고 챔프스터디(www.ChampStudy.com)의 텝스 기출문제/선생님께 물어보기에서 물어보고 해결한다.

스터디 학습

◀ **다른 사람과 함께 공부하며 스스로에게 동기 부여하고 싶다면?**

01 스터디 계획을 세운 후 계획대로 학습한다.

02 테스트를 풀어본 후 틀린 문제에 대해 논의한 후 어휘 시험을 본다. 이때 어휘 시험은 스터디원이 돌아가면서 준비한다.

03 스터디 안에서 해결되지 않은 내용은 챔프스터디(www.ChampStudy.com)의 텝스 기출문제/선생님께 물어보기에서 물어보고 해결한다.

동영상 학습

◀ **언제 어디서나 원하는 시간, 원하는 장소에서 공부하고 싶다면?**

01 반드시 공부 시간을 정해 놓고 동영상강의를 수강한다.

02 예습과 복습을 충분히 하고 핵심 내용을 노트정리하며 강의를 듣는다.

03 모르는 부분은 메모해 놓고 챔프스터디(www.ChampStudy.com)의 텝스 기출문제/선생님께 물어보기에서 물어보고 해결한다.

학원 학습

◀ **선생님 강의가 귀에 가장 잘 들어와 공부하기 편하다면?**

01 수업에 빠지지 않고 참여하며 핵심 내용을 필기하고, 모르는 부분은 반드시 선생님께 질문한다.

02 수업 후 배운 내용을 복습하고 틀린 문제를 정리한다.

03 해커스어학원 사이트(www.Hackers.ac.kr)의 반별게시판에 들어가 선생님 및 다른 학생들과의 상호 작용을 통해 이해가 되지 않는 부분을 해결한다.

학습 플랜

시험까지 남은 기간에 따라 자신에게 맞는 학습 플랜을 선택하여 학습한다.

1주 완성 플랜 단기간에 승부를 내겠다! 텝스를 빨리 정복하고 싶다면?

- 2일에 테스트 1회분씩 학습한다.
- 실전과 동일하게 훈련하기 위해 테스트 1회분은 하루에 풀도록 한다.
- 테스트를 푼 후 각 영역을 틀린 문제 중심으로 복습한다.
- 어휘 정리와 퀴즈를 통해 학습을 마무리한다.
- 3일 만에 끝내고 싶으면, 하루에 테스트 1회분씩 풀고 복습한다.

	Day 1	Day 2	Day 3	Day 4	Day 5	Day 6
Week 1	Test 1 풀기	Test 1 복습 어휘 정리와 퀴즈	Test 2 풀기	Test 2 복습 어휘 정리와 퀴즈	Test 3 풀기	Test 3 복습 어휘 정리와 퀴즈

2주 완성 플랜 2주면 충분하다! 속도와 정확성, 두 마리의 토끼를 모두 잡고 싶다면?

- 4일에 테스트 1회분씩 학습한다.
- 실전과 동일하게 훈련하기 위해 테스트 1회분은 하루에 풀도록 한다.
- 테스트를 푼 후 각 영역을 틀린 문제 중심으로 복습한다.
- 어휘 정리와 퀴즈를 통해 학습을 마무리한다.

	Day 1	Day 2	Day 3	Day 4	Day 5	Day 6
Week 1	Test 1 풀기	Test 1 청해/문법 복습	Test 1 어휘/독해 복습	Test 1 전체 복습 어휘 정리와 퀴즈	Test 2 풀기	Test 2 청해/문법 복습
Week 2	Test 2 어휘/독해 복습	Test 2 전체 복습 어휘 정리와 퀴즈	Test 3 풀기	Test 3 청해/문법 복습	Test 3 어휘/독해 복습	Test 3 전체 복습 어휘 정리와 퀴즈

3주 완성 플랜 시간에 여유는 있다! 차근차근 확실한 실력을 쌓고 싶다면?

• 6일에 테스트 1회분씩 학습한다.
• 실전과 동일하게 훈련하기 위해 테스트 1회분은 하루에 풀도록 한다.
• 테스트를 푼 후 각 영역을 틀린 문제 중심으로 복습한다.
• 어휘 정리와 퀴즈를 통해 학습을 마무리한다.

	Day 1	Day 2	Day 3	Day 4	Day 5	Day 6
Week 1	Test 1 풀기	Test 1 청해 복습	Test 1 문법 복습	Test 1 어휘 복습	Test 1 독해 복습	Test 1 전체 복습 어휘 정리와 퀴즈
Week 2	Test 2 풀기	Test 2 청해 복습	Test 2 문법 복습	Test 2 어휘 복습	Test 2 독해 복습	Test 2 전체 복습 어휘 정리와 퀴즈
Week 3	Test 3 풀기	Test 3 청해 복습	Test 3 문법 복습	Test 3 어휘 복습	Test 3 독해 복습	Test 3 전체 복습 어휘 정리와 퀴즈

온라인 교육 포털 www.ChampStudy.com

텝스 영역별 소개 및 전략

LISTENING COMPREHENSION

GRAMMAR

VOCABULARY

READING COMPREHENSION

LISTENING COMPREHENSION

청해 영역은 총 60문제가 출제되며 배점은 400점이다. 4개의 파트로 구성되며 문제와 보기를 문제지에 인쇄하지 않고 들려줌으로써 정확한 듣기 능력을 측정한다. Part I~III은 대화문으로, Part IV는 담화문으로 각각 구성되어 있으며, 한 지문에 한 문제만 출제된다.

Part I ▶ 하나의 문장을 듣고 이어질 응답 고르기 (1~15번, 총 15문제)

출제 형태

들려주는 화자의 말에 가장 적절한 응답을 4개의 보기 중에서 고르는 유형이다.

W: Good afternoon. Is Mr. Jenkins in?
M: ______________________

(a) I can give you his number if you'd like.
(b) Yes. He left a message earlier.
(c) He's in a meeting at the moment.
(d) I'm waiting on a call from him.

Is ~ in?을 사용하여 통화하려는 사람이 자리에 있는지 묻는 말에, '그는 지금 회의 중입니다' 라며 지금 자리에 없다는 의미를 전달한 (c)가 정답이다.

특징

문제와 보기는 한 번씩 들려준다.
Part I의 문제와 보기는 한 번씩 들려주며, 문장이 짧고 빠르게 지나간다. 따라서 순발력과 빠른 상황 판단을 요한다.

구어 표현이 많이 출제된다.
일상적인 대화 형식으로 되어 있어 구어 표현이 많이 출제되며, 자주 출제되는 의문문과 이에 대한 응답의 패턴이 있다.

간접적인 답변이 답이 되는 경우가 많다.
질문에 대하여 직접적인 대답을 주기보다는 불명확하게 답하거나 돌려서 답하는 간접 응답이 많다.

문제 풀이 Tips

의문문의 경우, 첫 부분을 정확히 듣는다.
의문문은 의문사를 비롯한 첫 부분만 잘 들어도 답을 고를 수 있는 경우가 많으므로 이를 정확히 듣는다.

메모는 절대 하지 않는다.
Part I은 짧은 한 문장만을 듣고 이에 대한 응답을 골라야 하며, 문제 사이에 주어진 시간이 짧아서 시간이 부족하므로 메모를 하지 않는다.

Part II ▶ 3턴의 주고 받는 대화를 듣고 이어질 응답 고르기 (16~30번, 총 15문제)

출제 형태

A-B-A의 3턴으로 이루어진 대화에 이어질 응답을 4개의 보기 중에서 고르는 유형이다.

W: Hello. Can I take your order, sir?
M: Just a coffee. Thanks.
W: Alright. How do you take it?
M: ______________________

(a) I'll ask. Just a second.
(b) With cream and sugar.
(c) Nothing else. Just a coffee.
(d) Can I pay by credit card?

How do you take it?이라며 커피를 어떻게 해줄지 묻는 점원의 질문에, 크림과 설탕을 넣어 달라고 답한 (b)가 정답이다.

특징

문제와 보기는 한 번씩 들려준다.

Part II의 문제와 보기는 한 번씩만 들려주며, 문제 사이의 간격이 짧다. 따라서 빠르게 정답을 선택하는 순발력과 집중력이 필요하다.

문맥을 이해해야 풀 수 있는 문제들이 출제된다.

대화의 마지막 문장뿐 아니라 대화의 전체적인 상황과 맥락을 이해해야만 이어질 응답을 고를 수 있는 문제들이 대부분이다.

자주 나오는 대화 상황과 패턴이 있다.

일상 생활에서 일어날 수 있는 다양한 상황과 주제들 중 전화/약속이나 교통/여행, 쇼핑/서비스, 직장/병원/학교 등 빈출 상황이 있으며, 마지막 문장의 질문에 대한 전형적인 응답 패턴이 짝을 이루는 경우가 많다.

문제 풀이 Tips

마지막 문장을 집중해서 듣도록 한다.

마지막 문장이 나오게 된 대화의 전체 문맥을 파악하되, 답을 고르기 위해서는 마지막 문장을 집중해서 놓치지 말고 들어야 한다.

대화 중에 사용된 단어가 들어있는 보기에 혼동되지 않는다.

대화에서 사용되었거나 그와 비슷한 단어가 들어 있는 보기는 함정인 경우가 많으므로 주의한다.

Part III ▶ 6~8턴의 주고 받는 대화를 듣고 질문에 알맞은 답 고르기 (31~45번, 총 15문제)

출제 형태

6~8턴으로 구성된 대화를 듣고, 질문에 알맞은 답을 4개의 보기 중에서 고르는 유형이다.

W: I can't seem to open this jar.
M: Are your hands too sweaty?
W: I don't think that's it. It's just stuck. I've been trying for five minutes!
M: Hmm. In that case, I have an idea.
W: What do you suggest? I need this sauce to make dinner.
M: Dip it in hot water. It will help loosen the lid.

Q: What is the main topic of the conversation?

(a) A confusing recipe
(b) A problematic container
(c) A plan for dinner
(d) A broken jar lid

대화의 주제를 묻는 문제이다. 여자가 I can't seem to open this jar라며 소스가 담긴 병을 열 수 없다고 문제점을 제기하자, 남자가 그에 대한 해결책을 제시하고 있으므로 정답은 (b)이다.

특징

대화와 문제는 두 번 들려주며, 보기는 한 번만 들려준다.
대화와 질문을 들려준 후 이 대화와 질문을 다시 들려주므로, 질문을 파악한 후 대화를 한 번 더 들을 수 있는 기회가 있다. 하지만 보기는 마지막에 한 번만 들려준다.

전체적인 대화의 맥락을 파악하는 것이 중요하다.
Part III의 문제들은 세부적인 사실보다는 대화의 전체적인 상황과 맥락을 이해하였는지 묻는 경우가 대부분이다.

문제 풀이 Tips

처음 들을 때에는 전체 맥락에, 다시 들을 때에는 정답의 단서에 초점을 맞춘다.
대화와 질문을 두 번 들을 수 있으므로, 처음 들을 때에는 전체 상황과 문제 유형을 파악하고, 두 번째 들을 때에는 이를 근거로 정답을 고르는 데 필요한 부분을 집중해서 듣는다.

남자와 여자 중 누구에 대해 묻는지 파악한다.
남자와 여자 중 한 명에 대해 묻는 경우도 있으므로 질문에서 둘 중 누구에 대해 묻는지 잘 파악해야 한다.

간단하게 메모하며 듣는다.
세부 내용 문제의 경우, 문제지 여백에 간단하게 메모를 하면서 들으면 정답을 고를 때 도움이 된다.

Part IV ▶ 한 명의 화자가 말하는 긴 내용을 듣고 질문에 알맞은 답 고르기 (46~60번, 총 15문제)

출제 형태

뉴스, 광고, 강의 등의 담화를 듣고, 질문에 알맞은 답을 4개의 보기 중에서 고르는 유형이다.

Double your fun at Cineplex Theater! In honor of our tenth anniversary, we are presenting our customers a special promotion. During the entire month of August, customers can take advantage of a buy-one-get-one-free deal on tickets to our matinee presentations. The offer is good for all movies starting before 5 p.m. any day of the week. Visit Cineplex – your stop for family fun!

Q: Which is correct about Cineplex Theater according to the advertisement?

(a) It shows movies that appeal to children.
(b) It advertises a two-for-one deal every August.
(c) It does not offer late movie showings.
(d) It is offering a discount on selected shows.

광고의 내용과 일치하는 것을 묻는 문제이다. customers can take advantage of a buy-one-get-one-free deal on tickets to our matinee presentations에서 오후 상영 영화에 한해 영화표 한 장을 구입하면 한 장을 무료로 준다고 했으므로 (d)가 정답이다.

특징

담화와 문제는 두 번 들려주며, 보기는 한 번만 들려준다.

담화와 질문을 들려준 후 이 담화와 질문을 다시 들려주므로, 질문을 파악한 후 담화를 한 번 더 들을 수 있는 기회가 있다. 하지만 보기는 마지막에 한 번만 들려준다.

정답이 paraphrase되어서 나오는 경우가 많다.

정답은 담화에서 나온 표현을 그대로 사용하지 않고 다른 표현을 사용하여 paraphrase된 경우가 많다.

길고 복잡한 문장과 어려운 어휘가 많이 출제된다.

실생활에서 사용되는 담화 뿐 아니라 학술적인 내용이 출제되어, 길고 복잡한 문장과 어려운 어휘가 많이 포함되어 있다.

문제 풀이 Tips

처음 들을 때에는 전체 맥락에, 다시 들을 때에는 정답의 단서에 초점을 맞춘다.

담화와 질문을 두 번 들을 수 있으므로, 처음 들을 때에는 전체 상황과 문제 유형을 파악하고, 두 번째 들을 때에는 이를 근거로 정답을 고르는 데 필요한 부분을 집중해서 듣는다.

끝까지 집중하여 문제를 푼다.

담화 내용을 완전히 이해하지 못했더라도 질문이 요구하는 정보를 파악하면 문제를 풀 수 있으므로 끝까지 집중한다.

간단하게 메모하며 듣는다.

세부 내용 문제의 경우, 문제지 여백에 간단하게 메모를 하면서 들으면 정답을 고를 때 도움이 된다.

GRAMMAR

문법 영역은 총 50문제에 25분의 시간이 주어지며, 배점은 100점이다. 4개의 파트로 구성되며, Part I, III는 대화문, Part II, IV는 각각 서술문과 담화문으로 구성된다. 단순히 문법 사항을 암기하기 보다는 예문을 통해 각각의 문법 사항이 어떻게 적용되는지 학습하고, 다양한 어휘와 상황에 익숙해지도록 한다.

Part I ▶ 두 사람의 대화 중 빈칸에 적절한 표현 고르기 (1~20번, 총 20문제)

출제 형태

A, B 두 사람의 대화에서 빈칸에 들어갈 적절한 표현을 4개의 보기 중에서 고르는 유형이다.

A: Would you like to watch a movie later?
B: Sure! ____________________ to the cinema in months.

(a) I'm not going
(b) I haven't gone
(c) I hadn't gone
(d) I won't be going

영화를 보러 가자는 A의 제안에, B가 찬성하며 덧붙여 말하기에 가장 적절한 문장을 찾아야 한다. '경험'을 나타내는 현재완료 have p.p.를 이용하여 '몇 달 동안 극장에 가본 적이 없다'는 의미를 전달한 (b)가 정답이다.

특징

일상 회화 표현이 많이 출제된다.
일상 회화 표현이 문법적으로 바르게 쓰였는지 묻는 문제가 출제되며, 이 경우 표현을 통째로 암기해 두지 않으면 정답을 찾기 어려운 경우가 많다.

빈칸이 주로 B의 말에 포함된다.
문제에서 묻는 빈칸이 주로 B의 말에 포함되어 있어서 A의 말을 이해해야 이를 바탕으로 빈칸에 어떤 말이 들어가야 적절한지 판단할 수 있다.

문제 풀이 Tips

문제의 보기를 먼저 읽고 출제 의도를 파악한다.
보기를 먼저 읽고 어떤 문법 사항에 대한 지식을 묻고 있는지 파악하면, 좀 더 빠르고 정확하게 문제를 풀 수 있다.

A, B의 내용을 모두 파악한다.
상대 화자의 말 속에 정답의 결정적 단서가 숨어있는 경우들이 많기 때문에, 빈칸이 있는 문장만 읽고 답을 찾으려 하지 말고 A, B 모두 읽는 것이 안전하다.

Part II ▶ 한 문장으로 이루어진 서술문의 빈칸에 적절한 표현 고르기 (21~40번, 총 20문제)

출제 형태

주로 문어체로 된 한 문장을 읽고 빈칸에 들어갈 적절한 표현을 4개의 보기 중에서 고르는 유형이다.

Philip is very pleased his daughter is going to Stanford, because he attended ___________________.

(a) the same university ago long
(b) long ago the same university
(c) the university same ago long
(d) the same university long ago

타동사 attended 뒤의 목적어를 비롯한 요소의 올바른 어순을 묻는 문제이다. attended 뒤에 목적어로 university가 나오고, 이 명사를 꾸미는 형용사 the same이 university 앞에 나와야 한다. 마지막으로 '오래 전에'라는 부사구 long ago를 문장 끝에 넣은 (d)가 정답이다.

특징

문장이 서술문이라 길고 어렵다.

문장이 서술문 형태이므로 Part I의 대화문에 비해 길고 어렵다.

한 문제에 여러 문법 사항을 묻는 문제가 많이 출제된다.

한 가지 이상의 문법 지식을 종합해서 풀어야 하는 문제가 다수 출제된다. 따라서 단편적인 문법 지식을 익히는 데 그치기보다는, 여러 문법 사항을 적용하여 문제를 푸는 연습이 필요하다.

문장 구조와 어순의 출제 비율이 높다.

괄호 안에 절 전체나 여러 개의 단어를 한꺼번에 채우도록 함으로써, 복잡한 어순이나 문장 구조에 대한 이해를 묻는 문제가 출제된다.

문제 풀이 Tips

빈칸 주변의 한두 단어만 보지 말고 전체적 내용 파악에 힘쓴다.

문장의 문법적 구조뿐만 아니라 내용을 정확히 파악해야 이에 근거하여 능동/수동, 시제 등을 알맞게 넣을 수 있으므로, 빈칸 위주가 아니라 문장 전체를 이해하도록 한다.

문장 구성 요소 중 수식어 거품을 묶어 놓는다.

문장이 길더라도 수식어 거품(전치사구, 관계절, 부사절, 분사구문 등)을 따로 묶어 놓으면 문장의 구조를 좀 더 간략화하여 쉽게 파악할 수 있기 때문에 문제 풀이에 도움이 된다.

Part III ▶ 긴 대화문에서 어법상 틀리거나 어색한 부분 고르기 (41~45번, 총 5문제)

출제 형태

A-B-A-B의 네 턴으로 이루어진 대화 중, 문법적으로 잘못된 부분을 포함하는 문장을 고르는 유형이다.

(a) A: The new tobacco tax is going to make me try to break my smoking habit.
(b) B: I'm sure. It's a good excuse if you've been thinking about quitting.
(c) A: Plus, smoking so many cigarettes, my health has begun to worsen.
(d) B: In my opinion, that's an even better reason to stop.

(c)의 분사구문 smoking so many cigarettes에서 담배를 피우는(smoking) 주체는 A(I)인데, 주절의 주어는 my health(나의 건강)로 주어가 서로 일치하지 않는다. 따라서 분사구문의 주어를 명시할 수 있도록, 부사절인 smoking ~을 because I smoke ~로 바꾸어야 맞다.

특징

대화문이므로 일상 회화 표현이 많이 출제된다.

Part III는 대화 상황을 다루므로, 일상 회화 표현의 자연스러운 쓰임과 문법적 오류를 주로 묻는다.

단편적인 문법 지식이 아닌 문맥상 쓰임을 묻는다.

해당 문장 내에 문법적으로 오류가 없더라도, 문맥상 다른 대화 내용과 연결이 매끄럽지 못하여 답이 되는 경우도 있다.

문제 풀이 Tips

대화의 전체적인 흐름을 살핀다.

대화문 내 문장들을 개별적으로 하나하나 분석하는 것에 더해서 대화의 전체적 흐름까지 파악하여, 문맥상 적절하지 않은 문법이 사용된 문장을 찾아야 한다. 특히, 문맥에 어울리지 않는 시제가 쓰인 경우, 문맥에 맞지 않는 의미의 조동사가 쓰인 경우 등에 유의한다.

관사와 같이 발견하기 어려운 문법 사항을 묻는 경우가 많으므로 꼼꼼히 본다.

전치사나 관사가 답이 되는 경우에는 잘 눈에 띄지 않을 수 있으므로, 한 단어, 한 단어가 올바른지 꼼꼼히 살펴보도록 한다.

Part IV ▶ 네 문장의 글에서 어법상 틀리거나 어색한 부분 고르기 (46~50번, 총 5문제)

출제 형태

네 문장으로 이루어진 한 단락의 글에서 문법적으로 잘못된 부분을 포함하는 문장을 고르는 유형이다.

> **(a) When shopping for a new car, I suggest that a first-time buyer searches online for information.** (b) Several Web sites are dedicated to providing reviews of the new models released by the major manufacturers. (c) You can also browse message boards where customers share information about their personal experiences with the vehicles. (d) Many dealerships post their prices on the Internet, so you can find the lowest prices once you've decided which car to buy.
>
> (a)의 suggest는 '제안 · 요구 · 주장 · 권고'를 나타내는 동사로, 목적어로 that절을 취할 경우, 조동사 should를 생략하고 동사원형을 쓴다. 따라서 that절의 동사 searches는 동사원형 search로 바꾸어야 맞다.

특징

문법 지식과 함께 문장 구조 파악 능력을 요구한다.

Part IV에 출제되는 문장은 주로 길고 복잡하므로, 단순한 문법 지식 외에도 문장의 필수 성분(주어, 목적어, 동사, 보어 등)과 수식어 거품(전치사구, 관계절, 부사절, 분사구문 등)을 구분하여 문장의 구조를 파악할 수 있는 능력이 필요하다.

전체적인 내용 흐름 파악을 요구한다.

네 문장이 개별적으로 이루어진 것이 아니라 한 단락의 글이므로, 문장 간의 흐름과 전체적 내용 파악을 바탕으로 문법이 올바로 쓰였는지 판단하는 능력을 요구한다.

문제 풀이 Tips

문법적 형태만 보지 말고 해석을 통해 답을 찾는다.

한 문장 내에서는 문법적으로 오류가 없더라도 전체 내용 흐름상 시제, 능동/수동 등이 잘못되어 있으면 답이 된다. 따라서 단편적인 문법 사항만 보지 말고 전체 내용의 해석을 통해 답을 찾도록 한다.

도치된 구문이나 분사구문 등 특수한 구문을 유심히 본다.

도치된 구문, 분사구문과 같이 어려운 구문일수록 함정을 만들어 놓았을 가능성이 높다. 그러므로 도치된 구문의 경우 어순이나 시제를, 분사구문의 경우 수동태, 시제, 분사구문의 주어 등을 주의해서 살펴보도록 한다.

VOCABULARY

어휘 영역은 총 50문제에 15분의 시간이 주어지며, 배점은 100점이다. 각각 대화문과 담화문으로 이루어진 2개의 파트로 구성되며, 단순히 단어를 알고 있는지 여부를 묻는 것이 아니라, 문맥상 가장 자연스러운 어휘를 고르는 능력을 물으므로 뜻과 함께 쓰임에 대한 이해력도 요구한다.

Part I ▶ 두 사람의 대화 중 빈칸에 적절한 단어 고르기 (1~25번, 총 25문제)

출제 형태

A, B 두 사람의 대화에서 빈칸에 들어갈 적절한 표현을 4개의 보기 중에서 고르는 유형이다.

A: Amy, would you be ___________ in joining me for a movie on Friday?
B: Sure. It's been a while since I went to the cinema.

(a) engaged
(b) immersed
(c) oriented
(d) interested

'Would you be ___ in joining me for a movie ~?(나와 영화 보러 가는 데 ___ 있니?)' 라고 A가 묻자, B가 'Sure(물론이야)' 라고 대답하는 것으로 보아, 정답은 'be interested in(~에 관심 있다)' 이라는 표현을 완성하는 (d)이다.

특징

관용적 표현, 연어 등이 출제된다.
자주 쓰이는 구어체 문장 표현이나 이디엄, 구동사, 연어(단어와 단어 사이의 자연스러운 어울림) 등이 출제되어, 개별적인 어휘뿐만 아니라 굳어진 표현이나 다른 어휘와 어울려 쓰이는 용법에 대해 묻는다.

빠른 시간 내에 직관적인 문제 풀이가 요구된다.
어휘의 뜻을 일일이 생각할 시간을 충분히 주지 않고 짧은 시간 내에 직관적으로 답을 고르게 함으로써 어휘 구사 능력을 측정한다.

문제 풀이 Tips

대화의 상황을 빨리 파악한다.
어휘 영역은 주어진 시간이 짧고, 특히 Part I은 짧은 대화문 중 빈칸에 들어갈 단어를 골라야 하므로, 그 대화의 상황을 먼저 파악하면 대략 어떤 의미의 어휘를 골라야 할지 생각하는 데 도움이 된다.

빈칸 앞뒤 단어에 주목한다.
Part I에서 주로 출제되는 연어나 숙어의 경우, 빈칸의 앞이나 뒤의 단어를 주목하여 살피면, 보기 중 이와 어울려 쓰일 수 있는 어휘를 고르는 데 도움이 된다.

Part II ▶ 하나 또는 두 개의 문장의 빈칸에 적절한 단어 고르기 (26~50번, 총 25문제)

출제 형태

문어체로 된 한두 문장을 읽고 빈칸에 들어갈 적절한 단어나 표현을 4개의 보기 중에서 고르는 유형이다.

It is ______________ that fans be built into computers to keep them ventilated so they do not overheat.

(a) dreaded
(b) pressing
(c) crucial
(d) possible

빈칸 뒤에서 '팬이 컴퓨터 내에 설치되는 것은 컴퓨터를 환기시키기 위해 ____하다' 라고 하였으므로, 빈칸에는 '중요한(crucial)'이 들어가야 자연스럽다. 따라서 정답은 (c)이다.

특징

길고 어려운 문장이 출제되므로 독해력이 요구된다.

빈칸에 어떤 단어가 들어갈지 알기 위해서는 문장 전체의 의미 파악을 먼저 해야 하며, 주로 길고 어려운 문장이 출제되므로 이에 대한 독해력이 요구된다.

단어의 의미와 함께 뉘앙스 차이를 묻는다.

단순히 단어의 정의를 알고 있다고 해서 풀 수 있는 문제가 아니라, 비슷한 의미의 단어들 중 미묘한 뉘앙스 차이에 의해 쓰임이 달라지는 경우를 알아야 풀 수 있는 문제가 출제된다.

문제 풀이 Tips

빈칸을 중심으로 전체적인 내용을 파악한다.

빠르게 문제를 풀기 위해 먼저 빈칸 앞뒤를 살펴보면서 풀되, 빈칸 앞뒤만으로 해결되지 않는 문장은 앞에서부터 끊어 읽으면서 전체적인 내용을 파악한다.

보기의 의미와 형태 차이에 주목하여 답을 고른다.

의미가 비슷하지만 뉘앙스나 쓰임이 다른 보기들이 함께 출제되거나, 접두사나 접미사가 같아 형태가 유사한 보기들이 함께 출제되므로, 이러한 어휘들의 차이에 주목하여 답을 골라야 한다.

READING COMPREHENSION

독해 영역은 총 40문제에 45분의 시간이 주어지며 배점은 400점이다. 3개의 파트로 구성되며 다양한 유형의 지문에 대한 독해력과 내용 이해를 요한다. 단순히 문장의 의미를 이해하고 있다고 해서 정답을 맞출 수 있는 것이 아니라, 지문의 요지를 파악할 수 있는지 여부까지 묻는다.

Part I ▶ 빈칸에 흐름에 맞는 내용 넣기 (1~16번, 총 16문제)

출제 형태

전체적인 글의 흐름을 파악하여, 빈칸에 알맞은 문장의 일부나 전체, 혹은 연결어를 4개의 보기 중에 선택하는 유형이다. 1~14번에는 문장의 일부 또는 문장 전체를 골라 빈칸에 넣는 문제가, 15~16번에는 연결어를 골라 빈칸에 넣는 문제가 출제된다.

A recently released report by the National Health Service has highlighted discrepancies with the country's liver transplant system. Patients with liver cancer and severe cases of hepatitis often need transplants and are put on a first-come-first-served list. The lists are maintained by individual states, however, so only residents of a given state are allowed to be put on a list. But those with the financial means to do so are renting small apartments in several states in an effort to increase their chances of receiving a transplant quickly. Therefore, ______________________________.

(a) The National Health Service programs are run inefficiently
(b) the system is equal toward all the individuals
(c) a nationwide scheme would help states save money
(d) a transplant is necessary for those with serious liver disease

본문 첫 문장에서 National Health Service의 보고서에 discrepancies(모순)가 있다고 한 내용을, (a)의 'are run inefficiently(비효율적으로 운영된다)' 라는 표현으로 재진술한 (a)가 정답이다.

특징

빈칸이 맨 뒤에 있는 경우가 가장 많으며, 주로 주제문이다.
빈칸은 주로 글의 맨 뒤에 나오는 경우가 많으며, 그 내용은 대부분 앞의 지문 내용을 요약하는 주제문이다.

세부 내용 이해보다는 전체 맥락에 대한 이해를 요구한다.
빈칸 앞뒤의 세부 내용만 이해하기보다는 전체적인 글의 맥락을 알아야 빈칸을 채울 수 있는 문제가 출제된다.

문제 풀이 Tips

지문의 앞부분을 읽어 전체 맥락을 파악한다.
지문의 앞부분에는 주제나 글의 중심 내용에 대해 언급되는 경우가 많으므로, 이 부분을 잘 읽어 전체 내용을 먼저 파악한다.

빈칸을 중심으로 문제를 푼다.
우선 지문의 전체적인 맥락을 파악한 후, 답을 고를 때에는 빈칸 주변에서 답이 되는 핵심 근거를 찾도록 한다.

Part II ▶ 한 단락의 글을 읽고 질문에 알맞은 내용 고르기 (17~38번, 총 21문제)

출제 형태

지문을 읽고 이에 이어지는 질문에 알맞은 대답을 4개의 보기 중에서 고르는 유형이다. 보통 중심 내용을 묻는 문제, 세부 내용을 묻는 문제, 바르게 추론된 것을 묻는 문제 순으로 출제된다.

Whales are an example of cetaceans, a group of mammals that evolved to live underwater. What most people don't realize, however, is that whales once had legs. This was confirmed with the discovery of the Pakicetid fossil in Pakistan in 1983, which was a four-legged terrestrial animal that shared the tooth and ear structure previously found only in whales. Since its discovery, several other fossils have been found that help link such land-dwelling animals to modern-day whales even more.

Q: What is the main idea of the passage?

(a) Whales are not the only mammals that live underwater.
(b) Scientists discovered that whales once lived in Pakistan.
(c) Whales are no longer believed to have a distinct ear structure.
(d) Ancestors of modern whales once roamed the land.

본문에 따르면, 고래가 네 발 달린 육지 동물(four-legged terrestrial animal)과 신체 구조가 동일하다는 것이 화석의 발견으로 밝혀졌고, 그 이후 육상 동물과 현대의 고래를 연결시키는 화석들이 발견되었다고 했으므로, (d)가 정답이다.

특징

지문 내용이 paraphrase되어 정답으로 출제된다.
정답은 지문에 있는 표현을 그대로 쓰기보다는 다른 표현을 사용하여 paraphrase된 경우가 많다.

지문에 언급되지 않은 내용이나 지문과 틀린 내용이 오답으로 출제된다.
지문에 언급되지 않아서 확인할 수 없는 내용이 오답으로 출제되거나, 지문에 언급된 정보의 일부만 틀린 내용이 오답으로 자주 출제된다.

문제 풀이 Tips

지문의 중심 내용을 파악하며 읽는다.
중심 내용을 묻는 문제뿐 아니라 세부 내용을 묻는 문제와 추론 문제의 경우에도, 지문의 중심 내용이 정답과 직결되는 경우가 상당히 많다. 따라서 반드시 지문 전체가 전달하고자 하는 요점이 무엇인지 파악하여 정답을 찾도록 한다.

보기를 먼저 읽고 지문을 읽는다.
세부 내용을 묻는 문제의 경우, 보기를 먼저 읽은 후 지문을 읽으면, 보기에서 나온 내용을 지문에서 빠르게 찾아 대조할 수 있으므로, 시간을 절약할 수 있다.

Part III ▶ 한 단락의 글에서 내용 흐름상 어색한 부분 고르기 (38~40번, 총 3문제)

출제 형태

첫 문장에 이어지는 4개의 문장 중에서 나머지 글과 일관성이 없는 문장을 찾는 유형이다.

> Socrates is considered one of history's greatest thinkers. (a) He was the biggest influence in the life of Plato, who included Socrates as a central figure in a majority of his dialogues. (b) Xenophon was another student of the philosopher, and much is known about Socrates' life and ideas through his accounts. **(c) Socrates' wife Xanthippe was also mentioned by Xenophon, who was of the opinion that she was a combative, mean-spirited woman.** (d) Socrates continues to influence Western thought, and his Socratic Method remains used by lawyers and philosophers to this day.
>
> 본문은 소크라테스의 철학의 영향에 대한 내용이다. (a)는 소크라테스가 영향을 끼친 Plato, (b)는 소크라테스가 영향을 끼친 Xenophon, (d)는 소크라테스가 서구 사상에 끼친 영향이다. 그러나 (c)는 '소크라테스의 아내'를 언급하고 있고, 소크라테스의 영향을 언급하고 있지 않아 전체 내용과 관련이 없으므로 정답이다.

특징

주로 첫 문장에 나머지 문장을 포괄하는 주제나 요지가 언급된다.

주로 첫 문장에서 지문 전체의 주제나 요지가 언급되고, 나머지 문장은 이에 대한 세부 사항이다.

내용뿐 아니라 흐름 파악을 요구한다.

단락 내의 일관성 여부를 판단해야 하므로, 각 문장의 내용뿐만 아니라 문장과 문장간의 흐름, 그리고 글 전체의 흐름을 파악하는 것이 필요하다.

문제 풀이 Tips

첫 문장을 읽고 글의 요지를 파악한다.

첫 문장은 대부분 주제문이고 이어지는 문장들이 세부 사항인 경우가 많다. 따라서 첫 문장을 통해 요지를 파악하면 전체 글의 흐름을 간략하고 쉽게 파악할 수 있기 때문에, 일관성이 결여된 문장을 쉽게 찾아낼 수 있다.

각 문장 간의 공통점과 차이점을 파악한다.

각 보기 문장의 공통점과 차이점을 정리하면서 지문을 읽으면, 전체적으로 일관성이 없는 문장을 찾아내는 데 효과적이다.

온라인 교육 포털 www.ChampStudy.com

온라인 교육 포털 www.ChampStudy.com

기출 TEST 1

LISTENING COMPREHENSION 스크립트 | 해석 | 해설
GRAMMAR 문제 | 해석 | 해설
VOCABULARY 문제 | 해석 | 해설
READING COMPREHENSION 문제 | 해석 | 해설
어휘 정리와 퀴즈

SELF-CHECK LIST

나는 테스트를 마칠 때까지 완전히 테스트에 집중하였다.
Yes □ No □

나는 각 영역별 주어진 시간을 지켰다.
GRAMMAR □ VOCABULARY □ READING □

나는 시간 내에 모든 문제를 풀었다.
GRAMMAR □ VOCABULARY □ READING □

나는 영역별 목표 점수를 달성했다.
LISTENING □ GRAMMAR □ VOCABULARY □ READING □

개선하고 싶은 사항 ______________________________

Part I

1

정답 (a)

W: Have a nice day! M: ______________________ (a) You too. (b) I'm ready. (c) I believe you. (d) You're welcome.	W: 좋은 하루 보내세요! (a) 당신도요. (b) 준비됐어요. (c) 당신을 믿어요 (d) 천만에요.

| 해설 좋은 하루 보내라는 인사에, '당신도요' 라고 간략하면서도 상황에 맞게 응답한 (a)가 정답이다.

오답분석
(b) Are you ready to go?(갈 준비가 되었나요?)와 같은 질문에 대한 응답으로 적절하다.
(d) Thank you(감사합니다)와 같은 감사의 표현에 대한 응답으로 적절하다.

2

정답 (b)

W: Tim, the paper was due yesterday! M: ______________________ (a) I can send one for you. (b) I'm sorry. I'll turn it in tomorrow. (c) Did I get a good grade? (d) Yes, you can write about anything.	W: Tim, 그 리포트는 어제가 마감이었어요! (a) 당신께 하나 보내드릴 수 있습니다. (b) 죄송합니다. 내일 제출하겠습니다. (c) 제 성적 잘 나왔나요? (d) 네, 어떤 것에 대해서든 써도 됩니다.

| 해설 리포트가 어제까지 마감이었다는 여자의 질책에, '죄송합니다. 내일 제출하겠습니다' 라고 사과한 (b)가 정답이다.

오답분석
(c) 아직 리포트를 제출하지 않은 상황인데, 성적에 대해 물었으므로 문맥상 틀리다.
(d) 여자의 말에 쓰인 paper(리포트)와 같은 상황에서 쓰일 수 있는 어휘인 write(쓰다)를 사용한 오답이다.

| 어휘 paper [péipər] 리포트 due [djuː] ~까지 마감일인 turn in ~을 제출하다

3

정답 (a)

W: How do you like my haircut? M: ______________________ (a) It looks very nice. (b) I'll go and check.	W: 내 머리 자른 것 어때? (a) 아주 좋아 보이는걸. (b) 내가 가서 확인해 볼게.

(c) Let's go together.	(c) 같이 가자.
(d) My hair is too short.	(d) 내 머리는 너무 짧아.

| 해설 머리 자른 것이 어떠냐고 상대방의 의견을 묻는 여자의 질문에, '아주 좋아 보이는 걸'이라고 자신의 의견을 말한 (a)가 정답이다.

오답분석
(b) 어딘가에 가서 확인해 보겠다는 답변이므로, 지금 상대방과 함께 있는 상황에는 적절하지 않다.
(d) Your hair is too short가 되어야 응답으로 적절하다.

4

정답 (a)

M: That's a nice calendar. Where did you get it? W: ______________________	M: 달력 괜찮네요. 어디에서 구하셨나요?
(a) I bought it at a store nearby.	(a) 근처 가게에서 샀어요.
(b) I think it's out of fashion.	(b) 그건 유행이 지났다고 생각해요.
(c) Yes, I'm free tomorrow.	(c) 네, 내일 시간 돼요.
(d) I have too many calendars.	(d) 저한테 달력이 너무 많아요.

| 해설 Where를 사용하여 달력을 구입한 장소를 묻는 남자의 질문에, '근처 가게에서 샀어요'라고 장소로 답한 (a)가 정답이다.

오답분석
(c) Are you free tomorrow?(내일 시간이 돼요?)와 같은 질문에 대한 응답으로 적절하다.
(d) 남자의 말에 쓰인 calendar(달력)과 비슷한 calendars(달력들)를 사용한 오답이다.

| 어휘 out of fashion 유행이 지난

5

정답 (c)

W: Be sure to pull out the cord after ironing. M: ______________________	W: 다림질이 끝나면 반드시 코드를 뽑도록 해요.
(a) I need a new iron.	(a) 새 다리미가 필요해요.
(b) I'm not good at it.	(b) 전 그건 잘 못하는데요.
(c) OK, I'll make sure to do that.	(c) 네, 꼭 그렇게 할게요.
(d) No, I don't really remember.	(d) 아뇨, 정말 기억이 안 나요.

| 해설 Be sure to ~를 사용하여 다림질 후 코드를 뽑으라는 여자의 당부에, '네, 꼭 그렇게 할게요'라고 수긍한 (c)가 정답이다.

오답분석
(a) 질문의 ironing(다림질)과 비슷한 iron(다리미)를 사용한 오답이다.
(d) Are you sure you pulled out the cord after ironing?(다림질 후 코드를 뽑은 게 확실하니?)에 대한 응답으로 적절하다.

| 어휘 ironing[áiərniŋ] 다림질 iron[áiərn] 다리미 make sure 반드시 ~하다

6

정답 (b)

W: That tie doesn't go with your suit. M: ______________________	W: 그 넥타이는 네 양복과 어울리지 않아.
(a) Are you back already? (b) How about the blue one then? (c) My suit has to be cleaned. (d) But it's too expensive.	(a) 벌써 돌아왔니? (b) 그럼 파란색 넥타이는 어떨까? (c) 내 양복은 세탁해야 해. (d) 그렇지만 그건 너무 비싸다고.

해설 상대방의 넥타이가 양복과 어울리지 않는다고 의견을 제시한 여자의 말에, '그럼 파란색 넥타이는 어떨까?' 라며 다른 넥타이를 고르는 (b)가 정답이다. 참고로 (b)에서 one은 대명사이며, tie를 가리킨다.

오답분석
(c) 질문의 suit(양복)를 반복해서 사용한 오답이다.
(d) Why don't you buy that tie?(저 넥타이를 사지 그러니?)에 대한 응답으로 적절하다.

어휘 go with ~과 어울리다 suit [sjuːt] 양복

7

정답 (a)

M: How often do the airport buses run into the city? W: ______________________	M: 공항 버스는 시내로 얼마나 자주 운행하죠?
(a) Every half hour. (b) They should run more often. (c) It's about five miles from here. (d) The fare is not that cheap.	(a) 30분마다요. (b) 더 자주 운행해야 합니다. (c) 여기에서 5마일 정도됩니다. (d) 요금이 그다지 싼 편은 아닙니다.

해설 How often을 사용하여 얼마나 자주 공항 버스가 운행되는지 묻는 남자의 질문에, '30분마다요' 라고 버스의 운행 간격을 알려 준 (a)가 정답이다. 참고로, (a)의 'every + 시간 단위' 는 '~마다' 라는 뜻이다.

오답분석
(b) 질문의 run(운행하다)을 반복해서 사용한 오답이다.
(c) How far is the airport from here?(공항이 여기에서 얼마나 멉니까?)에 대한 응답으로 적절하다.
(d) 질문의 buses(버스)와 관련된 fare(요금)를 사용한 오답이다.

어휘 fare [fɛər] (교통수단의) 요금

8

정답 (a)

W: I've got nothing to wear to the party. M: ______________________	W: 파티에 입고 갈 옷이 아무것도 없어.
(a) Just wear your red dress. (b) The party is almost over. (c) Thank you for coming. (d) I'd wear something else.	(a) 그냥 네 빨간 드레스를 입어. (b) 파티는 거의 끝났어. (c) 와줘서 고마워. (d) 나 같으면 다른 걸 입겠어.

해설 파티에 입고 갈 옷이 아무 것도 없다는 여자의 말에, '그냥 네 빨간 드레스를 입어' 라고 조언한 (a)가 정답이다.

오답분석
(c) Thanks for inviting us to the party(파티에 우리를 초대해 줘서 고마워)에 대한 응답으로 적절하다.
(d) 질문의 wear(입다)를 반복해서 사용한 오답이다.

9

정답 (b)

M: Did you read the newspaper this morning? W: ________________ (a) Really? That's news to me. (b) No, I didn't have time. (c) I wonder why I haven't noticed before. (d) Thanks for telling me.	M: 오늘 아침에 신문 읽었니? (a) 진짜야? 난 모르고 있었어. (b) 아니, 시간이 없었어. (c) 왜 전에는 몰랐는지 모르겠네. (d) 알려줘서 고마워.

해설 Did를 사용하여 오늘 아침에 신문을 읽었는지의 여부를 물었으므로, '아니, 시간이 없었어'라며 신문을 읽지 않았다고 답한 (b)가 정답이다.

오답분석
(a) 질문의 newspaper(신문)와 비슷한 news(소식, 뉴스)를 사용한 오답이다.

어휘 notice[nóutis] 알아차리다

10

정답 (d)

W: I think this pipe is leaking. M: ________________ (a) I agree. We should leave now. (b) Don't worry. It stopped raining. (c) Well, thanks for trying to help. (d) You're right. Let's call a plumber.	W: 이 파이프에서 물이 새는 것 같아요. (a) 동의합니다. 우리는 지금 출발해야 해요. (b) 걱정 마세요. 비가 그쳤어요. (c) 음, 도와주려고 해서 고마워요. (d) 당신 말이 맞아요. 배관공을 부릅시다.

해설 파이프에서 물이 새고 있다고 문제점을 지적한 여자의 말에, '당신 말이 맞아요. 배관공을 부릅시다'라고 해결책을 제시한 (d)가 정답이다.

오답분석
(a) leaking(물이 새는)과 발음이 비슷한 leave(떠나다)를 사용한 오답이다.

어휘 leak[liːk] 새다 plumber[plʌ́mər] 배관공

11

정답 (b)

W: I'm afraid I messed up at the singing audition. M: ________________ (a) Please tidy up now. I mean it. (b) Well, I thought you did just fine. (c) We need to find a new singer. (d) I think the audition is tomorrow.	W: 아무래도 노래 오디션을 망친 것 같아. (a) 이젠 정돈해. 진담이야. (b) 음, 난 네가 아주 잘했다고 생각해. (c) 가수를 새로 구해야 되겠어. (d) 그 오디션은 내일인 것 같은데.

해설 노래 오디션을 망친 것 같다며 걱정하는 여자의 말에, '음, 난 네가 아주 잘했다고 생각해'라고 위로해 주는 (b)가 정답이다.

오답분석
(a) 질문의 messed up(망쳤다, 어질렀다)의 다양한 의미와 관련된 tidy up(정돈하다)을 사용한 오답이다.
(c) 질문의 singing(노래)과 비슷한 singer(가수)를 사용한 오답이다.
(d) When is the singing audition?(노래 오디션은 언제야?)과 같은 질문에 대한 응답으로 적절하다.

어휘 mess up 망치다 audition[ɔːdíʃən] 오디션 tidy up 정돈하다

12

정답 (b)

M: Do I have to declare these items to customs? W: ______________________ (a) I can carry them. (b) Not as far as I know. (c) There's the customer service center. (d) I have nothing to declare.	M: 이 물품들을 세관에 신고해야 되나요? (a) 제가 그것들을 들고 갈게요. (b) 제가 알기로는 안 하셔도 됩니다. (c) 고객 서비스 센터가 저기 있네요. (d) 신고할 물건 없습니다.

해설 Do 의문문으로 물품들을 세관에 신고해야 하는지 여부를 묻는 질문에, '제가 알기로는 안 하셔도 됩니다'라고 답한 (b)가 정답이다.

오답분석
(a) Do you want me to carry these items?(이 물품들을 들어 드릴까요?)에 대한 응답으로 적절하다.
(c) 질문의 customs(세관)와 비슷한 customer(고객)를 사용한 오답이다.
(d) Do you have anything to declare?(세관 신고할 것이 있으십니까?)에 대한 응답으로 적절하다.

어휘 declare[diklέər] (세관에) 신고하다 item[áitəm] 물품, 품목 customs[kʌ́stəmz] 세관 as far as I know 내가 알기로는 customer[kʌ́stəmər] 고객

13

정답 (a)

M: I can't make it to Dave and Anna's anniversary party. W: ______________________ (a) Oh, they'll be very disappointed. (b) Maybe they can drop by later in the evening. (c) I'll go with you if you want. (d) I haven't seen them in years, either.	M: Dave와 Anna의 결혼 기념일 파티에 못 가겠어. (a) 이런, 그들이 아주 실망하겠는걸. (b) 아마 그들은 나중에 저녁 때 들를 수 있을 거야. (c) 원한다면 너랑 같이 갈게. (d) 나도 그들을 오랫동안 못 봤어.

해설 Dave와 Anna의 결혼 기념일 파티에 갈 수 없다는 남자의 말에, '이런, 그들이 아주 실망하겠는걸'이라고 답한 (a)가 정답이다.

오답분석
(c) I don't want to go alone to the party(난 파티에 혼자 가고 싶지 않아)에 대한 응답으로 적절하다.
(d) I haven't seen Dave and Anna for ages(나는 Dave와 Anna를 오랫동안 못 봤어)에 대한 응답으로 적절하다.

어휘 anniversary[æ̀nəvə́ːrsəri] (결혼) 기념일 disappointed[dìsəpɔ́intid] 실망한 drop by 들르다

14

정답 (a)

W: Excuse me. Do you need some help? M: ____________________ (a) Yes. I'm looking for the public library. (b) Actually, lost and found is over there. (c) No, you'll have to contact the manager. (d) Thanks, but I haven't received an answer yet.	W: 실례합니다. 도와 드릴까요? (a) 네. 공공 도서관을 찾고 있어요. (b) 사실, 분실물 센터는 저쪽에 있습니다. (c) 아니요, 매니저에게 연락하셔야 되겠습니다. (d) 고맙지만, 아직 답변을 못 받았네요.

해설 Do 의문문으로 도움이 필요한지 묻는 질문에, '네. 공공 도서관을 찾고 있어요'라고 제안을 수락한 (a)가 정답이다.

오답분석

(b) Excuse me, is this the lost and found?(실례합니다, 여기가 분실물 센터인가요?)에 대한 응답으로 적절하다.

(c) Can you help me with my problem?(절 도와 주실 수 있나요?)에 대한 응답으로 적절하다.

어휘 lost and found 분실물 센터

15

정답 (a)

M: I heard the company's cutting staff by half in the Finance Department. W: ____________________ (a) We're lucky our department isn't laying people off as well. (b) Yeah, the department is recruiting people every year. (c) In that case, I'll be in charge of training the new staff. (d) Finance is definitely the field I want to get into.	M: 회사에서 재정 부서 인원을 반으로 감축할 거라고 들었어요. (a) 우리 부서는 사람들을 해고시키지 않으니 우리는 운이 좋은 거예요. (b) 네, 그 부서에서 매년 사람들을 채용하고 있어요. (c) 그 경우에는, 제가 신규 직원 교육을 담당하게 될 것입니다. (d) 금융은 정말 제가 시작하고 싶은 분야입니다.

해설 재정 부서 인원을 반으로 감축할 것이라는 남자의 말에, '우리 부서는 사람들을 해고시키지 않으니 우리는 운이 좋은 거예요'라고 답한 (a)가 정답이다.

오답분석

(b) 질문의 Department(부서)를 반복해서 사용한 오답이다.

(c) 질문의 staff(직원)를 반복해서 사용한 오답이다.

(d) 질문에 사용된 Finance Department(재정 부서)와 비슷한 Finance(금융)를 사용한 오답이다.

어휘 department [dipáːrtmənt] 부서 lay off 해고하다 recruit [rikrúːt] 채용하다 be in charge of ~을 담당하다 staff [stæf] 직원 definitely [défənitli] 정말로

Part II

16

정답 (c)

W: Why don't we stop here? M: For gas? W: Yes, and for lunch.	W: 여기에서 잠시 멈추는 게 어떨까? M: 기름 넣으려고? W: 응, 그리고 점심도 먹으려고.

M: ______________________________

(a) But when will we eat?
(b) See you there!
(c) Sounds good. I'm hungry.
(d) I'd like a light breakfast.

(a) 그런데 언제 먹을 건데?
(b) 거기에서 보자!
(c) 좋아. 배고팠는데.
(d) 아침 식사를 간단히 먹고 싶어.

해설 잠시 멈춰서 기름을 넣고 점심을 먹자는 여자의 제안에, '좋아. 배고팠는데'라고 동의를 표현한 (c)가 정답이다.

오답분석
(a) 지금 점심을 먹자고 하는 상황이므로 문맥에 맞지 않는다.

17

정답 (d)

M: Do you still take tennis lessons?
W: Yes, twice a week.
M: Really? Which days?
W: ______________________________

(a) I'll be leaving on Monday.
(b) It doesn't matter.
(c) Sure, you can come.
(d) Tuesdays and Thursdays.

M: 아직도 테니스 레슨 받니?
W: 응, 일주일에 두 번씩.
M: 정말? 무슨 요일에?

(a) 난 월요일에 떠날 거야.
(b) 상관 없어.
(c) 물론, 네가 와도 좋아.
(d) 화요일하고 목요일.

해설 Which days를 사용하여 무슨 요일에 테니스 레슨을 받는지 묻는 질문에, '화요일하고 목요일'이라고 구체적으로 요일을 답한 (d)가 정답이다.

오답분석
(a) When do you leave?(넌 언제 떠나니?)에 대한 응답으로 적절하다.
(c) Can I join you for tennis?(내가 같이 테니스 쳐도 될까?)에 대한 응답으로 적절하다.

18

정답 (c)

M: May I help you?
W: Yes. I'd like a cheeseburger and a small soda, please.
M: For here or to go?
W: ______________________________

(a) Yes, that's all.
(b) I'm over here.
(c) To go, please.
(d) I'll pay cash.

M: 도와 드릴까요?
W: 네. 치즈버거랑 탄산음료 작은 것으로 주세요.
M: 여기에서 드실 건가요, 가지고 가실 건가요?

(a) 네, 그게 다예요.
(b) 저 여기에 있어요.
(c) 가지고 갈 거예요.
(d) 현금으로 낼게요.

해설 패스트푸드점에서 점원과 손님의 대화이다. 여기에서 먹을 건지 가져갈 건지 묻는 점원의 질문에, '가지고 갈 거예요'라고 답한 (c)가 정답이다.

오답분석
(a) 주문을 마칠 때 할 수 있는 말이므로 오답이다.
(b) 대화 중에 사용된 here(여기에)를 반복해서 사용한 오답이다.
(d) How will you be paying?(어떻게 지불하실 건가요?)에 대한 응답으로 적절하다.

19

정답 (c)

M: How's your coffee?
W: It's delicious.
M: Would you like anything else?
W: ____________________

(a) I prefer tea.
(b) That's not true.
(c) No. I'm fine, thanks.
(d) Yes, you can do it.

M: 커피 맛이 어떻습니까?
W: 맛있네요.
M: 다른 것도 드시겠습니까?

(a) 차를 더 좋아해요.
(b) 그건 사실이 아니에요.
(c) 아뇨. 고맙지만, 됐습니다.
(d) 네, 당신은 할 수 있어요.

해설 Would you를 사용하여 커피 외에 다른 것도 먹을 건지 묻는 질문에, '아뇨. 고맙지만, 됐습니다'라고 사양하는 (c)가 정답이다.

오답분석
(a) Which do you prefer, coffee or tea?(커피와 차 중 어느 것이 더 좋으세요?)에 대한 응답으로 적절하다.

20

정답 (a)

M: Can you tell me where the nearest subway station is?
W: Of course. Keep going that way. You can't miss it.
M: How far is it from here?
W: ____________________

(a) About 10 minutes.
(b) That's not the way.
(c) I don't have much time.
(d) It'll be arriving soon.

M: 가장 가까운 지하철역이 어디에 있는지 알려주시겠어요?
W: 물론이죠. 저 길로 계속 가시면 돼요. 찾기 쉬워요.
M: 여기에서 얼마나 먼가요?

(a) 10분 정도요.
(b) 그 길이 아니에요.
(c) 저는 시간이 별로 없어요.
(d) 그건 곧 도착할 겁니다.

해설 길을 묻는 상황이다. How far를 사용하여 여기에서 지하철역까지 거리가 얼마나 먼지 묻는 질문에, '10분 정도요'라고 소요 시간을 말함으로써 간접적으로 거리를 알려준 (a)가 정답이다.

오답분석
(d) When will the subway arrive?(지하철이 언제 도착하나요?)에 대한 응답으로 적절하다.

어휘 You can't miss it. 찾기 쉬워요.

21

정답 (d)

M: Oh, hello. You must be our new neighbor.
W: Nice to meet you. My name is Wendy.
M: I'm Bill, and if there's anything you need, let us know.
W: ____________________

(a) She called to tell me last night.
(b) Yes, we're going to move in.
(c) I'm glad to be of help.
(d) How kind of you! I appreciate it.

M: 어, 안녕하세요. 우리 동네에 새로 오셨나 봐요.
W: 만나서 반가워요. 제 이름은 Wendy예요.
M: 전 Bill이에요. 혹시 필요한 것이 있으시면, 알려주세요.

(a) 어젯밤에 그녀가 저한테 전화해서 알려주더라고요.
(b) 네, 저희 이사 올 거예요.
(c) 제가 도와 드릴 수 있다니 기쁘네요.
(d) 참 친절하시네요! 고마워요.

| 해설 새로 이사 온 사람이 이웃과 인사를 나누는 상황이다. 남자가 여자에게 필요한 것이 있으면 알려달라고 도움을 줄 것을 제안하고 있으므로, '참 친절하시네요! 고마워요' 라고 고마움을 표현한 (d)가 정답이다.

오답분석
(c) 여자가 아니라 남자가 할 수 있는 응답이다.

| 어휘 appreciate [əpríːʃièit] 고마워하다

22

정답 (a)

W: Good morning. Professor Cohen's office. M: May I speak to Professor Cohen, please? W: I'm sorry, but he's tied up at the moment. M: ____________________ (a) When will he be free? (b) Will you wait a bit? (c) You can show me later. (d) I hope he's all right.	W: 안녕하세요, Cohen 교수님 사무실입니다. M: Cohen 교수님과 통화할 수 있을까요? W: 죄송하지만, 지금은 바쁘세요. (a) 언제 시간이 되실까요? (b) 잠시만 기다려 주시겠어요? (c) 나중에 보여주세요. (d) 그가 괜찮으면 좋겠네요.

| 해설 전화로 이루어지는 대화이다. Cohen 교수님이 지금 바빠서 통화할 수 없다는 말에, '언제 시간이 되실까요?' 라고 통화가 가능한 시간을 물은 (a)가 정답이다.

오답분석
(b) 남자가 아니라 여자가 할 수 있는 응답이다.
(d) Professor Cohen is absent due to a fever(Cohen 교수님은 열 때문에 못 나오셨습니다)와 같은 말에 적절한 응답이다.

| 어휘 be tied up 바쁘다

23

정답 (a)

M: What did you think of the play? W: I thought it was fabulous. M: Have you ever seen it on stage before? W: ____________________ (a) No, this was my first time. (b) I liked the ending the best. (c) It's such a great love story. (d) Yes, I'd like that very much.	M: 그 연극 어땠다고 생각해? W: 정말 좋았던 것 같아. M: 그 연극을 이전에 무대에서 본 적 있니? (a) 아니, 이번이 처음이었어. (b) 끝 부분이 제일 좋았어. (c) 굉장한 러브 스토리야. (d) 응, 그게 정말 좋겠다.

| 해설 그 연극을 이전에 무대에서 본 적이 있냐는 남자의 질문에, '아니, 이번이 처음이었어' 라고 답하는 (a)가 정답이다.

오답분석
(b) What did you like the best about the play?(그 연극에서 제일 좋았던 게 뭐니?)에 적절한 응답이다.
(d) Would you like to go to see the play with me?(나랑 그 연극 보러 갈래?)에 적절한 응답이다.

| 어휘 fabulous [fǽbjuləs] 굉장한, 멋진

24

정답 (d)

M: I see you a lot with John. Are you two dating? W: No, we're just good friends. M: Then why do you spend so much time with him? W: ______________________________ (a) I invited him over to dinner. (b) But I already finished all of my homework. (c) He spends too much money on his friends. (d) He's fun to hang out with.	M: 너랑 John이랑 같이 있는 게 자주 보이던데. 너희 둘이 사귀니? W: 아니, 우린 그냥 친한 친구일 뿐이야. M: 그럼 그 애랑 왜 그렇게 같이 붙어 다니니? (a) 그를 저녁 식사에 초대했어. (b) 그렇지만 내 숙제는 이미 다 끝냈는걸. (c) 그는 친구들에게 돈을 너무 많이 써. (d) 그와 같이 놀러 다니면 재미있어.

해설 John과 왜 그렇게 시간을 많이 같이 보내는지 묻는 질문에, '그와 같이 놀러 다니면 재미있어'라고 이유를 답한 (d)가 정답이다.

오답분석

(c) 대화의 so much와 비슷한 too much를 반복해서 사용한 오답이다.

25

정답 (b)

M: Whew! That was a tough match. You've gotten better at ping pong. W: Thanks, but I have you to thank for it. M: Me? Why do you say that? W: ______________________________ (a) Because I haven't been training. (b) Well, you taught me everything I know. (c) Next time you need to do your best. (d) If you like, we can play again sometime.	M: 휴! 정말 막상막하였어. 너 탁구 실력 많이 늘었는데. W: 고마워, 그렇지만 그건 다 네 덕분이지. M: 나? 왜 그런데? (a) 난 연습을 안 했거든. (b) 음, 내가 아는 건 모두 네가 알려주었잖아. (c) 너 다음 번에는 최선을 다해야겠다. (d) 네가 원하면, 언제 다시 한번 치자.

해설 탁구 실력이 는 것이 남자의 덕분이라고 말하는 이유를 묻는 질문에 '음, 내가 아는 건 모두 네가 알려주었잖아'라고 답한 (b)가 정답이다.

오답분석

(a) 탁구 실력이 늘었다고 했으므로 연습을 안 했다는 내용은 문맥과 맞지 않아 오답이다.
(c) 대화에서 사용된 better(더 잘)와 비슷한 best(최선)를 사용한 오답이다.

26

정답 (a)

M: Is Sue coming with us to the theater? W: Apparently not. She says she's too busy studying for her test. M: Well, I'm going to call and tell her to change her mind. W: ______________________________ (a) I doubt you'll have any luck. (b) We'll meet her at the front of the theater. (c) I'm sorry, but I don't know the phone number. (d) That was a quick decision.	M: Sue가 우리랑 같이 극장 간대? W: 분명 아니겠지. 시험 공부하느라 너무 바쁘대. M: 음, 전화해서 그 애의 생각을 바꾸라고 해봐야겠어. (a) 네가 그렇게 할 수는 없을걸. (b) 극장 정문에서 그 애랑 만날 거야. (c) 미안한데, 전화번호를 모르겠어. (d) 결정 참 빨리도 했네.

해설 Sue에게 전화해서 같이 극장에 가도록 설득하겠다는 남자의 말에, '네가 그렇게 할 수는 없을걸'이라고 부정적인 견해를 표현한 (a)가 정답이다.

오답분석
(b) 대화의 theater(극장)를 반복해서 사용한 오답이다.
(c) 대화에서 사용된 call(전화하다)과 관련된 phone number(전화번호)를 사용한 오답이다.

어휘 apparently [əpǽrəntli] 보기에

27

정답 (c)

M: What are you doing this evening?
W: Why? I'm expecting my mother to stop by.
M: Oh. Can I see you tomorrow evening, then?
W: ______________________

(a) Well, what time does it start?
(b) Say hello to your mother for me.
(c) OK. What do you want to see me about?
(d) I'll do my best not to disappoint you.

M: 오늘 저녁에 뭐해?
W: 왜? 어머니께서 들르실 거야.
M: 아. 그럼 내일 저녁에 만날 수 있을까?

(a) 음, 그건 언제 시작하는데?
(b) 나 대신 어머니께 안부 전해 드려.
(c) 좋아. 무슨 일로 나를 보겠다는 거니?
(d) 너를 실망시키지 않도록 최선을 다할게.

해설 Can I를 사용하여 오늘 저녁 대신 내일 저녁에는 만날 수 있는지 묻는 질문에, '좋아. 무슨 일로 나를 보겠다는 거니?'라고 답한 (c)가 정답이다.

오답분석
(b) 여자가 아니라 남자가 할 수 있는 말이다.
(d) Make sure you're on time tomorrow evening(내일 저녁에 꼭 정시에 오도록 해)에 대한 응답으로 적절하다.

28

정답 (b)

M: Do you carry Paul Auster's novel *Oracle Night*?
W: I don't think we have that one in stock.
M: Can you check on your computer, please?
W: ______________________

(a) I don't think my computer has any problems.
(b) Of course, but I am pretty certain we don't have it.
(c) How would you like to pay for that?
(d) It says it's been on the bestseller's list for over a month.

M: Paul Auster의 소설 「신탁의 밤」 있나요?
W: 그 책은 재고가 없는 것 같네요.
M: 컴퓨터로 확인해 주실 수 있나요?

(a) 제 컴퓨터에는 문제가 없다고 봅니다.
(b) 물론이죠, 그렇지만 없을 거라고 확신해요.
(c) 그건 어떻게 계산하시겠습니까?
(d) 한 달 이상 베스트셀러 목록에 있었다고 나오네요.

해설 서점에서 손님과 점원의 대화이다. Can you를 사용해 책이 재고가 있는지 컴퓨터로 확인해 달라는 요청에, '물론이죠, 그렇지만 없을 거라고 확신해요'라고 답한 (b)가 정답이다.

오답분석
(a) 대화의 computer(컴퓨터)를 반복해서 사용한 오답이다.
(d) 아직 컴퓨터로 확인해 본 것이 아니므로 (d)를 선택하지 않도록 조심하자.

어휘 carry [kǽri] (물품을 상점에서) 팔다 stock [stɑk] 재고품, 재고 certain [sə́ːrtn] 확신하는

29

정답 (d)

M: Do you think there's a chance the waiter forgot about our order?
W: No, they're probably very busy in the kitchen.
M: But our lunch hour will be over soon!
W: ______________________________

(a) I'm sure they will stay open late for us.
(b) Yes, I know. I'm really enjoying it.
(c) We'll ask them to have it sent express.
(d) Let's just hope it won't be much longer.

M: 웨이터가 우리 주문 잊어버린 것 같지 않니?
W: 아니, 주방이 아주 바쁜 걸 거야.
M: 하지만 우리 점심 시간이 곧 끝날 텐데!

(a) 우리가 있으니까 늦게까지 영업할 거야.
(b) 그래, 나도 알아. 정말 즐기고 있어.
(c) 그들에게 속달로 보내 달라고 요청할게.
(d) 그냥 더 늦어지지 않기를 바라자고.

해설 식당에서 식사가 나오기를 기다리는 상황이다. 점심 시간이 곧 끝날 것이라는 남자의 걱정에, '그냥 더 늦어지지 않기를 바라자고' 라고 답한 (d)가 정답이다.

오답분석
(a) 주문이 늦어지는 상황이지 식당이 곧 문을 닫는 상황은 아니므로 (a)를 택하지 않도록 조심하자.
(b) This lunch special is fantastic!(이 점심 특선은 환상적이야!)에 대한 응답으로 적절하다.

어휘 probably [prábəbli] 아마 express [iksprés] 속달로

30

정답 (a)

W: So what exactly do you do at your new translation job?
M: I mainly attend conferences and translate people's speeches.
W: That must be very strenuous work.
M: ______________________________

(a) It has its stressful moments.
(b) That's one of the most moving speeches I've ever heard.
(c) You have another conference scheduled for next week.
(d) It'll be a nice change to get away for a while.

W: 새 통역 일에서 넌 정확히 뭘 하는 거니?
M: 주로 회의에 참석해서 사람들의 연설을 통역해 줘.
W: 일이 많이 힘들겠구나.

(a) 스트레스 받을 때도 있어.
(b) 지금까지 들어본 것 중에서 가장 감명 깊은 연설이야.
(c) 너 다음 주에 회의가 하나 더 잡혀 있네.
(d) 잠시 휴가 가는 것도 기분 전환으로 좋을 거야.

해설 남자의 새 일에 대해 일이 많이 힘들겠다는 여자의 말에, '스트레스 받을 때도 있어' 라고 동의한 (a)가 정답이다.

오답분석
(b) 대화의 speeches(연설)를 반복해서 사용한 오답이다.
(c) 대화의 conferences(회의들)와 비슷한 conference(회의)를 사용한 오답이다.
(d) 힘든 일을 하고 있는 남자 본인보다는 여자가 해줄 수 있는 조언으로 적절하다.

어휘 translation [trænsléiʃən] 통역, 번역 attend [əténd] 참석하다 conference [kánfərəns] 회의 strenuous [strénjuəs] 고단한, 힘든 scheduled [skédʒu(:)ld] 예정된, 일정이 잡힌 get away 휴가 가다

Part III

31

정답 (b)

M: I can't believe our team lost again!
W: I know. It's the third time in a row!
M: We've got to practice harder and do much better on our next game.
W: Yeah, I think we should work on our defense, too.
M: I totally agree.

Q: What are the man and woman mainly discussing?

(a) How many games the team has lost.
(b) What to do to improve their game.
(c) Whether they can buy tickets for the next game.
(d) Who should play on their team.

M: 우리 팀이 또 졌다니 믿을 수 없어!
W: 나도 알아. 이번이 세 번 연속이라니까!
M: 더 열심히 연습해서 다음 경기에서는 훨씬 더 잘 해야겠어.
W: 맞아, 수비에도 신경 써야 하고 말이야.
M: 전적으로 동감해.

Q: 남자와 여자는 주로 무엇에 대해 이야기하고 있는가?

(a) 팀이 경기를 몇 번 졌는지.
(b) 경기에서 더 잘 하기 위해 무엇을 할지.
(c) 다음 경기의 표를 살 수 있는지.
(d) 누가 그들의 팀에서 경기해야 할지.

해설 대화의 주제를 묻는 문제이다. 남자가 We've got to practice harder and do much better on our next game에서 연습을 통해 다음 경기에서 더 잘해야겠다고 했고, 또한 여자가 I think we should work on our defense, too라고 수비에도 신경을 써야 한다고 했으므로, 정답은 (b)이다.

오답분석
(a) 팀이 경기에서 세 번 연속으로 졌다고 했지만 대화의 주된 내용은 아니므로 (a)를 택하지 않도록 조심하자.

어휘 defense [diféns] 수비, 방어 totally [tóutəli] 전적으로

32

정답 (d)

M: Hi, I'm here about the dogs you advertised.
W: Oh, yes. Just a minute, let me get the keys for the kennel.
M: The ad said they were six weeks old.
W: Yes, and they came from a litter of eight puppies.
M: How much are you asking?
W: Well, they are purebreds, so they're $500 each.
M: Does that include their shots?
W: No, that's the buyer's responsibility.

Q: What is the man doing here?

(a) Providing a shelter for dogs.
(b) Giving shots to pet dogs.
(c) Advertising purebred dogs.
(d) Buying dogs advertised for sale.

M: 안녕하세요, 광고 내셨던 강아지들 때문에 왔는데요.
W: 아, 네. 잠시만요, 개집 열쇠 좀 가지고 올게요.
M: 광고에는 생후 6주라고 했는데요.
W: 네, 한 번에 8마리가 태어났어요.
M: 얼마를 원하시죠?
W: 음, 순종이기 때문에, 한 마리에 500달러씩이에요.
M: 예방 접종 가격도 포함해서요?
W: 아니요, 그건 사는 분께서 하셔야 해요.

Q: 남자는 여기에서 무엇을 하고 있는가?

(a) 강아지들의 살 곳을 제공하기.
(b) 애완견에게 주사 놓기.
(c) 순종 강아지 광고하기.
(d) 판매 광고된 강아지들 사기.

해설 남자가 무엇을 하고 있는지 묻는 문제이다. 남자가 I'm here about the dogs you advertised라고 광고된 강아지들 때문에 왔다는 목적을 제시했고, 또한 How much are you asking?이라며 강아지들의 가격을 묻고 있으므로 정답은 (d)이다.

어휘 kennel [kénəl] 개집 litter [lítər] (동물의) 한배 새끼 purebred [pjùərbréd] 순종; 순종의 shot [ʃɑt] 주사, 예방 접종

33

정답 (b)

M: Hello? Kate?
W: Roy? Where are you, still at the airport?
M: Yes. It doesn't look like I'll be able to make the meeting.
W: I heard about the weather. How bad is it?
M: It's snowing heavily. They're not letting any flights out.
W: That's too bad. The clients were looking forward to meeting you.
M: I know. Do you think you can handle the meeting by yourself?
W: Yes. Everything is set to go. You just come home safe.

Q: What is the purpose of the man's phone call?

(a) To confirm whether his flight is leaving on time.
(b) To notify the woman that he cannot attend the meeting.
(c) To reschedule his meeting with some clients.
(d) To see if the woman is safe at home.

M: 여보세요? Kate?
W: Roy? 어디야, 아직도 공항이야?
M: 응. 회의에는 못 갈 것 같아.
W: 날씨 얘기는 들었어. 얼마나 안 좋길래?
M: 눈이 많이 내리고 있어. 아직 비행기가 뜰 수 없다네.
W: 그것 참 안됐다. 고객들이 널 만나기를 기대하고 있는데.
M: 나도 알아. 너 혼자서도 회의를 처리할 수 있을 거 같니?
W: 응. 다 준비 됐어. 넌 무사히 돌아만 와.

Q: 남자가 전화를 건 목적은 무엇인가?

(a) 항공편이 정시에 출발하는지 확인하기 위해서.
(b) 여자에게 회의에 참석할 수 없음을 알려주기 위해서.
(c) 고객과의 회의 일정을 재조정하기 위해서.
(d) 여자가 집에 무사히 있는지 알아보기 위해서.

해설 남자가 전화를 건 목적을 묻는 문제이다. 남자가 It doesn't look like I'll be able to make the meeting에서 회의에 참석할 수 없다고 했으므로, 정답은 (b)이다.

오답분석
(c) 고객과의 회의에 참석할 수 없다고는 하였지만, 회의 일정을 재조정한다는 언급은 없으므로 오답이다.

어휘 client[kláiənt] 고객 look forward to -ing ~하기를 기대하다 set[set] 준비된 confirm[kənfə́ːrm] (정해진 사실을) 확인하다

34

정답 (b)

W: My computer broke down again. I'm so angry.
M: Again? You know, you should just buy a new one.
W: I don't have enough money, though.
M: But you'll have to spend money fixing the old one anyway.
W: That's true. I guess I should upgrade soon.
M: Soon? No, you should go shopping for one today.

Q: What is the man's main point?

(a) The woman's computer doesn't work.
(b) The woman needs to buy a new computer.
(c) Getting a new computer is expensive.
(d) He can go shopping with the woman today.

W: 내 컴퓨터가 또 고장 났어. 너무 화난다.
M: 또? 있잖아, 그냥 새 컴퓨터를 한 대 사지 그래.
W: 하지만 돈이 충분치 않아.
M: 지금 있는 거 고치는 데 어차피 돈을 많이 쓰게 될 거야.
W: 맞아. 곧 업그레이드를 해야 할 것 같아.
M: 곧? 아니야, 오늘 사러 가야 해.

Q: 남자의 요점은 무엇인가?

(a) 여자의 컴퓨터가 작동하지 않는다.
(b) 여자는 새 컴퓨터를 사야 한다.
(c) 컴퓨터를 새로 사는 것은 돈이 많이 든다.
(d) 남자는 오늘 여자와 함께 쇼핑 갈 수 있다.

해설 남자의 요점을 묻는 문제이다. 남자가 you should just buy a new one이라며 여자에게 새 컴퓨터를 사라고 조언했고, 또한 you should go shopping for one today에서 다시 한 번 컴퓨터를 오늘 사야 한다고 강조하고 있으므로, 정답은 (b)이다.

어휘 break down 고장 나다

35

정답 (c)

W: I'm leaving for Miami on Friday.
M: Don't forget to take your swimsuit and suntan lotion!
W: Don't worry, I've got them all packed.
M: By the way, are you going to rent a car?
W: Yeah, why?
M: Well, make sure it doesn't look rented.
W: Why? Is it dangerous?
M: Yeah, criminals tend to target tourists, so be careful.

Q: What is the man mainly doing?

(a) Asking the woman about her recent trip to Miami.
(b) Warning the woman about reckless driving.
(c) Giving the woman advice about visiting Miami.
(d) Telling the woman about good places to visit.

W: 나 금요일에 마이애미로 떠나.
M: 수영복이랑 선탠 로션을 잊지 말고 가져가!
W: 걱정 마, 다 싸 놨으니까.
M: 그런데, 차를 빌릴 거야?
W: 응, 왜?
M: 흠, 렌터카 같이 보이지 않도록 해.
W: 왜? 위험해?
M: 응, 범죄자들이 여행객들을 표적으로 잘 삼는다고 하니까, 조심해.

Q: 남자는 주로 무엇을 하고 있는가?

(a) 여자의 최근 마이애미 여행에 대해 물어보기.
(b) 여자에게 위험하게 운전하는 것에 대해 경고하기.
(c) 여자에게 마이애미에 방문하는 것에 대해 조언하기.
(d) 방문하기 좋은 장소에 대해서 여자에게 알려주기.

해설 대화에서 남자가 무엇을 하고 있는지 묻는 문제이다. 남자가 Don't forget to take your swimsuit and suntan lotion이라며 마이애미로 떠나는 여자에게 챙겨야 할 물품을 이야기했고, 또한 make sure it doesn't look rented에서 범죄의 표적이 될 수 있으므로 렌터카인 티를 내지 말 것을 당부하고 있으므로, 정답은 (c)이다.

오답분석
(a) 여자가 아직 마이애미로 여행을 가기 전에 이루어진 대화이므로 오답이다.

어휘 criminal [krímənəl] 범죄자 target [tɑ́:rgit] 표적으로 삼다 reckless [réklis] 부주의한, 무모한

36

정답 (b)

W: Would you be interested in going to a jazz concert?
M: Well, it depends. When is it, and who's performing?
W: It's next Thursday at 7:00 p.m. It's a Moon Travelers' concert.
M: Let's see . . . Hmm, actually, I have to prepare for a presentation that night.
W: Are you sure? Can't you work on it some other time?
M: Sorry, but that's my only free night for it, and it's due the next day.

Q: What is mainly happening in the conversation?

(a) The woman is asking about a jazz band.
(b) The man is declining an invitation because of work.
(c) The man is explaining about his upcoming presentation.
(d) The woman is trying to persuade the man to work less.

W: 재즈 콘서트 가는 거 어때요?
M: 음, 상황에 따라 달라요. 그 공연 언제하고, 누가 하는 거죠?
W: 다음 주 목요일 오후 7시이고, Moon Travelers의 콘서트예요.
M: 어디 보자… 흠, 실은 그날 밤에 프레젠테이션 준비해야 해요.
W: 정말이요? 다른 시간에 준비하면 안 돼요?
M: 죄송하지만, 준비할 시간이 그때밖에 없어서요. 다음 날까지 해야 하거든요.

Q: 대화에서 주로 무슨 일이 일어나고 있는가?

(a) 여자가 재즈 밴드에 대해서 물어보고 있다.
(b) 남자가 일 때문에 초대를 거절하고 있다.
(c) 남자가 하게 될 프레젠테이션에 대해 설명하고 있다.
(d) 여자가 남자에게 일을 덜 하도록 설득하고 있다.

| 해설 대화에서 일어나고 있는 상황을 묻는 문제이다. 남자가 actually, I have to prepare for a presentation that night라며 재즈 콘서트에 가자는 여자의 제안에 거절했고, 또한 Sorry, but that's my only free night for it, and it's due the next day에서 미안하지만 어쩔 수 없다고 이야기하고 있으므로 남자가 일 때문에 초대를 거절하고 있음을 알 수 있다. 따라서 (b)가 정답이다.

오답분석
(d) 여자가 남자에게 일을 덜 하는 것이 아니라 다른 날에 하도록 설득하는 상황이므로 (d)를 택하지 않도록 조심하자.

| 어휘 presentation [prìːzəntéiʃən] 발표, 보고 decline [dikláin] 거절하다 upcoming [ʌ́pkʌ̀miŋ] 다가오는, 앞으로 올 persuade [pərswéid] 설득하다

37

정답 (a)

M: Hello, Jennifer. This is Roger. I need to speak to Peter.
W: I'm sorry but he just stepped out.
M: Do you know where he went? It's important. I need his help.
W: He's on his way to the gym and won't be back for a few hours.
M: OK. I'll have to call his cell phone. Do you have the number?
W: Yes, it's 777-7687.

Q: What is the purpose of Roger's call?

(a) To get a hold of Peter as quickly as possible.
(b) To find out where Peter went.
(c) To ask if Peter has a cell phone.
(d) To speak to Jennifer in private.

M: 여보세요, Jennifer. Roger예요. Peter랑 통화하고 싶은데요.
W: 죄송한데, 방금 나갔어요.
M: 어디로 갔는지 아세요? 중요한 일이라서요. 그의 도움을 받아야 하거든요.
W: 헬스장 가고 있는 중이고, 한두 시간 정도는 안 돌아올 거예요.
M: 알았어요. 핸드폰으로 전화해야겠네요. 전화번호 아세요?
W: 네, 777-7687번이에요.

Q: Roger가 전화한 목적은 무엇인가?

(a) 가급적 빨리 Peter와 연락하기 위해서.
(b) Peter가 어디로 갔는지 알아내기 위해서.
(c) Peter가 핸드폰을 가지고 있는지 물어보기 위해서.
(d) Jennifer와 사적으로 이야기하기 위해서.

| 해설 Roger가 전화한 목적을 묻는 문제이다. 남자가 I need to speak to Peter라며 Peter와의 통화를 요청하는 것을 시작으로 Peter에게 연락을 취할 수 있는 방법에 대한 대화가 오가므로 정답은 (a)이다.

오답분석
(b) 남자가 Peter가 어디로 갔는지 물은 것은 연락을 취하기 위함이지, 어디로 갔는지 알아내기 위함은 아니므로 오답이다.

| 어휘 step out 나가다 gym [dʒim] 헬스장, 체육관 get a hold of ~와 연락하다 in private 사적으로

38

정답 (a)

M: How's your new apartment?
W: Great. It's completely furnished and has a great view.
M: So, you didn't have to buy any new furniture?
W: No, and it's quite roomy, too.
M: Well, it's always nice to have plenty of space.
W: Right. I feel very relaxed.

Q: What does the woman think about the apartment?

(a) It is quite spacious.

M: 새 아파트 어때?
W: 좋아. 가구도 다 갖추어져 있고 전망도 아주 좋아.
M: 그럼, 가구를 새로 살 필요가 없었겠네?
W: 응, 그리고 아파트가 꽤 넓기도 해.
M: 음, 공간이 넓은 건 늘 좋은 일이지.
W: 맞아. 아주 편안해.

Q: 여자는 아파트에 대해 어떻게 생각하는가?

(a) 꽤 넓다.

(b) It has too many bedrooms.
(c) It needs new furniture.
(d) It is better than her last apartment.

(b) 침실이 너무 많다.
(c) 가구가 새로 필요하다.
(d) 그녀의 예전 아파트보다 낫다.

해설 아파트에 대한 여자의 의견을 묻는 문제이다. 여자가 it's quite roomy, too라며 꽤 넓다는 의견을 제시했으므로 (a)가 정답이다.

오답분석
(c) 가구가 모두 갖추어져 있다고 했으므로 오답이다.
(d) 예전 아파트에 대한 언급은 없으므로 오답이다.

어휘 furnished [fə́ːrniʃt] 가구가 갖춰진 view [vjuː] 전망 roomy [rú(ː)mi] 넓은 relaxed [rilǽkst] 편안한 spacious [spéiʃəs] 넓은

39

정답 (d)

M: You know, I want to buy a new car.
W: What's wrong with this one? I think it's a great car.
M: The interior is ugly, and no one drives such an old-fashioned car nowadays.
W: But it's never given you any trouble.
M: No, not mechanically. It's the look of it that bugs me.
W: Well, I think you're asking for too much.

Q: Why is the man complaining about his car?

(a) He thinks he paid too much for it.
(b) It has mechanical problems.
(c) The interior is falling apart.
(d) It is not stylish enough.

M: 있잖아, 차를 새로 사고 싶어.
W: 이 차에 무슨 문제 있어? 차 좋은 것 같은데.
M: 내부도 보기 흉하고, 요즘에 아무도 그런 구식 자동차는 안 몰아.
W: 하지만 지금껏 아무 문제 없었잖아.
M: 그래, 기계적으로는 없었어. 외관이 마음에 안 드는 거지.
W: 음, 내가 보기엔 넌 너무 많은 걸 바라는 것 같아.

Q: 남자는 왜 자신의 차에 대해 불평하고 있는가?

(a) 자동차 값을 너무 많이 냈다고 생각한다.
(b) 차에 기계적인 문제가 있다.
(c) 내부가 떨어져 나가고 있다.
(d) 충분히 세련되지 않다.

해설 남자가 차에 대해 불평하는 이유를 묻는 문제이다. 남자가 It's the look of it that bugs me라며 차의 외관이 마음에 들지 않는다고 했으므로, 차가 충분히 세련되지 않다고 생각한다는 것을 알 수 있다. 따라서 정답은 (d)이다.

오답분석
(b) 차에 기계적인 문제는 없다고 했으므로 오답이다.
(c) 차의 내부가 보기 흉하다고 했지 내부가 떨어져 나가고 있다고 하지 않았으므로 오답이다.

어휘 interior [intí(ː)əriər] 내부 old-fashioned 구식의 mechanically [məkǽnikəli] 기계적으로 bug [bʌg] 귀찮게 굴다, 거슬리다 stylish [stáiliʃ] 세련된, 멋있는

40

정답 (b)

M: Oh, hi, you're back from the conference.
W: Yes, and I'm exhausted.
M: So, was it worth it?
W: Well, I didn't really learn anything new there.
M: You mean all that money you spent on the trip was a waste?

M: 오, 안녕, 회의에서 돌아왔구나.
W: 응, 너무 피곤해.
M: 그래, 보람은 있었고?
W: 음, 솔직히 새로 배운 건 없었어.
M: 여행에 쓴 돈이 다 낭비였단 말이야?
W: 완전히 낭비는 아니었어. 흥미로운 사람들과 인맥을 쌓을 수 있는 기회였거든.

W: Not entirely. I had the opportunity to network with a lot of interesting people.
M: Great. Business contacts are what it's all about.

Q: What did the woman get out of the conference?

(a) She learned about computer networking.
(b) She secured some valuable contacts.
(c) She acquired new business techniques.
(d) She met up with some old business friends.

M: 잘 됐네. 사업적 인맥이 정말 중요하잖아.

Q: 여자는 회의에서 무엇을 얻었는가?

(a) 컴퓨터 네트워킹에 대하여 배웠다.
(b) 중요한 인맥을 확보했다.
(c) 새로운 사업 기술을 습득했다.
(d) 옛 사업 친구들을 만났다.

해설 여자가 회의에서 얻은 것을 묻는 문제이다. 여자가 I had the opportunity to network with a lot of interesting people 라며 회의에서 흥미로운 사람들과 인맥을 쌓았다고 했으므로 정답은 (b)이다.

오답분석
(a) 대화의 network는 업무에 도움을 줄 만한 사람을 만나 '인맥을 쌓다'라는 의미로 컴퓨터 네트워킹과는 다른 의미이므로 (a)를 고르지 않도록 조심하자.

어휘 exhausted[igzɔ́:stid] 피곤한 waste[weist] 낭비 entirely[intáiərli] 완전히 network with ~와 인적 관계를 구축하다 contact[kɑ́ntækt] 교제, 관계 secure[sikjúər] 확보하다 acquire[əkwáiər] 습득하다

41

정답 (c)

W: Traffic is horrible these days, isn't it?
M: That's for sure. I'm thinking of carpooling.
W: That's smart. You won't have to drive all of the time.
M: And it would also save on gas.
W: So, who would you carpool with?
M: I don't know yet. I'll have to ask around.
W: Well, I'll carpool with you if you want.
M: Hey, why didn't I think of that?

Q: Which is correct according to the conversation?

(a) The man wants to sell his car.
(b) The woman does not know who to carpool with.
(c) The man thinks carpooling saves money.
(d) The woman thinks carpooling is a big hassle.

W: 요즘 차가 너무 많이 막혀, 그렇지?
M: 정말 그래. 나 카풀할까 생각 중인데.
W: 현명한 선택인 걸. 그럼 내내 운전만 할 필요 없잖아.
M: 기름도 절약되고.
W: 그럼, 누구랑 카풀할 건데?
M: 아직 모르겠어. 한번 여기저기 물어봐야지.
W: 네가 원한다면 내가 카풀해 줄게.
M: 맞아, 왜 그 생각을 진작 못했을까?

Q: 대화에 따르면 맞는 것은 무엇인가?

(a) 남자는 차를 팔고 싶어한다.
(b) 여자는 누구와 카풀을 해야할 지 모른다.
(c) 남자는 카풀이 돈을 절약할 수 있다고 생각한다.
(d) 여자는 카풀하는 것이 큰 골칫거리라고 생각한다.

해설 대화의 내용과 일치하는 것을 묻는 문제이다. And it would also save on gas에서 남자가 카풀을 통해 기름을 절약할 수 있다고 했으므로 (c)가 정답이다.

오답분석
(b) 여자가 아니라 남자가 누구와 카풀을 해야할 지 모르는 상황이므로 오답이다.

어휘 horrible[hɔ́(:)rəbl] 끔찍한 gas[gæs] 휘발유 ask around 여기저기 물어보다 hassle[hǽsl] 골칫거리

42

정답 (d)

M: Hi, Beth?
W: Oh, hi, Andrew. Are we still on for the movie tonight?
M: Well, actually, that's what I came to talk to you about.
W: What's the problem? Can't you make it?
M: That's just it. I'm afraid I have to work late.
W: Then let's just go when you get off work.
M: OK, but I might not get off till 10.
W: That's fine. It's the weekend.

Q: Which is correct according to the conversation?

(a) The movie date has been postponed until tomorrow.
(b) The woman has to work till 10 o'clock on the weekend.
(c) The man is not able to join the woman for the movie tonight.
(d) The woman does not think 10 o'clock is too late.

M: 안녕, Beth?
W: 아, 안녕, Andrew. 우리 오늘 영화 보러 가는 거 맞지?
M: 음, 사실은 그것 때문에 이야기하려고 왔어.
W: 무슨 일 있어? 못 가는 거야?
M: 맞아. 늦게까지 일해야 할 것 같아.
W: 그럼 너 퇴근하고 나서 보러 가자.
M: 좋아, 하지만 10시까지는 퇴근 못 할 거야.
W: 괜찮아. 주말이잖아.

Q: 대화에 따르면 맞는 것은 무엇인가?

(a) 영화 데이트는 내일로 연기되었다.
(b) 여자는 주말에 10시까지 일해야 한다.
(c) 남자는 오늘 여자와 같이 영화 보러 못 간다.
(d) 여자는 10시가 너무 늦다고 생각하지 않는다.

해설 대화의 내용과 일치하는 것을 묻는 문제이다. 남자가 but I might not get off till 10에서 10시 이후에 퇴근하고 영화를 볼 수 있다고 하자, 여자가 That's fine. It's the weekend라며 주말이라 괜찮다고 답하고 있으므로 정답은 (d)이다.

오답분석
(a) 남자가 늦게까지 일을 한다고 했지, 내일로 미룬다는 언급은 없었으므로 오답이다.
(b) 주말에 10시까지 일해야 하는 사람은 여자가 아닌 남자이므로 오답이다.
(c) 일이 끝나고 영화를 보자는 여자의 제안에 남자가 OK라고 승낙하였으므로 오답이다.

어휘 get off work 퇴근하다 postpone [pous*t*póun] 연기하다, 늦추다

43

정답 (c)

M: I'm really sorry to hear that you didn't get the promotion, Janice.
W: It's OK. The person who got it deserved it more.
M: That's generous of you to say that.
W: Well, I've worked with her for years and know her well.
M: But now that she's your boss, will you be able to get along with her?
W: It won't be a problem. We have a good relationship.

Q: What can be inferred about the woman?

(a) She works for the man.
(b) She is going to quit her job.
(c) Her new boss is a former coworker.
(d) Her boss gave her a new position.

M: Janice, 네가 승진 못 한 거 유감으로 생각해.
W: 괜찮아. 승진한 사람이 나보다 더 자격이 있었는 걸.
M: 그렇게 말하다니 참 아량이 넓구나.
W: 음, 그 사람이랑 몇 년 동안 같이 일해서 잘 알아.
M: 하지만 이젠 네 직장 상사인데, 잘 지낼 수 있을 것 같아?
W: 문제 없어. 우리 사이는 좋으니까.

Q: 여자에 대해 추론할 수 있는 것은 무엇인가?

(a) 남자 밑에서 일한다.
(b) 직장을 그만 둘 것이다.
(c) 새로운 직장 상사는 이전 동료였다.
(d) 직장 상사가 그녀에게 새로운 직책을 부여했다.

해설 여자에 대해 추론할 수 있는 내용을 묻는 문제이다. 여자가 I've worked with her for years and know her well에서 여자가 새로 승진한 사람과 오랫동안 같이 일했다고 하자, 남자가 But now that she's your boss라며 이제 그 사람이 여자의 상

사가 되었다고 했으므로, 여자의 이전 동료가 승진을 해서 새로운 상사가 되었음을 추론할 수 있다. 따라서 정답은 (c)이다.

오답분석

(a) 대화에서 여자와 남자의 상하 관계는 언급되지 않았으므로 오답이다.

| 어휘 deserve[dizə́:rv] ~을 받을 자격이 있다, ~할 만하다 generous[dʒénərəs] 아량이 넓은 get along with ~와 잘 지내다 relationship[riléiʃənʃip] 관계 former[fɔ́:rmər] 이전의 coworker[kóuwə̀:rkər] 직장 동료

44

정답 (d)

M: I can't believe how cold my apartment is.
W: There's a problem with the central heating.
M: Is your place cold, too?
W: Yeah, I reported it and they've called in a repair man.
M: Well, I hope they can fix it soon.
W: Me, too. I heard it's going to get colder tonight.

Q: What can be inferred from the conversation?

(a) The woman cannot afford a new heating system.
(b) The man is going to buy a heater.
(c) The man and woman work together.
(d) The man and woman live in the same building.

M: 아파트가 어쩜 이렇게 추운지 믿을 수 없어.
W: 중앙 난방에 문제가 있는 것 같아.
M: 너희 집도 춥니?
W: 응, 신고했더니 수리공을 불러 줬어.
M: 빨리 수리를 할 수 있으면 좋겠네.
W: 내 말이. 오늘밤에는 더 추워진대.

Q: 대화로부터 추론할 수 있는 것은 무엇인가?

(a) 여자는 새로운 난방 시스템을 마련할 돈이 없다.
(b) 남자는 히터를 구입할 것이다.
(c) 남자와 여자는 같이 일한다.
(d) 남자와 여자는 같은 건물에서 산다.

| 해설 대화를 통해 추론할 수 있는 내용을 묻는 문제이다. 여자가 There's a problem with the central heating이라며 아파트의 중앙 난방에 문제가 있다고 하자, 남자가 Is your place cold, too?라며 여자의 집도 추운지 묻고 있으므로, 남자와 여자가 같은 아파트에 살고 있다는 것을 추론할 수 있다. 따라서 정답은 (d)이다.

오답분석

(c) 같이 일하는 것이 아니라 같은 건물에 사는 것이므로 (c)를 고르지 않도록 조심하자.

| 어휘 central heating 중앙 난방 report[ripɔ́:rt] 신고하다 call in ~를 부르다 afford[əfɔ́:rd] ~을 살 여력이 되다

45

정답 (b)

W: Did you watch "*The Best Cuisine*" show last night?
M: As a matter of fact, yes. Why?
W: Well, I'm planning to make that chicken casserole for my family tonight.
M: You mean the dish they made on the show?
W: Yeah. Do you remember the ingredients?
M: Not exactly. But you might be able to find them online.
W: Right. I'll try that. Thanks.

Q: What can be inferred from the conversation?

(a) The woman's family often has chicken casserole for dinner.
(b) The woman will look for the recipe on the Internet.
(c) The man watches the cooking show every night.
(d) The man has a better memory than the woman.

W: 어젯밤 "The Best Cuisine" 프로그램 봤니?
M: 보긴 봤어. 왜?
W: 음, 오늘밤 가족들에게 그 치킨 캐서롤 좀 요리해 줄까 해.
M: 그 프로그램에서 만든 요리 말이야?
W: 응. 재료 기억하니?
M: 정확히는 아냐. 하지만 온라인 상에서 찾을 수 있을 거야.
W: 맞아. 그렇게 해봐야지. 고마워.

Q: 대화로부터 추론할 수 있는 것은 무엇인가?

(a) 여자의 가족은 종종 저녁 식사로 치킨 캐서롤을 먹는다.
(b) 여자는 인터넷으로 조리법을 찾아볼 것이다.
(c) 남자는 매일 밤 그 요리 프로그램을 본다.
(d) 남자는 여자보다 기억력이 좋다.

| 해설 대화를 통해 추론할 수 있는 내용을 묻는 문제이다. 남자가 you might be able to find them online이라며 여자에게 요리에 필요한 재료를 온라인에서 찾을 수 있을 것이라고 조언했으므로, 여자가 인터넷으로 조리법을 찾아볼 것임을 추론할 수 있다. 따라서 정답은 (b)이다.

오답분석
(a) 여자의 가족이 평소 치킨 캐서롤을 먹는다는 언급이 없으므로 오답이다.

| 어휘 cuisine [kwizí:n] 요리 as a matter of fact 사실상, 실제로 casserole [kǽsəròul] 찜 냄비 요리 dish [diʃ] 요리, 음식 ingredient [ingrí:diənt] 재료 recipe [résəpì:] 요리법

Part IV

46

정답 (a)

In English one word can typically have many different meanings. For example, the word "earth" is used to name the ground we walk on, the soil in which we grow plants, and the planet itself. And we also use it to describe all of humanity, as in the expression, "the whole earth was affected by the dramatic events." In this sentence, "earth" refers to "the whole human race."

Q: What is the speaker's main point?

(a) A word can have many meanings in English.
(b) Huge events can affect everyone on earth.
(c) The rules of English grammar are changing.
(d) The concept of "earth" is similar in different languages.

영어에서는 일반적으로 하나의 단어가 다양한 뜻을 지닐 수 있다. 예를 들어, "earth"라는 단어는 우리가 걷는 땅, 식물이 자라는 토양, 그리고 지구 자체를 가리킬 때 쓰인다. 또한 "the whole earth was affected by the dramatic events(인류 전체는 그 극적인 사건으로 영향을 받았다)"의 표현에서와 같이, 인류 전체를 일컬을 때도 사용한다. 이 문장에서, "earth"는 "인류 전체"를 뜻한다.

Q: 화자의 요점은 무엇인가?

(a) 영어에서는 하나의 단어가 많은 의미를 지닐 수 있다.
(b) 거대한 사건들이 지구상의 모든 사람들에게 영향을 미칠 수 있다.
(c) 영어 문법 규칙은 변화하고 있다.
(d) "earth"라는 개념은 서로 다른 언어에서도 비슷하다.

| 해설 화자의 요점을 묻는 문제이다. 담화의 첫 부분에 In English one word can typically have many different meanings를 시작으로 "earth"를 예로 들어, 영어에서 하나의 단어가 여러 의미를 지닐 수 있다는 것을 설명하고 있으므로 정답은 (a)이다. (b)는 "earth"가 "인류 전체"라는 의미로 쓰인 예시일 뿐이므로 오답이다.

| 어휘 typically [típikəli] 일반적으로, 전형적으로 different [dífərənt] 다양한 soil [sɔil] 흙, 토양 humanity [hju(:)mǽnəti] 인류 affect [əfékt] 영향을 주다 dramatic [drəmǽtik] 극적인 refer to ~을 가리키다, ~을 나타내다 human race 인류

47

정답 (c)

If you are an expectant mother and are tired of looking for suitable maternity clothes, then Old Trader Store is for you. We are now offering a new line of maternity skirts. These skirts have an "over-the-belly" fit, so you can wear them through the whole nine months of pregnancy. And their beauty and elegance make them ideal for dressier affairs. For this month only, you can get a 50% discount on these

적절한 임부복을 찾는 데에 진절머리 난 예비 어머니들, 여러분께는 Old Trader Store가 있습니다. 지금 저희는 새로 나온 임산부용 치마를 판매하고 있습니다. 이 치마는 "배를 가려 주는" 형태라, 아홉 달의 임신 기간 내내 입으실 수 있습니다. 또한 예쁘고 우아해서 잘 갖춰 입어야 하는 모임에도 이상적입니다. 이번 달만 이 치마들을 50% 할인해 드립니다! 오늘

skirts! So stop by an Old Trader Store today.

Q: What is being advertised?

(a) A storewide sale at Old Trader Store.
(b) A new line of pants for new mothers.
(c) Skirts for women expecting a baby.
(d) Skirts for overweight women.

Old Trader Store에 들러 보세요.

Q: 광고되고 있는 것은 무엇인가?

(a) Old Trader Store의 매장 전반에 걸친 세일.
(b) 예비 어머니를 위한 새로운 바지 상품.
(c) 출산 예정인 여성을 위한 치마.
(d) 비만 여성을 위한 치마.

해설 무엇을 광고하는지 묻는 문제이다. We are now offering a new line of maternity skirts에서 임산부용 신제품 치마를 광고하고 있음을 알 수 있으므로 정답은 (c)이다. 치마에 대한 세일만을 광고하고 있고 매장의 모든 상품이 세일이라고 하지 않았으므로 (a)는 오답이다.

어휘 expectant [ikspéktənt] 임신한 suitable [sjú:təbl] 적절한 maternity clothes 임부복 pregnancy [prégnənsi] 임신, 임신 기간 elegance [éləgəns] 우아함 dressier affair 잘 갖춰 입고 갈 일 storewide [stɔ́:rwàid] 매장 전반의 expect [ikspékt] 출산을 앞두다 overweight [óuvərwèit] 비만의

48

정답 (b)

At 18 to 31 miles above the earth's surface, there is a layer of hot air called the ozone layer, measuring 108 degrees Fahrenheit. The warmth is caused by the ozone's absorption of heat from the sun. Ozone is a special form of oxygen in which a molecule consists of three atoms of oxygen instead of the usual two. The hot ozone layer serves to protect us from the ultraviolet rays of the sun. Without it, we would not be able to bear the sun's light.

Q: What is the best title for the lecture?

(a) The Body's Need for Oxygen.
(b) The Importance of the Ozone Layer.
(c) The Dangers of the Sun's Rays.
(d) The Earth's Rising Temperatures.

지구 표면으로부터 18~31마일에는 오존층이라고 불리는 화씨 108도의 뜨거운 공기층이 있다. 오존층의 온기는 오존이 태양의 열기를 흡수함으로써 발생한다. 오존은 분자 안에 산소 원자가 일반적으로 2개가 있는 대신 3개가 있는 특별한 형태의 산소이다. 뜨거운 오존층은 태양에서 나오는 자외선으로부터 우리를 보호해 준다. 오존층이 없다면, 우리는 햇빛을 감당해 낼 수 없을 것이다.

Q: 강의의 제목으로 가장 알맞은 것은 무엇인가?

(a) 신체의 산소 필요성.
(b) 오존층의 중요성.
(c) 햇빛의 위험성.
(d) 지구의 온도 상승.

해설 강의의 제목으로 알맞은 것을 묻는 문제이다. 강의의 앞부분에서 오존층에 대해 설명한 후, The hot ozone layer serves to protect us from the ultraviolet rays of the sun. Without it, we would not be able to bear the sun's light에서 오존층의 자외선 차단 기능에 대해 설명하고 있으므로 정답은 (b)이다.

어휘 layer [léiər] 층 ozone layer 오존층 absorption [əbsɔ́:rpʃən] 흡수 molecule [máləkjù:l] 분자 consist of ~으로 구성되다, ~을 함유하다 serve to ~해주다 ultraviolet rays 자외선

49

정답 (b)

Our exclusive footwear label, D-Mark, is known around the world for beautiful, classic handmade shoes. All of our footwear is handmade and produced in a way that is non-exploitative to animals and the environment. Our footwear is made from all-natural materials, ranging from luxurious

저희 고급 신발 브랜드인 D-Mark는 예쁘고, 고풍스러운 수제화로 전 세계적으로 유명합니다. 저희 신발은 모두 수제이며, 동물과 환경을 착취하지 않는 방법으로 제작됩니다. 고급 새틴에서 유기농 면화까지, 저희 신발은 모두 천연 소재로 만들어집니다. 저희는 언

satins to organic cottons. We are proud to recycle our materials whenever possible and are committed to using the most natural, eco-friendly fabrics.

Q: What is the most distinctive feature of the D-Mark label?

(a) Their footwear is luxurious and beautiful.
(b) Their shoes are environment-friendly.
(c) Their shoes can be worn on any occasion.
(d) Their footwear is made from recycled shoes.

제나 소재 재활용을 할 수 있음에 자부심을 느끼며, 가장 자연적이고 환경 친화적인 천을 사용하는 데 전념하고 있습니다.

Q: D-Mark 브랜드의 가장 두드러진 특징은 무엇인가?

(a) 신발이 고급스럽고 예쁘다.
(b) 신발은 환경 친화적이다.
(c) 신발은 어떠한 경우에라도 신고 갈 수 있다.
(d) 신발은 재활용 신발로 만들어진다.

해설 D-Mark 브랜드의 가장 두드러진 특징을 묻는 문제이다. All of our footwear is handmade and produced in a way that is non-exploitative to animals and the environment에서 D-Mark의 모든 신발이 동물과 환경을 착취하지 않는 방법으로 제작된다고 한 후, Our footwear is made from all-natural materials에서 신발이 천연 소재로 만들어졌다고 했으므로, (b)이다.

어휘 exclusive [iksklúːsiv] 고급의, 유일한 exploitative [iksplɔ́itətiv] 착취적인 satin [sǽtn] 새틴 (비단의 일종) organic [ɔːrgǽnik] 유기농의 cotton [kɑ́tən] 면 be committed to ~에 전념하다 eco-friendly 환경 친화적인 fabric [fǽbrik] 천, 직물 distinctive [distíŋktiv] 특유한, 뚜렷이 구별되는

50

정답 (b)

In this part of the management seminar we'll be delving into the tricky business of finding the best employees. Your business' survival depends on hiring the right people, so you need to make sure you effectively screen candidates by finding out all you can during the interview. Therefore, it's important to create a list of interview questions that are open-ended so that candidates will talk about themselves. You should arrange a good mix of questions that will give you a complete picture of the candidate's background and personality.

Q: What is the main topic of the talk?

(a) What to look for in job applicants.
(b) How to screen potential employees.
(c) Why some job candidates are better than others.
(d) Which policies can ensure the survival of a business.

경영 세미나의 이번 파트에서는 최적의 직원 찾기라는 난제를 탐구해 보도록 하겠습니다. 여러분 사업의 생존은 적절한 사람들을 고용하는 것에 달려 있기 때문에, 면접 시 지원자들에 대하여 모든 것을 알아냄으로써 그들을 효과적으로 걸러낼 필요가 있습니다. 그러므로, 지원자들이 자신에 대해 이야기할 수 있는 자유형 질문 목록을 만드는 것이 중요합니다. 지원자의 배경과 성격을 완전히 이해할 수 있는 질문들을 적절히 섞어서 배치해야 합니다.

Q: 담화의 주제는 무엇인가?

(a) 취업 지원자에게서 어떤 점을 찾아야 하는가.
(b) 직원 후보들을 어떻게 걸러낼 것인가.
(c) 왜 일부 취업 지원자들이 다른 지원자들보다 더 나은가.
(d) 사업의 생존을 보장하는 정책에는 어떠한 것들이 있는가.

해설 담화의 주제를 묻는 문제이다. so you need to make sure you effectively screen candidates에서 사업의 성공을 위해 입사 지원자들을 효과적으로 걸러내야 한다고 했고, 그 이후에 그러한 방법을 구체적으로 제시하고 있으므로 정답은 (b)이다. 지원자에게서 어떠한 점을 찾아야 하는지 구체적으로 제시하지 않고 있으므로 (a)는 오답이다.

어휘 delve into ~을 탐구하다, ~을 파고들다 tricky [tríki] 다루기 힘든, 까다로운 effectively [iféktivli] 효과적으로 candidate [kǽndidèit] 지원자 open-ended 정해진 답이 없는, 자유로이 대답할 수 있는 arrange [əréindʒ] 배치하다 applicant [ǽplikənt] 지원자 potential [pəténʃəl] 잠재적인

51

정답 (c)

I think many of you here today have missed a key point. While you insist that globalization has generated wealth and welfare, you have not recognized that it is a source of persistent inequality and social exclusion. This disparity has elicited a fiery response from a growing number of individuals in many countries. And unless these realities are admitted and dealt with, we will continue to see the kind of violent protests that regularly accompany financial and trade conferences like this one.

Q: What is the speaker's main point about globalization?

(a) It has brought different nations together at financial and trade conferences.
(b) Its reality is being acknowledged and dealt with in poorer countries.
(c) It has triggered angry reactions from many people around the world.
(d) It has generated unprecedented wealth in certain countries.

오늘 여기 계신 여러분 중 상당수가 요점을 이해하지 못하시는 것 같습니다. 여러분께서는 세계화가 부와 행복을 창출해냈다고 주장하시지만, 그것이 끊임없는 불평등과 사회적 차별의 원천이 된다는 점은 깨닫지 못하고 계십니다. 이러한 불균형은 여러 나라에서 점점 많은 수의 사람들로부터 격렬한 반응을 불러일으켰습니다. 그리고 이런 현실이 인정되고 해결되지 않는 이상, 우리는 이번처럼 재정 무역 회의 때 정기적으로 동반하는 시위를 계속 경험하게 될 것입니다.

Q: 세계화에 대한 화자의 요점은 무엇인가?

(a) 재정 무역 회의 시 여러 나라들을 한 자리에 모이게 하였다.
(b) 가난한 나라에서 세계화의 현실을 인정하고 해결하고 있다.
(c) 전 세계 많은 사람들로부터 성난 반응을 불러일으켰다.
(d) 일부 국가에 전례에 없던 부를 발생시켜 주었다.

해설 세계화에 대한 화자의 요점을 묻는 문제이다. it is a source of persistent inequality and social exclusion에서 세계화가 불평등과 사회적 차별을 양산했다고 했고, 이어서 This disparity has elicited a fiery response from a growing number of individuals in many countries에서 이러한 불균형이 세계 많은 사람들에게서 격렬한 반응을 불러일으켰다고 했으므로, 정답은 (c)이다.

어휘 insist[insíst] 주장하다 globalization[glòubəlizéiʃən] 세계화 generate[dʒénərèit] 창출하다 welfare[wélfὲər] 복지 persistent[pərsístənt] 끊임없는 inequality[ìni(:)kwáləti] 불평등 exclusion[iksklúːʒən] 차별 disparity[dispǽrəti] 불평등 elicit[ilísit] 이끌어내다 fiery[fáiəri] 격렬한 admit[ədmít] 받아들이다 deal with ~을 해결하다 violent[váiələnt] 폭력적인 protest[próutest] 시위 accompany[əkʌ́mpəni] ~와 동반하다 acknowledge[əknálidʒ] 인정하다, 승인하다 trigger[trígər] 불러일으키다, 유발하다 reaction[riǽkʃən] 반응 unprecedented[ʌnprésidèntid] 전례 없는

52

정답 (b)

How can we make our streets safer for children? This is a question that all of us should ask. First, we should take an active role in monitoring our children when they are outdoors. That means that we should know exactly where they are or where they are going. Next, we must educate our children on the most common dangers they face in the streets and how to avoid them. Finally, we have to build communities, environments and opportunities for our children that don't put them in harm's way.

Q: What is the speaker's main point?

(a) The city is increasingly becoming a more dangerous place for children.

어떻게 하면 도로를 아이들에게 좀 더 안전하게 만들 수 있을까요? 이것이 우리 모두가 물어봐야 할 질문입니다. 먼저, 아이들이 밖에 있을 때 우리는 감시에 적극적인 역할을 수행해야 합니다. 즉, 아이들이 어디에 있으며, 어디로 가는지를 정확히 알고 있어야 한다는 말입니다. 다음으로, 아이들이 도로에서 접하는 가장 보편적인 위험 요소와 이것들을 어떻게 피하는지에 대해 교육시켜야 합니다. 마지막으로, 아이들이 위험에 처하지 않는 공동체, 환경, 그리고 기회를 만들어 주어야 합니다.

Q: 화자의 요점은 무엇인가?

(a) 도시는 어린이에게 점점 더 위험한 곳이 되어가고 있다.

(b) Everyone should take responsibility for children's safety in the streets.
(c) Public safety is an issue that should concern us all.
(d) Everyone should contribute to building a healthy community.

(b) 도로에서의 어린이 안전을 위해 모두가 책임 의식을 가져야 한다.
(c) 공공 안전은 우리 모두와 관련된 문제이다.
(d) 누구나 건강한 공동체를 만들기 위해 기여해야 한다.

| 해설 화자의 요점을 묻는 문제이다. 담화의 첫 문장인 How can we make our streets safer for children?에서 어떻게 해야 어린이에게 좀 더 도로를 안전하게 만들 수 있을지 논제를 제시했고, This is a question that all of us should ask에서 우리 모두에게 해당하는 질문이라고 했으며, 그 이후에 차례로 이를 위한 방법을 구체적으로 제시하고 있으므로, 정답은 (b)이다. (c)의 공공 안전은 어린이를 위한 안전한 도로라는 주제에서 벗어나 지나치게 큰 범위를 다루고 있으므로 오답이다.

| 어휘 take an active role in ~을 적극적으로 수행하다 monitor[mánitər] 감시하다 face[feis] ~에 직면하다
take responsibility 책임을 지다 concern[kənsə́:rn] ~에게 관련되다, ~에게 중요하다 contribute to ~에 기여하다

53

정답 (d)

The film you are about to see was made by Jacques Cousteau, the great explorer of the world's oceans. Cousteau was born in France in 1910, and was educated at a naval school. Later he served in the French navy. In 1943 he designed the aqualung that made it possible for divers to stay underwater for hours. Cousteau eventually became famous for his underwater films, made as he sailed the world in his boat, the *Calypso*.

Q: Which is correct about Jacques Cousteau?

(a) He started making underwater films in 1943.
(b) He became famous during his time in the navy.
(c) He achieved success with a film called *Calypso*.
(d) He developed the aqualung for underwater diving.

곧 보시게 될 영화는 세계 대양의 위대한 탐험가인 Jacques Cousteau에 의해 제작되었습니다. Cousteau는 1910년에 프랑스에서 태어나 해군 학교에서 교육받았으며, 이후 프랑스 해군에서 복무하였습니다. 1943년에 Cousteau는 잠수부들이 물속에서 장시간 있을 수 있도록 해주는 수중 호흡기를 고안하였습니다. Cousteau는 '칼립소'라는 보트를 타고 세계를 항해하면서 찍은 수중 영화들로 마침내 유명해졌습니다.

Q: Jacques Cousteau에 대해 맞는 것은 무엇인가?

(a) 1943년에 수중 영화를 제작하기 시작했다.
(b) 해군 복무 당시 유명해졌다.
(c) 〈칼립소〉라는 영화로 성공하게 되었다.
(d) 수중 잠수용 호흡기를 개발하였다.

| 해설 Jacques Cousteau에 대해 일치하는 내용을 묻는 문제이다. he designed the aqualung that made it possible for divers to stay underwater for hours에서 Cousteau가 잠수부들을 위한 수중 호흡기를 고안했다고 했으므로, 정답은 (d)이다. (a)는 1943년에 수중 호흡기를 만들었다고 했지 수중 영화를 찍은 시점은 언급되지 않았으므로 오답이고, (c)는 Calypso가 영화 제목이 아니라 보트 이름이므로 오답이다.

| 어휘 naval[néivəl] 해군의 aqualung[ǽkwəlʌ̀ŋ] 수중 호흡기 underwater[ʌ̀ndərwɔ́:tər] 물속에; 물속의
eventually[ivéntʃuəli] 결국 sail[seil] 항해하다

54

정답 (a)

Today's agenda is relatively short and simple. We will begin by briefly going over the changes in our sales reporting system as discussed at our previous meeting. Then we'll move on to a brainstorming session on ways to improve our after-sales customer support. You'll find a copy of the main points for discussion listed in the

오늘 토의 사항은 비교적 짧고 간단합니다. 이전 회의에서 논의하였던 바와 같이 판매 보고 시스템의 변동 사항을 간략히 검토하는 것으로 시작할 것입니다. 그런 다음 고객 애프터서비스를 개선시키기 위한 방법들을 브레인스토밍하는 방향으로 진행하겠습니다. 여러분 앞에 있는 문서에 주요 논제 목록이 있을 것입니다.

documents in front of you.

Q: What was discussed at the last meeting?

(a) Changes to the sales reporting system.
(b) Ways to boost product sales.
(c) How to improve after-sales services.
(d) Upcoming changes in sales personnel.

Q: 지난 회의 시 무엇이 논의되었는가?

(a) 판매 보고 시스템의 변동 사항.
(b) 상품 판매량을 끌어올리는 방법.
(c) 애프터서비스를 개선시키기 위한 방법.
(d) 판매 직원들의 차후 인사 이동.

해설 지난 회의에서 논의한 내용을 묻는 문제이다. We will begin by briefly going over the changes in our sales reporting system as discussed at our previous meeting에서 이전 회의에서 논의했던 바와 같이 판매 보고 시스템의 변동 사항을 되짚어 본다고 했으므로, 정답은 (a)이다. (c)는 이번 이번 회의에서 논의할 사항이므로 오답이다.

어휘 agenda[ədʒéndə] 의사 일정, 협의 사항 relatively[rélətivli] 비교적, 상대적으로 sales[seilz] 판매 previous[príːviəs] 이전의 move on to ~으로 진행하다 boost[buːst] 끌어올리다 personnel[pə̀ːrsənél] 인사, 전 직원

55

정답 (d)

The Washington-based Frazen Institute has recently set out guidelines to prevent a global recession. The 400-page report indicates the likelihood of a worldwide economic failure in the next 25 years unless major reforms are carried out by at least half of the world's leading economic powers. Since it was compiled by the prestigious Frazen Institute, the report is likely to carry much weight among legislators internationally.

Q: Which is a topic detailed in the Frazen Institute's report?

(a) The likelihood of a political alliance among leading powers.
(b) The failure of recent worldwide economic reforms.
(c) The history of global recession in the past century.
(d) The probability of a future worldwide financial crisis.

워싱턴에 본사를 두고 있는 Frazen Institute는 세계적 경기 침체를 예방하기 위한 지침을 구축하였습니다. 이 400페이지 분량의 보고서는 세계 경제 선진국의 적어도 절반이 경제 개혁을 실행하지 않는 이상, 차후 25년 안으로 세계적인 경제 실패 현상이 나타날 것이라고 지적하고 있습니다. 명성 있는 Frazen Institute에서 편찬되었기 때문에, 이 보고서는 국제적으로 입법자들 사이에서 큰 영향력을 지닐 것 같습니다.

Q: Frazen Institute의 보고서에서 상술된 주제는 무엇인가?

(a) 주요 강대국들 간의 정치적 협력의 가능성.
(b) 최근 전 세계적인 경제 개혁의 실패.
(c) 지난 세기에 있었던 전 세계적 경기 침체의 역사.
(d) 차후 전 세계적인 재정 위기의 발생 가능성.

해설 Franzen Institute의 보고서에서 상술된 주제를 묻는 문제이다. The 400-page report indicates the likelihood of a worldwide economic failure in the next 25 years에서 이 보고서가 차후 25년 내에 발생할 세계적인 경제 실패 가능성을 지적하고 있다고 했으므로, (d)가 정답이다. 전 세계적인 경제 개혁이 필요하다고 했지 이것이 이미 실패했다고는 하지 않았으므로 (b)는 오답이다.

어휘 recession[riséʃən] 경기 침체 indicate[índikèit] 말하다, 암시하다 likelihood[láiklihùd] 가능성 reform[riːfɔ́ːrm] 개혁 compile[kəmpáil] 편찬하다 prestigious[prestídʒiəs] 명성 있는 weight[weit] 무게, 부담 legislator[lédʒislèitər] 입법자 detail[ditéil] 상술하다, 자세히 열거하다 alliance[əláiəns] 협력 probability[prɑ̀bəbíləti] 가능성 crisis[kráisis] 위기

56

정답 (d)

After a series of allegations made in the media against AIM Services with regard to their new life insurance policies, a class action lawsuit has finally been filed against the company. In a court document released to the press yesterday, lawyers for the 100 clients suing the company allege that false advertising misled consumers as to the potential cash value of their policies. The company has declined to comment on the allegations.

Q: Why is AIM Services being sued?

(a) They cancelled life insurance policies.
(b) They refused to pay out life insurance claims.
(c) They failed to release information to the press.
(d) They used deceptive marketing techniques.

AIM Services의 새 생명보험 상품에 대한 일련의 혐의가 대중매체에서 제기된 이후, 이 회사에 대하여 마침내 집단 소송이 제기되었다. 어제 언론에 공개된 법원 문서에 따르면, 회사를 고소한 100명의 고객 측 변호사들은 허위 광고로 인해 소비자들이 해당 보험 상품의 가능한 해약 환불금에 대해 잘못 알게 되었다고 주장하고 있다. 회사 측은 본 주장에 대해 어떤 의견도 말하지 않고 있다.

Q: AIM Services가 고소당한 이유는 무엇인가?

(a) 생명보험을 해약하였다.
(b) 생명보험 보험금 지급을 거부했다.
(c) 언론에 정보를 공개하지 않았다.
(d) 사기성 마케팅 전략을 사용하였다.

해설 AIM Services가 고소당한 이유를 묻는 문제이다. lawyers for the 100 clients suing the company allege that false advertising misled consumers as to the potential cash value of their policies에서 허위 광고로 인해 소비자들이 보험 상품의 가치를 잘못 알게 되었다고 했으므로 (d)가 정답이다.

어휘 allegation [æləgéiʃən] 단언, 주장 with regard to ~에 대하여 class action 집단 소송 lawsuit [lɔ́:sjù:t] 소송 lawyer [lɔ́:jər] 변호사 allege [əlédʒ] 혐의를 제기하다 mislead [mislí:d] 오해하게 하다 consumer [kənsjú:mər] 소비자 potential [pəténʃəl] 가능한 cash value (보험의) 해약 환불금 comment [kάment] 답변하다 deceptive [diséptiv] 속이는

57

정답 (d)

It will interest you to know that the activity of keeping the mouth clean dates back to Buddha. It is recorded that he would use a "tooth stick" as part of his personal hygiene regimen. Later, in 23 AD the practice of oral hygiene included using ashes from burnt mouse heads and goat feet. However, no record of actual toothpaste exists before 1780, when a paste that contained burnt bread was introduced. In the 19th century, charcoal was very popular for teeth cleaning until Colgate made the first commercial toothpaste in 1873.

Q: Which is correct according to the talk?

(a) An oral regimen for mouth cleaning was first invented by Buddha.
(b) People once used the body parts of domestic animals for mouth cleaning.
(c) Toothpaste made in the 19th century contained charcoal.
(d) Cleaning was accomplished without toothpaste prior to 1780.

구강을 청결하게 하는 행위가 부처 시절까지 거슬러 올라간다는 사실은 흥미로울 것이다. 부처가 개인 위생 수단으로써 "이 막대기"를 사용했다는 기록이 있다. 이후, 기원후 23년에는 생쥐 머리와 염소의 발을 태운 재를 사용한 구강 청결 관습이 있었다. 그러나, 태운 빵을 함유한 치약이 도입된 1780년 이전에는 실제적인 치약에 대한 기록이 존재하지 않는다. 1873년 Colgate 사에서 최초로 대중 상품화된 치약을 만들기 전까지, 19세기에는 숯이 이닦기에 매우 인기가 있었다.

Q: 담화에 따르면 맞는 것은 무엇인가?

(a) 구강 청결의 방법은 부처가 처음으로 발명하였다.
(b) 사람들은 한때 구강 청결을 위해 가축의 신체 일부를 사용했다.
(c) 19세기에 만들어진 치약에는 숯이 함유되어 있었다.
(d) 1780년 이전에는 치약 없이 이를 닦았다.

| 해설 담화의 내용과 일치하는 것을 묻는 문제이다. no record of actual toothpaste exists before 1780에서 1780년 이전에는 치약에 대한 기록이 없다는 내용을 통해, 실제 치약이 존재하지 않았음을 알 수 있다. 따라서 (d)가 정답이다. (b)는 구강 청결에 가축의 신체 일부를 사용한 것이 아니라 생쥐 머리와 염소의 발을 태운 재를 사용한 것이므로 오답이며, (c)는 19세기에는 숯 자체가 이 닦기에 사용되었지 치약에 숯이 함유되어 있었다는 것은 아니므로 오답이다.

| 어휘 hygiene [háidʒi(:)n] 위생 regimen [rédʒəmən] 수단 oral [ɔ́(:)rəl] 구강의 goat [gout] 염소
toothpaste [tú:θpèist] 치약 charcoal [tʃɑ́:rkòul] 숯 commercial [kəmə́:rʃəl] 상업적인 domestic [dəméstik] 가정의
prior to ~이전에

58

정답 (a)

Before I give you a demonstration, let me explain about bladderwort plants, such as this one here. They come in about 200 different varieties. But, what makes this particular plant unique is that it is carnivorous. It has this pouch which contains a smelly water-like substance, a leaf covering at the top that acts as a trapdoor and sensitive trigger "hairs" on its side. When a mosquito or fly unsuspectingly brushes against the hairs, the trapdoor opens and the smell inside the pouch attracts the insect inside. As you will see, once the insect enters the pouch, the trapdoor closes and traps it.

Q: What will the speaker show the audience next?

(a) A bladderwort plant catching its prey.
(b) Different varieties of the bladderwort plant.
(c) How to grow a bladderwort plant at home.
(d) A cross-section drawing of a bladderwort plant.

시연을 해 드리기 전에, 여기 있는 이것과 같은 통발이 식물에 대해 설명하겠습니다. 통발이 식물에는 약 200여 종이 있습니다. 하지만, 이것이 특별한 이유는 바로 육식성이라는 데 있습니다. 악취가 나는, 물과 비슷한 물질이 들어 있는 주머니가 있고, 가장 윗부분에는 뚜껑문과 같은 역할을 하는 이것을 덮는 잎사귀가 있습니다. 그리고 측면에는 민감한 방아쇠 장치인 "털"이 있습니다. 모기나 파리가 태연하게 그 털에 비비적대면, 뚜껑문이 열리면서 주머니 안의 냄새가 곤충을 안으로 유인합니다. 보시게 될 것처럼, 곤충이 주머니 안으로 들어가면, 뚜껑문이 닫히면서 곤충을 잡게 되는 것입니다.

Q: 다음에 화자는 청중에게 무엇을 보여줄 것인가?

(a) 통발이 식물이 먹이를 잡는 모습.
(b) 다양한 종류의 통발이 식물.
(c) 집에서 통발이 식물을 기르는 방법.
(d) 통발이 식물의 단면도.

| 해설 화자가 다음에 청중에게 보여줄 것을 묻는 문제이다. 통발이 식물에 대해 설명한 후 마지막 문장, As you will see, once the insect enters the pouch, the trapdoor closes and traps it에서 곤충이 통발이 식물의 주머니 안으로 들어가서 잡히게 되는 것을 앞으로 보게 될 것이라고 했으므로, 정답은 (a)이다.

| 어휘 demonstration [dèmənstréiʃən] 시연, 실연 bladderwort [blǽdərwə̀:rt] 통발이 (육식 식물의 일종)
variety [vəráiəti] 종, 종류 unique [ju:ní:k] 독특한 carnivorous [kɑ:rnívərəs] 육식성의 pouch [pautʃ] 주머니
substance [sʌ́bstəns] 물질 trapdoor [trǽpdɔ̀:r] 뚜껑문 sensitive [sénsitiv] 민감한 trigger [trígər] 방아쇠, 제동장치
mosquito [məskí:tou] 모기 unsuspectingly [ʌ̀nsəspéktiŋli] 태연하게 brush [brʌʃ] 스치다 prey [prei] 먹이
cross-section drawing 단면도

59

정답 (b)

This year's Annual International Conference on Digital Imaging in Medicine will be held from June 25 to 27 at the new Spritz Center in the heart of Sydney, Australia. The conference will provide an opportunity for prominent specialists, researchers and engineers from throughout the world to share their latest research in the area of medical digital imaging and its many applications. It will be held in

올해의 의료 디지털 이미징 국제 회의는 6월 25일부터 27일까지 호주 시드니의 중심부에 위치한 새 Spritz Center에서 열릴 것입니다. 본 회의를 통해 전 세계의 저명한 각계 전문가, 연구원 및 기술자들이 의료 디지털 이미징과 응용 분야에 대한 최근의 연구 결과를 나누는 기회가 될 것입니다. 본 회의는 생물 의학 공학과 지능 시스템 및 통제 UN 회의와 함께

conjunction with the UN Congress on Biomedical Engineering and Intelligent Systems and Control.

Q: What can be inferred from the announcement?

(a) The UN will provide funding for some presenters at this conference.
(b) Many conference participants will present cutting-edge technologies.
(c) Sydney is the permanent host city for this particular conference.
(d) This is the first conference ever to be held on this topic.

열릴 것입니다.

Q: 안내 방송으로부터 추론할 수 있는 것은 무엇인가?

(a) UN이 회의 발표자 일부에게 자금을 제공할 것이다.
(b) 다수의 회의 참가자들이 최신 기술을 소개할 것이다.
(c) 시드니는 이 특정 회의의 영구 개최지이다.
(d) 이 회의는 본 주제에 관하여 처음으로 열리는 회의이다.

해설 안내 방송을 통해 추론할 수 있는 내용을 묻는 문제이다. The conference will provide an opportunity for prominent specialists, researchers and engineers from throughout the world to share their latest research in the area of medical digital imaging and its many applications에서 전 세계의 전문가, 연구원, 기술자들이 최근의 연구 결과를 나눌 것이라고 했으므로, 최신 기술을 소개하는 자리가 될 것임을 추론할 수 있다. 따라서 정답은 (b)이다.

어휘 medicine [médisin] 의료 prominent [prámənənt] 저명한 specialist [spéʃəlist] 전문가 researcher [risə́ːrtʃər] 연구원 engineer [èndʒiníər] 기술자 application [æpləkéiʃən] 응용 in conjunction with ~와 함께 biomedical [bàioumédikəl] 생명 의학의 funding [fʌ́ndiŋ] 자금 presenter [prizéntər] 발표자 cutting-edge 최신의 permanent [pə́ːrmənənt] 영구적인 host [houst] 개최지

60

정답 (c)

One important word you may come across in your literary studies is "synecdoche." Synecdoche, like metonymy, is an effective and subtle rhetorical strategy that writers use to allude to something without stating it explicitly. It is achieved by mentioning only part of something, such as a person, a thing or a concept in a way that conjures up a whole set of associations, which may or may not be integral to the meaning the writer is attempting to convey. Some uses of synecdoche in literature have even become a part of popular culture.

Q: What will the speaker most likely talk about next?

(a) When the use of synecdoche first appeared in literature.
(b) Why writers choose to use synecdoche in their work.
(c) What instances of synecdoche are most widely known.
(d) How synecdoche can be used by authors for different effects.

여러분이 문학 공부를 하는 중에 마주치게 될 중요한 단어 중 하나는 "제유법"입니다. 제유법이란, 환유법처럼 작가가 무엇인가를 직접적으로 말하지 않고 돌려서 말할 때 사용하는, 효과적이면서도 확연히 드러나지는 않는 수사법의 일종입니다. 제유법은 사람, 물건 혹은 개념과 같이 일부분만을 언급해서 그것이 속한 전체를 연상시키게끔 하는 방식으로, 이 전체라 함은 작가가 전달하고자 하는 원래 의미에 꼭 필요한 것일 수도 있고 아닐 수도 있습니다. 문학 작품에서의 몇몇 제유법 사용은 대중 문화의 일부로까지 자리 잡았습니다.

Q: 화자는 다음에 무엇에 대해 이야기할 것 같은가?

(a) 문학에서 제유법 사용이 처음으로 등장했던 때.
(b) 작가들이 작품에 제유법을 사용하는 이유.
(c) 제유법의 실례 중 가장 널리 알려진 것들.
(d) 작가들이 다양한 효과를 위해 제유법을 사용하는 방법.

| 해설 화자가 다음에 이야기할 내용을 묻는 문제이다. 제유법의 의미를 설명한 후, Some uses of synecdoche in literature have even become a part of popular culture에서 제유법의 사용이 대중 문화의 일부로 자리잡았다고 했으므로, 실제로 대중 문화에서 제유법이 사용되는 예를 보여줄 것임을 추론할 수 있다. 따라서 (c)가 정답이다.

| 어휘 come across 마주치다 synecdoche [sinékdəki] 제유법 metonymy [mitánəmi] 환유법 effective [iféktiv] 효과적인 subtle [sʌ́tl] 미묘한 rhetorical [ritɔ́(:)rikəl] 수사(修辭)적인 strategy [strǽtədʒi] 전략 allude to ~을 내비치다 state [steit] 말하다 explicitly [iksplísitli] 명료하게 conjure [kándʒər] 연상시키다 association [əsòusiéiʃən] 연상 integral [íntəgrəl] 꼭 필요한 convey [kənvéi] 전하다 effect [ifékt] 효과

TEST 1

GRAMMAR

Part I

1

정답 (c)

A: When is the deadline for the application?
B: You need ______________ it by 5 p.m. today.

(a) complete
(b) completing
(c) to complete
(d) have completed

A: 지원 마감이 언제죠?
B: 오늘 오후 5시까지는 완료하셔야 합니다.

해설 동사 need 뒤의 올바른 동사 형태를 묻는 문제이다. need는 '~할 필요가 있다'라고 할 때 to부정사를 목적어로 취하므로 (c) to complete가 정답이다. 참고로, 이 외에 to부정사를 목적어로 취하는 동사에는 '희망 · 기대'를 의미하는 want, wish, hope, expect, '계획 · 결정'을 의미하는 plan, decide, '제안 · 요구 · 거절'을 의미하는 offer, ask, refuse, fail 등이 있다.

오답분석
(a)처럼 need를 조동사로 쓰고 뒤에 동사원형이 나오는 경우가 있는데, 이는 부정문과 의문문에 해당되는 경우이므로 긍정문에서는 사용할 수 없다. (ex. You need not go there. 너는 그곳에 갈 필요가 없다.) (b)의 경우에는 need 뒤에 to부정사가 수동형으로 나오면 [need + to be p.p.]를 [need + –ing]로 바꿔 쓸 수 있다. 따라서 need completing을 쓰면 '네가 완료되어질 필요가 있다'로 수동으로 해석되어 어색하며, 빈칸 뒤의 목적어 it을 이끌 수도 없다.

2

정답 (a)

A: So, what happened to Snow White after she was taken to the forest?
B: ______________ in the woods, she found the cottage where seven dwarfs lived.

(a) Lost
(b) Losing
(c) To lose
(d) Been lost

A: 그래서, 백설공주가 숲 속으로 끌려 간 다음에 무슨 일이 생겼어?
B: 숲에서 길을 잃었고, 일곱 난쟁이가 살고 있던 오두막집을 발견했어.

해설 콤마 뒤에 she found the cottage ~로 주절이 나왔으므로, 빈칸을 포함한 부분은 부사구의 역할을 해야 한다. 보기에 –ing 또는 p.p.의 형태들이 나와 있어, 분사구문의 올바른 형태를 묻고 있음을 알 수 있다. '숲에서 길을 잃은 백설공주'의 의미를 완성해야 하는데, '길을 잃다'라는 표현은 be lost로 나타내므로 She was lost를 분사구문으로 축약한 것을 찾는다. 주절과 같은 주어 she를 생략하고 동사 was를 being으로 고치면 되는데, being 또한 생략 가능하므로 (a) Lost가 정답이다.

오답분석
(d)처럼 분사구문이 Been으로 시작할 수는 없다. been은 have 동사 뒤에만 나올 수 있는 단어인데, 분사구문에서 being은 생략할 수 있어도 having을 삭제하고 been만 남는 경우는 없기 때문이다.

어휘 cottage [kátidʒ] 오두막집, 작은 집 dwarf [dwɔːrf] 난쟁이 be lost (길 · 방향을) 잃다

3

정답 (b)

A: Your hair is getting rather long.
B: Yes, I'd better get it ________________.

(a) trim
(b) trimmed
(c) to be trimmed
(d) having trimmed

A: 네 머리가 좀 길구나.
B: 응, 살짝 다듬는 게 좋겠어.

해설 빈칸 앞에 동사 get과 목적어 it이 나온 것으로 보아, [get + 목적어 + 목적격 보어 (~에게 …하도록 시키다)]의 5형식 구조에서 목적격 보어 자리를 완성하는 문제임을 알 수 있다. 이때 목적어와 목적격 보어는 주어와 술어의 관계에 있는데, 목적어가 뒤의 동작을 직접 하는 능동의 의미일 때는 to부정사를 써서 [get + 목적어 + to부정사]가 되고, 되어지는 대상인 수동의 의미일 때는 과거분사를 써서 [get + 목적어 + p.p.]의 형태가 된다. '머리가 다듬어지도록 하다'라는 의미가 되어야 하므로 수동의 의미를 나타내어 p.p. 형태로 쓴 (b) trimmed가 정답이다.

오답분석
(c)의 경우, 준사역동사 get의 쓰임은 [get + 목적어 + to부정사]와 [get + 목적어 + p.p.]의 두 가지 형태 뿐이며, 이때 수동의 표현을 to be p.p.로는 쓰지 않으므로 오답이다.

어휘 rather[rǽðər] 약간, 다소　trim[trim] 정돈하다, 손질하다

4

정답 (b)

A: Would you like to go to the concert with me?
B: ________________, but I can't.

(a) I'd love
(b) I'd love to
(c) I'd love it to go
(d) I'd love to go to

A: 저와 콘서트 가실래요?
B: 그러고 싶지만, 갈 수 없어요.

해설 '정말 그러고 싶어요'라는 의미의 관용 표현은 (b) I'd love to로 쓸 수 있다. 이때 to는 대부정사로, 앞 문장에서 반복되는 일반동사 이하의 내용을 대신 받는다. 즉, I'd love to go to the concert with you에서 일반동사 go 이하를 생략한 구문이다.

오답분석
(d)의 두 번째 to는 자동사 go 뒤에 나온 전치사이므로 대부정사로 착각하지 않도록 주의한다. 전치사 뒤에는 반드시 명사가 나와야 하므로, to 뒤에 the concert를 써야 맞다.

5

정답 (b)

A: Do you want to go and have a look at the new art center?
B: Not really. I actually ______________ it last weekend.

(a) visit
(b) visited
(c) had visited
(d) was visiting

A: 새로운 예술 회관에 가서 구경할래?
B: 아니, 별로. 사실 지난 주말에 갔었어.

해설 동사 visit의 올바른 시제를 묻는 문제이다. 빈칸 뒤에 'last weekend(지난 주말)'라는 명백한 과거 표현이 쓰였으므로, 과거에 일어난 동작을 가리키는 과거동사 (b) visited가 정답이다.

오답분석
(d) was visiting은 과거에 일시적으로 하고 있던 동작을 나타내는 과거진행 시제로, 해석하면 '방문하고 있던 중이었다'가 되어 틀리다.

6

정답 (c)

A: __________ do you like most about the garden?
B: The flowers and the small pond.

(a) Who
(b) How
(c) What
(d) Where

A: 그 정원에서 가장 맘에 드는 것이 뭐니?
B: 꽃들과 작은 연못이요.

해설 의미상 적절한 의문사를 선택하는 문제이다. B가 대답으로 '꽃들과 작은 연못'이라는 사물을 지칭했으므로, A의 질문은 '무엇이' 가장 마음에 드냐는 의미가 되어야 한다. 따라서 (c) What이 정답이다. 참고로 what은 의문대명사로 문장 내에서 명사 역할(주어, 목적어, 보어)을 하며, 이 문장에서는 타동사 like 뒤의 목적어로 쓰였다.

오답분석
(b) How와 (d) Where는 의문부사로, 뒤에는 모든 필수 문장 성분을 갖춘 완전한 문장이 나와야 한다. 하지만 빈칸 뒤의 타동사 like 뒤에 목적어가 빠져 있으므로 둘 다 정답이 될 수 없다. 참고로 How 뒤에 목적어를 넣어, [How do you like + 명사?]로 의문문을 만들면, '~은 마음에 드십니까?' 또는 '~은 어떻게 해드릴까요?'의 의미가 된다. (ex. How do you like your suit? 양복이 마음에 드세요? / How do you like your coffee? 커피를 어떻게 해드릴까요?)

어휘 pond[pάnd] 연못

7

정답 (d)

A: Mom, can I have one of those bananas?
B: No, they're still ______________.

(a) not too ripe
(b) too not ripe
(c) not enough ripe
(d) not ripe enough

A: 엄마, 바나나 하나 먹어도 돼요?
B: 안 돼, 아직 충분히 익지 않았어.

해설 문맥상 적절한 부사를 선택하고, 그 부사의 올바른 위치를 찾는 문제이다. '바나나를 먹어도 되겠냐'는 A의 질문에, B가 '아직 충분히 익지 않으니 안 된다'는 대답을 하는 것이 알맞다. 따라서 '충분히'라는 뜻의 부사 enough가 들어간 보기 중에 답을 찾아야 한다. 부사 enough는 형용사나 부사를 뒤에서 수식하므로 ripe enough의 어순으로 쓴 (d)가 정답이다. 참고로, 명사를 수식하는 형용사 enough(충분한)는 명사를 앞이나 뒤에서 모두 수식할 수 있다. (ex. enough money = money enough 충분한 돈)

오답분석
(a)와 (b)의 부사 too는 부정적인 뉘앙스로 '지나치게, 너무'라는 뜻이므로, (a)처럼 'No, they're still not too ripe'라고 하면, '바나나가 아직 지나치게 많이 익지 않았으니 먹으면 안 된다'는 의미가 되어 틀리다.

어휘 ripe[rάip] 익은

8

정답 (b)

A: Jim says he's going to quit his job.
B: Really? Why would he do ______________ thing?

(a) such
(b) such a
(c) such one
(d) such the

A: Jim이 직장을 그만둘 거라고 하던데.
B: 정말? 왜 그는 그런 일을 한대?

해설 such와 명사 thing을 올바로 연결한 것을 선택하는 문제이다. such는 단수 가산명사를 수식할 때는 부정관사(a/an) 앞에 such를 써서 [such + a + (형용사) + 명사]의 어순을 취하며, 이때 형용사는 쓰이지 않을 수도 있다. 따라서 가산명사 thing 앞에 부정관사 a를 넣은 (b) such a가 정답이다.

어휘 quit one's job 일을 그만두다

9

정답 (d)

A: Barbara, hurry up! We're going to be late!
B: All right! ______________.

(a) I came
(b) I come
(c) I've come
(d) I'm coming

A: Barbara, 서둘러! 우리 늦겠다!
B: 알았어요! 지금 가요.

해설 동사 come의 올바른 시제를 묻는 문제이다. '서둘러'라는 말에, '금방 가겠다'는 대답을 하는 상황이므로 구어체에서 흔히 쓰는 표현인 (d) I'm coming이 정답이다. 이 문장은 곧 일어날 가까운 미래를 나타내기 위해 진행시제(be -ing)를 쓴 표현이다. 참고로, 우리말로는 '금방 갈게요'라고 해서 동사 go를 써야 할 것 같지만, 영어에서는 이야기하는 상대방의 입장에서 봤을 때 그쪽으로 온다는 의미로 동사 come을 사용한다.

10

정답 (a)

A: Diane, can you sing that song one more time?
B: Only ______________ you accompany me on the piano.

(a) if
(b) but
(c) that
(d) whether

A: Diane, 그 노래 한 번 더 불러 줄 수 있겠니?
B: 피아노 반주만 해주신다면요.

해설 문맥상 자연스러운 접속사를 선택하는 문제이다. A가 노래를 요청하자, B가 '당신이 피아노 반주를 해준다면 그렇게 하겠다'는 대답을 하는 것이 가장 적절하다. 따라서 '조건'의 의미를 가진 (a) if가 정답이다. 이때 빈칸 앞의 Only가 if절을 수식할 수 있으며, '~할 경우에 한해, ~의 경우만'이라는 뜻이 된다.

어휘 accompany on ~으로 반주를 하다

11

정답 (b)

A: Do you have a delivery service?
B: Yes, where do you want it ____________?

(a) deliver
(b) delivered
(c) to deliver
(d) delivering

A: 배달 서비스를 해주나요?
B: 네, 어디로 배달해 드릴까요?

해설 빈칸 앞에 동사 want와 목적어로 it이 나온 것으로 보아 빈칸은 deliver의 목적격 보어가 들어갈 자리이다. 동사 want가 5형식을 이끌 때 보통 [want + 목적어 + to부정사 (목적어가 ~하기를 원하다)]의 구조를 이끌고 오는데, 이때 목적어는 뒤의 동작을 하는 주체를 나타낸다. 하지만 이 대화에서 목적어 it은 사물을 받는 대명사로 배달을 하는 주체가 아니라, 배달되는 대상을 가리키고 있다. 따라서 '그것이 어디로 배송되기를 원하냐' 라는 의미를 만들기 위해 to부정사를 수동형으로 써야 한다. 즉, want it to be delivered가 되는데, 여기서 to be를 생략하고 [want + 목적어 + p.p.]로도 쓸 수 있으므로 (b) delivered가 정답이다.

12

정답 (c)

A: I wonder if you remember my ____________ about information on your courses.
B: Yes, sir. I have an information booklet ready for you right here.

(a) asked
(b) to ask
(c) asking
(d) had asked

A: 제가 교과 과정에 대한 정보를 부탁 드렸는데 기억하고 계시는지 궁금합니다.
B: 예, 물론입니다. 바로 여기 정보 책자를 마련해 놓았습니다.

해설 동사 remember 뒤에 목적어로 들어갈 동사의 올바른 형태를 묻는 문제이다. remember는 '(앞으로) ~할 것을 기억한다' 라는 의미로 쓸 때 미래 지향적인 to부정사를 목적어로 취하지만, '(이전에) ~했던 것을 기억한다' 라고 할 때는 과거 지향적인 동명사를 목적어로 취한다. B가 '책자가 준비되어 있다' 라고 말하는 것으로 보아, A가 요청한 것은 그 이전에 행해진 동작임을 알 수 있다. 따라서 '내가 요청했던 것을 기억하느냐' 라는 의미를 만드는 동명사 (c) asking이 정답이다. 참고로, 문장의 주어와 동명사의 주어가 서로 다를 때, 동명사 앞에 의미상의 주어로 소유격이나 목적격을 쓴다. 즉, remember의 주어는 you지만 asking한 주어는 I이므로 asking 앞에 소유격 my를 썼으며, 이는 me로 바꿔 쓸 수도 있다.

오답분석
(b)처럼 remember 뒤에 to부정사가 올 경우는 그 시점에서 아직 일어나지 않은 동작을 말할 때이다. (ex. Remember to turn off the lights before you go to bed. 자기 전에 불 끄는 걸 잊지 마라.) 뿐만 아니라, to부정사 앞에 의미상의 주어로 소유격을 쓰지 않으므로 빈칸 앞의 my를 보고도 to ask를 고르지 않아야 한다.

어휘 booklet [búklit] 소책자, 팸플릿

13

정답 (a)

A: I have a bad headache.
B: Why don't you take this pill? It'll ____________.

(a) help you feel better

A: 머리가 너무 아파.
B: 이 약 좀 먹어보지 않을래? 좀 좋아질 거야.

(b) help you better feel
(c) help you feeling better
(d) help feeling better for you

| 해설 help 동사의 올바른 쓰임을 묻는 문제이다. help는 3형식이나 5형식에서 모두 to부정사와 연결해서 쓰인다. 즉, 3형식에서 [help + to부정사]로, 5형식에서 [help + 목적어 + to부정사]로 쓰는데, 이때 to는 모두 생략이 가능하다. 따라서 help 뒤에 to를 생략하고 동사원형 feel을 바로 쓴 (a)가 정답이다.

오답분석
(b)에도 동사원형 feel이 나왔으나 '~하게 느끼다'라는 의미로 feel 뒤에 형용사 보어가 나와야 하는데 good의 비교급 better가 동사 앞으로 나갔으므로 틀리다. (d)의 경우, help 뒤에 동명사 -ing가 나올 수 있기는 하지만, 이는 [cannot help -ing (~하지 않을 수 없다)]의 숙어 표현에서나 가능하다. (ex. I cannot help falling in love with him. 나는 그와 사랑에 빠질 수밖에 없다.)

| 어휘 pill [pil] 알약

14

정답 (b)

A: I have decided that I ______________ the job transfer.
B: Good for you. I think you've made a wise choice.

(a) accepted
(b) will accept
(c) have accepted
(d) will have accepted

A: 이직을 받아들이기로 결심했어.
B: 잘 됐네. 난 네가 현명한 선택을 했다고 봐.

| 해설 현재완료(have decided)가 이끄는 주절 뒤의 종속절의 시제를 묻는 문제이다. 결심한 마음 상태는 현재까지 적용되는 사실이므로 현재완료를 써서 have decided가 나왔지만, '~하기로 결심했다'라는 의미에서 뒤의 동작은 아직 일어나지 않은 것이므로 단순미래로 쓴 (b) will accept가 정답이다.

오답분석
(a)의 경우, 시제 일치의 원칙상, 현재완료의 종속절에 과거시제가 올 수 없다. '과거에 받아들였다는 것을 현재 직전에 결심했다'는 말은 논리가 맞지 않는다. (d) will have accepted는 미래완료로, 미래에 완료될 동작이나 상태를 나타내며, 미래의 기준점이 와야 쓰일 수 있는 시제이다. (ex. The snow will have disappeared before the end of this month. 이달 말이 되기 전에 눈은 녹아 없어질 것이다.)

| 어휘 job transfer 이직 make a choice 선택하다

15

정답 (a)

A: Can I help you?
B: I'd like ______________________, please.

(a) to have this prescription filled
(b) to have filled this prescription
(c) this prescription to have filled
(d) filled to have this prescription

A: 도와 드릴까요?
B: 처방약을 조제하고 싶은데요.

| 해설 보기에는 모두 같은 단어들의 서로 다른 배열을 보이고 있으므로 올바른 어순을 묻는 문제이다. 일단 '처방약이 조제되도록 하다'라는 의미로 [사역동사 + 목적어 + 과거분사(p.p.)]를 써서 have this prescription filled를 써야 한다. 여기에 빈칸 앞 would like와 연결하기 위해 to부정사를 붙여 '~하고 싶다'라는 의미를 완성한 (a)가 정답이다.

오답분석

(b)처럼 would like 뒤에는 to부정사의 완료형인 to have p.p.가 올 수 없다. 뿐만 아니라 have와 filled를 연달아 쓰면 처방약을 조제하는 주체는 문장의 주어인 I가 되어 틀리다. (c)의 경우, [would like + 목적어 + to부정사]의 5형식의 구조가 있으나, '사물 목적어(this prescription)가 to부정사(to have filled)의 동작을 직접 하기를 원하다'라는 의미가 되어 불가능하다.

어휘 fill a prescription 처방약을 조제하다

16

정답 (b)

A: Ma'am, I've looked at your car, and it needs major repairs.
B: How much do you think _____________?

(a) will it cost
(b) it will cost
(c) will be cost
(d) cost will be

A: 부인, 차를 점검했는데, 대대적인 수리를 해야겠는데요.
B: 비용이 얼마 정도 들까요?

해설 타동사 think 뒤에 오는 목적어절의 어순을 묻는 문제이다. 명사절 내에서는 도치가 일어나지 않으므로 [주어 + 동사]의 어순으로 나온 (b)가 정답이다. 이때 it will cost는 문두에 있는 how much가 이끄는 간접의문문인데, do you think 표현 때문에 의문사가 문장의 제일 앞으로 나간 구문이다. 따라서 do you think의 문장과 간접의문문이 결합될 경우, [의문사 + do you think + 주어 + 동사?]의 어순이 된다는 것을 기억하자. 이러한 구조를 이끄는 동사는 think 외에도 believe, suppose, guess, imagine이 있다. (ex. How old do you guess she is? (O) 그녀가 몇 살일 거라고 생각하세요? / Do you guess how old she is? (×))

오답분석

(a)의 경우, 빈칸 뒤에 물음표가 있다고 [동사 + 주어]의 순으로 나온 will it cost를 고르지 않도록 주의한다. 의문문을 만들기 위한 도치는 이미 do you think에서 이루어졌으며, 목적어절 내에서는 도치가 일어나지 않는다.

17

정답 (d)

A: I'd like to speak to the owner of this store.
B: That gentleman _____________ in the aisle is the owner.

(a) stood
(b) stands
(c) to stand
(d) standing

A: 이 상점의 주인과 이야기하고 싶은데요.
B: 통로에 서 있는 저 신사분이 주인이십니다.

해설 문장의 주어는 That gentleman이고 동사는 is이므로, 그 사이에 들어가 주어를 수식하는 문장 성분을 선택하는 문제이다. 현재분사(-ing)나 과거분사(p.p.)는 형용사 역할을 해서 명사를 수식할 수 있으므로 빈칸에 들어가기에 알맞다. 수식을 받는 명사 That gentleman이 '서 있는 동작의 주체'라는 의미를 부여하는 능동의 현재분사 (d) standing이 정답이다.

오답분석

(c) to stand는 to부정사의 형용사적 용법으로 앞의 명사를 수식할 수 있는 기능이 있으나, 미래 지향적인 의미로 '(앞으로) ~할'이라는 의미를 부여하기 때문에 여기서는 어색하다. (ex. It's time to leave. 떠날 시간이다.)

어휘 aisle[áil] 통로, 복도

18

정답 (c)

A: Are you still on my cell phone?
B: Oh, I'm sorry. I'll get off in ____________.

(a) minute
(b) minutes
(c) a minute
(d) the minute

A: 아직도 내 핸드폰 사용 중이야?
B: 응, 미안. 금방 끊을게.

해설 명사 minute에 부여할 단 · 복수와 관사에 대해 묻는 문제이다. '즉각, 당장'이라고 할 때는 전치사 in과 함께 부정관사 a를 써서 in a minute라고 하므로 (c) a minute가 정답이다.

19

정답 (a)

A: Guess what? Sean is preparing a feast for us tonight.
B: I was wondering ______________________________ in the kitchen.

(a) what all that noise was about
(b) what was about all that noise
(c) all that noise was about what
(d) what about was all that noise

A: 그거 알아? Sean이 우리를 위해 오늘 저녁 만찬을 준비하고 있어.
B: 부엌에서 나는 요란한 소리가 무엇 때문인지 궁금해 하고 있었어.

해설 타동사 wonder 뒤에 들어갈 목적어절의 어순을 묻는 문제이다. 의문사가 이끄는 명사절은 간접의문문의 어순을 따르므로, [의문사 + 주어 + 동사]의 순서가 옳다. 따라서 의문사 what이 접속사 역할로 가장 먼저 나오고, 그 뒤에 주어 all that noise와 동사 was를 차례대로 쓴 (a)가 정답이다. 참고로 what은 의문대명사로서 문장에서 명사 역할을 하므로 what이 이끄는 절에는 명사가 하나 빠진 불완전한 구조가 나온다. 이 문장에서는 what이 전치사 about의 목적어 역할을 하고 있다.

오답분석

(b)의 경우, 의문사 what이 문장에서 주어 역할을 한다고 보고, 그 뒤에 동사 was와 전치사구 about all that noise를 연결하여 구조적으로 가능한 문장이다. 하지만 해석하면 '무엇이 그 모든 소음에 관한 것이었는지를'이 되어 어색하다.

어휘 feast[fi:st] 잔치, 성찬

20

정답 (d)

A: Is Sam OK? I heard his back is acting up again.
B: Yeah, it's ____________ not having taken his medicine regularly.

(a) by
(b) for
(c) with
(d) from

A: Sam은 좀 괜찮아? 허리가 또 안 좋다고 들었는데.
B: 응, 약을 규칙적으로 먹지 않아서 그렇게 된 거야.

해설 문맥상 알맞은 전치사를 묻는 문제이다. A가 'Sam의 병이 재발했다'는 이야기를 하고, B는 '약을 규칙적으로 먹지 않았다'는 말로 그 원인을 설명하고 있다. 따라서 '~이므로, ~에 의하여'라는 뜻으로, '원인 · 동기'를 나타낼 수 있어 문맥에 가장 적합한 (d) from이 정답이다. (ex. My muscles are sore from playing soccer. 축구를 했더니 근육이 쑤신다.)

오답분석
(b) for에도 '원인'의 의미가 있어, for many reasons라고 하면 '여러 가지 이유로'라는 뜻이 된다. 하지만 It's for you에서처럼 be동사 뒤에 바로 for가 쓰일 경우, '~을 위한, ~을 위해서'로 해석되어 정답이 될 수 없다.

어휘 act up 병이 재발하다 take medicine 약을 먹다

Part II

21

정답 (c)

Tom and Mike bike to school together ________ every morning.

(a) rather
(b) much
(c) almost
(d) enough

Tom과 Mike는 거의 매일 아침 함께 자전거로 학교에 등교한다.

해설 문맥상 알맞은 부사를 묻는 문제이다. 빈칸 뒤에 every morning(매일 아침에)이 있는데, 이 앞에 (c) almost가 들어가면 '(항상은 아니지만) 거의 매일 아침'이라는 의미가 되어 가장 적절하다. 참고로 every 뒤에는 단수명사만 나오므로 '거의 모든 명사'라고 할 때 [almost(부사) + every(형용사) + 단수명사]로 쓸 수 있다.

22

정답 (a)

Not only ____________ the largest state in America, but it is also the state with the most natural resources.

(a) is Alaska
(b) Alaska is
(c) Alaska it is
(d) it is Alaska

알래스카는 미국에서 가장 큰 주일 뿐만 아니라, 천연자원이 가장 풍부한 주이다.

해설 문두의 Not only와 콤마 뒤의 but이 연결된 [not only A but (also) B (A뿐만 아니라 B도 역시)]의 구문이다. 이때 A와 B에는 대등한 문장 성분이 들어가 병렬 구조를 이루어야 하므로 여기서는 절이 들어가야 한다. 이때 A 문장이 부정어 not only로 시작하기 때문에 주어와 동사가 도치되어야 한다. 따라서 동사 is가 먼저 나오고 주어 Alaska가 그 뒤에 쓰인 (a)가 정답이다.

23

정답 (d)

________________ who pioneered the field of modern dance.

(a) Isadora Duncan
(b) Isadora Duncan was
(c) Was Isadora Duncan
(d) It was Isadora Duncan

현대 무용 분야를 개척했던 사람은 바로 Isadora Duncan이었다.

| 해설 빈칸 뒤에 관계사절 who pioneered ~가 나온 것으로 보아, 빈칸에는 주절로서 주어와 동사가 필요함을 알 수 있다. 또한 who 앞에는 선행사로 사람 명사가 들어오는 어순을 취해야 하므로, [주어 + 동사]로 It was를 쓰고 그 뒤에 보어이자 선행사로 Isadora Duncan을 쓴 (d)가 정답이다. 이 문장은 사실 It ~ that 강조 용법에서 강조하는 단어가 사람(Isadora Duncan)이므로 that을 who로 바꿔 쓴 문장이다. It ~ that 강조 용법에서의 that은 강조하는 것에 따라 다른 관계사로 바꿔 쓸 수 있는데, 강조하는 것이 사람이면 who로, 사물이면 which로, 장소이면 where로, 시간이면 when으로 대신할 수 있다. (ex. It was in 1950 when the Korean War broke out. 한국전쟁이 발발한 것은 바로 1950년이었다.)

오답분석

(a)는 문장에 동사가 없어서, (c)는 평서문에 도치가 일어나 틀리다. (b)는 관계대명사 who 앞에 선행사로 the person을 넣어 주면 가능한 구조가 된다.

| 어휘 pioneer[pàiəníər] 개척하다, 선도하다

24

정답 (c)

All applicants __________ secondary education has been completed outside Korea must complete an international student form.

(a) who
(b) that
(c) whose
(d) where

외국에서 중등 교육을 마친 모든 신청자는 국제 학생용 양식을 기입해야 한다.

| 해설 주어는 All applicants이고, 동사는 must complete인 문장에서 주어를 수식하는 형용사절이 그 사이에 들어간 구문이다. 선행사 All applicants와 뒷문장의 명사 secondary education을 연결할 수 있는 관계사는 소유격이어야 하므로 (c) whose가 정답이다.

오답분석

(a) who나 (b) that은 사람 선행사 뒤에 주격이나 목적격 관계대명사로 쓰일 수 있다. 주격으로 쓰일 경우, 뒷문장에는 주어가 빠지고 바로 동사가 나와야 하는데 빈칸 뒤는 명사 secondary education으로 시작하고 있어 옳지 않다. 목적격으로 쓰일 경우, 동사 뒤에 목적어가 빠져 있어야 하는데, 수동형 has been completed는 목적어를 필요로 하지 않는 완전한 구조이므로 역시 가능하지 않다. (d) where는 관계부사로서 장소를 가리키는 선행사 뒤에 나와, '그곳에서'라는 의미로 쓰인다.

| 어휘 secondary education 중등 교육

25

정답 (b)

__________ shy at meeting new people, Dana stood by herself at the party.

(a) Been
(b) Being
(c) To be
(d) To have been

새로운 사람을 만나는 것이 수줍어서, Dana는 파티에서 혼자 서 있었다.

| 해설 콤마 뒤에 주절인 Dana stood ~ party가 나온 것으로 보아 그 앞에 들어갈 분사구문이나 to부정사와 같은 수식어구를 찾는 문제이다. 이 중, '수줍어서 Dana가 혼자 있었다'라는 표현을 완성하는 것이 가장 자연스럽다. 이를 절로 풀어 쓰면 Because she was shy ~가 된다. 이 부사절에서 접속사와 주어를 삭제하고, was의 동사원형에 -ing를 붙여 분사구문을 만든 (b) Being이 정답이다.

오답분석
(a) Been은 have동사 뒤에서만 나오는 단어이므로, being을 삭제하고 been만 남은 분사구문의 형태는 존재하지 않는다. (c) 나 (d)는 to부정사의 부사적 용법으로 빈칸에 들어갈 수 있으나, 해석상 '~하기 위해서'가 되어 전체 문맥에 맞지 않다.

| 어휘 by oneself 혼자서, 홀로 (= alone)

26

정답 (d)

Ancient Romans borrowed many ideas from ________________.

(a) Greek
(b) a Greek
(c) any Greek
(d) the Greeks

고대 로마인들은 그리스인들로부터 많은 아이디어를 가져왔다.

| 해설 Greek 앞에 사용될 한정사를 묻는 문제이다. 그리스 국민 · 사람을 나타내는 명사 Greek을 복수형으로 쓰고 그 앞에 정관사 the를 붙여 쓰면 그 나라의 국민 전체를 칭하는 표현이 된다. 따라서 '그리스 사람들'을 나타내는 (d) The Greeks가 정답이다. 참고로, 국민을 가리키는 명사의 단 · 복수형이 같은 경우가 있는데, French, Spanish, Japanese, Chinese 등이 그러하다. 따라서 이 명사들 앞에 정관사 the가 나올 경우 그 국민 전체를 가리키는 복수 형태로 보고 동사도 복수형을 선택해야 한다는 점에 주의하자. (ex. The French are renowned for their wine. 프랑스인들은 와인으로 유명하다.)

27

정답 (c)

The school advisory board held an emergency meeting, ________________ to teachers' demands for better health care.

(a) respond
(b) responded
(c) responding
(d) having responded

학교 자문 이사회는 긴급 회의를 소집하여, 보다 질 높은 의료를 원하는 교사들의 요구에 응했다.

| 해설 보기에 본동사와 준동사의 형태가 섞여 있는 것으로 보아 문맥상 빈칸에 들어갈 올바른 문장 성분을 찾는 문제이다. 문두의 주어 The school advisory board 뒤에 본동사로 held가 이미 나왔으므로, 빈칸에는 접속사(and, but, or 등)가 없는 한, 두 번째 본동사를 쓸 수 없다. 따라서 빈칸은 접속사 없이 주절에 바로 붙어 쓰이는 분사구문이 들어갈 자리이다. 주절의 주어인 The school advisory board(학교 자문 이사회)는 teachers' demands(교사들의 요구)에 응답한 주체이므로 능동의 현재분사를 쓴 (c) responding이 정답이다.

오답분석
(b) responded를 과거동사로 볼 경우는 접속사 and가 없어 두 번째 동사를 연결할 수 없어 틀리며, 분사구문을 이끄는 과거분사로 볼 경우는 수동의 의미로 '이사회가 응답되어졌다'는 뜻이 되어 역시 오답이다. (d) having responded는 분사구문의 완료형으로, 주절의 동작보다 한 시제 더 빨리 일어난 동작을 의미한다. '회의를 연 것'과, '요구에 응한 것'은 순차적으로 일어난 동작이지, 응답한 것(having responded)이 회의를 열기(held)도 전에 먼저 일어난 것이 아니므로 (d)는 오답이다.

| 어휘 advisory[ədváizəri] 충고의, 자문의 emergenay[imə́ːrdʒənsi] 긴급의 respond to ~에 응하다, ~에 대답하다

28

정답 (d)

Tourists from all over the world come to see the Grand Canyon and other natural wonders ___________ Arizona is famous.

(a) where
(b) in that
(c) whatever
(d) for which

전 세계의 관광객들이 그랜드 캐니언과 그밖에 다른 자연 광경들을 보기 위해 애리조나를 방문한다.

해설 빈칸 앞의 선행사 the Grand Canyon and other natural wonders를 수식할 관계절의 접속사를 선택하는 문제이다. 뒷문장이 is famous로 끝나 있는데, 'Arizona가 (선행사) 때문에 유명하다'는 말을 하려면 ~ which Arizona is famous for라고 쓰면 된다. 이때 전치사 for는 관계대명사 앞으로 나갈 수 있으므로 (d) for which가 정답이다.

오답분석

선행사로 장소가 나왔다고 무조건 (a) where를 선택하지 않도록 주의하자. where를 [전치사 + 관계대명사]로 풀어 쓰면 in which가 되어, '애리조나는 그랜드 캐니언과 자연 광경들에서 유명하다'는 의미가 된다. 하지만, '그곳에서'가 아니라 '그 때문에 유명하다'는 의미가 되어야 하므로 오답이다. (c) whatever는 관계사 what의 기본적 규칙을 그대로 유지하여, 선행사가 나오지 않고 뒷문장은 명사가 하나 빠진 불완전한 구조가 나와야 한다.

어휘 wonder[wʌ́ndər] 놀랄 만한 것, 경이(의 대상)

29

정답 (c)

The youth camp counselor ordered all campers ___________________________.

(a) going for their teeth brush
(b) go for brushing their teeth
(c) to go and brush their teeth
(d) go and to brush their teeth

청소년 캠프의 지도 교사는 모든 야영자들에게 이를 닦으러 가도록 지시했다.

해설 빈칸 앞에 동사 ordered와 목적어 all campers가 있고, 보기에 go라는 동사 형태가 보이는 것으로 보아 타동사 order가 이끄는 5형식의 구조를 완성하는 문제이다. '~에게 …할 것을 명하다'라고 할 경우 목적격 보어로는 to부정사가 쓰여 [order + 목적어 + to부정사]의 구조를 만들므로, to go로 시작하는 (c)가 정답이다.

어휘 counselor[káunsələr] 지도 교사 brush one's teeth 이를 닦다

30

정답 (c)

While in college, statistics ___________ Judy's favorite subject.

(a) is
(b) are
(c) was
(d) were

대학 시절에, 통계학은 Judy가 가장 좋아하는 과목이었다.

해설 주어 statistics에 맞춘 동사의 수와 시제를 결정하는 문제이다. statistics는 '통계학' 또는 '통계론'이라는 뜻으로 학과목 명을 나타낼 때는 단수 취급하므로 (a)와 (c) 중에서 골라야 한다. While 뒤에 생략된 주어와 be동사는 '현재 대학에 있는 동안'이 아니라, '과거 대학에 다닐 때'를 표현하는 것이 적절하므로, While (she was) in college로 봐야 한다. 따라서 주절에도 과거 시제를 쓴 (c) was가 정답이다. 참고로, statistics가 '통계 수치'나 '통계 자료'를 의미할 때는 복수 취급한다. (ex. The statistics show that divorce rate is higher in the US than in other countries. 통계에 따르면, 미국의 이혼율이 다른 나라보다 더 높다.)

31

정답 (b)

In the survey, the customers __________ for their opinions on the store's new products.

(a) were to ask
(b) were asked
(c) had asked
(d) asked

설문 조사에서, 고객들은 그 매장의 신제품에 대한 의견을 쓰도록 요청받았다.

해설 동사 ask의 올바른 시제와 태를 묻는 문제이다. 주어인 고객들(the customers)은 설문지에서 신제품에 대한 의견을 '요청한 주체'가 아니라, 자신들의 의견을 쓰도록 '요청받은 대상'이므로 수동태인 [be + p.p.]가 와야 한다. 따라서 수동형을 쓴 (b) were asked가 정답이다. 참고로, [ask + 사람 + for ~]는 '(누구)에게 ~을 요청하다 · 부탁하다'라는 의미인데, 이 구문이 수동형으로 바뀌어 [사람 + be asked for ~ (누가 ~을 부탁받다)]가 된 것이다.

오답분석

(c) had asked는 과거완료 시제로, 과거보다 더 이전에 일어난 동작임을 나타내기 위해서는 반드시 과거의 기준점이 나와야만 쓸 수 있다.

32

정답 (c)

Melanie __________________ down the street when a big dog came running toward her.

(a) is walking
(b) had walked
(c) was walking
(d) has been walking

큰 개가 Melanie 쪽으로 달려오고 있을 때, 그녀는 길을 걸어 내려가고 있었다.

해설 when절에 과거동사 came이 나온 상황에서 주절의 올바른 시제를 묻는 문제이다. 개가 뛰어왔던(came) 과거의 특정 시점에 Melanie가 하고 있던 행동은 '일시적 동작'을 나타내는 진행시제로 표현해야 한다. 따라서 과거진행으로 쓴 (c) was walking이 정답이다.

33

정답 (a)

Anna is one of those children ________________ to share things.

(a) who refuse
(b) who refuses
(c) which refuse
(d) which refuses

Anna는 물건을 나눠 쓰기 싫어하는 아이들 중의 한 명이다.

해설 올바른 관계대명사와 그 뒤의 동사 refuse의 수를 결정하는 문제이다. 일단, 선행사가 children이므로 사람을 선행사로 받는 who가 나온 것 중에 선택해야 한다. 주격 관계대명사 뒤의 동사는 선행사에 수 일치시키면 되는데, child의 복수형인 children을 주어로 받아 복수동사를 쓴 (a) who refuse가 정답이다.

오답분석

(b)의 경우, one of those children에서 선행사를 one으로 보고 단수동사 refuses를 고를 수 있는데, 문맥상 Anna는 '나눠 쓰기를 싫어하는 아이들' 중에 하나라는 말이 되야 하므로 who의 선행사를 children으로 보는 것이 옳다. (c)나 (d)의 which는 사물이나 동물을 선행사로 받는 관계대명사이다.

34

정답 (d)

New Start is a radical group of scholars ________________ ________________ an alternative school system.

(a) with the goal of develop
(b) with the goal developing
(c) whose goal is developed
(d) whose goal is to develop

New Start는 대안 학교 제도를 개발하려는 목표를 가진 급진적인 학자들의 단체이다.

해설 보기에 공통으로 나온 단어들을 조합해 보면, 빈칸 앞 주어의 '목표(goal)는 ~을 개발하는(develop) 것'임을 알 수 있다. 올바른 문장 성분을 연결해 이 의미를 완성한 것을 찾는 문제이다. a radical group of scholars를 선행사로 받고 소유격 관계대명사 whose로 명사 goal을 수식해 '그 단체의 목표'라는 주어를 만들고, be동사 뒤에 to부정사(to develop)를 보어로 써서 '~을 개발하는 것이다'라는 의미를 완성하는 (d)가 정답이다.

오답분석

(a)의 경우, '~의 목표를 가진'이란 의미로 with the goal of를 쓴 것은 좋으나, 전치사 of 뒤에 동사원형을 써서 틀리다. developing으로 바꾸면 올바른 표현이 된다. (b)는 현재분사 developing이 명사 the goal을 직접 수식하면서 능동의 관계를 만들어, '목표가 개발하는 동작의 주체임'을 표현해서 옳지 않으며, (c)는 is developed로 수동태가 쓰여 빈칸 뒤의 목적어를 연결할 수 없다.

어휘 radical [rǽdikəl] 급진적인, 극단적인 alternative [ɔːltə́ːrnətiv] 대안의, 대신의

35

정답 (b)

__________ offices are fitted with better ventilation, we will see an increased risk of allergic reactions to air pollutants.

(a) Even
(b) Unless
(c) Because
(d) Whether

사무실에 더 나은 환기 장치를 설치하지 않는 한, 공기 오염 물질에 대한 알레르기 반응의 위험도는 증가할 것이다.

해설 문맥상 자연스러운 접속사를 찾는 문제이다. 앞 문장에는 '사무실에 더 좋은 환기 장치가 설치되다'라는 긍정적인 내용이 나오는 반면, 뒷문장에는 '공기 오염 물질에 대한 알레르기 반응을 보일 위험성이 증가될 것이다'라는 부정적 의미가 서술되고 있다. 따라서 '만약 ~ 하지 않는다면'이란 의미를 만들어 문장의 흐름에 가장 자연스러운 (b) Unless가 정답이다. 참고로, unless는 if와 not이 결합된 의미이므로, If offices are not fitted ~로 바꿔 쓸 수도 있다.

오답분석

(a) Even은 부사로, 절과 절을 연결할 수 없으며, (d) Whether는 '~이든 아니든'이란 뜻으로 양보의 부사절을 이끌며, 주로 or (not)과 함께 쓰인다.

어휘 fit A with B A에 B를 설치하다 ventilation [vèntəléiʃən] 환기, 통풍 (장치) pollutant [pəlúːtnt] 오염 물질

36

정답 (c)

England's largest colony was India, __________ an English writer later called "the jewel in the crown" of the British Empire.

(a) that
(b) what
(c) which
(d) whose

영국의 가장 큰 식민지는 인도였는데, 후에 영국의 한 작가는 이곳을 대영제국의 "왕관에 박힌 보석"이라고 칭하였다.

해설 알맞은 관계대명사를 고르는 문제이다. India, 즉 사물을 선행사로 받으며 콤마 뒤에 들어올 수 있는 관계사가 와야 하므로 (c) which가 정답이다. 참고로, 관계대명사 뒤에는 명사가 하나 빠진 불완전한 구조가 나오는데, [call + A(목적어) + B(목적격보어) (A를 B라고 부르다)]에서 목적어가 빠진 구조이다.

오답분석
(a) that은 사람과 사물 선행사를 받을 수 있고 주격이나 목적격으로 모두 쓰일 수 있으나, 콤마 뒤에는 나올 수 없으므로 틀리다. (d) whose는 소유격 관계대명사로, 바로 뒤의 명사를 수식한다. 뒤에 an English writer로 명사구가 나와 whose가 가능한 듯 보이지만, 소유격 my, his, her 등이 [a + 명사]를 수식하는 것이 아니라 관사 없이 직접 명사를 수식하는 것과 마찬가지로 whose 뒤에도 관사 없이 명사가 바로 나와야 하므로 틀리다.

어휘 colony [kɑ́ləni] 식민지

37

정답 (d)

Literacy in medieval times was ______________ an accomplishment related to social standing.

(a) too
(b) such
(c) as great
(d) very much

중세 시대에 읽고 쓸 수 있다는 것은 사회적 신분과 관련된 진정한 성취였다.

해설 '진정한, 단연코 ~이다'라는 뜻으로, 그 명사의 사실성이나 정확성을 강조하기 위한 표현으로 사용되는 [be동사 + very much + 명사]의 숙어 표현에 대해 묻는 문제이다. 따라서 명사 an accomplishment의 의미를 강조하여 쓴 (d) very much가 정답이다. (ex. She is very much a career woman. 그녀는 단연코(영락없는) 전문 직업인이다.)

오답분석
(a) too는 '너무나, 지나치게'라는 부정적인 의미를 갖고 있어 문맥에 어울리지 않으며, [a(n) + 명사]를 직접 수식할 수도 없다. (b) such가 사용될 경우 수식어는 보통 such a great historical accomplishment처럼 명사 앞에 온다. 하지만 여기서는 accomplishment를 수식하는 구인 related to social standing이 명사 뒤에 있으므로 such를 쓸 수 없다. 참고로, such ~ that의 구조에서는 수식어구가 명사 뒤에 오는 것도 가능하다. (ex. Literacy in medieval times was such an accomplishment that it guaranteed a high social standing.)

어휘 literacy [lítərəsi] 읽고 쓰는 능력, 교양 medieval [mìːdiíːvəl] 중세의 accomplishment [əkɑ́mpliʃmənt] 성취, 업적
related to ~에 관련된 social standing 사회적 신분

38

정답 (c)

The dilemma confronting the government nowadays is ______________________ the refugee problem.

(a) lacking funds for coping
(b) lacked funds for coping of
(c) a lack of funds to cope with
(d) to cope with lack for funds of

오늘날 정부가 직면하고 있는 딜레마는 난민 문제를 해결하기 위한 자금이 부족하다는 것이다.

| 해설 보기에 '~의 부족'이란 의미의 a lack of와 '~을 해결 · 대처하다'라는 의미의 cope with가 나와 있는 것으로 보아 이들의 올바른 표현과 어순에 대해 묻는 문제이다. 따라서 주어진 표현을 올바르게 사용한 (c)가 정답이다.

| 어휘 dilemma [dilémə] 진퇴양난, 궁지 confront [kənfrʌ́nt] 직면하다 refugee [rèfjudʒíː] 난민, 망명자
cope with ~에 대처하다

39

정답 (a)

Mozart lived in a period of ______________________.

(a) great musical creativity
(b) great musical creativities
(c) a great musical creativity
(d) the great musical creativities

모차르트는 음악적 독창성이 강렬했던 시기에 살았다.

| 해설 보기에 great musical은 모두 동일하게 제시되어 있고, 관사와 명사 creativity의 단 · 복수에 차이를 두고 있는 것으로 보아 이 명사의 쓰임을 묻는 문제이다. creativity는 '창조성'이란 뜻의 불가산명사이므로, '하나'를 의미하는 부정관사 a나 '여러 개'를 의미하는 복수형 -(e)s를 붙일 수 없다. 따라서 정답은 (a)이다.

| 어휘 creativity [krìːeitívəti] 독창성

40

정답 (d)

__________ the Middle Ages, most women married before reaching the age of 19 in Western Europe.

(a) As
(b) For
(c) While
(d) During

중세 시대에, 서유럽의 대부분의 여성들은 19세가 되기 전에 혼인을 했다.

| 해설 빈칸 뒤의 명사구(the Middle Ages)를 이끌 적절한 전치사를 고르는 문제이다. 주절에 '대부분의 여성들이 19세 이전에 혼인을 했다'라는 말로, 그 시대에 일어난 일이 서술되어 있으므로, '중세 시대 동안, 중에'라는 의미를 만드는 전치사 (d) During이 정답이다. 참고로, during은 보통 [the + 명사]와 함께 쓰이며, 명사 자리에는 '특정 기간'을 나타내는 단어가 나온다. (ex. during the war 전쟁 중에 / during the lecture 강의 중에 / during the holiday 휴일 중에)

오답분석
(b) For는 보통 숫자와 함께 쓰여 '(얼마) 동안'을 나타낸다. (ex. for five years 5년간 / for the next two hours 다음 두 시간 동안)

Part III

41

정답 (c) answer to → answer

(a) A: Your cell phone's ringing. Are you going to get it?
(b) B: No, just let it ring.
(c) A: Why? You'd better answer to it.
(d) B: It's just a sales call. See the number?

(a) A: 네 핸드폰이 울리는데. 받을 거야?
(b) B: 아니, 그냥 울리게 놔둬.
(c) A: 왜? 받는 게 좋을 텐데.
(d) B: 이건 그냥 상업성 전화야. 번호 보이지?

해설 (c)에서 answer(~에 답하다)는 목적어를 바로 뒤에 취하는 타동사이므로, 목적어 it 앞에 전치사 to를 쓰면 틀리다. 따라서 전치사 to를 삭제해야 맞다. (ex. answer the phone 전화를 받다 / answer a question 질문에 답하다)

어휘 sales call 상업성 전화

42

정답 (d) jump it in → jump in it

(a) A: I see you've raked your yard.
(b) B: Yes, I finished it this morning.
(c) A: That pile of leaves must be fun for the kids.
(d) B: Yes, they love to jump it in.

(a) A: 앞마당에서 낙엽 청소를 했군요.
(b) B: 네, 오늘 아침에 끝냈어요.
(c) A: 아이들이 저 나뭇잎 더미에서 놀면 분명 좋아할 거예요.
(d) B: 맞아요, 그들은 그곳으로 뛰어드는 걸 좋아하죠.

해설 (c)에서 A가 '아이들이 나뭇잎 더미에서 노는 것을 좋아할 것'이라고 한 것으로 보아 (d)의 jump it in은 '그것(나뭇잎 더미)에 뛰어들다'라는 의미가 되어야 자연스럽다. 이를 통해 in이 '~에, ~속으로'를 뜻하는 전치사임을 알 수 있다. 전치사가 목적어를 취할 때는 [전치사 + 목적어] 순으로 와야 하므로, it in처럼 [목적어 + 전치사] 어순으로 쓰면 틀리며, 이를 in it으로 바꾸어야 맞다. 참고로, in을 부사로 혼동하여 jump it in을 [동사 + 대명사 + 부사]의 맞는 어순으로 잘못 생각하지 않도록 주의해야 한다. in이 전치사로 쓰일 때는 '~에'와 같은 독립적인 뜻을 지니지만, 부사로 쓰일 때는 in의 독립적인 뜻이 사라지고 동사와 어울려 새로운 뜻이 만들어진다. 예를 들어, hand in(~을 제출하다)에서 in은 독립적인 뜻을 지니지 않은 부사이다.

어휘 rake [reik] 갈퀴로 긁다 pile [pail] 쌓아 올린 것, 더미

43

정답 (c) are → is

(a) A: Be careful. It's more slippery than you think.
(b) B: I am being careful. Don't worry about it.
(c) A: Climbing up those rocks are dangerous.
(d) B: Relax. As I said, I'm fine. I'll go very slowly.

(a) A: 조심하렴. 생각보다 더 미끄럽단다.
(b) B: 조심하고 있어요. 걱정 마세요.
(c) A: 저런 바위를 오르는 것은 위험해.
(d) B: 진정하세요. 말씀 드렸듯이, 전 괜찮아요. 아주 천천히 갈게요.

해설 (c)에서 주어는 Climbing up those rocks이다. 이렇게 주어가 동명사구일 때는 동사는 '단수'를 쓴다. 따라서 복수동사 are는 단수동사 is로 바뀌어야 맞다. 동사 앞 복수명사 rocks 때문에, 복수 주어가 왔다고 잘못 생각하지 않도록 주의한다.

어휘 slippery [slípəri] 미끄러운, 잘 미끄러지는

44

정답 (c) have had → had

(a) A: I wish my son could go to a private school.
(b) B: Why? I thought your son liked his school.
(c) A: Well, if I have had more money, he could go to a better school.
(d) B: The school he is at is pretty good, though.

(a) A: 내 아들이 사립 학교에 다녔으면 좋겠어.
(b) B: 왜? 네 아들은 지금 다니는 학교를 좋아하는 것 같던데.
(c) A: 글쎄, 내가 돈이 좀 더 있다면, 더 좋은 학교에 다닐 수 있을 텐데.
(d) B: 그래도, 지금 다니는 학교도 꽤 괜찮은 곳인데.

해설 아들이 사립 학교에 다녔으면 좋겠다며 현재 사실의 반대를 바라는 문맥이다. 현재 사실의 반대를 바랄 때는 '가정법 과거'를 쓰며, 이때 if절에는 '과거시제' 동사를 쓴다. 따라서 (c)의 if절에서 현재완료 시제 have had를 쓰면 틀리며, 과거시제 had로 바뀌어야 맞다.

어휘 private[práivət] 사립의, 사적인

45

정답 (d) must → can / will

(a) A: Checkmate again! I told you I'd improved.
(b) B: I don't believe it. How can you be so lucky at chess?
(c) A: Lucky? Luck has nothing to do with it. It's pure skill.
(d) B: Let's play again. I'm sure I must beat you this time.

(a) A: 장군! 내 실력이 늘었다고 말했잖아.
(b) B: 못 믿겠네. 어쩜 체스할 때 넌 그렇게 운이 좋은거지?
(c) A: 운이라고? 이건 운하고는 전혀 상관없어. 순전히 실력이야.
(d) B: 다시 하자. 이번에는 꼭 내가 널 이길 거야.

해설 B가 체스에서 진 상황에서, (d)에서 B가 다시 한판을 하자(Let's play again)고 했다. 그런데 이에 이어지는 말인 I'm sure I must beat you this time은 '이번엔 너를 이겨야 한다고 확신한다'는 말로, 자연스럽지 못한 문맥을 만든다. 따라서 이 말에서 must(~해야 한다)를 can(~할 수 있다)이나 will(~할 것이다)로 바꾸어, '이번엔 너를 이길 수 있다고 확신한다' 또는 '이번엔 너를 이길 것이라 확신한다'는 뜻으로 만들어 주어야 맞다.

어휘 checkmate[tʃékmèit] (체스나 장기에서) 장군, 외통수 have nothing to do with ~와 상관이 없다 pure[pjúər] 순전한, 순수한 beat[bi:t] 이기다

Part IV

46

정답 (a) was → is

(a) The news media was focused too much on violence these days. (b) You can't pick up a newspaper anymore without reading about some terrible crime. (c) And on TV, reports are usually about murders and other violent crimes. (d) Instead of violence, the media should cover a wide range of news stories.

(a) 요즘 뉴스 매체는 폭력에 지나치게 초점을 맞춘다. (b) 더 이상 잔인한 범죄를 다루지 않은 신문을 고르기가 힘들다. (c) 텔레비전에서도, 살인과 폭력적인 범죄에 관한 보도가 대부분이다. (d) 방송 매체는 폭력적인 것 대신에, 다양한 뉴스 화제거리를 다루어야 한다.

해설 (a)에 these days(요즘, 오늘날)가 온 것으로 보아 현재의 상황에 대해 말하고 있음을 알 수 있다. 따라서 과거시제 was를 쓰면 틀리며, 현재시제 is로 바뀌어야 맞다. 참고로, In those days는 '그 당시에는, 그 시절에는'이라는 의미로, 과거동사와 함께 쓰인다.

어휘 violence[váiələns] 폭력 terrible[térəbl] 무시무시한 a wide range of 다양한

47

정답 (d) from as if a candle → as if from a candle

(a) In the painting, Titian's lighting underscores his use of spatial disjunction. (b) Since the background is illuminated from the left, shadows are cast to the right. (c) In the foreground, there are red cushions casting shadows to the left. (d) They provide the sense of a lesser illumination, from as if a candle that is just out of sight.

(a) 그림 속에서, 티치아노의 명암은 공간적 분리의 사용을 강조한다. (b) 배경이 왼쪽 방향에서 밝게 비춰지기 때문에, 그림자는 오른쪽으로 치우친다. (c) 전면에는 그림자를 왼쪽으로 드리우는 붉은색 쿠션들이 있다. (d) 그것들은 이제 막 보이지 않게 된 촛불에서 나오는 것 같이, 옅은 빛을 비춰준다.

해설 (d)에서 전치사 from 바로 다음에 부사절 접속사 as if가 나온 것은 문법적으로 틀리다. 전치사 다음에는 명사가, 부사절 접속사 다음에는 절이 와야 한다. 티치아노 그림 속 붉은 색 쿠션이 주는 느낌을 설명하는 (d)의 문맥에서, from as if ~ candle 부분은 '이제 막 보이지 않게 된 촛불로부터 나오는 것 같이'로 해석하는 것이 자연스럽다. 따라서 부사절 접속사 as if(~한 것 같이)가 맨 앞으로 나오고 from(~으로부터)이 뒤로 가서 as if from a candle(촛불로부터 (나오는 것) 같이)로 바뀌어야 맞다. 참고로 as if 다음에는 '절'이 오는데, 이 경우는 주어와 동사가 생략된 형태이다. (ex. They are smiling as if (they are) charmed by the music. 그들은 음악에 홀린 듯이 미소 짓고 있다.)

어휘 underscore [ʌ̀ndərskɔ́ːr] 강조하다 spatial [spéiʃəl] 공간의, 장소의 disjunction [disdʒʌ́ŋkʃən] 분리, 분열 foreground [fɔ́ːrgràund] (그림 등의) 전경(前景), 가장 눈에 띄는 위치 illumination [ilùːmənéiʃən] 조명

48

정답 (c) could → can

(a) Campus tours will be held daily, every hour on the hour, from 10 a.m. to 4 p.m. (b) Each tour takes approximately 50 minutes and starts at the library. (c) Any interested students could meet in front of the library's main entrance. (d) Private tours are also available for students with disabilities.

(a) 대학 캠퍼스 견학은 오전 10시부터 오후 4시까지 매시간, 그리고 매일 열릴 것이다. (b) 견학은 도서관에서 출발하여 약 50분 정도 소요될 것이다. (c) 관심 있는 학생은 누구든지 도서관 정문 앞에서 만나면 된다. (d) 신체적 장애가 있는 학생들을 위한 개인 견학도 가능하다.

해설 대학 캠퍼스 견학에 대한 정보를 제공하는 문맥이며, 이 문맥에 어울리는 시제로 (a)는 미래시제 will be, (b)와 (d)는 현재시제 takes, are를 썼다. 따라서 (c)에 과거시제 could meet를 쓴 것은 문맥과 어울리지 않으며, 현재시제 can으로 바꿔 주어야 맞다. 참고로, could가 현재시제로 쓰일 때는 공손한 요청을 할 때나 약한 추측을 나타낼 때이다. (ex. Could you tell me the way? 길을 알려 주실 수 있습니까? / It could be true. 그것은 사실일 수도 있다.)

어휘 approximately [əprɑ́ksəmətli] 대략 disability [dìsəbíləti] (신체적) 장애

49

정답 (c) specifically and immediately → specific and immediate

(a) A good warning can be an effective discipline strategy. (b) The problem comes when you threaten in anger. (c) Instead, try to make your warnings more specifically and immediately. (d) Use a calm, firm tone of voice that makes it clear you're in control.

(a) 훌륭한 경고는 효과적인 교육 방법이 될 수 있다. (b) 문제는 화난 상태에서 위협할 때 일어난다. (c) 대신, 경고는 구체적으로 그리고 즉시 이루어지도록 해야 한다. (d) 당신이 통제하고 있음을 명백하게 보여주는 조용하면서도 강인한 어조를 사용하라.

해설 (c)에서 make는 [make + 목적어 + 목적격 보어 (~를 …하게 하다)]의 어순을 갖는 5형식 동사이다. 이때 목적격 보어 자리에 부사 specifically and immediately를 쓰면 틀리다. 부사는 형용사 specific and immediate로 바뀌어야 맞다.

어휘 discipline [dísəplin] 훈련 specifically [spisífikəli] 구체적으로 make clear 명백하게 하다

50

정답 (d) would have existed → may have existed

(a) The robot explorer Opportunity has seen clear evidence that water once existed on Mars. (b) This discovery has bolstered the view that water once drenched the planet's now dry surface. (c) Furthermore, the new data suggests that some regions may have once been habitable environments. (d) Although signs of life are yet to be found, evidence does suggest that life would have existed.

(a) 로봇 탐사선 Opportunity는 화성에 한때 물이 존재했음을 분명히 보여주는 증거를 목격했다. (b) 이번 발견은 지금은 메말라 있는 화성 표면에 한때 물이 가득 있었다는 이론을 뒷받침해 준다. (c) 더욱이, 새로운 자료는 일부 지역이 예전에 생물이 살 수 있는 환경이었을 수도 있다는 것을 암시한다. (d) 비록 생명체에 대한 흔적은 아직 발견되지 않았지만, 여러 증거들이 생명체가 존재했을지 모른다는 가능성을 보여준다.

해설 화성이 생물이 살 수 있는 환경이며 생명체의 존재 가능성에 대해 말하는 문맥이다. 그런데 (d)의 would have existed는 '가정법 과거완료'로, '(과거에) 생명체가 존재했을 텐데, 사실은 그러지 않았다'라는 의미가 되어 글의 문맥에 맞지 않는다. (c)에서 may have p.p.를 써서 '과거에 ~했을지도 모른다'는 추측을 나타냈듯이, (d)도 may have existed로 바꿔 '과거 한때 존재했을지도 모른다'라는 의미를 만드는 것이 적절하다.

어휘 bolster[bóulstər] 지지하다 drench[drentʃ] 흠뻑 젖게 하다, 물에 담그다 habitable[hǽbitəbl] 서식할 수 있는
be yet to부정사 아직 ~하지 않다

TEST 1

VOCABULARY

Part I

1

정답 (c)

A: Hello, I'd like to speak to John Cage, please.
B: Please __________ the line. I'll see if he is in.

(a) stop
(b) wait
(c) hold
(d) pause

A: 안녕하세요, John Cage씨와 통화하고 싶습니다.
B: 잠시만 기다려 주세요. 그가 있는지 알아보겠습니다.

(a) 멈추다
(b) 기다리다
(c) (상태를) 유지하다
(d) 중단하다, 잠시 멈추다

해설 John Cage와 통화하고 싶다는 A에게 B가 그가 있는지 알아보겠다(I'll see if he is in)고 하였으므로, 앞에는 잠시 기다리라는 표현이 와야 자연스럽다. 전화상에서 상대방에게 '잠시 대기하라'는 표현은 'hold the line'이라고 한다. 따라서 정답은 (c)이다.

어휘 see if ~인지 아닌지 알아보다[살펴보다] hold the line 전화를 끊지 않고 기다리다

어휘플러스 통째로 기억하기

- **wait** for the bus to arrive 버스가 도착하기를 기다리다
- **hold** the door open 문을 열어 두다

2

정답 (b)

A: So, how's work going? Do you still have a lot to do?
B: Yes, I'm still __________ working hard to get promoted.

(a) fast
(b) busy
(c) calm
(d) quiet

A: 그래, 일은 어떻게 되어가? 아직도 업무가 많아?
B: 응, 승진하기 위해 열심히 일하느라 여전히 바빠.

(a) 빠른, 급속한
(b) 바쁜
(c) 평온한, 차분한
(d) 한적한, 고요한

해설 아직도 업무가 많이 있냐는 A의 질문에, 승진하기 위해(to get promoted) 열심히 일하느라 바쁘다고 B가 대답하는 내용이 와야 자연스럽다. '-하느라 바쁘다'라는 표현은 'be busy -ing'로 쓴다. 따라서 정답은 (b)이다.

어휘 a lot 많은 것들 be busy -ing -하느라 바쁘다 get promoted 승진하다

어휘플러스 '바쁘다'의 빈출 표현

- be engaged in ~하느라 바쁘다
- be on the go 계속 바쁘다
- be swamped with ~으로 바쁘다

통째로 기억하기

- a **calm** voice 차분한 목소리
- a **quiet** Sunday 한적한 일요일

3

정답 (d)

A: I need your help to carry a box home from work tomorrow.
B: Sure, I'll ______________ at around 5 p.m.

(a) pull over
(b) send out
(c) carry out
(d) come over

A: 내일 회사에서 집으로 박스를 옮기는 데 네 도움이 필요해.
B: 그래, 오후 5시쯤에 들를게.

(a) 차를 (길) 한쪽에 대다
(b) 발송하다, 파견하다
(c) 수행하다, 실행하다
(d) (지나가는 길에) 들르다

해설 짐을 옮기는 데 도움을 요청하는 A에게 B가 도와주겠다고 말하는 상황이므로, '들르겠다(I'll come over)' 라는 내용이 와야 자연스럽다. 따라서 정답은 (d)이다.

어휘 carry[kǽri] 옮기다, 운송하다 around[əráund] 대략 pull over 차를 (길) 한쪽에 대다 send out 발송하다, 파견하다 carry out 수행하다, 실행하다 come over (지나가는 길에) 들르다

어휘플러스 통째로 기억하기

- Let's **pull over** and take a look. 차를 한쪽에 세워놓고 점검해 보자.
- **send out** invitations 초대장을 보내다
- **carry out** the plan 그 계획을 실행하다
- **come over** for dinner 저녁 식사하러 들르다

4

정답 (c)

A: Do you have any hotel rooms available?
B: Yes, we have a few ______________. What kind are you looking for?

(a) positions
(b) openings
(c) vacancies
(d) opportunities

A: 사용 가능한 호텔 방이 있습니까?
B: 네, 빈방이 몇 개 있습니다. 어떤 종류의 방을 찾으시나요?

(a) 위치, 장소
(b) 빈자리
(c) 빈터, 빈방
(d) 기회

해설 호텔에서 방이 있는지 여부를 묻고 있는 상황이므로, '빈방(vacancies)이 있다' 라고 답하는 것이 자연스럽다. 따라서 정답은 (c)이다.

어휘 available[əvéiləbl] 이용 가능한 kind[kaind] 종류 look for ~을 찾다 position[pəzíʃən] 위치, 장소 opening[óupəniŋ] 빈자리 vacancy[véikənsi] 빈터, 빈방 opportunity[àpərtjúːnəti] 기회

어휘플러스 vacancy와 opening의 의미 차이

- **vacancy** 빈방 (= vacant room), 회사의 결원
- **opening** 빈자리, 회사의 결원 (= vacant position)

통째로 기억하기

- The players were in their **position.** 선수들은 그들의 위치에 있었다.
- an **opening** for clerk 점원 취직 자리
- No **vacancies** 빈방 없음
- equality of **opportunity** 기회 균등

5

정답 (b)

A: The sky is so ___________ tonight.
B: Yes, I can see lots of stars.

(a) light
(b) clear
(c) deep
(d) clean

A: 오늘 밤하늘이 아주 맑구나.
B: 응, 별들이 아주 많이 보여.

(a) 가벼운
(b) 맑게 갠, 밝은
(c) (아래로) 깊은
(d) 청결한, 깨끗한

해설 B가 별이 많이 보인다(I can see lots of stars)고 했으므로, A는 '하늘이 맑게 개였다(The sky is so clear)'라고 말하는 것이 자연스럽다. 따라서 정답은 (b)이다.

오답분석
(a) light는 '무게가 가벼운', 혹은 '강도가 약한'의 의미이다.
(d) clean은 '지저분하지 않고 깨끗한' 상태를 의미한다.

어휘플러스 통째로 기억하기

- **light** weight 가벼운 무게
- 5 feet **deep** 5피트 깊이
- a **clean** room 깨끗한 방

6

정답 (d)

A: When should I come back to see you, doctor?
B: Make an appointment with the ___________ for next Wednesday.

(a) director
(b) custodian
(c) consultant
(d) receptionist

A: 언제 다시 진찰을 받으러 와야 하나요, 의사 선생님?
B: 다음 주 수요일로 접수원에게 예약을 하세요.

(a) 지도자, 지휘자
(b) 관리인
(c) 상담가
(d) (병원 · 호텔 · 회사 등의) 접수원

해설 병원 예약을 잡으려고 하는 대화 내용이다. 의사에게 검진을 받기 위해 날짜를 잡을 때는 '접수원(receptionist)'과 약속을 잡는 것이 자연스럽다. 따라서 정답은 (d)이다.

어휘 make an appointment with ~와 만날 시일[장소]을 정하다 director[diréktər] 지도자, 지휘자 custodian[kʌstóudiən] 관리인 consultant[kənsʌ́ltənt] 상담가 receptionist[risépʃənist] (병원 · 호텔 · 회사 등의) 접수원

어휘플러스 통째로 기억하기

- a musical **director** 지휘자
- a property **custodian** 재산 관리인
- a business **consultant** 기업 상담가

7

정답 (b)

A: Where is your grandfather's grave?
B: He's buried in a ___________ in his hometown.

(a) funeral

A: 너희 할아버지 무덤은 어디니?
B: 그분 고향에 있는 공동 묘지에 묻혀 계셔.

(a) 장례식

(b) cemetery (c) memorial (d) tombstone	(b) 공동묘지 (c) 기념물, 기념관 (d) 묘석, 묘비

해설 A가 할아버지 무덤의 위치를 묻고 있으므로, B는 할아버지가 고향의 '공동묘지(cemetery)'에 묻혀 있다고 대답해야 가장 자연스럽다. 따라서 정답은 (b)이다.

어휘 grave [gréiv] 무덤 bury [béri] 묻다 hometown [hóumtàun] 고향 funeral [fjú:nərəl] 장례식 cemetery [sémətèri] 공동묘지 memorial [məmɔ́:riəl] 기념물, 기념관 tombstone [tú:mstòun] 묘석, 묘비

어휘플러스 통째로 기억하기

- a **funeral** service 장례식
- a war **memorial** 전쟁 기념비
- set up a **tombstone** 묘비를 세우다

8

정답 (c)

A: Excuse me. Do you know where the war monument is? B: Straight ahead. It's a major ____________, so you can't miss it. (a) rank (b) status (c) landmark (d) signboard	A: 실례합니다. 전쟁 기념탑이 어디에 있는지 아시나요? B: 쭉 가세요. 유명한 장소니까, 쉽게 찾으실 거예요. (a) 계층, 계급 (b) 지위, 신분 (c) 유명한 장소 (d) 간판, 게시판

해설 A가 전쟁 기념탑(war monument)을 찾고 있는 상황이다. 전쟁 기념탑은 'landmark(유명한 장소)'라고 할 수 있으므로, 정답은 (c)이다.

어휘 monument [mánjumənt] 기념탑, 기념비 major [méidʒər] 주요한, 주된 miss [mis] 놓치다, (길을) 찾지 못하다 rank [rǽŋk] 계층, 계급 status [stéitəs] 지위, 신분 landmark [lǽndmà:rk] 유명한 장소 signboard [sáinbɔ̀:rd] 간판, 게시판

어휘플러스 통째로 기억하기

- social **status** 사회적 신분
- hang out a **signboard** 간판을 세우다

9

정답 (a)

A: Do you want to go dancing? B: That'd be great. I haven't been to a ____________ for a while. (a) club (b) floor (c) studio (d) casino	A: 춤추러 갈래? B: 그거 좋지. 한동안 클럽에 가지 못했어. (a) 클럽 (b) 방바닥, 마루 (c) (음악 · 무용 · 연기 등의) 연습실 (d) 카지노

해설 A가 춤추러 가자(Do you want to go dancing?)고 제안하자, B가 좋다고 승낙하는 것으로 보아, 'club(클럽)'에 한동안(for a while) 가지 못했다(I haven't been to)고 말하는 것이 자연스럽다. 따라서 정답은 (a)이다.

오답분석
(b) floor는 건물의 '층'이나 '마루, 방바닥'을 뜻하며, '춤추는 장소'라는 의미로 쓰이려면 'dance floor'라고 해야 한다.
(c) studio는 '연습실'이나 '작업장'을 뜻한다.

| 어휘 go -ing –하러 가다 studio [stjúːdiòu] (음악 · 무용 · 연기 등의) 연습실

| 어휘플러스 통째로 기억하기
- a **dance studio** 댄스 교실

10

정답 (d)

A: Is it true you're a ________________?
B: Yes, my wife died four years ago.

(a) suitor
(b) widow
(c) spinster
(d) widower

A: 부인과 사별하셨다는 게 사실이에요?
B: 네, 4년 전에 아내가 죽었어요.

(a) 구혼자
(b) 미망인, 과부
(c) 미혼 여성, 독신 여성
(d) 홀아비

| 해설 B가 자기 아내가 4년 전에 죽었다(my wife died four years ago)고 대답하였으므로, A가 'widower(홀아비, 아내가 죽은 사람)'인지 물어보는 것이 자연스럽다. 따라서 정답은 (d)이다.

| 어휘 suitor [sjúːtər] 구혼자 widow [wídou] 미망인, 과부 spinster [spínstər] 미혼 여성, 독신 여성 widower [wídouər] 홀아비

| 어휘플러스 통째로 기억하기
- become a **widow** 남편을 잃다
- live a **spinster's** life 독신으로 지내다

11

정답 (d)

A: I heard someone was caught with drugs at the airport.
B: Yeah, some guy was trying to ______________ them in.

(a) conceal
(b) obscure
(c) disguise
(d) smuggle

A: 누군가가 공항에서 마약 소지로 잡혔다고 들었어.
B: 응, 어떤 사람이 그것들을 밀반입하려고 했었어.

(a) 숨기다
(b) 가리다, 덮다
(c) 변장시키다
(d) 밀수입하다

| 해설 A에 따르면 공항에서 누군가가 마약(drugs) 때문에 잡혔다고 하였으므로, 누군가가 '밀수입하려(smuggle ~ in) 했다'는 표현이 오는 것이 자연스럽다. 따라서 정답은 (d)이다.

오답분석
(a) conceal은 '의도나 사물 · 사람을 숨기다'(hide)를 의미한다.

| 어휘 catch [kætʃ] 잡다 drug [drʌg] 약물, 마약 conceal [kənsíːl] 숨기다 obscure [əbskjúər] 가리다, 덮다 disguise [disgáiz] 변장시키다 smuggle [smʌ́gl] 밀수입하다

| 어휘플러스 통째로 기억하기
- **conceal** one's intention 의도를 숨기다
- **obscure** the moon 달을 가리다
- **disguise** one's voice 목소리를 꾸미다

12

정답 (b)

A: You received several phone calls while you were out.
B: Were there any ____________ ones? I'll return them right away.

(a) mobile
(b) urgent
(c) rapid
(d) alert

A: 나가 계신 동안에 전화가 몇 통 왔었습니다.
B: 그 중에 긴급한 거라도 있었습니까? 바로 응답해 야겠어요.

(a) (물건이) 이동할 수 있는
(b) 긴급한
(c) 빠른, 신속한
(d) 재빠른, 경계하는

해설 A가 전화 몇 통이 왔었다(You received several phone calls)는 사실을 알리고 있고, B가 즉시 답을 할 것이다(I'll return them right away)라고 했으므로, '긴급한(urgent)' 것이 있었냐고 묻는 것이 가장 자연스럽다. 따라서 정답은 (b)이다.

오답분석
(c) rapid는 '신속한'이라는 뜻으로 매우 빠른 시간 내에 어떤 일이 발생할 때 쓰는 표현이다.
(d) alert는 '긴장한', '경계하는' 혹은 '재빠른'이라는 뜻이다.

어휘 several [sévərəl] 몇몇의 phone call 통화, 전화 be out 부재중이다 return [ritə́ːrn] 대답하다, 대꾸하다 right away 즉시 mobile [móubəl] (물건이) 이동할 수 있는 urgent [ə́ːrdʒənt] 긴급한 rapid [rǽpid] 빠른, 신속한 alert [ələ́ːrt] 재빠른, 경계하는

어휘플러스 통째로 기억하기

- a **mobile** phone 휴대 전화
- **rapid** growth 빠른 성장
- He was very **alert** in answering. 그는 재빨리 대답했다.

13

정답 (a)

A: It's a shame to see people ____________.
B: I know. It makes the city look like a garbage dump.

(a) littering
(b) loitering
(c) swearing
(d) disposing

A: 사람들이 쓰레기를 버리는 것을 보는 것은 정말 부끄러워.
B: 그러게 말이야. 그건 도시를 쓰레기장으로 보이게 만들어.

(a) 쓰레기를 버리는 것
(b) 빈둥거리는 것, 어슬렁거리는 것
(c) 욕을 하는 것
(d) 처리하는 것, 처분하는 것

해설 B가 그것이 도시를 쓰레기장처럼 보이게 만든다(It makes the city look like a garbage dump)고 했으므로, A는 '사람들이 쓰레기를 버리는 것을 보는 것(to see people littering)'이 부끄럽다(It's a shame)고 해야 자연스럽다. 따라서 정답은 (a)이다.

어휘 shame [ʃeim] 부끄러움 garbage dump 쓰레기장 litter [lítər] 쓰레기를 버리다, 어지럽히다 loiter [lɔ́itər] 빈둥거리다, 어슬렁거리다 swear [swεər] (~에게) 욕을 하다 dispose [dispóuz] 처리하다, 처분하다

어휘플러스 통째로 기억하기

- Do not **litter**. 쓰레기를 버리지 마세요.
- **loiter** around the park 공원 근처를 어슬렁거리다
- Don't **swear** in front of the children. 아이들 앞에게 욕을 하지 마라.
- **dispose** of the wastes 폐기물을 처리하다

14

정답 (d)

A: What is your final ____________?
B: The last stop on my trip will be Chicago.

(a) target
(b) landing
(c) boarding
(d) destination

A: 당신의 최종 목적지는 어디입니까?
B: 제 여행의 종점은 시카고가 될 것입니다.

(a) 목표, 대상
(b) 착륙
(c) 승선, 승차, 탑승
(d) 목적지, 도착지

해설 B가 여행의 The last stop(종점)이 시카고라고 대답하는 것으로 보아, A는 '최종 목적지(final destination)'가 어디인지 물어보는 것이 자연스럽다. 따라서 정답은 (d)이다.

오답분석
(b) landing은 주로 비행기가 육지에 '착륙하는 것'을 가리키는 말이므로, 여기서는 어색하다.

어휘 final [fáinəl] 최종의, 마지막의 stop [stɑp] 머무는 지점, 정류장 target [tá:rgit] 목표, 대상 landing [lǽndiŋ] 착륙 boarding [bɔ́:rdiŋ] 승선, 승차, 탑승 destination [dèstənéiʃən] 목적지, 도착지

어휘플러스 통째로 기억하기
- a **target** of criticism 비난의 대상
- emergency **landing** 불시착
- a **boarding** pass (항공기) 탑승권
- reach one's **destination** 목적지에 도달하다

15

정답 (a)

A: Why didn't you ask me for help?
B: I didn't want to ____________ you.

(a) bother
(b) harness
(c) motivate
(d) discourage

A: 왜 나에게 도와 달라고 하지 않았어?
B: 널 귀찮게 하기 싫었어.

(a) 귀찮게 하다, 폐를 끼치다
(b) (폭포 등의 자연력을) 동력화하다, 이용하다
(c) ~에게 동기를 주다
(d) 낙담시키다

해설 왜 도움을 요청하지 않았냐(Why didn't you ask me for help?)는 A의 질문에, B가 '귀찮게 하고 싶지 않았다(I didn't want to bother you)'고 대답하는 것이 가장 자연스럽다. 따라서 정답은 (a)이다.

어휘 ask for help 도움을 요청하다 bother [bɑ́ðər] 귀찮게 하다, 폐를 끼치다 harness [hɑ́:rnis] (폭포 등의 자연력을) 동력화하다, 이용하다 motivate [móutəvèit] ~에게 동기를 주다 discourage [diskɔ́:ridʒ] 낙담시키다

어휘플러스 bother를 사용한 빈출 표현
- Why **bother**? 뭐 하러 그런 수고를 하니?
- Don't **bother**. 일부러 그런 수고할 필요 없어요.
- Don't **bother** me. 날 귀찮게 하지 마.

통째로 기억하기
- **harness** water power 수력을 이용하다
- highly **motivated** 매우 의욕적인
- **discourage** people 사람들을 낙담시키다

16

정답 (b)

A: Why does Joan get so upset when she's criticized? B: She's always had a quick ____________. (a) rage (b) temper (c) attitude (d) emotion	A: 비판을 받으면 Joan은 왜 그렇게 화를 내니? B: 그녀는 항상 성미가 급해. (a) 분노 (b) 기질, 천성 (c) (사람 · 사물에 대한) 태도, 마음가짐 (d) 감정

| 해설 Joan이 비판을 받을 때(when she's criticized) 화를 낸 이유를 묻는 상황이다. 따라서, 그녀가 '성미가 급하다(had a quick temper)'는 표현이 와야 가장 자연스러우므로 정답은 (b)이다.

| 어휘 upset [ʌ̀psét] 기분이 언짢은 criticize [krítisàiz] 비판하다, 비평하다 rage [reidʒ] 분노 temper [témpər] 성질, 기분, 화 attitude [ǽtitjùːd] (사람 · 사물에 대한) 태도, 마음가짐 emotion [imóuʃən] 감정

| 어휘플러스 temper를 사용한 빈출 표현

- be in a **temper** 화내다
- an explosive **temper** 욱하는 성질
- be in a bad **temper** 기분이 나쁘다

통째로 기억하기

- in a **rage** 화를 벌컥 내어
- Watch out your **attitude.** 태도를 똑바로 해라.
- hide one's **emotions** 감정을 숨기다

17

정답 (b)

A: Sorry, I still couldn't hear. What did you say again? B: Oh, never ____________. (a) hear (b) mind (c) think (d) matter	A: 죄송해요, 여전히 못 들었네요. 뭐라고 말씀하셨나요? B: 아, 신경 쓰지 마세요. (a) 듣다 (b) 신경 쓰다, 주의하다 (c) 생각하다 (d) 문제가 되다

| 해설 '뭐라고 말씀하셨나요?(What did you say again?)'라는 A의 질문에 대한 B의 대답으로, 빈칸 앞에 있는 never와 어울려 쓰일 수 있는 것은 'never mind(신경 쓰지 마세요)'이다. 따라서 정답은 (b)이다.

| 어휘 still [stil] 여전히 mind [maind] 신경 쓰다, 주의하다 matter [mǽtər] 문제가 되다

| 어휘플러스 mind를 사용한 빈출 표현

- **mind** the children 아이들을 돌보다
- Would you **mind** my smoking here? 내가 여기서 담배를 피워도 괜찮을까요?
- **Mind** what I said. 내 말을 염두에 둬라.

통째로 기억하기

- **Mind** your step. 발밑을 조심하세요.
- come to **think** of it (다시) 생각해 보니
- It doesn't **matter.** 상관없다, 중요치 않다.

18

정답 (a)

A: Is there a good place to grab a quick meal around here?
B: Try that new ____________ on the corner.

(a) diner
(b) cellar
(c) winery
(d) greenery

A: 이 근처에 간단히 식사를 할만한 좋은 곳이 있을까요?
B: 모퉁이에 있는 저 새로운 식당을 이용해 보세요.

(a) 식당, 식당의 손님
(b) 지하실 (주로 포도주 저장소)
(c) 포도주 양조장
(d) 온실

해설 A가 간단히 식사할 곳을 찾고 있으므로, B는 모퉁이에 있는 '식당(diner)'을 이용하라고 대답하는 것이 자연스럽다. 따라서 정답은 (a)이다.

어휘 grab [græb] 간단히 먹다 quick meal 간단히 빨리 먹을 수 있는 음식 corner [kɔ́ːrnər] 모퉁이
diner [dáinər] 식당, 식당의 손님 cellar [sélər] 지하실 (주로 포도주 저장소) winery [wáinəri] 포도주 양조장
greenery [gríːnəri] 온실

어휘플러스 grab을 사용한 빈출 표현

- **grab** a taxi 택시를 서둘러 잡다
- **grab** something to eat 간단히 먹다
- **grab** someone by the hand 손을 잡다

19

정답 (a)

A: Please, I insist on driving you home.
B: Thank you. That is a(n) ____________ I can't refuse.

(a) offer
(b) promise
(c) contract
(d) announcement

A: 제가 집까지 태워다 드리도록 할게요.
B: 고마워요. 거절할 수 없는 제안이네요.

(a) 제안
(b) 약속
(c) 계약
(d) 공고

해설 A가 집까지 태워다 주겠다(I insist on driving you home)고 고집을 부리고 있는 상황이므로, B는 거절할 수 없는 '제안(offer)'이라고 하는 것이 자연스럽다. 따라서 정답은 (a)이다.

어휘 insist on ~을 강요하다, ~을 주장하다 drive ~ home ~를 집까지 태워 주다 refuse [rifjúːz] 거절하다 offer [ɔ́(ː)fər] 제안
contract [kɑ́ntrækt] 계약 announcement [ənáunsmənt] 공고

어휘플러스 통째로 기억하기

- keep one's **promise** 약속을 지키다
- a verbal **contract** 구두 계약, 언약
- an auction **announcement** 경매 공고

20

정답 (a)

A: Oh no, I'm ____________ again.
B: I warned you not to use your credit card so much!

(a) in the red
(b) out of sorts

A: 오, 안 돼, 나 또 적자야.
B: 내가 신용카드 너무 많이 쓰지 말라고 경고했지!

(a) 적자인
(b) 활기가 없는, 기분이 언짢은

(c) glued to my seat (d) biting my tongue	(c) 뭔가에 무척 흥미있어 하는 (d) 하고 싶은 말을 꾹 참는

해설 신용카드를 많이 쓰지 말라고 경고했었다(I warned you not to use your credit card so much)는 B의 말로 보아, A의 재정 상태가 '적자인(in the red)' 것을 알 수 있다. 따라서 정답은 (a)이다.

어휘 warn[wɔːrn] 경고하다 in the red 적자인 out of sorts 활기가 없는, 기분이 언짢은 glued to one's seat 뭔가에 무척 흥미있어 하는 bite one's tongue 하고 싶은 말을 꾹 참다

어휘플러스 '적자'와 '흑자'의 영어 표현

- be in **the red** 적자이다
- be in **the black** 흑자이다

통째로 기억하기

- You look **out of sorts.** 너 우울해 보인다.
- It kept me **glued to my seat.** 그것은 계속 나의 흥미를 끌었다.
- You shouldn't have said that. Next time, **bite your tongue.**
  넌 그걸 얘기하지 말았어야 했어. 다음 번엔, **하고 싶은 말을 꾹 참아.**

21

정답 (c)

A: I think Barry might be going bald. B: I know. His hair line is definitely __________.	A: 내 생각엔 Barry가 대머리가 되고 있는 것 같아. B: 알아. 그의 머리선이 확실히 뒤로 물러나고 있어.
(a) dying (b) waning (c) receding (d) depleting	(a) 죽어가는 (b) 작아지는, 쇠약해지는 (c) 물러가는 (d) 고갈시키는

해설 Barry가 대머리가 될 것 같다(Barry might be going bald)고 A가 말하고 있으므로, '머리선(hair line)'이 뒤로 물러나는 중이다(is definitely receding)라고 동의하는 것이 자연스럽다. 따라서 정답은 (c)이다.

어휘 go bald 대머리가 되다 hair line 머리털이 난 선 definitely[défənitli] 확실하게 wane[wein] 작아지다, 쇠약해지다 recede[riːsíːd] 물러가다, 쑥 들어가다 deplete[diplíːt] 고갈시키다

어휘플러스 go를 사용한 빈출 표현

- **go** blind 눈이 멀다
- **go** mad 미치다
- **go** bad 썩다
- **go** to work 일에 착수하다

통째로 기억하기

- a **dying** person 죽어가는 사람
- the **waning** moon 작아지는 달, 그믐달
- **receding** waves 물러가는 파도
- **deplete** the ozone layer 오존층을 고갈시키다

22

정답 (c)

A: Come on, put some more effort in, and you'll win this game!
B: I can't. I'm completely ____________.

(a) void
(b) worn
(c) spent
(d) empty

A: 힘내, 조금만 더 노력하면, 넌 이 경기를 이길 거야!
B: 안 돼. 난 완전히 지쳤어.

(a) 빈, 헛된, 공허한
(b) 닳아 해진, 써서 낡은
(c) 지쳐 버린
(d) (성질 등을) 결여한

해설 A가 더 노력하면(put some more efforts in) 경기를 이길 수 있다(you'll win this game)고 응원하고 있는데, B가 할 수 없다(I can't)고 대답하고 있다. 따라서 '나는 완전히 지쳤어(I'm completely spent)'라고 대답해야 자연스럽다. 따라서 정답은 (c)이다. 여기서 spend는 '지치게 하다'라는 뜻으로, 과거분사형 spent는 '지쳐 버린'이란 뜻이 된다.

오답분석
(b) worn은 '닳아서 해진'이라는 뜻이며, '지친'이라는 의미가 되려면 'worn out'이라고 써야 옳다.

어휘 put effort in 노력을 기울이다 completely[kəmplíːtli] 완전히 void[vɔid] 빈, 헛된, 공허한 worn[wɔːrn] 닳아 해진, 써서 낡은 spent[spent] 지쳐 버린

어휘플러스 '난 지쳤어'의 빈출 표현

- I'm exhausted.
- I'm tired to death.
- I'm tired out.

통째로 기억하기

- a **void** space 빈 공간
- a **worn** face 꺼칠한 얼굴
- I'm completely **spent**. 난 완전히 지쳤다.

23

정답 (b)

A: We're clear of the harbor. Shall I put the mainsail up?
B: No, you steer, and I'll ____________ the mainsail.

(a) issue
(b) hoist
(c) uplift
(d) pitch

A: 항구에서 벗어났습니다. 제가 중앙 돛을 올릴까요?
B: 아니, 자네는 키를 잡게, 그럼 내가 중앙 돛을 올릴테니.

(a) (면허증을) 발행하다, (명령을) 내리다
(b) (돛 · 기 · 짐 등을) 올리다
(c) 들어올리다
(d) 던지다

해설 A가 '제가 mainsail(중앙 돛)을 올릴까요?'라고 묻자 B가 No라고 대답하였으므로, '자신이 중앙 돛을 올리겠다(I'll hoist the mainsail)'고 대답하는 것이 자연스럽다. 따라서 정답은 (b)이다.

오답분석
(c) uplift는 주로 '정신을 고양시키다', 혹은 '사기를 높이다'의 의미이므로 여기서는 어색하다.

어휘 clear of ~에서 벗어 난 harbor[háːrbər] 항구 put ~ up ~을 올리다 steer[stiər] 키를 잡다, 조종하다 mainsail[méinsèil] 배 중앙의 가장 큰 돛 issue[íʃuː] (면허증을) 발행하다, (명령을) 내리다 hoist[hɔist] (돛 · 기 · 짐 등을) 올리다 uplift[ʌplíft] 들어올리다 pitch[pitʃ] 던지다

| 어휘플러스 통째로 기억하기

- **issue** an **order** 명령을 내리다
- **uplift** people 사람들의 의기를 드높이다
- **pitch** a beggar a penny 거지에게 1페니를 던져 주다

24

정답 (d)

A: I was quite surprised when I met Dr. Franks. He's so down-to-earth.
B: Yeah, I got the same ______________.

(a) intuition
(b) sensation
(c) perception
(d) impression

A: Franks 박사님을 만났을 때 정말 놀랐어. 그는 정말 현실적이야.
B: 응, 나도 같은 인상을 받았어.

(a) 직관, 직감
(b) 감각
(c) 인지력, 지각
(d) 인상

| 해설 A가 Franks 박사님이 정말 현실적이라고 하자, B가 Yeah라고 하며 동의하고 있으므로, '같은 인상(same impression)'을 받았다는 내용이 와야 자연스럽다. 따라서 정답은 (d)이다.

| 어휘 **quite** [kwait] 꽤, 제법 **down-to-earth** 현실적인 **intuition** [ìntjuːíʃən] 직관, 직감 **sensation** [senséiʃən] 감각 **perception** [pərsépʃən] 인지력, 지각 **impression** [impréʃən] 인상

| 어휘플러스 통째로 기억하기

- by **intuition** 직감적으로
- keen **sensation** 예리한 감각
- extrasensory **perception** 초감각적 지각 (텔레파시)
- the first **impression** 첫인상

25

정답 (b)

A: Do you think we'll ever manage to meet the deadline?
B: Yes, I'm sure everything will ______________.

(a) reign in
(b) work out
(c) fall apart
(d) pass away

A: 넌 우리가 마감일을 지킬 수 있을 거라고 생각하니?
B: 응, 모든 게 잘 풀릴 거라고 확신해.

(a) ~에서 주권을 잡다
(b) 성취하다, 잘 풀리다
(c) (계획 따위가) 실패로 돌아가다
(d) (시간이) 지나다, 고이 잠들다

| 해설 '마감일을 지킬 수 있을 것 같아?(Do you think we'll ever manage to meet the deadline?)'라는 질문에 긍정적으로 대답하고 있으므로, 모든 것이 '잘 풀릴 것이다(work out)'라는 내용이 와야 자연스럽다. 따라서 정답은 (b)이다.

| 어휘 **ever** [évər] 언젠가, 앞으로 **manage** [mǽnidʒ] 그럭저럭 해내다 **meet** [miːt] (마감일을) 맞추다, 충족시키다 **deadline** [dédlàin] (원고 등의) 마감 시간, 최종 기한 **reign in** ~에서 주권을 잡다 **work out** 성취하다, 잘 풀리다 **fall apart** (계획 따위가) 실패로 돌아가다 **pass away** (시간이) 지나다, 고이 잠들다

| 어휘플러스 통째로 기억하기

- He **reigns** in the city. 그는 시에서 주권을 잡고 있다.
- The project **fell apart**. 프로젝트가 실패로 돌아갔다.
- The summer **passes away** quickly. 여름이 빨리 지나간다.

Part II

26

정답 (b)

According to the legend, there was ___________ treasure out in the desert.

(a) fallen
(b) hidden
(c) frightened
(d) heightened

전설에 의하면, 사막 어딘가에 숨겨진 보물이 있었다고 한다.

(a) 떨어진, 추락한
(b) 숨겨진
(c) 깜짝 놀란
(d) 높아진, 고조된

해설 빈칸 뒤에 사막 어딘가에(out in the desert)라는 내용이 있고, 빈칸 뒤에 treasure(보물)가 있는 것으로 보아, '숨겨진(hidden)' 보물이 있다는 내용이 되어야 자연스럽다. 따라서 정답은 (b)이다.

어휘 according to ~에 의하면 legend[lédʒənd] 전설 treasure[tréʒər] 보물 out[aut] 바깥에, 저 밖에 어딘가에 desert[dézərt] 사막 hidden[hídn] 숨겨진 frightened[fráitnd] 깜짝 놀란 heighten[háitn] 높이다, 고조시키다

어휘플러스 통째로 기억하기

- **fallen** leaves 낙엽
- a **hidden** meaning 숨겨진 의미
- a **frightened** child 겁을 먹은 아이
- **heighten** a feeling 감정을 고조시키다

27

정답 (a)

After ___________ the doorbell, Julie waited to see if anyone was home.

(a) ringing
(b) turning
(c) working
(d) switching

초인종을 울린 후, Julie는 집에 누군가 있는지 알아보기 위해 기다렸다.

(a) 울리는
(b) 취하는, 잡는
(c) 일 시키는, 일하는
(d) 스위치를 넣는, 바꾸는

해설 문장 뒷부분의 내용이 '집에 누군가 있는지를 보기 위해 기다렸다(Julie waited to see if anyone was home)'는 것이므로, 빈칸 뒤의 the doorbell(초인종)과 함께 쓰여 '초인종을 울린 후(After ringing the doorbell)'라는 내용이 되어야 문맥이 자연스럽다. 따라서 정답은 (a)이다.

오답분석
(d) switch는 '(전기의) 스위치를 넣다'라는 뜻으로, 뒤에 on을 쓰면 '스위치를 켜다', off를 쓰면 '스위치를 끄다'라는 뜻이 되므로 여기서는 쓰일 수 없다.

어휘 doorbell[dɔ́ːrbèl] 초인종 switch[switʃ] 스위치를 넣다, 바꾸다

어휘플러스 통째로 기억하기

- The telephone was **ringing.** 전화벨이 울리고 있었다.
- You can **ring** me up at any time. 너는 언제든 나에게 **전화할** 수 있다.
- He **worked** his employees hard. 그는 종업원들을 **혹사시켰다.**
- **switch** the talk to another subject 이야기를 다른 화제로 **돌리다**

28

정답 (c)

It was difficult to decide which team was the best in the debate, as each team put forward a good ___________.

(a) proof
(b) interview
(c) argument
(d) conversation

각각의 팀이 좋은 주장을 내세웠으므로, 그 토론에서 어느 팀이 최고였는지 결정하는 것은 어려웠다.

(a) 증거
(b) 회견, 면접
(c) 논의, 주장
(d) 회화, 담화

| 해설 팀들이 토론을 하고 있는 상황이므로, 토론에서(in the debate) 각 팀들이 내세운 것은(each team put forward) '주장(argument)'이라고 해야 자연스럽다. 따라서 정답은 (c)이다.

오답분석
(a) proof는 어떤 것이 사실임을 증명하거나 명백히 존재한다는 것을 보여주는 '증거'를 의미하므로 여기서는 어색하다.

| 어휘 debate [dibéit] 토론 put forward 주장하다, 내세우다 proof [pru:f] 증거 interview [íntərvjù:] 회견, 면접 argument [á:rgjumənt] 논의, 주장 conversation [kɑ̀nvərséiʃən] 회화, 담화

| 어휘플러스 통째로 기억하기

- **proof** of residence 거주지 증명
- a job **interview** 구직자의 면접
- a frivolous **argument** 하찮은 논의

29

정답 (d)

The growing number of elderly people is going to ___________ a financial burden in the future.

(a) build
(b) move
(c) stand
(d) create

노인 인구의 증가는 미래에 재정적 부담을 야기할 것이다.

(a) 만들다, 이룩하다
(b) 이동시키다, 움직이다
(c) 서다, 일으켜 세우다
(d) (새로운 사태 · 소동 등을) 야기하다

| 해설 증가하는 노인의 숫자(The growing number of elderly people)라는 내용이 있고, 빈칸 뒤에 미래의 재정적인 부담(financial burden)이라는 표현이 있는 것으로 보아, 빈칸에는 '야기하다, 일으키다(create)'가 들어가는 것이 자연스럽다. 따라서 정답은 (d)이다.

오답분석
(a) build는 '조직 · 관계 등을 구축하다'라는 의미로 쓰이거나, '조립하여 만든다'라는 의미를 갖기 때문에 여기서는 어색하다.

| 어휘 elderly people 노인 financial [finǽnʃəl] 재정적인 burden [bə́:rdn] 부담 create [kriéit] (새로운 사태 · 소동 등을) 야기하다

| 어휘플러스 통째로 기억하기

- **build** a team 팀을 만들다
- **move** one's home 이사하다
- **stand** on one's own feet 자립하다
- **create** the tension 긴장을 야기하다

30

정답 (b)

The next speaker will be Professor Walters, who ______________ in the History Department.

(a) schools
(b) lectures
(c) operates
(d) conducts

다음 발표자는 역사학과에서 강의를 하시는 Walters 교수님입니다.

(a) 가르치다
(b) 강의하다, 강연하다
(c) 작용하다, 운영하다
(d) (실험을) 수행하다, (사람을 ~로) 안내하다

해설 다음 발표자는 교수(Professor)라고 하였고, 빈칸 뒤에서 in the History Department(역사학과에서)와 같이 학과명이 나왔으므로, 역사학과에서 '강의한다(lectures)'는 내용이 빈칸에 와야 자연스럽다. 따라서 정답은 (b)이다.

어휘 speaker [spíːkər] 발표자 department [dipɑ́ːrtmənt] (대학) 학과 school [skuːl] 가르치다 lecture [léktʃər] 강의하다, 강연하다 operate [ɑ́pərèit] 작용하다, 운영하다 conduct [kəndʌ́kt] (실험을) 수행하다, (사람을 ~로) 안내하다

어휘플러스 통째로 기억하기

- He was well **schooled** in French. 그는 프랑스어 교육을 잘 받았다.
- **operate** the restaurant 레스토랑을 운영하다
- **conduct** an experiment 실험을 수행하다

31

정답 (d)

The police had to release the suspect due to ______________ evidence.

(a) infinite
(b) innocent
(c) inefficient
(d) insufficient

경찰은 불충분한 증거 때문에 용의자를 놓아주어야 했다.

(a) 무한한
(b) 결백한
(c) 비효율적인, (사람이) 무능한
(d) 불충분한, 부족한

해설 경찰이 용의자를 놓아주어야 했다(The police had to release the suspect)고 하였으므로, '불충분한(insufficient)' 증거 때문이라는 내용이 되어야 자연스럽다. 따라서 정답은 (d)이다.

어휘 release [rilíːs] 놓아주다, 방출하다 suspect [sʌ́spekt] 용의자 due to ~ 때문에 evidence [évidəns] 증거 infinite [ínfənət] 무한한; 무한한 것 innocent [ínəsənt] 결백한 inefficient [ìnifíʃənt] 비효율적인, (사람이) 무능한 insufficient [ìnsəfíʃənt] 불충분한, 부족한

어휘플러스 통째로 기억하기

- an **infinite** yearning 무한한 욕구
- an **innocent** man 결백한 사람
- an **inefficient** organization 비효율적인 조직

32

정답 (a)

One of Karl's first ______________ after graduating from college was working as a copy editor.

(a) jobs

대학 졸업 후에 가진 Karl의 첫 직업 중 하나는 편집자로 일하는 것이었다.

(a) 직업

(b) utilities (c) chances (d) advantages	(b) 유용, 효용 (c) 기회, 가능성 (d) 유리(한 입장), 이점

| 해설 편집자로 '일하였다(working)'는 내용으로 보아 빈칸에는 졸업 후의 첫 '직업(jobs)'이라는 내용이 와야 자연스럽다. 따라서 정답은 (a)이다.

| 어휘 graduate [grǽdʒuèit] 졸업하다 copy editor 편집자 utility [juːtíləti] 유용, 효용 chance [tʃæns] 기회, 가능성 advantage [ədvǽntidʒ] 유리(한 입장), 이점

| 어휘플러스 utility관련 빈출 표현

- **utility** charge 공공 요금
- **utility** corporation 공기업
- **utilitarian** 공리주의자

통째로 기억하기

- **utility** of money 돈의 효용
- a poor **chance** 희박한 가능성
- take **advantage** of ~을 이용하다

33

정답 (a)

The writing process can be divided into three ____________: planning, writing, and revision. (a) stages (b) ranges (c) degrees (d) moments	글쓰기 과정은 세 단계로 나뉠 수 있다: 계획하기, 글쓰기, 교정하기. (a) 단계 (b) 범위 (c) 정도, 등급, 단계, 학위 (d) 때, 순간

| 해설 빈칸 뒤에서 계획하기, 글쓰기, 교정하기의 세 가지를 열거하고 있으므로, 빈칸을 포함한 문장은 이에 대한 설명으로 '글쓰기 과정은 세 단계로 나뉠 수 있다(The writing process can be divided into three stages)'는 내용이 되어야 자연스럽다. 따라서 정답은 (a)이다.

| 어휘 process [prάses] 과정 be divided into ~으로 나뉘다 revision [rivíʒən] 교정 stage [steidʒ] 단계 range [reindʒ] 범위 degree [digríː] 정도, 등급, 단계, 학위 moment [móumənt] 때, 순간

| 어휘플러스 통째로 기억하기

- a wide **range** of 광범위한
- to some **degree** 약간은, 어느 정도는
- at this **moment** 지금, 현재

34

정답 (d)

The heart ____________ about 7,200 liters of blood each day. (a) flows (b) beats	심장은 매일 약 7,200리터의 피를 펌프질한다. (a) 흘러나오게 하다 (b) 치다, 두드리다, (심장이) 뛰다

(c) forces (d) pumps	(c) 힘을 가하다, 강요하다 (d) 펌프로 (물 등을) 퍼 올리다

해설 빈칸 앞뒤로 심장(heart)과 약 7,200리터의 피(about 7,200 liters of blood)라는 내용이 있으므로, 빈칸에는 '펌프질한다(pump)'는 내용이 들어가는 것이 자연스럽다. 따라서 정답은 (d)이다.

어휘 liter[líːtər] 리터 (액체의 양의 단위) flow[flou] 흘러나오게 하다 beat[biːt] 치다, 두드리다, (심장이) 뛰다
force[fɔːrs] 힘을 가하다, 강요하다 pump[pʌmp] 펌프로 (물 등을) 퍼 올리다

어휘플러스 통째로 기억하기

- Blood **flows** in his veins. 피가 그의 정맥에서 **흐른다**.
- My heart began to **beat** fast. 내 심장의 **고동이** 빨라졌다.
- **force** A to B A가 B하도록 **강요하다**

35

정답 (c)

Enjoy a wide variety of delicious meals at our food outlets, conveniently ____________ throughout the zoo. (a) settled (b) rooted (c) located (d) resided	동물원 전역에 편리한 곳에 위치한 저희 식당에서 다양한 종류의 맛있는 식사를 즐기세요. (a) (의견을) 결정한, 정착한 (b) (사상 · 습관 등이) 뿌리를 내린, 정착한 (c) 위치한 (d) (장기간) 거주하는

해설 동물원 전역에(throughout the zoo)라는 내용으로 보아, 식당이 '편리한 곳에 위치해 있다(conveniently located)'는 내용이 와야 자연스럽다. 따라서 정답은 (c)이다.

어휘 outlet[áutlet] 판매점 conveniently[kənvíːnjəntli] 편리하게 throughout[θru(ː)áut] 널리, 전체에
settle[sétl] (의견을) 결정하다, 정착하다 root[ru(ː)t] (사상 · 습관 등이) 뿌리를 내리다, 정착하다 locate[lóukeit] 위치시키다
reside[rizáid] (장기간) 거주하다

어휘플러스 통째로 기억하기

- They **settled** in Canada. 그들은 캐나다에 **정착했다**.
- a deep-**rooted** belief **뿌리** 깊은 신앙
- **reside** abroad 외국에 **거주하다**

36

정답 (a)

The reporter had trouble ____________ the documents that proved his facts were correct. (a) obtaining (b) adopting (c) rejecting (d) diluting	그 신문 기자는 그의 진술이 옳다는 것을 증명하는 문서를 얻는 데 어려움을 겪었다. (a) 얻는 것 (b) (의견 · 정책 등을) 채용하는 것, 채택하는 것 (c) 거절하는 것 (d) 묽게 하는 것, 희석하는 것

해설 빈칸 뒤에 문서(documents)가 있고 어려움을 겪었다(had trouble)고 하였으므로, 문서를 '얻다(obtain)'라는 표현이 와야 가장 자연스럽다. 따라서 정답은 (a)이다.

어휘 reporter[ripɔ́:rtər] 신문기자, 보고자 have trouble -ing –하는 데 어려움을 겪다 document[dɑ́kjumənt] 문서 prove[pru:v] 증명하다 fact[fækt] 진술 correct[kərékt] 정확한 obtain[əbtéin] 얻다 adopt[ədɑ́pt] (의견 · 정책 등을) 채용하다, 채택하다 reject[ridʒékt] 거절하다 dilute[dilú:t] 묽게 하다, 희석시키다

어휘플러스 통째로 기억하기

- **obtain** a license 면허를 얻다
- **adopt** a bill 의안을 채택하다
- **reject** a vote 투표를 거부하다
- **dilute** with water 물로 희석하다

37

정답 (b)

The union insisted that a ____________ of the company's profits be allocated to employees as part of the wage deal.

(a) point
(b) portion
(c) volume
(d) number

임금 협상의 일부로서 노동 조합은 회사의 수익의 일부가 직원들에게 배분되어야 한다고 주장했다.

(a) 점수, 주안점
(b) 일부, 부분
(c) 부피, 양
(d) 수

해설 빈칸 뒤에서 회사의 수익(company's profits)이 직원들에게 배분되어야(allocated) 한다고 하였으므로, 회사 수익의 '일부(portion)'라는 내용이 되어야 자연스럽다. 따라서 정답은 (b)이다.

어휘 union[jú:njən] 노동 조합 insist[insíst] 주장하다 be allocated to ~에게 배분되다 wage deal 임금 협상 portion[pɔ́:rʃən] 일부, 부분 volume[vɑ́lju:m] 부피, 양

어휘플러스 통째로 기억하기

- the **portion** of land 토지의 일부분
- the **volume** of traffic 교통량

38

정답 (c)

Children who are ____________ are fluent in two different languages as well as two different cultures.

(a) bilateral
(b) versatile
(c) bilingual
(d) dexterous

두 가지 언어를 구사하는 어린이는 두 가지 다른 문화뿐 아니라 두 가지 다른 언어도 유창하다.

(a) 쌍방의
(b) 다재다능한
(c) 두 나라 말을 하는
(d) 손재주가 있는, 솜씨 있는

해설 어린이가 두 가지 다른 언어에 유창하다(Children ~ are fluent in two different languages)고 하였으므로, '두 나라 말을 하는'이라는 뜻의 bilingual이 빈칸에 들어가면 내용이 자연스럽다. 따라서 정답은 (c)이다.

어휘 fluent[flú(:)ənt] (언어가) 유창한 A as well as B B뿐 아니라 A도 bilateral[bailǽtərəl] 쌍방의 versatile[və́:rsətil] 다재다능한 bilingual[bailíŋgwəl] 두 나라 말을 하는 dexterous[dékstərəs] 손재주가 있는, 솜씨 있는

어휘플러스 통째로 기억하기

- a **bilateral** negotiation 양자간의 토론
- a **versatile** performer 다재다능한 연기자
- **bilingual** education 두 언어 병용 교육
- be **dexterous** in -ing –하는 데 재주가 있다

39

정답 (b)

Evidence is ______________ in support of the theory that humans derived from one common ancestor.

(a) thriving
(b) mounting
(c) generating
(d) outgrowing

인류가 하나의 공통된 조상으로부터 유래되었다는 가설을 뒷받침하는 증거가 대두되고 있다.

(a) 번성하는
(b) 오르는, 대두되는
(c) 생산하는, 일으키는
(d) ~보다 더 커지는

해설 인간이 하나의 공통된 조상에서 유래했다는 이론(the theory that humans derived from one common ancestor)을 지지하는 '증거(Evidence)'가 '대두되고 있다(is mounting)'는 내용이 와야 자연스럽다. 따라서 정답은 (b)이다.

어휘 in support of ~을 지지하는 theory[θí(:)əri] 가설 derive from ~으로부터 유래하다 common[kámən] 공통된 ancestor[ǽnsestər] 조상 thrive[θraiv] 번성하다, 번영하다 mount[maunt] 오르다, 대두되다 generate[dʒénərèit] ~으로부터 유래하다 outgrow[àutgróu] ~보다 더 커지다

어휘플러스 통째로 기억하기

- a **thriving** town 번화한 도시
- **generate** a sensation 파문을 일으키다
- **outgrow** one's brother 형보다 커지다

40

정답 (d)

To be safe for ______________, pork should always be cooked thoroughly.

(a) initiation
(b) reduction
(c) pretension
(d) consumption

안전하게 섭취하기 위해서는, 돼지고기는 언제나 완전히 익혀야 한다.

(a) 가입, 개시
(b) 축소, 삭감
(c) 요구, 구실, 핑계
(d) 섭취, 소비

해설 돼지고기를 익혀야 한다(pork should always be cooked thoroughly)는 내용으로 보아, '안전하게 먹기 위해서는(To be safe for consumption)'이라는 내용이 와야 자연스럽다. consume은 '음식을 먹다'라는 뜻이고, 그 명사형인 consumption은 '음식의 섭취'라는 뜻이다. 따라서 정답은 (d)이다.

어휘 pork[pɔːrk] 돼지고기 thoroughly[θə́ːrouli] 완전하게, 철저하게 initiation[inìʃiéiʃən] 가입, 개시 reduction[ridʌ́kʃən] 축소, 삭감 pretension[priténʃən] 요구, 구실, 핑계 consumption[kənsʌ́mpʃən] 섭취, 소비

어휘플러스 통째로 기억하기

- an **initiation** fee 가입금
- budget **reduction** 예산 삭감
- caffeine **consumption** 카페인 섭취(량)

41

정답 (a)

The sequencing of the human genome is the greatest ______________ in medical knowledge in the past 25 years.

(a) advance

인간 게놈의 배열은 지난 25년간의 의학 지식에서 가장 위대한 진보이다.

(a) 진보

(b) invention
(c) fulfillment
(d) realization

(b) 발명
(c) (의무 등의) 이행, 성취
(d) (희망 · 계획 등의) 실현, 구현

해설 '인간 게놈 배열(The sequencing of the human genome)'이라는 내용을 통해, '의학 지식에서의 진보(advance in medical knowledge)'라는 표현이 와야 가장 자연스럽다. 따라서 정답은 (a)이다.

어휘 **sequence**[síːkwəns] 나열하다, 배열하다 **genome**[dʒíːnoum] 게놈, 유전자군 **medical**[médikəl] 의학의 **knowledge**[nálidʒ] 지식 **advance**[ədvǽns] 진보 **invention**[invénʃən] 발명 **fulfillment**[fulfílmənt] (의무 등의) 이행, 성취 **realization**[rì(ː)əlizéiʃən] (희망 · 계획 등의) 실현, 구현

어휘플러스 통째로 기억하기

- **advance** of science 과학의 **진보**
- a historic **invention** 역사적인 **발명**
- **fulfillment** of one's dreams 꿈의 **실현 · 성취**
- the **realization** of justice 정의의 **구현**

42

정답 (c)

Some language teachers believe that dictionaries are a reading _______________ rather than a reading enhancer.

(a) helper
(b) seducer
(c) inhibitor
(d) facilitator

몇몇 언어 선생님들은 사전들이 독해를 향상시킨다기 보다는 독해를 억제하는 것이라고 믿는다.

(a) 도움이 되는 것
(b) 유혹하는 것
(c) 억제시키는 것, 억제자
(d) 중재자

해설 빈칸 뒤에 '향상시킨다기 보다는(rather than a reading enhancer)'이라고 했으므로, 빈칸에는 enhancer(향상시키는 것)의 반대인 '억제시키는 것(inhibitor)'이라는 표현이 오는 것이 자연스럽다. 따라서 정답은 (c)이다.

어휘 **rather than** ~이라기 보다는 **enhancer**[inhǽnsər] 향상시켜 주는 것 **helper**[hélpər] 도움이 되는 사람(것) **seducer**[sidjúːsər] 유혹하는 사람(것) **inhibitor**[inhíbitər] 억제시키는 것, 억제자 **facilitator**[fəsílitèitər] 중재자

어휘플러스 통째로 기억하기

- **seduce** a woman 여자를 **유혹하다**
- side effect **inhibitors** 부작용 **억제제**
- **facilitate** the process 과정을 **용이하게 하다**

43

정답 (b)

At the diving event, each dive will be _______________ on the takeoff, the difficulty of the dive, and the position when entering the water.

(a) tested
(b) assessed
(c) numbered
(d) diagnosed

다이빙 종목에서, 각각의 다이빙은 도약, 다이빙의 난이도, 그리고 입수할 때 자세로 평가될 것입니다.

(a) 검사받다
(b) (사람 · 사물 등이) 평가받다
(c) 번호가 매겨지다
(d) 진단받다, (문제 등의) 원인이 밝혀지다

| 해설 빈칸 뒤에 다이빙을 평가하는 요소들이 등장하고 있으므로, '각각의 다이빙은 평가될 것이다(each dive will be assessed)'라는 내용이 되어야 가장 자연스럽다. 따라서 정답은 (b)이다. 참고로, 빈칸 뒤의 전치사 on은 '~을 기준으로'라는 뜻으로 쓰였다.

오답분석

(a) test는 '시험하다, 검사하다' 혹은 대상자에게 '질문을 하거나 특정 행동을 수행하도록 하다'를 의미하므로, 여기서는 어색하다.

| 어휘 takeoff[téikɔ̀:f] 도약 difficulty[dífikʌ̀lti] 난이도 dive[daiv] 다이빙, 잠수 enter the water 입수하다 assess[əsés] 평가하다 diagnose[dáiəgnòus] 진단하다, (문제 등의) 원인을 밝히다

| 어휘플러스 통째로 기억하기

- **assess** a house at 30,000,000 won 가옥을 3천만 원으로 **평가하다**
- **diagnose** as cancer 암이라고 **진단하다**

44

정답 (a)

By using perspective, artists can achieve a three-dimensional effect in their paintings, showing ____________ and distance.

(a) depth
(b) extent
(c) insight
(d) fullness

원근법을 이용함으로써, 화가들은 그들의 그림에서 깊이와 거리를 보여주는 3차원 효과를 얻을 수 있다.

(a) 깊이
(b) 정도, 범위, 넓이
(c) 통찰, 통찰력
(d) 가득참, 풍부함

| 해설 3차원 효과(three-dimensional effect)라고 하였으므로, 그림에서 '깊이(depth)'까지 보여준다고 하는 것이 자연스럽다. 따라서 정답은 (a)이다.

| 어휘 perspective[pərspéktiv] 원근법 achieve[ətʃí:v] 이루다, 달성하다 three-dimensional effect 3차원 효과 painting[péintiŋ] 그림 distance[dístəns] 거리 depth[depθ] 깊이 extent[ikstént] 정도, 범위, 넓이 insight[ínsàit] 통찰, 통찰력 fullness[fúlnis] 가득참, 풍부함

| 어휘플러스 통째로 기억하기

- to a certain **extent** 어느 **정도**(까지)
- a man of **insight** **통찰력**이 있는 사람
- in one's **fullness** **충분**하게

45

정답 (a)

Last night, a school bus carrying twenty students ____________ into a telephone pole, but no one was injured.

(a) smashed
(b) hastened
(c) launched
(d) crammed

어젯밤, 20명의 학생을 태우고 가던 학교 버스가 전신주에 세게 충돌하였으나, 아무도 다치지 않았다.

(a) 세게 충돌했다
(b) 서둘러 갔다
(c) 발사했다
(d) 쑤셔 넣었다

| 해설 빈칸 뒤에 '아무도 부상을 당하지 않았다(no one was injured)'라는 내용으로 보아, '학교 버스가 세게 충돌했다(a school bus ~ smashed)'는 것을 알 수 있다. 따라서 정답은 (a)이다.

| 어휘 telephone pole 전신주 be injured 다치다, 부상 입다 smash [smæʃ] 세게 충돌하다 hasten [héisn] 서둘러 가다
launch [lɔ:ntʃ] 발사하다 cram [kræm] 쑤셔 넣다

| 어휘플러스 통째로 기억하기

- **smash into** ~에 세게 충돌하다
- He **hastened** home. 그는 서둘러 귀가했다.
- They **launched** a missile. 그들은 미사일을 발사했다.
- **cram** books into a bag 책들을 가방 속에 쑤셔 넣다

46

정답 (b)

The exam is ______________, and therefore all students should study the material covered since the beginning of the semester.

(a) equitable
(b) cumulative
(c) tendentious
(d) supplemental

시험은 누적되므로, 모든 학생들은 학기 초부터 배운 교과 내용을 공부해야 합니다.

(a) 공정한, 정당한
(b) 누적하는, 가중의
(c) 편향적인
(d) 추가의, 보충의

| 해설 빈칸 뒤에 '학생들이 학기 초부터(since the beginning of the semester) 배운 내용을 공부해야 한다'는 내용으로 보아, 시험이 '누적되는(cumulative)' 것임을 알 수 있다. 따라서 정답은 (b)이다.

| 어휘 material [mətí(:)əriəl] 내용 cover [kʌ́vər] 다루다 beginning [bigíniŋ] 시작 semester [siméstər] 학기
equitable [ékwitəbl] 공정한, 정당한 cumulative [kjú:mjulèitiv] 누적하는, 가중의
tendentious [tendénʃəs] 편향적인, 의견이 한쪽에 치우친 supplemental [sʌ̀pləméntəl] 추가의, 보충의

| 어휘플러스 통째로 기억하기

- an **equitable** distribution 공평한 분배
- **cumulative** effects 누적 효과
- a **tendentious** reading 편향적인 독서
- **supplemental** to the document 문서에의 보충

47

정답 (c)

Every suite at our hotel is lavishly furnished with luxurious ______________ such as PDP television and jacuzzi.

(a) assets
(b) resources
(c) amenities
(d) proprieties

저희 호텔의 모든 스위트룸에는 PDP 텔레비전과 거품 목욕탕 등의 호화로운 시설이 충분히 갖춰져 있습니다.

(a) 재산, 자산
(b) 자원, 재원
(c) (문화 · 편의) 시설
(d) 예의 바름, 교양

| 해설 빈칸 뒤에 PDP 텔레비전(PDP television)과 거품 목욕탕(jacuzzi)이 언급되는 것으로 보아, 호텔이 호화로운 '시설(amenities)'을 갖추고 있다는 것을 알 수 있다. 따라서 정답은 (c)이다.

| 어휘 suite [swi:t] 스위트룸 lavishly [lǽviʃli] 넉넉하게, 충분하게 furnished [fə́:rniʃt] 가구가 갖추어져 있는
luxurious [lʌgʒú(:)riəs] 호화로운 jacuzzi [dʒækú:zi] 저쿠지 (거품 목욕탕) asset [ǽset] 재산, 자산 resource [rí:sɔ̀:rs] 자원, 재원
amenities [əménətiz] (문화 · 편의) 시설 propriety [prəpráiəti] 예의 바름, 교양

| 어휘플러스 통째로 기억하기

- natural **resources** 천연 자원
- hotel **amenities** 호텔 부대시설
- observe the **proprieties** 예의범절을 지키다

48

정답 (a)

After Camembert, Brie may be the most well-known of French cheeses and is widely appreciated for its ____________ taste.

(a) refined
(b) laconic
(c) ecstatic
(d) acquired

카망베르 다음으로, 브리는 아마도 가장 잘 알려진 프랑스 치즈일 것이며 그것의 세련된 맛으로 널리 인정받고 있다.

(a) 세련된, 정제된
(b) (말수가) 간결한, 간명한
(c) 황홀한
(d) 후천적인, 획득한

| 해설 치즈의 맛이 인정받고 있다고 하였으므로, '세련된, 정제된(refined)' 맛이라는 내용이 오는 것이 가장 자연스럽다. 따라서 정답은 (a)이다.

| 어휘 well-known 잘 알려진 be appreciated for ~으로 인정받다 refined [rifáind] 세련된, 품위 있는 laconic [ləkánik] (말수가) 간결한, 간명한 ecstatic [ekstǽtik] 황홀한 acquired [əkwáiərd] 후천적인, 획득한

| 어휘플러스 통째로 기억하기

- George was **laconic.** George는 말수가 적은 편이었다.
- **acquire** citizenship 국적을 취득하다

49

정답 (a)

Prior to the ______________ of foreign investments last year, Minima Inc. had not attracted the interest of any overseas investors.

(a) influx
(b) attrition
(c) demotion
(d) recurrence

작년 외국 자본의 유입 전에는, Minima 사는 외국 투자자들의 관심을 끌지 못했었다.

(a) 유입
(b) 마찰, 마멸
(c) (직위의) 좌천, 강등
(d) 재현, 재발

| 해설 빈칸 뒤에 있는 명사구가 '외국 자본(foreign investments)'이므로, 자본의 '유입(influx)'이라는 내용이 되어야 자연스럽다. 따라서 정답은 (a)이다.

| 어휘 prior to ~ 전에 foreign [fɔ́:rin] 외국의 investment [invéstmənt] 투자(본) Inc.(= Incorporated) 주식회사 attract [ətrǽkt] (매력으로) 끌어당기다 overseas [òuvərsí:z] 해외의 influx [ínflʌ̀ks] 유입 attrition [ətríʃən] 마찰, 마멸 demotion [dimóuʃən] (직위의) 좌천, 강등 recurrence [rikɔ́:rəns] 재현, 재발

| 어휘플러스 통째로 기억하기

- an **influx** of foreign capital 외자의 유입
- a war of **attrition** 소모전
- **recurrence** of inflation 인플레의 재발

50

정답 (c)

In Sri Lanka, rebel forces are fighting for ______________ from the central government.

(a) acquittal
(b) salvation
(c) autonomy
(d) supremacy

스리랑카에서는, 반란군들이 중앙 정부로부터의 자치를 위해 싸우고 있다.

(a) 무죄 방면, 석방
(b) 구제, 구조
(c) 자치, 자치권
(d) 주도권

해설 빈칸 앞에서 반란군들이 싸우고 있다고 하였으므로, 중앙 정부로부터의 '자치(autonomy)'를 위해 싸운다는 내용이 되어야 자연스럽다. 따라서 정답은 (c)이다.

어휘 rebel force 반란군 fight for ~을 위해 싸우다 central government 중앙 정부 acquittal [əkwítəl] 무죄 방면, 석방 salvation [sælvéiʃən] 구제, 구조 autonomy [ɔːtánəmi] 자치, 자치권 supremacy [sjupréməsi] 주도권

어휘플러스 통째로 기억하기

- a judgment of an **acquittal** 무죄 판결
- **salvation** from bankruptcy 파산으로부터의 구제

TEST 1 READING COMPREHENSION

Part I

1

정답 (b)

It would be a mistake to think that Lewis Carroll's *Alice's Adventures in Wonderland* ________________________. This is because there is more to it than just wild fantasy. Many of Alice's dilemmas in the story have to do with things that happen in the real world. So the book is not just a fantasy for children but has things that adults can relate to as well.

(a) is a book of true stories
(b) is just for young readers
(c) takes a long time to read
(d) has many levels of meaning

Lewis Carroll의 「이상한 나라의 앨리스」가 ________________(이)라고 생각하는 것은 잘못이다. 왜냐하면 여기에는 엉뚱한 판타지 이상의 것이 있기 때문이다. 이야기 속 앨리스의 많은 궁지들은 현실 세계에서 일어나는 일들과 관련이 있다. 그래서 이 책은 단지 어린이들을 위한 판타지일 뿐만 아니라 어른들 역시 연관될 수 있는 것들을 담고 있다.

(a) 실제 이야기를 담은 책
(b) 단지 어린 독자들을 위한 것
(c) 읽는 데 오래 걸린다
(d) 여러 수준의 의미를 포함한다

해설 본문에 따르면, 「이상한 나라의 앨리스」는 'is not just a fantasy for children but has things that adults can relate to as well'이라고 하였으므로, 단지 어린이만을 위한 소설이 아니라는 것을 알 수 있다. 따라서 정답은 (b)이다.

오답분석
(a) 「이상한 나라의 앨리스」가 wild fantasy라고 했으므로 실제 이야기가 아니라는 점은 맞지만, 본문의 중심 내용이 아니므로 오답이다.
(c) 읽는 시간이 오래 걸린다는 내용은 언급된 바가 없으므로 오답이다.
(d) 본문에서 어린이 뿐만 아니라 어른들에게도 연관될 수 있다고 했으므로 여러 수준의 의미를 포함한다고 할 수 있다. 그런데, 빈칸 앞에서 '이렇게 생각하는 것은 잘못이다'라고 했으므로 오답이다.

어휘 wild[waild] 제멋대로인, 엉뚱한 dilemma[dilémə] 난제, 궁지 have to do with ~과 관련이 있다 relate to ~과 연관되다 as well 또한

2

정답 (a)

On average, 300,000 people sign up for cell phone service every day. Meanwhile, 8 billion e-mails are sent daily by the 250 million people who are hooked up to the Internet. What does it all mean? There is a communication revolution going on, and one company is right in the middle of it: Largent Technologies. At Largent, we make the things that ________________________.

(a) connect you to the world
(b) give you a healthy lifestyle
(c) turn you into a new person
(d) make shopping much easier

평균적으로 300,000명이 매일 휴대 전화 서비스를 신청한다. 동시에, 80억 통의 이메일이 매일 2억 5천만 명의 인터넷에 연결된 사람들에게 발송된다. 이 모든 것이 무엇을 의미할까? 통신의 혁명이 진행되고 있으며, 그 한가운데에 한 회사가 있다: 바로 Largent Technologies이다. Largent에서, 우리는 ________________ 것들을 만든다.

(a) 당신을 세상에 연결해 주는
(b) 당신에게 건강한 삶의 방식을 주는
(c) 당신을 새로운 사람으로 변화시키는
(d) 쇼핑을 훨씬 쉽게 만드는

| 해설 본문에 따르면, Largent Technologies는 통신의 혁명이 진행되는 한가운데에 있다(~ communication revolution going on, and one company is right in the middle of it: Largent Technologies)고 하였으므로, Largent Technologies가 이와 같은 통신 혁명을 실현시키는 회사이고, 통신 혁명은 곧 세상에 연결해 준다는 것으로 볼 수 있다. 따라서 정답은 (a)이다.

| 어휘 sign up for ~을 등록하다, ~을 신청하다 hook up to ~에 연결하다 revolution[rèvəljúːʃən] 혁명

3

정답 (d)

It's a good idea, in my opinion, to involve your children in ________________________. In our house, we tend to do this around holiday time when charities are most active. Explain to your children what each group does, and let them help pick where the money goes. You can make contributions with money you get from recyclables or from turning the family change jar into dollars. Or, if you give your child an allowance, consider adding a little more and encourage your child to donate some to a charity of his or her choice.

(a) doing household chores
(b) the weekly grocery shopping
(c) saving up to go on a vacation
(d) decisions about helping others

내 의견으로는, 당신의 자녀를 ______________ 에 참여시키는 것은 좋은 생각이다. 우리 집에서는, 자선 사업이 가장 활발한 휴일 기간 즈음에 이것을 하는 편이다. 당신의 자녀에게 각 자선 단체들이 무엇을 하는지 설명해 주고, 돈이 쓰일 곳을 선택하는 것을 돕도록 하라. 당신은 재활용품이나 가족의 잔돈 저금통을 지폐로 바꿔서 생긴 돈으로 기부할 수 있다. 또는, 당신이 자녀에게 용돈을 준다면, 조금 더 주는 것을 고려하고, 자녀들로 하여금 자기가 선택한 자선 사업에 일부를 기부하도록 장려할 수 있다.

(a) 가사일을 하는 것
(b) 매주의 식료품 쇼핑
(c) 휴가를 가기 위해 저축하는 것
(d) 다른 사람들을 돕는 것에 대한 결정

| 해설 빈칸 뒤 내용에 따르면, 아이들에게 자선 단체가 무엇을 하는지 설명해 주고(Explain to you children what each group does), 돈을 쓸 곳을 선택하도록 도우라고(let them help pick where the money goes) 하였으므로, 결국 자녀가 다른 사람을 돕는 것에 참여하도록 하라는 내용임을 알 수 있다. 따라서 정답은 (d)이다.

| 어휘 involve in ~에 참여시키다 charity[tʃǽrəti] 자선 사업, 자선 단체 pick[pik] 고르다 recyclables[riːsáikləblz] 재활용품 change jar 동전 단지 allowance[əláuəns] 용돈 donate[dóuneit] 기부하다 household chores 가사

4

정답 (b)

A new study has found that caffeine in coffee leads to higher brain activity through its effects on distinct areas of the brain. More specifically, it improves short-term memory and speeds up reaction times. In tests, researchers found that those given caffeine were able to perform better. Overall, those who received caffeine ______________.

(a) could stay awake much longer
(b) showed greater memory skills
(c) did not notice any side effects
(d) had trouble remembering facts

새로운 연구는 커피의 카페인이 뇌의 특정 영역에 대한 효과를 통해 높은 수준의 두뇌 활동을 이끌어낸다는 것을 발견했다. 좀 더 정확히 말하자면, 그것은 단기 기억력을 향상시키고 반응 속도를 높여준다. 실험에서, 연구자들은 카페인이 투여된 사람들이 더 나은 성취도를 보였다는 것을 발견했다. 전반적으로, 카페인이 투여된 사람들은 ______________.

(a) 훨씬 더 오래 깨어 있을 수 있었다
(b) 더 높은 기억 능력을 보였다
(c) 아무런 부작용도 알아채지 못했다
(d) 사실을 기억하는 데 문제를 겪었다

| 해설 본문에 따르면, 카페인이 단기 기억 능력을 향상시키고(improves short-term memory) 반응 속도를 높여준다(speeds up reaction times)고 하였으므로, (b)가 정답이다.

오답분석

(a) 본문에 언급된 카페인의 역할은 더 오래 깨어 있도록 하는 것이 아니라, 기억력이 좋아지게 하는 것(improves short-term memory)이므로 오답이다.

(c) 본문의 내용이 카페인의 부작용에 대한 것이 아니므로 오답이다.

(d) 본문에 따르면, 카페인은 기억력(remembering facts)에 있어 긍정적인 역할을 하였으므로 오답이다.

| 어휘 lead to ~을 하게끔 하다 distinct[distíŋkt] 특정한, 명료한 specifically[spisífikəli] 명확하게, 특히 short-term 단기의 reaction time 반응 시간 overall[òuvərɔ́:l] 전반적으로 notice[nóutis] 알아채다, 주목하다

5

정답 (a)

Even primitive people realized that ____________________. They understood that they needed some form of preservation to keep it from decaying. They knew they had to preserve food for times when it would be scarce. The first preserved foods were probably dried seeds, roots, fruits and vegetables. Later, meats were smoked and dried. People in early times also discovered that burying some foods in the earth kept them from rotting.

(a) food does not stay fresh
(b) they had to hunt for food
(c) food can be stored in cans
(d) cooking meat made it tastier

원시인들조차 ____________는 것을 깨달았다. 그들은 음식의 부패를 방지하기 위해 어떤 형태의 저장이 필요하다는 것을 깨달았다. 그들은 식량이 부족해질 때를 대비해 음식을 저장해야 한다는 것을 알았다. 아마도 처음으로 저장된 음식은 말린 씨앗, 뿌리, 과일과 채소였을 것이다. 나중에는, 고기는 훈제되고 건조되었다. 원시 시대 사람들은 또한 어떤 음식은 땅속에 묻으면 썩는 것을 방지한다는 것도 발견했다.

(a) 음식이 신선한 상태로 유지되지 않는다
(b) 식량을 위해 사냥을 해야 했다
(c) 음식을 캔에 보관할 수 있다
(d) 고기는 조리되면 더 맛이 좋다

| 해설 본문에 따르면, 원시인들은 음식의 부패를 방지하기 위해(to keep it from decaying) 어떤 형태의 저장이 필요하다(needed to some form of preservation)는 것을 깨달았다고 하였다. 이는 음식이 신선한 상태로 유지되지 못한다는 것을 깨달았기 때문이라고 볼 수 있으므로 (a)가 정답이다.

오답분석

(b) 사냥에 대한 내용은 본문에서 언급된 바 없으므로 오답이다.

(c) 원시 시대의 여러 음식 저장 방법 중 캔에 보관하는 것은 본문에서 언급된 바 없으므로 오답이다.

(d) 본문에서 고기를 훈제했다고 언급하였으나 이는 '음식 저장' 방법의 한 가지 예이지, 더 맛있게 하는 방법으로 언급된 것이 아니므로 오답이다.

| 어휘 primitive[prímitiv] 원시적인, 태초의 preservation[prèzərvéiʃən] 보존 decay[dikéi] 부패하다 scarce[skεərs] 부족한, 모자란 smoke[smouk] 훈제하다 bury[béri] 묻다 rot[rɑt] 썩다, 부패하다

6

정답 (b)

Job interviews are not easy for anyone, whether the person is a fresh college graduate or a seasoned CEO. But an interview becomes easier and less scary if you look at it as a kind of game. No matter what sport, every game has certain rules that players have to follow. And like a game, an interview also has its own set of rules. So if you play by the rules, you have a better chance of ____________ ____________.

(a) avoiding physical injuries

갓 졸업한 대학생에게든 노련한 CEO에게든, 구직 면접은 모두에게 쉽지 않다. 하지만 만약 면접을 일종의 경기로 여긴다면, 그것은 훨씬 쉽고 덜 두려울 것이다. 어떠한 스포츠이건 간에, 모든 경기에는 선수들이 따라야 할 특정한 규칙이 있다. 그리고 경기처럼, 면접 역시 그것만의 규칙들이 있다. 그래서 만약 당신이 규칙에 따라 진행한다면, 당신은 ____________ 더 나은 확률을 가질 것이다.

(a) 신체 부상을 피할

(b) being a successful candidate
(c) learning a new sport quickly
(b) performing well in your first job

(b) 성공적인 지원자가 될
(c) 새로운 스포츠를 빨리 배울
(d) 첫 번째 직업에서 잘 할

해설 본문에서 면접을 경기처럼 생각하면 훨씬 쉬워진다(an interview becomes easier and less scary if you look at it as a kind of game)고 하며 면접을 스포츠 경기에 비유하고 있다. 또한 면접에도 경기처럼 규칙(its own set of rules)이 있다고 했으므로, 면접의 규칙을 따른다면 성공적인 지원자(successful candidate)가 될 수 있다는 내용이 와야 자연스럽다. 따라서 (b)가 정답이다.

오답분석
(a) 본문은 면접을 게임에 비유하고 있기는 하나, 규칙을 잘 따를 경우 부상을 피하게 된다는 내용은 본문의 중심 내용인 면접과는 상관없으므로 오답이다.
(c) 본문은 스포츠에 대한 내용이 아니므로 오답이다.
(d) 본문은 면접을 치를 지원자에 대한 내용이지, 회사에서 첫 직업을 갖게 된 사람이 업무를 잘 해내는 내용에 관한 것이 아니므로 오답이다.

어휘 fresh college graduate 대학교를 갓 졸업한 사람 seasoned[síːznd] 노련한 scary[skɛ́(ː)əri] 무서운, 두려운 injury[índʒəri] 부상 candidate[kǽndidèit] 후보, 지원자

7

정답 (b)

Dear Mr. & Mrs. Walton:

I am sorry to have to write this letter. However, your dog Fifi nipped at our baby yesterday. I'm sure it was the baby's fault for pulling his tail. But your children do bring him here unleashed, and it isn't possible to keep an eye on him all the time. Now, we don't want the boys to stop coming over to our house. However, I wonder if you could possibly ask them to leave Fifi at home. Once our baby is older, this probably won't even be necessary, but for now, it would be helpful if your boys ____________. Thanks.

Your neighbors,
Rob & Melissa

(a) left our dog alone
(b) left the dog at home
(c) stopped making noise
(d) stopped coming to our house

Walton 부부께:

이 편지를 쓰게 되어 유감입니다. 하지만, 어제 댁의 개 Fifi가 저희 아기를 물었습니다. 물론 개의 꼬리를 잡아당긴 건 제 아이의 잘못입니다. 하지만 댁의 아이들은 줄을 묶지 않고 개를 여기에 데려오며, 그 개를 항상 지켜보는 것은 불가능합니다. 아이들이 저희 집에 오는 것을 막고 싶은 것은 아닙니다. 하지만, 댁의 아이들에게 Fifi를 집에 두고 오라고 말씀해 주셨으면 합니다. 저희 아기가 자라면 이럴 필요조차 없겠지만, 현재로서는 댁의 아이들이 ____________ 도움이 될 것입니다. 감사합니다.

당신의 이웃,
Rob과 Melissa

(a) 저희 개를 내버려 둔다면
(b) 그 개를 집에 둔다면
(c) 시끄럽게 굴지 않는다면
(d) 저희 집에 그만 온다면

해설 본문에서 글쓴이들은 이웃 아이들이 개 Fifi를 집에 두고 와 주기(to leave Fifi at home)를 부탁하고 있다. 따라서 개를 집에 두고 와 달라(left the dog at home)는 내용의 (b)가 정답이다.

오답분석
(a) 본문에서 문제가 되는 것은 편지를 받는 '이웃집'의 개이지, 글쓴이의 개가 아니므로 오답이다.
(c) 아이들이 글쓴이의 집에 올 때 그 개를 두고 오길 바라는 것이지 아이들이 시끄럽게 구는 것을 싫어하는 것이 아니므로 오답이다.
(d) 아이들의 방문을 막고자 하는 것이 글쓴이의 의도는 아니라고(we don't want the boys to stop coming over to our house) 했으므로 오답이다.

| 어휘 nip at ~을 물고 늘어지다 unleash[ʌnlíːʃ] (고삐나 끈 따위를) 풀다 keep an eye on ~을 감시하다, ~에 유의하다 make noise 시끄럽게 굴다

8

정답 (a)

Children who show little fear of anything are up to three times more likely than their more anxious peers to achieve success in sports when they get older, a new research shows. The study shows that youngsters between the ages of 5 and 11 who scored the lowest on fearfulness scales were much more likely to play individual or team sports at a high level in adulthood. The findings have implications for public health initiatives that promote exercise among children. Most studies on children's fears have tended to highlight the dangers, such as the risk of injury to youngsters not afraid of heights. The latest study is one of only a few to consider ______________________.

(a) the positive outcomes of childhood fearlessness
(b) the serious accidents that involve young children
(c) the high income young people can make in sports
(d) the anxiety that the fear of getting injured can cause

어떠한 것에도 두려움을 거의 보이지 않는 아이들은 더 두려워하는 아이들보다 그들이 자랐을 때, 운동에서 최고 세 배 더 많이 성공을 거둔다는 것을 새로운 연구가 보여준다. 이 연구는 가장 낮은 두려움 지수를 기록한 5세에서 11세 사이의 아동들이 어른이 되어 개인이나 팀 운동에서 훨씬 더 수준 높은 경기를 펼친다는 것을 보여준다. 이러한 연구 결과들은 어린이에게 운동을 장려하려는 공공 보건 발의안과 밀접한 관련이 있다는 것을 암시한다. 어린이의 두려움에 대한 대부분의 연구들은, 높은 곳을 두려워하지 않는 아이들의 부상 위험과 같은 위험을 강조하는 경향이 있었다. 이 최근의 연구는 ______________________을(를) 고려한 몇 안 되는 연구들 중 하나다.

(a) 어린 시절 대담함의 긍정적인 결과
(b) 어린 아이들에 관련된 심각한 사고들
(c) 젊은 사람들이 스포츠에서 벌 수 있는 높은 소득
(d) 부상 입는 것에 대한 두려움이 초래하는 근심

| 해설 대부분의 연구 결과들은 두려움 없는 아이들이 겪게 될 부상에 대해 우려했던 반면(Most studies on children's fears have tended to highlight the dangers), 새로운 연구 결과는 두려움 없는 아이들이 자라서 운동에서 더 성공을 거둔다(Children ~ are ~ more likely ~ to achieve success in sports when they get older)고 하였으므로, 최근의 연구는 두려움 없는 아이들이 갖게 될 긍정적 결과를 다루는 몇 안 되는 연구 중 하나라고 볼 수 있다. 따라서 정답은 (a)이다.

오답분석
(b) 부상의 위험을 강조하는 대부분의 연구(Most studies)에 대한 내용이므로 오답이다.
(c) 본문은 스포츠로 벌어들이는 소득(income)에 대한 내용이 아니므로 오답이다.
(d) 본문에 따르면, 이 연구 결과는 두려움 없는 아이들의 운동 성과에 있어서의 긍정적인 측면을 언급하고 있지, '걱정, 근심(anxiety)'을 주로 다루고 있는 것이 아니므로 오답이다.

| 어휘 up to ~까지 more likely to ~하는 것 같다 anxious[ǽŋkʃəs] 불안한, 걱정하는 peer[piər] (또래의) 사람들 youngster[jʌ́ŋstər] 어린이 fearfulness[fíərfəlnis] 두려움 scale[skeil] 척도 adulthood[ədʌ́lthùd] 어른, 성인기 findings[fáindinz] 연구 결과 implication[ìmpləkéiʃən] 암시, 의미 initiative[iníʃiətiv] 발의안, 주도권 promote[prəmóut] 촉진하다, 장려하다 tend to ~하는 경향이 있다 height[hait] 높은 곳 outcome[áutkʌ̀m] 결과, 결론

9

정답 (c)

When people prepare food and eat meals, there are psychological aspects involved. Babies learn to connect food with the warmth and security provided by the person who feeds them. Children associate food with pleasurable experiences, such as cake with birthday parties and popcorn with movies. Adults associate food with times of happiness and security, such as when the family is

사람들이 음식을 준비하고 식사할 때, 거기에는 심리학적인 측면이 연관되어 있다. 아기들은 음식을, 이들을 먹이는 사람이 주는 따뜻함과 안심에 연관 짓는 것을 배운다. 어린이들은 케이크를 생일 파티와 연관 짓고 팝콘을 영화와 연관 짓는 것처럼, 음식을 즐거운 경험과 연관시킨다. 어른들은 음식을, 가족이 식사에 모일 때와 같이 행복하고 안전한 시간과 연관 짓는다.

gathered at a meal. Thus food is ______________________. That is why pleasant experiences may cause you to like certain foods, and unhappy experiences may cause you to dislike certain other foods.

(a) related to cultural differences
(b) cooked differently in each society
(c) connected to emotional well-being
(d) important to maintaining good health

그러므로 음식은 ______________. 이것은 즐거운 경험들이 특정 음식을 좋아하게 만들고, 불쾌한 경험들이 특정 음식을 싫어하게 만드는 이유이다.

(a) 문화적인 차이와 관련이 있다
(b) 각 사회마다 다르게 요리된다
(c) 감정적인 행복에 연관되어 있다
(d) 건강을 유지하는 데 중요하다

해설 본문에 따르면, 아기들은 따뜻함과 안심(warmth and security)을 음식과 연결시키고, 어린이들은 즐거운 경험(pleasurable experiences)을, 어른들은 행복과 안전(happiness and security)을 음식과 연결시켜 생각한다고 하였다. 따라서 음식은 사람들의 감정적 행복(emotional well-being)과 연관되어 있다고 볼 수 있으므로 (c)가 정답이다.

오답분석
(a) 본문은 연령대별로 음식과 감정적 행복의 관계를 설명하고 있지, 음식과 문화적 차이점의 관계를 설명하고 있지 않으므로 오답이다.
(b) 본문에서는 연령대별로 음식과 감정적 행복을 어떻게 연관 짓는지가 글의 핵심 내용이지, 음식이 요리되는 방법이 사회마다 다르다는 내용은 언급된 바 없으므로 오답이다.
(d) 본문은 음식과 감정적 행복의 관계를 다루고 있지, 음식과 건강의 관계를 언급하고 있지 않으므로 오답이다.

어휘 meal [miːl] 식사 psychological [sàikəládʒikəl] 심리적인 aspect [ǽspekt] 측면, 관점 security [sikjú(ː)əriti] 안전, 안심 pleasurable [pléʒərəbl] 유쾌한 associate with ~과 연관 짓다 emotional [imóuʃənəl] 감정적인

10

정답 (a)

Historically, women have not been treated as well as men in most cultures. This kind of attitude of favoring one sex over another is called sexism, and it is thought by many to be present in ______________________. A common example is the use of the word “man” or “mankind” to refer to the whole human species. Feminists generally believe that this manner of speaking adds to the idea that men were the main participants in history. Instead of such male-centered vocabulary, feminists tend to prefer more inclusive terms such as “humans” or “humankind.”

(a) the very language we speak
(b) how we bring up our children
(c) non-Western cultures in particular
(d) the way scholars view feminist writers

역사적으로 대부분의 문화에서 여성들은 남성만큼의 대우를 받지 못했다. 이렇게 한쪽 성을 다른 쪽보다 더 선호하는 태도는 성차별이라 불리며, 이는 __________에 나타난다고 많은 사람들이 여긴다. 흔한 예는 모든 인류를 지칭할 때 “man” 또는 “mankind”라는 단어를 사용하는 것이다. 페미니스트들은 일반적으로 이러한 방식의 말하기는 역사에 있어 남성들이 주요 참여자라는 생각을 더한다고 믿는다. 이러한 남성 중심의 단어 대신에, 페미니스트들은 더 포괄적인 용어인 “humans”나 “humankind”를 선호하는 경향이 있다.

(a) 우리가 말하는 바로 이 언어
(b) 우리가 아이들을 키우는 방식
(c) 특히 비서양권 문화
(d) 학자들이 페미니스트 작가들을 바라보는 방식

해설 빈칸 뒷문장에서 성차별이 단어의 사용(the use of the word)에 드러난 예를 들고 있으므로, 성차별(sexism)은 우리가 사용하는 언어에 나타난다는 것을 알 수 있다. 따라서 정답은 (a)이다.

오답분석
(b) 본문은 성차별주의(sexism)와 언어(language)의 관계에 대한 글이며, 아이를 양육하는 방식(how we bring up our children)과는 상관없으므로 오답이다.
(c) 본문에는 비서양권 문화(non-Western cultures)에 대한 언급이 전혀 없으므로 오답이다.
(d) 한쪽 성을 더 선호하는 태도(favoring one sex over another)가 학자들이 페미니스트 작가를 바라보는 방식(the way scholars view feminist writers) 속에 드러나는 것이 아니라, 언어에 나타나는 것이라고 볼 수 있으므로 오답이다.

| 어휘 be treated 대우받다 sexism[séksizəm] 성차별주의 be present 나타나다 refer to ~을 언급하다, ~을 지칭하다 species[spí:ʃi:z] (생물학적) 종 manner[mǽnər] 방법, 방식 partiupant[pɑ:rtísəpənt] 참가자 male-centered 남성 중심의 inclusive[inklú:siv] 포괄적인 in particular 특히 view[vju:] 바라보다

11

정답 (d)

More than 600 million still-usable computers will be discarded by companies over the next five years. These companies do this because they have to update their equipment. Most of the discarded computers still work perfectly, and yet they end up buried in landfill sites. But now, an ambitious project is hoping to put hundreds of thousands of these abandoned machines to use in helping children in the developing world become computer-literate and better educated. The project is being coordinated by a group called Digital Partnership. It is setting up a program to collect the discarded computers and ________________ ________________.

(a) sell them at low prices around the world
(b) give them to businesses in African countries
(c) recycle them to produce brand-new computers
(d) donate them to schools in the developing world

향후 5년간, 6억대 이상의 아직 사용 가능한 컴퓨터들이 기업들에 의해 버려질 것이다. 이 기업들은 장비를 업데이트해야 하기 때문에 이렇게 한다. 대부분의 버려진 컴퓨터는 아직 완벽히 작동하지만, 결국 매립지에 묻히게 된다. 하지만 지금, 한 야심찬 프로젝트는 이 수십만대의 버려진 컴퓨터들이 개발 도상국에 있는 아이들이 컴퓨터를 사용할 줄 알고 더 잘 교육받도록 돕는 데 쓰여질 것으로 기대한다. 이 프로젝트는 디지털 조합이라 불리는 단체에 의해 조정되고 있다. 이 단체는 버려진 컴퓨터를 수집하여 ________ ________________ 프로그램을 시작하고 있다.

(a) 전 세계에 저렴한 가격에 파는
(b) 아프리카 국가에 있는 기업들에게 주는
(c) 새로운 컴퓨터를 생산하기 위해 재활용하는
(d) 개발 도상국의 학교에 기부하는

| 해설 본문에 따르면, 프로젝트를 통해서, 버려진 컴퓨터들(these abandoned machines)이 아이들이 컴퓨터를 배우게 하고 (become computer-literate), 더 잘 교육받는(better educated) 데 활용될 것이라고 하였으므로, 이 단체가 컴퓨터를 개발 도상국의 학교에 기부하려 한다는 것을 알 수 있다. 따라서 (d)가 정답이다.

오답분석
(a) 본문에 언급된 단체는 개발 도상국의 아이들의 교육을 위해 버려진 컴퓨터를 기부할 것이므로, 저렴한 가격에 판다고 한 (a)는 오답이다.
(b) 기업에게 제공하는 것이 아니라 아이들의 교육을 위한 컴퓨터이므로 오답이다.
(c) 새 컴퓨터로 만들기 위해 재활용한다는 언급은 없으므로 오답이다.

| 어휘 usable[jú:zəbl] 사용할 수 있는 discard[diskɑ́:rd] 버리다, 폐기하다 landfill site 매립지 ambitious[æmbíʃəs] 야심찬, 활발한 put ~ to use ~을 유용하게 이용하다 developing world 개발 도상국 computer-literate 컴퓨터를 활용할 줄 아는 coordinate[kouɔ́:rdənèit] 조정하다 brand-new 아주 새로운, 신품의

12

정답 (b)

Kelly Bauer may have the best part-time job in America at USP. For Kelly, USP offers a lot more than job experience. USP offers her the freedom of a college education without a financial burden. Kelly was faced with huge, future student loan payments, when, during her junior year at the University of Missouri, we announced USP's new education assistance program. USP's "Earn and Learn" program offers part-time employees $3,000 in tuition assistance and $2,000 in forgivable loans per calendar

Kelly Bauer는 아마 USP에서 미국 최고의 파트타임 직을 갖고 있을 것이다. Kelly에게 USP는 직장 경력 이상의 것을 제공한다. USP는 그녀에게 금전적 부담이 없는 대학 교육의 자유를 제공한다. 우리가 USP의 새 교육 지원 프로그램을 발표했을 때, Missouri 대학의 3학년 Kelly는 엄청난 장래 학자금 대출을 맞닥뜨리고 있었다. USP의 "Earn and Learn" 프로그램은 파트타임 근로자에게 매년 3,000달러의 수업료 지원과 2,000달러의 면제 대출금을 제공한다. 총

year. A sum of $23,000 in total aid is possible. Kelly immediately signed up for the program to ______________ ______________.

(a) begin her teaching career at USP
(b) reduce her future student loan debt
(c) get a large loan at a low interest rate
(d) ask for a substantial raise in her salary

23,000달러의 원조가 가능하다. Kelly는 즉시 ______________ 이 프로그램을 신청했다.

(a) USP에서 가르치는 일을 시작하기 위해
(b) 장래의 학자금 부채를 줄이기 위해
(c) 낮은 이자율로 큰 액수의 대출을 받기 위해
(d) 그녀의 봉급의 대폭 인상을 요구하기 위해

해설 본문에 따르면, "Earn and Learn" 프로그램은 파트타임 근로자에게 매년 수업료를 지원하고 면제 대출금도 제공하고 있으므로, 학자금 부채 부담이 줄어든다고 할 수 있다. 따라서 (b)가 정답이다.

오답분석
(a) Kelly는 현재 USP에서 파트타임으로 근무하고 있으며, 학자금을 지원받기 위해 프로그램을 신청한 것이므로 가르치는 일을 시작하기 위해서 신청했다는 내용은 오답이다.
(c) 본문에서 낮은 이자율로 큰 돈을 빌려준다고 하지는 않았으므로 오답이다.
(d) Kelly는 학비로 인한 금전적 부담(financial burden) 때문에 이 프로그램을 신청했으므로 봉급 인상을 요구하기 위해서 신청했다는 내용은 오답이다.

어휘 **financial burden** 재정 부담 **student loan** 학자금 대출 **junior year** (4년제 대학에서) 3학년 **forgivable loan** 면제 대출금 **calendar year** (달력상의) 1년 **aid**[eid] 지원, 원조 **interest rate** 이자율 **substantial**[səbstǽnʃəl] 상당한, 많은 양의

13

정답 (b)

Redesigning and building an addition to an old house is expensive, and the costs might only be partially recovered when the house is sold. But that does not mean that money spent on home improvements is not well spent. Refurbishing a home can bring greater comfort and convenience, whether you decide to sell or not. So, even though it can cost a lot to refurbish your home, ______________ ______________.

(a) your neighbors will be impressed
(b) the benefits can make it worthwhile
(c) you will get it all back when you sell
(d) it can reduce your overall tax expenses

낡은 집을 재설계하고 증축하는 것은 비용이 많이 들고, 그 비용은 집이 팔렸을 때 오직 일부분만이 보상된다. 그러나 그렇다고 해서 집의 개선에 쓰여진 돈이 잘못 쓰였다는 것을 의미하지는 않는다. 집을 팔기로 결정하건 아니건 간에, 집을 새로 단장하는 것은 더 나은 안락함과 편리함을 가져다 준다. 그러므로, 집을 새로 단장하는 데 많은 비용이 들더라도, ______________ ______________.

(a) 당신의 이웃들은 좋은 인상을 받을 것이다
(b) 그로 인한 이득은 그만한 가치가 있다
(c) 집을 팔 때 전부 되돌려 받을 것이다
(d) 당신의 전체적인 세금 지출을 줄여 줄 것이다

해설 본문에 따르면, 집을 재설계하거나 단장하는 것은 집을 팔건 아니건 간에 안락함과 편리함(greater comfort and convenience)을 가져다 준다고 하였다. 따라서, 그만한 값어치가 있다고 할 수 있으므로 (b)가 정답이다.

오답분석
(a) 집을 재단장하는 것은 집주인 자신에게 정서적인 이득을 가져다 주는 것이지, 이웃들에게 인상을 남기기 위한 것이 아니므로 오답이다.
(c) 본문에서 'the costs might only be partially recovered when the house is sold'라고 하였으므로 집을 팔 때 모든 돈을 돌려받는다는 내용은 오답이다.
(d) 집을 재단장할 경우의 세금 비용의 지출에 대해서는 언급된 바 없으므로 오답이다.

어휘 **redesign**[rìːdizáin] 재설계하다 **build an addition** 증축하다 **partially**[pɑ́ːrʃəli] 부분적으로, 일부분만이 **recover**[riːkʌ́vər] 되찾다 **improvement**[imprúːvmənt] 개선 **refurbish**[riːfə́ːrbiʃ] 새로 단장하다, 개장하다 **comfort**[kʌ́mfərt] 안락함 **convenience**[kənvíːnjəns] 편리 **worthwhile**[wə́ːrθhwàil] ~할 만한 가치가 있는 **overall**[óuvərɔ̀ːl] 전체적인

14

정답 (b)

A new hypothesis theorizes that meteorite impacts on earth may do more than just throw up huge dust clouds that cover the planet. Scientists studying 38 large craters examined the times of meteorite impacts and found that they correlate strongly with eruptions of "mantle-plume" volcanoes. Most volcanoes come from small amounts of the Earth's upper mantle rising to the surface, but "mantle-plume" volcanoes happen when something causes hot rock from deep within the Earth's mantle to shoot straight up through the Earth's crust. The study suggests that these volcanoes ______________________.

(a) were important in the creation of Earth
(b) were set off by massive meteorite impacts
(c) caused widespread earthquakes and huge waves
(d) lessened the devastating effects of meteorite impacts

운석의 지구 충돌이 지구를 덮어 버릴 정도의 거대한 먼지 구름을 내뿜는 것 이상을 할 수도 있다는 새로운 가설이 나왔다. 38개의 커다란 운석 구덩이들을 분석한 과학자들은 운석 충돌 연대를 분석했고, 이것들이 "맨틀 융기" 화산들의 분출과 밀접한 관련이 있음을 알아냈다. 대부분의 화산들은 약간의 지구 상단부 맨틀의 융기로 인해 생기지만, "맨틀 융기" 화산들은 무엇인가가 지구의 맨틀 깊숙이 있는 뜨거운 암석들을 지각을 통해 곧장 쏘아 올릴 때 발생한다. 이 연구는 이러한 화산들이 ______________________ 을 시사한다.

(a) 지구의 생성에 중요했었음
(b) 대규모의 운석 충돌로 폭발되었음
(c) 광범위한 지진과 거대한 파도를 일으켰음
(d) 운석 충돌의 파괴적인 영향을 줄였음

해설 본문에 따르면, 운석의 지구 충돌로 생겨난 운석 구덩이들이 맨틀 융기 화산들의 분출(eruptions of "mantle-plume" volcanoes)과 밀접하게 연관되어 있다(correlate strongly)고 하였으므로 정답은 (b)이다.

오답분석
(a) 본문에서 화산 분출은 지구 생성(creation of Earth)의 원인으로 언급되고 있지 않으므로 오답이다.
(c) 본문에서 광범위한 지진(widespread earthquakes)과 거대한 파도(huge waves)는 언급되지 않았으므로 오답이다.
(d) 운석 충돌의 영향력을 이 화산들이 줄여준 것(lessened the devastating effects)이 아니라, 운석 충돌의 결과, 맨틀 융기 화산(mantle-plume volcanoes)이 생긴 것이므로 오답이다.

어휘 hypothesis [haipάθəsis] 가설 theorize [θí(:)əràiz] 학설을 세우다 meteorite [mí:tiəràit] 운석
crater [kréitər] 운석 구덩이, 화산 분화구 correlate with ~과 서로 관련이 있다 eruption [irʌ́pʃən] 분출 mantle-plume 맨틀 융기
hot rock 열암 (뜨거운 암석) shoot straight up 곧장 쏘아 올리다 crust [krʌst] 지각 set off 폭발시키다
earthquake [ə́:rθkwèik] 지진 wave [weiv] 파도 lessen [lésn] 줄이다, 약하게 하다
devastating [dévəstèitiŋ] 파괴적인, 엄청난

15

정답 (b)

A popular legend in Britain claims that King Arthur never actually died and that he would one day return to his people when their need was great. _________ it is easy for modern people to discount a story like that, people in the twelfth century took the legend seriously. Moreover, since no one could point to the location of Arthur's actual burial place, the legend continued to grow.

(a) As if
(b) While
(c) Because
(d) However

영국의 한 유명한 전설에 따르면 아더왕은 실제로 죽지 않았고 백성들의 요구가 절실할 때 그들에게 언젠가 돌아온다고 한다. 현대인들이 이러한 이야기를 무시하기는 쉬운 _______ 12세기 사람들은 그 전설을 정말로 믿었다. 게다가, 아무도 아더왕 묘지의 실제 위치를 지목하지 못했기 때문에, 그 전설은 계속해서 커졌다.

(a) 마치 ~처럼
(b) 반면에
(c) ~이기 때문에
(d) 그러나

해설 빈칸에 연결된 종속절과 콤마 뒤에 나오는 주절을 연결해 주는 적절한 접속사를 고르는 자리이다. 종속절에서 오늘날의 사람들이 이 이야기를 무시하기 쉽다고 하였고, 주절에서는 과거 사람들은 이 이야기를 진지하게 받아들였다고 하였으므로, 역접의 접속사

(b) While(반면에)이 정답이다.

오답분석
(a) As if를 쓸 경우, 종속절과 주절은 비슷한 상황이 언급되어야 하므로 오답이다.
(c) Because는 인과 관계에서 사용해야 하므로 오답이다.
(d) However는 문법적으로 '접속부사'이며, 종속절과 주절을 이어주는 역할을 할 수 없으므로 오답이다.

어휘 legend[lédʒənd] 전설 claim[kleim] 주장하다, 요구하다 discount[dískaunt] 무시하다, 믿지 않다
take ~ seriously ~을 진지하게 받아들이다 burial place 묘지

16

정답 (b)

For businesses competing in the global economy, investment in information technology is a must. Firms in the financial sector rely heavily on computers to engage in transactions in international financial markets; manufacturing firms depend on communications equipment to coordinate global production processes; and the customers of consumer services firms demand twenty-four-hour-a-day access to their accounts by telephone or via the Internet. ____________, information technology has become part of the basic infrastructure of business.

(a) And yet
(b) In short
(c) Similarly
(d) Nevertheless

세계 경제에서 경쟁하는 사업체들에게, 정보 기술에 대한 투자는 필수이다. 금융 분야의 회사들은 국제 금융 시장에서 거래에 종사하기 위해 컴퓨터에 크게 의존하고, 제조 회사들은 세계 생산 과정을 조절하기 위해 통신 장비에 의존하며, 고객 서비스 회사들의 고객들은 24시간 내내 전화나 인터넷을 통해 그들의 계좌에 접속하기를 원한다. __________, 정보 기술은 사업의 근본적 기반의 일부가 되었다.

(a) 그렇지만
(b) 한마디로 말하면
(c) 비슷하게
(d) 그럼에도 불구하고

해설 첫 문장에서 사업에서 정보 기술에 대한 투자가 필수라고 하였고, 그 이후에 금융, 제조, 서비스 회사들이 정보 기술에 어떻게 의존하는지 설명하고 있다. 빈칸이 있는 마지막 문장에서 정보 기술이 사업의 근본적인 기반이라고 앞의 내용을 요약하고 있으므로 정답은 (b) In short(한마디로 말하면)이다.

오답분석
(a) And yet 뒤에는 역접의 내용이 와야 하는데, 본문은 순접으로 연결되고 있으므로 오답이다.
(c) Similarly는 뒤에 유사한 예가 하나 더 나올 때 쓸 수 있다. 즉, 특정 산업이 정보 기술을 필요로 하는 예가 하나 더 첨가될 경우에 사용해야 하므로 오답이다.
(d) Nevertheless는 뒤에 역접의 내용이 와야 한다. 즉, 정보 기술이 필요 없는 경우가 나올 때 쓸 수 있다.

어휘 compete[kəmpíːt] 경쟁하다 investment[invéstmənt] 투자 must[mʌst] 필수 firm[fəːrm] 회사 rely on ~에 의존하다
coordinate[kouɔ́ːrdənèit] 조절하다 access to ~에의 접근 account[əkáunt] 계좌 infrastructure[ínfrəstrʌ̀ktʃər] 기반

Part II

17

정답 (b)

Dear Editor,

In my opinion, people should start doing more to help the local wildlife. My wife and I have a wealth of nature

편집자님께,

저는 사람들이 지역 야생 동물을 돕기 위해 더욱 노력하기 시작해야 한다고 생각합니다. 제 아내와 저는

around us. But I don't mean the nature in parks and open spaces. I'm talking about the wildlife in our backyard. We have planted many plants, trees and flowers to attract birds, squirrels and butterflies. I think everyone should do the same and help our fellow creatures by growing plants that will draw them into our backyards.

Yours truly,
Edward Blackston

Q: What is the main topic of the letter?

(a) Problems with local parks
(b) Growing plants to help wildlife
(c) Visiting parks and open spaces
(d) Helping neighbors with gardening

주변에 풍족한 자연을 갖고 있습니다. 하지만 공원이나 광장의 자연을 말하는 것이 아닙니다. 저희 뒷마당에 있는 야생 동물들을 말하는 것입니다. 저희는 새, 다람쥐, 나비가 모여들도록 많은 식물, 나무, 꽃을 심었습니다. 저는 모든 사람들도 이렇게 똑같이 해야 하고, 그들을 우리 뒷마당으로 불러들일 식물을 키워서 우리의 친구 동물들을 도와야 한다고 생각합니다.

친애하는,
Edward Blackston

Q: 이 편지의 주제는 무엇인가?

(a) 지역 공원들의 문제점
(b) 야생 동물들을 돕기 위해 식물을 기르는 것
(c) 공원과 광장을 방문하는 것
(d) 이웃들의 정원 손질을 돕는 것

해설 본문에 따르면, 글쓴이는 야생 동물을 뒷마당으로 불러들이는 식물을 키워 그들을 돕는 데(help our fellow creatures by growing plants that will draw them into our backyards) 모두들 동참해야 한다고 주장하고 있다. 따라서 정답은 (b)이다.

오답분석
(c) 본문은 공원이나 광장을 방문하는 것에 대한 이야기를 하는 것이 아니라(I don't mean the nature in parks and open spaces), 각 집의 뒷마당에 식물을 심는 것에 대해 이야기하고 있으므로 오답이다.
(d) 본문은 이웃집이 정원을 돌보는 것을 돕자는 내용이 아니라, 자신의 정원에 식물을 심어서(by growing plants that will draw them into our backyards) 야생 동물을 돕자는 내용이므로 오답이다.

어휘 wildlife [wáildlàif] 야생 동물 backyard [bǽkjá:rd] 뒷마당 squirrel [skwə́:rəl] 다람쥐 draw A into B A를 B로 끌어들이다 fellow creatures 우리와 같은 동물들 Yours truly (편지의 끝에서) 친애하는

18

정답 (c)

By the time children begin school, most have built up a considerable knowledge of arithmetic. They have experiences of adding and subtracting numbers of items in their everyday play, although they lack the symbolic representations of addition and subtraction that are taught in school. Thus, if children's knowledge is acknowledged when teachers attempt to teach addition and subtraction, it is likely that children will acquire a quicker understanding of them. Math doesn't have to be entirely abstract; with specific guidance from teachers, children can connect everyday knowledge to the math they are taught.

Q: What is the main idea of the passage?

(a) Children should start learning formal math as early as possible.
(b) Preschool children have a rudimentary knowledge of arithmetic.
(c) Early math learning should be integrated with everyday knowledge.

아이들이 학교에 입학할 때쯤이면, 대부분이 상당한 산수 실력을 쌓게 된다. 비록 학교에서 배우는 덧셈과 뺄셈의 기호 표현은 모르더라도, 아이들은 일상의 놀이에서 물건들의 수를 더하고 빼는 경험을 갖고 있다. 그러므로, 선생님들이 덧셈과 뺄셈을 가르치려고 할 때, 만약 아이들의 지식이 인정받는다면, 아이들은 더욱 빨리 이해하게 될 것이다. 수학은 완전히 추상적일 필요는 없다; 선생님들의 명확한 지도로, 아이들은 그들이 배우는 수학에 일상적인 지식을 연결시킬 수 있다.

Q: 이 글의 주제는 무엇인가?

(a) 아이들은 정식 수학 학습을 최대한 빨리 시작해야 한다.
(b) 미취학 아이들은 산수에 관한 초보적인 지식을 갖고 있다.
(c) 초기 수학 학습은 일상적인 지식과 통합되어야 한다.

(d) Everyday experiences are more important than formal math education.

(d) 일상적인 경험들이 정식 수학 교육보다 더 중요하다.

해설 본문에 따르면, 아이들의 일상적인 지식이 인정받을 때(if children's knowledge is acknowledged), 수학 학습이 더 잘 이루어진다(it is likely that children will acquire a quicker understanding of them)고 하였다. 따라서 (c)가 정답이다.

오답분석

(a) 본문에서 아이들이 가급적 어릴 때 수학 학습을 시작해야 한다는 내용은 언급된 바 없으므로 오답이다.

(b) 미취학 아이들이 산수에 관한 초보적인 지식이 있다는 것(most have built up a considerable knowledge of arithmetic)은 본문에서 언급한 사실이지만, 이 글의 주제라고 할 수는 없으므로 오답이다.

(d) 일상 경험과 정식 교육이 연결되면 더 빨리 수학 지식을 습득하게 된다고 하였지, 일상 경험이 정식 수학 교육보다 중요하다고 하지는 않았으므로 오답이다.

어휘 build up 쌓다, 구축하다 considerable [kənsídərəbl] 상당한 arithmetic [əríθmətik] 산수, 셈 symbolic [simbálik] 기호의 representation [rèprizentéiʃən] 표현, 설명 addition [ədíʃən] 덧셈 subtraction [səbtrǽkʃən] 뺄셈 abstract [ǽbstrækt] 추상적인 formal [fɔ́:rməl] 정식의, 공식의 preschool [prì:skú:l] 미취학의 rudimentary [rù:dəméntəri] 초보의, 기본의 integrate with ~과 통합시키다, ~과 합치다

19

정답 (c)

Carter College is proud to present the "Brown Bag Lunch Lecture Series" for the upcoming academic term. The lectures will cover a diverse range of topics in urban geography, and our speakers are all renowned experts in their respective fields. All faculty and students are encouraged to participate in the panel discussions following each lecture. Members outside the university community are also encouraged to attend. Also, the Lecture Series Committee is still seeking volunteers to assist with the series. Interested parties should contact the Dean's secretary at 878-9898.

Q: What is the main purpose of the announcement?

(a) To solicit volunteer discussants for a lecture series
(b) To report on the election of a new Lecture Series Committee
(c) To announce an upcoming lunchtime lecture series at a college
(d) To encourage faculty and students to get involved with the community

Carter 대학은 이번 학기에 "점심 강연 시리즈"를 하게 되어 영광입니다. 강연은 도시 지리학에 관한 다양한 범위의 주제들을 다룰 것이며, 모든 강연자 분들은 각 분야에서 유명한 전문가들입니다. 모든 교직원들과 학생들께 각 강연 후에 있는 공개 토론회에 참여하시길 권장합니다. 대학 관계자가 아닌 분들께서도 참석해 주시길 권장합니다. 또한, 강연 시리즈 위원회에서는 강연을 도와주실 자원봉사자를 찾고 있습니다. 관심 있으신 분들은 학장님의 비서에게 878-9898로 연락해 주시기 바랍니다.

Q: 이 공고의 주된 목적은 무엇인가?

(a) 강연 시리즈에 토론 참가자를 자원하도록 권유하기 위해
(b) 새 강연 시리즈 위원회의 선거에 대해 보고하기 위해
(c) 대학에서의 다가올 점심 강연 시리즈를 공고하기 위해
(d) 교직원과 학생들이 지역 사회에서 활동하길 권장하기 위해

해설 본문에는 대학 강연 시리즈가 열린다는 것을 알리고(is proud to present the "Brown Bag Lunch Lecture Series"), 그 이후에서 강연에서 다룰 주제를 언급하고 있으며, 참석을 권장하고 있으므로, 강연 시리즈를 공고하고 있다는 내용의 (c)가 정답이다.

오답분석

(a) 본문에 언급되고는 있지만, 일부 내용이지 주제라고 볼 수는 없으므로 오답이다.

(b) 본문은 위원회의 선거(election)에 대해 보고하고 있는 내용이 아니므로 오답이다.

(d) 대학 커뮤니티 이외의 사람들도 참석할 수 있다(Members outside the university community are also encouraged to attend)고 하였지, 대학 커뮤니티 사람들에게 지역 사회(community)에서 활동하라고 권장하는 것이 아니므로 오답이다.

어휘 be proud to ~하게 되어 자랑스럽다 brown bag (서양 문화권에서) 점심 등을 담기 위한 갈색 종이 가방 upcoming [ʌ́pkʌ̀miŋ] 다가오는, 돌아오는 cover [kʌ́vər] 다루다, 포함하다 geography [dʒiágrəfi] 지질학 respective [rispéktiv] 각자의, 각각의 field [fi:ld] 분야 faculty [fǽkəlti] 교직원, 학부 panel discussion 공개 토론회 dean [di:n] 학장 solicit [səlísit] 간청하다, 요구하다, 권유하다 discussant [diskʌ́sənt] 토론 참가자

20

정답 (a)

The golden age of falling gas bills is over. Gas companies are pushing through price increases that will result in the typical household paying as much as 15% more this year than last year, or about ten times the current rate of inflation. But the worse is yet to come. In the same way that water companies raised prices dramatically under the guise of paying for environmental improvements, gas companies are warning that meeting environmental obligations to reduce carbon dioxide emissions will lead to steep price increases.

Q: What is the main topic of the report?

(a) The prospect of rising gas prices
(b) The greed of big utility companies
(c) Effects of inflation on household costs
(d) Saving the environment from pollution

가스 요금이 떨어지던 황금기는 끝났다. 가스 회사들은 계속해서 가격을 올리고 있으며, 이는 일반 가정이 작년보다 올해 15%만큼 더 지불하게 만들 것인데, 이는 현 물가 상승률의 약 10배에 이른다. 하지만 더욱 심각한 것은 이제부터다. 상수도 회사들이 환경 개선 비용이라는 구실로 가격을 대폭 올렸던 것과 똑같은 방식으로, 가스 회사들은 이산화탄소 배출을 감소시키기 위한 환경 의무에 따르는 것이 급격한 가격 상승을 야기할 것이라 경고하고 있다.

Q: 이 보고서의 주제는 무엇인가?

(a) 가스 가격 상승의 전망
(b) 큰 공익 회사들의 욕심
(c) 가사 비용에 대한 물가 상승의 영향
(d) 공해로부터 환경을 지키는 것

해설 본문에 따르면, 올해 가스 회사들의 가격 상승이 예상되며, 이로 인해 일반 가정이 작년보다 15% 더 지불하게 될 것이라고 하였다. 따라서 기사의 주제는 가스 가격 상승의 전망이라고 볼 수 있으므로 정답은 (a)이다.

오답분석
(b) 가스 회사와 상수도 회사 경우만을 예로 들고 있기 때문에 공익 회사들(big utility companies)이 모두 욕심을 부린다는 것은 확인할 수 없으므로 오답이다.
(c) 물가 상승이 가사 비용(household costs)에 끼치는 영향이 아니라, 가스 가격 인상이 가사 비용에 끼치는 영향이라고 볼 수 있으므로 오답이다.
(d) 환경 문제는 가스 회사가 가스 비용을 올리기 위한 구실 중 하나이지, 이 글의 주제라고 볼 수 없으므로 오답이다.

어휘 golden age 황금기 bill [bil] 청구서, 요금 push through ~을 계속해 나가다 inflation [infléiʃən] 물가 상승 be yet to come 아직 오지 않았다 (이제부터 시작이다) dramatically [drəmǽtikəli] 급격하게 under the guise of ~의 구실로 obligation [àbləgéiʃən] 규약 emission [imíʃən] 배출 steep [sti:p] 가파른, 급격한 greed [gri:d] 욕심 utility company 공익 회사

21

정답 (c)

The job insecurity that has settled over the nation during the past few years has made the idea of self-employment more appealing to college students. In response, a growing number of colleges and universities are offering courses and even degree programs in entrepreneurship to prepare young people for the challenges of working for themselves. At least 550 colleges now offer classes in entrepreneurship, with 49 offering them as a degree program.

지난 몇 년간 전국적으로 자리잡은 고용에 대한 불안감이 자영업에 대한 생각을 대학생들에게 더욱 매력적으로 만들었다. 이에 응하여, 점점 더 많은 전문대와 4년제 대학에서는 젊은이들에게 자영업의 어려움에 대비시키기 위해, 기업가 정신에 관한 과목과 심지어 학위 프로그램까지 제공하고 있다. 최소한 550개의 전문대들이 기업가 정신에 관한 수업을 제공하고, 이 중 49개의 학교는 학위 프로그램으로 제공한다.

Q: What is the best title for the report?

(a) A Good Job Can No Longer Be Guaranteed
(b) Entrepreneurship Programs Still Not Widely Available
(c) College Students Learn about Going into Business for Themselves
(d) The Importance of Job Training Is Underestimated at Many Colleges

Q: 이 보고서의 제목으로 가장 알맞은 것은 무엇인가?

(a) 좋은 직장은 더 이상 보장되지 않는다
(b) 기업가 정신 프로그램은 여전히 널리 이용 가능하지 않다
(c) 대학생들이 자영업을 하는 법을 배운다
(d) 많은 대학들에서 직업 훈련의 중요성이 과소 평가된다

해설 본문은, 고용 불안정으로 인해 점점 더 많은 대학에서 자영업에 대한 수업을 제공한다(~ colleges and universities are offering courses and even degree programs in entrepreneurship)는 내용이다. 따라서 정답은 (c)이다.

오답분석
(a) 본문은 좋은 직장이 더 이상 보장되지 않는다는 내용이 아니라, 직업의 안정성이 보장되지 않는다(job insecurity)는 내용이므로 오답이다.
(b) 기업가 정신 학위 프로그램(degree programs in entrepreneurship)은 현재 점점 증가하는 추세이므로 오답이다.
(d) 본문에서 직업 훈련의 중요성은 오히려 높게 평가되고 있는 추세라고 언급되었다고 보아야 하므로 오답이다.

어휘 insecurity [ìnsikjú(:)əræti] 불안감, 위험 settle [sétl] 정착하다, 뿌리박다 self-employment 자영업
appealing [əpí:liŋ] 매력적인 degree [digrí:] 학위 entrepreneurship [ɑ̀:ntrəprənə́:rʃìp] 기업가 정신
prepare A for B A에게 B를 준비시키다 underestimate [ʌ̀ndəréstəmèit] 과소 평가하다

22

정답 (c)

Computer security researchers have discovered a malicious program that installs itself on computers through a pop-up ad and can read keystrokes to steal passwords when victims visit any of nearly 50 online major banking sites, researcher Marcus Sachs said Tuesday. "If the program recognizes that you are on one of those sites, it does keystroke logging," said Sachs, who monitors network threats. Even though all financial sites use encryption built into browsers to protect log-in data, this program can capture the information before it gets encrypted.

Q: What is the passage mainly about?

(a) The rising threat of fake online banking Web sites
(b) The decoding of bank data by a malicious program
(c) A program that secretly records what computer users type
(d) A discovery that banks are sharing customers' information

컴퓨터 보안 연구가들이 피해자가 50개에 이르는 주요 은행 사이트 중 하나를 방문할 때 패스워드를 훔치기 위해, 팝업 광고창을 통해 컴퓨터에 스스로 설치되고 키 입력을 읽을 수 있는 악성 프로그램을 발견했다고 연구원 Marcus Sachs가 화요일에 말했다. "만약 이 프로그램이 이 주요 은행 사이트 중 하나에 당신이 접속했다는 것을 인식하면, 그것은 키 입력을 기록하게 됩니다"라고 네트워크 위험을 감시하는 Sachs가 말했다. 비록 모든 금융 사이트들이 로그인 데이터를 보호하기 위해 브라우저에 설치된 암호화를 사용하지만, 이 프로그램은 암호화가 되기 전에 정보를 잡아낼 수 있다.

Q: 이 글은 주로 무엇에 관한 것인가?

(a) 가짜 온라인 은행 웹사이트들의 커져가는 위협
(b) 악성 프로그램에 의한 은행 데이터의 암호 해독
(c) 컴퓨터 사용자가 입력하는 것을 몰래 기록하는 프로그램
(d) 은행들이 고객 정보를 공유하고 있다는 것의 발견

해설 본문에 따르면, 이 악성 프로그램은 은행 사이트 방문자의 키 입력을 읽어내어 패스워드를 훔친다고 하였으므로, (c)가 정답이다.

오답분석
(a) 본문은 사용자의 키보드 입력 내용을 기록하는 프로그램(it does keystroke logging)에 대한 내용이지, 가짜 은행 웹사이트에 대한 내용이 아니므로 오답이다.

(b) 이 프로그램은 은행의 데이터를 해독하는 프로그램이 아니라, 암호화가 되기 이전의 데이터를 잡아내는 기능이 있다(this program can capture the information before it gets encrypted)고 하였으므로 오답이다.
(d) 은행들이 고객의 정보를 공유한다는 내용은 언급된 바 없으므로 오답이다.

| 어휘 security [sikjú(:)ərəti] 보안 malicious [məlíʃəs] 악의 있는, 악성의 keystroke [kíːstròuk] 키입력
recognize [rékəgnàiz] 깨닫다, 인지하다 encryption [enkrípʃən] 암호화 capture [kǽptʃər] 잡아내다
decode [diːkóud] 암호를 풀다; 암호 해독

23

정답 (b)

These beautiful handmade baskets are the perfect tote bag for all occasions. All items are crafted in Africa and made from interwoven linen and cotton. The world-famous baskets are proudly woven by skilled craftsmen and are of the highest standard. You won't find pieces of art like these in any department store.

Q: Which of the following is correct about the baskets?

(a) They are made of leather.
(b) They are handcrafted in Africa.
(c) They are on sale at the moment.
(d) They are sold in department stores.

이 아름다운 수공 바구니는 모든 행사에 완벽한 토트백입니다. 모든 품목들은 아프리카에서 만들어지고, 린넨과 면을 섞어 짜서 만들어집니다. 세계적으로 유명한 바구니들은 숙련된 장인들에 의해 훌륭하게 짜여지고 최고의 품질입니다. 어떤 백화점에서도 이러한 예술품들을 찾으실 수 없을 것입니다.

Q: 다음 중 바구니에 대하여 옳은 것은?

(a) 가죽으로 만들어진다.
(b) 아프리카에서 수공으로 만들어진다.
(c) 현재 판매 중이다.
(d) 백화점에서 팔린다.

| 해설 본문에 따르면, 이 바구니들은 '수공으로 만들어진다(handmade)'고 하였고, 'All items are crafted in Africa'라고 하였으므로, 아프리카에서 수공으로 만들어진다는 (b)가 정답이다.

오답분석
(a) 본문에 따르면, 이 바구니는 'made from interwoven linen and cotton'이라고 하였으므로, leather로 만들었다는 내용은 오답이다.
(c) 본문은 토트백을 소개하고 있을 뿐이지, 현재 판매하고 있는 중인지 여부는 본문에서 확인할 수 없으므로 오답이다.
(d) 본문에 따르면, 백화점에서 구입할 수 없다(You won't find pieces of art like these in any department store)고 하였으므로 오답이다.

| 어휘 handmade [hǽndméid] 수공의 tote bag 짐가방, 토트백 occasion [əkéiʒən] 행사, 일, 때 item [áitəm] 품목
interweave [ìntərwíːv] (실 · 끈 등을) 짜넣다 (과거분사: interwoven) proudly [práudli] 훌륭하게
weave [wiːv] 짜다, 뜨다 (과거분사: woven) skilled [skild] 숙련된 craftsman [krǽftsmən] 장인, 기술자
standard [stǽndərd] 품질 leather [léðər] 가죽 be on sale 판매 중이다 at the moment 현재

24

정답 (b)

At Tampton Hotels, we value every moment of your time spent with us. So now you'll earn Tampton Honors hotel points and airline miles throughout your stay. Use them toward free flights on your favorite airlines and free stays at any of the Tampton Worldwide Family of Hotels. Rooms start at around $69 to $99 a night. For reservations, visit tampton.com or call 1-800-TAMPTON.

Tampton 호텔에서는, 저희와 함께 하시는 귀하의 모든 순간을 소중히 여깁니다. 그래서 이제 귀하께선 머무시는 동안 Tampton Honors 호텔 포인트와 항공 마일리지를 받으시게 될 것입니다. 원하시는 항공사의 무료 항공권과 전 세계 Tampton 제휴 호텔의 무료 숙박에 그것들을 사용하세요. 방들은 하룻밤 69달러에서 99달러부터 시작합니다. 예약은 tampton.com을 방문하시거나 1-800-TAMPTON으로 전화 주십시오.

Q: Which of the following is correct about Tampton Hotels?

(a) They offer discounts on long stays.
(b) Their customers get valuable hotel points.
(c) They market their hotels mainly to families.
(d) Their maximum room price is $99 per night.

Q: 다음 중 Tampton 호텔에 대하여 옳은 것은?

(a) 장기 투숙에 대해 할인을 제공한다.
(b) 호텔 고객들은 값진 호텔 포인트를 받는다.
(c) 주로 가족들에게 호텔을 마케팅한다.
(d) 가장 비싼 방이 하룻밤에 99달러이다.

해설 본문에 따르면, 'you'll earn Tampton Honors hotel points ~'라고 하였고, 그 이후에서 이 호텔 포인트는 다른 항공사나 Tampton 제휴 호텔에서 사용할 수 있다고 했으므로, 고객들이 값진 호텔 포인트를 받는다고 할 수 있다. 따라서 (b)가 정답이다.

오답분석

(a) 장기 투숙(long stays)에 대해 할인을 제공하는 것이 아니라, 호텔 투숙객 모두에게 호텔 포인트를 제공하는 것이므로 오답이다.
(c) 본문에서 'Tampton Worldwide Family of Hotels'에서 호텔 포인트를 이용할 수 있다고 하였지, 가족들에게 호텔을 마케팅한다고 하지 않았으므로 오답이다.
(d) 가장 비싼 방은 $99부터 시작하는 것이지, 호텔에서 가장 비싼 방이 $99라고 볼 수는 없으므로 오답이다.

어휘 value[vǽljuː] 귀중히 하다 airline[ɛ́ərlàin] 항공 throughout[θru(ː)áut] ~동안 reservation[rèzərvéiʃən] 예약

25

정답 (c)

In collectivist cultures, people view themselves as long-term members of a group. They gain a lot from group membership, but they also have extensive obligations to fellow members. Because of this binding combination of benefits and obligations, people in collectivist cultures do not offer group membership quickly. They tend to trust only the members of their own group and are often suspicious of newcomers. This is because outsiders do not share that bond of long-term commitment and trust that group members have.

집산(集産)주의자 문화에서, 사람들은 자신을 집단의 장기적 일원으로 여긴다. 그들은 집단의 일원 자격으로부터 많은 것을 얻지만, 또한 동료 일원들에게 광범위한 의무도 가진다. 이러한 구속력이 있는 이익과 의무의 조합 때문에, 집산주의자 문화의 사람들은 일원의 자격을 빨리 제공하지 않는다. 그들은 자기 집단의 일원들만 신뢰하는 경향이 있으며, 새로 온 사람들을 종종 의심한다. 이는 외부인들은 장기적인 의무에 대한 속박과 집단의 일원들이 갖는 신뢰를 공유하지 않기 때문이다.

Q: Which of the following is correct about people in collectivitist cultures?

(a) They rarely have social problems.
(b) They do not have much individuality.
(c) They are unlikely to accept newcomers easily.
(d) They suffer from the burden of their obligations.

Q: 다음 중 집산주의자 문화의 사람들에 대하여 옳은 것은?

(a) 그들은 사회 문제가 거의 없다.
(b) 그들은 많은 개성을 갖고 있지 않다.
(c) 그들은 새로 온 사람들을 쉽게 받아들이지 않는다.
(d) 그들은 의무의 부담으로부터 고통받는다.

해설 본문에 따르면, '단지 그들 집단의 일원들만 신뢰하며, 새로 온 사람들에게는 의심을 갖는다(They tend to trust only the members of their own group and are often suspicious of newcomers)'라고 하였으므로 (c)가 정답이다.

오답분석

(a) 집산주의자 문화가 사회 문제를 갖고 있는지 아닌지 여부는 본문에 언급된 바 없으므로 오답이다.
(b) 본문에서는 집산주의자들이 개성이 없다고 언급하지 않으므로 오답이다.
(d) 그들은 의무를 지니지만(they also have extensive obligations to fellow members), 그로 인해 고통을 받는다는 언급은 없으므로 오답이다.

어휘 collectivist culture 집산주의자 문화 long-term 장기적인 extensive[iksténsiv] 광범위한 binding[báindiŋ] 구속력이 있는 obligation[àbləgéiʃən] 의무 suspicious[səspíʃəs] 의심하는, 의심 많은 newcomer[njúːkʌ̀mər] 새로 들어온 사람 bond[band] 의무, 속박 commitment[kəmítmənt] 의무, 책임 individuality[ìndəvìdʒuǽləti] 개성 burden[bə́ːrdn] 짐

26

정답 (d)

The World Health Committee (WHC) has found that malaria infections have increased dramatically in the past five years due to increasing global temperatures. The rise in temperature in tropical regions has brought about a significant increase in the mosquito population that carries the infectious disease. Travelers going to infected areas should take anti-malarial drugs before their trip and also try not to be bitten by mosquitoes.

Q: Which of the following is correct according to the report?

(a) Travelers are responsible for spreading malaria globally.
(b) Residents in infected areas should take anti-malarial drugs.
(c) The reason for an increase in malarial infections is not known.
(d) The increased mosquito population is due to higher temperatures.

세계 보건 위원회(WHC)는 지구 기온의 상승으로 인해 지난 5년간 말라리아 감염이 급격히 증가했음을 발견했다. 열대 지역에서의 기온 상승은 전염병을 옮기는 모기 개체수의 현격한 증가를 가져왔다. 말라리아 감염 지역으로 가는 여행자들은 여행 전에 말라리아 예방약을 복용하고 또한 모기에 물리지 않도록 해야 한다.

Q: 이 보고서에 따르면 다음 중 옳은 것은?

(a) 여행자들은 세계적으로 말라리아를 퍼뜨리는 원인이다.
(b) 말라리아 감염 지역의 주민들은 말라리아 예방약을 복용해야 한다.
(c) 말라리아 감염이 증가하는 이유는 밝혀지지 않았다.
(d) 모기 개체수의 증가는 높아진 기온 때문이다.

해설 본문에 따르면, '지구 기온의 상승으로 말라리아 감염이 급격히 증가했다(malaria infections have increased dramatically ~ due to increasing global temperatures)' 고 하였으므로 (d)가 정답이다.

오답분석

(a) 여행자들은 모기에 물리지 않도록 주의하라고 하였지, 여행자들이 감염을 퍼뜨리고 있다고 하지는 않았으므로 오답이다.
(b) 본문에 따르면, 여행자들은 말라리아 감염 지역을 여행하기 전에 예방약을 복용해야 한다(Travelers ~ should take anti-malarial drugs before their trip)고 했으나, 말라리아 감염 지역 주민들이 약을 복용해야 한다고 하지는 않았으므로 오답이다.
(c) 본문에 따르면, 지구 기온 상승(increasing global temperatures)으로 인한 모기 개체 수 증가(increase in the mosquito population)가 말라리아 확산의 원인으로 밝혀졌으므로 오답이다.

어휘 **infection** [infékʃən] 감염 **dramatically** [drəmǽtikəli] 급속하게, 엄청나게 **due to** ~로 인하여 **tropical region** 열대 지역 **significant** [signífikənt] 확연한, 현격한 **mosquito** [məskíːtou] 모기 **infectious** [infékʃəs] 감염의

27

정답 (c)

Dear Manager:

I recently had lunch at your Burger World restaurant, and unless things change, that will be my last time ever eating there. I saw the employees making hamburgers with their bare hands! This is against health rules. Also, I saw an employee taking money from a customer and then return to making hamburgers without washing his hands! Money carries a lot of germs. I am so angry that I'm not going to eat at Burger World again until you improve your standards!

Sincerely unhappy,
Victor Parkinson

매니저님께:

저는 최근 귀하의 Burger World 식당에서 점심을 먹었으며, 변화가 있지 않는 한, 그것이 그곳에서 식사를 하는 마지막이 될 것입니다. 저는 종업원들이 맨손으로 햄버거를 만드는 것을 보았습니다! 이건 보건법에 위배됩니다. 또한, 저는 종업원들이 손님으로부터 돈을 받고 나서, 손을 씻지 않은 채로 햄버거를 다시 만드는 것을 보았습니다! 돈에는 많은 세균들이 있습니다. 저는 매우 화가 나서 위생 수준을 개선시킬 때까지 Burger World에서는 절대 식사하지 않을 것입니다!

진심으로 언짢음을 담아,
Victor Parkinson

Q: Which of the following is correct about the Burger World restaurant?

(a) Its employees behave badly to customers.
(b) It serves hamburgers that are too small.
(c) It does not follow the health rules.
(d) It no longer accepts credit cards.

Q: 다음 중 Burger World 식당에 대하여 옳은 것은?

(a) 종업원들이 손님들에게 무례하게 행동한다.
(b) 햄버거가 너무 작다.
(c) 보건법을 따르지 않는다.
(d) 더 이상 신용카드를 받지 않는다.

해설 본문에 따르면, 종업원들이 맨손으로 햄버거를 만들었으며, '이것은 보건법에 위배됩니다(This is against health rules)' 라고 하였으므로 (c)가 정답이다.

어휘 **bare** [bɛər] 발가벗은 **health rule** 보건법 **germ** [dʒəːrm] 균 **sincerely** [sinsíərli] 진심으로

28

정답 (b)

The progress of biblical scholarship in recent years has made possible an even greater accuracy in translation. In this respect, the New Revised Standard Version (NRSV) of 1989 is generally considered one of the most accurate translations of the Bible into English. That does not mean that this version is flawless, of course. More specifically, the rise of political correctness has too often mandated inaccuracies in translation, most of these having to do with terms related to gender. For example, where the Greek literally says "brothers," the NRSV says "friends."

Q: What is the author's main complaint against the NRSV?

(a) It is not based on the latest biblical scholarship.
(b) It contains politically correct but inaccurate words.
(c) It focuses too much on the gender issues in the Bible.
(d) It ignores the political context out of which it was translated.

최근 몇 년간 성서학의 발달은 훨씬 더 정확한 번역을 가능하게 했다. 이러한 점에서, 1989년의 '새개정 표준 번역판(NRSV)'은 일반적으로 가장 정확한 영어 번역본 성경 중 하나로 여겨진다. 물론, 이 번역이 완벽하다는 것은 아니다. 좀 더 정확히 말하자면, 정치적 공정성의 출현은 너무 자주 번역에 있어서 부정확함들을 요구했고, 이들 중 대부분은 성별에 관련된 단어들과 관계가 있다. 예를 들자면, 그리스어에서 글자 그대로 "형제들"이라고 한 것을, 새개정 표준 번역판에서는 "친구"라고 한다.

Q: 다음 중 새개정 표준 번역판에 대한 글쓴이의 주된 불만은 무엇인가?

(a) 최신 성서학에 기반하지 않는다.
(b) 정치적으로 공정하지만 부정확한 단어들을 포함한다.
(c) 성경에 있는 성별 문제에 너무 지나치게 집중한다.
(d) 그것이 번역되었던 정치적 정황을 무시한다.

해설 본문에 따르면, 새개정 표준 번역판(New Revised Standard Version)은 정치적 공정성(political correctness)의 출현으로 인해 평등함에 치중하고자, 성경을 부정확하게 번역했다(inaccuracies in translation ~)고 하였다. 따라서 (b)가 정답이다.

오답분석

(a) 새개정 표준 번역판(New Revised Standard Version)은 최근 성서학을 기반으로 하고 있으므로(The progress of biblical scholarship in recent years has made possible an even greater accuracy in translation) 오답이다.
(c) 본문에 따르면, 새 번역판이 초점을 두고 있는 것은 political correctness를 의식해서, 남성적인 언어(brothers)를 평등한 언어(friends)로 바꾸려 시도하는 것이지, 성경의 내용 중에서 성별 문제(gender issues)에 초점을 맞추고 있는 것이라 볼 수는 없으므로 오답이다.
(d) 본문에 따르면, 새개정 표준 번역판(New Revised Standard Version)은 정치적인 정황을 반영하여, 성적으로 평등한 언어로 번역하고 있다고 볼 수 있으므로 오답이다.

어휘 **biblical scholarship** 성서학 **in this respect** 이러한 점에서 **New Revised Standard Version** 새개정 표준 번역판 **generally** [dʒénərəli] 일반적으로 **flawless** [flɔ́ːlis] 완벽한 **specifically** [spisífikəli] 명확하게 **rise** [raiz] 출현, 증가, 상승 **political correctness** 정치적 공정성, 차별 · 편견 없는 행동 **mandate** [mǽndeit] 요구하다 **be based on** ~을 기반으로 하다 **context** [kántekst] 정황, 맥락

29

정답 (b)

Zebras are most commonly found grazing on the African plains. They graze for two-thirds of each day on red oat grass, leaves, bark, roots, and stems. Zebras stay in family groups of a stallion and several mares, but different families typically come together in huge herds of hundreds of zebras. These herds mingle with wildebeests, ostriches, and antelopes while they graze, and even come to depend on them as additional protection against predators such as lions or hyenas.

Q: Which of the following is correct about zebras?

(a) They generally travel in relatively small groups.
(b) They often mix with other animals when feeding.
(c) They depend on speed to run away from predators.
(d) They usually graze during the morning on the plains.

얼룩말은 아프리카 초원에서 풀을 뜯어먹는 것이 가장 흔하게 보인다. 그들은 하루의 2/3 동안 붉은 야생 귀리, 나뭇잎, 나무 껍질, 나무 뿌리, 그리고 나무 줄기를 뜯어먹는다. 얼룩말들은 수말 하나와 여러 암말의 가족으로 무리를 지어 지내지만, 일반적으로 각기 다른 가족들이 모여 수백 마리의 거대한 얼룩말 떼를 이룬다. 이 얼룩말 떼들은 풀을 뜯어먹는 동안 누, 타조, 그리고 영양들과 섞이는데, 심지어 이들은 사자나 하이에나와 같은 포식자들에 대항한 추가적인 방어 수단으로 그들에게 의지하기도 한다.

Q: 다음 중 얼룩말에 대하여 옳은 것은?

(a) 대개 상대적으로 작은 무리를 지어 돌아다닌다.
(b) 먹이를 먹을 때 다른 동물들과 종종 섞인다.
(c) 포식자들로부터 도망치기 위해 속도에 의지한다.
(d) 보통 아침에 초원에서 풀을 뜯어먹는다.

해설 본문에 따르면, '이 얼룩말 떼들은 풀을 뜯어먹을 때, 누, 타조, 영양 등과 같이 섞인다(These herds mingle with wildebeests, ostriches, and antelopes while they graze ~)' 고 하였으므로, (b)가 정답이다.

오답분석
(a) 본문에 따르면, 얼룩말은 큰 무리를 지어 돌아다닌다(different families typically come together in huge herds of hundreds of zebras)고 하였으므로 오답이다.
(c) 포식자로부터 보호하는 방법으로 속도에 의존하는 것이 아니라 다른 동물들을 방어 수단으로 삼는다(depend on them as additional protection against predators ~)고 하였으므로 오답이다.
(d) 얼룩말들은 하루의 2/3를 풀을 뜯어먹는다(They graze for two-thirds of each day ~)고 하였으므로 오답이다.

어휘 zebra[zíːbrə] 얼룩말 graze[greiz] 풀을 뜯어먹다, 방목하다 plain[plein] 초원 stallion[stǽljən] 수말 mare[mέər] 암말 herd[həːrd] (동물의) 떼 mingle with ~와 섞이다 wildebeest[wíldəbìːst] 누 ostrich[ɔ́ːstritʃ] 타조 antelope[ǽntəlòup] 영양 predator[prédətər] 포식자

30

정답 (c)

Canada's first space telescope, MOST, was successfully launched yesterday from the Plesetsk Cosmodrome in Russia's Far North. The microsatellite, the size of a large suitcase, is now circling 820 km above the Earth, set with the mission of checking the age of the universe. It completes its orbit every 100 minutes, precisely measuring the amount of light coming from stars. Measuring light levels lets scientists determine how long stars have been burning, providing an independent check of estimates that the universe is roughly 13 billion years old.

Q: Why was the telescope sent into space?

(a) To estimate the number of stars in the universe.
(b) To study the effects of space on microsatellites.

캐나다의 첫 우주 망원경인 MOST가 어제 러시아 북쪽 끝에 있는 Plesetsk 우주선 발사 기지에서 성공적으로 발사되었다. 커다란 여행 가방 정도 크기의 이 소형 인공위성은 우주의 나이를 알아보는 임무를 맡아, 현재 지구 위 820km 지점에서 회전하고 있다. 그것은 100분마다 지구 한 바퀴를 돌아, 별들에게서 나오는 빛의 양을 정확히 측정한다. 밝기를 측정하는 것은, 우주가 대략 130억 년이 되었다는 추정에 대한 독자적인 확인을 제공하며, 별들이 얼마나 오래 빛을 내왔는지 과학자들이 판단하게 해준다.

Q: 망원경이 우주로 보내진 이유는 무엇인가?

(a) 우주에 있는 별들의 숫자를 추정하기 위해.
(b) 소형 인공위성에 대한 우주의 영향을 연구하기 위해.

(c) To help determine the age of the universe.
(d) To take pictures of the most distant stars.

(c) 우주의 나이를 결정하는 것을 돕기 위해.
(d) 가장 멀리 떨어진 별의 사진을 찍기 위해.

해설 본문에 따르면, 이 소형 망원경은 '우주의 나이를 알아보는 임무를 맡아 회전하고 있다(is now circling ~, set with the mission of checking the age of the universe)'고 하였으므로, (c)가 정답이다.

어휘 telescope[téləskòup] 망원경 launch[lɔːntʃ] 발사하다 Cosmodrome[kázmədròum] (러시아의) 우주선 발사 기지
orbit[ɔ́ːrbit] 궤도 precisely[prisáisli] 정확하게 burn[bəːrn] (별이나 등불이) 빛나다 roughly[rʌ́fli] 대충, 개략적으로

31

정답 (d)

A program that provides guard dogs to livestock farmers at a modest rate is helping to save wild cheetahs in southern Africa. The program is the brainchild of Laurie Marker, a US biologist who moved to Namibia in 1990 to help stop farmers from shooting cheetahs. Begun in 1994, her Livestock Guarding Dog Program has trained more than 200 Anatolian Shepherds to protect livestock in Namibia. These larger, more powerful Shepherds are unlike most other breeds used to herd sheep and goats because they challenge predators and scare them off with their loud bark.

Q: Which of the following is correct according to the article?

(a) Laurie Marker moved to Namibia to save dogs from cheetahs.
(b) Farmers from Namibia are employed to protect sheep and goats.
(c) Since 1990 hundreds of cheetahs have been saved from being shot.
(d) Anatolian Shepherds differ in size from other sheep-herding farm dogs.

가축 농장주들에게 적당한 가격으로 보안견을 제공하는 프로그램은 남아프리카에서 야생 치타를 살리는 데 도움이 되고 있다. 이 프로그램은 농장주들이 치타를 총으로 쏘는 것을 막기 위해 1990년에 나미비아로 이주해 온 미국 생물학자 Laurie Marker의 계획이다. 1994년에 시작된 그녀의 '가축 보안견 프로그램'은 나미비아의 가축들을 지키기 위해, 200마리 이상의 아나톨리안 목양견을 훈련시켜 왔다. 이 더 크고 더욱 강한 목양견들은, 포식자에 맞서고 커다란 짖는 소리로 겁주어 쫓아내기 때문에, 양과 염소를 지키는 데 쓰이는 대부분의 다른 품종들과 다르다.

Q: 이 기사에 따르면 다음 중 옳은 것은?

(a) Laurie Marker는 치타들로부터 개들을 구하기 위해 나미비아로 이주했다.
(b) 나미비아의 농장주들은 양과 염소들을 지키기 위해 고용된다.
(c) 1990년 이후로 수백 마리의 치타가 총을 맞는 것으로부터 구해졌다.
(d) 아나톨리안 목양견들은 다른 양치기 농장 개들과 크기가 다르다.

해설 본문에 따르면, 아나톨리안 목양견들에 대해, 'These larger, more powerful Shepherds are unlike most other breeds ~'라고 하였으므로, 다른 품종의 양치기 개들보다 더 크고 강하다고 할 수 있다. 따라서 크기가 다르다는 내용의 (d)가 정답이다.

오답분석
(a) Laurie Marker는 '개'가 아니라, '치타'를 구하기 위해 이주한 것이므로 오답이다.
(b) 양과 염소를 지키기 위해 고용된 것은 농장주가 아니라, 아나톨리안 목양견(Anatolian Shepherds)이므로 오답이다.
(c) 치타가 총에 맞는 것이 막아진 것은 그녀가 미국으로 이주한 1990년부터가 아니라, 그녀가 프로그램을 시행한 1994년부터(Begun in 1994, her Livestock Guarding Dog Program has trained ~ to protect livestock in Namibia)라고 할 수 있으므로 오답이다.

어휘 livestock[láivstɑ̀k] 가축 modest rate 적당한 가격·요금 brainchild[bréintʃàild] (독자적인) 생각, 창작물
shepherd[ʃépərd] 목양견, 양치기개 breed[bríːd] 품종 herd[hə́ːrd] (가축을) 지키다, 돌보다
scare off 겁을 주어 쫓아내다

32

정답 (d)

In *Melville: His World and Work*, Andrew Delaney ably chronicles Herman Melville's world and his work, but has difficulty showing or explaining the interplay between the two. Though no doubt Delaney knows Melville and his works well, his cultural critical soundings yield only intermittently perceptive readings of the deep-water-dwelling Melville. For instance, in maintaining that *Moby Dick*'s Ahab anticipates the "leaders who lead the fight against terrorism," Delaney may have scored points with his colleagues in universities, but these associations hardly advance our knowledge of the mid-19th-century classic.

Q: Which of the following is correct about Delaney's book?

(a) It does not give an adequate explanation of Melville's world.
(b) It yields a better understanding of Melville's works if read perceptively.
(c) It presents an argument that accurately represents Melville's intentions.
(d) It fails to show the relations between Melville's texts and the world he lived in.

「멜빌: 그의 세계와 작품」에서, Andrew Delaney는 허먼 멜빌의 세계와 그의 작품을 훌륭하게 열거하지만, 이 두 가지 사이의 상호 작용을 보여주거나 설명하지 못한다. Delaney는 의심할 여지 없이 멜빌과 그의 작품에 대해 잘 알지만, 그의 문화적 비평의 깊이는 심오한 멜빌 작품에 대한 오로지 때때로 통찰력이 있는 해석을 보여줄 뿐이다. 예를 들자면, 「모비딕」의 Ahab이 "테러에 대항한 투쟁을 이끄는 리더"를 예견하였다고 주장하는 데 있어서, Delaney는 대학 동료들에게는 점수를 땄을지 모르지만, 이러한 추론은 19세기 중반 고전에 대한 우리의 지식에서 크게 벗어나지 않는다.

Q: 다음 중 Delaney의 책에 대하여 옳은 것은?

(a) 멜빌의 세계에 대한 충분한 설명을 제공하지 못한다.
(b) 주의 깊게 읽으면 멜빌의 작품에 대한 더 나은 이해를 낳는다.
(c) 멜빌의 의도를 정확히 나타내는 주장을 제시한다.
(d) 멜빌의 글과 그가 살았던 세계 사이의 관계를 보여주는 데 실패한다.

해설 본문에 따르면, Delaney는 자신의 책에서 Melville의 세계와 작품을 열거하고 있지만, 둘 사이의 상호 작용을 보여주거나 설명하지 못한다(has difficulty showing or explaining the interplay between the two)고 하였다. 따라서 (d)가 정답이다.

오답분석

(a) Delaney가 Melville의 세계를 훌륭하게 나열해 주고 있다(Andrew Delaney ably chronicles Herman Melville's world and his work)고 하였다. 따라서 충분한 설명을 제시한다고 볼 수 있으므로 오답이다.
(b) Delaney가 Melville의 작품에 대한 깊이 있는 해석을 간헐적으로만 보여준다(his cultural critical soundings yield only intermittently perceptive readings ~)고 하였지, 주의 깊게 읽으면 더 이해할 수 있다는 내용은 언급된 바 없으므로 오답이다.
(c) 본문에서는 이 책이 Melville의 의도를 정확히 나타내는 주장을 제시했다는 언급은 없고, 오히려 오로지 때때로만 통찰력 있는 해석을 가져올 뿐이라고 하였으므로 오답이다.

어휘 ably [éibli] 유능하게, 훌륭하게 chronicle [kránikl] 나열하다 interplay [íntərplèi] 상호 작용
sounding [sáundiŋ] (그리 깊지 않은) 깊이 yield [ji:ld] 가져오다, 낳다 intermittently [ìntərmítəntli] 때때로
perceptive [pərséptiv] 통찰력이 있는 deep-water-dwelling 심오한 maintain [meintéin] 주장하다
anticipate [æntísəpèit] 예견하다 score point 점수를 얻다 colleague [káli:g] (학교 등의) 동기, 동료
association [əsòusiéiʃən] 연상, 추론 hardly [há:rdli] 겨우 ~하다 perceptively [pərséptivli] 주의 깊게, 통찰력 있게

33

정답 (c)

Although initially greeted with skepticism, the introduction of the steamboat to the Mississippi River was a huge success. At first, skeptics said that such a large boat could never survive the Mississippi's currents, bends, sandbars and floods. But in 1811, the first steamboat proved them

비록 처음엔 회의적으로 받아들여졌지만, 미시시피 강에 증기선 도입은 대성공이었다. 처음에, 회의론자들은 미시시피 강의 흐름, 굽이, 모래톱 그리고 큰물에서 증기선과 같이 큰 배는 견뎌내지 못할 것이라고 말했다. 하지만 1811년, 최초의 증기선이 피츠버그에

all wrong, by traveling successfully from Pittsburgh to New Orleans and back. After that first trip proved it was possible to navigate the Mississippi, steamboats were in big demand, and the value of goods carried by them on the river increased astronomically.

Q: What can be inferred from the passage?

(a) The introduction of the steamboat was delayed for several years.
(b) The steamboat had difficulties on its first trip on the Mississippi.
(c) Steamboats used to be a major mode of transportation for shipping.
(d) Steamboats became popular as tour boats as well as for shipping.

서 뉴올리언스를 왕복함으로써 이 모든 것이 틀렸다는 것을 증명했다. 그 첫 번째 운항이 미시시피 강을 항해하는 것이 가능하다는 것을 증명한 후에, 증기선의 수요는 커졌고, 강물 위의 증기선에 의해 운반되는 상품들의 가치는 천문학적으로 증가했다.

Q: 이 글로부터 추론할 수 있는 것은?

(a) 증기선의 도입은 몇 년간 연기되었다.
(b) 증기선은 미시시피 강에서의 첫 운항에서 어려움을 겪었다.
(c) 증기선들은 수송을 위한 주요 교통 수단이었다.
(d) 증기선들은 화물선이자 유람선으로 인기를 얻었다.

해설 본문에 따르면 'steamboats were in big demand, and the value of goods carried by them on the river increased astronomically'라고 하였다. 따라서 증기선이 수송 수단으로써 주요한 역할을 했다고 볼 수 있으므로 (c)가 정답이다.

오답분석
(a) 본문에서는 증기선의 도입이 연기되었다는 내용은 없으므로 오답이다.
(b) 첫 운항은 성공적으로 끝났다(the first steamboat proved them all wrong, by traveling successfully from Pittsburgh to New Orleans and back)고 하였으므로 오답이다.
(d) 본문에서는 화물선(shipping)으로의 역할만 언급되었지, 유람선(tour boats)으로서의 역할은 언급되지 않았으므로 오답이다.

어휘 skepticism [sképtisìzm] 회의론 steamboat [stíːmbòut] 증기선 current [kə́ːrənt] 흐름 bend [bend] 굽이 sandbar [sǽndbɑ̀ːr] 모래톱 floods [flʌdz] 큰물, 많은 물 navigate [nǽvəgèit] 항해하다 demand [dimǽnd] 수요 astronomically [æ̀strənɑ́mikəli] 천문학적으로 mode of transportation 교통 수단

34

정답 (c)

Deputy Prime Minister Elizabeth Whiner announced that the federal government will invest $90 million over the next five years to improve technological education across Canada. The funding will be used to purchase new equipment, including construction framing tools, automotive hoists, and food preparation equipment. Now, students will finally be able to have the most up to date equipment in order to reach their full potential. It is estimated that 300,000 students annually will benefit from the technological renewal initiative. This five-year initiative is the result of extensive consultations with key Canadian companies and institutions.

Q: What can be inferred from the report?

(a) Canadian companies will help to finance the new initiative.
(b) The new initiative was started by students' persistent requests.

Elizabeth Whiner 부총리는 연방 정부가 향후 5년간 캐나다 전역의 기술 교육을 향상시키기 위해 9천만 달러를 투자할 것이라고 발표했다. 이 자금은 건축 구성 도구, 자동 화물 승강기, 음식 준비 설비 등을 포함한 새로운 설비 구입에 쓰일 것이다. 이제, 학생들은 마침내 그들의 모든 가능성을 끌어내기 위한 가장 최신 설비를 갖게 될 것이다. 매년 300,000명의 학생들이 이 기술 재건 계획안의 이득을 볼 것이리고 예상된다. 이 5년짜리 계획안은 주요 캐나다 회사들과 협회들과의 광범위한 회의의 결과물이다.

Q: 이 기사로부터 추론할 수 있는 것은?

(a) 캐나다 회사들이 이 새로운 계획안에 자금을 조달하는 것을 도울 것이다.
(b) 이 새 계획안은 학생들의 지속적인 요구로 인해 시작되었다.

(c) Existing technological equipment in Canada's schools is outdated.
(d) New curriculum for technological education will soon be developed.

(c) 현재 캐나다 학교에 있는 기술 설비들은 구식이다.
(d) 기술 교육에 관한 새 교과 과정이 곧 개발될 것이다.

해설 본문에 따르면, 학생들이 이제 최신 설비를 갖게 될 것(Now, students will finally be able to have the most up-to-date equipment ~)이라고 하였으므로, 현재의 설비들은 구식이라고 추론할 수 있다. 따라서 (c)가 정답이다.

오답분석
(a) 자금을 조달하는 것은 캐나다의 회사들이 아니라, 정부가 자금을 제공할 예정(the federal government will invest $90 million ~)이므로 오답이다.
(b) 본문에는 학생들의 요구에 따라 이 계획안이 시작되었다는 언급은 없으므로 오답이다.
(d) 기술 교육을 위해, 새 교과 과정이 개발되는 것이 아니라 새 기구와 설비들이 학교에 제공될 것이므로(The funding will be used to purchase new equipment ~) 오답이다.

어휘 Deputy Prime Minister 수석 부총리 federal [fédərəl] 연방의 invest [invést] 투자하다 funding [fʌ́ndiŋ] 투자금 framing [fréimiŋ] 틀, 구성 automotive hoist 자동 승강기 up-to-date 최신의 in order to ~을 하기 위해 potential [pətén∫əl] 잠재력, 가능성 benefit [bénəfit] 이득을 보다 initiative [iní∫iətiv] 계획안, 시작, 솔선 extensive [iksténsiv] 광범위한 consultation [kὰnsəltéi∫ən] 의논, 상담, 회의 key [ki:] 주요한 institution [ìnstitjú:∫ən] 협회 finance [fáinæns] 자금을 조달하다 outdated [àutdéitid] 구식의, 시대에 뒤진 curriculum [kəríkjuləm] 교과 과정

35

정답 (a)

Hollywood can make almost any profession look sexy, even that of an academic. For instance, the hero of the "Indiana Jones" movies is a university lecturer in archaeology. But what you won't come across in Hollywood movies is a heroic or sexy philosopher. On the other hand, sexy philosophers abound in French films. In fact, two recent French films adhere to a well-worn Francophile format with philosophers as their main protagonists. These philosophers conform to the three main specifications. One, they are men; two, they are having trouble finishing a thesis or book on Heidegger; three, they fall in love with a quirky young woman.

Q: What can be inferred from the passage?
(a) French films about philosophers tend to be stereotypical.
(b) Hollywood often fails to portray academic life realistically.
(c) Hollywood's depiction of sexy academics has been influenced by French films.
(d) French philosophers feel uncomfortable about how they are portrayed in films.

할리우드는 거의 모든 직업이든 섹시하게 보이게 할 수 있는데, 심지어 대학 교수도 그렇게 할 수 있다. 예를 들면, 영화 "인디아나 존스"의 주인공은 대학 고고학 강사이다. 하지만 당신이 할리우드 영화에서 볼 수 없는 것은 영웅적이거나 섹시한 철학자이다. 반면에, 프랑스 영화에는 섹시한 철학자들이 많다. 실제로, 두 편의 최근 프랑스 영화는 철학자들을 주인공으로 한 진부한 친불 형식을 따랐다. 이러한 철학자들은 세 가지 주요 사항을 따른다. 첫째, 그들은 남성이고, 둘째, 하이데거에 관한 논문이나 책을 끝마치는 데 문제를 겪으며, 셋째, 변덕스러운 젊은 여자와 사랑에 빠진다.

Q: 이 글로부터 추론할 수 있는 것은?
(a) 철학자들에 대한 프랑스 영화는 진부한 경향이 있다.
(b) 할리우드는 대학 생활을 사실적으로 묘사하는 데 종종 실패한다.
(c) 섹시한 교수들에 대한 할리우드의 묘사는 프랑스 영화의 영향을 받았다.
(d) 프랑스 철학자들은 영화 속에서 자신들이 묘사되는 방식에 대해 불편하게 느낀다.

해설 본문에 따르면, 철학자들이 등장하는 프랑스 영화는 진부한 친불 형식(well-worn Francophile format)을 따른다고 하였고, 등장하는 철학자들이 세 가지 주요 사항을 따른다고 하였으므로(These philosophers conform to the three main specifications), 정답은 (a)이다.

오답분석

(b) 할리우드는 대학 교수조차도 섹시하게 보이게 할 수 있다(Hollywood can make almost any profession look sexy, even that of an academic)고 하였지, 사실적으로 묘사하지 못하고 있다고 언급하지는 않았으므로 오답이다.

(c) 본문에 따르면, 할리우드가 섹시한 교수를 묘사하는 것에 프랑스 영화의 영향을 받았다는 언급은 없으므로 오답이다.

(d) 프랑스 철학자들이 자신들이 묘사되는 방식에 대해 불편하게 느낀다는 언급은 없으므로 오답이다.

어휘 profession [prəféʃən] 직업 academic [æ̀kədémik] 대학 교수; 대학에 관련된 archaeology [ὰ:rkiάlədʒi] 고고학
come across 마주치다 abound [əbáund] 풍부하다, 많다 well-worn 진부한
Francophile [frǽŋkəfàil] 프랑스를 좋아하는 것, 친불 protagonist [proutǽgənist] 주인공 conform to ~을 따르다
specification [spèsəfəkéiʃən] 사항 quirky [kwə́:rki] 변덕스러운 stereotypical [stèriətípikəl] 틀에 박힌, 진부한
depiction [dipíkʃən] 묘사 portray [pɔ:rtréi] 묘사하다

36

정답 (b)

The Kraken has been a major feature of Norse mythology since at least the twelfth century. Legends tell of a tentacled beast so huge and powerful that its thrashings could create frightening whirlpools easily capable of sinking a ship. In fact, the name "Kraken" stems from the Norwegian word for a tree trunk or stump with the roots attached. It was an apt word to describe a beast that was more than likely based on sailors' accounts of seeing what we now know as a giant squid.

Q: What can be inferred from the passage?

(a) Norse mythology is full of mysterious creatures.
(b) The name "Kraken" derives from the appearance of the creature.
(c) The Kraken attacked and sunk numerous Norwegian sailing vessels.
(d) The Kraken is a creature that Norwegian sailors used to fight against.

Kraken은 적어도 12세기부터 고대 노르웨이 신화의 주요 소재였다. 전설에 따르면 이 촉수 괴물은 매우 거대하고 강력해서 한 번의 내리침으로 배 한 척은 쉽게 가라앉힐 수 있는 무서운 소용돌이를 만들어낼 수 있었다고 한다. 사실, "Kraken"이라는 이름은 나무 줄기 또는 뿌리가 붙어 있는 그루터기를 의미하는 노르웨이 단어에서 유래한다. 이 단어는, 우리가 현재 거대 오징어라고 알고 있는 괴물을 목격한 선원들의 설명에 근거한 괴물을 설명하는 적절한 단어였다.

Q: 이 글로부터 추론할 수 있는 것은?

(a) 고대 노르웨이 신화는 미스터리한 생물들로 가득하다.
(b) "Kraken"이라는 이름은 그 생물의 생김새에서 유래한다.
(c) Kraken은 많은 노르웨이 범선들을 공격하여 침몰시켰다.
(d) Kraken은 노르웨이 선원들이 맞서 싸웠던 생물체이다.

해설 본문에서 'the name "Kraken" stems from the Norwegian word for a tree trunk or stump with the roots attached'라고 하였으므로, 생김새를 바탕으로 이름이 붙었다는 것을 알 수 있다. 따라서 정답은 (b)이다.

오답분석

(a) 본문에는 노르웨이 신화 속 Kraken에 대한 언급만 있을 뿐, 다른 생물체에 대한 언급은 없으므로 오답이다.

(c) 배를 공격하여 침몰시켰다는 내용은 전설 속에 언급되었지(Legends tell of a tentacled beast so huge and powerful that its thrashings could create frightening whirlpools easily capable of sinking a ship), 실제로 그러했는지 여부는 확인할 수 없으므로 오답이다.

(d) 본문에서는 선원들이 Kraken을 보았다는 사실(~ based on sailors' accounts of seeing what we now know as a giant squid)은 언급되어 있지만, 맞서 싸웠는지 여부는 언급되고 있지 않으므로 오답이다.

어휘 mythology [miθάlədʒi] 신화 tentacled [téntəkld] 촉수 달린 thrashing [θrǽʃiŋ] 내리침, 채찍질
whirlpool [hwə́:rlpù:l] 소용돌이 stump [stʌmp] 그루터기 apt [æpt] 적절한, 손쉬운 account [əkáunt] 설명
squid [skwíd] 오징어 derive from ~에서 유래하다 appearance [əpíərəns] 생김새, 겉모습
sailing vessel 범선

37

정답 (c)

I think our state should follow Pennsylvania's lead. As a response to America's painfully obvious medical "crisis," Pennsylvania has formed an organization called Doctor's Advocate. Doctor's Advocate offers an inexpensive legal service designed to terminate frivolous malpractice lawsuits. Since in our state medical malpractice suing has reached epidemic proportions, I think it is high time to counteract these finance-draining attacks on medical care. Right now, insurance premiums are skyrocketing, and doctors are continuing to leave the area. As a result, physicians, patients, and the entire healthcare delivery system are suffering.

Q: Which statement is the writer most likely to agree with?

(a) American doctors are not doing their best to treat patients.
(b) Pennsylvania has more malpractice lawsuits than other states.
(c) Too many people are suing doctors to get money.
(d) Policies against malpractice should not vary from state to state.

나는 우리 주도 펜실베니아 주의 모범을 따라야 한다고 생각한다. 미국의 몹시 명백한 의학적 "재난"에 대한 대응으로, 펜실베니아 주는 '의사의 변호사'라고 불리는 단체를 만들었다. '의사의 변호사'는 사소한 의료 사고 소송을 종결 짓기 위해 고안된 저렴한 법률 서비스를 제공한다. 우리 주에서 의료 사고 소송은 유행의 수준에 이르렀기 때문에, 지금이 의료 보험의 재정을 갉아 먹는 이러한 공격을 막을 적절한 때라고 생각한다. 현재, 보험금은 천정부지로 치솟고, 의사들은 계속해서 이 지역을 떠나고 있다. 결과적으로, 의사들, 환자들 그리고 모든 의료 시행 시스템이 고통받고 있다.

Q: 다음 중 글쓴이가 가장 동의할 내용은?

(a) 미국 의사들은 환자를 치료하기 위해 최선을 다하지 않고 있다.
(b) 다른 주보다 펜실베니아 주에서 의료 사고 소송이 가장 많다.
(c) 너무 많은 환자들이 돈을 받기 위해 의사를 고소하고 있다.
(d) 의료 사고에 대한 방침이 모든 주마다 달라서는 안 된다.

해설 본문에 따르면, '의료 사고 소송이 유행 수준에 도달했고(~ medical malpractice suing has reached epidemic proportions)', '이러한 공격을 막아야 할 때(it is high time to counteract these finance-draining attacks on medical care)'라고 하였다. 따라서, 글쓴이가 지나치게 많은 환자들이 보험금을 타내기 위해 의사를 고소한다고 생각한다는 것을 추론할 수 있으므로 정답은 (c)이다.

오답분석
(a) 본문에는 의료 사고가 발생한다는 사실만 언급되었을 뿐, 의사들이 최선을 다하지 않고 있다고 하지는 않았으므로 오답이다.
(b) 펜실베니아 주의 모범을 따르자고 하였지, 펜실베니아 주에 의료 사고 소송이 가장 많다고 하지는 않았으므로 오답이다.
(d) 본문 속의 주가 펜실베니아 주의 방침을 따라야 한다고 하였지, 모든 주가 이 방침을 따라야 한다고 주장하고 있지는 않으므로 오답이다.

어휘 lead [li:d] 모범 painfully [péinfəli] 뼈저리게, 고통스럽게 advocate [ǽdvəkèit] 변호사 frivolous [frívələs] 사소한 malpractice [mæ̀lprǽktis] 의료 사고 lawsuit [lɔ́:sjù:t] 소송 epidemic [èpidémik] 유행의 high time ~할 때, 적절한 때 counteract [kàuntərǽkt] 거스리다, 방해하다 finance-draining 재정을 갉아 먹는 premium [prí:miəm] 보험료

Part III

38

정답 (b)

Just as music can be played in many rhythms, so poetry can be written in many meters. (a) Of the many meters, none is more common in English poetry than the iambic, which consists of an unstressed syllable followed by a stressed syllable. (b) The second most common meter in English poetry is trochaic. (c) Much of Shakespeare's

음악이 여러 가지 리듬으로 연주될 수 있듯이, 시도 여러 가지 운율로 쓰여질 수 있다. (a) 많은 운율들 중에서 영어 시에서 가장 흔한 것은 약강격으로, 이것은 강세가 없는 음절 뒤에 강세가 있는 음절이 나오는 것으로 구성된다. (b) 영어 시에서 두 번째로 흔한 운율은 강약격이다. (c) 셰익스피어의 많은 시들이 약

verse is iambic and so are many lines of poetry by Emily Dickinson and Robert Frost. (d) Hamlet's soliloquy beginning with "To be or not to be . . ." may be the most well-known use of the iambic meter.

강격이고, Emily Dickinson과 Robert Frost 시의 많은 행들도 그렇다. (d) "죽느냐 사느냐…"로 시작하는 햄릿의 독백이 가장 유명한 약강격 운율의 사용일 것이다.

| 해설 본문은 영어의 여러 운율(meters) 중 약강격(iambic)에 대해 이야기하고 있다. (a)는 약강격에 대한 정의, (c)는 약강격을 사용한 작품(Shakespeare, Emily Dickinson, Robert Frost)의 예시, (d)는 약강격의 가장 유명한 예시라고 정리할 수 있다. 그러나 (b)는 강약격(trochaic)에 대해 이야기하고 있으므로, 글 전체의 내용과 관련이 없어 정답이다.

| 어휘 meter[míːtər] 운율 iambic[aiǽmbik] 약강격 syllable[síləbl] 음절 trochaic[troukéiik] 강약격 soliloquy[səlíləkwi] 독백

39

정답 (c)

With investors hoping for a full market recovery in the new year, analysts are warning them not to be overly optimistic. (a) It is unlikely that the economy will see a sudden recovery, and investors are advised to structure their portfolios for the long-term. (b) Seeking short-term gains is a very risky strategy in the current climate. (c) It is estimated that two out of five investors seek the advice of professional analysts. (d) Analysts are urging investors not to be led by new-year optimism but to proceed cautiously in the coming months.

새해에는 완전한 시장 회복을 바라는 투자자들에게, 분석가들은 지나치게 낙관적으로 내다보지는 말 것을 경고한다. (a) 경제가 갑자기 회복될 것으로는 보이지 않으며, 투자자들은 그들의 포트폴리오를 장기적인 관점에서 설계하도록 권장된다. (b) 현 상황에서 단기 이득을 얻으려고 하는 것은 아주 위험한 전략이다. (c) 다섯 명 중 두 명의 투자자들이 전문 분석가의 조언을 구하는 것으로 추정된다. (d) 분석가들은 투자자들에게 연초 낙관주의에 휘둘리지 말고 다가오는 달에 조심스럽게 진행해 나갈 것을 강조하고 있다.

| 해설 본문은 투자자들이 새해의 시장 회복에 대해 지나치게 낙관적으로 전망하지 말고, 조심할 것을 권장하는 글이다. 그러나 (c)의 경우, 분석가에 조언을 구하는 투자자들의 비율에 대해 언급하고 있으므로 글 전체의 내용과 관련이 없어 정답이다.

| 어휘 overly[óuvərli] 과도하게 optimistic[ɑ̀ptəmístik] 낙관적인 portfolio[pɔːrtfóuliòu] 포트폴리오, 투자 계획안 risky[ríski] 위험한 climate[kláimit] 상태, 상황 urge[əːrdʒ] 강조하다 proceed[prəsíːd] 진행해 나아가다

40

정답 (d)

In the wake of World War I, the demand for coal slackened. (a) Miners' salaries dropped, and many lost their jobs. (b) There was growing unrest, with union organizations holding marches to fight for workers' rights. (c) Management, however, responded not with an offer of negotiations but with intransigence or downright hostility. (d) The introduction of mechanical coal-loading equipment boosted productivity and eventually made hand-loading obsolete.

제1차 세계 대전의 여파로, 석탄에 대한 수요가 줄었다. (a) 광부들의 봉급은 줄었고, 많은 수가 그들의 직업을 잃었다. (b) 노동자의 권리를 얻으려 투쟁하기 위해 노동조합이 행진을 개최하면서 불안은 커져만 갔다. (c) 그러나, 경영진은 협상 제안으로 응답한 것이 아니라, 비타협 또는 노골적인 적대감으로 응답했다. (d) 자동 석탄 적재 장비의 도입은 생산성을 끌어올렸고 마침내 손으로 하는 적재 방식은 쓰이지 않게 되었다.

| 해설 본문은 1차 대전 후 석탄 수요가 광부 노동자들에게 미친 영향을 설명하고 있다. (a)에서는 광부들이 직면한 여러움, (b)에서 그에 대한 노조의 투쟁, 그리고 (c)에서 그 투쟁에 대한 경영진의 태도를 순차적으로 설명하고 있다. 그러나 (d)의 경우, 새로운 석탄 적재 장비의 도입에 대해 언급하고 있으므로, 글 전체 내용과는 관련이 없어 정답이다.

| 어휘 in the wake of ~의 결과로 slacken[slǽkən] 줄어들다 unrest[ʌnrést] 불안 union[júːnjən] 노동조합 march[mɑːrtʃ] 행진 management[mǽnidʒmənt] 경영진 intransigence[intrǽnsədʒəns] 비타협적 태도 downright[dáunràit] 노골적인 loading[lóudiŋ] 적재 obsolete[ɑ̀bsəlíːt] 쓸모 없게 된, 안 쓰이는

* MP3 파일을 www.ChampStudy.com에서 무료로 다운로드 받아, 들으면서 암기하세요.

LISTENING COMPREHENSION

- ☐ out of fashion 유행이 지난
- ☐ leak [li:k] 새다
- ☐ plumber [plʌ́mər] 배관공
- ☐ mess up 망치다
- ☐ tidy up 정돈하다
- ☐ customs [kʌ́stəmz] 세관
- ☐ as far as I know 내가 알기로는
- ☐ lost and found 분실물 센터
- ☐ lay off 해고하다
- ☐ recruit [rikrú:t] 채용하다
- ☐ be in charge of ~을 담당하다
- ☐ definitely [défənitli] 정말로
- ☐ You can't miss it. 찾기 쉬워요.
- ☐ fabulous [fǽbjuləs] 굉장한, 멋진
- ☐ strenuous [strénjuəs] 고단한, 힘든
- ☐ kennel [kénəl] 개집
- ☐ litter [lítər] (동물의) 한배 새끼
- ☐ purebred [pjùərbréd] 순종; 순종의
- ☐ shot [ʃɑt] 주사, 예방 접종
- ☐ criminal [krímənəl] 범죄자
- ☐ target [tá:rgit] 표적으로 삼다
- ☐ bug [bʌg] 귀찮게 굴다, 거슬리다
- ☐ ingredient [ingrí:diənt] 재료
- ☐ recipe [résəpì:] 요리법
- ☐ expectant [ikspéktənt] 임신한
- ☐ suitable [sjú:təbl] 적절한
- ☐ maternity clothes 임부복
- ☐ elegance [éləgəns] 우아함
- ☐ dressier affair 잘 갖춰 입고 갈 일
- ☐ storewide [stɔ́:rwàid] 매장 전반의
- ☐ ozone layer 오존층
- ☐ absorption [əbsɔ́:rpʃən] 흡수
- ☐ molecule [mɑ́ləkjù:l] 분자
- ☐ consist of ~으로 구성되다, ~을 함유하다
- ☐ serve to ~해주다
- ☐ ultraviolet rays 자외선
- ☐ exploitative [iksplɔ́itətiv] 착취적인
- ☐ satin [sǽtn] 새틴 (비단의 일종)
- ☐ organic [ɔ:rgǽnik] 유기농의
- ☐ delve into ~을 탐구하다, ~을 파고들다
- ☐ tricky [tríki] 다루기 힘든, 까다로운
- ☐ disparity [dispǽrəti] 불평등
- ☐ elicit [ilísit] 이끌어내다
- ☐ trigger [trígər] 불러일으키다, 유발하다
- ☐ unprecedented [ʌnprésidèntid] 전례 없는
- ☐ take an active role in ~을 적극적으로 수행하다
- ☐ naval [néivəl] 해군의
- ☐ aqualung [ǽkwəlʌ̀ŋ] 수중 호흡기
- ☐ boost [bu:st] 끌어올리다
- ☐ personnel [pə̀:rsənél] 인사, 전 직원
- ☐ recession [riséʃən] 경기 침체
- ☐ indicate [índikèit] 말하다, 암시하다
- ☐ compile [kəmpáil] 편찬하다
- ☐ legislator [lédʒislèitər] 입법자
- ☐ detail [ditéil] 상술하다, 자세히 열거하다
- ☐ alliance [əláiəns] 협력
- ☐ probability [prɑ̀bəbíləti] 가능성
- ☐ allegation [æ̀ləgéiʃən] 단언, 주장
- ☐ regimen [rédʒəmən] 수단
- ☐ oral [ɔ́(:)rəl] 구강의
- ☐ charcoal [tʃá:rkòul] 숯
- ☐ commercial [kəmə́:rʃəl] 상업적인
- ☐ domestic [dəméstik] 가정의
- ☐ demonstration [dèmənstréiʃən] 시연, 실연
- ☐ carnivorous [kɑ:rnívərəs] 육식성의
- ☐ pouch [pautʃ] 주머니
- ☐ sensitive [sénsitiv] 민감한

QUIZ

주어진 어휘에 맞는 뜻을 고르세요.

1. strenuous	ⓐ 분자	6. demonstration	ⓐ 단언, 주장
2. target	ⓑ 표적으로 삼다	7. organic	ⓑ 시연, 실연
3. fabulous	ⓒ 채용하다	8. personnel	ⓒ 경기 침체
4. molecule	ⓓ 고단한, 힘든	9. recession	ⓓ 유기농의
5. leak	ⓔ 새다	10. allegation	ⓔ 협력
	ⓕ 굉장한, 멋진		ⓕ 인사, 전 직원

1. ⓓ 2. ⓑ 3. ⓕ 4. ⓐ 5. ⓔ 6. ⓑ 7. ⓓ 8. ⓕ 9. ⓒ 10. ⓐ

- ☐ unsuspectingly [ʌ̀nsəspéktiŋli] 태연하게
- ☐ brush [brʌʃ] 스치다
- ☐ cross-section drawing 단면도
- ☐ prominent [prámənənt] 저명한
- ☐ biomedical [bàioumédikəl] 생명 의학의
- ☐ cutting-edge 최신의
- ☐ host [houst] 개최지
- ☐ come across 마주치다
- ☐ synecdoche [sinékdəki] 제유법
- ☐ metonymy [mitánəmi] 환유법
- ☐ rhetorical [ritɔ́(:)rikəl] 수사(修辭)적인
- ☐ allude to ~을 내비치다
- ☐ state [steit] 말하다
- ☐ explicitly [iksplísitli] 명료하게
- ☐ conjure [kándʒər] 연상시키다

GRAMMAR

- ☐ dwarf [dwɔ:rf] 난쟁이
- ☐ trim [trim] 정돈하다, 손질하다
- ☐ booklet [búklit] 소책자, 팸플릿
- ☐ job transfer 이직
- ☐ act up 병이 재발하다
- ☐ pioneer [pàiəníər] 개척하다, 선도하다
- ☐ ventilation [vèntəléiʃən] 환기, 통풍 (장치)
- ☐ pollutant [pəlú:tənt] 오염 물질
- ☐ colony [káləni] 식민지
- ☐ literacy [lítərəsi] 읽고 쓰는 능력, 교양
- ☐ rake [reik] 갈퀴로 긁다
- ☐ pile [pail] 쌓아 올린 것, 더미
- ☐ slippery [slípəri] 미끄러운, 잘 미끄러지는
- ☐ underscore [ʌ̀ndərskɔ́:r] 강조하다
- ☐ spatial [spéiʃəl] 공간의, 장소의
- ☐ disjunction [disdʒʌ́ŋkʃən] 분리, 분열
- ☐ foreground [fɔ́:rgràund] (그림 등의) 전경(前景), 가장 눈에 띄는 위치
- ☐ bolster [bóulstər] 지지하다
- ☐ drench [drentʃ] 흠뻑 젖게 하다, 물에 담그다
- ☐ habitable [hǽbitəbl] 서식할 수 있는

VOCABULARY

- ☐ opening [óupəniŋ] 빈자리
- ☐ vacancy [véikənsi] 빈터, 빈방
- ☐ custodian [kʌstóudiən] 관리인
- ☐ grave [greiv] 무덤
- ☐ funeral [fjú:nərəl] 장례식
- ☐ cemetery [sémətèri] 공동묘지
- ☐ memorial [məmɔ́:riəl] 기념물, 기념관
- ☐ tombstone [tú:mstòun] 묘석, 묘비
- ☐ suitor [sjú:tər] 구혼자
- ☐ widow [wídou] 미망인, 과부
- ☐ spinster [spínstər] 미혼 여성, 독신여성
- ☐ loiter [lɔ́itər] 빈둥거리다, 어슬렁거리다
- ☐ swear [swɛər] (~에게) 욕을 하다
- ☐ dispose [dispóuz] 처리하다, 처분하다
- ☐ harness [há:rnis] (폭포 등의 자연력을) 동력화하다, 이용하다
- ☐ motivate [móutəvèit] ~에게 동기를 주다
- ☐ cellar [sélər] 지하실 (주로 포도주 저장소)
- ☐ winery [wáinəri] 포도주 양조장
- ☐ announcement [ənáunsmənt] 공고
- ☐ in the red 적자인
- ☐ out of sorts 활기가 없는, 기분이 언짢은
- ☐ glued to one's seat 뭔가에 무척 흥미 있어 하는
- ☐ bite one's tongue 하고 싶은 말을 꾹 참다
- ☐ go bald 대머리가 되다
- ☐ wane [wein] 작아지다, 쇠약해지다
- ☐ recede [ri:sí:d] 물러가다, 쑥 들어가다
- ☐ put effort in 노력을 기울이다
- ☐ mainsail [méinsèil] 배 중앙의 가장 큰 돛
- ☐ hoist [hɔist] (돛 · 기 · 짐 등을) 올리다
- ☐ uplift [ʌ̀plíft] 들어올리다
- ☐ pitch [pitʃ] 던지다
- ☐ down-to-earth 현실적인
- ☐ intuition [ìntju:íʃən] 직관, 직감
- ☐ sensation [senséiʃən] 감각
- ☐ perception [pərsépʃən] 인지력, 지각
- ☐ put forward 주장하다, 내세우다
- ☐ proof [pru:f] 증거

QUIZ

주어진 어휘에 맞는 뜻을 고르세요.

1. trim	ⓐ 강조하다	6. widow	ⓐ 주장하다, 내세우다
2. allude to	ⓑ 병이 재발하다	7. put forward	ⓑ 관리인
3. prominent	ⓒ ~을 내비치다	8. down-to-earth	ⓒ 현실적인
4. underscore	ⓓ 갈퀴로 긁다	9. dispose	ⓓ 미망인, 과부
5. rake	ⓔ 정돈하다, 손질하다	10. custodian	ⓔ 작아지다, 쇠약해지다
	ⓕ 저명한		ⓕ 처리하다, 처분하다

1. ⓔ 2. ⓒ 3. ⓕ 4. ⓐ 5. ⓓ 6. ⓓ 7. ⓐ 8. ⓒ 9. ⓕ 10. ⓑ

☐ argument [á:rgjumənt] 논의, 주장
☐ utility [ju:tíləti] 유용, 효용
☐ flow [flou] 흘러나오게 하다
☐ obtain [əbtéin] 얻다
☐ adopt [ədápt] (의견 · 정책 등을) 채용하다, 채택하다
☐ be allocated to ~에게 배분되다
☐ portion [pɔ́:rʃən] 일부, 부분
☐ fluent [flú(:)ənt] (언어가) 유창한
☐ bilateral [bailǽtərəl] 쌍방의
☐ versatile [və́:rsətil] 다재다능한
☐ bilingual [bailíŋgwəl] 두 나라 말을 하는
☐ mount [maunt] 오르다, 대두되다
☐ generate [dʒénərèit] ~으로부터 유래하다
☐ reduction [ridʌ́kʃən] 축소, 삭감
☐ pretension [priténʃən] 요구, 구실, 핑계
☐ consumption [kənsʌ́mpʃən] 섭취, 소비
☐ sequence [sí:kwəns] 나열하다, 배열하다
☐ genome [dʒí:noum] 게놈, 유전자군
☐ enhancer [inhǽnsər] 향상시켜 주는 것
☐ facilitator [fəsílitèitər] 중재자
☐ insight [ínsàit] 통찰, 통찰력
☐ smash [smæʃ] 세게 충돌하다
☐ cram [kræm] 쑤셔 넣다
☐ equitable [ékwitəbl] 공정한, 정당한
☐ tendentious [tendénʃəs] 편향적인, 의견이 한쪽에 치우친
☐ lavishly [lǽviʃli] 넉넉하게, 충분하게
☐ furnished [fə́:rniʃt] 가구가 갖추어져 있는
☐ luxurious [lʌgʒú(:)riəs] 호화로운
☐ asset [ǽset] 재산, 자산
☐ amenities [əménətiz] (문화 · 편의) 시설
☐ propriety [prəpráiəti] 예의 바름, 교양
☐ laconic [ləkánik] (말수가) 간결한, 간명한
☐ ecstatic [ekstǽtik] 황홀한
☐ influx [ínflʌ̀ks] 유입
☐ attrition [ətríʃən] 마찰, 마멸
☐ demotion [dimóuʃən] (직위의) 좌천, 강등
☐ recurrence [rikə́:rəns] 재현, 재발
☐ acquittal [əkwítəl] 무죄 방면, 석방

READING COMPREHENSION

☐ dilemma [dilémə] 난제, 궁지
☐ have to do with ~과 관련이 있다
☐ hook up to ~에 연결하다
☐ allowance [əláuəns] 용돈
☐ distinct [distíŋkt] 특정한, 명료한
☐ primitive [prímitiv] 원시적인, 태초의
☐ preservation [prèzərvéiʃən] 보존
☐ decay [dikéi] 부패하다
☐ scarce [skέərs] 부족한, 모자란
☐ rot [rɑt] 썩다, 부패하다
☐ seasoned [sí:znd] 노련한
☐ candidate [kǽndidèit] 후보, 지원자
☐ nip at ~을 물고 늘어지다
☐ unleash [ʌ̀nlí:ʃ] (고삐나 끈 따위를) 풀다
☐ keep an eye on ~을 감시하다, ~에 유의하다
☐ make noise 시끄럽게 굴다
☐ peer [piər] (또래의) 사람들
☐ youngster [jʌ́ŋstər] 어린이
☐ implication [ìmpləkéiʃən] 암시, 의미
☐ initiative [iníʃiətiv] 발의안, 주도권
☐ promote [prəmóut] 촉진하다, 장려하다
☐ height [hait] 높은 곳
☐ outcome [áutkʌ̀m] 결과, 결론
☐ pleasurable [pléʒərəbl] 유쾌한
☐ refer to ~을 언급하다, ~을 지칭하다
☐ male-centered 남성 중심의
☐ inclusive [inklú:siv] 포괄적인
☐ discard [diskά:rd] 버리다, 폐기하다
☐ landfill site 매립지
☐ ambitious [æmbíʃəs] 야심찬, 활발한
☐ computer-literate 컴퓨터를 활용할 줄 아는
☐ substantial [səbstǽnʃəl] 상당한, 많은 양의
☐ recover [ri:kʌ́vər] 되찾다
☐ refurbish [ri:fə́:rbiʃ] 새로 단장하다, 개장하다
☐ crater [kréitər] 운석 구덩이, 화산 분화구
☐ eruption [irʌ́pʃən] 분출
☐ mantle-plume 맨틀 융기

QUIZ

주어진 어휘에 맞는 뜻을 고르세요.

1. bilateral	ⓐ 축소, 삭감	6. decay	ⓐ 용돈
2. reduction	ⓑ 요구, 구실, 핑계	7. eruption	ⓑ 포괄적인
3. attrition	ⓒ 쌍방의	8. primitive	ⓒ 부패하다
4. cram	ⓓ 세게 충돌하다	9. allowance	ⓓ 원시적인, 태초의
5. pretension	ⓔ 마찰, 마멸	10. seasoned	ⓔ 노련한
	ⓕ 쑤셔 넣다		ⓕ 분출

1. ⓒ 2. ⓐ 3. ⓔ 4. ⓕ 5. ⓑ 6. ⓒ 7. ⓕ 8. ⓓ 9. ⓐ 10. ⓔ

- □ crust [krʌst] 지각
- □ set off 폭발시키다
- □ lessen [lésn] 줄이다, 약하게 하다
- □ devastating [dévəstèitiŋ] 파괴적인, 엄청난
- □ discount [dískaunt] 무시하다, 믿지 않다
- □ investment [invéstmənt] 투자
- □ infrastructure [ínfrəstrʌ̀ktʃər] 기반
- □ considerable [kənsídərəbl] 상당한
- □ arithmetic [əríθmətik] 산수, 셈
- □ representation [rèprizentéiʃən] 표현, 설명
- □ addition [ədíʃən] 덧셈
- □ subtraction [səbtrǽkʃən] 뺄셈
- □ rudimentary [rù:dəméntəri] 초보의, 기본의
- □ integrate with ~과 통합하다, ~과 합치다
- □ upcoming [ʌ́pkʌ̀miŋ] 다가오는, 돌아오는
- □ faculty [fǽkəlti] 교직원, 학부
- □ panel discussion 공개 토론회
- □ dean [di:n] 학장
- □ push through ~을 계속해 나가다
- □ inflation [infléiʃən] 물가 상승
- □ under the guise of ~의 구실로
- □ obligation [ɑ̀bləgéiʃən] 규약
- □ steep [sti:p] 가파른, 급격한
- □ greed [gri:d] 욕심
- □ malicious [məlíʃəs] 악의 있는, 악성의
- □ encryption [enkrípʃən] 암호화
- □ capture [kǽptʃər] 잡아내다
- □ decode [di:kóud] 암호를 풀다; 암호 해독
- □ occasion [əkéiʒən] 행사, 일, 때
- □ interweave [ìntərwí:v] (실 · 끈 등을) 짜넣다
- □ craftsman [krǽftsmən] 장인, 기술자
- □ bare [bɛər] 발가벗은
- □ germ [dʒə:rm] 균
- □ biblical scholarship 성서학
- □ flawless [flɔ́:lis] 결점이 없는
- □ mandate [mǽndeit] 요구하다
- □ graze [greiz] 풀을 뜯어먹다, 방목하다
- □ mingle with ~과 섞이다
- □ predator [prédətər] 포식자
- □ livestock [láivstɑ̀k] 가축
- □ brainchild [bréintʃàild] (독자적인) 생각, 창작물
- □ shepherd [ʃépərd] 목양견, 양치기개
- □ ably [éibli] 유능하게, 훌륭하게
- □ chronicle [krɑ́nikl] 나열하다
- □ interplay [íntərplèi] 상호 작용
- □ yield [ji:ld] 가져오다, 낳다
- □ intermittently [ìntərmítəntli] 때때로
- □ skepticism [sképtisìzm] 회의론
- □ astronomically [æ̀strənɑ́mikəli] 천문학적으로
- □ consultation [kɑ̀nsəltéiʃən] 의논, 상담, 회의
- □ finance [fáinæns] 자금을 조달하다
- □ outdated [àutdéitid] 구식의, 시대에 뒤진
- □ archaeology [ɑ̀:rkiɑ́lədʒi] 고고학
- □ abound [əbáund] 풍부하다, 많다
- □ protagonist [proutǽgənist] 주인공
- □ conform to ~을 따르다
- □ specification [spèsəfikéiʃən] 사항
- □ quirky [kwə́:rki] 변덕스러운
- □ portray [pɔ:rtréi] 묘사하다
- □ mythology [miθɑ́lədʒi] 신화
- □ stump [stʌmp] 그루터기
- □ advocate [ǽdvəkèit] 변호사
- □ frivolous [frívələs] 사소한
- □ epidemic [èpidémik] 유행의
- □ counteract [kàuntərǽkt] 거스르다, 방해하다
- □ premium [prí:miəm] 보험료
- □ meter [mí:tər] 운율
- □ syllable [síləbl] 음절
- □ soliloquy [səlíləkwi] 독백
- □ overly [óuvərli] 과도하게
- □ urge [ə:rdʒ] 강조하다
- □ in the wake of ~의 결과로
- □ slacken [slǽkən] 줄어들다
- □ intransigence [intrǽnsədʒəns] 비타협적 태도
- □ downright [dáunràit] 노골적인
- □ obsolete [ɑ̀bsəlí:t] 쓸모 없게 된, 안 쓰이는

QUIZ

주어진 어휘에 맞는 뜻을 고르세요.

1. arithmetic	ⓐ 초보의, 기본의	6. chronicle	ⓐ 변호사
2. integrate with	ⓑ 산수, 셈	7. specification	ⓑ 독백
3. mandate	ⓒ 악의 있는, 악성의	8. advocate	ⓒ 나열하다
4. rudimentary	ⓓ ~과 통합하다, ~과 합치다	9. slacken	ⓓ 줄어들다
5. malicious	ⓔ 요구하다	10. protagonist	ⓔ 사항
	ⓕ ~의 구실로		ⓕ 주인공

1. ⓑ 2. ⓓ 3. ⓔ 4. ⓐ 5. ⓒ 6. ⓒ 7. ⓔ 8. ⓐ 9. ⓓ 10. ⓕ

온라인 교육 포털 www.ChampStudy.com

기출 TEST 2

LISTENING COMPREHENSION 스크립트 | 해석 | 해설
GRAMMAR 문제 | 해석 | 해설
VOCABULARY 문제 | 해석 | 해설
READING COMPREHENSION 문제 | 해석 | 해설
어휘 정리와 퀴즈

SELF-CHECK LIST

나는 테스트를 마칠 때까지 완전히 테스트에 집중하였다.
Yes ☐ No ☐

나는 각 영역별 주어진 시간을 지켰다.
GRAMMAR ☐ VOCABULARY ☐ READING ☐

나는 시간 내에 모든 문제를 풀었다.
GRAMMAR ☐ VOCABULARY ☐ READING ☐

나는 영역별 목표 점수를 달성했다.
LISTENING ☐ GRAMMAR ☐ VOCABULARY ☐ READING ☐

개선하고 싶은 사항 ______________________

Part I

1

정답 (c)

M: Have you seen my coat? W: ______________________ (a) I think it's black. (b) It's freezing outside. (c) It's in the car, I think. (d) I don't see what you mean.	M: 내 코트 본 적 있니? (a) 그건 검은색인 것 같아. (b) 밖이 정말 춥다. (c) 차 안에 있는 것 같아. (d) 네가 무슨 말하는지 모르겠다.

해설 Have를 사용하여 자신의 코트를 본 적이 있는지 묻고 있으므로, '차 안에 있는 것 같아' 라고 코트가 있는 곳을 답한 (c)가 정답이다.

오답분석
(a) What color is your coat?(네 코트는 무슨 색이니?)에 대한 응답으로 적절하다.
(b) 질문의 coat(코트)와 관련된 freezing(몹시 추운)을 사용한 오답이다.
(d) 질문의 seen(보았다)과 비슷한 see(알다)를 반복해서 사용한 오답이다.

어휘 freezing [frí:ziŋ] 몹시 추운

2

정답 (a)

W: I got an A on my biology test! M: ______________________ (a) You did really well. (b) I'll take it next year. (c) You need to study hard. (d) I have a test coming, too.	W: 나 생물학 시험에서 A를 받았어! (a) 아주 잘했어. (b) 내년에 들을래. (c) 열심히 공부해야겠다. (d) 나도 곧 시험 있는데.

해설 시험에서 A를 받았다는 여자의 말에, '아주 잘했어' 라고 칭찬해 주는 (a)가 정답이다.

오답분석
(c) 질문의 test(시험)와 관련된 study hard(열심히 공부하다)를 사용한 오답이다.
(d) I have a biology test next week(나 다음 주에 생물학 시험을 봐)에 대한 응답으로 적절하다.

3

정답 (b)

M: Can I go play outside, mom? W: ______________________ (a) Well, I'll be out soon.	M: 엄마, 밖에 가서 놀아도 돼요? (a) 응, 곧 나갈게.

(b) Only for half an hour. (c) No, you can't watch TV. (d) Today's a lot warmer outside.	(b) 30분 만이야. (c) 안 돼, 넌 TV 볼 수 없어. (d) 오늘은 밖이 훨씬 더 따뜻해.

해설 Can I를 사용하여 밖에서 놀 수 있는지를 물었으므로, '30분 만이야' 라고 간접적으로 허락을 표시한 (b)가 정답이다.

오답분석
(a) 질문의 outside(밖에)와 비슷한 out(외출하여)을 사용한 오답이다.
(c) 질문의 can이 정답처럼 들려 혼동을 준 오답으로, 밖에서 놀아도 되는지 물었는데 TV를 볼 수 없다고 했으므로 오답이다.
(d) 질문의 outside(밖에)를 반복해서 사용한 오답이다.

4

정답 (d)

W: I'm having a party next Saturday at 6. Can you come? M: ______________________ (a) Please let me know. (b) I'll be home before 6. (c) I'm having lunch now. (d) I'll have to check my schedule.	W: 다음 주 토요일 6시에 파티를 할 거야. 너 올 수 있니? (a) 나한테 알려줘. (b) 6시 이전에 집에 올 거야. (c) 지금 점심 먹고 있어. (d) 내 일정을 확인해야 되겠는데.

해설 Can을 사용하여 파티 참석 가능 여부를 묻는 여자의 질문에, '내 일정을 확인해야 되겠는데' 라고 답한 (d)가 정답이다.

오답분석
(a) 남자가 아닌 여자가 할 말이다.
(b) 파티 참석 여부를 물었는데 집에 도착할 시간을 답했으므로 오답이다.
(c) 질문의 having을 반복해서 사용한 오답이다.

5

정답 (a)

M: Hello. May I speak to Susan Banks, please? W: ______________________ (a) I'm afraid you have the wrong number. (b) I'll tell her that you called. (c) She'll call you back soon. (d) Please wait in the lobby.	M: 여보세요. Susan Banks씨와 통화할 수 있을까요? (a) 전화 잘못 거신 것 같네요. (b) 전화하셨다고 전해 드릴께요. (c) 그분이 곧 전화 드릴 겁니다. (d) 로비에서 기다리세요.

해설 May를 사용하여 Susan Banks와 통화할 수 있는지 묻는 질문에, '전화 잘못 거신 것 같네요' 라고 답한 (a)가 정답이다.

오답분석
(b) Would you tell her John Smith called?(John Smith에게 전화왔었다고 전해 주시겠어요?)와 같은 질문에 대한 응답으로 적절하다.
(c) Susan Banks의 통화 가능 여부를 아직 확인하지 않은 상태이므로 오답이다.
(d) I'm here for a meeting with Susan Banks(Susan Banks씨를 뵈러 왔는데요)에 대한 응답으로 적절하다.

어휘 have the wrong number 전화를 잘못 걸다

6

정답 (c)

M: I'm so frustrated that I haven't found a job yet. W: ______________________________ (a) You did a nice job. (b) You should feel proud. (c) I'm sure you'll find one soon. (d) There's always a second chance.	M: 아직 직장을 못 구해서 좌절했어. (a) 잘 했어. (b) 자랑스럽겠구나. (c) 곧 직장을 구하게 될 거야. (d) 기회는 또 있잖아.

해설 직장을 아직 구하지 못해 낙담한 남자에게, '곧 직장을 구하게 될 거야' 라고 위로하는 (c)가 정답이다.

오답분석
(a) 질문의 job(직장, 일)을 반복해서 사용한 오답이다.
(b) I finally found a job(드디어 직장을 구했어)에 대한 응답으로 적절하다.

어휘 frustrated[frʌ́strèitid] 좌절한 a second chance (제대로 할 수 있는) 다시 한 번의 기회

7

정답 (b)

W: Stop tapping the table. It's bothering me! M: ______________________________ (a) Don't bother. It's no use. (b) My apologies. I didn't know. (c) You're right. I hear something, too. (d) Yes, we can definitely use a new table.	W: 테이블 좀 그만 두들겨라. 신경 쓰이잖아! (a) 신경 쓰지 마세요. 소용 없어요. (b) 죄송해요. 몰랐어요. (c) 맞아요. 나도 뭔가 들리는 것 같아요. (d) 네, 저희 정말로 새 테이블을 써야 될 것 같아요.

해설 신경이 쓰인다고 남자에게 테이블을 그만 두드릴 것을 요청하는 여자의 말에, '죄송해요. 몰랐어요' 라고 사과하는 (b)가 정답이다.

오답분석
(a) 질문의 bothering(성가시게 하는)과 비슷한 bother(성가시게 하다)를 사용한 오답이다.

어휘 tap[tæp] 두들기다 bother[báðər] 성가시게 하다 My apologies. 사과 드립니다.

8

정답 (a)

M: Don't forget to bring your laptop to the meeting. W: ______________________________ (a) Thanks for reminding me. (b) It's mainly for personal use. (c) But I already have one at home. (d) You can borrow my laptop any time.	M: 회의에 노트북 컴퓨터를 가지고 오는 것 잊지 마세요. (a) 상기시켜 줘서 고마워요. (b) 그건 주로 개인용입니다. (c) 그렇지만 이미 집에 한 대 있는걸요. (d) 제 노트북 컴퓨터를 아무 때나 빌려 쓰셔도 돼요.

해설 회의에 노트북 컴퓨터를 잊지 말고 챙겨 오라는 당부의 말에, '상기시켜 줘서 고마워요' 라고 감사를 표한 (a)가 정답이다.

오답분석
(c) 회의에 노트북 컴퓨터를 가져오라고 했는데, 집에 하나 있다고 답했으므로 오답이다.
(d) 질문의 laptop(노트북 컴퓨터)을 반복해서 사용한 오답이다.

어휘 remind[rimáind] 상기시키다 mainly[méinli] 주로

9

정답 (c)

W: I heard Professor Moore's exams are really tough! M: ______________________	W: Moore 교수님 시험은 정말 어렵다고 들었어!
(a) I love his lectures, too. (b) Yes, he's really nice in person. (c) You can certainly say that again. (d) I didn't know there was going to be an exam.	(a) 나도 그분 강의 아주 좋아해. (b) 응, 그분 실제로 만나도 정말 좋으신 분이야. (c) 네 말에 전적으로 동의해. (d) 시험이 있을 거라는 건 몰랐는데.

해설 시험이 정말 어렵다는 여자의 말에, '네 말에 전적으로 동의해' 라고 동조하는 (c)가 정답이다. You can (certainly) say that again은 상대방의 의견에 동의할 때 쓰는 표현으로, 다른 표현으로는 Tell me about it / That makes two of us / You said it 등이 있다.

오답분석

(a) I really like Professor Moore's lectures(나는 Moore 교수님의 강의를 정말 좋아해)에 대한 응답으로 적절하다.

(d) 질문의 exams와 비슷한 exam을 사용한 오답이다.

10

정답 (b)

W: Oh, my. Look at the time! I really must go now. M: ______________________	W: 이런. 시간 좀 봐! 나 이제 진짜 가봐야 돼.
(a) Let's go have a good time. (b) I'll be seeing you later, then. (c) I'm sure you'll have time for it. (d) You don't have to wait any longer.	(a) 가서 재미있게 놀자. (b) 그럼, 나중에 만나. (c) 분명 그것을 할 시간이 있을 거야. (d) 넌 더 이상 기다릴 필요 없어.

해설 시간이 늦어서 당장 가야 한다는 여자의 말에, '그럼, 나중에 만나' 라는 말로 헤어지는 인사를 한 (b)가 정답이다.

오답분석

(a) 질문의 time(시계, 시간)의 다양한 의미를 사용한 오답이다.

11

정답 (c)

M: Do you like to go water skiing? W: ______________________	M: 수상 스키 타러 가는 거 좋아해?
(a) Yes! I'd love to. (b) I haven't decided yet. (c) Sure, I go whenever I can. (d) Yes, I'm free on Saturday.	(a) 응! 가고 싶지. (b) 아직 결정을 못 했어. (c) 물론이지, 시간 날 때마다 가. (d) 응, 토요일에 시간 돼.

해설 Do를 사용하여 수상 스키 타러 가는 것을 좋아하는 지의 여부를 물었으므로, '물론이지, 시간 날 때마다 가' 라고 좋아한다는 의견을 표현한 (c)가 정답이다.

오답분석

(a) Would you like to go water skiing?(수상 스키 타러 갈래?)과 같은 제안에 대한 응답으로 적절하다.

(b) Have you decided to go water skiing?(수상 스키 타러 가기로 결정했니?)에 대한 응답으로 적절하다.

(d) Are you free on Saturday?(토요일에 시간 되니?)에 대한 응답으로 적절하다.

12

정답 (b)

W: Shall we try the new Vietnamese restaurant tonight? M: ________________ (a) Sure. What kind of restaurant do you prefer? (b) Well, I'm not in the mood for anything ethnic. (c) OK. I'll show you how to make it. (d) I'd rather you order it yourself.	W: 오늘밤에는 새 베트남 식당 한 번 가볼까? (a) 물론이지. 어떤 레스토랑을 좋아하는데? (b) 외국 음식 먹고 싶은 기분은 아닌걸. (c) 그래. 그거 어떻게 만드는지 알려줄게. (d) 주문은 네가 직접 했으면 좋겠어.

| 해설 Shall we를 사용하여 새로 문을 연 베트남 식당에 가자는 여자의 제안에, '외국 음식 먹고 싶은 기분은 아닌걸'이라고 간접적으로 가고 싶지 않다는 의견을 표현한 (b)가 정답이다.

오답분석

(a) Shall we eat out tonight?(오늘밤에 외식할까?)에 대한 응답으로 적절하다.

(c) I want to learn how to make Vietnamese food(난 베트남 음식 만드는 법을 배우고 싶어)에 대한 응답으로 적절하다.

(d) 질문의 restaurant(식당)와 관련된 order(주문하다)를 사용한 오답이다.

| 어휘 in the mood for ~할 기분인 ethnic[éθnik] 외국의, 이방의

13

정답 (d)

M: Isn't Iris home from the shopping mall yet? W: ________________ (a) It's too soon to tell. (b) What time will she be there? (c) Her house is right by the mall. (d) She said she'll be back around 10.	M: Iris가 쇼핑몰에서 아직 집에 안 왔나요? (a) 아직 말하기는 너무 일러요. (b) 그녀가 거기에 몇 시에 갈까요? (c) 그녀의 집은 몰 바로 옆에 있어요. (d) 10시쯤에 돌아온다고 했어요.

| 해설 Isn't를 사용하여 Iris가 쇼핑몰에서 집에 왔는지의 여부를 묻는 질문에, '10시쯤에 돌아온다고 했어요'라고 아직 집에 오지 않았다는 것을 간접적으로 표현한 (d)가 정답이다.

오답분석

(b) Iris is going to the shopping mall later(Iris는 나중에 쇼핑몰에 갈 거예요)에 대한 응답으로 적절하다.

(c) 질문의 home(집에 있는)과 관련된 house(집)를 사용한 오답이다.

14

정답 (b)

M: How long till we reach our destination? W: ________________ (a) I believe there's a layover in Tokyo first. (b) We anticipate touching down at around 7:30. (c) We'll probably be stopping for about an hour. (d) The next flight should arrive in thirty minutes.	M: 목적지에 도착하는 데 얼마나 더 걸리나요? (a) 일단 도쿄에서 한 번 내려야 될 것 같습니다. (b) 7시 30분 정도에 착륙할 것으로 예상하고 있습니다. (c) 1시간 정도 쉬었다 갈 겁니다. (d) 다음 비행기는 30분 후에 도착할 것입니다.

| 해설 How long을 사용하여 목적지까지 얼마나 걸릴지 묻는 질문에, '7시 30분 정도에 착륙할 것으로 예상하고 있습니다'라고 간접적으로 대답한 (b)가 정답이다.

오답분석

(a) 질문의 destination(목적지)과 관련된 layover(도중하차)를 사용한 오답이다.
(c) How long are we stopping here?(여기에서 얼마나 쉬게 되나요?)에 대한 응답으로 적절하다.
(d) When will the next flight arrive?(다음 비행기가 언제 도착하나요?)에 대한 응답으로 적절하다.

| 어휘 destination[dèstənéiʃən] 목적지 layover[léiòuvər] 도중하차 anticipate[æntísəpèit] 예상하다 touch down 착륙하다

15

정답 (c)

M: Don't answer the phone. Let the answering machine get it.
W: ______________________________

(a) Tell me when I should call you.
(b) But it could be a harassment call.
(c) Why? Are you screening your calls?
(d) I don't like talking to answering machines.

M: 그 전화 받지 마. 자동 응답기로 넘어가게 해.

(a) 내가 언제 너한테 전화해야 할지 알려줘.
(b) 그렇지만 그거 성가신 전화일 수도 있어.
(c) 왜? 전화를 골라 받는 거야?
(d) 자동 응답기에다 말하는 거 싫어.

| 해설 전화를 받지 말라고 하는 남자의 말에, '왜? 전화를 골라 받는 거야?' 라고 전화를 받지 말라는 이유를 물어보는 (c)가 정답이다.

오답분석

(b) 여자가 아니라, 전화를 받지 말라고 하며 남자가 할 수 있는 말이다.
(d) 질문의 answering machine(자동 응답기)과 비슷한 answering machines(자동 응답기들)를 사용한 오답이다.

| 어휘 answering machine 자동 응답기 harassment[hǽrəsmənt] 괴롭힘, 애먹음 screen[skriːn] 걸러내다

Part II

16

정답 (d)

W: Sir, I'm sorry, but this suitcase is too heavy.
M: Can I check it in if I pay extra?
W: Yes. But it'll cost you $50.
M: ______________________________

(a) I need to have it.
(b) Please go through.
(c) It's too heavy for me.
(d) That won't be a problem.

W: 손님, 죄송합니다만, 이 여행 가방은 너무 무겁습니다.
M: 돈을 더 내면 부칠 수 있을까요?
W: 네. 하지만 50달러를 내셔야 합니다.

(a) 저는 그게 필요해요.
(b) 지나가세요.
(c) 저한테는 너무 무겁군요.
(d) 그건 문제가 안돼요.

| 해설 공항에서 이루어지는 대화이다. 50달러를 더 내야 가방을 부칠 수 있다는 말에, '그건 문제가 안돼요' 라고 50달러를 내고 가방을 부치겠다는 의향을 표시한 (d)가 정답이다.

오답분석

(c) 대화의 heavy(무거운)를 반복해서 사용한 오답이다.

| 어휘 suitcase[sjúːtkèis] 여행 가방 check in (공항에서) 짐을 부치다 go through 지나가다

17

정답 (d)

W: What did you do over the weekend?
M: I went to a soccer game.
W: How was it?
M: ______________________________

(a) I couldn't get the tickets.
(b) I play soccer on weekends.
(c) I'm not very good at soccer.
(d) Not as much fun as I expected.

W: 주말에 뭐 했니?
M: 축구 경기 갔었어.
W: 어땠어?

(a) 표를 구할 수 없었어.
(b) 난 주말에 축구해.
(c) 난 축구를 잘 못해.
(d) 기대만큼 재미있지는 않았어.

해설 How was it?이라며 주말에 갔던 축구 경기가 어땠는지 묻는 질문에, '기대만큼 재미있지는 않았어' 라고 답한 (d)가 정답이다.

오답분석
(a) 남자가 축구 경기에 갔다는 대화의 내용과 맞지 않으므로 오답이다.
(b) 대화의 weekend(주말)와 비슷한 weekends(주말)를 사용한 오답이다.
(c) 대화의 soccer(축구)를 반복해서 사용한 오답이다.

18

정답 (a)

M: So, you're leaving for the beach today?
W: Yes. In thirty minutes.
M: How far is it from here?
W: ______________________________

(a) It's three hours away.
(b) I said in thirty minutes.
(c) We'll be on our way soon.
(d) The beach is about two kilometers long.

M: 너 오늘 해변에 갈 거니?
W: 응. 30분 후에.
M: 여기서 얼마나 먼데?

(a) 3시간 거리야.
(b) 30분 후라고 말했잖아.
(c) 곧 출발할게.
(d) 해변이 2킬로미터 정도 돼.

해설 How far를 사용하여 해변까지의 거리를 묻는 질문에, '3시간 거리야' 라고 답한 (a)가 정답이다.

오답분석
(b) 대화의 In thirty minutes(30분 후에)를 반복해서 사용한 함정이다.
(d) How long is the beach?(해변이 길이가 얼마나 되니?)에 대한 응답으로 적절하다.

19

정답 (a)

M: Can I help you decorate that cake you made?
W: Sure. You can add the frosting.
M: OK. I can do that.
W: ______________________________

(a) But don't make a mess.
(b) Would you like some more?
(c) Let me cut you a bigger piece.
(d) Put up the decorations over here.

M: 만드신 케이크 장식하는 것 도와드릴까요?
W: 물론이죠. 설탕을 입혀 주세요.
M: 네. 그러도록 하죠.

(a) 하지만 어지르진 마세요.
(b) 좀 더 드시겠어요?
(c) 더 큰 조각으로 잘라드리죠.
(d) 장식품을 여기에 달아주세요.

해설 여자가 만든 케이크에 설탕을 입혀 장식하는 것을 도와 주겠다는 남자에게, '하지만 어지르진 마세요' 라고 답한 (a)가 정답이다.

오답분석
(d) 대화의 decorate(장식하다)와 비슷한 decorations(장식품)를 사용한 오답이다.

어휘 decorate [dékərèit] 장식하다 frosting [frɔ́(:)stiŋ] (케이크에) 설탕을 입힘 make a mess 어지르다

20

정답 (c)

M: What? This bill can't be right!
W: What's the problem, sir?
M: I've been charged too much!
W: ______________________

(a) Please pay in cash.
(b) Never mind. It's OK.
(c) Here, let me look at it.
(d) I'll pay the bill instead.

M: 뭐라고? 이 계산서는 말도 안 돼!
W: 무슨 문제가 있습니까, 손님?
M: 금액이 너무 많이 나왔어요!

(a) 현금으로 내세요.
(b) 신경 쓰지 마세요. 괜찮습니다.
(c) 자, 제가 한번 보도록 하죠.
(d) 제가 계산서를 대신 지불할게요.

해설 계산서 금액이 터무니 없이 많이 나왔다는 남자의 불만에, '자, 제가 한번 보도록 하죠' 라고 문제 해결을 도와주겠다고 한 (c)가 정답이다.

오답분석
(a) How should I pay for this?(이것을 어떻게 지불해야 하나요?)에 대한 응답으로 적절하다.
(b) Is there a problem with the bill?(계산서에 문제가 있습니까?)에 대한 응답으로 적절하다.
(d) 대화의 요지는 누가 금액을 지불하는지가 아니라 금액이 생각보다 많이 나온 것이므로 오답이다.

어휘 bill [bil] 계산서, 청구서 charge [tʃɑ́ːrdʒ] (요금을) 청구하다

21

정답 (a)

W: Do you know that guy over there?
M: Yes. He's my next-door neighbor.
W: Well, he is quite interesting.
M: ______________________

(a) I'll introduce you to him.
(b) That's nice of you to say.
(c) He doesn't seem interested.
(d) I hope to meet him sometime, too.

W: 저기 저 사람 아세요?
M: 네. 우리 옆집 이웃인데요.
W: 그분 참 재미있어 보여요.

(a) 그에게 당신을 소개시켜 줄게요.
(b) 그렇게 말해 주셔서 참 고맙네요.
(c) 그가 관심 있어 하는 것 같지는 않네요.
(d) 저도 언제 한번 그 사람을 만나보고 싶네요.

해설 여자가 이웃집 남자에게 관심 있어 하는 상황이다. 이웃집 남자가 괜찮아 보인다는 여자의 말에, '그를 소개시켜 줄게요' 라고 답한 (a)가 정답이다.

오답분석
(b) '소개시켜 주겠다' 는 남자의 응답에 대해 여자가 할 수 있는 응답으로 적절하다.
(c) 대화의 interesting(재미있는)과 비슷한 interested(관심 있는)를 사용한 오답이다.
(d) 남자는 이웃 남자와 이미 아는 사이이므로 부적절한 응답이다.

어휘 next-door neighbor 옆집 이웃

22

정답 (d)

M: Should I sign up for Physics? W: Yes, I hear that class is popular. M: Really? I hope there's still space. W: ______________________ (a) This seat is empty. (b) I think you'll enjoy it. (c) Sign your name, please. (d) You should go and check.	M: 물리 수업을 수강 신청해야 할까? W: 응, 그 수업 인기 있대. M: 정말? 아직 자리가 있으면 좋겠다. (a) 이 좌석은 비었어요. (b) 재미있어 할거야. (c) 서명해 주세요. (d) 가서 확인해 봐.

해설 물리 수업에 자리가 아직 남아 있다면 좋겠다는 남자의 말에, 직접 가서 확인해 보라고 조언하는 (d)가 정답이다. 참고로, 정보를 상대방에게 알려줘야 되는데 정확히 모를 경우, 이러한 간접적인 답변도 정답이 될 수 있음을 기억하자.

오답분석
(a) 대화의 space(자리)와 관련된 seat(좌석)를 사용한 오답이다.
(b) 아직 수업을 수강 신청하지 못한 상황이므로, 수업을 재미있어 할 것이라는 답변은 적절하지 않다.
(c) 대화의 sign up(수강 신청하다)과 비슷한 sign(서명하다)을 사용한 오답이다.

어휘 sign up 수강 신청하다

23

정답 (d)

W: Should we take a bus or a taxi? M: It's better to take a bus from here. W: Wouldn't a taxi be quicker? M: ______________________ (a) It's too far to walk. (b) Let's share the cost. (c) No, I'm not going there. (d) Yes, but it's too expensive.	W: 버스를 탈까, 택시를 탈까? M: 여기서는 버스를 타는 게 더 나아. W: 택시가 더 빠르지 않을까? (a) 걷기엔 너무 멀어. (b) 비용을 분담하자. (c) 아니, 난 거기 안 가는데. (d) 맞아, 하지만 너무 비싸.

해설 버스를 탈지 택시를 탈지 고민하는 상황이다. 택시가 더 빠르지 않겠느냐는 여자의 질문에, '맞아, 하지만 너무 비싸' 라며 택시가 더 빠르다는 점에 동의하지만 버스가 낫다는 입장을 유지한 (d)가 정답이다.

오답분석
(a) Wouldn't it be better if we walk?(걷는 게 더 낫지 않을까?)에 대한 응답으로 적절하다.
(b) How should we pay for this?(우리가 어떻게 돈을 내야 할까?)에 대한 응답으로 적절하다.

어휘 share the cost 비용을 분담하다

24

정답 (d)

M: I was hoping to see you at Mike's party yesterday. W: I had planned on going, but I couldn't make it. M: What happened? W: ______________________ (a) Nothing much. Why do you ask?	M: 어제 Mike의 파티에서 널 볼 수 있을까 기대했었는데. W: 갈 계획이었는데, 못 갔어. M: 무슨 일이라도 생겼니? (a) 별일 없어. 왜 물어보는데?

(b) No one seemed to want me to come. (c) It happened when I was least prepared. (d) I bumped into an old friend of mine on the way.	(b) 내가 오는 것을 아무도 원치 않는 것 같더라고. (c) 준비가 가장 덜 되어 있을 때 그런 일이 생겼어. (d) 가는 길에 옛날 친구를 우연히 만났거든.

해설 What happened?라며 왜 파티에 가지 못했는지 묻는 남자의 질문에, '가는 길에 옛날 친구를 우연히 만났거든'이라고 이유를 답한 (d)가 정답이다.

오답분석
(a) What are you doing tomorrow?(너 내일 뭐하니?)에 대한 응답으로 적절하다.
(c) 대화의 happened(일어났다)를 반복해서 사용한 오답이다.

어휘 make it (장소에) 나타나다, 제시간에 도착하다 bump into ~를 우연히 만나다

25

정답 (c)

M: Sorry, ma'am, but this road is closed. W: Is there another way to get to the highway? M: Turn around and make a left at the light. W: ______________________	M: 죄송합니다만, 이 도로는 폐쇄되었습니다. W: 고속도로로 갈 수 있는 길이 또 있나요? M: 돌아나가서 신호등에서 좌회전하십시오.
(a) Yes, you can't miss it. (b) I'll keep on going down the road. (c) OK, I'll make a U-turn. Thank you. (d) There's too much traffic on the highway.	(a) 네, 찾기 쉬워요. (b) 길 따라서 계속 갈게요. (c) 네, 유턴하도록 하죠. 고마워요. (d) 고속도로가 너무 막혀요.

해설 도로가 폐쇄되어 운전자에게 다른 길을 안내하는 상황이다. 돌아나가서 신호등에서 좌회전하라며 길을 알려주는 남자에게, '네, 유턴하도록 하죠. 고마워요'라고 답한 (c)가 정답이다.

오답분석
(a) 길을 알려준 남자가 할 수 있는 응답으로 적절하다.
(b) 여자가 가고 있던 도로가 폐쇄된 상황이므로 가던 길로 계속 가겠다는 표현은 적합하지 않다.

26

정답 (d)

M: I really wish I didn't have to leave so early. W: Me, too. I've enjoyed showing you around Dallas. M: Maybe you can come visit me sometime. W: ______________________	M: 이렇게 일찍 돌아가기는 싫은데. W: 나도. 너 댈러스 구경시켜 주는 거 재미있었어. M: 언제 한번 나한테 놀러 와.
(a) The pleasure was all mine. (b) I'd better get on board now. (c) I'll come back to Dallas again. (d) I'd love to see where you live.	(a) 오히려 내가 더 즐거웠어. (b) 지금 타러 가야겠다. (c) 댈러스로 또 돌아올게. (d) 네가 사는 곳을 보면 좋지.

해설 대화 속 남녀가 헤어지는 상황이다. 자신에게 놀러 오라는 남자의 말에, '네가 사는 곳을 보면 좋지'라고 놀러 가고 싶다는 의사를 표현한 (d)가 정답이다.

오답분석
(a) Thank you for showing me around Dallas(댈러스 구경시켜 줘서 고마워)와 같이 감사의 표현에 대한 응답으로 적절하다.
(c) 보내는 여자가 아니라 떠나는 남자가 할 말로 적절하다.

27

정답 (a)

M: I can't find my car keys.
W: Did you check your coat pocket?
M: Yes. But I think I left them in the car.
W: ______________________

(a) Are you saying you're locked out?
(b) I can't remember where I parked.
(c) You should've left your keys at home.
(d) Not to worry. Just borrow my coat.

M: 자동차 열쇠를 못 찾겠어.
W: 코트 주머니는 확인해 봤어?
M: 응. 그런데 차 안에 열쇠를 둔 것 같아.

(a) 그럼 열쇠를 차 안에 둔 채로 문을 잠갔다는 거야?
(b) 어디에 주차했는지 기억이 안 나네.
(c) 열쇠를 집에 두고 왔어야지.
(d) 걱정할 필요 없어. 그냥 내 코트를 빌리렴.

해설 자동차 열쇠를 차 안에 두었다는 남자의 말에, '그럼 열쇠를 차 안에 둔 채로 문을 잠갔다는 거야?' 라고 되묻는 (a)가 정답이다.

오답분석
(b) 대화의 car keys(자동차 열쇠)와 관련된 parked(주차했다)를 사용한 오답이다.
(c) 열쇠를 차 안에 두었다고 했으므로, 집에 두고 왔어야 했다는 내용은 문맥과 맞지 않으므로 오답이다.

어휘 be locked out 열쇠를 ~ 안에 두고 문을 잠그어 못 들어가다 Not to worry. 걱정할 필요 없어.

28

정답 (a)

W: What lovely flowers!
M: Oh, good. I was afraid you wouldn't like them.
W: How did you know yellow roses are my favorite?
M: ______________________

(a) I didn't, actually.
(b) That's hard to believe.
(c) I hope you like the color.
(d) I wanted it to be a surprise.

W: 꽃이 너무 예쁘다!
M: 다행이군. 네가 싫어할까 봐 걱정했는데.
W: 내가 노란 장미를 제일 좋아하는 거 어떻게 알았어?

(a) 사실은, 몰랐어.
(b) 그건 믿기 어려운 걸.
(c) 색깔이 마음에 들길 바라.
(d) 깜짝 놀라게 해 줄려고 했어.

해설 선물받은 노란 장미를 좋아하는지 어떻게 알았느냐는 여자의 질문에, '사실은, 몰랐어' 라고 답한 (a)가 정답이다.

오답분석
(b) 남자의 답변을 들은 여자가 이어서 할 말로 적절하다.
(d) 그럴 듯해 보이는 보기이나, 질문에 답하고 있지 않기 때문에 오답이다.

어휘 actually [ǽktʃuəli] 사실은, 실은 surprise [sərpráiz] 놀라운 일, 뜻밖의 일

29

정답 (b)

W: How do you like your internship program?
M: It's been a good experience so far.
W: Is it what you expected?
M: ______________________

(a) I think you're right.
(b) I'd say so, more or less.
(c) You'll be the first to know.
(d) Nobody expected that to happen.

W: 인턴십 과정은 어떻게 되어가니?
M: 지금까지는 좋은 경험인 것 같아.
W: 네가 기대했던 그대로니?

(a) 네 말이 옳은 것 같아.
(b) 어느 정도는 그런 것 같아.
(c) 네가 제일 먼저 알게 될 거야.
(d) 아무도 그 일이 벌어질 거라고 생각하진 못 했어.

| 해설 남자의 인턴십 과정이 기대했던 바대로인지 묻는 여자의 질문에, '어느 정도는 그런 것 같아' 라고 답한 (b)가 정답이다.

오답분석

(d) 대화의 expected(기대했다)를 반복해서 사용한 오답이다.

| 어휘 more or less 다소, 어느 정도

30

정답 (c)

M: Weren't you going to study abroad? W: Well, that was my original plan, but . . . M: But what? W: ______________________ (a) I'm still waiting to go. (b) I'm going abroad next month. (c) I couldn't because of the cost. (d) I didn't know what else to do.	M: 너 유학 가려고 하지 않았었니? W: 그게 내 원래 계획이었지, 그런데… M: 그런데 뭐? (a) 아직도 가기를 기다리고 있어. (b) 다음 달에 외국 가. (c) 비용 때문에 갈 수가 없었어. (d) 그것 말고는 뭘 해야 할지 몰랐어.

| 해설 왜 유학을 가지 못했는지 묻는 남자의 질문에, '비용 때문에 갈 수가 없었어' 라고 이유를 답한 (c)가 정답이다.

오답분석

(b) When are you going abroad?(넌 언제 외국으로 가니?)에 대한 응답으로 적절하다.

(d) 유학을 가지 못했다는 대화 내용과 맞지 않으므로 오답이다.

| 어휘 study abroad 유학 가다 original [ərídʒənl] 원래의 본래의

Part III

31

정답 (d)

M: Good morning. Can I help you? W: Yes, I'm looking for a present for my husband. M: Well, let's see. Does he like sports? W: Yes. He likes golf a lot. M: Why not get him this nice golf sweater, then? W: That's a great idea. Q: What is the woman doing? (a) Playing a game of golf. (b) Looking for a golf club. (c) Signing up for golf lessons. (d) Buying a gift for her husband.	M: 안녕하세요, 도와 드릴까요? W: 네, 남편에게 줄 선물을 찾고 있는데요. M: 음, 어디 볼까요. 남편 분께서 스포츠 좋아하세요? W: 네. 골프를 많이 좋아해요. M: 그럼, 이 괜찮은 골프 스웨터를 선물해 보시는 건 어떨까요? W: 좋은 생각이네요. Q: 여자는 무엇을 하고 있는가? (a) 골프 한 게임 치기. (b) 골프 클럽 찾기. (c) 골프 수업 등록하기. (d) 남편 선물 사기.

| 해설 대화에서 여자가 무엇을 하고 있는지 묻는 문제이다. 여자가 I'm looking for a present for my husband라며 점원에게 남편에게 줄 선물에 대한 조언을 구하고 있으므로 (d)가 정답이다.

32

정답 (d)

W: Rick! I heard some good news today.
M: What's that?
W: I was told we're all getting a 10% raise soon.
M: Really? I can't believe it!
W: Yeah. I could use the extra money.
M: At last, our hard work is paying off.

Q: What are the two speakers discussing?

(a) Their company's success.
(b) The woman's new promotion.
(c) Their hard working conditions.
(d) Their upcoming salary increase.

W: Rick! 오늘 좋은 소식을 들었어.
M: 뭔데?
W: 곧 우리 봉급이 10% 인상된대.
M: 정말? 믿기지가 않는다!
W: 응. 쓸 돈이 더 생기겠는걸.
M: 드디어, 열심히 일한 보답을 받게 되는군.

Q: 두 화자는 무엇에 대해 이야기하고 있는가?

(a) 회사의 성공.
(b) 여자의 새로운 승진.
(c) 고된 근무 여건.
(d) 앞으로 받게 될 임금 인상.

해설 두 화자가 이야기하는 주제를 묻는 문제이다. 여자가 I was told we're all getting a 10% raise soon이라며 곧 임금을 인상 받게 되었다고 했으므로 (d)가 정답이다.

어휘 get a raise 봉급을 인상받다 pay off (노력에 대한) 보답을 받다, 성과가 나다 promotion [prəmóuʃən] 승진 working conditions 근무 여건, 근무 환경 upcoming [ʌ́pkʌ̀miŋ] 다가오는

33

정답 (a)

M: Hey, Tina, I'm meeting friends at Jimmy's Restaurant on Friday. Can you come?
W: Sounds like fun. At what time?
M: Around 6 o'clock.
W: Mmm, I have a doctor's appointment at 5:30. Is it OK if I'm a bit late?
M: No problem. We'll be there for a few hours anyway.
W: Great, then I'll be there.

Q: What is the woman mainly doing?

(a) Agreeing to meet the man on Friday.
(b) Finding out the time of the meeting.
(c) Asking the man to come for dinner.
(d) Scheduling a doctor's appointment.

M: 안녕, Tina. 금요일에 Jimmy's 레스토랑에서 친구들 만날 건데. 올 수 있어?
W: 재미있을 것 같네. 몇 시인데?
M: 6시쯤.
W: 음, 5시 반에 병원 예약이 되어 있는데. 조금 늦어도 될까?
M: 물론 되지. 어차피 거기에서 몇 시간 있을 거야.
W: 좋아, 그럼 거기서 보자.

Q: 여자는 주로 무엇을 하고 있는가?

(a) 남자와 금요일에 만나기로 동의하기.
(b) 회의 시간을 알아내기.
(c) 저녁 식사에 남자를 초대하기.
(d) 병원 예약을 하기.

해설 대화에서 여자가 무엇을 하고 있는지 묻는 문제이다. 남자가 I'm meeting friends at Jimmy's Restaurant on Friday. Can you come?이라며 여자에게 금요일에 레스토랑에서 만날 것을 제안했고, 이에 대해 여자가 Great, then I'll be there라며 조금 늦을 것이지만 가겠다고 동의하고 있으므로 (a)가 정답이다.

오답분석
(c) 저녁 식사에 초대를 제안한 쪽은 여자가 아닌 남자이므로 (c)를 택하지 않도록 조심하자.

어휘 doctor's appointment 병원 (진료) 예약 a bit 약간 schedule [skédʒu:l] 예정에 넣다

34

정답 (c)

W: Can you believe Mark was late again this morning?
M: Again? He must've gone out drinking again last night.
W: Yeah. And now he's in talking with the boss.
M: If he's not careful, he's going to get himself fired.
W: Maybe we should have a talk with him about it.
M: Nah, I'm sure the boss is setting him straight.

Q: What are the man and woman talking about?

(a) Their friend who goes to wild parties.
(b) Their boss's serious drinking problem.
(c) Their colleague who is frequently tardy.
(d) Their coworker's difficulties with his boss.

W: Mark가 오늘 아침에 또 늦었다는 게 믿겨지니?
M: 또? 어젯밤에 또 술 마시러 나갔나 보군.
W: 그래. 지금 상사랑 안에서 면담하고 있잖아.
M: 조심하지 않으면, 그는 해고당할 수도 있을 거야.
W: 아마 우리가 그 이야기를 해줘야 할 것 같아.
M: 아냐, 상사가 정확히 이야기해줄 거라고 봐.

Q: 남자와 여자는 무엇에 대해 이야기하고 있는가?

(a) 난잡한 파티에 가는 친구.
(b) 상사의 심각한 음주 문제.
(c) 자주 지각하는 직장 동료.
(d) 직장 동료가 상사와 겪는 마찰.

해설 두 화자가 이야기하는 주제를 묻는 문제이다. 여자가 Can you believe Mark was late again this morning?이라며 Mark가 또 지각한 것이 믿겨지냐는 질문으로 대화를 시작했으므로 직장 동료인 Mark의 잦은 지각에 대한 대화를 나누고 있음을 알 수 있다. 따라서 정답은 (c)이다.

어휘 set straight ~에게 정확히 전하다 colleague[káli:g] (직업상의) 동료 frequently[frí:kwəntli] 자주, 종종 tardy[tá:rdi] 지각하는

35

정답 (c)

M: You look upset, Donna. Is something wrong?
W: I just found out that my contract won't be renewed.
M: Really? What are you going to do about it?
W: I was thinking of discussing it with the boss.
M: You should. It would be sad to see you go.
W: OK. I'll talk to her and see what happens.
M: Yes, try that first. Good luck.

Q: What are the two speakers mainly talking about?

(a) Why the woman is upset at the boss.
(b) Whether the boss will change her mind.
(c) What the woman should do to keep her job.
(d) How the man can help the woman find a new job.

M: Donna, 심란해 보여. 뭐 잘못됐니?
W: 내가 재계약되지 않았다는 걸 방금 알았어.
M: 정말? 어떻게 할 건데?
W: 상사와 이야기해 보려고 해.
M: 그래야지. 너 그만두면 아쉽잖아.
W: 맞아. 얘기를 해보고 어떻게 될지 봐야겠다.
M: 그래, 먼저 그렇게 해봐. 좋은 결과 있길 바랄게.

Q: 두 화자는 주로 무엇에 대해 이야기하고 있는가?

(a) 왜 여자가 상사에게 화가 났는지.
(b) 상사가 여자의 생각을 바꿀 것인지.
(c) 여자가 직장에 계속 있기 위해 무엇을 해야 하는지.
(d) 여자가 새 직장을 구하도록 남자가 어떻게 도와줄 수 있는지.

해설 두 화자가 이야기하는 주제를 묻는 문제이다. 여자가 I just found out that my contract won't be renewed라며 재계약이 되지 않아 회사를 그만두게 될지도 모른다고 이야기하자, 남자가 What are you going to do about it?이라며 어떤 해결책을 갖고 있는지 물었으므로, (c)가 정답이다.

어휘 upset[ʌpsét] 심란한, 동요한 contract[kántrækt] 계약 renew[rinjú:] 갱신하다
change one's mind 생각을 바꾸다

36

정답 (b)

M: Excuse me, you're five dollars short.
W: But I gave you twenty dollars.
M: I know. This sweater is twenty-five dollars.
W: Twenty-five? But the label says twenty. It's on sale.
M: Let me see . . . Oh, you're right! Sorry for the confusion.
W: That's OK.

Q: What problem did the woman encounter?

(a) The price on the label was incorrect.
(b) The man charged her too much at first.
(c) The sweater she wanted was out of stock.
(d) She needed more money to buy the sweater.

M: 잠시만요, 5달러가 부족하네요.
W: 하지만 20달러를 드렸는걸요.
M: 저도 알아요. 이 스웨터는 25달러입니다.
W: 25달러요? 가격표에는 20달러로 되어 있어요. 세일 중이잖아요.
M: 어디 봅시다… 아, 맞네요! 혼동시켜 드려서 죄송합니다.
W: 괜찮아요.

Q: 여자는 무슨 문제에 부딪혔는가?

(a) 가격표가 정확하지 않았다.
(b) 처음에 남자가 여자에게 너무 많은 금액을 청구했다.
(c) 그녀가 원했던 스웨터는 품절되었다.
(d) 그녀가 스웨터를 사기 위해서는 돈이 더 필요했다.

| 해설 대화에서 여자가 부딪힌 문제를 묻는 문제이다. 점원인 남자가 This sweater is twenty-five dollars라며 스웨터의 가격이 25달러라고 하자, 여자가 But the label says twenty라며 가격표에는 20달러였다고 남자의 말을 정정하고 있으므로, 정답은 (b)이다.

| 어휘 on sale 세일 중인 confusion [kənfjúːʒən] 혼동 encounter [inkáuntər] 부딪히다, 만나다 out of stock 품절된

37

정답 (a)

W: Shawn, may I use your car?
M: What's wrong with yours?
W: Nothing. But yours is bigger, and I have a lot of groceries to pick up.
M: Well, OK. The keys are on the kitchen counter.
W: Thanks a lot. I owe you one.
M: Well, speaking of that, you could put more gas in the tank.

Q: What is mainly happening in the conversation?

(a) The woman is borrowing the man's car.
(b) The man is going shopping with the woman.
(c) The woman is asking the man to get groceries.
(d) The man is asking the woman to fill his car with gas.

W: Shawn, 네 차 좀 써도 될까?
M: 네 차에 뭐 문제 있니?
W: 아니. 그런데 네 차가 더 크잖아, 그리고 장 볼 게 많거든.
M: 음, 알았어. 열쇠는 부엌 조리대 위에 있어.
W: 정말 고마워. 신세 졌다.
M: 말이 나와서 얘긴데, 네가 차에 기름 좀 더 넣어 주면 되겠다.

Q: 대화에서 주로 무슨 일이 일어나고 있는가?

(a) 여자가 남자의 차를 빌리고 있다.
(b) 남자는 여자와 함께 쇼핑하러 가고 있다.
(c) 여자는 남자에게 장 볼 것을 요청하고 있다.
(d) 남자는 여자에게 자동차에 기름을 채워 줄 것을 요청하고 있다.

| 해설 대화에서 주로 일어나고 있는 상황을 묻는 문제이다. may I use your car?에서 여자가 남자의 자동차를 빌려도 되는지 요청하고 있으므로 (a)가 정답이다.

오답분석
(c) 여자가 장을 보기 위해 차를 빌리는 것이지, 남자에게 장 볼 것을 요청한 것은 아니므로 (c)를 택하지 않도록 조심하자.
(d) 남자가 차를 빌려주는 대가로 기름을 채워 달라고 부탁하기는 했지만, 대화에서 주로 일어나는 상황이라고 볼 수 없으므로 오답이다.

| 어휘 groceries [gróusəriz] 식료품 counter [káuntər] 조리대 I owe you one. 고마워, 신세졌어.

38

정답 (d)

M: Hi, honey. I'm glad you're still at home.
W: Why?
M: Well, I forgot my presentation files.
W: Where did you leave them?
M: On my desk in the study. They're on a red disk.
W: What should I do?
M: Just e-mail them to me at work as soon as possible.
W: OK. I'll do it now.

Q: What did the man forget?

(a) His laptop computer.
(b) His e-mail address.
(c) His study notes.
(d) His work files.

M: 여보. 아직 집에 있어서 다행이야.
W: 왜?
M: 그게, 내가 프레젠테이션 파일을 두고 갔거든.
W: 어디에 놔뒀는데?
M: 서재 내 책상 위에. 빨간색 디스크에 있어.
W: 어떻게 할까?
M: 그냥 가능한 빨리 회사로 나한테 이메일로 보내줘.
W: 알았어. 바로 보내줄게.

Q: 남자는 무엇을 잊고 두고 갔는가?

(a) 노트북 컴퓨터.
(b) 이메일 주소.
(c) 연구 노트.
(d) 업무 파일.

해설 남자가 잊고 두고 간 것이 무엇인지 묻는 문제이다. 남자가 I forgot my presentation files라며 프레젠테이션 파일을 집에 두고 갔다고 했으므로, 정답은 (d)이다.

어휘 presentation [prìːzəntéiʃən] 프레젠테이션, 발표 as soon as possible 가능한 빨리

39

정답 (d)

M: So, how long have you been in Seoul?
W: Just over a week.
M: Do you like it?
W: Yes. It's an exciting place.
M: How have you been getting around?
W: I've been taking the subway. It's excellent.

Q: Which is correct about the woman?

(a) She thinks Seoul is beautiful.
(b) She will stay in Seoul for a week.
(c) She is having trouble finding places.
(d) She thinks the subway system is great.

M: 그래, 서울에는 얼마 동안 계셨나요?
W: 1주일 조금 넘게요.
M: 서울이 마음에 드세요?
W: 네. 흥미로운 곳이에요.
M: 어떻게 돌아다니셨어요?
W: 저는 지하철을 탔어요. 아주 좋아요.

Q: 여자에 대해 맞는 것은 무엇인가?

(a) 여자는 서울이 아름답다고 생각한다.
(b) 여자는 서울에서 일주일간 있을 것이다.
(c) 여자는 장소를 찾는 데 어려움을 겪고 있다.
(d) 여자는 지하철 시스템이 훌륭하다고 생각한다.

해설 여자에 대한 내용과 일치하는 것을 묻는 문제이다. I've been taking the subway. It's excellent에서 지하철을 탔는데 훌륭하다고 했으므로 (d)가 정답이다.

오답분석
(a) 서울이 흥미롭다고만 했지, 아름답다고 한 것은 아니므로 오답이다.
(b) 일주일 넘게 머물렀다고 했지, 일주일간 머물 것이라고 한 것은 아니므로 오답이다.

어휘 get around 돌아다니다 take the subway 지하철을 타다 have trouble -ing –하는 데 어려움을 겪다

40

정답 (b)

W: I love that old song by the Happy Pigs.
M: You mean their hit called "Lovely Day"?
W: Yes. It was sung on my wedding day.
M: Really? Who sang it?
W: Well, believe it or not, my husband did.
M: I didn't know your husband could sing.
W: Well, it was his first and last time.

Q: Which is correct about the song "Lovely Day"?

(a) It was just recently released.
(b) It was sung at the woman's wedding.
(c) It is often sung by the woman's husband.
(d) It was written for the woman's wedding.

W: Happy Pigs 옛날 노래 좋던데.
M: 히트송 "Lovely Day" 말이야?
W: 응. 내 결혼식 때에도 불려졌어.
M: 정말? 누가 불렀는데?
W: 믿거나 말거나, 우리 남편이.
M: 네 남편이 노래 부를 수 있다는 건 몰랐네.
W: 흠, 그게 처음이자 마지막이었지.

Q: "Lovely Day" 노래에 대하여 맞는 것은 무엇인가?

(a) 최근에 발매되었다.
(b) 여자의 결혼식에서 불려졌다.
(c) 여자의 남편이 자주 부른다.
(d) 여자의 결혼식을 위해 쓰여졌다.

| 해설 "Lovely Day" 노래에 대한 내용과 일치하는 것을 묻는 문제이다. It was sung on my wedding day에서 여자가 "Lovely Day"가 자신의 결혼식에서 불려졌다고 했으므로 (b)가 정답이다.

오답분석
(a) "Lovely Day"가 옛날 노래라고 했으므로 오답이다.
(c) 남편이 결혼식에서 그 노래를 부른 것이 처음이자 마지막이었다고 했으므로 오답이다.

41

정답 (d)

M: Thanks for coming in on your day off.
W: No problem. What do you want me to do?
M: Well, I fired a waiter today, so I need you to wait tables.
W: But I don't know how. I usually work in the kitchen.
M: Yes, I know. But you'll be OK. We'll teach you.
W: OK, then. I'll give it a try.
M: And, remember, you get to keep all of your tips.

Q: Which is correct according to the conversation?

(a) The woman is asking for a day off.
(b) The woman normally works as a waitress.
(c) The man will teach the woman kitchen work.
(d) The man needs help because he fired a waiter.

M: 쉬는 날인데 와 줘서 고마워.
W: 아냐. 뭘 해주면 될까?
M: 오늘 웨이터를 해고했거든. 그래서 네가 테이블 서빙 좀 해줘야겠다.
W: 하지만 어떻게 하는 줄 모르는데. 평소에는 주방에서 일하거든.
M: 그래, 나도 알아. 하지만 괜찮을 거야. 알려줄게.
W: 그럼, 좋아. 한번 시도해 볼게.
M: 그리고, 팁은 전부 네가 가질 수 있다는 걸 기억해.

Q: 대화에 따르면 맞는 것은 무엇인가?

(a) 여자가 하루 쉴 것을 요청하고 있다.
(b) 여자는 평소 웨이트리스로 일한다.
(c) 남자는 여자에게 주방 일을 가르쳐 줄 것이다.
(d) 남자는 웨이터를 해고했기 때문에 일손이 필요하다.

| 해설 대화의 내용과 일치하는 것을 묻는 문제이다. I fired a waiter today, so I need you to wait tables에서 남자가 여자에게 웨이터를 해고했으니 테이블 서빙을 도와 줄 것을 부탁하고 있으므로 (d)가 정답이다.

오답분석
(a) 여자가 쉬는 날에 남자의 식당으로 온 것이지, 남자에게 휴가를 요청하고 있는 것이 아니므로 (a)를 택하지 않도록 조심하자.
(b) 여자가 평소에 주방에서 일했다고 언급했으므로 오답이다.

| 어휘 day off 쉬는 날, 비번 fire [fáiər] 해고하다 wait [weit] 시중들다, 서비스하다 normally [nɔ́ːrməli] 보통

42

정답 (c)

M: That was a waste of money!
W: Oh, it wasn't that bad.
M: The movie was overly sentimental.
W: You're just saying that because it was emotional.
M: It wasn't real emotion. It was very unnatural.
W: You just don't like romantic comedies.
M: I do. But that one was too contrived.
W: I think you're being a bit harsh.

Q: Why did the man not like the movie?

(a) He believed that it was too harsh.
(b) He thought the acting was terrible.
(c) He felt it was emotionally artificial.
(d) He does not like romantic comedies.

M: 완전 돈 낭비였어!
W: 오, 그렇게까지 나쁘지는 않았는걸.
M: 영화가 지나치게 감상적이었어.
W: 단지 감정적이었다고 그렇게 말하는 거잖아.
M: 진짜 감정이 아니었어. 상당히 부자연스러웠다고.
W: 넌 그냥 로맨틱 코미디가 싫은 거겠지.
M: 아니야, 좋아해. 하지만 그 영화는 너무 억지로 꾸며낸 거였어.
W: 너 좀 심하게 말하는 것 같다.

Q: 남자는 왜 영화를 좋아하지 않았는가?

(a) 영화가 너무 잔혹했다고 느꼈다.
(b) 연기가 서투르다고 생각했다.
(c) 감정적인 면에서 인위적이라고 느꼈다.
(d) 남자는 로맨틱 코미디를 싫어한다.

해설 남자가 영화를 좋아하지 않았던 이유를 묻는 문제이다. It wasn't real emotion. It was very unnatural에서 영화가 진짜 감정이 아니라 부자연스러웠다고 했고, But that one was too contrived에서 억지로 꾸며냈다고 반복적으로 영화에 대한 불만을 나타내고 있으므로 (c)가 정답이다.

오답분석
(a) 남자가 영화에 대해 심하게 말하는(harsh) 것이지, 영화가 잔혹했다고 한 것은 아니었으므로 (a)를 택하지 않도록 조심하자.
(d) 남자가 로맨틱 코미디를 좋아한다고 했으므로 오답이다.

어휘 sentimental [sèntəméntəl] 감정적인, 정서적인 emotional [imóuʃənəl] 감성적인 unnatural [ʌnnǽtʃərəl] 부자연스러운 contrived [kəntráivd] 인위적인, 꾸며낸 harsh [hɑːrʃ] 잔혹한, 무자비한 artificial [ɑ̀ːrtəfíʃəl] 인위적인

43

정답 (a)

M: You're driving too fast. Slow down.
W: But the speed limit is 60 miles an hour.
M: Yes, but the roads are very icy.
W: It looks icy, but it's really not that bad.
M: Other cars have slowed down, though.
W: Why don't you take the wheel if you don't like it?
M: OK. Let's stop at the next rest area, then.
W: Fine, let's do that.

Q: What can be inferred from the conversation?

(a) The man will take over the driving soon.
(b) The weather conditions are getting worse.
(c) There is something wrong with the car's engine.
(d) The woman is driving faster than the speed limit.

M: 너 운전을 너무 빨리 하고 있어. 속도 좀 줄여.
W: 하지만 제한 속도가 시속 60마일이잖아.
M: 음, 그래도 도로가 많이 얼었다고.
W: 언 것처럼 보이기는 하지만, 그렇게 나쁘지는 않아.
M: 그런데 다른 차들은 속도를 줄였잖아.
W: 맘에 안 들면 네가 직접 운전하지 그래?
M: 알았어. 그럼 다음 휴게소에서 차를 세우자.
W: 좋아, 그렇게 하자.

Q: 대화로부터 추론할 수 있는 것은 무엇인가?

(a) 남자가 곧 운전을 대신 할 것이다.
(b) 날씨 상태가 점점 더 안 좋아지고 있다.
(c) 자동차 엔진이 뭔가 잘못되었다.
(d) 여자가 제한 속도보다 더 빠르게 운전하고 있다.

해설 대화를 통해 추론할 수 있는 내용을 묻는 문제이다. 여자가 Why don't you take the wheel if you don't like it?이라며 운전 속도가 너무 빠르다는 남자에게 대신 운전할 것을 제안했고, OK. Let's stop at the next rest area, then에서 남자가 그렇게 하자고 했으므로 다음 휴게소에서 차를 세우고 남자가 대신 운전할 것임을 추론할 수 있다. 따라서 정답은 (a)이다.

오답분석
(d) 남자가 운전 속도가 빠르다고는 했지만, 여자가 제한 속도를 지키면서 운전하고 있다고 했으므로, (d)를 택하지 않도록 조심하자.

어휘 speed limit 제한 속도 take the wheel 운전하다 rest area 휴게소

44

정답 (d)

W: You've got a big smile on your face. What's up?
M: Oh, nothing. I just heard something about you, that's all.
W: About me? What is it?
M: I can't tell you. I promised to keep it a secret.
W: Oh, I hope it wasn't something embarrassing.
M: Well, it's something related to next Thursday.
W: Next Thursday? That's my birthday!
M: Oops! I think I've said too much.

Q: According to the conversation, what seems to be the secret?

(a) The woman did something embarrassing.
(b) The man bought her a secret birthday gift.
(c) The man plans to ask the woman for a date.
(d) The woman is going to get a surprise party.

W: 얼굴에 아주 미소가 환하네. 무슨 일이라도 있어?
M: 아, 아무것도 아니야. 그냥 너에 대해 뭔가를 들었을 뿐, 그게 다야.
W: 나에 대한 거라고? 뭔데?
M: 얘기해 줄 수 없어. 비밀로 하기로 약속했거든.
W: 곤란한 일이 아니면 좋겠는데.
M: 음, 다음 주 목요일이랑 연관된 거야.
W: 다음 주 목요일? 그날은 내 생일이잖아!
M: 아차! 내가 너무 많이 얘기한 것 같군.

Q: 대화에 따르면, 비밀은 무엇이겠는가?

(a) 여자는 곤란한 일을 저질렀다.
(b) 남자가 여자에게 비밀 생일 선물을 사주었다.
(c) 남자가 여자에게 데이트 신청을 할 계획이다.
(d) 여자가 깜짝 파티를 받을 것이다.

해설 대화에서 비밀이 무엇일지 묻는 문제이다. it's something related to next Thursday에서 남자가 비밀이 다음 주 목요일과 연관되어 있다고 하자, 여자가 Next Thursday? That's my birthday!라며 그날이 자기 생일이라고 했으므로, 비밀이 여자의 생일에 있을 깜짝 파티라는 것을 추론할 수 있다. 따라서 정답은 (d)이다.

어휘 embarrassing [imbǽrəsiŋ] 당황스러운 surprise party 깜짝 파티

45

정답 (b)

W: I'm sorry, Ted. I crashed your car.
M: Oh, no. How did it happen?
W: I couldn't help it. A cat ran across the road.
M: How bad is the damage?
W: Well, I hit a pole, so the front is smashed up.
M: Oh, no. You weren't speeding, were you?
W: It wasn't that. I just had to swerve. It was a reflex action.

Q: Why did the accident most likely occur?

(a) The woman's cat jumped on her.
(b) The woman tried to avoid hitting a cat.
(c) The woman did not notice a pole on the road.
(d) The woman was following another car too closely.

W: Ted, 미안해. 네 차를 박살냈어.
M: 오, 안 돼. 어떻게 그랬는데?
W: 어쩔 수 없었어. 고양이가 도로를 가로질러 가는 거야.
M: 차 박은 데는 어느 정도인데?
W: 전봇대를 받아서 정면이 찌그러졌어.
M: 이런. 과속하지는 않은 거지, 그렇지?
W: 그건 아니었어. 그냥 차를 갑자기 확 틀어야 했어. 반사 작용이었어.

Q: 사고가 일어났던 이유로 가장 알맞은 것은 무엇인가?

(a) 여자의 고양이가 여자에게 달려들었다.
(b) 여자가 고양이를 치지 않으려고 했다.
(c) 여자가 도로에 있던 전봇대를 보지 못했다.
(d) 여자가 다른 차를 너무 바짝 따라가고 있었다.

| 해설 사고가 일어났던 이유를 묻는 문제이다. 여자가 A cat ran across the road라며 고양이가 도로를 가로질러 갔다고 했고, I just had to swerve라며 차를 갑자기 돌려야 했다고 했으므로, 여자는 고양이를 치지 않으려고 하다가 전봇대를 들이받은 사고를 낸 것임을 추론할 수 있다. 따라서 정답은 (b)이다.

| 어휘 crash [kræʃ] 박살내다 pole [poul] 전봇대 smash up 부수다, 박살을 내다 swerve [swəːrv] 빗나가게 하다, 커브시키다 reflex action 반사 작용 avoid -ing -하는 것을 피하다

Part IV

46

정답 (c)

Thanks for coming to this workshop on video cameras. As you know, taking videos is easy nowadays with digital video cameras. In the past, traditional cameras were big and bulky, and it was difficult to keep them steady. But nowadays, we have light and easy-to-hold digital ones. Digital video cameras are not only easier to manage, but they also provide sharper pictures, more features, and they're cheaper. So, as you can see, digital video cameras provide many benefits over older models.

Q: What is the main topic of the talk?

(a) The history of video cameras.
(b) The uses of a digital video camera.
(c) The advantages of digital video cameras.
(d) The techniques for shooting good videos.

본 비디오 카메라 관련 워크샵에 와주셔서 감사 드립니다. 아시다시피, 요즘은 디지털 비디오 카메라 때문에 비디오 찍는 것이 쉬워졌습니다. 이전의 구형 카메라는 부피가 컸으며, 고정시키기가 어려웠습니다. 하지만 이제는, 가볍고 들기 쉬운 디지털 비디오 카메라가 있죠. 디지털 비디오 카메라는 다루기가 쉬울 뿐 아니라, 더욱 선명한 화면을 찍으며, 기능도 많고, 가격도 저렴합니다. 그래서, 보시는 바와 같이, 디지털 비디오 카메라는 구형 모델에 비해 많은 이점들을 제공합니다.

Q: 담화의 주제는 무엇인가?

(a) 비디오 카메라의 역사.
(b) 디지털 비디오 카메라의 용도.
(c) 디지털 비디오 카메라의 장점.
(d) 좋은 비디오를 찍는 기술.

| 해설 담화의 주제를 묻는 문제이다. Digital video cameras are not only easier to manage, but they also provide sharper pictures, more features, and they're cheaper에서 디지털 비디오 카메라가 다루기 쉽고, 선명한 화면을 찍도록 해주며, 가격도 저렴하다고 장점을 나열하였으므로, (c)가 정답이다.

| 어휘 bulky [bʌ́lki] 부피가 큰, 거대한 steady [stédi] 안정된, 흔들리지 않는 sharp [ʃɑːrp] 선명한 feature [fíːtʃər] 기능

47

정답 (c)

As history students, you all know that Leonardo da Vinci was not only a great artist but an amazing inventor as well. Living at a time when wars were frequent, one of his most important tasks was to invent new weapons for his patrons. One of his inventions was similar to the modern machine gun. It was a shotgun with multiple barrels that did not need reloading after each shot was fired.

Q: What is the main topic of the lecture?

(a) The history of machine guns.

역사학 학생인 여러분께서는 모두 레오나르도 다빈치가 훌륭한 화가였을 뿐 아니라 굉장한 발명가였다는 것을 아실 것입니다. 전쟁이 빈번했던 시기에 살았기 때문에, 그에게 가장 중요한 작업 중 하나는 후원자들을 위해 새로운 무기를 발명하는 것이었습니다. 그의 발명품 중 하나는 현대 기관총과 비슷한 것도 있었습니다. 그것은 한 발씩 발사한 후에도 재장전이 필요하지 않은, 여러 개의 총열을 가진 엽총이었습니다.

Q: 강의의 주제는 무엇인가?

(a) 기관총의 역사.

(b) The war paintings of da Vinci.
(c) Da Vinci's wartime inventions.
(d) How war affected da Vinci's art.

(b) 다빈치의 전쟁 그림들
(c) 다빈치의 전시 발명품.
(d) 전쟁이 다빈치의 미술에 어떻게 영향을 미쳤는가.

해설 강의의 주제를 묻는 문제이다. Living at a time when wars were frequent, one of his most important tasks was to invent new weapons for his patrons을 시작으로 다빈치가 발명했던 무기에 대한 설명이 이루어지고 있으므로, 정답은 (c)이다. (a)는 기관총에 대한 언급이 있었지만, 다빈치의 업적 중 일부로써 소개했을 뿐이므로 오답이고, (d)는 이 강의가 화가로서의 다빈치에 대한 내용이 아니므로 오답이다.

어휘 frequent [fríːkwənt] 빈번한 patron [péitrən] 후원자 machine gun 기관총 shotgun [ʃátgʌ̀n] 엽총 barrel [bǽrəl] 총신 reload [riːlóud] 재장전하다 wartime [wɔ́ːrtàim] 전시(戰時)

48

정답 (d)

In the next part of our discussion, you'll learn how to improve your credit rating. First, you should keep your debt at a manageable level. A good rule of thumb is to keep your account balance below 75% of your available credit. For example, if you have a $2,000 credit card limit, you should have a balance of no more than $1,500. In other words, you should not spend more than $1,500 of your total credit.

Q: What is the main point of the talk?

(a) Improving your credit rating requires a lot of skill.
(b) Paying bills on time is the key to a good credit rating.
(c) Using credit cards is the easiest way to pay for bills.
(d) A good credit rating comes from proper debt management.

토론의 다음 순서에서는, 신용도를 높이는 방법을 배우시게 될 것입니다. 먼저, 채무를 감당할 수 있을 정도로만 유지해야 합니다. 경험에 따르면, 좋은 원칙은 신용카드 이용 대금을 한도액의 75% 이하로 유지하는 것입니다. 예를 들어, 당신의 신용카드 한도액이 2,000달러라면, 이용 대금은 1,500달러 이하여야 합니다. 즉, 총 이용 대금이 1,500달러 이상이 되면 안 된다는 것이죠.

Q: 담화의 요점은 무엇인가?

(a) 신용도를 높이는 데 많은 기술이 필요하다.
(b) 청구금을 제때 내는 것이 좋은 신용도의 비결이다.
(c) 신용카드를 사용하는 것은 청구금을 내는 가장 쉬운 방법이다.
(d) 좋은 신용도는 적절한 채무 관리에서 비롯된다.

해설 담화의 요점을 묻는 문제이다. you'll learn how to improve your credit rating에서 신용도를 높이는 방법에 대해 이야기할 것이라고 했고, First, you should keep your debt at a manageable level을 시작으로 채무를 적절한 수준으로 유지하는 것이 중요하다고 지적하고 있다. 따라서 적절한 채무 관리를 통해 좋은 신용도를 만들 수 있다고 언급한 (d)가 정답이다.

어휘 credit rating 신용도 manageable [mǽnidʒəbl] 감당할 만한 rule of thumb 경험 법칙 balance [bǽləns] 잔액, 신용카드 이용 대금 available [əvéiləbl] 이용할 수 있는 debt [det] 부채, 빚, 채무

49

정답 (b)

Viruses are evolving to become immune to the drugs that are supposed to combat them, say Health Protection Agency scientists. This is posing a real and ever-increasing threat around the world. Particularly alarming, scientists note, is the growing number of cases where forms of HIV have become resistant to multidrug

바이러스는 그것을 공격하는 약물에 대해 면역력이 생기도록 진화하고 있다고 영국 보건국 과학자들이 말한다. 이것은 전 세계에 실질적이며, 점점 더 확산되는 위험을 야기시킨다. 과학자들이 지적한 바와 같이, 특히 우려할 만한 것은 다수의 HIV 종이 다중 약물 치료에 저항력이 생긴 경우가 증가하고 있다는 것

treatments. Though HIV is the main concern at this point, the agency says that other known virus strains are also evolving to become immune to current drugs.

Q: What is the main point of the report?

(a) New diseases are now a worldwide threat.
(b) Viruses are becoming more drug-resistant.
(c) Scientists are fearful of the spread of HIV.
(d) Some drugs work better than others against HIV.

이다. 현재로서는 HIV가 주된 관심사이지만, 영국 보건국에서는 다른 바이러스 계통들도 진화하여 현재 약물에 대한 면역력이 생기고 있다고 말한다.

Q: 보도의 요점은 무엇인가?

(a) 새로운 질병이 현재 전 세계적으로 위험을 초래하고 있다.
(b) 바이러스는 약물에 대한 저항력이 더욱 강해지고 있다.
(c) 과학자들은 HIV의 확산을 두려워하고 있다.
(d) 일부 약물들은 다른 약물들보다 HIV에 더 효과가 좋다.

해설 보도의 요점을 묻는 문제이다. 보도의 첫 부분에 Viruses are evolving to become immune to the drugs that are supposed to combat them을 시작으로 바이러스가 약물에 대한 저항력이 강해지는 쪽으로 진화하고 있다고 언급하였으므로, (b)가 정답이다. (c)와 (d)의 경우, 본문은 약물 치료에 면역력이 생긴 일례로 HIV를 언급하고 있고, 보도 전체의 내용이 아니므로 오답이다.

어휘 evolve [iválv] 진화하다 immune [imjúːn] 면역력이 있는 pose a threat 위협하다 ever-increasing 계속 증가하는 note [nout] 지적하다 resistant to ~에 저항성의 strain [strein] 계통, 종족 fearful [fíərfəl] 두려운

50

정답 (a)

Let's look now at post-traumatic stress disorder, or PTSD. PTSD typically results from witnessing or being involved in a traumatic event such as a war or a terrorist attack. The disorder affects around one in three persons who experience such events, and their stress attacks can be triggered by even a sound or smell that reminds them of their past trauma. At the moment, treating this problem is difficult, as there is only one drug that can help people cope with distressing memories.

Q: What is the lecture mainly about?

(a) The causes and treatment of PTSD.
(b) How PTSD affects people in different ways.
(c) How PTSD can result from a sound or smell.
(d) The statistics on people suffering from PTSD.

이제 PTSD라고도 하는 외상 후 스트레스 장애에 대해서 살펴보겠습니다. PTSD는 일반적으로 전쟁이나 테러리스트 공격과 같은 충격적인 사건을 목격하거나 이에 연루되었을 때 발생합니다. 그러한 사건을 경험한 사람 3명 중 1명꼴로 PTSD의 영향을 받으며, 이전의 충격을 연상시키는 소리나 냄새만으로도 스트레스성 발작이 일어날 수 있습니다. 고통의 기억을 극복하게 해주는 약이 하나밖에 없기 때문에, 현재로서는 이 장애를 치료하는 것이 어렵습니다.

Q: 강의는 주로 무엇에 관한 것인가?

(a) PTSD의 원인과 치료.
(b) PTSD가 어떻게 여러 방식으로 사람들에게 영향을 미치는가.
(c) 소리나 냄새를 통해 PTSD가 어떻게 발생하는가.
(d) PTSD를 앓고 있는 사람들에 대한 통계.

해설 강의의 주제를 묻는 문제이다. PTSD typically results from witnessing or being involved in a traumatic event such as a war or a terrorist attack에서 PTSD가 생기는 원인에 대해 설명하고 있으며, At the moment, treating this problem is difficult에서 현재로서는 치료가 어렵다고 밝히고 있다. 따라서 정답은 (a)이다.

어휘 be involved in ~에 연루되다 traumatic [trɔːmǽtik] 충격이 큰 terrorist attack 테러 공격 trigger [trigər] 일으키다, 유발하다 trauma [trɔ́ːmə] 정신적 충격 cope with ~을 극복하다 distressing [distrésiŋ] 괴로움을 주는 statistics [stətístiks] 통계

51

정답 (d)

In today's lecture, we'll continue to examine the dark history of the colonization of South Africa. From the 17th century onwards, Europeans who had immigrated there set about seizing and using native people's lands for profit. These white settlers profited greatly from farming and mining operations, and some, such as the Dutch, even had ambitions to take over the whole African continent.

Q: What is the lecture mainly about?

(a) The positive influence of Europeans on South Africa.
(b) The development of South Africa's natural resources.
(c) The brutal nature of Dutch colonization in South Africa.
(d) The takeover of South Africa's resources by European settlers.

오늘 강의에서는 남아프리카 공화국의 어두웠던 식민지 역사를 계속해서 살펴보도록 하겠습니다. 17세기부터, 남아프리카 공화국으로 이민 온 유럽인들은 돈을 벌기 위해 원주민의 땅을 빼앗고 사용하기 시작했습니다. 이 백인 정착민들은 농작과 채광을 통해 상당한 이윤을 얻었으며, 네덜란드인들과 같이 그 일부는 아프리카 대륙 전체를 차지할 야망을 품기까지 했습니다.

Q: 강의는 주로 무엇에 관한 것인가?

(a) 유럽인들이 남아프리카 공화국에 미친 긍정적인 영향.
(b) 남아프리카 공화국의 천연자원 개발.
(c) 잔인했던 네덜란드의 남아프리카 공화국 식민지화.
(d) 유럽 정착민들의 남아프리카 공화국 자원 탈취.

해설 강의의 주제를 묻는 문제이다. Europeans who had immigrated there set about seizing and using native people's lands for profit을 시작으로 남아프리카 공화국으로 이주한 유럽인들이 이윤을 위해 자원을 착취했다는 내용을 설명하고 있으므로 정답은 (d)이다. (b)는 천연자원을 개발하였다는 내용이 언급되지 않았으므로 오답이고, (c)는 네덜란드가 남아프리카 공화국을 식민지로 삼았다는 내용이 언급되지 않았으므로 오답이다.

어휘 colonization [kɑ̀lənaizéiʃən] 식민지화 set about ~을 시작하다, ~에 착수하다 seize [siːz] 빼앗다, 강탈하다 profit [prɑ́fit] 이윤; 이윤을 얻다 mining [máiniŋ] 채광 takeover [téikòuvər] 탈취

52

정답 (b)

Like many of us at this conference, the general public is interested in finding alternative fuels, especially now that oil is hovering near $60 a barrel. They want to save money, and high-priced oil is making alternative fuels seem more affordable. But I'm worried that their interest will not be sustained. What happens when oil prices start to fall? I suspect that their interest, though it seems so earnest now, will diminish. We need to find ways to keep that from happening.

Q: What is the speaker's main point?

(a) Cheaper fuel alternatives will probably soon replace oil.
(b) Public interest in alternative fuels should be encouraged.
(c) As oil prices rise, we need to develop more alternative fuels.
(d) Alternative fuels should be made more affordable for the public.

이 회의에 모인 저희들 상당수와 같이, 특히 기름이 배럴 당 60달러를 웃돌고 있는 현 시점에서, 일반 대중은 대체 연료를 찾는 데에 관심이 있습니다. 사람들은 돈을 절약하고 싶어하고, 고유가 현상은 대체 연료 가격이 더 알맞게 보이게끔 만들고 있습니다. 하지만 대중의 관심이 지속되지 않을까 걱정됩니다. 유가가 떨어지기 시작한다면 어떻게 될까요? 지금은 대중의 관심이 매우 열렬해 보이지만, 사그러들 것이라고 생각합니다. 그런 일이 일어나지 않게끔 할 방법을 찾아야 되겠습니다.

Q: 화자의 요점은 무엇인가?

(a) 값싼 대체 연료가 곧 기름을 대체할 것이다.
(b) 대체 연료에 대한 대중의 관심이 고무되어야 한다.
(c) 유가가 오를수록, 더 많은 대체 연료를 개발해야 한다.
(d) 대체 연료는 대중에게 더욱 부담 없는 가격이 되어야 한다.

| 해설 화자의 요점을 묻는 문제이다. the general public is interested in finding alternative fuels에서 대중이 대체 연료에 관심이 있다고 했고, 마지막 부분의 I suspect that their interest, though it seems so earnest now, will diminish. We need to find ways to keep that from happening에서 대중의 관심이 떨어질까 봐 우려가 되며, 대중의 관심이 시들기 전에 조치를 취하자고 했으므로 정답은 (b)이다.

| 어휘 general public 일반 대중 alternative[ɔːltə́ːrnətiv] 대체의; 대체품 hover[hʌ́vər] 맴돌다 affordable[əfɔ́ːrdəbl] (가격이) 알맞은 sustain[səstéin] 유지하다, 지속하다 earnest[ə́ːrnist] 열렬한 diminish[dimíniʃ] 사라지다 replace[ripléis] 대체하다 encourage[inkə́ːridʒ] 장려하다, 촉진하다, 고무하다

53

정답 (d)

As many of you already know, the Climber's Club's 37th annual hike will be held this coming Saturday at Mount Sentinel in North Park. If you need directions on how to get there, you can talk to Bob Levinson. He has maps and detailed information on the park. We will be meeting in the parking lot near the South Gate entrance at 7 a.m. and will begin the hike at 7:30. Make sure to bring snacks and water, as you will need them.

Q: What are club members advised to do?

(a) Bring hiking boots.
(b) Buy their own park maps.
(c) Meet Bob Levinson at 7:30 a.m.
(d) Ask Bob Levinson for directions.

여러분 중 상당수가 이미 아시는 바와 같이, 이번주 돌아오는 토요일에 North Park의 Sentinel 산에서 등산 클럽의 제37회 연례 등산이 있겠습니다. 오시는 방법이 필요하신 분들은 Bob Levinson씨에게 이야기하시기 바랍니다. 그가 공원 지도와 세부 정보를 가지고 있습니다. South Gate 입구 근처의 주차장에서 오전 7시에 만날 것이며, 7시 30분에 등산을 시작할 것입니다. 간식과 물이 필요하게 될 것이므로 꼭 챙겨 오시기 바랍니다.

Q: 클럽 회원들은 무엇을 하라고 권고받고 있는가?

(a) 등산화를 가져올 것.
(b) 공원 지도를 각자 살 것.
(c) 오전 7시 30분에 Bob Levinson씨를 만날 것.
(d) Bob Levinson씨에게 오는 방법을 물어볼 것.

| 해설 클럽 회원들이 하도록 권고받고 있는 것을 묻는 문제이다. If you need directions on how to get there, you can talk to Bob Levinson에서 등산 장소로 오는 방법이 궁금한 사람은 Bob Levinson씨와 이야기하라고 하였으므로, (d)가 정답이다. 오전 7시 30분은 등산을 시작하는 시간으로 언급되었으므로 (c)는 오답이다.

| 어휘 hike[haik] 등산, 도보 여행 direction[dirékʃən] 방향 detailed[ditéild] 세부적인 parking lot 주차장 make sure to 반드시 ~하다

54

정답 (c)

The film we'll study in today's class is entitled *Two is Enough*. It is a Chinese drama starring Chen Zai and Jong Yoo. Chen plays the role of a reckless young rebel who is adored by the female students in his university. In contrast, Yoo is a quiet, timid musician who avoids contact with others. As with many love stories, this film involves a love triangle among three characters, those played by Zai, Yoo and supporting actress Fawn Zhan.

Q: Which is correct about Chen Zai?

(a) He is a supporting actor.
(b) He plays a shy musician.

오늘 수업 시간에 공부하게 될 영화의 제목은 〈Two is Enough〉입니다. 이 영화는 Chen Zai와 Jong Yoo가 출연한 중국 드라마입니다. Chen은 다니는 대학의 여학생들로부터 사랑받는, 무모한 반항아를 연기합니다. 이와는 반대로, Yoo는 다른 사람들과의 접촉을 꺼리는, 조용하고 소심한 음악가 역이죠. 많은 러브 스토리들처럼, 이 영화도 Zai, Yoo, 그리고 여자 조연인 Fawn Zhan이 연기하는 세 명의 등장인물 간의 삼각 관계를 그리고 있습니다.

Q: Chen Zai에 대해 맞는 것은 무엇인가?

(a) 조연 배우이다.
(b) 수줍음을 타는 음악가를 연기한다.

(c) He plays a careless rebel.
(d) He is a jerk to girls.

(c) 부주의한 반항아를 연기한다.
(d) 여자들에게 못되게 군다.

해설 Chen Zai에 대해 맞는 것을 묻는 문제이다. Chen plays the role of a reckless young rebel who is adored by the female students in his university에서 Chen이 무모한 반항아를 연기한다고 했으므로 정답은 (c)이다. (b)는 Jong Yoo에 대한 내용이므로 오답이다.

어휘 **star**[stɑːr] 주연을 맡아 연기하다 **reckless**[réklis] 무모한 **rebel**[rébəl] 반항아, 반역자 **adore**[ədɔ́ːr] 아주 좋아하다 **timid**[tímid] 소심한 **love triangle** 삼각 관계 **supporting actress** 조연 여배우

55

정답 (a)

Hungary's communist-era cosmonaut Bert Vorlof will run for parliament in April, his party said Thursday. The 57-year-old Vorlof became a national celebrity when he visited the Salyut 6 space station in 1980 at the invitation of then-communist Moscow. A retired brigadier general and Hungary's air attaché in Washington from 1996 to 1997, Vorlof will stand for the center-right Hungarian Democratic Forum, HDF, at the election. Given the HDF's poor showing in polls, however, Vorlof appears unlikely to succeed.

Q: Which is correct about Vorlof according to the report?

(a) He became popular as a cosmonaut.
(b) He is a candidate for the communist party.
(c) He now lives in Washington as a retired brigadier general.
(d) He was one of six Hungarians who went into space in 1980.

헝가리의 공산정권 시대 우주 비행사인 Bert Vorlof가 4월 국회 의원에 출마할 것이라고 그의 정당이 목요일에 발표했습니다. 57세인 Vorlof는 당시 공산정권이었던 모스크바의 초대로 1980년 Salyut 6 우주 정거장에 방문했을 때 국가적인 유명인사가 되었습니다. 퇴역 준장이자 1996년부터 1997년까지 워싱턴 주재 헝가리 공군 무관으로, Vorlof는 선거에서 중도 우파인 헝가리 민주 포럼(HDF)을 대표하게 될 것입니다. 그러나, HDF의 부진한 여론 조사 결과로 볼 때, Vorlof가 당선될 것 같아 보이지는 않습니다.

Q: 리포트에 따르면 Vorlof에 대하여 맞는 것은 무엇인가?

(a) 우주 비행사로서 인기를 얻었다.
(b) 공산당 후보이다.
(c) 퇴역 준장으로서 현재 워싱턴에서 살고 있다.
(d) 1980년에 우주로 갔던 6명의 헝가리 우주인 중 한 명이었다.

해설 리포트의 내용과 일치하는 것을 묻는 문제이다. The 57-year-old Vorlof became a national celebrity when he visited the Salyut 6 space station in 1980 at the invitation of then-communist Moscow에서 Vorlof가 우주 정거장을 방문하였을 때, 즉 우주 비행사였을 때 유명인사가 되었다고 했으므로 (a)이다. Vorlof는 공산당 후보가 아니라 HDF(헝가리 민주 포럼)의 후보이기 때문에 (b)는 오답이다.

어휘 **communist-era** 공산주의 시대의 **cosmonaut**[kɑ́zmənɔ̀ːt] 우주 비행사 **run for** ~에 출마하다 **parliament**[pɑ́ːrləmənt] 의회 **party**[pɑ́ːrti] 정당 **celebrity**[səlébrəti] 유명인사 **retired**[ritáiərd] 퇴직한, 은퇴한 **brigadier general** 준장 **air attaché** 공군 무관 **stand for** ~을 대표하다 **center-right** 중도 우파의, 우익의 **poll**[pɑl] 투표 **candidate**[kǽndidèit] 후보

56

정답 (c)

In today's lecture, we'll be examining the five essential foods for the brain. These are: complex carbohydrates, which are the best brain food, essential fatty acids, phospholipids, which are good for memory, amino acids,

오늘 강의 시간에는 두뇌에 필수적인 5가지 음식에 대해 알아보도록 하겠습니다. 그 음식들은 두뇌에 가장 좋은 음식인 복합당질, 필수 지방산, 기억력에 좋은 인지질, 아미노산, 비타민과 미네랄이며, 이들은 다른

and vitamins and minerals, which work in harmony with the other nutrients. When these elements are all adequately supplied to the brain, your mental health and acuity are optimized. In other words, a good diet can boost intelligence, enhance memory, dispel depression and apathy, balance hormonal mood swings, and even help with insomnia.

영양소들과 서로 조화를 이루어 작용합니다. 이 요소들이 두뇌에 적절히 공급되면 정신적 건강과 예리함이 최상의 상태로 될 것입니다. 즉, 좋은 식습관은 지능을 높이고, 기억력을 강화시키며, 우울증과 무감정을 없애주며, 호르몬성 기분 변화를 가라앉히고, 불면증에도 도움이 될 수 있습니다.

Q: Which is correct according to the lecture?

(a) Amino acids help improve memory.
(b) Phospholipids constitute the best brain food.
(c) A healthy diet can counter sleeping problems.
(d) Mental health is best optimized with vitamins.

Q: 강의에 따르면 맞는 것은 무엇인가?

(a) 아미노산은 기억력 향상에 도움이 된다.
(b) 인지질은 두뇌에 가장 좋은 음식이다.
(c) 건강한 식습관은 수면 장애를 완화시킬 수 있다.
(d) 정신 건강은 비타민을 통해 최상의 상태가 된다.

해설 강의의 내용과 일치하는 것을 묻는 문제이다. a good diet can boost intelligence, enhance memory, dispel depression and apathy, balance hormonal mood swings, and even help with insomnia에서 올바른 음식 섭취가 주는 장점 중 하나로 불면증 완화를 언급했으므로 정답은 (c)이다. (a)는 아미노산이 아니라 인지질에 대한 내용이고, (b)는 인지질이 아니라 복합당질에 대한 내용이므로 오답이다.

어휘 essential [əsénʃəl] 필수적인 carbohydrate [kɑ̀ːrbouháidreit] 탄수화물 fatty acid 지방산 phospholipid [fɑ̀sfoulípid] 인지질 amino acid 아미노산 in harmony with ~와 조화되어 nutrient [njúːtriənt] 영양소 adequately [ǽdəkwitli] 적절히 acuity [əkjúːəti] 예리함 optimize [ɑ́ptəmàiz] 최고로 활용하다 dispel [dispél] 없애다 depression [dipréʃən] 우울증 apathy [ǽpəθi] 무감정 hormonal [hɔːrmóunl] 호르몬성의 mood swing 기분 변화 insomnia [insɑ́mniə] 불면증 constitute [kɑ́nstitjùːt] 구성하다 counter [káuntər] 완화하다

57

정답 (c)

Now I'd like to present our research team's findings. The impetus for our research was the startling discovery of a strain of multi drug-resistant tuberculosis that existing treatments couldn't cure. This discovery made us aware of the need to develop a new treatment. Initial research inquiries concluded that effective treatment would cost $15,000 per patient. But we have secured monetary support from the World Bank, the Open Society Institute and other foundations, and the cost of that treatment now stands at $300 per patient.

이제 저희 연구팀의 결과를 보여 드리도록 하겠습니다. 현재의 치료법으로는 치료가 불가능한, 다양한 약제에 내성이 있는 결핵의 놀라운 발견으로 저희 연구가 시작되었습니다. 이러한 발견으로 인해 저희는 새로운 치료법 개발의 필요성을 느끼게 되었습니다. 처음의 연구 조사 결과로 효험을 볼 수 있는 치료비가 환자 1인당 15,000달러로 나왔습니다. 하지만 저희는 World Bank, Open Society Institute 및 기타 재단들로부터 재정 지원을 확보하였으며, 이제 치료비는 환자 1인당 300달러입니다.

Q: Which is correct about the research team?

(a) They discovered a new drug for tuberculosis.
(b) They had to borrow money to conduct their research.
(c) They reduced treatment costs to a few hundred dollars.
(d) They stopped an outbreak of drug-resistant tuberculosis.

Q: 연구팀에 대해 맞는 것은 무엇인가?

(a) 새로운 결핵 치료제를 발견하였다.
(b) 연구를 시행하기 위해 돈을 빌려야 했다.
(c) 치료비를 몇 백 달러로 낮추었다.
(d) 약제에 내성이 있는 결핵의 창궐을 멈추게 했다.

해설 연구팀에 대한 내용과 일치하는 것을 묻는 문제이다. Initial research inquiries concluded that effective treatment would cost $15,000 per patient에서 처음에는 치료비가 환자 1인당 15,000달러였다고 했으나, 담화의 마지막 부분 the cost of that treatment now stands at $300 per patient에서 이제 1인당 300달러가 되었다고 했다. 따라서 치료비를 몇 백 달러로 낮추었다는 (c)가 정답이다. 연구팀이 약제 내성 결핵을 발견한 것이지 이를 막은 것은 아니므로 (d)는 오답이다.

어휘 impetus [ímpitəs] 자극 startling [stá:rtliŋ] 깜짝 놀라게 하는 drug-resistant 약제 내성의
tuberculosis [tju(:)bə̀:rkjulóusis] 결핵 outbreak [áutbrèik] 발발, 돌발

58

정답 (b)

Good afternoon. I've called all medical residents here today to discuss some policy changes. These changes are based on recent studies on sleep inertia, which is the drowsy mental state most people experience when they first wake up. New studies show that for 20 minutes or so after people wake up, the effects of sleep inertia may be as bad as being drunk. So, we need to implement some policy changes for on-call doctors and medical staff who sleep at this hospital.

Q: Most likely, why does the speaker want to implement policy changes?

(a) To improve the hospital's reputation.
(b) To prevent accidents caused by sleepy staff.
(c) To provide more sleeping hours for the staff.
(d) To keep hospital staff from coming to work late.

안녕하세요. 몇 가지 규정 변경에 대해 논의하고자 오늘 모든 레지던트분들을 불렀습니다. 본 규정 변경은 최근에 있었던 수면 관성에 대한 연구에 기반합니다. 수면 관성이란 대부분의 사람들이 처음 일어났을 때 졸리움을 느끼는 정신적인 상태이죠. 새로운 연구 결과 사람들이 일어난 뒤 20분 정도는 수면 관성의 영향이 술에 취한 것만큼 안 좋다고 합니다. 그래서, 이 병원에서 자는 대기 의사들과 의료진들에 대한 규정 변경을 시행해야 하겠습니다.

Q: 화자가 규정 변경을 시행하고자 하는 가장 큰 이유는 무엇이겠는가?

(a) 병원의 명성을 높이기 위해서.
(b) 졸린 직원들이 사고를 일으키는 것을 막기 위해서.
(c) 직원들에게 취침 시간을 더 주기 위해서.
(d) 병원 직원들이 늦게 출근하는 것을 막기 위해서.

해설 화자가 규정 변경을 시행하고자 하는 이유를 묻는 문제이다. for 20 minutes or so after people wake up, the effects of sleep inertia may be as bad as being drunk에서 일어났을 때 졸리움을 느끼는 상태가 처음 20분 동안은 술에 취한 정도와 같다고 하였다. 또한 So, we need to implement some policy changes for on-call doctors and medical staff who sleep at this hospital에서 이 규정 변경의 대상이 대기 의사 및 의료진이라고 하였으므로, 규정 변경은 잠에서 깨자마자 환자를 볼 때 실수를 할 가능성을 방지하기 위한 것임을 추론할 수 있다. 따라서 (b)가 정답이다.

어휘 medical resident 레지던트, 수련의 policy [pálisi] 규정 inertia [inə́:rʃjə] 관성 drowsy [dráuzi] 졸린
implement [ímpləmənt] 시행하다 on-call 대기의 reputation [rèpju(:)téiʃən] 명성

59

정답 (a)

As you've learned this semester, today's Islamic world is nothing like what it used to be. Societies that were once multi-faith have virtually become mono-faith ones, with Christian and Jewish religious minorities dwindling to a vanishing point. For example, Afghanistan's Jewish community has fallen from 30,000 to just one. And in Morocco, tour guides show off the ghost towns where Jews used to live. Likewise, a hundred years ago,

이번 학기에 배운 바와 같이, 오늘날의 이슬람 세계는 이전의 모습과는 전혀 다릅니다. 한때 다종교였던 사회는 사실상 단일 종교화되었으며, 기독교와 유대교의 소수 종교 집단들은 그 수가 감소하여 거의 소멸점에 이르렀습니다. 예를 들어, 아프가니스탄의 유대인 공동체는 30,000개에서 단 1개로 감소하였습니다. 그리고 모로코에서는, 여행 가이드가 한때 유대인들이 살았던 유령 마을을 보여주기도 합니다. 마찬가지로, 100년 전 바그다드는 주민 절반이 유대인이었

Baghdad was half Jewish, but now there are only a few dozen Jews in all of Iraq. And Iraq's ancient Assyrian Christian community has been practically eradicated by Islamists.

Q: What can be inferred about the Islamic world from the lecture?

(a) It is generally intolerant of other religious faiths.
(b) Much of it became monocultural a hundred years ago.
(c) It has become more multicultural due to modernization.
(d) Many people have converted from Christianity to the Jewish religion.

으나, 지금은 이라크 전체를 통틀어도 유대인이 얼마 되지 않습니다. 그리고 이라크의 고대 아시리아 기독교 공동체는 이슬람주의자들에 의해 박멸되다시피 하였습니다.

Q: 강의로부터 이슬람 세계에 대해 추론할 수 있는 것은 무엇인가?

(a) 대체로 다른 종교를 용납하지 않는다.
(b) 대부분이 100년 전에 단일 문화화되었다.
(c) 현대화를 통해 더욱 다문화화되었다.
(d) 많은 사람들이 기독교에서 유대교로 개종하였다.

해설 강의를 통해 이슬람 세계에 대해 추론할 수 있는 내용을 묻는 문제이다. Societies that were once multi-faith have virtually become mono-faith ones, with Christian and Jewish religious minorities dwindling to a vanishing point를 시작으로 강의 전반에 걸쳐 이슬람 세계에서 다른 종교인 기독교와 유대교 집단이 사라지게 되었다고 설명하고 있으므로 정답은 (a)이다.

어휘 virtually [vɔ́:rtʃuəli] 사실상 dwindle [dwíndl] 점차 감소하다 vanishing point 소멸점, 소실점 practically [prǽktikəli] 실용적으로 eradicate [irǽdəkèit] 박멸하다 Islamist [islɑ́:mist] 이슬람주의자 intolerant [intɑ́lərənt] 용납하지 않는 convert [kənvɔ́:rt] 개종하다

60

정답 (c)

Not a few people seem to have a fixed stereotype about athletes. It is true that they sometimes have to focus on sports to the exclusion of academics. It is also true that their grades may slide, but as long as they're performing well on the court or field, they get by. However, the truth is that many athletes work just as hard in class as anybody else. Plus, it takes a lot of concentration to remember the complicated rules and strategies of sports.

Q: What does the speaker imply?

(a) Athletes may appear tough but they are gentle inside.
(b) We should reform our school sports system immediately.
(c) Whether you play a sport isn't a measure of intelligence.
(d) It is natural that athletes are labeled as dumb.

많은 사람들이 운동선수들에 대해 고정 관념을 가지고 있는 듯합니다. 운동선수들이 때때로 학문을 배제할 정도로 스포츠에 집중해야 하는 것은 사실입니다. 성적이 떨어져도, 코트나 경기장에서 잘 하기만 하면, 그럭저럭 용인되는 것도 사실입니다. 그러나 사실은, 많은 운동선수들이 다른 사람들과 마찬가지로 수업 시간에 열심히 한다는 것입니다. 게다가, 스포츠의 복잡한 규칙과 전략들을 기억하는 것도 많은 집중력을 요합니다.

Q: 화자가 암시하는 것은 무엇인가?

(a) 운동선수들은 거칠어 보이지만 내면은 온화하다.
(b) 우리의 교내 스포츠 체계를 즉시 개혁해야 한다.
(c) 스포츠를 하는지의 여부가 지성의 척도가 되지는 않는다.
(d) 운동선수들에게 멍청하다는 수식어가 붙는 것이 당연하다.

해설 화자가 암시하는 것을 묻는 문제이다. 담화 전반에 걸쳐 사람들이 운동선수에 대해 지니는 고정 관념에 대해 열거한 후, However, the truth is that many athletes work just as hard in class as anybody else. Plus, it takes a lot of concentration to remember the complicated rules and strategies of sports에서 실제로 운동선수들이 수업 시간에 열심히 하고 스포츠에 많은 집중력이 필요하다고 했으므로, 화자가 운동선수가 지성이 부족하다는 고정 관념에 반박하고 있다는 것을 추론할 수 있다. 따라서 정답은 (c)이다.

어휘 fixed [fikst] 고정된 stereotype [stériətàip] 고정 관념 athlete [ǽθli:t] 운동선수 exclusion [iksklú:ʒən] 배제 academics [æ̀kədémiks] 학문 concentration [kɑ̀nsəntréiʃən] 집중 complicated [kɑ́mpləkèitid] 복잡한 immediately [imí:diətli] 즉시 measure [méʒər] 척도, 기준 label [léibəl] ~라고 부르다

TEST 2 GRAMMAR

Part I

1

정답 (a)

A: Are there any rooms ______________ for tonight?
B: Sorry, we don't have any vacancies.

(a) available
(b) be available
(c) to be available
(d) being available

A: 오늘밤 사용 가능한 방이 있나요?
B: 죄송하지만, 빈방이 없습니다.

해설 빈칸 앞의 명사구 any rooms를 수식하는 available의 쓰임을 묻는 문제이다. available for는 '~에 이용 가능한, 쓸모가 있는'이란 뜻이다. 형용사가 수식어구를 이끌고 나와 길어지면 명사의 앞이 아닌, 뒤에서 수식하게 된다. 따라서 available for tonight이 명사 rooms를 뒤에서 수식하는 (a)가 정답이다. 또한, 관계대명사 주격과 be동사는 함께 생략 가능하므로, 이 문장은 any rooms 뒤에 which are가 생략된 구조로 봐도 좋다. (ex. a ticket (which is) available for a month 한 달간 유효한 차표)

어휘 vacancy[véikənsi] 빈방 availabel[əvéiləbl] 사용할 수 있는

2

정답 (c)

A: Is it all right if I smoke in here?
B: No, smoking ______________ only outside the building.

(a) allows
(b) allowed
(c) is allowed
(d) was allowed

A: 여기서 담배 피워도 되나요?
B: 아니요, 흡연은 건물 외부에서만 허용됩니다.

해설 동사의 시제와 태를 결정해야 하는 문제이다. 먼저 태를 결정하기 위해, 주어가 직접 동작을 하는 주체인지 대상인지를 확인해야 한다. 흡연(smoking)은 허락하는(allow) 동작의 주체가 아니라 허락되는 대상이므로 [be + p.p.]의 수동태가 와야 한다. 또한 '여기서 담배를 펴도 괜찮겠냐'고 현재시제 is를 사용한 A의 질문에, B도 '흡연은 오직 건물 밖에서만 가능하다'는 현재에 적용되는 사실로 답해야 하므로 현재동사 (c) is allowed가 정답이다.

3

정답 (b)

A: Where did you watch the game?
B: I ______________ it on TV.

(a) see
(b) saw

A: 그 경기를 어디서 봤니?
B: 텔레비전에서 봤어.

(c) am seeing
(d) have seen

해설 동사 see의 올바른 시제를 묻는 문제이다. A가 과거 조동사 did를 사용해 '과거에 보는 동작을 어디서 했는지(Where did you watch ~?)' 물었으므로, B도 같은 과거시제를 사용해 대답한 (b) saw가 정답이다.

4

정답 (c)

A: You seem to go to the library a lot these days.
B: Yes, I'm ______________________.

(a) research a project
(b) researching project
(c) doing a research project
(d) to do researching a project

A: 요즘에 도서관에 자주 가는 것 같네요.
B: 네, 연구 과제를 하고 있거든요.

해설 빈칸 앞의 be동사 am과 연결될 동사의 올바른 형태와, 명사 project 앞의 관사 사용 여부를 묻는 문제이다. 일단, project(프로젝트, 과제)는 가산명사이므로 부정관사 a가 있는 보기 중에 골라야 한다. 또한 A가 'these days'라고 말하며 요즈음에 하고 있는 일에 대해 언급하고 있으므로, 빈칸 앞 동사 am과 연결해 현재진행형을 만든 (c)가 정답이다.

오답분석
(a)의 경우, be동사 뒤에 동사원형 research를 쓸 수 없으며, (b)는 project 앞에 부정관사 a를 쓰지 않아 틀리다.

5

정답 (c)

A: Hi, do I know you?
B: No, I don't think we ____________ introduced.

(a) are
(b) will be
(c) have been
(d) were being

A: 안녕하세요. 혹시 제가 아는 분인가요?
B: 아뇨, 우리 서로 인사 나눈 적이 없는 것 같은데요.

해설 A가 구면인지를 묻자, B가 '우리 서로 인사 나눈 적이 없는 것 같아요'라고 대답하는 상황이다. 대화를 나누는 현재 시점을 기준으로 과거부터 그때까지 '~한 적이 있다'는 경험의 표현은 현재완료로 나타낼 수 있으므로, (c) have been이 정답이다.

오답분석
(d)의 were being p.p.는 과거진행 수동형으로 과거에 되어지고 있던 동작을 나타내, '소개받고 있는 중이었다'는 뜻이 된다.

6

정답 (c)

A: Can you tell me ____________________?
B: He was tall, skinny, and had brown hair.

(a) like what he was
(b) like what was he
(c) what he was like
(d) what he like was

A: 그가 어땠는지 이야기해 줄래?
B: 키가 크고, 말랐고, 머리는 갈색이었어.

| 해설 동사 tell은 '~에게 …을 이야기하다'는 의미의 4형식으로 쓸 수 있는데, 뒤에 간접목적어로 me가 나왔으므로 빈칸에 들어갈 직접목적어를 찾는 문제이다. 보기에는 절의 형태가 나와 있고, 의문사 what이 있는 것으로 보아 의문사가 이끄는 명사절을 완성해야 한다. 이때 어순은 간접의문문의 어순에 따라 [의문사 + 주어 + 동사]로 쓰면 된다. 따라서 의문사 what이 제일 앞에 오고, 그 뒤에 주어 he와 동사 was를 차례로 쓴 (c)가 정답이다. 참고로, 문장 끝의 like는 전치사로, 의문사 what과 함께 쓰여 '~은 어때?'라는 의미를 만든다. (ex. What is the weather like today? 오늘 날씨가 어때요?)

7

정답 (d)

A: Were you able to solve the crossword puzzle?
B: Yes, but it was ______________ harder than it looked.

(a) so
(b) that
(c) very
(d) much

A: 가로 세로 낱말 퀴즈 다 풀 수 있었어?
B: 응, 그래도 보기보다는 훨씬 힘들더라고.

| 해설 문맥상 형용사 harder를 수식할 수 있는 올바른 부사를 찾는 문제이다. 이 중, 비교급의 형태인 harder 앞에 와서 '훨씬'이란 의미로 강조할 수 있는 부사인 (d) much가 정답이다. 참고로, much 외에 비교급을 강조할 수 있는 단어로는 even, a lot, still, (by) far 등이 있다.

오답분석
(a) so, (b) that, (c) very는 모두 형용사나 부사의 원급을 수식할 수 있는 부사들이며, 비교급 앞에는 쓰이지 않는다.

8

정답 (c)

A: Can you take Betty or Sam in your car?
B: Sure. I'll take ______________ wants to ride with me.

(a) who
(b) which
(c) whoever
(d) whichever

A: Betty나 Sam을 네 차에 태울 수 있을까?
B: 물론이지. 누구든 나랑 같이 타길 원하는 애를 태울게.

| 해설 문맥상 알맞은 관계대명사를 찾는 문제이다. 여기서는 사람을 가리키며 '누구든 ~하는 사람'이라는 의미가 되어야 하므로 복합관계대명사인 (c) whoever가 정답이다. 참고로, 복합관계대명사는 선행사와 관계대명사를 결합한 표현으로, 이를 다시 둘로 나누면 anyone who가 된다.

오답분석
(a) who를 넣으면 명사절을 이끄는 간접의문문이 되어, '누가 나와 함께 타길 원하는지를 데려가겠다'라는 말이 되어 틀리다.

9

정답 (d)

A: Where did you put my shoes?
B: They're near ____________________.

(a) front door
(b) front doors
(c) a front door
(d) the front door

A: 내 신발 어디다 뒀어?
B: 현관문 옆에 있어.

| 해설 명사와 관사의 쓰임을 묻는 문제이다. 정관사 the는 앞에서 언급되어 화자와 청자가 서로 알고 있는 명사를 가리킬 때 쓴다. 하지만 정황상 무엇을 가리키는지 명백할 경우는 앞에서 언급을 하지 않았을지라도 명사에 the를 바로 붙여 쓴다. 이 대화에서 신발을 찾는 A에게 B가 현관 근처에 있다고 대답하고 있다. 이때의 front door는 다른 집이 아닌, 자신들의 집에 있는 특정한 현관을 가리키므로 정관사 the를 붙인 (d) the front door가 정답이다.

오답분석
(a)의 경우, door는 가산명사이므로, 반드시 앞에 관사를 붙이거나 또는 복수형을 취해야 한다. 따라서 단수형에 무관사인 front door는 문법적으로 틀린 표현이다.

| 어휘 the front door 현관문

10

정답 (b)

A: I think I'd better ______________ now.
B: Oh, do you have to leave so soon?

(a) going
(b) be going
(c) have gone
(d) to be going

A: 나 지금 가는 게 좋을 것 같아.
B: 오, 그렇게 일찍 떠나야 돼?

| 해설 빈칸 앞의 'd better는 had better(~하는 편이 낫다)의 축약형으로, 조동사 취급을 하므로 뒤에는 동사원형이 나와야 한다. 따라서 (b)와 (c) 중에 골라야 하는데, 빈칸 뒤에 now가 있어 '이제 가야겠다'는 의미를 만드는 (b) be going이 정답이다. 참고로, 조동사 뒤에 진행시제를 쓰면 단순현재를 쓸 때보다 더 부드럽고 덜 직선적인 의미를 나타내게 된다. 예를 들어, I must go now가 딱딱한 표현이라면, I must be going now는 그 의미가 약화된 것으로 부드럽게 들린다.

오답분석
(c)의 have p.p.형은 조동사 뒤에 쓰이면 과거시제를 나타내는데, 빈칸 뒤에 현재를 가리키는 now가 있으므로 정답이 될 수 없다.

11

정답 (b)

A: Shall we catch a cab?
B: No, I'd prefer ______________ rather than get a cab.

(a) walk
(b) to walk
(c) walking
(d) to be walking

A: 우리 택시 잡을까?
B: 아니, 택시 타는 것보다는 걷고 싶은데.

| 해설 동사 prefer 뒤의 올바른 동사 형태를 묻는 문제이다. prefer는 단독으로 쓰일 경우 목적어로 동명사와 to부정사를 모두 취할 수 있다. (ex. I prefer walking to jogging. 나는 조깅보다 걷기를 더 좋아한다. (O) / I prefer to read rather than to watch television. 나는 텔레비전을 보기보다는 독서하는 것을 선호한다. (O)) 하지만 prefer 앞에 would가 들어가 would prefer로 나올 경우는 to부정사만 연결이 가능하므로, 정답은 (b) to walk이다. 이 외에도 would love, would like, would hate도 뒤에 동사가 나올 경우 to부정사로만 쓴다.

오답분석
(d) to be walking은 to부정사 뒤에 진행형 be -ing를 써서, '걷고 있는 중인 것을 선호하다'로 해석되어 오답이다.

| 어휘 catch a cab 택시를 잡다

12

정답 (c)

A: Are you going to order the spaghetti?
B: Well, I __________ if it weren't so expensive.

(a) will
(b) can
(c) would
(d) should

A: 스파게티를 주문할 거니?
B: 글쎄, 그렇게 안 비싸면 주문할 텐데.

해설 빈칸 뒤의 if절에 주어 it의 동사로 과거동사 were가 나온 것으로 보아, 가정법 과거 문장임을 알 수 있다. 가정법 과거는 현재 사실의 반대를 나타내며 if절에는 과거동사를 쓰고, 주절에는 조동사의 과거형을 쓰므로 (c) would가 정답이다.

오답분석
(d) should의 경우, '해야 한다'는 '의무'의 의미를 가지고 있기 때문에 '비싸지 않으면 주문해야 한다'는 의미가 되어 여기서는 문맥상 어색하다.

13

정답 (a)

A: Have you been to church lately?
B: No. I'm afraid I __________________.

(a) haven't
(b) haven't been
(c) haven't been to
(d) haven't been to it

A: 최근에 교회에 갔었나요?
B: 아니요. 유감이지만 가지 못했어요.

해설 Have you been ~?으로 물은 질문에 부정으로 짧게 대답할 경우의 올바른 표현을 묻는 문제이다. 현재완료로 have동사를 사용해 물을 때의 대답도 대표동사인 have를 이용해, 긍정일 때는 Yes, I have, 부정일 때는 No, I haven't라고 하므로 (a)가 정답이다.

오답분석
(c)의 경우, '~에 가본 적이 있다'라는 표현 have been to에서의 to는 전치사이므로 대부정사와 착각해 답을 고르지 않도록 조심하자. (d)는 to it 대신 to church라고 하거나, there를 쓰면 옳은 표현이 된다.

14

정답 (b)

A: Here is the presentation material for you.
B: Oh, you __________ not have done that. I prepared it myself last night.

(a) must
(b) need
(c) might
(d) would

A: 여기 너를 위한 프레젠테이션 자료야.
B: 아, 그렇게 할 필요 없었는데. 어젯밤에 내가 직접 준비했거든.

해설 문맥상 자연스러운 조동사를 선택하는 문제이다. A가 발표 자료를 건네주자, B가 이미 자신이 준비를 했다고 답하고 있다. 따라서 '네가 그걸 할 필요가 없었다'라는 의미를 만드는 (b) need가 정답이다. 참고로, [need not + 동사원형]을 쓸 경우는 '(현재) ~할 필요가 없다'로, [need not + have p.p.]를 쓸 경우는 '(과거에) ~할 필요가 없었다'라고 해석한다.

오답분석
강한 확신을 의미하는 (a) must를 넣으면 '과거에 그렇게 하지 않았음이 틀림없다'로, 약한 추측을 나타내는 (c) might를 넣으면 '과거에 그렇게 하지 않았을지도 모른다'로, 가정법 조동사 (d) would를 넣으면 '과거에 그렇게 안 했을 텐데'로 해석된다.

15

정답 (a)

A: Has anyone from your family arrived yet?
B: Yes, my brother as well as his wife ________________ here.

(a) is
(b) are
(c) has been
(d) have been

A: 가족 분들 중에 도착하신 분 계시니?
B: 네, 형수 뿐만 아니라 형도 도착해 있어요.

해설 동사의 수와 시제를 결정하는 문제이다. 주어에 [A as well as B (B 뿐만 아니라 A도 역시)]가 나와 있는데, 이 경우 동사를 as well as 앞의 A 명사에 수 일치시킨다. 따라서 my brother에 맞춰 단수동사 중에 답을 골라야 한다. 또한, A가 현재완료로 '가족 중 누군가가 도착을 했냐'고 묻자, B는 '형수 뿐만 아니라 형도 현재 이곳에 와 있다'고 대답하는 것이 적절하므로 현재 시제로 쓴 (a) is가 정답이다.

오답분석
(c) has been은 현재완료의 '경험'을 나타내며, '주어가 전에 이곳에 왔던 적이 있다'는 뜻이 되어, '이제 가족이 도착했느냐?'고 물은 A의 질문에 대한 대답으로 부적절하다.

16

정답 (c)

A: What would you like to have, ma'am?
B: Can you ____________________? I haven't decided yet.

(a) a little later come back
(b) come a little later back
(c) come back a little later
(d) come back later a little

A: 무엇을 드시겠습니까, 부인?
B: 조금 있다가 다시 와주시겠어요? 아직 결정을 못 했거든요.

해설 의문문의 어순에서 조동사 Can 뒤의 주어 you 다음에는 동사원형이 나와야 한다. 따라서 '돌아오다'라는 의미의 동사 come back으로 시작하는 (c)와 (d) 중에 골라야 한다. 이 중, '나중에, 후에'라는 의미인 later 앞에 '약간, 조금'이란 뜻의 a little을 넣어 수식한 (c)가 정답이다.

17

정답 (a)

A: Ticket prices have gone up again.
B: Yes, and they might go up again ____________ another six months.

(a) in
(b) on
(c) by
(d) till

A: 티켓 가격이 또 올랐어요.
B: 네, 그리고 6개월 후에 또 오를지도 몰라요.

해설 문맥상 올바른 전치사를 선택하는 문제이다. '가격이 올랐다'는 A의 말에, B가 '또 오를지 모른다'고 대답하고 있다. 이 문맥에서 '6개월 후에 또 오를지 모른다'는 말이 되는 것이 가장 자연스럽다. 따라서 숫자 앞에서 '지금으로부터 얼마 뒤'를 나타내는 전치사인 (a) in이 정답이다.

오답분석
(c) by나 (d) till(= until)은 모두 '(언제)까지'라는 의미의 전치사로, '내일까지' 또는 '6월까지'처럼 특정 시점과 연결되어 쓰인다. 빈칸 뒤에 '6개월(six months)'이라는 '기간'을 가리키는 명사가 나와서 (c)와 (d)는 오답이다.

18

정답 (b)

A: It looks like the sky is getting cloudy.
B: Yes, we'd better take an umbrella __________ it rains.

(a) while
(b) in case
(c) even if
(d) as though

A: 하늘이 점점 흐려지는 것 같은데.
B: 그러게, 비가 올 걸 대비해서 우산을 가져가는 게 좋겠다.

해설 보기에 접속사만 네 개가 나왔으므로, 해석을 통해 앞 문장과 뒷문장의 의미를 가장 매끄럽게 연결하는 접속사를 찾는 문제이다. 앞 문장에서 '우산을 가져갈 것'을 경고하고, 뒷문장에는 '비가 온다'는 일어날 법한 부정적 상황에 대해 서술하고 있다. 따라서 '~일 경우를 대비해'라는 의미의 접속사 (b) in case가 정답이다.

오답분석
(a) while은 '~인 동안, ~인 반면에', (c) even if는 '설령 ~할지라도', (d) as though는 '비록 ~일지라도'로 해석된다.

19

정답 (c)

A: How did you find your lost ring?
B: Well, __________ in the garden, I noticed it by the roses.

(a) walked
(b) to walk
(c) walking
(d) had walked

A: 잃어버린 반지를 어떻게 찾았나요?
B: 음, 정원을 거닐다가, 장미꽃들 근처에서 찾았어요.

해설 콤마 뒤에 주절로 I noticed it ~이 나왔으므로, 보기에 있는 동사 walk를 이용하여 부사구를 만드는 문제이다. '정원을 걷다가, 걷던 중에'라는 의미를 만들기 위해 분사구문을 쓰는 것이 적절하다. 주절의 주어인 I는 걷는 동작의 주체이므로 능동의 현재분사 (c) walking이 정답이다. 참고로, 접속사를 포함한 부사절로 풀어 쓰면, while I was walking in the garden이 된다. 이때 was가 분사구문을 만드는 과정에서 being으로 바뀐 뒤 생략된 구문이다.

오답분석
(b) to walk는 to부정사의 부사적 용법으로, 빈칸에 들어갈 수 있는 문장 성분이나, 해석상 '걷기 위하여 반지를 찾았다'는 문장이 되어 오답이다. (d) had walked는 본동사의 형태이므로 그 앞에는 주어가 반드시 필요하며, 뒷문장과 연결하기 위한 접속사까지도 나와야 한다. 뿐만 아니라 대과거로 주절보다 한 시제 이전에 일어난 동작을 나타낸 것도 틀리다.

20

정답 (c)

A: Do you think Paul will remember your birthday?
B: I ______________________. He's very forgetful.

A: Paul이 네 생일을 기억하고 있을까?
B: 기대도 안 해. 그는 잘 잊어버리거든.

(a) expect him not
(b) don't expect him
(c) don't expect him to
(d) expect of him not to

| 해설 부정문의 올바른 표현과 대부정사의 쓰임에 대해 묻는 문제이다. A가 'Paul이 너의 생일을 기억할까?' 라고 물은 상황에서, B가 '그러리라고 예상한다' 고 대답하려면, [expect + 목적어 + to부정사 (목적어가 ~하기를 기대하다)]의 구조를 이용해서 'I expect him to' 라고 말할 수 있다. 이때 to는 앞 문장의 일반동사 이하의 내용을 대신 받는 대부정사로, remember my birthday를 포함하고 있다. 그러나 빈칸 뒤에서 'He's very forgetful' 이란 말을 첨가함으로써, '잘 잊기 때문에 기억을 못하리라' 는 부정문이 나와야 함을 알 수 있다. 따라서 I expect him to를 부정하기 위해 expect 앞에 don't를 쓴 (c)가 정답이다.

| 어휘 forgetful [fərgétfəl] 잘 잊어버리는, 무관심한

Part II

21

정답 (b)

Cary Woodson is a talented singer, ______________ she is not famous yet.

(a) so
(b) but
(c) then
(d) because

Cary Woodson은 재능 있는 가수이지만, 아직 유명하지는 않다.

| 해설 문맥상 자연스러운 접속사를 찾는 문제이다. 앞문장에 '재능 있는 가수이다' 라는 말이 나와 있고, 뒷문장에 '아직은 유명하지 않다' 는 말이 나왔으므로, '반대 · 대조' 의 내용을 이끄는 접속사 (b) but이 정답이다.

오답분석
(c) then은 '그 다음에, 그러고 나서' 라는 의미인데, 부사이므로 절과 절을 연결할 수 없다.

| 어휘 talented [tǽləntid] 재능 있는

22

정답 (c)

Our sense of hearing connects us to other people and ______________________.

(a) us around the world
(b) around us the world
(c) the world around us
(d) around the world to us

인간의 청각은 우리를 다른 사람들뿐만 아니라 우리 주변의 세계와도 연결시켜 준다.

| 해설 빈칸 앞에 등위접속사 and가 나왔으므로 양쪽에 병렬 구조를 이루는 올바른 문법 요소를 찾는 문제이다. 이때 반복되는 단어는 생략할 수 있으므로, 새로운 의미의 단어들만 찾으면 된다. and 앞에 '청력이 우리를 다른 사람들에게 연결해 준다' 는 말이 나왔으므로, 뒤에는 '그리고 청력은 우리를 우리 주변의 세상과 연결해 준다' 라는 말을 만드는 것이 가장 자연스럽다. 따라서 뒷문장은 ~ and it connects us to the world around us가 되는데, 등위접속사 뒤에 반복되는 것은 생략할 수 있으므로, the world around us만 남긴 (c)가 정답이다.

| 어휘 connect A to B A를 B와 연결[결합]시키다

23

정답 (a)

No one took Julie's words __________ seriously when she said she wanted to go skydiving.

(a) too
(b) ever
(c) such
(d) much

Julie가 스카이다이빙하러 가고 싶다고 했을 때, 아무도 그녀의 말을 매우 진지하게 받아들이지 않았다.

해설 부사 seriously 앞에 들어가 이를 수식할 부사를 찾는 문제이다. too는 보통 부정적인 의미의 부사로, '너무, 지나치게'라는 의미로 쓰이지만, 구어체에서 '대단히, 매우'란 의미로 very의 동의어로도 쓰일 수 있다. 하지만 이 역시도 보통 부정적인 의미를 가진 문장에서의 쓰임이다. 따라서 문두에 No가 나와 부정문인 이 문장에서도 '매우 심각하게 받아들이지 않았다'라는 문맥을 만드는 (a) too가 정답이다. (ex. That's too bad. 정말 안됐구나. / I'm not too pleased with your behavior. 나는 너의 행동이 그다지 맘에 들지 않는구나.)

오답분석
(b) ever는 '이제껏, 여태까지'라는 의미로 쓸 경우, 'seriously ever'의 어순으로 써야 하고, (c) such는 명사 강조 표현이므로 직접 부사를 꾸밀 수 없으며, (d) much는 형용사나 부사의 비교급 앞에서 '훨씬'이란 의미로 수식할 수 있으나, 원급은 수식할 수 없으므로 오답이다.

24

정답 (a)

One of the most important things in early schooling is how ______________________.

(a) reading is taught
(b) reading taught is
(c) taught reading is
(d) is reading taught

조기 교육에 있어서 가장 중요한 것 중 하나는 읽기를 어떻게 가르치느냐는 것이다.

해설 동사 is 뒤에 how가 이끄는 명사절의 어순을 묻는 문제이다. 이때 how절은 의문사가 이끄는 명사절, 즉 간접의문문의 어순에 따라 [의문사 + 주어 + 동사]로 쓰면 된다. 따라서 의문사 how 뒤에 주어 reading(읽기)과 동사 is taught(학습되다)가 차례로 쓰인 (a)가 정답이다.

25

정답 (d)

Text messaging is becoming a more popular form of communication than __________ by house phone.

(a) call
(b) calls
(c) to call
(d) calling

문자 메시지를 보내는 것은 집 전화로 통화하는 것보다 더 흔한 통신 형태가 되고 있다.

해설 빈칸 앞에 more ~ than이 나온 것으로 보아, 비교 구문에 대한 문제이다. 이때 양쪽의 비교 대상은 같은 형태로 병렬 구조를 이루어야 한다. 주어인 '문자 메시지 보내기'를 동명사로 text messaging이라 썼듯이, 비교 대상인 '전화 통화하기'도 같은 형태로 동명사를 쓴 (d) calling이 정답이다.

어휘 text message 문자 메시지를 보내다

26

정답 (c)

The university entrance exam is ________________ by the Office of Admissions.

(a) administers
(b) to administer
(c) administered
(d) administering

대학교 입학 시험은 입학처에서 관할한다.

| 해설 빈칸에 들어갈 동사 administer의 올바른 형태를 묻는 문제이다. 주어가 동사를 직접 하는 주체일 때는 능동태를 쓰지만, 되어지는 대상일 때는 수동태 구문을 써야 한다. 주어인 '대학교 입학 시험'은 '운영이나 처리를 하는 주체'가 아니므로 수동태 구문을 써야 한다. 뿐만 아니라 빈칸 뒤의 by가 동작의 주체를 이끌고 나옴으로써 수동태 구문임을 확실히 해주고 있다. 따라서 빈칸 앞의 be동사 is 뒤에 p.p.의 형태를 쓴 (c) administered가 정답이다.

| 어휘 entrance exam 입학 시험 administer[ədmínistər] 관리하다, 운영하다

27

정답 (b)

A dairy cow cannot produce milk until after it gives birth to ________________.

(a) calf
(b) a calf
(c) the calf
(d) any calf

젖소는 송아지를 낳은 후에야 우유를 생산할 수 있다.

| 해설 calf 앞에 올 한정사를 묻는 문제이다. 문맥상 '송아지 한 마리를 낳은 후에야 우유를 생산한다'가 자연스러우므로, calf 앞에 일반적인 의미로 부정관사 a를 쓴 (b) a calf가 정답이다.

오답분석
(a)의 경우, 가산명사에는 반드시 그 앞에 관사를 넣거나 복수형인 -s를 붙여 써야 하므로 관사 없이 단수 형태로 쓰인 calf는 오답이며, (c)의 경우, '특정한 그 송아지를 낳은 후에야 우유를 생산한다'라는 의미를 만드는 정관사 the의 쓰임도 옳지 않다.

| 어휘 dairy cow 젖소 until after ~후까지, ~가 지난 후에야 give birth to ~를 낳다 calf[kæf] 송아지

28

정답 (c)

The proposal discussed by the managers __________ not agreed upon until after midnight.

(a) is
(b) are
(c) was
(d) were

경영자들이 논의한 계획안은 자정이 지나서야 비로소 합의되었다.

| 해설 be동사의 수와 시제를 결정하는 문제이다. 먼저 주어를 찾아 단·복수를 확인해야 하는데, 문두에 The proposal이 나와 있고, 이를 과거분사가 이끄는 수식어구(discussed by the managers)가 뒤에서 꾸미고 있다. 따라서 단수주어 The proposal에 맞춰 단수동사인 (a) is와 (c) was 중에서 답을 골라야 한다. 문맥상 '제안이 자정 넘어서까지 합의가 되지 않았다'는 의미로, 과거에 이미 지나간 하나의 사건을 서술하는 것이 자연스러우므로 과거동사 (c) was가 정답이다.

오답분석

(a)의 현재동사 is는 '항시 적용되는 일반적 사실'을 나타내므로, '(원래, 평상시에) 그 제안은 자정이 넘어서까지 합의가 되지 않는다'는 의미가 되어 오답이다.

어휘 proposal [prəpóuzəl] 계획안 discuss [diskʌ́s] 논의하다, 토론하다

29

정답 (d)

The so-called Arabic numerals used in most parts of the world today ______________ in India.

(a) invented
(b) inventing
(c) are inventing
(d) were invented

오늘날 전 세계 대부분의 국가에서 사용되는 소위 아라비아 숫자는 인도에서 발명되었다.

해설 동사 invent의 올바른 형태와 시제를 묻는 문제이다. 일단 문장의 주어는 The so-called Arabic numerals이고, 이를 과거분사가 이끄는 수식어구인 used in most parts of the world today가 뒤에서 꾸미는 구조이다. 따라서 빈칸은 문장의 본동사가 들어갈 자리인데, 주어인 '아라비아 숫자(The so-called Arabic numerals)'는 발명된 대상이므로 수동태를 써야 하고, 발명된 동작은 과거에 일어난 일이므로 과거시제를 쓴 (d) were invented가 정답이다.

오답분석

(b) inventing처럼 동사에 -ing를 붙이거나, to부정사, 과거분사의 형태로 쓴 것을 준동사라 일컬으며, 이는 문장에서 본동사의 역할을 할 수 없다.

어휘 so-called 소위, 흔히 일컫는 Arabic numerals 아라비아 숫자

30

정답 (c)

Standard Chinese, based on the Peking dialect, is further from Cantonese ______________________.

(a) is to Spanish and French
(b) is Spanish and to French
(c) than Spanish is from French
(d) is than Spanish from French

북경어에 기초한 중국 표준어는 광동어와 많은 차이를 보이는데, 이는 스페인어와 프랑스어의 차이보다도 더 크다.

해설 빈칸 앞에 비교급으로 further(더 먼)가 나왔으므로 비교 대상 앞에 than을 쓴 것 중에 골라야 한다. 앞 문장에서 '중국의 표준어는 광동어와 거리가 더 멀다'는 말이 나왔고, 보기에는 또 다른 언어인 Spanish와 French가 보이므로, 뒷문장은 '스페인어와 프랑스어의 거리가 먼 것보다'라는 의미를 완성하면 된다. 이를 완전한 문장으로 쓰면, ~ than Spanish is far from French가 된다. 병렬 구조에서 반복되는 것은 생략할 수 있으므로 앞 문장에 나온 far(further)를 생략한 표현인 (c)가 정답이다.

어휘 Peking [pì:kíŋ] 북경 dialect [dáiəlèkt] 방언 far from ~와 거리가 먼 Cantonese [kæ̀ntəní:z] 광동어

31

정답 (d)

Since George Washington's election to the presidency in 1789, there ______________ 43 presidents.

(a) are

1789년 George Washington의 대통령 당선 이후, 43명의 대통령이 있었다.

(b) were
(c) had been
(d) have been

| 해설 be동사의 올바른 시제를 묻는 문제이다. 여기서 문두에 나온 Since는 '~이래로, ~부터'라는 의미이며, 전치사로 쓰여 '과거의 시작점'을 나타내는 in 1789를 연결하고 있다. 따라서 '과거 1789년부터 현재까지 계속 어떠한 동작을 해오다'라는 말을 만들기 위해 주절에 현재완료를 사용한 (d) have been이 정답이다. 참고로, 주절에 쓰인 there는 유도부사이며 진짜 주어인 43 presidents에 맞춰 복수동사 have를 쓴 것이다.

32

정답 (a)

Only after the giant cruise ship pulled out of port, ______________ how huge it was.

(a) did Jenny realize
(b) Jenny did realize
(c) Jenny had realized
(d) had realized Jenny

거대한 유람선이 항구를 출발하고 나서야, Jenny는 그 배가 얼마나 큰지를 실감했다.

| 해설 보기로 보아 도치 구문을 만들지의 여부와 동사의 올바른 시제를 묻는 문제이다. [only + 부사(절)]이 문장의 제일 앞에 나오면, 그 뒤의 주절에서는 주어와 동사의 위치가 바뀌는 도치가 일어난다. 따라서 동사가 주어보다 먼저 나온 것 중에 선택해야 한다. 다음으로 시제를 고려해 보면, '오직 ~하고 나서야, …하게 되었다'는 문맥상 순차적으로 일어난 동작이므로, 주절에는 앞 문장과 같은 과거시제가 필요하다. 일반동사의 도치는 주어 앞으로 조동사 do를 내보내는데, 여기서는 과거시제를 부여해야 하므로 did를 먼저 쓰고 [주어(Jenny) + 동사원형(realize)]을 차례로 쓴 (a)가 정답이다.

오답분석

(c)나 (d)처럼 주절에 대과거를 쓰면, Jenny가 깨달은 것(had realized)이 배의 출항(pulled)보다 이전에 일어났다는 뜻이 되어 틀릴 뿐 아니라, 어순을 보더라도 완료형의 도치는 [have/has/had + 주어 + p.p.]가 옳으므로, (c)와 (d)는 모두 오답이다.

| 어휘 pull out (역이나 항구를) 출발하다

33

정답 (c)

Banned in most of the US, the movie was only shown in one theater in __________ of a few large cities.

(a) all
(b) any
(c) each
(d) every

미국 대부분의 주에서 상영이 금지되어, 그 영화는 일부 대도시에서 각각 한 곳의 영화관에서만 상영되었다.

| 해설 빈칸 양쪽에 전치사(in, of)가 쓰였으므로, 빈칸에는 명사 역할을 하는 단어가 필요하다. 따라서 every를 제외한 (a), (b), (c) 중에서 전체 문장의 해석에 가장 적합한 것을 고르면 된다. 빈칸 앞에는 '그 영화가 미국 대부분 지역에서 금지되어 하나의 영화관에서만 상영되었다'는 말이 나왔고, 뒤에는 '일부 대도시들의'라는 표현이 나와 있다. 따라서 '각 대도시 별로 한 곳의 영화관'이라는 의미를 만드는 (c) each가 정답이다.

오답분석

(b) any는 부정문이나 의문문에서 쓰이고, (d) every의 품사는 오직 형용사뿐이므로 반드시 뒤에는 명사가 함께 나와야 한다.

34

정답 (a)

Blue whales and other endangered species ___________ saved from extinction, but only if we all learn to protect the environment.

(a) can be
(b) must be
(c) should be
(d) ought to be

우리 모두가 환경을 보호하는 방법을 배우기만 한다면, 흰긴수염고래와 멸종 위기에 처한 종들을 멸종으로부터 구할 수 있다.

해설 문맥상 자연스러운 조동사를 고르는 문제이다. but으로 연결되는 두 개의 문장에서, 앞 문장에는 '여러 동물들이 멸종으로부터 구해지다'라는 말이 나오고, only if가 이끄는 뒷문장은 '~인 경우에 한해'라는 의미로, 동물들이 멸종으로부터 구해질 수 있는 유일한 조건을 설명하고 있다. 따라서 '그러한 조건에서만 ~이 가능하다'는 내용의 의미를 만드는 '능력'과 '가능성'의 조동사 can을 사용한 (a) can be가 정답이다.

오답분석

(c)의 should와 (d)의 ought to는 동의어이며 '의무'를 나타내어 문맥상 적절하지 않으므로 함께 답에서 제외시켜야 한다.

어휘 blue whale 흰긴수염고래 endangered species 멸종 위기에 처한 종 extinction [ikstíŋkʃən] 멸종

35

정답 (d)

The first civilization ______________________ in the valley of the Tigris and Euphrates rivers around 3000 BC.

(a) appearing to arise
(b) has appeared arising
(c) has appeared to arise
(d) appears to have arisen

최초의 문명은 기원전 3000년경 티그리스와 유프라테스 강 유역에서 일어났던 것으로 보인다.

해설 주어 뒤의 본동사 appear의 올바른 시제와 그 뒤 보어의 올바른 형태를 묻는 문제이다. appear는 '~인 듯하다, ~인 것 같다'는 의미로, seem의 동의어이며 두 동사 모두 보어 자리에 동사를 연결할 때는 to부정사를 쓴다. 따라서 '발생한 듯 보인다'라는 말은 'appear to arise'의 형태로 쓰면 된다. 그런데 문미에 3000 BC가 나와 '기원전 3000년경'이란 과거 시점이 나왔으므로 to부정사의 동작이 주절보다 이전에 일어난 동작임을 나타내야 한다. 따라서 to부정사의 완료형 [to have p.p.]를 쓴 (d) appears to have arisen이 정답이다.

오답분석

(a)의 appearing은 본동사의 형태로 알맞지 않고, (b)는 [appear + to부정사]의 형태가 아닌 동명사 -ing를 써서 틀렸으며, (c)의 to arise는 단순과거 시제를 나타내므로, 그 문명이 일어난 것이 본동사(has appeared)보다 이전 동작임을 표현하지 못하므로 틀리다.

어휘 civilization [sìvəlaizéiʃən] 문명 valley [vǽli] 골짜기, 유역 arise in ~에서 일어나다

36

정답 (c)

Kimchi is to Koreans __________ pasta is to Italians – an integral part of Korean culture.

(a) that

한국인들에게 있어 김치는 이탈리아 사람들에게 있어 파스타와 같은 의미이며, 한국 문화에서 필수적인 부분이다.

(b) how
(c) what
(d) which

해설 빈칸을 중심으로 양쪽에 똑같이 [A is to B]와 [C is to D]의 형태가 나와 있다. 'A와 B의 관계는 C와 D의 관계와 마찬가지이다'라는 뜻을 만드는 연결어인 관계대명사 (c) what이 정답이다. [A be to B what C be to D]의 구조를 기억하자. (ex. Leaves are to the plant what lungs are to the animal. 잎과 식물의 관계는 폐와 동물의 관계와 마찬가지이다.)

어휘 integral [íntəgrəl] 필수적인, 없어서는 안 될

37

정답 (a)

It could take years before investigators ________ able to uncover the details of the crime.

(a) are
(b) were
(c) have been
(d) will have been

수사관들이 그 범죄의 진상을 파헤치기까지는 여러 해가 걸릴 수도 있다.

해설 be동사의 올바른 시제를 찾는 문제이다. 문제를 해결하는 키워드는 앞문장의 조동사 could에 있는데, 이를 현재형으로 보느냐 과거형으로 보느냐에 따라 정답이 결정된다. could를 과거시제로 볼 경우 '능력'의 의미가 되어 '(과거에) 여러 해가 걸릴 수 있었다'는 어색한 해석이 된다. 따라서 could는 현재시제로 봐야 하며, 이 경우 '약한 추측 · 가능성'을 나타내는 may/might와 유사한 의미를 나타낸다. 따라서 '앞으로 ~하기까지 여러 해가 걸릴 수 있다'는 전체 문맥상, before절의 내용도 아직 이루어지지 않은 미래의 이야기로 봐야 한다. 그러나 시간의 부사절에서는 미래 대신 현재시제를 써야 하므로 before절의 동사 자리에는 (a) are이 와야 한다.

어휘 uncover [ʌnkʌ́vər] 들추다, 폭로하다 detail [dí:teil] 세부 내용

38

정답 (a)

French fashion design ________________ influenced trends around the world.

(a) has such appeal that it has
(b) has appeal that it has such
(c) appeals such that it has had
(d) it has had such appeals that

프랑스의 의상 디자인은 너무나 매력적이어서 전 세계의 유행에 영향을 끼쳤다.

해설 '프랑스의 의상 디자인'이 주어로 나오고, 빈칸 뒤에는 '전 세계의 유행에 영향을 미쳤다'는 내용이 나오고 있다. 따라서 보기에 있는 appeal(힘, 매력)이 원인이 되고, 그 결과가 that절로 나오는 구조인 [such + 명사 + that ~ (대단한 (명사) 때문에, 결과 (that절)하다)]라는 표현을 쓰면 된다. 따라서 such가 명사 appeal을 꾸미고 that절로 그 결과를 이끌고 나온 (a)가 정답이다.

오답분석
(c)와 (d)는 appeals로 복수 명사가 나왔는데, '사람의 마음을 움직이는 힘, 매력'이란 의미로의 appeal은 불가산명사이므로 -s를 붙여 쓸 수 없다. 뿐만 아니라 (d)는 빈칸 앞에 이미 주어 French fashion design이 나와 있는데 또 다른 주어로 it이 나와 틀린 문장이다.

어휘 appeal [əpí:l] 힘, 매력

39

정답 (c)

Though not as ________ at the outset of the mountaineers' ascent, weather conditions at the peak were severe.

(a) forebode
(b) foreboded
(c) foreboding
(d) to forebode

등산가들이 등반을 시작할 때만큼 불길하진 않았지만, 산 정상의 날씨 상태는 아주 안 좋았다.

해설 보기에 동사 forebode의 다양한 형태가 나와 있으므로, 빈칸이 본동사 자리인지, 준동사 자리인지를 구별해야 한다. 문두에 나온 Though는 접속사이므로 뒤에는 [주어 + 동사]의 절이 나와야 하는데, 주어를 찾을 수 없다는 것은, 부사절의 주어가 be동사와 함께 생략되었음을 나타낸다. 즉, Though 뒤에는 주절의 주어인 weather conditions와 were가 생략된 것이다. 따라서 빈칸은 be동사 were 뒤의 보어 자리로 형용사 역할을 하는 동사의 분사형을 찾아야 한다. '날씨의 상태가 불길했다'는 의미를 만들어야 하므로, '불길한 예감을 주는, 불길한 감정을 불러일으키는'이란 뜻의 현재분사 (c) foreboding이 정답이다. 참고로, as foreboding 뒤에는 '등반가들이 등산을 시작했을 때의 날씨 상태만큼'이란 말로, as they(weather conditions) had been이 생략된 것이다. Though 뒤에 생략된 동사 were는 정상에 올랐을 때의 시제이고, as foreboding as 뒤에는 등반의 시작점을 알리는 시제로 대과거를 써야 하는 것이 옳다. 비교 문장에서 [두 번째 as + 비교 대상]을 생략하는 것은, 문맥상 무엇과 비교하는지 명백하기 때문이다.

어휘 outset[áutsèt] 착수, 시작 ascent[əsént] 오르기, 등반 severe[sivíər] 엄한, 심한 forebode[fɔːrbóud] (나쁜 일을) 예언하다

40

정답 (b)

Tony bought his daughter a pony for Christmas; ____________________ like she had wanted.

(a) it was not only a real one
(b) only it was not a real one
(c) not a real one only
(d) not only a real one

Tony는 크리스마스 선물로 딸에게 조랑말 인형을 사 주었다; 비록 딸이 원했던 진짜 조랑말은 아니었지만.

해설 빈칸 앞에 접속사 역할을 하는 세미콜론(;)이 있으므로 빈칸에는 주어와 동사를 포함한 절이 나와야 하므로 (a)와 (b) 중에서 정답을 골라야 한다. only에 접속사적 용법으로 '다만, 하지만'의 뜻이 있으므로, 'Tony가 딸에게 조랑말을 사줬는데, 다만 진짜 조랑말은 아니었다'는 의미를 만드는 (b)가 정답이다.

오답분석
(a)는 not only만 나오고 짝이 되는 but (also)의 표현이 따라 나오지 않아, '그녀가 원했던 것처럼 진짜였을 뿐만 아니라'로 해석이 끝나버린 어색한 문장이 되며, (c)와 (d)는 모두 절의 형태를 이끌지 못해 정답이 될 수 없다.

어휘 pony[póuni] 조랑말 only[óunli] ~이기는 하나

Part III

41

정답 (c) more → most

(a) A: Wasn't that new actor in the movie great?
(b) B: Yes. I had no idea he would turn out to be the hero.

(a) A: 저 영화 속 신인 배우 훌륭하지 않니?
(b) B: 응. 그가 영웅이 될 거라고는 생각도 못했어.

(c) A: I agree. He was the more unlikely of all the actors. (d) B: Right. I expected the lead actor to be the hero.	(c) A: 맞아. 전체 배우 중에서도 가장 그럴 것 같지 않았는데. (d) B: 그러게. 난 주연 배우가 영웅이 될 줄 알았어.

해설 (c)에서 unlikely 앞에 비교급 more를 쓴 것은 틀리다. 앞에 정관사 the가 있는 것으로 보아 여기에는 최상급이 와야 하므로, 비교급 more는 최상급 most로 바뀌어야 맞다.

어휘 turn out 결국 ~이 되다 unlikely[ʌnláikli] ~할 것 같지 않은

42

정답 (d) It's been such a long time ago → It's been such a long time / It was such a long time ago

(a) A: I can't believe we're finally on vacation! (b) B: Me, neither. Isn't it great to be away from work? (c) A: Yeah. I can hardly remember the last time we had a vacation. (d) B: I know. It's been such a long time ago.	(a) A: 마침내 휴가라는 게 믿기질 않아! (b) B: 나도. 일에서 해방되니 좋지 않니? (c) A: 응. 우리가 마지막으로 휴가를 갔던 게 언제였는지도 가물가물하다. (d) B: 맞아. 정말 오래됐지.

해설 (d)에서 현재완료 시제 has been과 함께 과거표현 ago를 쓴 것은 틀리다. '참 오래된 일이다'라는 의미로 만들려면, ago를 삭제해야 한다. 또는 ago를 그대로 놓아 두고 동사를 ago와 어울리는 과거시제 was로 바꾸어, '마지막 휴가를 갔던 것은 참 오래 전 일이었다'라는 뜻이 되게 해도 맞다.

43

정답 (c) which → who / that

(a) A: That artist's exhibit at the gallery was amazing. (b) B: Absolutely. I think he's the best artist in the country. (c) A: Is he the one which won the national art prize? (d) B: Yes. Since then his work has gained popularity.	(a) A: 미술관에서 그 예술가의 전시품은 놀라웠어. (b) B: 맞아. 난 그가 우리나라 최고의 예술가라고 생각해. (c) A: 그가 바로 국가 예술상을 수상한 사람이지? (d) B: 응. 그때부터 그의 작품이 인기를 얻기 시작했지.

해설 (c)에서 the one이 '국가 예술상을 수상했다(won ~ prize)'라는 뜻의 관계절의 꾸밈을 받는 것으로 보아, the one은 '사람'을 가리키는 말이다. 그런데 the one 다음에 온 which는 '사물'을 꾸미는 관계사로 '사람'을 꾸밀 수 없다. 따라서 which는 사람을 꾸미는 관계사 who나 that으로 바뀌어야 맞다.

어휘 exhibit[igzíbit] 전시품, 전시 win a prize 상을 받다 gain popularity 인기를 얻다

44

정답 (b) North Pole → the North Pole

(a) A: What are you looking for on that world map? (b) B: I'm trying to find Iceland. Isn't it close to North Pole? (c) A: No, that's Greenland. Iceland is farther south. (d) B: Oh, now I see it. It's this island over here.	(a) A: 그 세계 지도에서 뭘 찾고 있니? (b) B: 아이슬란드를 찾고 있어. 북극에서 가깝지 않나? (c) A: 아니야, 그건 그린란드지. 아이슬란드는 훨씬 남쪽에 있어 (d) B: 아, 이제 찾았다. 여기 있는 이 섬이네.

해설 (b)에서 North Pole은 정관사 the와 반드시 함께 쓰여야 한다. 따라서 North Pole 앞에 정관사 the를 넣어 주어야 맞다. '남극'을 뜻하는 the South Pole도 정관사 the 없이 쓰이면 틀리다.

45

정답 (d) talks → talk

(a) A: Ms. Jones said she can't come in today. (b) B: Why didn't she call and tell me that herself? (c) A: I think she wanted to avoid talking to you. (d) B: Well, I insist that next time she talks to me in person.	(a) A: Ms. Jones는 오늘 못 온다고 했습니다. (b) B: 왜 나에게 직접 전화해서 말을 안 했을까? (c) A: 당신과의 대화를 피하고 싶었던 것 같습니다. (d) B: 음, 다음 번엔 그녀가 직접 와서 나에게 이야기 해주길 꼭 당부하네.

해설 (d)에서 주장이나 요구를 나타내는 동사 insist 뒤의 that절 안에는 [should + 동사원형]이나 should를 생략하고 동사원형이 온다. 따라서 단수형 동사인 talks는 동사원형인 talk로 바뀌어야 맞다.

어휘 avoid[əvɔ́id] 피하다 insist[insíst] 주장하다, 강조하다

Part IV

46

정답 (c) stay at two nights → stay (for) two nights

(a) The Continental Hotel is offering new discounts this month. (b) We are offering a 10% price reduction on all rooms. (c) And best of all, when you stay at two nights, your third night is free! (d) So, come and stay at the Continental and save money!	(a) 컨티넨탈 호텔은 이번 달 새로운 할인을 제공합니다. (b) 모든 방의 가격을 10% 할인해 드립니다. (c) 그리고 무엇보다도, 이틀 밤을 묵으시면, 3일째 숙박비는 무료입니다! (d) 그러니, 저희 컨티넨탈 호텔에 오셔서 숙박하시고, 비용도 절약하십시오!

해설 (c)에서 stay at은 '~에 머무르다'라는 뜻으로, 뒤에는 '장소'를 가리키는 명사가 나와야 한다. 따라서 stay at 다음에 '기간'을 나타내는 two nights를 쓴 것은 틀리다. two nights와 같이 '기간'을 나타내는 표현 앞에는 for(~ 동안)를 쓰므로, at 대신 for를 써야 맞다. 참고로, 이 경우 for는 생략할 수 있다. (ex. I work (for) forty hours a week. 저는 일주일에 40시간 근무합니다.)

어휘 price reduction 가격 인하 best of all 무엇보다도, 특히

47

정답 (b) Try → To try

(a) Most people care about their health and how they look. (b) Try to stay in shape, they go to health clubs and gyms. (c) At health clubs, some take special classes such as aerobics or yoga. (d) Other people go to clinics and seek out dietitians to help them lose weight.	(a) 많은 사람이 그들의 건강과 외모에 신경쓴다. (b) 좋은 몸매를 유지하기 위해, 그들은 헬스클럽이나 체육관에 다닌다. (c) 헬스클럽에서, 일부 사람들은 에어로빅이나 요가 같은 특별 수업에 참가한다. (d) 다른 사람들은 살을 빼기 위해 진료소에 가서 영양사들의 도움을 구한다.

해설 (b)에서 접속사 없이 2개의 동사(Try, go)가 연결될 수가 없다. 많은 사람이 외모와 건강을 챙기며 헬스클럽에 다닌다는 문맥에 맞게, Try to stay in shape이 '좋은 몸매를 유지하기 위하여'라는 뜻이 되도록, Try를 '~을 위하여'라는 의미의 to부정사 To try로 바꿔주는 것이 적절하다.

어휘 care about ~에 대해 신경쓰다 stay in shape 좋은 몸매를 유지하다 dietitian[dàiətíʃən] 영양사

48

정답 (d) remained → remaining

(a) The Amazon forest contains one third of all of the world's trees. (b) However, the Amazon's trees are disappearing due to massive logging that began more than thirty years ago. (c) Between 1972 and 1998, an area of forest the size of France was cut down. (d) In the worst of those years, in 1975, 4 percent of the remained trees were logged.

(a) 아마존의 삼림 지대는 전 세계에 있는 모든 나무의 3분의 1이 자라는 곳이다. (b) 하지만, 30여년 전부터 시작된 대규모 벌채로 인해 아마존의 나무들이 사라지고 있다. (c) 1972년부터 1998년 사이, 프랑스 영토 크기의 숲 지대가 잘려나갔다. (d) 이 중에서 최악의 해인 1975년도에는 남은 나무의 4%가 벌채되었다.

해설 (d)에서 remained는 명사 trees를 꾸며주는 형용사 역할을 하는 분사이다. 그런데 remain은 자동사이므로, 분사형으로 쓸 때는 과거분사 remained로 쓸 수 없고 항상 현재분사 remaining이라고 써야 한다. 따라서 remained는 remaining으로 바뀌어야 맞다. (ex. There were only ten minutes remaining. 10분밖에 안 남아 있었다.)

어휘 massive [mǽsiv] 대규모의 logging [lɔ́(:)giŋ] 재목 벌채 cut down 베어 넘어뜨리다 remain [riméin] 남다, 살아남다

49

정답 (d) baggages → baggage

(a) Residents of Hawaii's Oahu Island have the benefit of a world-class transportation service. (b) Known as "The Bus," Oahu's mass transit system is recognized as one of the best in the US. (c) It is so popular that about 260,000 people ride it on a daily basis. (d) In order to accommodate that many people, passengers are limited to carry-on baggages only.

(a) 하와이 Oahu 섬의 주민들은 세계적 수준의 교통 서비스의 혜택을 받고 있다. (b) "The Bus"로 알려진 Oahu 섬의 대중 교통 체계는 미국 내에서도 최고로 꼽힌다. (c) 너무도 대중적이어서 하루 평균 약 26만 명의 시민이 이용한다. (d) 그렇게 많은 사람을 수용하기 위해, 승객들은 휴대용 짐만 갖고 타도록 제한된다.

해설 (d)에서 baggages는 '수화물'이란 뜻으로 집합적 물질명사로 분류되는 불가산명사이다. 불가산명사는 복수형(-s)으로 쓸 수 없으므로 baggages라고 쓰면 틀리며 baggage라고 써야 맞다. 참고로, luggage도 불가산명사이므로 복수형 luggages로 쓸 수 없다는 점에 주의한다.

어휘 world-class 세계적 수준의 mass transit 대중 교통 accommodate [əkɑ́mədèit] 수용하다 carry-on 들고 탈 수 있는

50

정답 (d) seems → seem

(a) With the arrival of spring, the outdoors becomes warm and inviting, beckoning us to step outside again. (b) The air loses its biting arctic sting and feels therapeutic on exposed skin. (c) The promise of adventure is irresistible, as the snows melt and the mountain streams begin their trickling once again. (d) And with this fresh allure of nature, our homes, which sheltered us all winter long, now seems dull and stagnant.

(a) 봄이 찾아오면서, 밖은 따뜻해지고 마음을 동하게 만들어 우리를 다시 밖으로 나오라 손짓한다. (b) 공기에는 북극의 매서운 냉기가 사라져가고 노출된 피부에 건강을 되찾아 주는 듯하다. (c) 눈이 녹고 계곡에 물이 다시 흐르기 시작하면서 모험에 대한 기대는 억누를 수 없는 듯하다. (d) 그리고 자연의 신선한 매력 앞에, 겨울 내내 우리를 보호했던 우리의 집들이, 지금은 지루하고 활기 없어 보인다.

해설 (d)에서 주어는 our homes로 복수이므로, 단수동사 seems는 복수동사 seem으로 바뀌어야 맞다. 참고로, 주어 our homes와 동사 seem 사이에 온 관계절(which ~ long)은 동사의 수를 결정하는 데 영향을 미치지 않는다는 점에 주의한다.

어휘 therapeutic [θèrəpjú:tik] 치료의 irresistible [ìrizístəbl] 저항할 수 없는, 억누를 수 없는 trickle [tríkl] 졸졸 흐르다 allure [əljúər] 매혹, 매력 dull [dʌl] 단조로운, 지루한 stagnant [stǽgnənt] 활기가 없는

Part I

1

정답 (d)

A: Hi! I don't think I've seen you here before.
B: Oh, I'm a ______________. I just joined the health club.

(a) stranger
(b) colleague
(c) teammate
(d) newcomer

A: 안녕하세요! 여기서 처음 뵙는 분 같네요.
B: 아, 저는 새로 온 사람이에요. 헬스클럽에 방금 등록했어요.

(a) 낯선 사람
(b) 동료
(c) 같은 팀 사람
(d) 새로 온 사람

해설 A가 B를 처음 보는 것 같다고 하자, B가 헬스클럽에 방금 등록했다(just joined the health club)고 하였으므로, 자신을 새로 온 사람(newcomer)이라고 해야 자연스럽다. 따라서 정답은 (d)이다.

오답분석
(a) stranger는 '낯선 사람'으로, '만나 보지 못한 사람', 혹은 '특정 장소에 친숙하지 않은 사람'이라는 뜻으로 쓰인다.

어휘 just [dʒʌst] 방금 join [dʒɔin] 가입하다, 합류하다 stranger [stréindʒər] 낯선 사람 colleague [kɑ́liːg] 동료 teammate [tíːmmèit] 같은 팀 사람 newcomer [njúːkʌ̀mər] 새로 온 사람

어휘플러스 stranger를 사용한 빈출 표현
- He is a **stranger** to me. 나는 그를 모른다.
- I'm a **stranger** here. 전 이 근방을 잘 몰라요.

2

정답 (b)

A: I didn't catch what you just said.
B: OK. ______________ carefully this time.

(a) Hear
(b) Listen
(c) Speak
(d) Attend

A: 방금 네가 한 말을 못 알아들었어.
B: 괜찮아. 이번에는 잘 들어 봐.

(a) 듣다
(b) 듣다
(c) 말하다
(d) 참석하다

해설 A가 '못 알아들었다(I didn't catch ~)'고 하였으므로, B는 '이번에는 잘 들어 봐(Listen carefully this time)'라고 해야 자연스럽다. 따라서 정답은 (b)이다.

오답분석
(a) listen이 '듣고자 하는 의지를 갖고 소리를 듣는다'는 의미임에 반해, hear는 '의지 여부에 관계없이 귀에 들린다'는 의미이므로 여기서는 적절치 않다.

어휘 catch [kætʃ] 알아듣다, 이해하다 attend [əténd] 참석하다

어휘플러스 통째로 기억하기

I **listened** but **heard** nothing. 나는 귀를 기울였지만(listened), 아무 소리도 들리지 않았다(heard).

catch를 사용한 빈출 표현

• **Catch** you later. (= See you later.) 나중에 보자.
• **catch** the train 기차를 (시간 맞춰) 타다
• **catch** a cold 감기에 걸리다

3

정답 (b)

A: May I ________ your order? B: Sure. I'd like a hamburger, please. (a) ask (b) take (c) collect (d) receive	A: 주문하시겠습니까? B: 네. 햄버거 하나 주세요. (a) 묻다 (b) 갖다, 받다, 취급하다 (c) 모으다, 수집하다 (d) 받다

| 해설 B가 '햄버거 주세요(I'd like a hamburger)' 라고 답한 것으로 보아 음식을 주문하는 상황임을 알 수 있다. 그러므로 A가 '주문하시겠습니까(May I take your order)?' 라고 묻는 것이 문맥상 자연스럽다. 따라서 정답은 (b)이다.

오답분석
(d) receive는 제공된 것이나 배달된 것을 '받다' 라는 의미이므로 오답이다.

| 어휘 take an order 주문을 받다 collect [kəlékt] 모으다, 수집하다 receive [risíːv] 받다

| 어휘플러스 '주문하시겠어요?' 의 빈출 표현

• Can I take your order?
• Are you being served?

4

정답 (b)

A: Barbara, here is a small gift I bought for you. B: Thanks! I don't know what to say. I'm ________. (a) mindless (b) speechless (c) unthinkable (d) unbelievable	A: Barbara, 널 위해 산 작은 선물이야. B: 고마워! 무슨 말을 해야 할지 모르겠다. 말문이 막히는걸. (a) 생각이 없는, 어리석은 (b) 말문이 막힌 (c) 생각할 수 없는, 어처구니 없는 (d) 믿을 수 없는, 믿기 어려운

| 해설 선물을 샀다는 A의 말에 B가 무슨 말을 해야 할지 모르겠다(I don't know what to say)고 하였고, 빈칸 앞의 주어가 I이므로, '말문이 막힌다(I'm speechless)' 는 내용이 이어지면 자연스럽다. 따라서 정답은 (b)이다.

오답분석
(a) mindless는 stupid(어리석은)의 의미이므로 오답이다.
(c) unthinkable은 '생각할 수 없는' 이라는 의미로, 주어로 사람이 오는 것은 어색하다.
(d) unbelievable은 '믿을 수 없는' 이라는 의미로, 주어로 사람이 오는 것은 어색하다.

| 어휘 what to say 무슨 말을 해야 할지 mindless [máindlis] 생각이 없는, 어리석은 speechless [spíːtʃlis] 말문이 막힌 unthinkable [ʌnθíŋkəbl] 생각할 수 없는, 어처구니 없는 unbelievable [ʌ̀nbilíːvəbl] 믿을 수 없는, 믿기 어려운

| 어휘플러스 통째로 기억하기

• It is **unthinkable** for him to quit the job. 그가 직장을 그만두는 것은 **생각도 할 수 없다**.
• The story was **unbelievable**. 그 이야기는 **믿을 수 없었다**.

5

정답 (a)

A: Who left the terrible mess in the kitchen?
B: I'm sorry. It's my ______________.

(a) fault
(b) error
(c) blame
(d) disaster

A: 누가 주방을 이렇게 어지렵혀 놨어?
B: 미안해. 내 잘못이야.

(a) 잘못, 과실
(b) 오류
(c) 비난
(d) 재앙

해설 '주방을 어질러 놓은 것(left the terrible mess in the kitchen)'에 대해 B가 사과하고 있으므로, '내 잘못이야(It's my fault)'라고 말하는 것이 자연스럽다. 따라서 정답은 (a)이다.

오답분석
(b) error는 '오차' 혹은 내용상의 '오류'라는 뉘앙스를 지니므로, 사람이 저지른 '과실'이라는 뜻의 fault와 다르다.

어휘 terrible [térəbl] 끔찍한 mess [mes] 난잡, 더러움 fault [fɔːlt] 잘못, 과실 blame [bleim] 비난 disaster [dizǽstər] 재앙

6

정답 (d)

A: How do you know so much about computers?
B: I guess it's because I ____________________ computers a lot.

(a) give up on
(b) get around to
(c) do away with
(d) play around with

A: 넌 어쩜 그리 컴퓨터에 대해 많이 알아?
B: 아마도 컴퓨터를 많이 갖고 놀아서 그런 거 같아.

(a) ~을 포기하다
(b) ~에 도달하다, ~에 착수하다
(c) ~을 없애다, ~을 치우다
(d) ~을 갖고 놀다

해설 컴퓨터에 대해 잘 아는 사람에게 '어떻게 그렇게 많이 알게 되었는지(How do you know so much about computers?)' 묻는 상황이므로, '컴퓨터를 많이 갖고 놀아서(I play around with computers a lot)'라고 대답하는 것이 가장 자연스럽다. 따라서 정답은 (d)이다.

어휘 give up on ~을 포기하다 get around to ~에 도달하다, ~에 착수하다 do away with ~을 없애다, ~을 치우다 play around with ~을 갖고 놀다

어휘플러스 통째로 기억하기

- I totally **gave up on** him. 난 그를 완전히 **포기했다**.
- I didn't **get around to** it yet. 난 아직 그것에 **착수도 하지 못했다**.
- **do away with** that regulation 그 규칙을 **폐지하다**

7

정답 (d)

A: George, could you come here now?
B: OK, I'll be there in a ______________.

(a) time
(b) point
(c) period
(d) minute

A: George, 지금 여기로 올 수 있니?
B: 그래, 곧 갈게.

(a) 시간
(b) 지점
(c) 기간
(d) 분

| 해설 '지금 올 수 있느냐(could you come here now?)'는 A의 질문에 대하여 B가 OK라고 대답하였으므로, '곧(in a minute)' 가겠다는 내용이 이어져야 가장 자연스럽다. 따라서 정답은 (d)이다.

| 어휘 in a minute 곧, 즉시 period [pí(:)əriəd] 기간

| 어휘플러스 통째로 기억하기

- There is no **time**. 시간이 없다.
- a transfer **point** 갈아타는 지점
- a **period** of illness 앓았던 기간

8

정답 (a)

A: How do I use this calling card?
B: Just ____________ the number listed on the back.

(a) dial
(b) find
(c) click
(d) write

A: 이 전화 카드는 어떻게 사용하는 건가요?
B: 뒷면에 나열된 번호를 돌리기만 하세요.

(a) 다이얼을 돌리다, 전화를 걸다
(b) 찾다, 우연히 발견하다
(c) 클릭하다
(d) 쓰다

| 해설 A가 전화 카드를 사용하는 방법을 묻고 있으므로(How do I use this calling card?), 뒷면에 적힌 번호(the number listed on the back)를 돌리라고(dial) 하는 내용이 와야 가장 자연스럽다. 따라서 정답은 (a)이다.

| 어휘 calling card 전화 카드 listed [lístid] 나열된 dial [dáiəl] 다이얼을 돌리다, 전화를 걸다

| 어휘플러스 통째로 기억하기

- Insert a dime and **dial** your number. 10센트를 넣고 번호를 돌리시오.

9

정답 (c)

A: Is there a drugstore nearby?
B: Excuse me? Can you ____________ that, please?

(a) retell
(b) recall
(c) repeat
(d) remind

A: 근처에 약국이 있습니까?
B: 뭐라고 하셨죠? 다시 말씀해 주시겠어요?

(a) 다시 말하다, 형태를 고쳐 말하다
(b) 회상하다
(c) 다시 말하다
(d) 상기시키다, 일깨우다

| 해설 A가 한 말을 B가 못 알아듣고 'Excuse me?'라고 말하고 있으므로, 다시 한 번 말해 달라(Can you repeat that, please?)는 내용이 와야 자연스럽다. 따라서 정답은 (c)이다.

오답분석
(a) retell은 글이나 이야기 등을 원래의 방식과 다르게 '다시 고쳐 말하거나 쓰다'를 의미한다.

| 어휘 drugstore [drʌ́gstɔ̀ːr] 약국 retell [riːtél] 다시 말하다, 형태를 고쳐 말하다 recall [rikɔ́ːl] 회상하다 repeat [ripíːt] 다시 말하다 remind [rimáind] 상기시키다, 일깨우다

| 어휘플러스 통째로 기억하기

- I can't **recall** having met him. 그를 만났던 일이 생각나지 않는다.
- I must **repeat** that I can't accept your offer. 다시 말하지만 너의 제안을 받아들일 수 없다.
- Please **remind** her to call me. 그녀에게 잊지 말고 내게 전화해 달라고 일러 주시오.

10

정답 (a)

A: Can I make an appointment to see Dr. Richards?
B: Yes, but he won't be __________ until next Monday at 4 p.m.

(a) free
(b) open
(c) clear
(d) empty

A: Richards 박사님과 진료 예약을 할 수 있을까요?
B: 네, 하지만 다음 주 월요일 오후 4시까지는 박사님께서 선약이 있으세요.

(a) 한가한, 선약이 없는
(b) 연, 열린
(c) 명확한
(d) 빈

해설 '진료 예약을 할 수 있냐(Can I make an appointment ~?)'는 A의 질문에 B가 Yes라고 대답하였지만, but이 나왔으므로 부정적인 내용이 이어져야 한다. 빈칸 뒤의 until next Monday at 4 p.m.(다음 월요일 오후 4시까지는)과 자연스럽게 연결되어 그때까지는 '한가하지(free) 않다'는 내용이 와야 한다. 따라서 정답은 (a)이다.

오답분석
(b) open은 '공개된, 개방된'이라는 의미와, 회사에 '빈자리가 있는, 공석이 있는'이라는 의미를 갖는다.

어휘 make an appointment 예약하다, 약속하다 see [siː] 진료를 받다 clear [kliər] 명확한 empty [émpti] 빈

어휘플러스 통째로 기억하기

- I'll be **free** in the afternoon. 난 오후에는 **한가할** 것이다.
- The position is **open**. (회사의) 자리가 비어 있다.
- His intent is not **clear**. 그의 의향은 **명확하지** 않다.
- an **empty** can 빈 깡통

11

정답 (c)

A: Hello, can I reserve some rooms for my tour group?
B: Sure. How many are in your __________?

(a) club
(b) gang
(c) party
(d) society

A: 안녕하세요, 제 여행 그룹을 위한 방들을 예약할 수 있을까요?
B: 그럼요. 일행이 몇 명이죠?

(a) 모임
(b) 한 무리, 패거리
(c) 일행
(d) 사회, 모임

해설 A가 여행 그룹을 위한 방을 예약하고 싶다고 하자, B가 함께 온 사람들이 몇 명인지(How many are in your ____?) 묻는 상황이므로, '일행'이라는 뜻의 party가 빈칸에 들어가야 한다. 따라서 정답은 (c)이다.

오답분석
(a) club은 특정한 활동이나 주제(particular activity or subject)에 관심을 갖는 사람들의 모임을 의미한다.
(b) gang은 부정적인 의미를 지닌 '집단', '무리'라는 의미이다.
(d) society가 '모임'이라는 의미를 지닐 때는 범위가 넓고 일반적인 모임인 경우가 많다.

어휘 reserve [rizə́ːrv] 예약하다, 보존하다 gang [gæŋ] 한 무리, 패거리 party [páːrti] 일행

어휘플러스 통째로 기억하기

- a conservative **club** 보수주의 단체
- a **gang** of robbers 강도 무리
- a sightseeing **party** 관광단
- a literary **society** 문학회

12

정답 (d)

A: I think we should make a decision right now.
B: No, let's ___________ it until next week.

(a) lay
(b) pause
(c) update
(d) postpone

A: 내 생각에 우린 지금 당장 결정을 내려야 할 거 같아.
B: 아니야, 다음 주까지 미루도록 하자.

(a) 놓다
(b) 멈추다
(c) 갱신하다, 최신의 것으로 하다
(d) 미루다

해설 지금 당장 의사 결정을 하자는 A의 말에 대해 B가 No라고 대답하였으므로, '미루자(let's postpone)'는 내용이 이어져야 자연스럽다. 따라서 정답은 (d)이다.

어휘 make a decision 결정을 내리다 lay [lei] 놓다 pause [pɔːz] 멈추다 update [ʌ̀pdéit] 갱신하다, 최신의 것으로 하다 postpone [pous*t*póun] 미루다

어휘플러스 통째로 기억하기
- **lay** a book on a desk 책을 책상 위에 놓다
- **update** information 정보를 갱신하다

13

정답 (d)

A: Can I speak to Mr. Frye, please?
B: He's very busy. I'm afraid he can't be ______________.

(a) touched
(b) aroused
(c) grabbed
(d) disturbed

A: Mr. Frye와 통화할 수 있을까요?
B: 그는 매우 바쁩니다. 유감스럽지만 그분을 방해할 수 없습니다.

(a) 감동받은
(b) 흥분한
(c) 붙잡힌
(d) 방해되는

해설 Mr. Frye가 바쁘다(He's very busy)고 하였으므로, 그는 '방해받을(disturbed) 수 없다'라는 내용이 들어가는 것이 자연스럽다. 따라서 정답은 (d)이다.

어휘 I'm afraid 유감스럽지만 touched [tʌtʃt] 감동받은 aroused [əráuzd] 흥분한 grab [græb] 붙잡다 disturb [distə́ːrb] 방해하다

14

정답 (b)

A: Where is the Admissions Office?
B: It's in the building ______________ this one.

(a) involving
(b) adjoining
(c) revolving
(d) conveying

A: 입학 관리처가 어디 있죠?
B: 이 건물과 서로 접한 건물에 있습니다.

(a) 관련된, 연루된
(b) 서로 접한, 부근의
(c) 회전하는
(d) 전하는

해설 위치를 묻는 질문에 답을 하는 상황이므로, '이 건물과 서로 접한(adjoining) 건물에 있다'라고 대답하는 것이 자연스럽다. 따라서 정답은 (b)이다.

| 어휘 Admissions Office 입학을 관리하는 부서 involve[inválv] 관련시키다 adjoining[ədʒɔ́iniŋ] 서로 접한, 부근의 revolving[riválviŋ] 회전하는 convey[kənvéi] 나르다, 전달하다

| 어휘플러스 통째로 기억하기

- two **adjoining** houses 서로 접해 있는 두 집
- a **revolving** stage 회전 무대
- **convey** the message 메시지를 전하다

15

정답 (a)

A: I'd like to book a direct flight to Milan for next Wednesday.
B: Sorry, the only flight that day has a ____________ in Hong Kong.

(a) stopover
(b) blowout
(c) letdown
(d) pullover

A: 다음 주 수요일 밀라노 행 직항을 예약하고 싶습니다.
B: 죄송합니다, 그 날짜에 가능한 유일한 항공편은 홍콩을 경유하는 것밖에 없습니다.

(a) 경유
(b) 파열, 펑크
(c) (속도의) 감소, 슬럼프
(d) 풀오버

| 해설 직항을 예약하고 싶어하는 A에게 '죄송합니다(Sorry)'라고 대답하는 것으로 보아, B가 '경유(stopover)'를 권유하고 있다는 것을 알 수 있다. stopover는 '도중하차' 혹은 '잠시 들르기'라는 의미로, 비행기가 다른 공항에 들렀다 가는 경유편을 의미할 때 쓰인다. 따라서 정답은 (a)이다.

| 어휘 book[buk] 예약하다 direct flight 직항 stopover[stápòuvər] 경유 blowout[blóuàut] 파열, 펑크 letdown[létdàun] (속도의) 감소, 슬럼프 pullover[púlòuvər] 풀오버 (머리부터 뒤집어 쓰는 니트 종류의 옷)

| 어휘플러스 '경유하다'의 빈출 표현

- by way of Canada 캐나다를 경유하여
- via Canada 캐나다를 경유하여
- layover 경유(= stopover)

16

정답 (c)

A: Oh, no! It's already 4! I'm going to be late for the meeting!
B: Relax. You're only a few minutes behind ____________.

(a) plan
(b) moment
(c) schedule
(d) appointment

A: 오, 안 돼! 벌써 4시야! 회의에 늦을 거야!
B: 진정해. 예정보다 겨우 몇 분 늦었을 뿐이야.

(a) 계획
(b) 순간
(c) 스케줄
(d) 약속

| 해설 회의에 늦을 거라고 걱정하는 A에게 B가 겨우 몇 분만 늦었을 뿐이다(You're only a few minutes behind ______)라고 위로하고 있다. 따라서 '일정이 예정보다 늦은'이라는 표현의 'behind schedule'이 와야 자연스럽다. 따라서 정답은 (c)이다.

오답분석
(a) plan은 '무엇인가를 달성하기 위해 사전에 세운 계획'이라는 뜻이므로 여기서는 어색하다.
(d) appointment는 '특정한 목적을 위해 시간을 정해서 만나는 약속' 자체를 의미하므로 여기서는 어색하다.

| 어휘 relax[rilǽks] 긴장을 늦추다 behind schedule 예정보다 늦은, 뒤쳐진 appointment[əpɔ́intmənt] 약속

| 어휘플러스 통째로 기억하기

- Enjoy every **moment**. 매 순간을 즐겨라.
- an **appointment** for an interview 면접 약속

17

정답 (d)

A: How're you doing in your math class? B: Much better. I'm beginning to ______________. (a) add up (b) sum up (c) move on (d) catch on	A: 수학 수업은 어떻게 되어 가니? B: 훨씬 나아. 알아듣기 시작했어. (a) 합하다 (b) 총계하다 (c) 계속 나아가다 (d) 알아듣다

| 해설 A가 수업이 어떠한지(How're you doing in your math class?) 묻자, B가 훨씬 나아졌다(Much better)고 했으므로, 수업을 '알아듣기(catch on)' 시작했다는 내용이 와야 자연스럽다. 따라서 정답은 (d)이다.

오답분석

(a) add up은 '수치를 합산하다'라는 의미이므로 오답이다.
(b) sum up은 '총계하다'라는 의미이므로 오답이다.
(c) move on은 '진행하다', 혹은 '(걸어서) 나아가다'라는 의미이므로 오답이다.

| 어휘 math[mæθ] 수학 (It is) much better. 훨씬 낫다. add up 합하다 sum up 총계하다 move on 계속 나아가다 catch on 알아듣다, 이해하다

18

정답 (d)

A: These days, I keep getting interrupted and can't finish my work. B: Well, don't let yourself get ______________. (a) adjusted (b) perplexed (c) insinuated (d) sidetracked	A: 요새 계속 집중이 안 되고 일을 끝낼 수가 없어. B: 음, 스스로를 탈선하게 하지 마. (a) 조절된, 바로잡은 (b) 난처한 (c) 넌지시 비친, 둘러 말한 (d) 탈선한, (일이나 주제에서) 벗어난

| 해설 A가 '집중이 안 되고 일을 마칠 수 없다(I keep getting interrupted and can't finish my work)'라고 말했으므로, B는 '스스로를 탈선하게 하지 마(don't let yourself get sidetracked)'라고 조언해야 자연스럽다. 따라서 정답은 (d)이다.

오답분석

(b) perplexed는 '난처해서 어찌할 바를 모르는'이라는 의미이므로 오답이다.

| 어휘 get interrupted 방해받다 adjust[ədʒʌ́st] 조절하다, 바로잡다 perplexed[pərplékst] 난처한, 당황한 insinuate[insínjuèit] 넌지시 비치다, 둘러 말하다 sidetrack[sáidtræ̀k] 탈선하다, (일이나 주제에서) 벗어나다

| 어휘플러스 '주제에서 벗어나다'의 빈출 표현

- sidetrack
- get off the subject
- digress

통째로 기억하기

- **adjust** one's glasses 안경을 바로 하다
- I am **perplexed** about the questions. 나는 문제들로 골치가 아프다.
- He **insinuates** that you are a liar. 그는 네가 거짓말쟁이라는 듯이 말한다.
- The teacher gets **sidetracked** easily. 선생님은 쉽게 주제에서 잘 벗어난다.

19

정답 (a)

A: It's snowing outside.
B: That's ____________. I thought winter was over.

(a) odd
(b) rare
(c) scarce
(d) unfamiliar

A: 밖에 눈이 내려.
B: 이상하네. 난 겨울이 끝났다고 생각했는데.

(a) 이상한
(b) 희귀한
(c) 부족한
(d) 잘 모르는

해설 겨울이 끝났다고 생각했는데(I thought winter was over), 눈이 온다(It's snowing outside)고 하였으므로, '이상하다(That's odd)' 라는 내용이 와야 가장 자연스럽다. 따라서 정답은 (a)이다.

오답분석
(b) rare는 '드물어서 진귀한' 이라는 의미이다.
(c) scarce는 '(식량 · 금전 · 생활 필수품 등이) 부족한' 이라는 의미이다.

어휘 outside[àutsáid] 밖에 be over 끝나다 odd[ɑd] 이상한 rare[rɛər] 희귀한 scarce[skɛərs] 부족한 unfamiliar[ʌ̀nfəmíljər] 잘 모르는

어휘플러스 통째로 기억하기

- It is **rare** for him to go out. 그가 외출하는 일은 드물다.
- Money is **scarce**. 돈이 부족하다.
- I am **unfamiliar** with the subject. 나는 그 주제에 대해 잘 모른다.

20

정답 (b)

A: Have you rented out your apartment yet?
B: Yes, I finally found a new ____________.

(a) client
(b) tenant
(c) patron
(d) landlord

A: 네 아파트를 세 놓았니?
B: 응, 드디어 새로운 입주자를 찾았어.

(a) 고객
(b) 세입자, 거주자
(c) 후원자, 단골 손님
(d) 집주인

해설 아파트 세를 놓았느냐(Have you rented out your apartment yet?)는 A의 질문에 B가 Yes라고 대답했으므로, '새 입주자를 찾았다(found a new tenant)' 라는 내용이 오는 것이 가장 자연스럽다. 따라서 정답은 (b)이다.

어휘 rent out 집을 세놓다 client[kláiənt] 고객 tenant[ténənt] 세입자, 거주자 patron[péitrən] 후원자, 단골 손님 landlord[lǽndlɔ̀ːrd] 집주인

어휘플러스 통째로 기억하기

- evict a **tenant** out of one's home 세입자를 쫓아내다
- a **patron** of the arts 예술의 후원자

21

정답 (c)

A: I don't think you can handle this project. B: What? I can't believe you have no ____________ in me! (a) deference (b) disillusion (c) confidence (d) consideration	A: 내 생각엔 넌 이 프로젝트를 감당하지 못할 것 같아. B: 뭐라고? 네가 날 신뢰하지 못하다니 믿을 수가 없구나! (a) 복종, 존중 (b) 환멸, 환영 (c) 신뢰, 신임 (d) 고려 사항

해설 '넌 이 프로젝트를 감당하지 못할 것 같다(I don't think you can handle this project)'는 A의 말에 대한 B의 대답에서 '~라는 것을 믿을 수 없다(I can't believe ~)'라고 하였고, 빈칸 뒤에 in이 있으므로 '~를 신뢰하다'라는 표현인 have confidence in을 완성하여 '네가 날 신뢰하지 못하다니 믿을 수 없다'라는 내용이 되는 것이 자연스럽다. 따라서 정답은 (c)이다.

어휘 handle [hǽndl] 다루다, 처리하다, 감당해내다 deference [défərəns] 복종, 존중 disillusion [dìsilúːʒən] 환멸, 환영 confidence [kάnfidəns] 신뢰, 신임 consideration [kənsìdəréiʃən] 고려 사항

어휘플러스 통째로 기억하기

- blind **deference** 맹종
- have **confidence** in ~을 신뢰하다
- take ~ into **consideration** ~을 고려하다

22

정답 (c)

A: What does it mean when people say they will burn the midnight oil? B: It's just an ____________ meaning that they will work late into the night. (a) invocation (b) illustration (c) expression (d) explanation	A: 사람들이 '한밤중의 기름을 태우겠다'라고 말하는 게 무슨 뜻이야? B: 그건 그냥 밤늦게까지 일하겠다는 것을 의미하는 표현이야. (a) 기도, 기원 (b) 삽화 (c) 표현, 표정 (d) 설명

해설 A가 burn the midnight oil의 뜻을 묻자 B가 의미를 설명해 주고 있으므로 '~을 의미하는 표현(an expression meaning that ~)'이라는 말이 되어야 자연스럽다. 따라서 정답은 (c)이다.

어휘 burn the midnight oil 밤늦게까지 일[공부]하다 late into the night 밤늦게까지 invocation [ìnvəkéiʃən] 기도, 기원 illustration [ìləstréiʃən] 삽화 expression [ikspréʃən] 표현, 표정 explanation [èksplənéiʃən] 설명

어휘플러스 '늦게까지 일하다'의 빈출 표현

- burn the midnight oil
- burn the candle at both ends
- work far into the night

23

정답 (d)

A: Wasn't that movie exciting?
B: It sure was. I was ____________ the whole time.

(a) passing the buck
(b) up to my old tricks
(c) picking up the pieces
(d) on the edge of my seat

A: 저 영화 정말 재미있지 않았니?
B: 정말 그랬어. 영화 내내 완전 매료되었었어.

(a) 책임을 전가하는
(b) 장난을 치는
(c) 사태를 수습하는
(d) (영화 등에) 완전히 매료된

해설 영화가 재미있었냐(Wasn't that movie exciting?)는 A의 질문에 B가 It sure was(정말 그랬어)라고 대답했으므로, '영화에 매료되었다(I was on the edge of my seat)'라는 내용이 이어져야 자연스럽다. 따라서 정답은 (d)이다.

어휘 exciting [iksáitiŋ] 흥미진진한, 재미있는 the whole time 내내 pass the buck 책임을 전가하다 up to one's old tricks 장난을 치는 pick up the pieces 사태를 수습하다, 파편을 긁어 모으다 on the edge of one's seat (영화 등에) 완전히 매료된

어휘플러스 통째로 기억하기

- Don't try to **pass the back** to me. 나한테 **책임을 전가하려고** 하지 마.
- The villagers thought the boy was **up to his old tricks** again. 마을 사람들은 소년이 또 **거짓말을 하는** 것이라고 생각했다.

24

정답 (c)

A: These old cottages are badly damaged.
B: Yes. They do look quite ____________.

(a) ebullient
(b) delinquent
(c) dilapidated
(d) embellished

A: 이 낡은 산장들은 심하게 훼손됐네.
B: 맞아. 정말 황폐해 보인다.

(a) 열정이 넘치는
(b) 불량스러운
(c) 황폐한, 헐어빠진
(d) 장식된, 꾸며진

해설 산장(cottages)이 많이 훼손되었다고(damaged) 하는 A의 말에 B가 동의하고 있으므로, '황폐해진(dilapidated)'이라는 표현이 빈칸에 들어가는 것이 자연스럽다. 따라서 정답은 (c)이다. 참고로, B의 말에서 do는 look이라는 동사를 강조하기 위해 사용되었다.

어휘 cottage [kátidʒ] 산장, 오두막 damaged [dǽmidʒd] 훼손된, 손상된 ebullient [ibʌ́ljənt] 열정이 넘치는 delinquent [dilíŋkwənt] (특히 청소년이) 불량스러운; 범법자 dilapidated [dilǽpidèitid] (건물 등이) 황폐한, 헐어빠진 embellish [imbéliʃ] 미화하다, 장식하다

어휘플러스 통째로 기억하기

- a juvenile **delinquent** 청소년 **범죄자**
- a **dilapidated** building **황폐한** 건물
- an **embellished** story **미화된** 이야기

25

정답 (d)

A: I don't think the suspect was working alone in this robbery.
B: Are you suggesting that he had a(n) ____________?

(a) contractor

A: 용의자가 이 강도질을 혼자 하고 있었던 것 같지는 않습니다.
B: 당신은 그에게 공범이 있었다고 말하는 겁니까?

(a) 계약자

(b) concubine (c) apprentice (d) accomplice	(b) 첩 (c) 수습생, 견습생 (d) 공범자

| 해설 A가 용의자(suspect) 혼자 강도질을 하지 않은 것 같다고 하는 내용으로 보아, B가 '공범자(accomplice)'가 있었다는 의미인지 물어보는 내용이 되어야 자연스럽다. 따라서 정답은 (d)이다.

| 어휘 suspect [sʌ́spekt] 용의자 robbery [rɑ́bəri] 강도, 약탈 suggest [səgdʒést] 제의하다, 암시하다 contractor [kɑ́ntræktər] 계약자 concubine [kɑ́ŋkjubàin] 첩 apprentice [əpréntis] 수습생, 견습생 accomplice [əkɑ́mplis] 공범자

| 어휘플러스 통째로 기억하기

- Have you chosen a **contractor** yet? **계약업체** 선정했어요?
- He began his career as an **apprentice**. 그는 **견습생**으로 경력을 시작했다.
- an **accomplice** in the bank robbery 은행 강도 **공범자**

Part II

26

정답 (b)

The bitter cold may cause the water in the pipes to ______________. (a) melt (b) freeze (c) defrost (d) release	강추위는 파이프 속의 물을 얼게 할 수도 있다. (a) 녹이다 (b) 얼리다 (c) 해동하다 (d) 방출하다

| 해설 주어가 강추위(The bitter cold)인 것으로 보아 파이프 속의 물을 '얼게(freeze)' 할 것이라는 내용이 와야 자연스럽다. 따라서 정답은 (b)이다.

| 어휘 bitter cold 강추위 cause [kɔːz] 일으키다, 원인이 되다 pipe [paip] 관, 파이프 melt [melt] 녹이다 freeze [friːz] 얼리다 defrost [di(ː)frɔ́(ː)st] 해동하다 release [riːlíːs] 방출하다

| 어휘플러스 release를 사용한 빈출 표현

- **release** a person 사람을 **풀어주다**
- **release** a bomb 폭탄을 **투하하다**
- **release** a statement 성명을 **발표하다**
- **release** a new album 새 앨범을 **출시하다**

통째로 기억하기

- The ice **melted**. 얼음이 **녹았다**.
- It **froze** completely. 얼음이 꽁꽁 **얼었다**.
- **Defrost** the meat thoroughly. 고기를 완전히 **해동시켜라**.
- **release** toxic gas 유독 가스를 **방출하다**

27

정답 (c)

Although reporters asked many questions, the vice chancellor did not ____________ any of them.

(a) say
(b) return
(c) answer
(d) request

기자들이 많은 질문을 했음에도 불구하고, 그 부총장은 질문 중 어느 것에도 대답하지 않았다.

(a) 말하다
(b) 돌아가다
(c) 대답하다
(d) 요구하다

해설 '기자들이 많은 질문을 했음에도 불구하고'라는 내용으로 보아, 그에 대한 '대답을 하지 않았다(did not answer)'라는 내용이 되어야 자연스럽다. 따라서 정답은 (c)이다.

오답분석
(a) say는 단순히 '말하다'라는 의미이므로 여기서는 어색하다.
(b) return이 '대답하다'라는 의미로 쓰이려면 return with an answer와 같이 쓰여야 한다.

어휘 vice chancellor (대학의) 부총장, 부대법관 request[rikwést] 요구하다

28

정답 (b)

Unlike other floor cleaners, the new SqueakyClean Pro disinfects the floor while you ____________ it.

(a) tap
(b) mop
(c) rinse
(d) drain

다른 바닥 세제와 달리, 새로운 SqueakyClean Pro는 걸레질을 하는 동안 바닥을 살균해 줍니다.

(a) (가볍게) 두드리다
(b) 걸레질하다
(c) 헹구다
(d) 배수하다

해설 여기서 광고하는 물건은 '바닥 세제(floor cleaners)'이므로, '바닥을 걸레질하다(mop)'라는 내용이 오는 것이 자연스럽다. 따라서 정답은 (b)이다.

어휘 unlike[ʌnláik] ~과는 달리 cleaner[klíːnər] 세제 disinfect[dìsinfékt] 살균하다 tap[tæp] (가볍게) 두드리다 mop[mɑp] 걸레질하다 rinse[rins] 헹구다 drain[drein] 배수하다

어휘플러스 통째로 기억하기

- **tap** a nail into a wall 벽에 못을 두드려 박다
- **mop** the floor 바닥을 걸레질하다
- **rinse** one's mouth 입을 헹구다
- The ground is well-**drained**. 그 땅은 물이 잘 빠진다.

29

정답 (b)

Each answer will be counted as either right or wrong; no ____________ credit will be given.

(a) full
(b) partial
(c) medial
(d) neutral

각각의 답은 '맞다' 또는 '틀리다'로 계산됩니다; 부분 점수는 없습니다.

(a) 완전한
(b) 부분의
(c) 중간의, 평균의
(d) 중립의

| 해설 답이 '맞다'와 '틀리다' 중 하나로만 계산된다고 했고, 빈칸 뒤에 credit(점수)가 있으므로, '부분 점수(partial credit)'가 주어지지 않는다는 내용이 되는 것이 자연스럽다. 따라서 정답은 (b)이다.

| 어휘 count [kaunt] 셈하다, 계산하다 either A or B A 또는 B 둘 중 하나 credit [krédit] 점수 partial [pá:rʃəl] 부분의 medial [mí:diəl] 중간의, 평균의 neutral [njú:trəl] 중립의

| 어휘플러스 통째로 기억하기

- a **partial** exemption 부분 면제
- a **medial** consonant 중간 자음
- a **neutral** nation 중립국

30

정답 (d)

The physical nature of viruses was not fully ___________ until the invention of the electron microscope.

(a) published
(b) assembled
(c) developed
(d) understood

전자 현미경이 발명될 때까지는 바이러스의 물리적 성질이 완전히 이해되지 않았었다.

(a) 발행되다
(b) 조립되다
(c) 고안되다
(d) 이해되다

| 해설 '전자 현미경이 발명될 때까지(until the invention of the electron microscope)'라는 내용으로 보아, 이때까지는 바이러스의 성질이 '잘 이해되지 않았다'는 내용이 와야 문맥이 자연스럽다. understand는 fully와 함께 쓰여 '완전히 이해하다'의 뜻이며, 여기서는 수동형으로 쓰였다. 따라서 정답은 (d)이다.

| 어휘 physical [fízikəl] 물리적인 nature [néitʃər] 성질, 천성, 본성 fully [fúli] 완전히 invention [invénʃən] 발명(품) electron microscope 전자 현미경 publish [pʌ́bliʃ] 발행하다 assemble [əsémbl] 조립하다 develop [divéləp] 고안하다 understand [ʌ̀ndərstǽnd] 이해하다

| 어휘플러스 통째로 기억하기

- **publish** a book 책을 발행하다
- **assemble** the product 물건을 조립하다
- **develop** the game 게임을 고안하다

31

정답 (b)

Death Valley ___________ less than two inches of precipitation per year.

(a) balances
(b) averages
(c) estimates
(d) calculates

죽음의 계곡은 강수량이 평균 일 년에 2인치 이하이다.

(a) 균형잡다
(b) 평균하여 ~이다
(c) 평가하다, 견적내다
(d) 계산하다

| 해설 빈칸 뒤에 '강수량이 일 년에 2인치 이하이다(less than two inches of precipitation per year)'라는 내용이 있으므로, 빈칸에는 '평균 ~이다(averages)'라는 표현이 들어가는 것이 자연스럽다. 따라서 정답은 (b)이다.

| 어휘 less than ~ 이하인 precipitation [prisìpitéiʃən] 강수, 강우 balance [bǽləns] 균형잡다 average [ǽvəridʒ] 평균하여 ~이다 estimate [éstəmèit] 평가하다, 견적내다 calculate [kǽlkjulèit] 계산하다

| 어휘플러스 통째로 기억하기

- **balance** oneself 몸의 균형을 잡다
- I **average** eight hours of work a day. 나는 하루 **평균** 8시간 일한다.
- **estimate** the value 가치를 견적내다
- **calculate** the speed of light 빛의 속도를 계산하다

32

정답 (b)

Every president ______________ a crisis of some kind during his presidency.

(a) halts
(b) faces
(c) works
(d) pushes

모든 대통령은 그들의 임기 동안에 어떤 종류의 위기를 맞이한다.

(a) 멈추다, 중지시키다
(b) 직면하다
(c) 일하다
(d) 밀쳐내다

| 해설 빈칸 앞의 Every president(대통령)와 빈칸 뒤의 a crisis of some kind(어떤 종류의 위기)가 내용상 자연스럽게 연결되려면 '대통령들은 어떤 종류의 위기에 직면한다'는 내용이 되어야 적절하다. face는 crisis와 함께 쓰여 '위기에 직면하다'라는 의미를 나타낸다. 따라서 정답은 (b)이다.

오답분석
(a) halt는 동작 등을 '중지시키다'의 의미이므로 여기서는 어울리지 않는다.

| 어휘 crisis [kráisis] 재난, 위기 presidency [prézidənsi] 대통령의 직위 halt [hɔːlt] 멈추다, 중지시키다 face [feis] 직면하다 push [puʃ] 밀쳐내다

| 어휘플러스 통째로 기억하기

- **halt** one's approach 접근을 멈추다
- The workers **halted** the production at the plant. 노동자들은 공장에서 생산을 **중단했다**.
- **push** one's way through the crowd 인파를 헤치고 나아가다

33

정답 (c)

______________ are formed when the same actions are repeated over and over for a long period of time.

(a) Traits
(b) Styles
(c) Habits
(d) Hobbies

같은 행동이 오랜 기간 동안 계속해서 반복되면 습관이 형성된다.

(a) 특성
(b) 스타일, 모양
(c) 습관
(d) 취미

| 해설 '같은 행동이 오랫동안 반복된다(the same actions are repeated over and over for a long period of time)'로 보아 '습관(Habits)'이 형성된다는 내용임을 알 수 있다. 따라서 정답은 (c)이다.

오답분석
(a) trait는 사람이나 물건이 지닌 '특징 · 성격'을 의미한다.

| 어휘 repeat [ripíːt] 반복하다, 되풀이하다 over and over 반복해서 for a long period of time 오랜 기간 동안 trait [treit] 특성

| 어휘플러스 통째로 기억하기

- American **traits** 미국인의 특성(국민성)

34

정답 (d)

Regardless of how many times you may have tried to quit smoking in the past, this new treatment is ____________ to work.

(a) agreed
(b) secured
(c) satisfied
(d) guaranteed

과거에 몇 번이나 금연을 하려고 노력했는지와 상관없이, 이 새로운 치료법은 효과가 있다는 것이 보장된다.

(a) 합의한, 결정된
(b) 확보된
(c) 만족한
(d) 보장되는, 보증되는

해설 과거 금연 횟수와 관계 없이(Regardless of how many times ~) 새로운 치료법이 효과가 있다(work)고 하였으므로, 빈칸에는 효과가 있다는 것이 '보장된다(guaranteed)'는 내용이 들어가야 자연스럽다. guarantee는 be guaranteed to와 같이 쓰여 '~임이 보장된다'라는 의미를 지닌다. 따라서 정답은 (d)이다.

오답분석
(b) secure는 지위 등을 안전하게 '확보하다'를 의미한다.

어휘 regardless of ~과 상관없이, ~과 관계없이 quit[kwit] 그만두다 treatment[trí:tmənt] 치료법 work[wəːrk] 효과가 있다 agree[əgríː] 동의하다 secure[sikjúər] 확보하다, 확신을 주다 satisfied[sǽtisfàid] 만족한 guarantee[gæ̀rəntíː] 보장하다, 보증하다

어휘플러스 통째로 기억하기

- It was **agreed** that ~ ~라고 의견이 일치되었다
- We were **satisfied** with the result. 우리는 그 결과에 만족했다.
- Customer satisfaction **guaranteed.** 고객 만족 보장

35

정답 (b)

The university's Global Exchange Program provides a limited number of students with the ____________ to study abroad for a year.

(a) adaptability
(b) opportunity
(c) applicability
(d) accessibility

그 대학의 국제 교환 프로그램은 제한된 수의 학생들에게 1년간 해외에서 공부할 기회를 제공한다.

(a) 적응성
(b) 기회
(c) 적용 가능성
(d) 접근성

해설 대학의 국제 교환 프로그램이 학생들에게 제공한다(provides)고 하였고, 빈칸 뒤에 '외국에서 공부하는(to study abroad)'는 이라는 내용이 있으므로, 빈칸에는 '기회(opportunity)'가 들어가는 것이 자연스럽다. 따라서 정답은 (b)이다.

오답분석
(d) accessibility는 건물 · 장소와의 '접근성', 혹은 정보 · 장비를 '쉽게 이용 가능함'을 의미하는 단어이다.

어휘 exchange[ikstʃéindʒ] 교환 provide A with B A에게 B를 제공하다 abroad[əbrɔ́ːd] 외국에서 adaptability[ədæ̀ptəbíləti] 적응성 opportunity[ɑ̀pərtjúːnəti] 기회 applicability[æ̀pləkəbíləti] 적용 가능성 accessibility[æksèsəbíləti] 접근성

어휘플러스 통째로 기억하기

- **adaptability** to change 변화에 대한 적응
- **applicability** of the provisions 조항들의 적용 여부
- **accessibility** to the urban area 도시와의 접근성

36

정답 (c)

Though taxes are high, that is certainly not a(n) _______________ excuse for not paying them.

(a) reliable
(b) improper
(c) legitimate
(d) accredited

세금이 높다 하더라도, 이는 명백히 세금을 내지 않는 것에 대한 정당한 변명은 아니다.

(a) 믿을 수 있는
(b) 부적당한, 틀린
(c) 정당한, 합법적인
(d) 인정된, 공인된

해설 '세금이 높다고 해도(Though taxes are high)' 라는 내용으로 보아, '세금을 내지 않는 것에 대한(for not paying them) 정당한 변명(legitimate excuse)이 아니다' 라는 내용이 되어야 자연스럽다. 따라서 정답은 (c)이다.

오답분석
(d) accredited는 특정 기관이나 사람이 적절한 기준에 부합했음이 '인정된' 것을 의미한다.

어휘 certainly [sə́:rtnli] 분명히 excuse [ikskjú:z] 변명, 핑계 reliable [riláiəbl] 믿을 수 있는 improper [imprápər] 부적당한, 틀린 legitimate [lidʒítəmət] 정당한, 합법적인 accredited [əkréditid] 인정된, 공인된

어휘플러스 통째로 기억하기

- a **reliable** friend 믿을 수 있는 친구
- draw **improper** conclusions 잘못된 결론을 내리다
- a **legitimate** owner 적법 소유자
- an **accredited** technician 공인된 (정규) 기술자

37

정답 (b)

In a democracy, the president is _______________ to office by the country's citizens.

(a) lifted
(b) voted
(c) opted
(d) polled

민주주의에서, 대통령은 그 국가의 국민들에 의해 관직에 투표로 선출된다.

(a) 들리다
(b) 투표로 선출되다
(c) 선택되다
(d) 여론 조사되다

해설 '민주주의에서(In a democracy)' 라고 하였고, 빈칸 뒤에 '국민에 의해(by the country's citizens)' 라는 내용이 있으므로, 대통령이 '투표로 선출된다(voted)' 라는 내용이 되어야 자연스럽다. 따라서 정답은 (b)이다.

오답분석
(c) opt는 단순히 '고르다', '선택하다' 의 의미이므로, 투표 용지를 통해 '정식으로 투표 · 선출하다' 라는 의미의 vote와 다르다.

어휘 democracy [dimákrəsi] 민주주의 office [ɔ́(:)fis] 관직, 직무 citizen [sítəzən] 국민, 시민 lift [lift] 들다 vote [vout] 투표로 선출하다 opt [ɑpt] 선택하다 poll [poul] 여론 조사하다

어휘플러스 통째로 기억하기

- The piano was **lifted** by him. 그는 피아노를 들었다.
- You have the right to **vote**. 당신은 **투표할** 권리가 있습니다.
- The candidates are **opted** by voters. 그 후보들은 투표자들에 의해 **뽑힌다**.
- The workers are **polled**. 노동자에게 여론 조사를 **실시한다**.

38

정답 (a)

A sports official should pay no attention to the ______________ of the home crowd when a decision goes against the home team.

(a) booing
(b) conflict
(c) support
(d) cheering

심판은 홈 팀에게 불리한 판정이 내려졌을 때 홈 관중들의 야유에 신경을 쓰지 말아야 한다.

(a) 야유
(b) 대립, 갈등
(c) 지원, 지지
(d) 응원, 갈채

해설 'when a decision goes against the home team(홈 팀에게 불리한 판정이 내려졌을 때)'이라고 했으므로, 이러한 상황에서 심판이 신경 쓰지 말아야 할(A sports official should pay no attention to ~) 것으로 적절한 것을 고르면, 관중의 '야유(booing)'라는 말이 빈칸에 적절하다. 따라서 정답은 (a)이다.

오답분석
(b) conflict는 두 당사자 이상의 의견 대립을 의미하기 때문에, 여기서 쓰일 경우, '관중들 사이의 갈등(conflict of the home crowd)'이라는 의미가 되므로 어색하다.

어휘 sports official 경기 임원 (심판, 기록원 등) pay attention 유의하다, 주의를 기울이다 crowd [kraud] 관중 boo [bu:] 야유하다 conflict [kənflíkt] 대립, 갈등 support [səpɔ́:rt] 지원, 지지 cheer [tʃiər] 응원하다, 갈채하다

어휘플러스 통째로 기억하기
- **boos** and hisses 야유
- a **conflict** of opinion 의견의 대립
- mass **support** 대중의 지지
- clapping and **cheering** 박수갈채

39

정답 (c)

Car ______________ and smog from factories are major causes of the global air pollution problem.

(a) leakage
(b) mileage
(c) emissions
(d) transmissions

자동차 배기가스와 공장의 스모그는 전 세계 대기 오염 문제의 주 요인들이다.

(a) 누출, 누수
(b) 연비
(c) 배기, 방출
(d) 전달

해설 전 세계 대기 오염 문제의 주 요인(major causes of the global air pollution problem)이라고 하였고 빈칸 앞에 Car(자동차)가 있으므로, 자동차와 관련하여 대기 오염의 원인이 될만한 '배기가스 방출'이라는 내용이 빈칸에 들어가야 한다. emissions는 car와 함께 쓰여 car emissions(자동차 배기가스)를 의미한다. 따라서 정답은 (c)이다.

어휘 smog [smɑg] 스모그 cause [kɔ:z] 요인, 이유 pollution [pəlú:ʃən] 오염 leakage [lí:kidʒ] 누출, 누수 mileage [máilidʒ] (자동차 등의) 연비 emission [imíʃən] 배기, 방출 transmission [trænsmíʃən] 전달

어휘플러스 통째로 기억하기
- nuclear **leakage** 방사능 누출
- a high-**mileage** car 연비가 좋은 차
- carbon dioxide **emissions** 이산화탄소의 배출
- **transmission** of news 뉴스 전송

40

정답 (c)

The movie was so poorly made that it was __________ to watch.

(a) ineffectual
(b) disfiguring
(c) unbearable
(d) implausible

그 영화는 너무 형편없이 만들어져서, 참고 볼 수 없었다.

(a) 효과 없는, 무익한
(b) 외관이 상한
(c) 참을 수 없는, 견디기 힘든
(d) 믿기 어려운, 그럴듯하지 않은

해설 '영화가 너무 형편없이 만들어졌다(The movie was so poorly made)'고 하였으므로, 보는 것이 '견디기 힘들었다(unbearable)'고 해야 자연스럽다. 따라서 정답은 (c)이다.

어휘 poorly [púərli] 서툴게, 허술하게 ineffectual [ìniféktʃuəl] 효과 없는, 무익한 disfigure [disfígjər] ~의 외관을 손상하다 unbearable [ʌ̀nbɛ́(:)ərəbl] 참을 수 없는, 견디기 힘든 implausible [implɔ́:zəbl] 믿기 어려운, 그럴듯하지 않은

어휘플러스 통째로 기억하기

- an **ineffectual** attempt 무모한 시도
- a **disfiguring** face 흉한 얼굴
- **unbearable** heat 견딜 수 없는 더위
- an **implausible** alibi 믿기 어려운 알리바이

41

정답 (d)

To make our state more homeschool friendly, we plan not to __________ burdens on parents who teach at home.

(a) affect
(b) dictate
(c) charge
(d) impose

우리 주(州)를 홈스쿨에 더욱 우호적으로 만들기 위해, 가정에서 가르치는 부모들에게 부담을 지우지 않으려 계획하고 있다.

(a) 영향을 미치다
(b) 받아쓰게 하다, 지시하다
(c) (의무를) 지우다, 비난하다
(d) (벌 · 세금 등을) 지우다

해설 빈칸 뒤에 burden(부담)이라는 말이 나온 것으로 보아 '부담을 지우다'라는 말이 문맥상 자연스럽다. burden 뒤에 전치사 on이 있으며, on과 함께 쓰여 '(부담을) 지우다'를 나타내는 표현은 impose on이다. 따라서 정답은 (d)이다.

오답분석
(c) charge는 with와 함께 쓰여 '의무를 지우다'라는 의미로 쓰인다.

어휘 state [steit] 주 homeschool [hóumskù:l] 홈스쿨 (집에서 교육받는 것) friendly [fréndli] 우호적인 burden [bə́:rdn] 부담 affect [əfékt] 영향을 미치다 dictate [díkteit] 받아쓰게 하다, 지시하다 charge [tʃɑ́:rdʒ] (의무를) 지우다, 비난하다 impose [impóuz] (벌 · 세금 등을) 지우다

어휘플러스 통째로 기억하기

- **affect** health 건강에 영향을 끼치다
- **dictate** a letter 편지를 받아쓰게 하다
- be **charged** with ~로 비난받다, (업무를) 부여받다
- **impose** taxes on a person's property ~의 재산에 과세하다

42

정답 (a)

In ancient times, the land surrounding the Nile River was known for its ___________ mud, which could produce two crops a year.

(a) fertile
(b) potent
(c) barren
(d) sterile

고대에, 나일강을 둘러싼 토지는 일 년에 두 번 작물을 생산할 수 있는 비옥한 땅으로 알려져 있었다.

(a) 비옥한
(b) 강력한
(c) 불모의
(d) 불모의, 무균의

| 해설 빈칸 뒤에서 일 년에 두 번 작물을 거둔다(produce two crops a year)고 하였으므로, '비옥한 땅(fertile mud)'으로 유명하다는 내용이 되어야 자연스럽다. 따라서 정답은 (a)이다.

오답분석

(b) potent는 주로 '강력한', '효과가 있는'이라는 뜻이다.

| 어휘 ancient[éinʃənt] 고대의 surrounding[səráundiŋ] 둘러싼 be known for ~으로 알려지다, ~로 유명하다 mud[mʌd] 진흙 two crops a year 1년 이모작 fertile[fə́ːrtəl] 비옥한 potent[póutənt] 강력한 barren[bǽrən] 불모의 sterile[stéril] 불모의, 무균의

| 어휘플러스 통째로 기억하기

- **potent** drug 약효가 강력한 약
- the **barren** ground 불모의 땅
- **sterile** soil 불모의 토양

43

정답 (d)

The inquisitive toddlers were ___________ by the many strange animals at the zoo.

(a) elevated
(b) appalled
(c) horrified
(d) fascinated

그 호기심 많은 아이들은 동물원의 많은 기묘한 동물들에게 넋을 빼앗겼다.

(a) 고상한
(b) 놀란, 질겁한
(c) 소름 끼친, 무서워하는
(d) 매혹된

| 해설 빈칸 뒤에 '신기한 동물들에 의해(by the many strange animals)'라는 표현이 있으므로, 아이들이 '매혹되었다(were fascinated)'는 내용이 되어야 자연스럽다. 따라서 정답은 (d)이다.

오답분석

(c) 호기심 많은 아이들(inquisitive toddlers)이 신기한 동물들(strange animals)을 보고 느낀 감정이므로, 소름 끼친(horrified)이라는 표현은 어색하다.

| 어휘 inquisitive[inkwízitiv] 호기심 많은 toddler[tάdlər] 아장아장 걷는 유아 elevated[éləvèitid] 고상한 appall[əpɔ́ːl] 놀라게 하다, 질겁하게 하다 horrified[hɔ́(ː)rəfàid] 소름 끼친, 무서워하는 fascinate[fǽsənèit] 매혹하다

| 어휘플러스 통째로 기억하기

- **elevated** thoughts 고상한 사상
- I was **appalled** at that sight. 나는 그 장면에 질겁하였다.
- The sound **horrified** us all. 그 소리가 우리 모두를 소름끼치게 했다.
- be **fascinated** by beauty 미모에 사로잡히다

44

정답 (b)

The police ____________ three scholars for speaking out against the government.

(a) derided
(b) detained
(c) dethroned
(d) dispatched

경찰은 정부에 대항하여 목소리를 냈다는 이유로 세 명의 학자들을 감금시켰다.

(a) 비웃었다
(b) 감금시켰다, 유치시켰다
(c) 폐위했다, (권력에서) 축출했다
(d) 급파했다

해설 '정부에 대항하여 이야기했다는 이유로(for speaking out against the government)' 라는 내용으로 보아, 경찰이 세 명의 학자를 '감금시켰다(detained)' 라는 내용이 되어야 자연스럽다. 따라서 정답은 (b)이다.

어휘 scholar [skálər] 학자 speak out 거리낌없이 이야기하다, 목청 높이다 against [əgénst] ~에 반하여 deride [diráid] 비웃다 detain [ditéin] 감금시키다, 유치시키다 dethrone [di(:)θróun] 폐위하다 dispatch [dispǽtʃ] 급파하다

어휘플러스 통째로 기억하기

- **deride** others 다른 사람을 비웃다
- **detain** at a police station 경찰서에 유치하다
- **dethrone** a king 왕을 폐위시키다
- **dispatch** soldiers to India 인도에 군대를 파견하다

45

정답 (c)

Since the 1980s, new technologies at NASA have ____________ a fleet of light-weight, low-cost unmanned craft.

(a) arrayed
(b) operated
(c) spawned
(d) precluded

1980년대 이후로, NASA의 새 기술들은 가볍고 저비용인 무인 우주선을 생산했다.

(a) 정렬했다
(b) 운용했다, 경영했다
(c) 생산했다, 낳았다
(d) 막았다, 방해했다

해설 빈칸 앞뒤로 '새 기술들(new technologies)' 과 '가볍고 저비용인 무인 우주선(a fleet of light-weight, low-cost unmanned craft)' 라는 내용이 있으므로 빈칸에는 '생산했다(spawned)' 가 들어가야 자연스럽다. 따라서 정답은 (c)이다.

오답분석
(b) 문장의 주어인 technologies가 우주선을 운영할 수 있는 사람이나 주체가 아니므로 operate는 오답이다.

어휘 NASA 미항공우주국 fleet [fli:t] (동일 회사 소유의) 모든 선박(차량, 비행기) low-cost 저비용의 unmanned [ʌnmǽnd] 무인의 craft [kræft] 우주선 array [əréi] 정렬하다 operate [ápərèit] 운용하다, 경영하다 spawn [spɔ:n] 생산하다, 낳다 preclude [priklú:d] 막다, 방해하다

어휘플러스 통째로 기억하기

- The soldiers **arrayed** themselves. 군인들이 정렬하였다.
- He **operates** a hotel. 그는 호텔을 경영한다.
- **spawn** problems 문제를 낳다
- **preclude** ~ from -ing ~가 -하는 것을 막다

46

정답 (a)

As tuition fees continue to rise annually, ______________ of parent complaints and student withdrawals are increasing.

(a) incidents
(b) examples
(c) occasions
(d) conditions

매년 학비가 계속하여 증가함에 따라, 부모들의 불만과 학생 자퇴 사건이 증가하고 있다.

(a) 사건, 일어난 일
(b) 예, 견본
(c) 특별한 일, 행사
(d) 상태

| 해설 '부모들의 불만과 학생들의 자퇴(parent complaints and student withdrawals)'는 부정적인 뉘앙스를 지니는 '사건(incidents)'이라고 표현해 주는 것이 자연스럽다. 따라서 정답은 (a)이다.

오답분석
(c) occasion은 주로 특별히 기념할 '행사'를 의미한다.

| 어휘 tuition fee 학비 rise[raiz] 증가하다 complaint[kəmpléint] 불평, 불만 withdrawal[wiðdrɔ́:əl] 자퇴 incident[ínsidənt] 사건, 일어난 일 example[igzǽmpl] 예, 견본 occasion[əkéiʒən] 특별한 일, 행사 condition[kəndíʃən] 상태

| 어휘플러스 통째로 기억하기

- a horrifying **incident** 무시무시한 사건
- family **occasion** 가족 행사
- working **conditions** 근무 조건, 근무 환경

47

정답 (b)

The classic elegance and quality of modern Italian fashion have now completely ______________ the cliché that Italy is all about outdated trends.

(a) restored
(b) displaced
(c) sustained
(d) compelled

현대 이탈리아 패션의 고전적인 고상함과 특성은 이제 이탈리아에는 오래된 유행만 있다는 진부한 표현을 완전히 바꾸어 놓았다.

(a) 복구했다, 회복했다
(b) 바꾸어 놓았다, 대체했다
(c) 유지했다
(d) 굴복시켰다

| 해설 빈칸 앞부분에는 현대의 이탈리아 패션(modern Italian fashion)이 언급되었고 빈칸 뒷부분에는 이탈리아에는 오래된 유행만 있다(Italy is all about outdated trends)는 내용이 언급되었다. 빈칸 바로 앞의 completely와 함께 쓰여 이 내용을 자연스럽게 연결할 수 있는 것은 '바꾸어 놓았다'는 의미의 displaced이다. 따라서 정답은 (b)이다.

| 어휘 classic[klǽsik] 고전적인 elegance[éləgəns] 우아함 modern[mádərn] 현대의 cliché[kli:ʃéi] 진부함, 틀에 박힌 표현 outdated[àutdéitid] 오래된, 유행이 지난 restore[ristɔ́:r] 복구하다, 회복하다 displace[displéis] 바꾸어 놓다, 대체하다 sustain[səstéin] 유지하다 compel[kəmpél] 굴복시키다

| 어휘플러스 통째로 기억하기

- **restore** law and order 치안을 회복하다
- **compel** ~ to submission ~를 복종시키다

48

정답 (c)

When his father realized that Beethoven was unusually gifted in music, he decided to ______________ his son's talents by having him tutored.

(a) gird
(b) allot
(c) hone
(d) mend

베토벤의 아버지가 베토벤이 음악에 특별한 재능이 있음을 알았을 때, 그는 아들을 개인 교습시켜서 아들의 재능을 연마하기로 결정했다.

(a) 허리띠로 매다, 대비하다
(b) 배당하다, 할당하다
(c) 연마하다
(d) 수선하다, 개선하다

| 해설 빈칸 뒤에 talents(재능)가 있고, by having him tutored(개인 교습을 시킴으로써)라는 수단이 언급되어 있으므로, '그의 아들의 재능을 연마하다(hone his son's talents)'라는 내용이 와야 자연스럽다. 따라서 정답은 (c)이다.

오답분석
(d) mend는 '문제점을 고치다' 혹은 '물건을 수선하다'라는 의미의 표현이다.

| 어휘 **realize**[rí(:)əlàiz] 깨닫다 **unusually**[ʌnjú:ʒuəli] 특별하게, 유별나게 **be gifted in** ~에 천부적 재능이 있다 **talent**[tǽlənt] 재능 **tutor**[tjú:tər] 개인 교습을 하다 **gird**[gə:rd] 허리띠로 매다, 대비하다 **allot**[əlát] 배당하다, 할당하다 **hone**[houn] (기술 등을) 연마하다 **mend**[mend] 수선하다, 개선하다

| 어휘플러스 통째로 기억하기

- **gird** oneself for the trial 시련에 대처하다
- **allot** shares to several people 주식을 여러 사람들에게 배당하다
- **hone** one's skill 기술을 연마하다
- **mend** problems 사태를 개선하다

49

정답 (c)

In the US, courts are expected to interpret the Constitution correctly to avoid any ______________ of civil rights.

(a) fluctuation
(b) amendment
(c) infringement
(d) remuneration

미국에서, 법원들은 시민권의 침해를 피하기 위해 헌법을 바르게 해석하도록 기대된다.

(a) (방향 · 위치 · 상황의) 변동
(b) 개정, 수정(안)
(c) (법규) 위반, 위배
(d) 보수, 보상

| 해설 빈칸 뒤에 시민권(civil rights)이라는 표현이 있으므로, '시민권의 침해를 피하기 위해(to avoid any infringement of civil rights)' 법원이 헌법을 바르게 해석한다(courts are expected to interpret the Constitution correctly)는 내용이 되어야 자연스럽다. 따라서 정답은 (c)이다.

| 어휘 **court**[kɔ:rt] 법정 **interpret**[intə́:rprit] 해석하다 **constitution**[kànstitjú:ʃən] 헌법 **civil rights** 시민권 **fluctuation**[flʌ̀ktʃuéiʃən] (방향 · 위치 · 상황의) 변동 **amendment**[əméndmənt] 개정, 수정(안) **infringement**[infríndʒmənt] (법규) 위반, 위배 **remuneration**[rimjù:nəréiʃən] 보수, 보상

| 어휘플러스 통째로 기억하기

- **fluctuation** in price 물가의 격변
- an **amendment** to the Constitution 헌법 개정
- an **infringement** of freedom of speech 언론 자유의 침해
- demand adequate **remuneration** 적정 보수를 요구하다

50

정답 (c)

Currently the most widely ____________ columnist, Ann Landers is read in more than 1,200 newspapers around the world.

(a) generated
(b) franchised
(c) syndicated
(d) accessorized

현재 가장 널리 글이 실리는 칼럼니스트인 Ann Landers는 전 세계 1,200개 이상의 신문에서 읽혀진다.

(a) 생성된
(b) 특권을 얻은
(c) (기사 등이) 동시에 많은 신문 · 잡지에 배급된
(d) (액세서리가) 달린

해설 '전 세계 1,200개 이상의 신문에서 읽혀진다(is read in more than 1,200 newspapers around the world)'고 하였으므로, '가장 널리 글이 실리는(the most widely syndicated)' 칼럼니스트라는 내용이 되어야 자연스럽다. 따라서 정답은 (c)이다.

어휘 currently [kə́:rəntli] 현재 widely [wáidli] 널리 columnist [káləmnist] 칼럼니스트 generate [dʒénərèit] 생성하다 franchise [frǽntʃaiz] 특권을 주다; 독점 판매권 syndicate [síndikèit] (기사 등을) 동시에 많은 신문 · 잡지에 배급하다 accessorize [æksésəraiz] (액세서리를) 달다

어휘플러스 통째로 기억하기

- **generate** heat 열을 발생시키다
- a **franchise** to operate a business 사업체 운영 면허

Part I

1

정답 (c)

Mars, otherwise known as the "Red Planet," appears red because of the fine, red dust that covers its surface. The dust is not simply on the ground but in the atmosphere as well. The planet has frequent and intense dust storms that throw dust up to 25 miles into the air. One thing is for certain about Mars: ____________________.

(a) there was once water there
(b) it does not support any life
(c) it is a place covered in dust
(d) there is nothing much to see

다른 말로 "붉은 행성"이라고 알려진 화성은 행성 표면을 덮은 미세하고 붉은 먼지 때문에 붉게 보인다. 그 먼지는 지면 뿐 아니라 대기 중에도 있다. 화성에는 먼지를 상공 25마일까지 올리는 빈번하고 강한 모래 폭풍이 있다. 화성에 대하여 한 가지는 확실하다: ____________________.

(a) 한때 물이 있었다
(b) 어떠한 생명체도 없다
(c) 먼지로 뒤덮인 곳이다
(d) 볼 것이 별로 없다

해설 본문은 화성의 환경이 먼지가 가득 찬 곳이라는 내용을 중심으로 다루고 있다. 'The dust is not simply on the ground but in the atmosphere as well(먼지는 지면 뿐 아니라 대기 중에도 있다)'이라고 하였으므로, 정답은 (c)이다.

어휘 Mars[mɑːrz] 화성 otherwise[ʌ́ðərwàiz] 다른 말로는, 다르게는 fine[fáin] 고운, 미세한 cover[kʌ́vər] 뒤덮다 atmosphere[ǽtməsfìər] 대기 frequent[fríːkwənt] 빈번한, 상습적인 intense[inténs] 강렬한, 격렬한 for certain 확실한

2

정답 (d)

The Black Death was a terrifying outbreak of disease that first affected Europe in the 14th century. Victims of the disease often died within days, and thousands died of it every year. It spread at a fast rate, too, and could infect a whole town within weeks. Because there was no known cure at the time, the authorities built plague hospitals to hold victims or ordered victims to stay in their own houses so they would not spread the disease to others. Understandably, Europeans in the 14th century were ____________________.

(a) inventing many new medicines
(b) not able to succeed in their jobs
(c) not yet scientifically knowledgeable
(d) deathly afraid of catching the disease

흑사병은 14세기에 처음 유럽에 영향을 준 끔찍한 질병이었다. 그 병에 걸린 사람은 흔히 며칠 내에 사망했고, 그로 인해 매년 수천 명씩 죽었다. 그것은 또한 빠른 속도로 퍼졌으며, 몇 주 안에 한 마을 전체를 감염시킬 수 있었다. 그 당시엔 알려진 치료제가 없었기 때문에, 당국은 전염병 병원을 지어 병든 사람들을 수용했고, 다른 사람에게 그 병을 퍼뜨리지 않도록 그들의 집 안에 머물 것을 명령했다. 당연히 14세기 유럽인들은 ____________________.

(a) 새로운 약들을 많이 개발하고 있었다
(b) 직업에서 성공할 수 없었다
(c) 아직 과학적인 지식이 없었다
(d) 그 병에 걸리는 것을 몹시 두려워했다

해설 본문에 따르면, 흑사병이 유럽의 많은 사람들을 죽게 하였고, 빠른 속도로(at a fast rate) 퍼졌다고 하였다. 이로부터 유럽인들이 그 병에 걸리는 것을 몹시 두려워했음을 알 수 있다. 따라서 정답은 (d)이다.

오답분석

(a) 본문에서 알려진 치료제가 없었다(Because there was no known cure at the time)고 하였으므로, 새로운 약들을 개발하고 있었다는 것은 오답이다.

(c) 본문에서 흑사병에 대한 치료제가 없었다고는 하였지만, 과학적인 지식 자체가 없었다고는 하지 않았으므로 오답이다.

어휘 Black Death 흑사병 terrifying[térəfàiŋ] 무시무시한, 끔찍한 outbreak[áutbrèik] (병의) 발생 infect[infékt] 감염시키다 cure[kjuər] 치료제 authorities[əθɔ́:rətiz] 당국 plague[pleig] 전염병 understandably[ʌ̀ndərstǽndəbli] 당연히 scientifically[sàiəntífikəli] 과학적으로 knowledgeable[nálidʒəbl] 아는 것이 많은, 박식한 deathly[déθli] 몹시, 지독하게 catch[kætʃ] 감염되다

3

정답 (c)

April marks the 22nd anniversary of the National Child Abuse Prevention Month. During this month, we request that everyone wear a blue ribbon pin to call attention to the abuse of children around the nation. Child abuse is a growing problem, and we need to do everything in our power to prevent it. So, please join in the nationwide fight against child abuse and play a part in our campaign to educate families, children, neighbors, and communities. In this way, you can help to ________________.

(a) improve our neighborhood security
(b) give our children a better education
(c) put an end to the ill-treatment of the young
(d) encourage the growth of community activities

4월은 22번째 전국 아동 학대 방지의 달입니다. 이 달 동안, 전국적으로 아동 학대에 대한 주의를 환기시키기 위해 파란 리본 핀을 착용해 주실 것을 모두에게 요청합니다. 아동 학대는 커져가는 문제이며, 우리는 그것을 방지하기 위해 최선을 다할 필요가 있습니다. 그러니, 아동 학대에 반대하는 전국적인 투쟁에 참가하시고, 가족들, 어린이들, 이웃들, 그리고 지역사회를 교육하기 위한 저희 캠페인에 참여하세요. 이러한 방법으로, 여러분은 ________________ 것을 도울 수 있습니다.

(a) 우리 지역의 보안을 강화하는
(b) 우리 아이들에게 더 나은 교육을 제공하는
(c) 어린이 학대에 종지부를 찍는
(d) 지역 사회 활동의 발전을 장려하는

해설 본문은 '전국 아동 학대 방지의 달(National Child Abuse Prevention Month)'을 맞이해 아동 학대 방지 캠페인에 참여할(play a part) 것을 권유하는 글이다. 따라서 어린이 학대(ill-treatment of the young)를 없애는(put an end) 것을 돕자는 내용이 와야 자연스러우므로 정답은 (c)이다.

어휘 mark[mɑ:rk] 표시하다, 나타내다, 특징을 지니다 anniversary[æ̀nəvə́:rsəri] (해마다 돌아오는) 기념일 abuse[əbjú:s] 학대 wear[wɛər] 착용하다, 달다 call attention 주의를 환기시키다 nationwide[néiʃənwàid] 국가적인, 전국적인 campaign[kæmpéin] 홍보, 운동 ill-treatment 가학, 천대 put an end to ~을 끝내다, ~을 없애다

4

정답 (a)

In cultures around the world, there are many legends and stories about animals and birds that were able to detect an impending disaster. But the details of how this detection ability works remain elusive. One popular theory suggests that animals may be able to detect ground vibrations or perhaps sounds that are inaudible to humans. And, according to the theory, this gives them an early warning of when events like an earthquake or tsunami are about to occur. But until further studies are conducted, exactly how animals and birds are able to ________________ will remain speculative.

전 세계 문화에는, 곧 닥칠 재해를 감지할 수 있었던 동물과 새에 대한 많은 전설과 이야기들이 있다. 하지만 이런 감지 능력이 어떻게 이루어지는지에 대해서는 여전히 자세히 파악하기 어렵다. 한 가지 유력한 가설은 동물들이 땅의 진동이나 아니면 사람들에겐 들리지 않는 소리를 감지할 수 있다는 것이다. 그리고, 이 가설에 따르면, 이것이 동물들에게 지진이나 해일과 같은 사건들이 막 일어나려 할 때 조기 경보를 준다. 하지만 더 많은 연구가 이루어지기 전까지는, 동물과 새가 정확히 어떻게 ________________는 확실치 않을 것이다.

(a) predict natural disasters
(b) know the precise time to migrate
(c) navigate using ultrasonic sound waves
(d) understand the feelings of their owners

(a) 자연 재해를 예측하는지
(b) 이주할 정확한 시간을 아는지
(c) 초음파를 이용해 비행하는지
(d) 그들 주인의 기분을 이해하는지

해설 본문은 동물과 새가 재해를 미리 인지하는 능력에 대한 설명이 아직 충분치 못하다는 내용이다. 따라서, '어떻게 동물과 새가 자연 재해를 예측하는지(predict natural disasters)는 여전히 확실치 않을 것이다(remain speculative)'라는 내용이 와야 하므로, 정답은 (a)이다.

오답분석
(b) 본문은 재해를 미리 피하는 동물과 새의 능력을 언급하고 있지, 이주 시간(time to migrate)을 정확히 아는 능력에 대해 언급하고 있지 않으므로 오답이다.
(c) 본문에서 동물과 새가 '초음파(ultrasonic sound waves)'를 이용해 비행한다는 언급이 없으므로 오답이다.
(d) 본문은 애완동물에 대한 내용이 아니므로 오답이다.

어휘 legend [lédʒənd] 전설 detect [ditékt] 감지하다 impending [impéndiŋ] 임박한 elusive [ilú:siv] 분명치 않은, 파악하기 어려운 theory [θí(:)əri] 가설, 이론 inaudible [inɔ́:dəbl] 들리지 않는 tsunami [tsuná:mi] 쓰나미, 해일 be about to 막 ~하려 하다 conduct [kəndʌ́kt] (업무를) 수행하다 speculative [spékjulətiv] 확실치 않은, 사색적인 precise [prisáis] 정확한 migrate [máigreit] 이주하다 navigate [nǽvəgèit] 비행하다, 항해하다 ultrasonic [ʌ̀ltrəsánik] 초음파의

5

정답 (a)

The Ongkors are a group of people in China whose cultural identity has just about disappeared. This loss of cultural uniqueness came about as the Ongkors adopted the lifestyle of their Chinese neighbors. Over the years, so many have intermarried with the Chinese that now only 20 or so Ongkor people remain. Today they have ________________________. In fact, only one elderly man among the remaining 20 Ongkors still speaks the language fluently.

(a) almost lost their unique identity
(b) emigrated to other parts of the world
(c) adopted the modern ways of Western society
(d) gradually became more like their Ongkor ancestors

Ongkor는 문화적 주체성이 막 사라진 중국의 한 집단이다. 이러한 문화적 독특함의 상실은 Ongkor가 이웃 중국인들의 생활 방식을 받아들이면서 발생했다. 수년간, 매우 많은 수가 중국인들과 결혼을 한 결과, 현재는 겨우 20명 남짓의 Ongkor 사람들이 남아 있다. 오늘날 그들은 __________________. 사실, 남은 20명의 Ongkor 사람들 중 한 명의 노인만이 아직도 그 언어를 유창하게 할 줄 안다.

(a) 그들의 독특한 주체성을 거의 잃었다
(b) 세계의 다른 지역들로 이주했다
(c) 서양 사회의 현대적인 방식을 받아들였다
(d) 점차 그들의 Ongkor 조상들처럼 되어갔다

해설 본문은 Ongkor족의 문화적 주체성(cultural identity)이 사라졌다는 내용을 중심으로 글을 전개하고 있으므로, 이 글의 주제를 한 번 더 진술해 주는 '그들이 독특한 주체성(unique identity)을 상실했다'는 내용이 빈칸에 오면 자연스럽다. 따라서 정답은 (a)이다.

오답분석
(b) 본문에서 언급된 Ongkor족의 주체성 상실은 'adopted the lifestyle of their Chinese neighbors' 때문이지, 다른 곳으로 이주했기 때문이라는 내용은 언급된 바 없으므로 오답이다.
(c) 그들이 받아들인 문화는 이웃 중국인의 문화이지, 서양 사회(Western society)의 문화가 아니므로 오답이다.
(d) 조상들처럼 되어가는 것은 고유의 문화가 보존된다는 것과 같은 맥락인데, 이는 이 글의 핵심 내용인 '문화적 주체성 상실'과는 반대로 진술하고 있으므로 오답이다.

어휘 identity [aidéntəti] 주체성, 정체성 uniqueness [ju:ní:knis] 유일성, 특이성 come about 발생하다 adopt [ədápt] 받아들이다, 수용하다 intermarry [ìntərmǽri] (다른 종족 등과) 결혼하다 fluently [flú(:)əntli] 유창하게 emigrate [émigrèit] 이주하다 gradually [grǽdʒuəli] 점차로

6

정답 (c)

The Partnership for Peace Education and Training Conference will be held October 25-29. The conference is devoted to discussing current NATO initiatives regarding its Training and Education Enhancement Program. The conference will present various concepts and technologies that may enhance the future of education and training through distance learning using the Internet. There will also be an international technology exposition showcasing various products sold by the commercial sponsors of the conference. If you are ______________________________, you will greatly benefit from attending this conference.

(a) interested in new computer games
(b) involved in international peace projects
(c) interested in using technology in education
(d) involved in selling products on the Internet

'평화 교육과 훈련에 대한 협력 회담'이 10월 25~29일 개최된다. 이 회담은 NATO의 '훈련과 교육 향상 프로그램'에 관한 현 NATO 발의안을 논의하는 것을 중점으로 한다. 회담은 인터넷을 이용한 원거리 학습을 통해 교육과 훈련의 미래를 향상시킬 수 있는 다양한 개념과 과학 기술을 소개할 것이다. 또한 회담의 광고 스폰서들이 판매하는 다양한 제품들을 소개하는 국제 과학 기술 박람회도 있을 예정이다. 만약 당신이 ____________________, 본 회담에 참석하는 것이 매우 이득이 될 것이다.

(a) 새로운 컴퓨터 게임에 관심이 있다면
(b) 국제 평화 프로젝트에 관계되어 있다면
(c) 교육에 과학 기술을 사용하는 것에 관심이 있다면
(d) 인터넷으로 제품을 판매하는 것에 관계되어 있다면

해설 본문은 '인터넷을 사용한 원거리 학습을 통해(through distance learning using the Internet), 교육과 훈련(education and training)을 향상시킬 수 있는 다양한 과학 기술과 개념들을 소개하는 회담'에 대한 설명이다. 따라서, 이 회담을 통해 이득을 얻을 사람은 '교육에 과학 기술을 사용하는 것에 관심이 있는(interested in using technology in education) 사람들'일 것이므로, 정답은 (c)이다.

오답분석
(a) 본문에는 컴퓨터 게임에 대한 언급이 없으므로 오답이다.
(b) 이 회의의 주 목적은 평화 프로젝트(peace projects)가 아니라, '교육과 훈련'이 되어야 하므로 오답이다.
(d) 본문에서 언급하는 것은 '인터넷을 통한 교육'이지 '인터넷을 통한 제품 판매'가 아니므로 오답이다.

어휘 **partnership**[pɑ́:rtnərʃìp] 협력 **conference**[kɑ́nfərəns] 회담 **devoted**[divóutid] ~을 주제로 한 **initiative**[iníʃiətiv] 발의안 **present**[prizént] 소개하다 **enhance**[inhǽns] 높이다, 강화하다 **exposition**[èkspəzíʃən] 박람회 **showcase**[ʃóukèis] 소개하다, 전시하다 **benefit**[bénəfit] 이익을 얻다

7

정답 (a)

Even though it is not commonly acknowledged, the main cause of suffering and death is aging. Since it is a degenerative process, aging increases our vulnerability to whatever will eventually be diagnosed as the cause of death. Although this final cause is all that is written on the death certificate, in fact, that final cause is simply the end result, the by-product of aging. The reality is that in many cases people die from ______________________________.

(a) factors associated with the aging process
(b) what was recorded on the death certificate
(c) illnesses that can be traced back to childhood
(d) causes that were inherited from their parents

비록 일반적으로 인정되지는 않지만, 고통과 죽음의 주요 원인은 노화이다. 그것은 퇴행성 과정이기 때문에, 노화는 궁극적으로 사망의 원인으로 진단되는 모든 것에 대한 우리의 취약성을 증가시킨다. 비록 이 궁극적인 원인이 사망 진단서에 쓰여지는 전부이지만, 사실, 이 궁극적인 원인은 단지 노화의 부산물인 최종 결과일 뿐이다. 실은 많은 경우에서 사람들이 ____________________로 인해 죽는다.

(a) 노화 과정과 관련된 요인들
(b) 사망 진단서에 기록되어 있었던 내용들
(c) 어린 시절로 거슬러 올라갈 수 있는 질병들
(d) 그들의 부모로부터 물려받은 원인들

| 해설 본문에 따르면, 사망의 궁극적 원인은 노화의 부산물(by-product of aging)이므로, 실제로 사람들은 결국 노화 과정에 관련된 요인들로 인해 죽는다고 할 수 있다. 따라서 정답은 (a)이다.

오답분석
(b) 본문에서 사망 진단서(death certificate)에 적혀지는 궁극적인 사망의 원인은 실제로는 노화의 부산물에 불과하다고 언급하고 있으므로 오답이다.
(c) 본문에는 어린 시절의 질병이 사망의 원인으로 언급된 바 없으므로 오답이다.
(d) 본문에는 사망의 원인이 유전이 아니라 '노화'라고 언급하고 있으므로 오답이다.

| 어휘 commonly [kάmənli] 일반적으로 acknowledged [əknάlidʒd] 인정된, 통용되는 aging [éidʒiŋ] 노화
degenerative [didʒénərèitiv] 퇴행성의, 퇴화적인 vulnerability [vʌ̀lnərəbíləti] 취약성 diagnose [dáiəgnòus] 진단하다
death certificate 사망 진단서 by-product 부산물 factor [fǽktər] 요인 associated with ~과 관련된
trace back to ~으로 거슬러 올라가다 inherit [inhérit] 물려받다

8

정답 (a)

Are you struggling to get good grades? Well, here are some things you can do that will help. First, forget about any poor grades you may have received in the past. You cannot go back in time and fix them, so worrying will not do you any good. Next, ask your teachers for help if there are certain areas that are causing you difficulty. Also, take periodic breaks when you are studying because that helps, too. Finally, and perhaps most importantly, keep a positive outlook and remember that grades do not improve overnight. Just follow these tips, and you can ____________ ______________________________.

(a) improve your academic performance
(b) be organized and remember things better
(c) enter the graduate school of your dreams
(d) keep from being overwhelmed with worry

좋은 성적을 받기 위해 애쓰고 있으세요? 자, 여기에 당신이 할 수 있는 몇 가지 도움될 것들이 있습니다. 먼저, 과거에 받았을 수도 있는 나쁜 성적들을 잊어버리세요. 당신은 과거로 돌아가서 그것들을 고칠 수 없습니다. 따라서 걱정하는 것은 당신에게 좋을 게 하나도 없습니다. 다음으로, 당신을 어렵게 하는 특정 영역이 있다면 선생님에게 도움을 요청하세요. 또한, 공부 중에는 주기적으로 휴식을 취하세요. 그 역시 도움이 되기 때문입니다. 마지막으로, 그리고 아마 가장 중요한 것은, 긍정적인 시각을 갖고 성적은 하룻밤에 오르지 않는다는 것을 기억하는 것입니다. 이러한 조언들을 따르신다면, 당신은 ____________ 수 있을 것입니다.

(a) 당신의 학업 성적을 향상시킬
(b) 체계적이 되고 기억을 더 잘 할
(c) 당신이 꿈꾸는 대학원에 들어갈
(d) 걱정으로 압도되는 것을 억제할

| 해설 본문은 성적을 올리기 위한(to get good grades) 몇 가지 조언을 주겠다고 하고 그 이후에서 구체적인 조언들을 제시하고 있으므로, 빈칸에는 학과 능력을 향상시킬 수 있다는 내용이 들어가야 한다. 따라서 정답은 (a)이다.

오답분석
(b) 본문에는 체계적이 되고 기억을 더 잘하는 방법이 언급되고 있지 않으므로 오답이다.
(c) 본문의 대상은 성적을 향상시키고 싶어하는 학생들이지, 대학원에 들어가고 싶어하는 학생들이 아니므로 오답이다.
(d) 걱정하는 것은 좋지 않다(worrying will not do you any good)라고 하였지, 걱정에 의해 압도되는 것을 억제할 방법이 이 글 전체의 내용은 아니므로 오답이다.

| 어휘 struggle [strʌ́gl] 노력하다, 투쟁하다 periodic [pìəriάdik] 주기적인 break [breik] 휴식 outlook [áutlùk] 견해, 관점
overnight [òuvərnáit] 하룻밤 사이에, 갑자기 academic [æ̀kədémik] 학업의 performance [pərfɔ́:rməns] 성취, 성적
organized [ɔ́:rgənàizd] 계획된, 체계적인 graduate school 대학원 keep from ~을 금지하다, ~을 멀리하다
overwhelm [òuvərhwélm] 압도하다

9

정답 (d)

Once a building is constructed, it might become the subject of paintings and sculptures, or be featured on prints, maps or in photographs. But ______________________________ ______________. This is because the conventions of the various media employed do not capture the full creative expression of the building. In the hands of a painter, the same building is pictured subjectively – its surfaces, structure, and color altered according to the painter's own vision. A photograph is a more faithful record, but only up to a point, as it registers whatever falls within the range of its fixed frame, and it only captures a brief instance in time; landscapes, seasons, and colors can change.

(a) pictures of buildings are not interesting to most people
(b) we have to give full credit to the architect for its beauty
(c) buildings can look old-fashioned with the wrong design
(d) such reproductions fail to portray the original adequately

건물이 지어지면, 그것은 그림과 조각의 주제가 되거나, 혹은 인쇄물이나 지도, 또는 사진에 등장할 수도 있다. 그러나 ______________________________. 이는 이용된 다양한 매체들의 기존 방식들이 그 건물의 완전한 독창적 인상을 담아내지 못하기 때문이다. 화가의 손에서, 같은 건물이라도 주관적으로 그려진다 – 그것의 표면, 구조, 그리고 색이 화가 자신의 시각에 따라 변화한다. 사진은 더욱 신뢰할만한 기록이지만, 고정된 틀의 범위 안에 들어오는 것만 기록하고 짧은 순간만을 포착하므로, 어느 정도까지만이다; 풍경, 계절, 색은 변할 수 있기 때문이다.

(a) 건물 그림은 대부분의 사람에게 재미가 없다
(b) 건물의 아름다움에 대한 모든 공로를 건축가에게 돌려야 한다
(c) 잘못된 디자인으로 건물들은 촌스러워 보일 수 있다
(d) 이러한 복제품들은 원본을 충분히 표현하지 못한다

해설 빈칸 뒷문장에서, '다양한 매체들이 건물의 완전한 독창적인 인상을 담아내지 못한다(media ~ do not capture the full creative expression of the building)'고 하였으므로, 매체는 건물의 본질을 충분히 담지 못한다는 내용이 빈칸에 들어가야 한다. 따라서 정답은 (d)이다. 참고로, 여기서 reproductions는 빈칸 앞에서 언급된 prints, maps, photographs 등을 의미한다.

오답분석
(a) 본문은 건물 그림의 인기 여부를 다루는 내용이 아니라, 그림과 같은 매체 속에서 재현된 건물에 대한 내용이므로 오답이다.
(b) 건물의 건축가에 대한 내용은 언급된 바 없으므로 오답이다.
(c) 본문은 건물 자체의 디자인이 촌스러워 보이는지 아닌지를 다룬 것이 아니라, 건물을 다른 작품(그림, 건축, 사진 등)에 담아낼 경우를 언급하고 있으므로 오답이다.

어휘 **convention** [kənvénʃən] 관습, 인습, 방식 **employ** [implɔ́i] 이용하다 **creative** [kriéitiv] 독창적인 **expression** [ikspréʃən] 표현, 인상 **subjectively** [səbdʒéktivli] 주관적으로 **alter** [ɔ́:ltər] 변화하다, 바뀌다 **vision** [víʒən] 관찰, 시각 **faithful** [féiθfəl] 믿을 수 있는 **up to a point** 어느 정도까지만 **fall within** (범주가) ~이내에 들어오다 **fixed** [fikst] 고정된 **frame** [freim] 틀 **brief** [bri:f] 잠깐의, 간략한 **instance** [ínstəns] 단계 **landscape** [lǽndskèip] 풍경 **credit** [krédit] 공로, 명예, 공헌 **reproduction** [rì:prədʌ́kʃən] 복사물, 재현된 대상 **portray** [pɔ:rtréi] 표현하다 **adequately** [ǽdəkwitli] 충분하게

10

정답 (c)

This document on XML programming standards provides a brief description of the XML programming language for programmers who are already familiar with the more comprehensive *XML Programmer's Handbook* upon which this is based. The intended audience of this document includes software developers who may not have the time to browse the larger *XML Programmer's Handbook* but yet need a handy reference work that goes beyond basic

XML 프로그래밍 표준에 대한 이 문서는 본 문서의 기반이 되는 더욱 포괄적인 「XML Programmer's Handbook」에 이미 익숙한 프로그래머들에게 XML 프로그래밍 언어에 대해 간략한 설명을 제공한다. 본 문서의 대상은 큰 「XML Programmer's Handbook」을 살펴볼 시간이 없지만 기초적인 XML 이상의 간편한 참고 자료가 필요한 소프트웨어 개발자들이다. 실질적으로, 만약 당신이 ______________________ __________ 본 문서를 이용해야 한다.

XML. In essence, you should use this document if you ______________________________.

(a) need to acquire a comprehensive knowledge of XML
(b) are a beginner who wants to understand computers better
(c) already understand basic XML but need a concise reference work
(d) want to learn how XML is different from other programming languages

(a) XML의 포괄적인 지식을 배울 필요가 있다면
(b) 컴퓨터를 더 잘 이해하고 싶은 초보자라면
(c) 이미 기본적인 XML을 이해하지만 간결한 참고 자료가 필요하다면
(d) XML이 다른 프로그래밍 언어와 어떻게 다른지 배우고 싶다면

해설 빈칸 직전 문장에서, 이 문서의 대상이 'need a handy reference work that goes beyond basic XML'하는 이들이라고 하였다. 따라서, XML의 기본적인 내용은 이해하고 있으면서, 간결한 참고 자료를 필요로 하는 사람을 대상으로 한다는 것을 알 수 있으므로 정답은 (c)이다.

오답분석
(a) 본문에서 이 문서는 이미 포괄적인 지식을 가진 사람들(already familiar with the more comprehensive ~)에게 간략한 설명을 제공한다고 하였으므로 오답이다.
(b) 이 문서는 특정 컴퓨터 프로그래밍 언어에 대한 것이지, 일반적인 컴퓨터 지식에 대한 것이 아니므로 오답이다.
(d) 본문에서는 XML 프로그래밍 언어에 대해서만 언급하고 있지, 다른 프로그래밍 언어와의 차이점이 문서에 소개되어 있다고 하지 않았으므로 오답이다.

어휘 document[dɑ́kjumənt] 문서 brief[briːf] 간결한 description[diskrípʃən] 묘사, 설명
comprehensive[kɑ̀mprihénsiv] 포괄적인 intended[inténdid] 의도된 handy[hǽndi] 편리한, 손쉬운
reference work 참고 자료 go beyond ~을 능가하다, ~보다 낫다 in essence 실질적으로, 본질적으로
concise[kənsáis] 간결한

11

정답 (c)

I will never forget the lesson I learned from an experience I had in Thailand. When I was there, I visited an acquaintance from Germany, named Franz, who was in prison. There, in a stuffy visitors' room, Franz described his life in prison, a stark contrast to my life on the outside: cells were overcrowded and there were only ten dirty toilets for 500 prisoners. The visit did not last long as Franz had to return to his cell after twenty minutes. As I left, I realized ______________________________. Outside, the sunlight seemed brighter than ever. I noticed singing birds flying freely through the air, and I appreciated, as never before, the privilege to walk wherever I pleased.

(a) how unjust it was for Franz to be locked up in prison
(b) how thankful I was that I had not been caught like Franz
(c) that the freedoms we have in life are often taken for granted
(d) that Thai prisons were more crowded than the ones back home

나는 내가 태국에서 겪은 경험으로부터 배웠던 교훈을 절대 잊지 못할 것이다. 그곳에 있을 때, 나는 감옥에 갇혀 있던, 독일 출신의 지인인 Franz를 면회 갔었다. 숨막히는 방문자실에서, Franz는 감옥에서의 자신의 생활에 대해 설명했는데, 감옥 밖의 내 생활과 확연히 대조되었다: 감옥들은 사람들로 넘쳐나며, 500명의 재소자들을 위해 10개의 더러운 화장실 밖에 없다고 했다. 20분 후 Franz가 다시 감옥으로 돌아가야 했기에 면회는 그리 오래 지속되지 않았다. 떠날 때, 나는 ______________________ 알게 되었다. 밖에는, 햇볕이 그 어느 때보다도 더 밝았다. 공중을 자유롭게 날아다니는 노래하는 새들을 보았고, 처음으로, 나는 원하는 곳은 어디든지 걸어갈 수 있는 특혜에 감사했다.

(a) Franz가 감옥에 갇혀 있는 것이 얼마나 부당한지
(b) Franz처럼 붙잡히지 않았다는 것이 얼마나 감사한지
(c) 우리 삶에서 누리는 자유가 종종 당연하게 여겨진다는 것을
(d) 그 태국의 감옥이 내가 살던 곳의 감옥보다 더욱 붐빈다는 것을

| 해설 빈칸 뒷부분에서 글쓴이는 감옥 바깥 생활의 자유에 대해 감사하고 있다. 따라서 글쓴이가 그 동안 당연시했던(have ~ taken for granted) 자유(freedoms)의 소중함을 깨달았다고 할 수 있으므로, 정답은 (c)이다.

오답분석

(a) 본문에는 Franz가 부당한 이유로 감옥에 있다는 언급은 없으므로 오답이다.

(b) 단순히 Franz처럼 붙잡히지 않아서 감사한 것이 아니라, 그 동안 간과해 왔던 자유의 소중함을 Franz의 경우를 통해 깨닫게 되었다는 내용이 와야 하므로 오답이다.

(d) 본문에서는 태국과 다른 국가의 감옥을 비교하고 있지는 않으므로 오답이다.

| 어휘 **lesson**[lesn] 교훈 **acquaintance**[əkwéintəns] 아는 사람, 지인 **stuffy**[stʌ́fi] 답답한, 불쾌한 **stark**[stɑːrk] 명확한
privilege[prívəlidʒ] 특권 **please**[pliːz] 마음에 들다 **unjust**[ʌndʒʌ́st] 불공평한 **lock up** 가두다
take ~ for granted ~을 당연하게 여기다

12

정답 (c)

Many chronically ill patients are unable to see beyond their own suffering. But at Procovery Health Center we encourage such individuals to look beyond themselves and think positively. By doing so, we provide patients with a new outlook on life, a brighter future, and sometimes even a full recovery from their illness. Our staff's inspirational approach to health care emphasizes living life rather than dwelling on illness. If you are suffering from chronic illness, call us at 1-800-PRO-COVR. We will help you ______________________________________.

(a) get your back pain cured permanently
(b) achieve mental health through counseling
(c) find hope, happiness, and maybe even a cure for your disease
(d) locate a hospital that can care for your chronically ill family member

많은 만성 질환 환자들은 자신의 고통 이외의 것을 보지 못합니다. 하지만 Procovery 건강 센터에서 저희는 이러한 분들이 자신들 이외의 것을 보고 긍정적으로 생각하도록 격려합니다. 이렇게 함으로써, 저희는 환자들에게 새로운 인생관과 더 밝은 미래를 제시하고 때로는 병에서 완전한 회복하게 해주기도 합니다. 저희 직원들의 건강 관리에 대한 고무적인 접근은 질병에 얽매이는 것보다 인생을 사는 것을 강조합니다. 만성 질환을 앓고 계시다면, 1-800-PRO-COVR로 전화하세요. ______________________ 저희가 도와 드리겠습니다.

(a) 당신의 요통을 영구적으로 치료하도록
(b) 상담을 통해 정신 건강을 얻도록
(c) 희망과 행복, 어쩌면 질병의 치료법까지 찾도록
(d) 만성 질환을 앓는 가족을 치료할 수 있는 병원을 찾도록

| 해설 본문에서, 이 건강 센터는 새로운 인생관과 밝은 미래, 때로는 회복을 가져다 주기도 한다(we provide patients with a new outlook on life, a brighter future, and sometimes even a full recovery from their illness)고 하였으므로, 정답은 (c)이다.

오답분석

(a) 본문에서 이 건강 센터의 대상이 만성 질환 환자(chronically ill patients)라고 하였지, 요통(back pain) 환자라고 하지 않았으므로 오답이다.

(b) 이 센터는 단순히 상담(counseling)만을 하기 보다는 치료(recovery)를 가능하게 해주므로 오답이다.

(d) 본문은 만성 질환을 앓는 가족을 위한 병원에 대한 내용이 아니라, 만성 질환을 지닌 환자 자신들에게(If you are suffering from chronic illness) 적합한 센터에 대한 내용이므로 오답이다.

| 어휘 **chronically**[krɑ́nikəli] 만성적으로 **outlook**[áutlùk] 시각, 관점 **inspirational**[ìnspəréiʃənəl] 고무적인, 영감을 주는
approach[əpróutʃ] 접근 **emphasize**[émfəsàiz] 강조하다 **dwell on** ~에 얽매이다, ~을 곰곰이 생각하다
back pain 요통 **permanently**[pə́ːrmənəntli] 영구적으로 **counseling**[káunsəliŋ] 상담, 카운슬링
locate[lóukeit] 찾아내다

13

정답 (d)

The pharmacological management of our mental lives has raised a serious ethical question. By directly supplanting our natural emotions, new, legal psychotropic drugs are threatening to sever the link between feelings of happiness and our actions and experiences in the world. The startling "effectiveness" of these new medications means that users can attain the same sense of euphoric pleasure that would otherwise come from more natural joy-inducing activities, such as having children, building friendships, or achieving personal success. These new drugs offer users the ability to ________________________________.

(a) block out aspects of memory that are painful for them
(b) extricate themselves from the mediocrity and boredom of their lives
(c) experience cheap thrills at the risk of becoming addicted to the drugs
(d) substitute real feelings with artificial ones not derived from life experiences

우리 정신 생활의 약물학적 치료는 심각한 윤리적 문제를 제기했다. 우리의 자연스런 감정들을 직접적으로 강탈함으로써, 새롭고 합법적인 향정신성 약물들이 행복감과 세상에서의 우리 행동과 경험들 간의 연결을 끊으려 위협하고 있다. 이러한 새로운 약물의 깜짝 놀랄 "효과"란, 약을 투여하지 않았다면 자녀를 갖거나 우정을 쌓거나 개인적인 성공을 달성하는 것과 같이 좀 더 자연스럽게 즐거움을 주는 활동에서 얻었을, 똑같은 행복감에 투약자들이 도달할 수 있다는 것이다. 이러한 새 약물들은 투약자들에게 ________________________________ 능력을 제공한다.

(a) 그들에게 고통스러운 기억의 양상들을 차단하는
(b) 일상의 평범과 지루함으로부터 그들을 탈출시키는
(c) 약물에 중독되는 위험을 무릅쓰고 저속한 전율을 경험하는
(d) 실제 감정을 일상의 경험에서 비롯되지 않은 인위적인 감정으로 대체하는

해설 본문에 따르면, 향정신성 약물(psychotropic drugs)이 일상 생활의 joy-inducing activities로부터 오는 행복감과 똑같은 감정을 느끼게 해준다고 하였으므로, 정답은 (d)이다.

오답분석
(a) 본문에 언급된 약물(drugs)이 고통스러운 기억을 차단하게 해준다는 내용은 언급된 바 없으므로 오답이다.
(b) 약물을 통해 일상의 지루함을 탈출하는 것(extricate ~ from mediocrity and boredom of their lives)이 아니라, 일상의 행복을 똑같이 경험한다(attain the same sense of euphoric pleasure)고 하였으므로 오답이다.
(c) 약물에 중독된다(addicted)는 언급은 없으므로 오답이다.

어휘 pharmacological [fàːrməkəládʒikəl] 약물(학)적인 mental life 정신 생활 raise [reiz] (의견 · 논란 등을) 일으키다, 제기하다
ethical [éθikəl] 윤리적인 supplant [səplǽnt] 강탈하다 psychotropic [sàikoutrápik] 향정신제 (정신 안정제, 환각제)
sever [sévər] 끊다 startling [stáːrtliŋ] 깜짝 놀랄 attain [ətéin] (상태에) 이르다, 도달하다
euphoric [ju(:)fárik] 행복한, (약물에) 도취된 joy-inducing 즐거움을 주는 extricate [ékstrəkèit] 탈출시키다
mediocrity [mìːdiákrəti] 평범 boredom [bɔ́ːrdəm] 지루함 cheap [tʃiːp] 싸구려의, 저속한 at the risk of ~의 위협을 무릅쓰고
substitute A with(for) B B를 A로 대체하다 artificial [àːrtəfíʃəl] 인위적인, 인공적인 derive [diráiv] 얻다, 끌어내다

14

정답 (b)

In *Cannibal Encounters*, Dr. Philip Boucher notes that Christopher Columbus' stereotype of Caribbean natives as "ferocious cannibals" was used by, some of history's greatest writers and philosophers including William Shakespeare, Thomas Hobbes, John Locke, and Jean-Jacques Rousseau. Thus, he concedes, the spread of racist stereotypes can be traced back to Columbus to some extent. However, Boucher's main contention is that not all blame can be pinned on Columbus, and he devotes much discussion to salvaging the explorer's reputation by

「식인종과의 만남」에서, Philip Boucher 박사는 캐리비안 원주민들이 "흉포한 식인종"이라는 크리스토퍼 콜럼버스의 고정 관념이 윌리엄 셰익스피어, 토마스 홉스, 존 로크, 장 자크 루소를 포함한 몇몇 역사상 가장 위대한 작가와 철학자들에 의해 사용되었다고 지적한다. 그리하여, 그는 인종 차별적인 고정 관념의 확산은 어느 정도 콜럼버스까지 거슬러 올라갈 수 있음을 인정한다. 그러나, Boucher의 주요 논점은 모든 비난을 콜럼버스에게 돌려서는 안 된다는 것이며, 유럽인들은 그들이 신대륙에 도착하기 훨씬 전부터

pointing out that Europeans were misinformed long before they arrived in the New World. In fact, they adhered to ____.

(a) notions held by various civilizations in the New World
(b) distortions emanating from centuries of European cultural bias
(c) beliefs perpetuated by Columbus and leading figures of his day
(d) ideas which have influenced famous writers since Shakespeare

잘못 알고 있었다는 것을 지적하며 콜럼버스의 명성을 구하는 데 많은 논의를 할애한다. 사실, 그들은 ________________을 신봉하였다.

(a) 신대륙의 다양한 문명들이 가졌던 생각들
(b) 수 세기에 걸친 유럽 문화의 편견에서 비롯된 왜곡들
(c) 콜럼버스와 그의 시대의 거물들에 의해 고착된 믿음들
(d) 셰익스피어 이후로 유명한 작가들에게 영향을 준 생각들

해설 빈칸 앞 문장에서, 신대륙에 도착하기 훨씬 전부터(long before they arrived in the New World) 유럽인들이 캐리비안 원주민에 대해 잘못된 고정 관념을 갖고 있었다(Europeans were misinformed ~)고 하였으므로, 빈칸의 주어인 they(유럽인)는 아주 오랫동안 지속되어온 왜곡(distortions)을 신봉했다고 볼 수 있다. 따라서 정답은 (b)이다.

오답분석
(a) 신대륙에 있는 문명들이 갖고 있던 생각을 유럽인들도 갖고 있었다는 의미이므로 오답이다.
(c) 본문 내용에 따르면 콜럼버스를 비롯한 유명인사들의 의견으로 인해 유럽인들의 고정 관념이 생긴 것이 아니라, 신대륙 개척 이전부터 이미 유럽인들 사이에 고정 관념이 존재했다고 하였으므로 오답이다.
(d) 셰익스피어 이후의 작가들에게 '유럽인들의 고정 관념'이 영향을 주었는지 여부는 본문에서 알 수 없으므로 오답이다.

어휘 stereotype [stériətàip] 고정 관념 ferocious [fəróuʃəs] 흉포한, 난폭한 concede [kənsíːd] 인정하다
to some extent 어느 정도까지 contention [kənténʃən] 논점 pin on ~에게 책임을 지우다
devote [divóut] 쏟다, 헌신하다 salvage [sǽlvidʒ] 구하다 misinform [mìsinfɔ́ːrm] 오보를 전하다 adhere to ~을 고수하다
distortion [distɔ́ːrʃən] 왜곡, 곡해 emanate from (생각 등이) ~에서 나오다 bias [bàiəs] 편견
perpetuate [pərpétʃuèit] 영속시키다, (신념 등을) 굳히게 하다 leading figure 거물, 유명인사

15

정답 (c)

Did you know that the typical American family spends close to $1,300 a year on their home's utility bills? But unfortunately, a large portion of that energy is wasted. The amount of energy that is lost just through poorly insulated windows and doors is about as much energy as the country gets from the Alaskan pipeline each year. ________________, the amount of pollution that the average home generates is fairly large. Electricity generated by fossil fuels for a single home puts more carbon dioxide into the air than two average-sized cars.

(a) However
(b) Especially
(c) In addition
(d) For example

일반적인 미국 가정이 일 년에 1,300달러 가까이를 가정 공과금에 쓴다는 것을 알고 있었습니까? 하지만 불행히도, 그 에너지의 많은 부분이 낭비되고 있습니다. 허술하게 단열된 창문과 문을 통해 손실되는 에너지의 양은 미국이 알래스카 송유관으로부터 매년 얻는 에너지의 양과 거의 같습니다. ____________, 일반적인 가정에서 만들어내는 공해의 양은 꽤 많습니다. 한 가정을 위해 화석 연료로부터 생산되는 전기는 평균 크기의 자동차 두 대에서 나오는 양보다 더 많은 이산화탄소를 대기로 배출합니다.

(a) 하지만
(b) 특히
(c) 게다가
(d) 예를 들면

해설 빈칸 앞부분에서는 각 가정에서 유실되는 에너지의 양이 많다는 내용을, 빈칸 뒷문장에서는 각 가정에서 공해도 많이 배출하고 있다는 내용을 언급하고 있으므로, 빈칸에는 앞 문장에 한 가지 내용을 더 첨가하는 역할을 하는 연결어가 와야 한다. 따라서 정답은 (c)이다.

오답분석
(a) However가 나오려면, 뒷문장에 각 가정의 에너지 손실에 대한 긍정적인 진술이 나와야 한다.
(b) Especially는 뒷문장에서 '가정에서의 에너지 손실'에 대한 특별한 경우를 보다 자세히 설명해 줘야 한다.
(d) For example 뒤에는 각 가정의 에너지 손실에 대해 보다 상세한 실례가 나와야 한다.

| 어휘 utility bill 공과금 portion[pɔ́:rʃən] 비율, 부분 poorly[púərli] 나쁘게, 허술하게 insulate[ínsəlèit] 단열하다, 절연하다 pollution[pəlú:ʃən] 공해, 오염 generate[dʒénərèit] 만들어내다, 생산해내다

16

정답 (d)

The Byzantine Empire, which was for part of its history merely the eastern half of the Roman Empire, first took shape under the reign of Emperor Diocletian when he officially split the Roman Empire in AD 284. With this division, the distinct identity of the more wealthy, populous, and in some senses, powerful eastern expanse of the Roman Empire was formally recognized. ______________, it was heavily influenced by Rome until the city fell in AD 476. After that point, Roman influence gradually faded, and it slowly became an empire in its own right, expanding from east to west.

(a) In point of fact
(b) Consequently
(c) What is more
(d) Nevertheless

역사상 로마 제국의 동쪽 절반 부분에 지나지 않았던 비잔틴 제국은, 디오클레티아누스 황제 통치 하에 그가 서기 284년에 로마 제국을 공식적으로 분리했을 때 처음으로 형태를 갖추었다. 이 분리로, 더 부유하고, 인구가 많고, 어떤 면에선 더 강력한 로마 제국 동쪽 지역의 뚜렷한 주체성이 공식적으로 인정되었다. ______________, 서기 476년 로마 시가 멸망할 때까지 로마의 큰 영향을 받았다. 그 이후, 로마의 영향은 점차 사라졌고, 동쪽에서 서쪽으로 확장하며, 천천히 독립적인 제국이 되었다.

(a) 사실상
(b) 결과적으로
(c) 게다가
(d) 그럼에도 불구하고

| 해설 빈칸 직전 문장은 비잔틴 제국이 뚜렷한 주체성을 인정받았다는 사실을 언급하고 있고, 빈칸 뒷문장에서는 로마의 영향을 많이 받았다는 사실을 언급하고 있으므로, 서로 반대인 내용을 연결하는 연결어가 와야 한다. 따라서 정답은 (d)이다.

오답분석
(a) In point of fact는 앞 문장과의 논리적인 관계와 상관 없이 강조하는 경우에 사용되는 연결어이므로 오답이다.
(b) Consequently는 앞뒤 내용이 순차적으로 연결될 경우에 사용하는데, 여기서는 앞뒤 내용이 역접으로 진술되고 있으므로 오답이다.
(c) What is more는 앞의 내용에 이어 부연 설명이 전개될 경우에 사용되므로 오답이다.

| 어휘 merely[míərli] 단지 take shape 모양을 갖추다 reign[rein] 통지, 지배 split[split] 분리하다 division[divíʒən] 분리 distinct[distíŋkt] 명확한, 뚜렷한 identity[aidéntəti] 정체성 populous[pápjuləs] 인구가 많은 recognize[rékəgnàiz] 인정하다 fade[feid] 사라지다 in one's own right 혼자 힘으로 expand[ikspǽnd] 확장하다

Part II

17

정답 (d)

French painter Édouard Vuillard often chose members of his own family as subjects for his paintings. Vuillard was especially close to his grandmother and painted several portraits of her. For instance, in *Grandmother Michaud in*

프랑스 화가 Édouard Vuillard는 종종 그의 그림 주제로 그의 가족들을 선택했다. Vuillard는 특히 그의 할머니와 가까웠고 그녀의 초상화를 몇 점 그렸다. 예를 들면, 〈Michaud 할머니의 실루엣〉에서,

Silhouette, Vuillard chose to paint his grandmother with dark-colored paints against a pink and yellow background. The contrast between her dark figure and the lighter background draws attention to her face.

Q: What is the main topic of the passage?

(a) Different styles of French painting
(b) Great painters who painted portraits
(c) What made Édouard Vuillard famous
(d) What Édouard Vuillard liked to paint

Vuillard는 분홍색과 노란색을 배경으로 하여 어두운 색깔의 물감으로 할머니를 그렸다. 어두운 할머니의 모습과 밝은 배경 사이의 대조는 할머니의 얼굴로 주의를 이끈다.

Q: 이 글의 주제는 무엇인가?

(a) 프랑스 회화의 다양한 스타일들
(b) 초상화를 그린 훌륭한 화가들
(c) Édouard Vuillard를 유명하게 만든 것
(d) Édouard Vuillard가 즐겨 그렸던 것

| 해설 본문은 Édouard Vuillard라는 화가가 즐겨 택했던 그림의 소재인 가족, 특히 그 중에서도 할머니를 그린 그림에 대해 설명하고 있다. 따라서 정답은 (d)이다.

오답분석
(a) 본문 속 화가는 프랑스 사람이지만, 본문에서 '프랑스 회화의 다양한 스타일들'이 언급되고 있지 않으므로 오답이다.
(b) 본문에서는 초상화를 그린 화가 Édouard Vuillard 한 사람만을 언급하고 있지, 여러 화가들을 언급하고 있지는 않으므로 오답이다.
(c) Édouard Vuillard라는 화가에 대해 언급하고는 있지만, 그를 유명하게 만든 '원인'이나 '요인'이 본문에 언급되고 있지는 않으므로 오답이다.

| 어휘 subject [sʌ́bdʒikt] 주제, 대상 close to ~에 가까운 portrait [pɔ́ːrtrit] 초상화 silhouette [sìlu(ː)ét] 실루엣, 윤곽 contrast [kəntræ̃st] 대조 figure [fígjər] 모습 draw attention to ~으로 관심을 끌다

18

정답 (a)

Like all amphibians, frogs and toads need fresh water to keep their skin moist. So, to maintain sufficient water intake, frogs and toads have to take extra precautions. Frogs get the water they need by seeking out damp places, by burrowing in mud and by soaking up water from wet surfaces. Similarly, toads obtain almost three-quarters of the water they need through a "seat," or baggy patch, on their pelvis that they press against moist surfaces. But interestingly, amphibians rarely drink water, although they may take in a little with their food.

Q: What is the best title for the passage?

(a) How Frogs and Toads Obtain Enough Water
(b) Amphibians' Adaptation to Various Climates
(c) Behavioral Differences between Frogs and Toads
(d) Why Fresh Water Is Important for Aquatic Animals

다른 모든 양서류처럼, 개구리와 두꺼비는 피부를 촉촉하게 유지하기 위해 민물이 필요하다. 그래서, 충분한 물의 흡수를 유지하기 위해, 개구리와 두꺼비는 특히나 신경 써야 한다. 개구리들은 습한 장소를 찾아 진흙 속으로 파고들고 젖은 표면으로부터 물을 빨아들여서 필요한 물을 얻는다. 비슷하게, 두꺼비들은 필요한 물의 거의 4분의 3을 촉촉한 표면을 누르고 있는 골반에 있는 "엉덩이", 즉 볼록한 반점을 통해 얻는다. 하지만 흥미롭게도, 양서류들은 음식을 통해 약간 섭취할지언정 물은 거의 마시지 않는다.

Q: 이 글의 제목으로 가장 알맞은 것은 무엇인가?

(a) 개구리와 두꺼비가 충분한 물을 얻는 방법
(b) 양서류들의 다양한 기후에 대한 적응
(c) 개구리와 두꺼비의 행동 차이
(d) 수생 동물들에게 민물이 중요한 이유

| 해설 본문에는 개구리와 두꺼비가 각각 수분을 얻는 방법이 설명되어 있으므로, 정답은 (a)이다.

오답분석
(b) 본문에는 기후에 대한 언급은 없으므로 오답이다.
(c) 본문에는 개구리와 두꺼비의 행동의(Behavioral) 차이점이 아니라, '두 양서류가 물을 섭취하기 위한 방법의 차이들'이 언급되고 있으므로 오답이다.

(d) 개구리와 두꺼비에게 물이 중요하다는 점은 맞지만, 본문은 수생 동물(Aquatic Animals)이 아니라, 양서류(amphibians)에 한정하여 설명하고 있으므로 오답이다.

| 어휘 amphibian [æmfíbiən] 양서류 toad [toud] 두꺼비 intake [íntèik] 흡수, 섭취 take precautions 주의를 기울이다, 조심하다 seek out 찾다, 추구하다 damp [dæmp] 축축한 soak up 흡수하다 seat [siːt] 엉덩이, 둔부 baggy [bǽgi] 헐렁한, 불룩한 patch [pætʃ] 점, 반점 pelvis [pélvis] 골반 take in 섭취하다 adaptation [æ̀dəptéiʃən] 적응 behavioral [bihéivjərəl] 행동의 aquatic [əkwǽtik] 수생의

19

정답 (a)

Ladies, has your dating life stalled and gone stale? Then, you need to try Meet Mr. Right, a new service that provides an escort who will help you meet that perfect someone. So, how does it work? First, you choose an escort from the company's book of photos and match his personality to your own. Then, you meet him one night, and he accompanies you to wherever you want to go. Your escort's job is to help you meet other men and try to introduce you to your perfect match. Sounds like fun, right? Check out our catalog online at www.mem.com.

Q: What is mainly being advertised?

(a) A matchmaking service that uses an escort
(b) A Web site where women can find a husband
(c) A service that arranges blind dates for women
(d) A company that provides personal tour guides

여성분들, 연애 생활이 진전이 없고 진부해졌습니까? 그렇다면, 완벽한 사람을 만나시도록 도와 드릴 남성 동반자를 주선해 드리는 새로운 서비스인 Meet Mr. Right를 이용해 보세요. 그래서, 어떻게 이루어지냐고요? 먼저 저희 회사의 사진 앨범에서 남성 동반자를 선택하고 그의 성격과 여러분의 성격을 맞춰 보세요. 그러고 나서, 그를 하루 저녁 만나시면, 원하시는 곳 어디라도 여러분의 동반자가 동행해 드립니다. 남성 동반자의 역할은 여러분이 다른 남자를 만나도록 돕고 완벽한 짝에게 여러분을 소개시켜 드리는 것입니다. 재미있을 것 같지 않나요? www.mem.com에서 온라인으로 저희의 카탈로그를 확인해 보세요.

Q: 무엇을 주로 광고하고 있는가?

(a) 남성 동반자를 이용한 중매 서비스
(b) 여성들이 남편감을 찾을 수 있는 웹사이트
(c) 여성들을 위해 소개팅을 주선하는 서비스
(d) 개인 여행 가이드를 제공하는 회사

| 해설 본문에서 광고하는 escort(남성 동반자)의 역할은 여성들이 다른 남자를 만나도록 주선하는 것이므로(to help you meet other men and try to introduce you to your perfect match) 정답은 (a)이다.

오답분석

(b) 본문의 하단부에 언급된 웹사이트를 통해 고객이 escort(남자를 만나는 것을 주선해 주는 사람)를 선정하는 것이지, 웹사이트를 통해 남편감을 찾게 되는 것이 아니므로 오답이다.
(c) 이 서비스는 고객과 동반해서 남자를 만나도록 도와주는 escort를 소개해 주는 서비스이지, 소개팅(blind dates)을 주선해 주는 서비스가 아니므로 오답이다.
(d) escort는 'tour guide'가 아니므로 오답이다.

| 어휘 stall [stɔːl] 시간을 끌다 go stale 김빠지다, 진부해지다 escort [éskɔːrt] (여성에 대한) 남성 동반자 match [mætʃ] 맞추다; 짝 personality [pə̀rsənǽləti] 성격 accompany [əkʌ́mpəni] 동반하다 check out 확인하다 blind date 소개팅, 안면이 없는 남녀간의 데이트

20

정답 (c)

Dear Grandma,

Thank you for the money that you sent me for my birthday. I intend to use it toward my trip to Lake Tahoe for winter break. A couple of college friends and I are going there.

할머니께,

제 생일 선물로 보내 주신 용돈 감사합니다. 이 돈을 이번 겨울 방학 때 Tahoe 호수 여행에 쓰려고 해요. 저와 대학교 친구 두 명이 같이 갈 거예요. 금요일 수

We're so excited that we've decided to leave right after class on Friday! I can't wait to go skiing there. I heard the mountains just had eight inches of snow! I'll try to send you some pictures of my trip when I get back. Thanks again for thinking of me.

Love,
Susie

Q: What is the purpose of the letter?

(a) To invite someone to go skiing
(b) To send gift money to Grandma
(c) To show appreciation for a birthday gift
(d) To express thanks for being invited on a vacation

업이 끝나고 바로 떠나기로 결정해서 너무 흥분돼요! 빨리 그곳에 가서 스키를 타고 싶어요. 방금 그곳 산에 8인치 가량의 눈이 내렸다는 소식을 들었어요! 돌아와서 제 여행 사진 몇 장을 보내 드릴게요. 제 생각을 해주셔서 다시 한 번 감사 드려요.

사랑을 담아,
Susie가

Q: 이 편지의 목적은 무엇인가?

(a) 스키를 타러 같이 갈 사람을 초대하기 위해
(b) 할머니께 용돈 선물을 보내기 위해
(c) 생일 선물에 대한 감사를 표시하기 위해
(d) 휴가에 초대된 것을 감사 표시하기 위해

| 해설 본문의 서두에서, 생일 선물로 용돈을 보내 주신 것에 감사한다(Thank you for the money ~ for my birthday)고 했으므로 정답은 (c)이다.

오답분석
(a) 스키를 타러 갈 계획이 있다는 것을 말하고 있지, 이 편지를 통해 스키를 타러 갈 사람을 초대하는 것이 아니므로 오답이다.
(b) 용돈을 받은 것이지 할머니께 용돈을 보내는 것이 아니므로 오답이다.
(d) 할머니가 휴가에 Susie를 초대한 것이 아니므로 오답이다.

| 어휘 can't wait to ~하고 싶어 견딜 수가 없다 gift money 용돈 선물 appreciation [əprìːʃiéiʃən] 감사

21

정답 (a)

The education system in Iraq was once considered one of the best in the region. Since the 1980s, however, it has steadily deteriorated in terms of access, quality, and equity at all levels – the result of three major wars and over a decade of sanctions, underfunding, and government neglect. Thus, the massive lack of capital development and maintenance, human resources, and system development means that reconstructing the education system is a huge challenge.

Q: What is the main topic of the passage?

(a) The decline of the education system in Iraq
(b) The privatization of Iraq's education system
(c) The damage done to Iraq by three major wars
(d) The need for equal access to education in Iraq

이라크의 교육 시스템은 한때 그 지역에서 최고로 여겨졌었다. 그러나, 1980년대 이후로, 모든 수준의 접근성, 우수성, 공평성의 측면에서 계속 저하되었다 – 이는 세 번의 큰 전쟁과 십 년이 넘는 제재, 자금난, 그리고 정부의 무관심의 결과이다. 그리하여, 자본 개발과 유지, 인적 자원과 시스템 개발의 막대한 결핍은 교육 시스템의 재건이 엄청난 도전임을 의미한다.

Q: 이 글의 주제는 무엇인가?

(a) 이라크 교육 시스템의 쇠퇴
(b) 이라크 교육 시스템의 민영화
(c) 세 번의 큰 전쟁으로 인한 이라크의 피해
(d) 이라크의 교육에 대한 공평한 이용의 필요성

| 해설 본문에서 1980년대 이후로 이라크의 교육이 계속 저하되어 왔다(Since the 1980s, ~ it has steadily deteriorated ~)고 했으므로 정답은 (a)이다.

오답분석
(b) 본문에서 교육 시스템의 민영화(privatization)에 대한 언급은 없으므로 오답이다.
(c) '전쟁(three major wars)'의 피해는 너무 포괄적인 표현이다. 전쟁으로 인한 여러 가지 피해 중, '교육' 측면의 피해가 본문의 핵심이므로 오답이다.

(d) 본문에서 이라크 교육 시스템의 문제점으로 언급된 세 가지 요소(access, quality, equity) 중, equity(공평성)의 측면만을 언급하고 있으므로 오답이다.

어휘 deteriorate[dití(:)əriərèit] 악화하다 access[ǽkses] 접근성 equity[ékwəti] 공평성
sanction[sǽŋkʃən] (위법 국가에 대해 적용하는) 제재 underfund[ʌ̀ndərfʌ́nd] 충분한 자금을 대주지 않다
neglect[niglékt] 무시, 경시 massive[mǽsiv] 대규모의 capital development 자본 개발 maintenance[méintənəns] 유지
human resources 인적 자원 reconstruct[rìːkənstrʌ́kt] 재개발하다, 재건하다 challenge[tʃǽlindʒ] 도전, 난제
privatization[prài̯vətaizéiʃən] 민영화

22

정답 (d)

For the world's most expensive hotels, staying on top means doing everything to please a tough, discerning, and highly critical crowd. Their guests, which on any given night may include rap stars, tycoons, royalty, and CEOs, know the difference between the sublime and the merely impressive. If the champagne is not properly chilled, the quality of the linen sheets is inadequate, the luggage is not brought up with alacrity, or the morning coffee is served anything less than piping hot, they may take their fancy credit cards and go elsewhere.

Q: What is the main point about expensive hotels?

(a) They attract a wide variety of famous and powerful guests.
(b) Their guests pay a lot of money for high quality services.
(c) They must ensure that champagne is served chilled and coffee hot.
(d) They must set very high standards, or else they will lose guests.

세계에서 가장 비싼 호텔들에게 있어서, 최고의 자리에 머문다는 것은 무섭고, 분별력 있으며 매우 까다로운 사람들을 기쁘게 하기 위해 무엇이든 해야 한다는 뜻이다. 어느날 밤이든 고귀함과 단지 인상적인 것 사이의 차이를 아는 랩 스타, 업계 거물, 왕족, 그리고 CEO 등의 손님들이 투숙할 수도 있다. 샴페인이 충분히 차갑게 되지 않았거나, 린넨 시트의 질이 부적절하거나, 짐 가방이 민첩하게 올라오지 않거나, 모닝 커피가 아주 뜨겁지 않다면, 그들은 고급 신용카드를 들고 다른 곳으로 갈지도 모른다.

Q: 고급 호텔에 대한 요점은 무엇인가?

(a) 다양한 유명하고 권력 있는 손님들을 유인한다.
(b) 고급 서비스를 위해 손님들은 많은 돈을 지불한다.
(c) 샴페인은 차갑고 커피는 뜨겁게 내어야 한다는 것을 확실히 해야 한다.
(d) 매우 높은 기준을 세우지 않으면, 손님들을 잃을 것이다.

해설 본문은 값비싼 호텔의 경우, 고객의 기준이 몹시 까다로워서 그들을 만족시키기 위해 온갖 노력을 다해야만 손님들이 다른 곳으로 가버리지(go elsewhere) 않는다는 내용이다. 따라서 정답은 (d)이다.

오답분석
(a) 본문과 일치하는 내용이지만, 이 글의 핵심은 '고급 호텔이 손님을 잃지 않기 위한 노력'이지 '손님들이 유명하고 권력 있는 사람으로 구성되어 있다'가 아니므로 오답이다.
(b) 본문과는 일치하지만, 핵심적인 내용은 아니므로 오답이다.
(c) 본문 내용의 일부이지만, 핵심적인 내용은 아니므로 오답이다.

어휘 please[pliːz] 기쁘게 하다 discerning[disə́ːrniŋ] 분별력 있는, 통찰력 있는 critical[krítikəl] 까다로운, 비판적인
on any given 어떠한 tycoon[taikúːn] 대군, 거물 sublime[səbláim] 장엄한, 멋짐, 고귀함
impressive[imprésiv] 인상적인 properly[prápərli] 적당하게 chill[tʃil] (음료를) 차게 해서 내다
inadequate[inǽdəkwit] 부적절한, 부적당한 alacrity[əlǽkrəti] 민첩 piping[páipiŋ] 펄펄 끓는
fancy[fǽnsi] 고급의, 비싼

23

정답 (c)

As many of my readers know, I love poetry. And lately, I have been studying the history of poetry, which I would like to share with you. I was amazed to find that poetry has been around since 1000 BC. Some of the earliest-written poems, such as Homer's poems written around 850 BC, were based on even older war songs that people used to tell or sing to each other.

Q: Which of the following is correct according to the passage?

(a) Poetry first appeared around 850 BC.
(b) Homer's poems were sung during wartime.
(c) Some early poetry was based on war songs.
(d) Homer was the person who invented poetry.

많은 독자들이 알다시피, 난 시를 사랑한다. 그리고 최근에, 나는 시의 역사에 대한 공부를 해왔고, 여러분과 함께 그것을 공유하고자 한다. 난 시가 기원전 1000년 경부터 있어 왔다는 사실에 깜짝 놀랐다. 기원전 850년 경에 쓰여진 호머의 시들과 같이 몇몇 초창기에 쓰여진 시들은 사람들이 서로 이야기하거나 불렀던 훨씬 더 오래된 군가에 근거하고 있었다.

Q: 본문에 따르면 다음 중 옳은 것은?

(a) 시는 기원전 850년 경에 처음 등장했다.
(b) 호머의 시들은 전쟁 기간 동안 불렸다.
(c) 몇몇 초기 시들은 군가에 근거했다.
(d) 호머는 시를 처음 발명한 사람이었다.

해설 본문에서 '초창기의 시들은 훨씬 오래 전의 군가에 근거했다(Some of the earliest written poems ~ were based on even older war songs ~)' 고 하였으므로, 정답은 (c)이다.

오답분석

(a) 본문에서 'I was amazed to find that poetry has been around since 1000 BC' 라고 하였으므로 오답이다.
(b) 본문에서 호머의 시가 군가(war songs)를 근간으로 했다고 했지, 호머의 시가 전쟁에서 불린 것이 아니므로 오답이다.
(d) 호머의 시는 기원전 850년 경에 쓰여졌고, 기원전 1000년 경에 이미 시가 존재했다고 했으므로 오답이다.

어휘 be based on ~을 근간으로 하다 war song 군가

24

정답 (b)

When a female hippo is ready to mate, she will seek out an adult male. Approximately 34 weeks after mating, the female will give birth to a single calf. Typically, the birth takes place underwater, and the newborn must surface quickly to take its first breath. But this is not a problem, as young hippos can swim and walk within moments after birth. The mother nurses the young hippo for only eight months, although it will remain with her for several years.

Q: Which of the following is correct about hippos according to the passage?

(a) Baby hippos are rarely born underwater.
(b) Baby hippos can swim and walk soon after birth.
(c) Female hippos give birth to two babies at a time.
(d) Female hippos nurse their young for several years.

암컷 하마가 짝짓기할 준비가 되면, 다 자란 수컷을 찾아 나선다. 짝짓기 후 약 34주가 지나면, 암컷은 한 마리의 새끼를 낳는다. 일반적으로, 분만은 물속에서 이루어지며, 갓 태어난 새끼는 첫 숨을 쉬기 위해 재빨리 물 위로 나와야 한다. 하지만 새끼 하마는 태어나서 곧 수영하고 걸을 수 있기 때문에 이것은 문제가 되지 않는다. 새끼는 어미 곁에 몇 년 동안 남아 있지만, 어미는 오직 여덟 달만 새끼를 보살펴 준다.

Q: 본문에 따르면 다음 중 하마에 대하여 옳은 것은?

(a) 새끼 하마는 거의 물속에서 태어나지 않는다.
(b) 새끼 하마는 태어나서 곧 수영하고 걸을 수 있다.
(c) 암컷 하마는 한 번에 두 마리의 새끼를 낳는다.
(d) 암컷 하마는 새끼를 몇 년간 보살핀다.

해설 본문에서 '새끼 하마는 태어나서 곧 수영하고 걸을 수 있다(young hippos can swim and walk within moments after birth)' 고 하였으므로, 정답은 (b)이다.

오답분석
(a) 본문에서 '일반적으로, 분만은 물속에서 이루어진다(Typically, the birth takes place underwater)'고 하였으므로 오답이다.
(c) 본문에서 '어미는 한 마리의 새끼를 낳는다(the female will give birth to a single calf)'고 하였으므로 오답이다.
(d) 본문 하단부에서 '어미는 새끼를 8개월만 보살핀다(The mother nurses the young hippo for only eight months ~)'고 하였으므로 오답이다.

| 어휘 mate[méit] 짝짓기하다 approximately[əprάksəmitli] 대략 give birth to ~을 낳다 calf[kæf] 새끼 take place 발생하다 newborn[njú:bɔ́:rn] 갓 태어난 새끼, 신생아 take a breath 숨을 쉬다 nurse[nə:rs] 보살피다, 간호하다

25

정답 (d)

For millions of Chinese high school students, the final day of national college entrance exams is next Thursday. In some Chinese cities, authorities plan to reroute traffic and ban construction on that day to create a quiet and less stressful environment for test-takers. The entrance exams are crucial for high school students and for their families. Only one in every four who sit for the exams will be eligible for university enrollment. And while a college degree does not necessarily translate into a high salary, it is highly valued in society, so parents place high expectations on their children and push them to do well.

Q: Which of the following is correct according to the passage?

(a) Chinese parents prefer their children to study overseas.
(b) Half of all Chinese high school students get into college.
(c) University graduates in China usually earn high salaries.
(d) Construction will stop on Thursday in some cities in China.

수백만의 중국 고등학생들에게, 전국 대학 입학 시험의 마지막 날은 다음 주 목요일이다. 몇몇 중국 도시들에서, 당국은 당일 교통을 우회시키고 공사를 금지시켜 수험생들에게 조용하고 스트레스가 덜한 환경을 만들어 줄 계획이다. 이 입학 시험은 고등학생들과 그들의 가족에게 매우 중대하다. 수험생 4명 중 1명에게만 대학 입학의 자격이 주어진다. 그리고 대학 학위가 반드시 높은 봉급을 보장하는 것은 아니지만, 사회적으로 매우 높게 평가되므로, 부모들은 자녀에게 많은 기대를 하고 잘 하라고 압박한다.

Q: 본문에 따르면 다음 중 옳은 것은?

(a) 중국 부모들은 자녀들이 해외에서 공부하는 것을 선호한다.
(b) 모든 중국 고등학생 중 절반이 대학에 들어간다.
(c) 중국에서 대학을 졸업한 사람들은 대개 높은 봉급을 받는다.
(d) 중국 몇몇 도시에서 목요일에 공사가 중단될 것이다.

| 해설 본문에서 시험을 치르는 날이 다음 주 목요일(the final day of national college entrance exams is next Thursday)이라고 하였고, 그날 공사를 금지한다(ban construction on that day ~)고 하였으므로, 정답은 (d)이다.

오답분석
(a) 본문에서는 국내 대학교의 입학(national college entrance exams)에 대해 언급하고 있지, 해외 유학에 대해서는 언급된 바 없으므로 오답이다.
(b) 본문에서는 모든 중국 고등학생 중 절반이 대학에 들어가는 것이 아니라, 시험을 치르는 학생 중 4분의 1이 대학 입학 자격을 얻게 된다고 하였으므로 오답이다.
(c) 본문에서 '대학 학위가 반드시 높은 봉급을 보장하는 것은 아니다(a college degree does not necessarily translate into a high salary ~)'라고 하였으므로 오답이다.

| 어휘 college entrance exam 대학 입학 시험 reroute[ri:rú:t] 우회시키다 ban[bæn] 금지하다 test-taker 수험생, 입시자 crucial[krú:ʃəl] 중대한 eligible[élidʒəbl] 자격이 있는 enrollment[inróulmənt] 입학 translate into ~으로 바꾸다, ~으로 번역하다 value[vǽlju:] 평가하다 push[puʃ] 압박하다 overseas[òuvərsí:z] 해외(로부터)의; 해외로

26

정답 (a)

Since most people begin to speak a language at a very young age, it would be easy to assume that we are born with that ability. But that is not the case. Unlike other skills, like walking, for example, language is not an inherent, biological function of humans. The ability to talk is due entirely to the world into which we are born. We are born into a society that from day one teaches us its traditions. Eliminate society and there is still reason to believe that we will learn to walk. However, it is certain that we would never learn to talk.

Q: Which of the following is correct according to the passage?

(a) Talking would not be possible without society's influence.
(b) Language is a natural biological function in human beings.
(c) Most children can learn a foreign language at a very young age.
(d) Children are born with an inherent ability to understand their culture.

대부분의 사람들이 아주 어린 나이 때부터 언어를 말하기 시작하기 때문에, 우리가 그러한 능력을 타고난다고 여기기 쉽다. 하지만 그렇지 않다. 예를 들자면, 걷기와 같은 다른 기술들과 달리, 언어는 인간이 타고나는 생물학적 기능이 아니다. 말하는 능력은 순전히 우리가 태어난 세상 때문이다. 우리는 태어나는 순간부터 그 사회의 전통을 가르치는 사회에서 태어난다. 사회가 없어져도 우리가 걷는 법을 배울 것이라고 믿을만한 이유는 여전히 있다. 하지만, 우리가 말하는 법을 절대로 배우지 않을 것이란 건 확실하다.

Q: 본문에 따르면 다음 중 옳은 것은?

(a) 사회의 영향 없이 말하는 것은 불가능하다.
(b) 언어는 인간에게 있어 자연스러운 생물학적 기능이다.
(c) 대부분의 아이들이 아주 어린 나이 때부터 외국어를 배울 수 있다.
(d) 어린이들은 자기 문화를 이해하는 선천적인 능력을 갖고 태어난다.

해설 본문에서 만약 '사회'라는 요소를 제거한다면, 걷는 것을 배워야 할 이유는 있지만 말하는 것을 배워야 할 이유는 없을 것(Eliminate society and there is still reason to believe that we will learn to walk. However, it is certain that we would never learn to talk)이라고 하였으므로, 정답은 (a)이다.

오답분석

(b) 본문에서 'language is not an inherent, biological function of humans'라고 하였으므로 오답이다.
(c) 본문은 외국어 학습이 아니라 일반적인 언어 학습에 대한 내용이므로 오답이다.
(d) 본문에서는 말하는 능력은 타고난 생물학적 기능이 아니라고(language is not an inherent, biological function of humans) 하였는데, 타고난 능력이라고 진술했으므로 오답이다. 또한, 본문은 '문화를 이해하는 능력(ability to understand their culture)'에 대한 글이 아니라, '언어 습득 능력'에 대한 글이므로 오답이다.

어휘 assume [əsjúːm] 추정하다 inherent [inhí(ː)ərənt] 고유의, 본래부터 타고난 biological [bàiəládʒikəl] 생물학적인 from day one 첫날부터 tradition [trədíʃən] 전통, 관례 eliminate [ilímənèit] 제거하다, 고려하지 않다

27

정답 (c)

Driving on slippery roads can be very dangerous. When the road is slippery, you must slow your vehicle. If you want to stop or turn on a slippery surface, apply the brake pedal lightly several times to slow your vehicle. Avoid any sudden changes in speed or direction; otherwise, your car may skid on the slippery surface. If your car begins to skid, turn the front wheels so that you steer in the direction of the skid.

미끄러운 도로를 주행하는 것은 매우 위험할 수 있다. 도로가 미끄러울 때, 당신은 차량의 속도를 늦춰야 한다. 만약 당신이 미끄러운 표면에서 멈추거나 회전하고자 한다면, 브레이크 페달을 가볍게 여러 번 밟아 차량의 속도를 늦추어라. 속도나 방향에 있어서 갑작스런 변화는 피해라; 그렇지 않으면, 미끄러운 표면에서 차가 미끄러질 수도 있다. 만약 차가 미끄러지기 시작하면, 앞바퀴를 돌려서 미끄러지는 방향으로 운전대를 조종하라.

Q: According to the instructions, what should you do if your car begins to skid?

(a) Avoid steering the car.
(b) Slow down your speed.
(c) Turn in the direction of the skid.
(d) Step on the brake pedal as soon as possible.

Q: 지시에 따르면, 차가 미끄러지기 시작하면 무엇을 해야 하는가?

(a) 운전대를 조종하는 것을 피해라.
(b) 속도를 늦추어라.
(c) 미끄러지는 방향으로 돌아라.
(d) 가능한 한 빠르게 브레이크 페달을 밟아라.

해설 본문에서 차가 미끄러지기 시작하면 미끄러지는 방향으로 앞바퀴를 돌려 운전대를 조종하라고(turn the front wheels so that you steer in the direction of the skid) 하였으므로 정답은 (c)이다.

오답분석

(a) 본문에서는 '미끄러지는 방향으로 운전대를 조종할 수 있도록 앞바퀴를 돌리라(turn the front wheels so that you steer in the direction of the skid)'고 하였으므로 조종하는 것을 피하라(Avoid steering the car)는 것은 오답이다.
(b) 속도를 늦추는 것은 도로가 미끄러울 경우이지(When the road is slippery, you must slow your vehicle), 차가 미끄러지는 상황에서 해야 할 일이 아니므로 오답이다.
(d) 브레이크 페달을 밟는 경우는 미끄러운 표면에서 멈추거나 방향을 바꾸고 싶을 때이지(If you want to stop or turn on a slippery surface, apply the brake pedal lightly ~), 차가 미끄러지는 상황에서 해야 할 일이 아니므로 오답이다.

어휘 slippery[slípəri] 미끄러운 vehicle[víːikl] 차량 turn on ~로 방향을 바꾸다 apply[əplái] 사용하다
brake pedal 브레이크 페달 lightly[láitli] 가볍게 skid[skid] 미끄러지다 front wheel 앞바퀴
in the direction of ~의 방향으로 steer[stiər] 조종하다

28

정답 (c)

Dear Dr. Walters,

I have been married for 17 happy years. My husband and I live in the north in a beautiful home. But we have a problem. I love the winter season because I enjoy skiing and relaxing indoors by our fireplace. I hate summer, though—the heat, the humidity, the summer bugs, etc. The problem is that my husband gets depressed during the winter and always looks forward to summer. I love cold, snowy, gray days, but he hates them and is desperate to move south. My husband and I have discussed this several times, but neither of us is willing to change our minds. What should I do?

Megan in Minneapolis

Q: Which of the following is correct about the writer of the letter?

(a) She does not want to be married anymore.
(b) She is tired of staying indoors during winter.
(c) She and her husband prefer opposite seasons.
(d) She wants to live in the south where it is warmer.

Walters 박사님께,

저는 17년째 행복한 결혼 생활을 하고 있습니다. 제 남편과 저는 북부의 아름다운 집에서 살고 있습니다. 그러나 저희에게 문제가 있습니다. 저는 스키와 벽난로가 있는 실내에서 쉬는 것을 즐기기 때문에 겨울을 좋아합니다. 하지만 무더위, 습기, 여름 벌레 등 때문에 저는 여름이 싫습니다. 문제는 제 남편은 겨울 동안 침울해지고 항상 여름을 기다린다는 것입니다. 저는 춥고, 눈 내리고, 회색 빛인 날들을 좋아하지만, 그는 이런 것들을 싫어하고 남부로 이사하길 간절히 원합니다. 제 남편과 저는 이것에 대해 몇 번 대화를 했지만, 저희 중 누구도 마음을 바꾸려 하지 않습니다. 제가 어떻게 해야 할까요?

미니애폴리스에 사는 Megan

Q: 다음 중 이 편지를 쓴 사람에 대하여 옳은 것은?

(a) 그녀는 더 이상 결혼 생활을 원치 않는다.
(b) 그녀는 겨울에 실내에 머무는 것이 지겹다.
(c) 그녀와 남편은 정반대의 계절을 좋아한다.
(d) 그녀는 더 따뜻한 남부에서 살기를 원한다.

해설 본문에서 그녀는 겨울을 좋아하고(I love the winter season) 남편은 여름을 좋아하여 겨울에는 항상 침울하다(my husband gets depressed during the winter and always looks forward to summer)고 하였으므로 정답은 (c)이다.

오답분석

(a) 둘의 계절에 대한 취향 때문에 문제가 있는 것이지, 더 이상 결혼 생활을 유지하기를 원치 않는다는 언급은 없으므로 오답이다.

(b) 여자는 겨울에 실내에서 머무르는 것을 좋아하므로(I enjoy ~ relaxing indoors ~) 오답이다.

(d) 남부에서 살고 싶어하는 사람은 여름을 좋아하는 남편이지(he ~ is desperate to move south) 그녀가 아니므로 오답이다.

어휘 fireplace[fáiərplèis] 벽난로 humidity[hju:mídəti] 습기 desperate[désp*ə*rət] 간절한 be willing to ~하려 하다 opposite[ápəzit] 정반대의

29

정답 (d)

The main policy recommendation made in this report is that we should provide more technological education opportunities to the public. The fact is, we now live in an information-based society, and since technology affects everyone, everyone needs to know how to use it, or they will be left behind. To keep pace with the rapid spread of information in our culture, people need to learn new skills no matter what career they have. For this reason, the report committee believes that the issues surrounding the technical education and training of the general public deserve urgent attention.

Q: According to the report, why does the general public need to be educated?

(a) To enable people to advance their careers
(b) To ensure that the society continues to grow
(c) To acquire skills that are not taught in college
(d) To keep up with an information-based society

이 보고서에 제시된 주요 정책 제안은 우리가 대중에게 더 많은 과학 기술 교육 기회를 제공해야 한다는 것이다. 사실, 우리가 현재 정보 기반 사회에 살고 있고, 기술이 모두에게 영향을 미치기 때문에, 모두가 이것을 사용하는 방법을 알아야 하고, 그렇지 않으면 그들은 뒤쳐지게 될 것이다. 우리 문화에서 빠르게 퍼지는 정보에 뒤떨어지지 않기 위해선, 사람들은 직업에 상관없이 새로운 기술을 배워야만 한다. 이러한 이유로, 보고서 위원회는 일반 대중의 기술 교육 및 훈련과 관련된 문제들에 긴급한 관심을 기울여야 한다고 생각한다.

Q: 보고서에 따르면, 왜 일반 대중들은 교육을 받아야 하는가?

(a) 그들의 직장에서 승진하기 위해
(b) 사회가 계속 성장하는 것을 보장하기 위해
(c) 대학에서 배우지 않는 기술을 익히기 위해
(d) 정보 기반 사회에서 뒤떨어지지 않기 위해

해설 본문에서 '우리 문화에서 빠르게 퍼지는 정보에 뒤떨어지지 않기 위해서, 직업에 상관없이 새로운 기술을 배워야 한다(To keep pace with the rapid spread of information in our culture, people need to learn new skills ~)'고 하였으므로, 정답은 (d)이다.

오답분석

(a) 정보화 사회의 정보에 뒤쳐지지 않기 위해(To keep pace with the rapid spread of information in our culture) 정보 교육을 시켜야 한다고 했지, 직장에서 승진하기 위해서(to advance their careers)라고 하지는 않았으므로, 오답이다.

(b) 정보 교육이 필요한 이유가 '사회의 성장을 위해서(the society continues to grow)'라고 본문에 언급된 바 없으므로 오답이다.

(c) 본문에서 대학에서 배우지 않은 기술을 섭렵하기 위해 교육을 받아야 한다는 언급은 없으므로 오답이다.

어휘 information-based society 정보 기반 사회 be left behind 뒤쳐지다 keep pace with ~에 뒤떨어지지 않다 the general public 일반 대중 deserve[dizə́:*r*v] ~받아 마땅하다 urgent[ə́:*r*dʒənt] 긴급한 advance[ədvǽns] 승진시키다, 개선하다 keep up with ~을 따라잡다, ~에 뒤떨어지지 않다

30

정답 (a)

Electing a new pope was not always a short process as it is these days. In 1268, Catholic cardinals began an election process that would take them until 1271 before

새로운 교황을 선출하는 것이 항상 요즘과 같이 짧은 과정은 아니었다. 1268년, 가톨릭 추기경들은 그들이 결정을 내리는 데 1271년까지 계속되었던 선거 과정

they reached a decision. In fact, the election process could have lasted even longer had it not been for the intervention of local authorities, who, weary of the delay, confined the cardinals until a decision was reached. This protracted length of time was deemed far too long by the pope who was finally elected, Gregory X. So, he brought in laws to prevent such scandalous delays in the future, and since then elections for a new pope have been significantly shorter.

Q: Which of the following is correct according to the passage?

(a) Catholic cardinals elected Gregory X as pope in 1271.
(b) Gregory X outlawed secular interventions in papal affairs.
(c) It took over two years to choose Pope Gregory X's successor.
(d) Authorities imprisoned Catholic cardinals for not electing a pope.

을 시작했다. 사실, 그 선거 과정은, 지연에 지친 지역 당국이 최종 결정을 내릴 때까지 추기경들을 감금했던 중재가 없었더라면, 더 길어질 수도 있었다. 마침내 선출된 교황 그레고리 10세는 이렇게 오래 끄는 시간이 너무 길다고 생각하였다. 그래서, 그는 앞으로 이렇게 악평이 자자한 지연을 방지하고자 법을 도입하였고, 그때부터 새로운 교황에 대한 선거는 상당히 짧아졌다.

Q: 본문에 따르면 다음 중 옳은 것은?

(a) 가톨릭 추기경들은 1271년에 그레고리 10세를 교황으로 선출하였다.
(b) 그레고리 10세는 교황 문제에 있어 비종교적인 중재를 금지하였다.
(c) 교황 그레고리 10세를 이을 사람을 선택하는 데 2년이 넘게 걸렸다.
(d) 당국은 교황을 선출하지 않은 죄로 가톨릭 추기경들을 감금하였다.

해설 본문 서두의 'an election process that would take them until 1271'로 보아 1271년에 비로소 교황이 선출되었음을 알 수 있고 하단부의 'the pope who was finally elected, Gregory X'로 보아 선출된 교황이 Gregory X라는 것을 알 수 있다. 따라서 정답은 (a)이다.

오답분석

(b) 본문에 따르면, Gregory X는 선출 과정을 더 짧게 한 것이지(elections for a new pope have been significantly shorter), 비종교적 중재를 금지한 것(outlawed secular interventions)이 아니므로 오답이다.
(c) 본문에는 '그레고리 10세를 이을 사람'이 아니라 '그레고리 10세'를 선출하는 데 걸린 시간을 언급하고 있으므로 오답이다.
(d) 본문에서 지나치게 길어지는 것에 지친(weary of the delay) 지역 당국이 의사 결정을 촉진시키기 위해 추기경들을 감금하는 방법을 사용한 것이지, 교황을 선출하지 않은 죄로 추기경들을 감금했던 것은 아니므로 오답이다.

어휘 pope [poup] 교황 cardinal [kɑ́ːrdinəl] 추기경 intervention [ìntərvénʃən] 중재 weary of ~에 지친 confine [kənfáin] 감금하다, 가두다 protract [proutrǽkt] 시간을 오래 끌다 scandalous [skǽndələs] 수치스러운, 창피한 outlaw [áutlɔ̀ː] 금지하다, 불법화하다 secular [sékjulər] 비종교적인, 세속적인 affair [əféər] 업무, 문제 successor [səksésər] 후계자 imprison [imprízn] 구금하다, 수감하다

31

정답 (a)

Whether professors should assign their own books as class reading is a hotly debated topic among students and professors in universities. Many students feel that professors who do so are behaving narcissistically and that they are only trying to increase royalties. On the other hand, some students are thrilled with the idea of reading their professors' works. Among professors there is also diversity of opinion. Professors who assign their own books often do so because they feel their own books best cover the material in the course. A

교수들이 자신의 책을 수업 교재로 선정해야 하는지는 대학의 학생들과 교수들 사이에서 뜨겁게 논쟁되는 주제이다. 많은 학생들이 그렇게 하는 교수들은 자기 도취적으로 행동하며 단지 인세를 증대하려 한다고 생각한다. 반면에, 어떤 학생들은 그들 교수의 책을 읽는다는 생각에 즐거움을 느끼기도 한다. 교수들 사이에도 다양한 의견들이 있다. 자신의 책을 교재로 선정하는 교수들은 자신들의 책이 수업 내용을 가장 잘 다룬다고 생각하기 때문에 종종 그렇게 한다. 그러나, 중대한 결점은, 하나의 관점만을 배운다는 것이다.

significant drawback, however, is that you only get one perspective.

Q: Which of the following is correct about professors' assigning their own books in courses?

(a) It has led students to see some professors as self-serving egotists.
(b) Some students are of the opinion that it just offers them one perspective.
(c) Students support it because those books best cover the material in the course.
(d) It is regarded by some professors as a way to increase royalties from book sales.

Q: 다음 중 자신의 책을 수업 교재로 선정하는 교수들에 대하여 옳은 것은?

(a) 학생들로 하여금 몇몇 교수들을 자기만 아는 이기적인 사람으로 보게 하였다.
(b) 어떤 학생들은 그것이 그들에게 한 가지 관점만을 제공한다고 생각한다.
(c) 학생들은 그러한 책들이 수업 내용을 가장 잘 다루기 때문에 이것을 지지한다.
(d) 어떤 교수들에겐 책 판매를 통해 인세를 증대하는 방법으로 여겨진다.

해설 본문에서 'Many students feel that professors who do so are behaving narcissistically ~'라고 하였다. 따라서 많은 학생들이 자기 책을 수업 교재로 선정하는 교수에 대해, 자기 도취적이라고 비판하므로 정답은 (a)이다.

오답분석
(b) 본문에 따르면, 교수들의 책으로 수업을 할 경우 'you only get one perspective'라고 하였지만, 이것이 학생들의 의견이라는 언급은 없으므로 오답이다.
(c) 본문에서 'they feel their own books best cover the material in the course'라고 하였지만, 이때 they는 학생이 아니라 교수이므로 오답이다.
(d) 본문에서 'they are only trying to increase royalties'라고 하였지만, 그렇게 생각하는 것은 교수가 아니라 학생이므로 오답이다.

어휘 assign[əsáin] 선정하다, 할당하다 class reading 수업 교재 hotly[hátli] 맹렬히, 뜨겁게 narcissistically[nɑːrsəsístikəli] 자기 도취적으로 royalty[rɔ́iəlti] 사용료, 인세 thrilled[θrild] 전율하는, 기뻐하는 diversity[divə́ːrsəti] 다양성 cover[kʌ́vər] 다루다 drawback[drɔ́ːbæ̀k] 결점 perspective[pərspéktiv] 관점 self-serving 이기적인 egotist[íːgətist] 이기주의자

32

정답 (a)

The human conscience is an invaluable faculty that helps children distinguish right from wrong and judge the social consequences of their actions from an early age. Though there is debate over whether conscience is inherent or acquired, most psychologists agree that conscience is greatly influenced by experiences early in a child's life. Thus, parents have a huge responsibility in helping their children develop a healthy conscience. This is especially important when they are young, since as children get older it becomes more of a challenge.

인간의 양심은 아이들로 하여금 어릴 때부터 옳고 그름을 구별하고 자신의 행동에 대한 사회적 결과를 판단할 수 있도록 도와주는 매우 귀중한 능력이다. 양심이 선천적인지 아니면 후천적인지에 대한 논쟁이 있지만, 대부분의 심리학자들은 양심이 어린이의 초기 삶의 경험에 의해 크게 영향을 받는다는 점에 동의한다. 그러므로, 부모들은 어린이들이 건전한 양심을 발달시키도록 돕는 데 막대한 책임이 있다. 이는 아이들이 자라면서 점차 힘들어지기 때문에, 아이들이 어릴 때 특히 중요하다.

Q: Which of the following is correct about the human conscience according to the passage?

(a) Most psychologists believe it is shaped in early childhood.
(b) It helps provide a child with a stable sense of social identity.

Q: 본문에 따르면 다음 중 인간의 양심에 대하여 옳은 것은?

(a) 대부분의 심리학자들은 양심이 초기 아동기에 형성된다고 믿는다.
(b) 양심은 어린이에게 안정적인 사회적 정체성을 제공해 준다.

TEST 1 TEST 2 TEST 3

텝스공식문제 최신기출 2 문제와 해설

(c) Psychologists agree that it cannot be shaped after childhood.
(d) Its healthy development is entirely due to parental guidance.

(c) 심리학자들은 아동기 이후에는 양심이 형성될 수 없다는 것에 동의한다.
(d) 양심의 건전한 발달은 전적으로 부모의 지도 덕분이다.

해설 본문에서 '대부분의 심리학자들은 양심이 어린이의 초기 경험에서 커다란 영향을 받는다는 점에 동의한다(most psychologists agree that conscience is greatly influenced by experiences early in a child's life)'고 하였으므로 정답은 (a)이다.

오답분석
(b) 본문에서 양심이 아이들에게 안정적인 사회적 정체성(stable sense of social identity)을 갖게 해준다는 언급은 없으므로 오답이다.
(c) 본문에서 점차 자라면서 양심이 발달되는 것이 힘들다고 하였지(it becomes more of a challenge), 형성될 수 없다고는(cannot be shaped after childhood) 하지 않았으므로 오답이다.
(d) 본문에서 부모는 아이들의 건강한 양심 형성에 막대한 책임(huge responsibility)이 있다고 하였지, 전적으로(entirely) 부모의 지도 때문(due to parental guidance)이라고 하지는 않았으므로 오답이다.

어휘 conscience[kánʃəns] 양심 invaluable[invǽljuəbl] 소중한 faculty[fǽkəlti] 능력 consequence[kánsəkwèns] 결과 inherent[inhí(:)ərənt] 타고난 acquired[əkwáiərd] 후천적인 become more of a challenge 더욱 어려워지다

33

정답 (c)

Dear Mr. Jacobs,

Starting a new life in a new place can be a difficult and sometimes lonely thing. And frankly, I was very hesitant about how I would fit into society again after being released from prison. But the help you've given me as I've tried to resettle in my hometown has taken away all of my anxieties and has helped me feel comfortable with my new life. I owe all of this to you and your outreach center. So, if you ever need a volunteer for anything, please let me know. Thank you so much.

Gratefully yours,
Martha Jones

Q: What can be inferred about the writer?

(a) She is a volunteer at an outreach center.
(b) She has recently moved to a new prison.
(c) She has not been out of jail for very long.
(d) She is no longer anxious about prison life.

Mr. Jacobs께,

새로운 장소에서 새로운 생활을 시작하는 것은 어렵고 때로는 외롭기도 합니다. 그리고 솔직히, 감옥에서 출소한 뒤에 어떻게 사회에 다시 적응할지에 대해 상당히 망설였습니다. 하지만 제가 다시 제 고향에 정착하려 애쓸 때 제게 주셨던 도움은 저의 모든 근심을 없애 주었고, 저의 새로운 생활에 편안함을 느끼게 해 주었습니다. 이 모두는 당신과 복지 센터의 덕택입니다. 그러니, 만약 무엇에든지 자원봉사자가 필요하시다면, 제게 알려주세요. 정말 감사합니다.

감사를 담아,
Martha Jones

Q: 글쓴이에 대하여 추론할 수 있는 것은?

(a) 복지 센터의 자원봉사자이다.
(b) 최근 새로운 감옥으로 옮겼다.
(c) 감옥에서 오래도록 나오지 못했었다.
(d) 더 이상 감옥 생활에 대해 걱정하지 않는다.

해설 본문에서 글쓴이는 감옥 출소 후, 새 사회에 적응하지 못할까 봐 몹시 두려워했었으므로(I was very hesitant about how I would fit into society again after being released from prison) 오랫동안 감옥에 있었다는 것을 추론할 수 있다. 따라서 정답은 (c)이다.

오답분석
(a) 본문에서 앞으로 자원봉사할 의지를 밝히고 있는 것이지(if you ever need a volunteer ~), 현재 자원봉사자는 아니므로 오답이다.
(b) 본문에서 글쓴이는 감옥에서 출소한 것이지(after being released from prison), 새로운 감옥으로 옮긴 것이 아니므로 오

답이다.

(d) 그녀는 더 이상 감옥에서의 삶을 걱정하지 않는 것이 아니라, 감옥에서 나온 사회에서의 삶을 걱정하지 않게 되었으므로 오답이다.

| 어휘 lonely [lóunli] 외로운 hesitant [hézitənt] 망설이는 fit into ~에 적응하다 release [rilíːs] 해방시키다, 출소시키다 resettle [riːsétl] 다시 정착하다 anxiety [æŋzáiəti] 근심 outreach [àutríːtʃ] 복지, 봉사

34

정답 (d)

Join the nation's top football strength and conditioning professionals for two days of lectures and workshops at the annual Football Strength Training Conference (FSTC). A very popular event, this annual event is a huge hit every year. The next FSTC will take place immediately before the Football Coaches Association meeting, January 7-8 in Louisville, Kentucky. There will also be an accompanying trade show, as well as a Football League Experience Center where kids can see if they have what it takes to become a professional football star.

Q: Who is most likely to attend the FSTC?

(a) High school sports directors
(b) Professional football players
(c) Athletes who want a career in football
(d) Football strength training professionals

연례 미식축구 선수 트레이닝 회담(FSTC)에서 이틀간의 강의와 워크숍에 전국 최강의 미식축구 근력과 훈련 전문가들과 함께 하세요. 매우 인기 있는 이 연례 행사는 매년 대성황을 이룹니다. 다음 FSTC는 1월 7-8일 켄터키 주 Louisville에서 미식축구 감독 협회 회담 직전에 열립니다. 또한 아이들이 프로 미식축구 스타가 되려면 어떻게 해야 하는지를 볼 수 있는 미식축구 리그 체험 센터와 더불어 시사회도 열립니다.

Q: FSTC에 가장 참여할 것 같은 사람들은?

(a) 고등학교 스포츠 감독들
(b) 프로 미식축구 선수들
(c) 미식축구 관련 직업을 원하는 운동선수들
(d) 미식축구 근력 훈련 전문가들

| 해설 본문에서 'the nation's top football strength and conditioning professionals'와 행사에서 함께 하라고 권유하고 있으므로 정답은 (d)이다.

오답분석

(a) 본문에서는 고등학교 스포츠 감독이라고 언급하지 않았고, 그냥 sports directors라고 하였으므로 오답이다.

(b), (c) 본문은 운동선수가 아니라, 선수를 훈련시키는 전문가들을 행사에 참석시키려 하고 있으므로 오답이다.

| 어휘 strength [streŋkθ] 근력 annual [ǽnjuəl] 연례의 immediately [imíːdiətli] 바로, 즉시 accompanying [əkʌ́mpəniiŋ] 동반한 athlete [ǽθliːt] 운동선수

35

정답 (b)

SAN FRANCISCO – A thief has stolen a computer laptop containing personal information on nearly 100,000 University of Hampton alumni, graduate students, and past applicants, continuing a recent series of security breakdowns that has illustrated society's growing susceptibility to identity theft. By law, university officials are required to personally notify each person whose private information has been breached, a process that could prove very difficult, university officials admit. Some of the students received their degrees nearly 30 years ago.

샌프란시스코 — 한 도둑이 거의 10만 명의 Hampton 대학 졸업생, 대학원생과 과거 지원자들의 신상 정보가 담긴 노트북 컴퓨터를 훔쳤고, 이는 신분 도용에 대한 사회의 증가하는 취약성을 시사하는 최근 연이은 보안 붕괴 사고를 이어가고 있다. 법적으로, 대학 관계자들은 개인 정보가 유출된 모든 사람들에게 직접 알리도록 요구되지만, 이 과정이 매우 어려울 수 있다고 대학 관계자들은 인정한다. 일부 학생들은 학위를 거의 30년 전에 받았던 것이다.

Q: What can be inferred from the article?

(a) The laptop's owner will be arrested for the security breach.
(b) Not all graduates will be notified of their identity theft soon.
(c) Thefts of laptops at the University of Hampton are on the rise.
(d) University officials will make an official apology to the public.

Q: 이 기사로부터 추론할 수 있는 것은?

(a) 노트북 컴퓨터의 주인은 보안 유출로 체포될 것이다.
(b) 모든 졸업자들이 그들의 신분 도용을 곧 통보받지는 못할 것이다.
(c) Hampton 대학에서 노트북 컴퓨터 도난 사건이 증가하고 있다.
(d) 대학 관계자들은 대중에게 공식적인 사과를 할 것이다.

해설 본문에 따르면, 정보 유출을 각 개인에게 알려야 하지만 그 과정이 쉽지 않을 것이라고(university officials are required to personally notify each person whose private information has been breached, a process that could prove very difficult ~) 하였다. 따라서 모든 졸업자들이 정보가 유출되었음을 통보받기 힘들 수도 있으므로, 정답은 (b)이다.

오답분석
(a) 본문에는 노트북 컴퓨터의 주인에 대한 처벌에 관해서는 언급하고 있지 않으므로 오답이다.
(c) 본문에서는 일련의 보안 붕괴 사건(a recent series of security breakdowns)이 신분 도용에 대한 우리 사회의 증가하는 취약성(growing susceptibility to identity theft)을 보여준다고 하였지, 노트북 컴퓨터 도난 사건이 증가 추세라고 하지 않았으므로 오답이다.
(d) 본문에 따르면, University officials는 각 개인에게 이 도난 사건을 알리도록 되어 있다고 하였지(are required to notify each person whose private information has been breached ~), 대중에게 사과를 하도록 되어 있다고 하지 않았으므로 오답이다.

어휘 alumni [əlʌ́mnai] 졸업생들 (단수: alumnus) breakdown [bréikdàun] 붕괴 illustrate [íləstrèit] 설명하다, 묘사하다 susceptibility [səsèptəbíləti] 취약성 identity theft 신분 도용 notify [nóutəfài] 통지하다 breach [briːtʃ] 유출하다; 유출 official [əfíʃəl] 공무원; 공식적인 on the rise 증가하는

36

정답 (b)

Developing countries are growing, on average, at a rate of 6 percent. This trend can be attributed to a favorable combination of high commodity prices, low interest rates and increasing foreign assistance. But this economic growth has had negative side effects as well. Thus far the economic growth has not resulted in decent and productive employment for the poorest sectors of society. Employment generation has remained generally weak throughout the developing world. Furthermore, income inequality has been increasing in the majority of developing countries.

개발 도상국들은 평균 6%의 비율로 성장하고 있다. 이러한 경향은 높은 물가, 낮은 이자율, 그리고 외국 원조의 증가의 유리한 조합으로 인한 것이다. 하지만 이러한 경제 성장에는 부작용도 있다. 지금까지는 경제 성장이 사회의 극빈자 계층에게 반듯하고 생산적인 일자리를 창출하지 못했다. 고용 계층들은 개발 도상국 전반에 걸쳐 일반적으로 취약하게 남아 있다. 게다가, 대부분의 개발 도상국에서 소득 불평등이 증가해오고 있다.

Q: What can be inferred about developing countries from the passage?

(a) Economic growth tends to have more negative than positive outcomes.
(b) Rapid economic growth does not necessarily benefit the poorest people.
(c) Foreign financial assistance has not been

Q: 이 글에서 개발 도상국들에 대하여 추론할 수 있는 것은?

(a) 경제 성장은 긍정적인 결과보다 부정적인 결과를 더 많이 갖는 경향이 있다.
(b) 빠른 경제 성장이 반드시 극빈자들에게 이익을 주지는 않는다.
(c) 외국의 재정 원조가 국가간에 공평하게 분배되지 않았다.

distributed equally among countries.
(d) They have not been able to train people to qualify for the jobs that are available.

(d) 이용 가능한 직업에 적격이 되도록 사람들을 훈련시킬 수 없었다.

해설 본문에 따르면, 개발 도상국의 경제 성장이 극빈자 계층을 위한 일자리를 창출하지 못했다(has not resulted in decent and productive employment for the poorest sectors of society)고 하였으므로 정답은 (b)이다.

오답분석
(a) 경제 성장이 가난한 이들에게 긍정적인 결과만을 가져다 주지는 않는다는 내용이지, 긍정적 측면보다 부정적 측면이 더 많다는 내용은 아니므로 오답이다.
(c) 본문에 언급된 외국의 재정 원조(Foreign financial assistance)는 개발 도상국이 성장을 하게 된 여러 요인들 중 하나(This trend can be attributed to a favorable combination of high commodity prices, low interest rates and increasing foreign assistance)로서 언급되었을 뿐이며, 국가간에 공평하게 분배되고 있지 않았다는 언급은 없으므로 오답이다.
(d) 본문에서는 고용 계층이 취약하다고 하였지(Employment generation has remained generally weak), 개발 도상국이 사람들을 훈련시킬 수 없었다는 의미는 아니므로 오답이다.

어휘 developing country 개발 도상국 trend [trend] 경향 attribute to ~ 덕분이다 favorable [féivərəbl] 우호적인 combination [kàmbənéiʃən] 조합 commodity prices 물가 assistance [əsístəns] 원조, 도움 side effect 부작용 decent [dí:sənt] 점잖은, 반듯한 productive [prədʌ́ktiv] 생산적인 employment generation 고용 계층 inequality [ìni(:)kwáləti] 불평등 outcome [áutkʌ̀m] 결과, 산출물 qualify [kwáləfài] 자격을 갖추다

37

정답 (c)

In 1848 in England, a group of young painters got together and decided on their own idea of what a painting should be, and based on this idea, formed a secret society called the Pre-Raphaelite Brotherhood. The Pre-Raphaelites felt stifled by the rigidity of the artistic authority of their day, the Royal Academy, and its idea of what tasteful, beautiful art should be. For the Pre-Raphaelites, great art came from before the 16th-century Italian painter, Raphael. Raphael represented a time when painters would manipulate their subjects into their own ideal of beauty, instead of letting their subjects dictate their own qualities to the artist. For the Pre-Raphaelite Brotherhood, this was a disdainful approach to art.

Q: Most likely, which opinion would the Brotherhood have agreed with?

(a) Idealism should be confined to art forms other than painting.
(b) The Royal Academy should give more credit to artists like Raphael.
(c) The depiction of beauty as each artist sees it is what makes great art.
(d) Raphael's paintings best illustrated what beautiful paintings should look like.

1848년 영국에서, 한 무리의 젊은 화가들이 모여서 그림이란 어떠해야 하는지에 대한 그들만의 생각을 정하였고, 이 생각을 근거로, 라파엘 전파라고 불리는 비밀 단체를 만들었다. 라파엘 전파는 당대 예술의 권위였던 왕립 미술원의 엄격함과, 고상하고 아름다운 예술이 어떠해야만 한다는 왕립 미술원의 생각에 숨막힘을 느꼈다. 라파엘 전파에게 있어서, 위대한 예술은 16세기 이탈리아 화가인 라파엘 이전에 나왔다. 라파엘은 피사체들이 스스로의 특징을 화가에게 지시하게 하는 대신에, 화가들이 자신이 생각하는 이상적인 아름다움에 피사체들을 인위적으로 조작해서 그려 넣었던 시대를 대표했다. 이는 라파엘 전파에게 있어 예술에 대한 매우 경멸적인 접근이었다.

Q: 다음 중 라파엘 전파가 가장 동의했을 것 같은 의견은?

(a) 이상주의는 회화를 제외한 예술 형태로 제한되어야 한다.
(b) 왕립 미술원는 라파엘과 같은 화가들에게 더 많은 명예를 주어야 한다.
(c) 각 화가가 보는 그대로의 아름다움의 묘사가 예술을 훌륭하게 만드는 것이다.
(d) 라파엘의 그림들은 아름다운 그림들이 어떻게 보여야 하는지 가장 잘 나타냈다.

| 해설 본문에 따르면, 라파엘은 화가가 피사체 그대로 그림을 그리는 것이 아니라(letting their subjects dictate their own qualities to the artist) 화가 자신의 아름다움에 대한 이상을 피사체 속에 반영시켜 그리는(manipulate their subjects into their own ideal of beauty) 시대를 상징했고, 라파엘 전파는 이를 예술에 대한 경멸적 접근으로 여겼다. 이로부터 라파엘 전파는 화가가 피사체 고유의 아름다움 그대로를 그려내는 것이 진정한 예술이라고 여겼음을 추론할 수 있으므로, 화가가 보는 그대로의 아름다움의 묘사가 그들이 원하는 예술이라는 것을 알 수 있다. 따라서 정답은 (c)이다.

오답분석

(a) 본문에서 이상주의(Idealism)가 그림을 painting(회화)을 제외한 다른 예술에 한정되어야 한다는 언급은 없으므로 오답이다.

(b) 본문에 따르면, 라파엘 전파는 라파엘 이전의 예술이 위대하다(great art came from before ~ Raphael)고 생각했으므로, 라파엘에게 더 많은 명예를 주어야 한다고 생각했다는 것은 오답이다.

(d) 본문에 따르면, 라파엘 전파는 라파엘의 그림이 아니라 라파엘 이전의 그림이 아름다운 그림이 어떠해야 하는지를 보여준다고 생각했으므로 오답이다.

| 어휘 **Pre-Raphaelite Brotherhood** 라파엘 전파 **stifle** [stáifl] 숨막히게 하다 **rigidity** [ridʒídəti] 근엄함
tasteful [téistfəl] 멋있는, 우아한 **manipulate** [mənípjulèit] 조작하다, 바꾸다 **dictate** [díkteit] 지시하다
disdainful [disdéinfəl] 경멸적인 **confine** [kənfáin] 한정하다 **other than** ~을 제외한 **give credit to** ~에게 명예를 주다

Part III

38

정답 (b)

Renting furniture from HomeValue has many practical advantages. (a) When you rent from us, you avoid the hassle of having to sell or give away your furniture when you move. (b) Staying in a luxury apartment with rental furniture is more comfortable than staying in a hotel. (c) Also, when you rent from us you can call us any time your preferences change, and we'll replace the furniture. (d) All you have to do to rent furniture from HomeValue is come to our store and pick it out; we'll deliver it for free!

HomeValue에서 가구를 대여하는 것에는 실용적인 장점들이 많습니다. (a) 저희로부터 대여하시면, 이사하실 때 귀하의 가구를 팔거나 양도해야 하는 번거로움을 피하실 수 있습니다. (b) 대여 가구를 갖춘 고급스러운 아파트에 머무는 것이 호텔에서 머무는 것보다 훨씬 편합니다. (c) 또한, 저희에게 대여하시면 기호가 바뀌실 때마다 언제든지 저희에게 전화하시면 가구를 교환해 드립니다. (d) HomeValue에서 가구를 대여하시려면, 저희 매장에 오셔서 고르시기만 하면 됩니다: 저희가 무료로 배달해 드리겠습니다!

| 해설 본문은 HomeValue에서 가구를 대여할 경우의 장점들을 진술하는 글이다. (a)는 가구를 대여하면 이사할 때 번거로움이 없다는 장점, (c)는 기호에 따라 가구를 바꿀 수 있다는 장점, (d)는 무료 배송이 가능하다는 장점을 각각 언급하고 있다. 그러나 (b)의 경우, 호텔에 머무르는 것보다 대여 가구를 갖춘 아파트에 머무르는 것이 더 낫다는 내용이므로 글 전체 내용과 관련이 없다. 따라서 정답은 (b)이다.

| 어휘 **practical advantage** 실용적인 장점 **hassle** [hæsl] 번거로움, 혼란 **give away** 양도하다, 넘겨주다
preference [préfərəns] 취향

39

정답 (a)

In the mid-19th century, when surveyors began measuring land on the Michigan peninsula, they had problems getting the right measurements during winter. (a) Warmer climates in recent times have allowed a greater accuracy in measurements. (b) To measure the land, they laid out long metal chains like giant rulers across the forests and

19세기 중반 측량기사들이 미시간 반도의 땅을 측정하기 시작했을 때, 겨울 동안 정확한 치수들을 얻는 데 문제를 겪었다. (a) 최근 따뜻한 기후가 더욱 정확한 치수를 가능하게 해주었다. (b) 땅을 측정하기 위해서, 그들은 숲과 늪지를 가로질러 거대한 자와 같은 금속 사슬을 늘어놓았다. (c) 그러나 기온이 0도 이하

swamps. (c) But the length of the chains would shrink whenever the temperature dropped below zero. (d) Because the chains shrunk, the measurements taken would be different from those taken in warmer times.	로 내려갈 때마다 사슬의 길이가 줄어들었다. (d) 사슬이 줄어들었기 때문에, 측정된 치수들이 따뜻할 때 측정된 치수들과 달랐다.

해설 본문은 미시간 반도의 땅을 측정할 때 추운 날씨 때문에 정확한 치수를 얻기 힘들었다는 내용의 글이다. (b)에서 실제로 측정을 하는 과정을 묘사하고, (c)와 (d)에서 '측정하는 자'가 기온이 하강하면 줄어들었기 때문에 정확한 측정이 힘들었다는 내용을 언급하고 있다. 그러나, (a)는 따뜻한 기후로 정확한 치수를 잴 수 있다고 진술하여, 겨울에 측정할 경우 정확도가 떨어졌다는 글 전체의 내용과 반대로 진술하고 있으므로 정답이다.

어휘 surveyor[sərvéiər] 측량기사 lay out 늘어놓다 chain[tʃein] 사슬 swamp[swɑmp] 습지 shrink[ʃriŋk] 줄어들다 measurement[méʒərmənt] 치수

40

정답 (d)

The now-famous Barbie doll was from birth involved in the ideological conflicts of the Cold War. (a) Barbie was born at the moment when consumerism was being made synonymous with democracy and became part of that relationship. (b) The dolls came onto the market the same year that the infamous Nixon-Kruschev "kitchen debate" took place in Moscow. (c) In front of the cameras of the world, the leaders of the capitalist and socialist worlds faced off over the relative merits of American and Soviet washing machines and electric ranges. (d) Russians actually began importing the finely crafted dolls through a trade loophole at the height of the Cold War.	현재 유명한 바비 인형은 출생 때부터 냉전 시대의 이념 갈등과 관련되어 있었다. (a) 바비 인형은 소비자 중심주의가 민주주의와 같은 의미가 되었을 때 태어났고, 그 관계의 일부가 되었다. (b) 인형들은 악명 높은 닉슨과 흐루쇼프의 "부엌 논쟁"이 모스크바에서 일어났던 같은 해에 시장에 출시되었다. (c) 전 세계의 카메라 앞에서, 자본주의와 사회주의 세계의 리더들이 미국과 소련의 세탁기와 전기 레인지의 우열을 두고 대결하였다. (d) 러시아인들은 냉전이 한창일 때 무역 틈새를 통해 이 훌륭하게 만들어진 인형들을 실제로 수입하기 시작하였다.

해설 본문 전체를 통해 알 수 있는 이 글의 핵심 내용은 '냉전 시대의 이념 갈등을 상징하는 바비 인형을 비롯한 공산품'이라고 할 수 있다. (a)는 바비 인형이 탄생한 이념적 배경에 대한 설명이고, (b)는 이 인형이 출시된 시기에 '부엌 논쟁'이 있었다고 하는 내용을 통해 '이념 갈등'을 나타내고 있다. 또한 (c)는 미국과 러시아의 공산품 우열 대결을 통해 '이념 갈등'을 보여준다. 그러나, (d)는 두 이념의 대립을 보여주는 것이 아니라, 오히려 공산품이 러시아로 몰래 수입되고 있었다고 하여, 이념 간의 갈등이 아닌 '교류'에 대해 언급하고 있으므로 글 전체의 내용과 관련이 없어 정답이다.

어휘 ideological conflict 이념 갈등 consumerism[kənsjú:mərìzm] 소비자 중심주의 synonymous with ~과 같은 의미인 democracy[dimákrəsi] 민주주의 infamous[ínfəməs] 악명 높은 debate[dibéit] 논쟁 face off 대결하다 relative merit 우열 electric range 전기 레인지 craft[kræft] 만들다 loophole[lú:phòul] 틈새, 도망갈 구멍 height[hait] 절정, 극도

TEST 2 어휘 정리와 퀴즈

* MP3 파일을 www.ChampStudy.com에서 무료로 다운로드 받아, 들으면서 암기하세요.

LISTENING COMPREHENSION

- ☐ frustrated [frʌ́strèitid] 좌절한
- ☐ remind [rimáind] 상기시키다
- ☐ ethnic [éθnik] 외국의, 이방의
- ☐ touch down 착륙하다
- ☐ harassment [hərǽsmənt] 괴롭힘, 애먹음
- ☐ screen [skriːn] 걸러내다
- ☐ bump into ~를 우연히 만나다
- ☐ tardy [tɑ́ːrdi] 지각하는
- ☐ confusion [kənfjúːʒən] 혼동
- ☐ encounter [inkáuntər] 부딪히다, 만나다
- ☐ out of stock 품절된
- ☐ harsh [hɑːrʃ] 잔혹한, 무자비한
- ☐ artificial [ɑ̀ːrtəfíʃəl] 인위적인
- ☐ bulky [bʌ́lki] 부피가 큰, 거대한
- ☐ steady [stédi] 안정된, 흔들리지 않는
- ☐ rule of thumb 경험 법칙
- ☐ evolve [iválv] 진화하다
- ☐ immune [imjúːn] 면역력이 있는
- ☐ distressing [distrésiŋ] 괴로움을 주는
- ☐ colonization [kɑ̀lənaizéiʃən] 식민지화
- ☐ takeover [téikòuvər] 탈취
- ☐ hover [hʌ́vər] 웃돌다
- ☐ sustain [səstéin] 유지하다, 지속하다
- ☐ earnest [ə́ːrnist] 열렬한
- ☐ rebel [rébəl] 반항아, 반역자
- ☐ adore [ədɔ́ːr] 아주 좋아하다
- ☐ timid [tímid] 소심한
- ☐ communist-era 공산주의 시대의
- ☐ cosmonaut [kɑ́zmənɔ̀ːt] 우주 비행사
- ☐ stand for ~을 대표하다
- ☐ nutrient [njúːtriənt] 영양소
- ☐ adequately [ǽdəkwitli] 적절히
- ☐ acuity [əkjúːəti] 예리함
- ☐ dispel [dispél] 없애다
- ☐ apathy [ǽpəθi] 무감정
- ☐ insomnia [insɑ́mniə] 불면증
- ☐ constitute [kɑ́nstitjùːt] 구성하다
- ☐ counter [káuntər] 완화하다
- ☐ impetus [ímpətəs] 자극
- ☐ outbreak [áutbrèik] 발발, 돌발
- ☐ policy [pɑ́ləsi] 규정
- ☐ inertia [inə́ːrʃjə] 관성
- ☐ drowsy [dráuzi] 졸린
- ☐ virtually [və́ːrtʃuəli] 사실상
- ☐ eradicate [irǽdəkèit] 박멸하다
- ☐ intolerant [intɑ́lərənt] 용납하지 않는
- ☐ convert [kənvə́ːrt] 개종하다
- ☐ athlete [ǽθliːt] 운동선수
- ☐ exclusion [iksklúːʒən] 배제

GRAMMAR

- ☐ available [əvéiləbl] 사용할 수 있는
- ☐ catch a cab 택시를 잡다
- ☐ forgetful [fərgétfəl] 잘 잊어버리는, 무관심한
- ☐ talented [tǽləntid] 재능 있는
- ☐ administer [ædmínistər] 관리하다, 운영하다
- ☐ proposal [prəpóuzəl] 계획안
- ☐ dialect [dáiəlèkt] 방언
- ☐ pull out (역이나 항구를) 출발하다
- ☐ extinction [ikstíŋkʃən] 멸종
- ☐ civilization [sìvəlaizéiʃən] 문명
- ☐ valley [vǽli] 골짜기, 유역
- ☐ integral [íntəgrəl] 필수적인, 없어서는 안 될
- ☐ uncover [ʌnkʌ́vər] 들추다, 폭로하다
- ☐ appeal [əpíːl] 힘, 매력
- ☐ outset [áutsèt] 착수, 시작

QUIZ

주어진 어휘에 맞는 뜻을 고르세요.

1. artificial	ⓐ 웃돌다	6. impetus	ⓐ 자극
2. bulky	ⓑ 품절된	7. convert	ⓑ 졸린
3. hover	ⓒ 인위적인	8. insomnia	ⓒ 개종하다
4. tardy	ⓓ 부피가 큰, 거대한	9. eradicate	ⓓ 관성
5. colonization	ⓔ 식민지화	10. drowsy	ⓔ 박멸하다
	ⓕ 지각하는		ⓕ 불면증

1. ⓒ 2. ⓓ 3. ⓐ 4. ⓕ 5. ⓔ 6. ⓐ 7. ⓒ 8. ⓕ 9. ⓔ 10. ⓑ

- ☐ ascent [əsént] 오르기, 등반
- ☐ severe [sivíər] 엄한, 심한
- ☐ forebode [fɔːrbóud] (나쁜 일을) 예언하다
- ☐ exhibit [igzíbit] 전시품, 전시
- ☐ avoid [əvɔ́id] 피하다
- ☐ dietitian [dàiətíʃən] 영양사
- ☐ remain [riméin] 남다, 살아남다
- ☐ accommodate [əkɑ́mədèit] 수용하다
- ☐ therapeutic [θèrəpjúːtik] 치료의
- ☐ irresistible [ìrizístəbl] 저항할 수 없는, 억누를 수 없는
- ☐ trickle [tríkl] 졸졸 흐르다
- ☐ allure [əljúər] 매혹, 매력
- ☐ stagnant [stǽgnənt] 활기가 없는

VOCABULARY

- ☐ colleague [kɑ́liːg] 동료
- ☐ get around to ~에 도달하다, ~에 착수하다
- ☐ do away with ~을 없애다, ~을 치우다
- ☐ retell [riːtél] 다시 말하다, 형태를 고쳐 말하다
- ☐ adjoining [ədʒɔ́iniŋ] 서로 접한, 부근의
- ☐ revolving [rivɑ́lviŋ] 회전하는
- ☐ sum up 총계하다
- ☐ catch on 알아듣다, 이해하다
- ☐ perplexed [pərplékst] 난처한, 당황한
- ☐ insinuate [insínjuèit] 넌지시 비치다, 둘러 말하다
- ☐ sidetrack [sáidtræ̀k] 탈선하다, (일이나 주제에서) 벗어나다
- ☐ deference [défərəns] 복종, 존중
- ☐ disillusion [dìsilúːʒən] 환멸, 환영
- ☐ burn the midnight oil 밤 늦게까지 일[공부]하다
- ☐ invocation [ìnvəkéiʃən] 기도, 기원
- ☐ pass the buck 책임을 전가하다
- ☐ up to one's old tricks 장난을 치는
- ☐ pick up the pieces 사태를 수습하다, 파편을 긁어 모으다
- ☐ on the edge of one's seat (영화 등에) 완전히 매료된
- ☐ delinquent [dilíŋkwənt] (특히 청소년이) 불량스러운; 범법자
- ☐ dilapidate [dilǽpidèit] (건물 등이) 황폐한, 헐어빠진
- ☐ embellish [imbéliʃ] 미화하다, 장식하다
- ☐ apprentice [əpréntis] 수습생, 견습생
- ☐ accomplice [əkɑ́mplis] 공범자
- ☐ defrost [di(ː)frɔ́(ː)st] 해동하다
- ☐ disinfect [dìsinfékt] 살균하다
- ☐ mop [mɑp] 걸레질하다
- ☐ precipitation [prisìpitéiʃən] 강수, 강우
- ☐ secure [sikjúər] 확보하다, 확신을 주다
- ☐ guarantee [gæ̀rəntíː] 보장하다, 보증하다
- ☐ applicability [æ̀pləkəbíləti] 적용 가능성
- ☐ legitimate [lidʒítəmət] 정당한, 합법적인
- ☐ accredited [əkréditid] 인정된, 공인된
- ☐ boo [buː] 야유하다
- ☐ conflict [kɑ́nflikt] 대립, 갈등
- ☐ leakage [líːkidʒ] 누출, 누수
- ☐ emission [imíʃən] 배기, 방출
- ☐ ineffectual [ìniféktʃuəl] 효과 없는, 무익한
- ☐ disfigure [disfígjər] ~의 외관을 손상하다
- ☐ implausible [implɔ́ːzəbl] 믿기 어려운, 그럴듯하지 않은
- ☐ dictate [díkteit] 받아쓰게 하다, 지시하다
- ☐ impose [impóuz] (벌 · 세금 등을) 지우다
- ☐ mud [mʌd] 진흙
- ☐ fertile [fɔ́ːrtəl] 비옥한
- ☐ potent [póutənt] 강력한
- ☐ barren [bǽrən] 불모의
- ☐ sterile [stéril] 불모의, 무균의
- ☐ inquisitive [inkwízitiv] 호기심 많은
- ☐ toddler [tɑ́dlər] 아장아장 걷는 유아
- ☐ elevated [éləvèitid] 고상한
- ☐ appall [əpɔ́ːl] 놀라게 하다, 질겁하게 하다
- ☐ fascinate [fǽsənèit] 매혹하다
- ☐ deride [diráid] 비웃다
- ☐ dethrone [di(ː)θróun] 폐위하다
- ☐ dispatch [dispǽtʃ] 급파하다
- ☐ fleet [fliːt] (동일 회사 소유의) 모든 선박(차량, 비행기)
- ☐ unmanned [ʌnmǽnd] 무인의
- ☐ array [əréi] 정렬하다
- ☐ spawn [spɔːn] 생산하다, 낳다
- ☐ preclude [priklúːd] 막다, 방해하다

QUIZ

주어진 어휘에 맞는 뜻을 고르세요.

1. dietitian
2. invocation
3. disillusion
4. allure
5. embellish

ⓐ 환멸, 환영
ⓑ 매혹, 매력
ⓒ 영양사
ⓓ 기도, 기원
ⓔ 미화하다, 장식하다
ⓕ 알아듣다, 이해하다

6. potent
7. guarantee
8. disinfect
9. accredited
10. sterile

ⓐ 강력한
ⓑ 인정된, 공인된
ⓒ 불모의, 무균의
ⓓ 비옥한
ⓔ 살균하다
ⓕ 보장하다, 보증하다

1. ⓒ 2. ⓓ 3. ⓐ 4. ⓑ 5. ⓔ 6. ⓐ 7. ⓕ 8. ⓔ 9. ⓑ 10. ⓒ

□ cliché [kli:ʃéi] 진부함, 틀에 박힌 표현
□ restore [ristɔ́:r] 복구하다, 회복하다
□ displace [displéis] 바꾸어 놓다, 대체하다
□ gird [gə:rd] 허리띠로 매다, 대비하다
□ allot [əlát] 배당하다, 할당하다
□ mend [mend] 수선하다, 개선하다
□ interpret [intə́:rprit] 해석하다
□ fluctuation [flʌ̀ktʃuéiʃən] (방향 · 위치 · 상황의) 변동
□ amendment [əméndmənt] 개정, 수정(안)
□ infringement [infríndʒmənt] (법규) 위반, 위배
□ remuneration [rimjù:nəréiʃən] 보수, 보상
□ franchise [frǽntʃaiz] 특권을 주다; 독점 판매권
□ syndicate [síndikèit] (기사 등을) 동시에 많은 신문 · 잡지에 배급하다

READING COMPREHENSION

□ infect [infékt] 감염시키다
□ plague [pleig] 전염병
□ abuse [əbjú:s] 학대
□ put an end to ~을 끝내다, ~을 없애다
□ legend [lédʒənd] 전설
□ impending [impéndiŋ] 임박한
□ elusive [ilú:siv] 분명치 않은, 파악하기 어려운
□ inaudible [inɔ́:dəbl] 들리지 않는
□ conduct [kəndʌ́kt] (업무를) 수행하다
□ speculative [spékjulətiv] 확실치 않은, 사색적인
□ precise [prisáis] 정확한
□ ultrasonic [ʌ̀ltrəsánik] 초음파의
□ come about 발생하다
□ emigrate [émigrèit] 이주하다
□ devoted [divóutid] ~을 주제로 한
□ exposition [èkspəzíʃən] 박람회
□ showcase [ʃóukèis] 소개하다, 전시하다
□ vulnerability [vʌ̀lnərəbíləti] 취약성
□ by-product 부산물
□ struggle [strʌ́gl] 노력하다, 투쟁하다
□ periodic [piə:riádik] 주기적인
□ employ [implɔ́i] 이용하다
□ expression [ikspréʃən] 표현, 인상
□ subjectively [səbdʒéktivli] 주관적으로
□ vision [víʒən] 관찰, 시각
□ brief [bri:f] 잠깐의, 간략한
□ reproduction [rì:prədʌ́kʃən] 복사물, 재현된 대상
□ description [diskrípʃən] 묘사, 설명
□ handy [hǽndi] 편리한, 손쉬운
□ go beyond ~을 능가하다, ~보다 낫다
□ in essence 실질적으로, 본질적으로
□ concise [kənsáis] 간결한
□ acquaintance [əkwéintəns] 아는 사람, 지인
□ stuffy [stʌ́fi] 답답한, 불쾌한
□ stark [stɑ:rk] 명확한
□ privilege [prívəlidʒ] 특권
□ unjust [ʌndʒʌ́st] 불공평한
□ lock up 가두다
□ inspirational [ìnspəréiʃənəl] 고무적인, 영감을 주는
□ approach [əpróutʃ] 접근
□ dwell on ~에 얽매이다, ~을 곰곰이 생각하다
□ permanently [pə́:rmənəntli] 영구적으로
□ counseling [káunsəliŋ] 상담, 카운슬링
□ pharmacological [fɑ̀:rməkəládʒikəl] 약물(학)적인
□ ethical [éθikəl] 윤리적인
□ supplant [səplǽnt] 강탈하다
□ sever [sévər] 끊다
□ startling [stá:rtliŋ] 깜짝 놀랄
□ attain [ətéin] (상태에) 이르다, 도달하다
□ euphoric [ju(:)fárik] 행복한, (약물에) 도취된
□ extricate [ékstrəkèit] 탈출시키다
□ mediocrity [mì:diákrəti] 평범
□ derive [diráiv] 얻다, 끌어내다
□ ferocious [fəróuʃəs] 흉포한, 난폭한
□ concede [kənsí:d] 인정하다
□ to some extent 어느 정도까지
□ contention [kənténʃən] 논점
□ pin ~ on ~에게 책임을 지우다
□ salvage [sǽlvidʒ] 구하다
□ distortion [distɔ́:rʃən] 왜곡, 곡해

QUIZ

주어진 어휘에 맞는 뜻을 고르세요.

1. mend	ⓐ 복구하다, 회복하다	6. supplant	ⓐ 인정하다
2. emigrate	ⓑ 수선하다, 개선하다	7. sever	ⓑ 평범
3. restore	ⓒ 감염시키다	8. mediocrity	ⓒ 강탈하다
4. infect	ⓓ 이용하다	9. concede	ⓓ 끊다
5. employ	ⓔ 발생하다	10. stark	ⓔ 왜곡, 곡해
	ⓕ 이주하다		ⓕ 명확한

1. ⓑ 2. ⓕ 3. ⓐ 4. ⓒ 5. ⓓ 6. ⓒ 7. ⓓ 8. ⓑ 9. ⓐ 10. ⓕ

- ☐ emanate from (생각 등이) ~에서 나오다
- ☐ perpetuate [pərpétʃuèit] 영속시키다, (신념 등을) 굳히게 하다
- ☐ insulate [ínsəlèit] 단열하다, 절연하다
- ☐ populous [pápjuləs] 인구가 많은
- ☐ fade [feid] 사라지다
- ☐ expand [ikspǽnd] 확장하다
- ☐ amphibian [æmfíbiən] 양서류
- ☐ intake [íntèik] 흡수, 섭취
- ☐ patch [pætʃ] 점, 반점
- ☐ pelvis [pélvis] 골반
- ☐ stall [stɔːl] 시간을 끌다
- ☐ go stale 김빠지다, 진부해지다
- ☐ escort [éskɔːrt] (여성에 대한) 남성 동반자
- ☐ match [mætʃ] 맞추다
- ☐ accompany [əkʌ́mpəni] 동반하다
- ☐ blind date 소개팅, 안면이 없는 남녀간의 데이트
- ☐ equity [ékwəti] 공평성
- ☐ sanction [sǽŋkʃən] (위법 국가에 대해 적용하는) 제재
- ☐ maintenance [méintənəns] 유지
- ☐ reconstruct [rìːkənstrʌ́kt] 재개발하다, 재건하다
- ☐ privatization [pràivətaizéiʃən] 민영화
- ☐ discerning [disə́ːrniŋ] 분별력 있는, 통찰력 있는
- ☐ tycoon [taikúːn] 대군, 거물
- ☐ sublime [səbláim] 장엄한, 멋짐, 고귀함
- ☐ chill [tʃil] (음료를) 차게 해서 내다
- ☐ alacrity [əlǽkrəti] 민첩
- ☐ piping [páipiŋ] 펄펄 끓는
- ☐ mate [meit] 짝짓기하다; 짝
- ☐ give birth to ~을 낳다
- ☐ take place 발생하다
- ☐ newborn [njúːbɔ́ːrn] 갓 태어난 새끼, 신생아
- ☐ reroute [riːrúːt] 우회시키다
- ☐ eliminate [ilímənèit] 제거하다, 고려하지 않다
- ☐ skid [skid] 미끄러지다
- ☐ steer [stiər] 조종하다
- ☐ humidity [hjuːmídəti] 습기
- ☐ desperate [déspərət] 간절한
- ☐ opposite [ápəzit] 정반대의
- ☐ be left behind 뒤쳐지다
- ☐ keep pace with ~에 뒤떨어지지 않다
- ☐ deserve [dizə́ːrv] ~받아 마땅하다
- ☐ pope [poup] 교황
- ☐ cardinal [káːrdinəl] 추기경
- ☐ confine [kənfáin] 감금하다, 가두다
- ☐ protract [proutrǽkt] 시간을 오래 끌다
- ☐ outlaw [áutlɔ̀ː] 금지하다, 불법화하다
- ☐ scandalous [skǽndələs] 수치스러운, 창피한
- ☐ secular [sékjulər] 비종교적인, 세속적인
- ☐ successor [səksésər] 후계자
- ☐ imprison [imprízn] 구금하다, 수감하다
- ☐ assign [əsáin] 선정하다, 할당하다
- ☐ narcissistically [nɑːrsəsístikəli] 자기 도취적이게
- ☐ royalty [rɔ́iəlti] 사용료, 인세
- ☐ thrilled [θrild] 전율하는, 기뻐하는
- ☐ perspective [pərspéktiv] 관점
- ☐ egotist [íːgətist] 이기주의자
- ☐ consequence [kánsəkwèns] 결과
- ☐ acquired [əkwáiərd] 후천적인
- ☐ hesitant [hézitənt] 망설이는
- ☐ resettle [riːsétl] 다시 정착하다
- ☐ outreach [àutríːtʃ] 복지, 봉사
- ☐ annual [ǽnjuəl] 연례의
- ☐ alumni [əlʌ́mnai] 졸업생들
- ☐ breach [briːtʃ] 유출하다; 유출
- ☐ attribute to ~ 덕분이다
- ☐ commodity prices 물가
- ☐ assistance [əsístəns] 원조, 도움
- ☐ decent [díːsənt] 점잖은, 반듯한
- ☐ stifle [stáifl] 숨막히게 하다
- ☐ tasteful [téistfəl] 멋있는, 우아한
- ☐ manipulate [mənípjulèit] 조작하다, 바꾸다
- ☐ disdainful [disdéinfəl] 경멸적인
- ☐ hassle [hæsl] 번거로움, 혼란
- ☐ shrink [ʃriŋk] 줄어들다
- ☐ infamous [ínfəməs] 악명 높은
- ☐ loophole [lúːphòul] 틈새, 도망갈 구멍

QUIZ

주어진 어휘에 맞는 뜻을 고르세요.

1. insulate	ⓐ 조종하다	6. scandalous	ⓐ 악명 높은
2. intake	ⓑ 습기	7. infamous	ⓑ 복지, 봉사
3. humidity	ⓒ 공평성	8. stifle	ⓒ 수치스러운, 창피한
4. equity	ⓓ 단열하다, 절연하다	9. outreach	ⓓ 관점
5. skid	ⓔ 미끄러지다	10. disdainful	ⓔ 경멸적인
	ⓕ 흡수, 섭취		ⓕ 숨막히게 하다

1. ⓓ 2. ⓕ 3. ⓑ 4. ⓒ 5. ⓔ 6. ⓒ 7. ⓐ 8. ⓕ 9. ⓑ 10. ⓔ

온라인 교육 포털 www.ChampStudy.com

기출 TEST 3

LISTENING COMPREHENSION 스크립트 | 해석 | 해설
GRAMMAR 문제 | 해석 | 해설
VOCABULARY 문제 | 해석 | 해설
READING COMPREHENSION 문제 | 해석 | 해설
어휘 정리와 퀴즈

SELF-CHECK LIST

나는 테스트를 마칠 때까지 완전히 테스트에 집중하였다.
Yes ☐ No ☐

나는 각 영역별 주어진 시간을 지켰다.
GRAMMAR ☐ VOCABULARY ☐ READING ☐

나는 시간 내에 모든 문제를 풀었다.
GRAMMAR ☐ VOCABULARY ☐ READING ☐

나는 영역별 목표 점수를 달성했다.
LISTENING ☐ GRAMMAR ☐ VOCABULARY ☐ READING ☐

개선하고 싶은 사항 ____________________

Part I

1

정답 (c)

W: Can I have more coffee? M: ____________________ (a) Thanks a lot. (b) It smells nice. (c) You certainly can. (d) Coffee helps me stay awake.	W: 커피 좀 더 마셔도 돼? (a) 정말 고마워. (b) 냄새 좋은데. (c) 물론 그래도 돼. (d) 커피는 깨어 있는 데에 도움이 돼.

해설 Can을 사용하여 커피를 더 마셔도 되는지 물었으므로, '물론 그래도 돼'라며 커피를 더 마셔도 좋다고 답한 (c)가 정답이다.

오답분석
(a) 커피를 요청한 여자가 커피를 제공받은 뒤에 이어서 할 수 있는 응답이다.
(d) Why do you drink coffee?(너는 커피를 왜 마시니?)에 대한 응답으로 적절하다.

2

정답 (a)

M: That was such a good dinner. W: ____________________ (a) I'm glad you liked it. (b) But I'm so full already. (c) Let's have dinner at my place. (d) Let me order something for you.	M: 저녁 식사 정말 좋았어요. (a) 좋아하셨다니 다행이네요. (b) 그렇지만 이미 배부른걸요. (c) 우리 집에서 저녁 드시죠. (d) 당신을 위해 주문해 드릴게요.

해설 식사가 끝난 뒤의 상황이다. 저녁 식사가 좋았다는 말에, '좋아하셨다니 다행이네요'라고 답한 (a)가 정답이다.

오답분석
(c) Where should we go to eat?(우리 어디 가서 먹을까요?)에 대한 응답으로 적절하다.
(d) 질문의 dinner(저녁 식사)와 관련된 order(주문하다)를 사용한 오답이다.

3

정답 (c)

W: Would you like a window seat? M: ____________________ (a) This seat is taken. (b) I'll save a seat for you. (c) I'd like that very much. (d) I'd prefer the window open.	W: 창가 쪽 좌석으로 하시겠습니까? (a) 이 자리에 앉을 사람이 있습니다. (b) 자리 하나 맡아 드리지요. (c) 아주 좋습니다. (d) 창문을 열어 두는 게 더 좋습니다.

해설 항공사 직원과 승객의 대화이다. 창가 쪽 좌석에 앉을 것인지 묻는 질문에, '아주 좋습니다'라고 창가 쪽 좌석으로 해달라는 (c)가 정답이다.

오답분석
(a) Do you mind if I sit here?(제가 여기에 앉아도 될까요?)에 대한 응답으로 적절하다.
(b) 질문의 seat(좌석)를 반복해서 사용한 함정이다.
(d) 질문의 window seat(창가 쪽 좌석)와 비슷한 window(창문)를 반복해서 사용한 오답이다.

어휘 save [séiv] 떼어놓다

4

정답 (a)

M: My back feels better today. W: ______________________	M: 오늘은 허리가 좀 더 나아진 것 같네요.
(a) That's good to hear. (b) Please stop complaining. (c) Today works better for me, too. (d) I recommend swimming for your back.	(a) 그거 다행이군요. (b) 불평 좀 그만하세요. (c) 저도 오늘이 더 좋아요. (d) 허리에는 수영을 권합니다.

해설 허리가 더 나아진 것 같다고 긍정적인 소식을 전하는 남자의 말에, '그거 다행이군요'라고 답한 (a)가 정답이다.

오답분석
(b) My back still hurts(아직도 허리가 아파)에 대한 응답으로 적절하다.
(c) 질문의 better(더 나은)를 반복해서 사용한 오답이다.
(d) What will help my back?(어떻게 하면 허리가 좋아질까요?)에 대한 응답으로 적절하다.

어휘 feel better 몸이 나아지다 complain [kəmpléin] 불평하다

5

정답 (c)

W: Oh, my camera ran out of film. M: ______________________	W: 어, 내 카메라에 필름이 다 떨어졌잖아.
(a) I have an extra battery. (b) There's no need to run. (c) You can use mine, then. (d) Yes, the movie was great.	(a) 나한테 여분의 배터리가 있어. (b) 뛰어갈 필요 없어. (c) 그럼 내 것을 써. (d) 응, 그 영화 대단했어.

해설 카메라의 필름이 다 떨어졌다고 문제점을 제시한 여자의 말에, '그럼 내 것을 써'라고 해결책을 제시한 (c)가 정답이다.

오답분석
(a) 질문의 camera(카메라)와 관련된 battery(배터리)를 사용한 함정이다.
(b) 질문의 run out of(~이 다 떨어지다)와 비슷한 run(뛰어가다)을 사용한 오답이다.
(d) film(필름, 영화)의 다양한 의미와 관련된 단어인 movie(영화)를 사용한 오답이다.

어휘 run out of ~이 다 떨어지다

6

정답 (b)

M: Mary, there's a package for you in your mailbox. W: ______________________	M: Mary, 네 우편함에 소포가 와 있어.
(a) Yes, I already sent it. (b) Thanks. I'll pick it up later. (c) Wow, it's just what I wanted! (d) No, I don't think I have your address.	(a) 응, 이미 보냈어. (b) 고마워. 나중에 가지러 갈게. (c) 와, 딱 이거 갖고 싶었는데! (d) 아니, 난 네 주소를 몰라.

해설 우편함에 소포가 있다고 알려주는 남자의 말에, '고마워. 나중에 가지러 갈게'라고 답한 (b)가 정답이다.

오답분석
(a) 질문의 package(소포)와 같은 상황에서 쓰일 수 있는 어휘인 sent(보냈다)를 사용한 오답이다.
(c) 아직 소포가 무엇인지 확인하지 않았으므로 응답으로 적절하지 않다.

7

정답 (c)

M: Did you hear that Daniel got a raise? W: ______________________	M: Daniel이 봉급 인상받았다는 이야기 들었어?
(a) That's our next agenda. (b) Don't worry. He'll find a way. (c) I guess his hard work paid off. (d) Right. They'll probably hire him.	(a) 그게 우리의 다음 의제야. (b) 걱정 마. 그가 방법을 찾아낼 거야. (c) 그의 고된 노력에 성과가 찾아온 거라고 생각해. (d) 맞아. 그들이 아마 그를 고용할 거야.

해설 Do 의문문으로 Daniel이 봉급 인상을 받았다는 것을 들었느냐는 질문에, '그의 고된 노력에 성과가 찾아온 거라고 생각해'라고 답한 (c)가 정답이다.

오답분석
(a) raise(봉급 인상)와 같은 상황에서 쓰일 수 있는 agenda(의제)를 사용한 오답이다.
(d) raise(봉급 인상)와 같은 상황에서 쓰일 수 있는 hire(고용하다)를 사용한 오답이다.

어휘 get a raise 봉급을 인상받다 agenda [ədʒéndə] 의제 pay off (노력에 대한) 보답을 받다, 성과가 나다 hire [haiər] 고용하다

8

정답 (d)

W: Could you please speak up? M: ______________________	W: 좀 크게 말해 줄 수 있나요?
(a) I'll call him back later. (b) Sorry, I didn't mean to. (c) Hold on, I'll put you through. (d) Certainly. Can you hear me now?	(a) 나중에 그에게 전화할게요. (b) 죄송해요, 그럴 의도는 없었는데. (c) 잠시만요, 전화 연결해 드리겠습니다. (d) 물론이죠. 지금은 들리시나요?

해설 Could you를 사용하여 좀 더 크게 말해 달라는 요청에, '물론이죠. 지금은 들리시나요?'라고 답한 (d)가 정답이다.

오답분석
(b) 실수에 대해 사과할 때 말로 적절하다.
(c) May I speak to Mr. Johnson?(Mr. Johnson과 통화할 수 있을까요?)에 대한 응답으로 적절하다.

어휘 speak up 크게 말하다 put through (전화 등을) 연결하다

9

정답 (d)

W: John, I have to go. You don't mind, do you? M: ____________________ (a) Please come soon. (b) I've changed my mind. (c) I'll go with you this time. (d) I wish you could stay longer.	W: John, 나 가 봐야 돼. 괜찮지? (a) 금방 와. (b) 내 생각을 바꿨어. (c) 이번엔 너와 같이 갈게. (d) 좀 더 있을 수 있으면 좋을 텐데.

해설 여자가 John과 같이 있다가 떠나는 상황이다. 이제 가야 하는데 괜찮겠냐는 여자의 질문에, '(괜찮지만) 좀 더 있으면 좋겠다' 며 아쉬움을 표현한 (d)가 정답이다.

오답분석
(a) 현재 John과 여자가 같이 있는 상황이므로 문맥상 맞지 않다.
(b) mind(싫어하다; 마음)의 다양한 의미를 이용한 오답이다.
(c) 질문의 go(가다)를 반복해서 사용한 오답이다.

10

정답 (a)

W: Why are you sweating so much? M: ____________________ (a) It's like a sauna in here! (b) I'm going to go work out now. (c) Don't worry. It comes off easily. (d) Yes, I'd like to know, if possible.	W: 왜 그렇게 땀을 많이 흘리니? (a) 여기는 마치 사우나 같아! (b) 지금 운동하러 가. (c) 걱정 마. 얼룩은 금방 빠질 거야. (d) 응, 가능하다면 알고 싶은걸.

해설 Why를 사용하여 왜 그렇게 땀을 많이 흘리고 있는지 묻는 여자의 질문에, '여기는 마치 사우나 같아' 라고 현재 있는 곳이 매우 덥다는 의미를 전달한 (a)가 정답이다.

오답분석
(b) 질문의 sweating(땀을 흘리는)과 같은 상황에서 쓰일 수 있는 work out(운동하다)을 사용한 오답이다.
(d) Yes는 의문사 의문문에 적합하지 않은 응답이다.

11

정답 (c)

M: My business trip to Rome is scheduled for next week. W: ____________________ (a) I'm sure business will pick up. (b) No, I can't make it next week. (c) Hope you have some time for sightseeing. (d) Yes, I have something scheduled for this week.	M: 로마 출장이 다음 주에 예정되어 있어요. (a) 사업이 다시 좋아질 것이라고 확신해요. (b) 아뇨, 저 다음 주에는 못 가요. (c) 관광할 시간이 나길 바랄게요. (d) 네, 이번 주에 일정 잡힌 것이 있어요.

해설 다음 주에 로마로 출장을 간다는 남자의 말에, '관광할 시간이 나길 바랄게요' 라고 일만 하지 말고 관광할 시간도 있으면 좋겠다는 의미를 전달한 (c)가 정답이다.

오답분석
(a) 질문의 business trip(출장)과 비슷한 business를 사용한 오답이다.

(b) 질문의 next week(다음 주)를 반복해서 사용한 오답이다.
(d) 질문의 scheduled(예정된)를 반복해서 사용한 오답이다.

어휘 pick up 되찾다, 회복하다 sightseeing[sáitsìːiŋ] 관광, 구경

12

정답 (d)

M: I hope I'm not keeping you.
W: ______________________

(a) Thanks for letting me know.
(b) Yes, best wishes to you, too.
(c) Let's sit down and talk, then.
(d) Not to worry. I have time.

M: 제가 계속 붙잡아 두는 게 아니었으면 좋겠어요.

(a) 알려줘서 고마워요.
(b) 네, 당신도 잘 지내세요.
(c) 그럼 같이 앉아서 한번 이야기해 보죠.
(d) 걱정할 것 없어요. 저 시간 있어요.

해설 여자를 계속 붙잡아 두는 것은 아닌지 걱정하는 남자의 말에, '걱정할 것 없어요. 저 시간 있어요' 라고 괜찮다는 의미를 전달한 (d)가 정답이다.

오답분석
(a) 상대방이 정보를 주었을 때 감사를 표현하는 응답으로 적절하다.
(b) Best wishes to you!(잘 지내길 바랄게요!)에 대한 응답으로 적절하다.

13

정답 (d)

M: Irene? I haven't seen you in ages!
W: ______________________

(a) Yeah, I'll be 21 next month.
(b) My fault. I should've told you.
(c) Please don't take it personally.
(d) I know. It's been almost 7 months!

M: Irene? 정말 오랜만이다!

(a) 응, 난 다음 달에 21살이 될 거야.
(b) 내 잘못이야. 너한테 말해 줬어야 했는데.
(c) 감정적으로 생각하지는 마.
(d) 맞아. 거의 7달 되었지!

해설 친구를 오랜만에 만난 상황이다. 정말 오랜만이라는 남자의 말에, '맞아. 거의 7달 되었지!' 라고 반가워하는 (d)가 정답이다.

오답분석
(a) 질문의 ages(오랜 시간, 나이)의 다양한 의미를 사용한 함정으로, ages를 '나이' 로 오해하지 않도록 조심하자.

어휘 take ~ personally ~을 감정적으로 받아들이다

14

정답 (a)

M: Now, cover your left eye and tell me what this letter is.
W: ______________________

(a) Um, I can't quite make it out.
(b) The whole text is in fine print.
(c) It's a letter from your company.
(d) But your handwriting is illegible.

M: 자, 왼쪽 눈을 가리고 이 글자가 무엇인지 말해 보세요.

(a) 음, 잘 알아볼 수가 없어요.
(b) 글자가 모두 작네요.
(c) 당신 회사에서 온 서신이에요.
(d) 하지만 당신 글씨체를 알아 볼 수가 없어요.

해설 시력 검사를 받는 상황이다. 눈을 가리고 보이는 글자가 무엇인지 말해 달라는 남자의 요청에, '음, 잘 알아볼 수가 없어요' 라고 잘 안 보인다는 의미를 전달한 (a)가 정답이다.

오답분석
(c) letter(글자, 편지)의 다양한 의미를 사용한 오답이다.
(d) 질문의 letter(글자)와 관련된 handwriting(글씨체)을 사용한 오답이다.

어휘 make out ~을 알아보다, ~을 이해하다 fine [fain] 아주 작은 handwriting [hǽndràitiŋ] 글씨체 illegible [ilédʒəbl] 읽기 어려운

15

정답 (d)

M: Betty, we'd like you to keep working for us. W: ______________________ (a) Please don't let me down now. (b) I'm in the process of doing that. (c) Sure, tell me what the job entails. (d) It's all up to you. Make me an offer.	M: Betty, 우리와 같이 계속 일해 주었으면 좋겠습니다. (a) 이제 저 좀 실망시키지 마세요. (b) 그것을 하고 있는 중이에요. (c) 물론이죠, 업무 내용이 무엇인지 알려주세요. (d) 모두 당신에게 달렸어요. 제안을 하시죠.

해설 Betty에게 계속 같이 일하자는 제안하는 남자의 말에, '모두 당신에게 달렸어요. 제안을 하시죠' 라고 재계약에 대하여 구체적인 고용 조건을 이야기해 달라는 의미를 전달한 (d)가 정답이다.

오답분석
(c) 남자의 말을 통해 Betty가 이미 그 회사에서 일하고 있다는 것을 알 수 있으므로 업무 내용을 묻는 대답을 적절하지 않다.

어휘 entail [intéil] 수반하다

Part II

16

정답 (b)

W: Hi, Joe. What are you reading? M: Some of Neruda's poems. W: Do you like them? M: ______________________ (a) No, I've never read them. (b) Yes, they're very powerful. (c) Well, I haven't met them yet. (d) No, I don't remember the title.	W: 안녕, Joe. 뭐 읽고 있어? M: Neruda의 시 몇 편을 읽고 있어. W: 마음에 드니? (a) 아니, 읽어본 적이 없는데. (b) 응, 아주 감동적이야. (c) 흠, 난 아직 그들을 만나본 적이 없는걸. (d) 아니, 제목이 기억나지 않아.

해설 Do 의문문으로 시가 마음에 드는지 묻는 질문에, '응, 아주 감동적이야' 라고 마음에 들며 감동적이기 때문이라고 이유까지 설명한 (b)가 정답이다.

오답분석
(a) 대화의 reading(읽고 있는)과 비슷한 read(읽었다)를 사용한 오답이다.
(d) 대화의 poems(시들)와 같은 상황에서 쓰일 수 있는 어휘인 title(제목)을 사용한 오답이다.

어휘 powerful [páuərfəl] 감동적인, 강력한

17

정답 (b)

M: Do you sell travel insurance here?
W: I'm sorry, but we don't.
M: Is there anywhere in the airport where I can buy some?
W: ______________________

(a) I'll need to think about it.
(b) At the counter over there.
(c) You need to show your passport.
(d) Credit card companies will insure it.

M: 여기에서 여행자 보험을 파시나요?
W: 죄송합니다만, 팔지 않습니다.
M: 공항 안에 여행자 보험을 구입할 수 있는 곳이 있나요?

(a) 그건 생각 좀 해봐야겠네요.
(b) 저쪽 카운터에서요.
(c) 여권을 보여주셔야 합니다.
(d) 신용카드 회사에서 그것을 보험 처리해 줄 것입니다.

해설 Is there를 사용하여 공항에 여행자 보험을 구입할 수 있는 곳이 있는지 묻는 질문에, '저쪽 카운터에요'라고 장소를 답한 (b)가 정답이다.

오답분석
(c) 대화의 airport(공항)와 관련된 passport(여권)를 사용한 오답이다.
(d) 대화의 insurance(보험)와 비슷한 insure(보험으로 보장하다)를 사용한 오답이다.

어휘 insurance [inʃú(:)ərəns] 보험 insure [inʃúər] 보험으로 보장하다

18

정답 (a)

M: Excuse me, is this the cancer ward?
W: No, this is the psychiatric ward.
M: Could you tell me where it is, then?
W: ______________________

(a) Up on the next floor.
(b) You need a checkup.
(c) I need to see a psychiatrist.
(d) You have nothing to worry about.

M: 실례합니다만, 여기가 암 병동인가요?
W: 아니요, 여기는 정신과 병동입니다.
M: 그럼, 암 병동이 어디인지 알려줄 수 있으세요?

(a) 바로 위층이에요.
(b) 검진을 받으셔야 합니다.
(c) 정신과 진찰을 받아야 해요.
(d) 걱정할 것은 아무것도 없습니다.

해설 Could you를 사용하여 암 병동의 위치를 묻는 질문에, '바로 위층이에요'라고 안내해 주는 (a)가 정답이다.

오답분석
(b) 대화의 ward(병동)와 같은 상황에서 쓰일 수 있는 어휘인 checkup(검진)을 사용한 오답이다.
(c) 대화에서 사용된 psychiatric(정신과의)과 비슷한 psychiatrist(정신과 의사)를 사용한 오답이다.

어휘 psychiatric [sàikiǽtrik] 정신과의 ward [wɔːrd] 병동 checkup [tʃékʌ̀p] 검사 psychiatrist [sikáiətrist] 정신과 의사

19

정답 (b)

M: Hi, Nancy. You look tired.
W: I didn't get much sleep last night.
M: Well, why don't you call it a day then?
W: ______________________

(a) It'll take a whole day.

M: 안녕, Nancy. 피곤해 보이네.
W: 어젯밤에 잠을 별로 못 잤거든.
M: 그럼 오늘은 그만 일 마치는 게 어때?

(a) 하루 종일 걸릴 거야.

(b) I can't. I have a deadline. (c) I was up all night worrying. (d) It's going to be a rough night.	(b) 안 돼. 마감이거든. (c) 걱정하느라 밤 샜어. (d) 고된 밤이 될 거야.

해설 why don't you를 사용하여 오늘은 그만 일을 마치는 게 어떻겠느냐는 남자의 제안에, '안 돼. 마감이거든'이라고 답한 (b)가 정답이다.

오답분석

(c) 대화에서 사용된 sleep(잠)과 같은 상황에서 쓰일 수 있는 어휘인 was up(깨어 있었다)을 사용한 오답이다.

어휘 call it a day (그날 하루 일을) 끝내다 rough[rʌf] 고된

20

정답 (d)

M: Are you really moving to the west coast? W: Yes, I got a job there. M: Well, let's keep in touch. W: ______________________________ (a) Yeah, moving is really stressful. (b) OK. Have a good vacation. (c) It's too far away, I'm afraid. (d) Definitely. Let's e-mail regularly.	M: 너 정말 서부로 이사 가니? W: 응, 거기에 직장을 구했어. M: 계속 연락하자. (a) 맞아, 이사 가는 건 정말 스트레스 받는 일이야. (b) 그래. 휴가 잘 보내. (c) 너무 먼 것 같아. (d) 물론이지. 이메일 자주 하자.

해설 여자가 이사 가는 상황이다. let's keep in touch라며 연락을 유지하자는 남자의 말에, '물론이지. 이메일 자주 하자'라고 답한 (d)가 정답이다.

오답분석

(a) 대화에서 사용된 moving(이사가는; 이사하는 것)을 반복해서 사용한 오답이다.

(b) I'm going on vacation to the west coast tomorrow(난 내일 서부로 휴가를 가)에 대한 응답으로 적절하다.

21

정답 (d)

M: Did you just interview somebody? W: Yes, but I decided not to hire him. M: Why is that? W: ______________________________ (a) I made the right decision. (b) I had nothing to do with it. (c) He might get lucky next time. (d) He didn't have good qualifications.	M: 방금 누구 면접 봤어요? W: 네, 하지만 그 사람을 채용하지 않기로 했어요. M: 왜요? (a) 옳은 판단을 내렸지요. (b) 저는 그것과 아무 상관 없어요. (c) 다음 번엔 그 사람한테 운이 따라 줄 거예요. (d) 그는 자격 조건이 좋지 않았어요.

해설 면접 후의 상황이다. Why를 사용하여 왜 면접한 지원자를 고용하지 않는지 묻는 질문에, '그는 자격 조건이 좋지 않았어요'라고 이유를 답한 (d)가 정답이다.

오답분석

(a) 대화의 decided(결정했다)와 비슷한 decision(결정)을 사용한 오답이다.

어휘 qualification[kwɑ̀ləfikéiʃən] 자격 조건

22

정답 (d)

M: What a day!
W: What's the matter?
M: I had a flat tire.
W: ______________________

(a) Yeah, I'm flat broke, too.
(b) You can borrow my spare tire.
(c) You should've come another day.
(d) Really? I hope it's fixed now!

M: 오늘 정말 힘든 하루였어!
W: 무슨 일인데?
M: 타이어가 펑크 났지 뭐야.

(a) 맞아, 나도 완전 돈 한푼 없어.
(b) 내 스페어 타이어를 빌려도 돼.
(c) 다른 날에 왔었어야지.
(d) 정말? 이제는 해결됐기를 바랄게!

해설 타이어가 펑크 나서 힘든 하루를 보냈다는 남자의 말에, '정말? 이제는 해결됐기를 바랄게' 라고 위로해 주는 (d)가 정답이다.

오답분석
(a) 대화에서 사용된 flat(펑크난; 완전히)의 다양한 의미를 사용한 함정이다.
(b) 대화의 flat tire(펑크난 타이어)와 같은 상황에서 쓰일 수 있는 spare tire(스페어 타이어)를 사용한 오답이다.

어휘 **flat** [flæt] (타이어가) 펑크 난, 바람이 빠진 **flat broke** 완전히 파산한, 무일푼의

23

정답 (a)

M: Where's Dave? The concert is going to start soon.
W: He said he'd be on time.
M: Did you call to remind him?
W: ______________________

(a) I didn't think I needed to.
(b) It should be a great show.
(c) He knows my plan.
(d) He already bought a ticket.

M: Dave 어디 있어? 콘서트 곧 시작한단 말이야.
W: 시간 맞춰 온다고 했는데.
M: 확인 전화는 해 봤니?

(a) 그럴 필요가 없다고 생각했어.
(b) 정말 훌륭한 쇼가 될 거야.
(c) 그가 내 계획을 알고 있어.
(d) 그가 이미 표를 샀어.

해설 콘서트가 막 시작하는데 Dave가 오지 않은 상황이다. Do 의문문으로 Dave에게 전화해 봤냐고 묻는 남자의 질문에, '그럴 필요 없다고 생각했어' 라고 전화하지 않았다는 의미를 전달한 (a)가 정답이다.

오답분석
(b) 질문의 concert(콘서트)와 관련된 show(쇼)를 사용한 오답이다.

24

정답 (b)

M: How many pages to go before we finish the homework?
W: Let's see . . . We've finished about half.
M: Then, now is a good time to take a break.
W: ______________________

(a) I can't. It's due tomorrow.
(b) I'd rather just get it over with.
(c) I would, but I'm quite tired now.
(d) Thank you. I appreciate your help.

M: 우리 숙제 다 하려면 몇 페이지 남았어?
W: 어디 보자… 절반 정도 끝냈네.
M: 그럼, 지금 쉬는 게 좋겠군.

(a) 난 안 돼. 그거 내일까지 끝내야 된단 말이야.
(b) 그냥 다 끝내 버리는 게 낫겠다.
(c) 그러고 싶지만, 이젠 너무 피곤해.
(d) 도와줘서 고마워.

| 해설 숙제를 어느 정도 했으니 잠깐 쉬었다 하자는 남자의 제안에, '그냥 다 끝내 버리는 게 낫겠다'며 휴식을 취하지 말자고 답한 (b)가 정답이다.

오답분석
(a) I can't가 아닌 We can't가 되어야 응답으로 적절하다.

| 어휘 get it over with 끝내 버리다

25

정답 (b)

W: Beta Corporation. Can I help you? M: Yes, I'm calling about the available positions. W: Which one are you interested in? M: ____________________ (a) Whichever suits you best. (b) The one for a data entry clerk. (c) I saw them advertised in the paper. (d) I'm especially interested in the salary.	W: Beta Corporation입니다. 무엇을 도와 드릴까요? M: 네, 지원 가능한 자리가 있나 문의하려구요. W: 어느 자리에 관심 있으신가요? (a) 당신한테 가장 적합한 것으로요. (b) 데이터 입력 담당직이요. (c) 신문에 광고된 것을 봤어요. (d) 저는 특히 봉급에 관심이 있어요.

| 해설 Which를 사용하여 구직자에게 어느 자리에 관심이 있는지 물었으므로, '데이터 입력 담당직이요'라고 구체적인 자리를 답한 (b)가 정답이다.

| 어휘 available [əvéiləbl] 지원할 수 있는, 채용할 수 있는 suit [sjuːt] 적합하다, 맞다 data entry 데이터 입력

26

정답 (a)

M: Will you take this contract to Mr. Brooks? W: Of course. M: It's crucial that he sign it. W: ____________________ (a) You can count on me. (b) It's a binding contract. (c) Where should I sign it? (d) I want him to review it.	M: 이 계약서 Mr. Brooks한테 전달해 줄래요? W: 물론이죠. M: 그분이 반드시 계약서에 서명을 해야 합니다. (a) 절 믿고 맡기세요. (b) 구속력을 지닌 계약입니다. (c) 제가 어디에 서명해야 하나요? (d) 그분이 검토해 주면 좋겠어요.

| 해설 Mr. Brooks에게서 계약서에 서명을 받아달라는 남자의 당부에, '절 믿고 맡기세요'라며 안심시키는 답을 한 (a)가 정답이다.

오답분석
(c) 답변을 하는 여자 본인이 Mr. Brooks는 아니므로 오답이다.

| 어휘 crucial [krúːʃəl] 매우 중대한 count on ~를 믿다, ~에게 의지하다 binding [báindiŋ] 구속력이 있는

27

정답 (c)

M: Was your grant application approved? W: Yes. Now I can start my research. M: Congratulations! So you'll be fully funded?	M: 연구비 지원서는 허가받았니? W: 응. 이젠 내 연구를 시작할 수 있게 되었어. M: 축하해! 그럼 너 연구비 전액 지원받는 거야?

W: ______________________________

(a) I still need to finish my proposal.
(b) I've been searching for full funding.
(c) Yes, all my expenses will be covered.
(d) No, I haven't decided on what to study.

(a) 아직 제안서를 끝마쳐야 해.
(b) 전액 지원금을 찾고 있었어.
(c) 응, 모든 비용을 대준대.
(d) 아니, 뭘 공부할지 아직 결정하지 못했어.

해설 연구비를 전액 지원받게 되었는지 여부를 묻는 남자의 질문에, '응, 모든 비용을 대준대'라고 답한 (c)가 정답이다.

오답분석
(a) 이미 연구비를 받기로 결정되었으므로 오답이다.
(b) 대화의 funded(지원받는)과 비슷한 funding(자금 제공)을 사용한 오답이다.

어휘 grant[grænt] 연구 보조금 application[æpləkéiʃən] 지원서 proposal[prəpóuzəl] 제안서

28

정답 (b)

M: What's this mess?
W: Sorry, Dad. I had a little party last night.
M: What? Didn't I tell you no parties while your mom and I were away?
W: ______________________________

(a) I'm sorry for ruining your trip.
(b) Sorry, but my friends insisted on it.
(c) It's my fault. I should've kept it a secret.
(d) I should've asked you before going to the party.

M: 왜 이렇게 어지럽혀 놨니?
W: 아빠, 미안해요. 어젯밤에 파티 좀 하느라구요.
M: 뭐? 네 엄마랑 내가 없는 동안 파티는 안 된다고 하지 않았니?

(a) 아빠의 여행을 망쳐놔서 죄송해요.
(b) 죄송해요, 친구들이 파티하자고 졸라서 그랬어요.
(c) 제 잘못이에요. 비밀을 지켰어야 되는데.
(d) 파티 가기 전에 아빠한테 물어봤어야 했는데.

해설 아버지와 딸과의 대화이다. 파티를 열지 말라고 했는데 파티를 한 딸을 질책하는 아버지의 훈계에, '죄송해요, 친구들이 파티하자고 졸라서 그랬어요'라고 변명한 (b)가 정답이다.

오답분석
(a) 여자는 파티를 해서 집을 어지럽혔기 때문에 혼난 것이지 부모님의 여행을 망쳐서 혼난 것은 아니므로 오답이다.
(d) 여자의 집에서 파티를 열었으므로 내용상 적절하지 않다.

29

정답 (c)

W: Is that a new suit?
M: Yes, I just got it last weekend.
W: Is it custom-made or off the rack?
M: ______________________________

(a) It still fits me well, though.
(b) I bought it at the regular price.
(c) The latter, but I had it altered.
(d) I don't really mind secondhand suits.

W: 그 양복 새 거니?
M: 응, 지난 주말에 막 샀어.
W: 그거 맞춤복이니, 기성복이니?

(a) 그래도 나한테 잘 맞아.
(b) 정가에 샀어.
(c) 후자 쪽이야, 그렇지만 수선했지.
(d) 중고 양복도 괜찮아.

해설 새로 산 양복이 맞춤복인지 기성복인지 묻는 여자의 질문에, '후자 쪽이야, 그렇지만 수선했지'라며 기성복이라고 간접적으로 답한 (c)가 정답이다.

오답분석
(d) 대화에서 사용된 suit(양복)와 비슷한 suits(양복들)를 사용한 오답이다.

| 어휘 custom-made 맞춤복의 off the rack 기성복의 regular price 정가 the latter 후자 alter[ɔ́:ltər] 수선하다 secondhand[sékəndhǽnd] 중고의

30

정답 (d)

M: If your stomach keeps hurting, you should get an endoscopy. W: But I heard it's really painful. M: Don't put it off, or your condition may become worse. M: ________________ (a) You're right. I'll cancel my appointment. (b) An endoscopy isn't the worst thing that can happen. (c) I think I'll follow the prescription of "no pain, no gain." (d) I have no desire to be probed, so I'll take my chances.	M: 배가 계속 아프면, 내시경 검사를 받아 봐. W: 하지만 내시경 검사를 받는 게 많이 아프다고 들었는데. M: 미루지 마, 아니면 상태가 악화될 거야. (a) 맞아. 약속을 취소하도록 할게. (b) 내시경이 최악의 상황은 아니잖아. (c) "고통이 없으면 얻는 것도 없다"라는 옛말대로 할래. (d) 검사 받고 싶은 생각이 전혀 없으니, 될 대로 되라지.

| 해설 내시경 검사를 받는 것을 미루면 상태가 악화될 것이라는 남자의 조언에 '검사 받고 싶은 생각이 전혀 없으니, 될 대로 되라지'라고 받지 않겠다는 입장을 밝힌 (d)가 정답이다.

오답분석
(b) 여자가 아닌 남자가 할 말로 적절하다.
(c) 대화에서 사용된 painful(아픈)과 비슷한 pain(고통)을 사용한 오답이다.

| 어휘 endoscopy[endáskəpi] 내시경 검사 put off 미루다 prescription[priskrípʃən] 오래된 관습, 처방 probe[proub] 검사하다 take one's chance 모험적으로 해보다, 운에 맡기고 해보다

Part III

31

정답 (b)

M: Good afternoon, Georgio's! W: Yes, I'd like to make a reservation for six at 7 o'clock. M: OK. Would you prefer indoor or patio seating? W: The patio would be pleasant. M: All right. We'll see you at 7! Q: What is the woman doing? (a) Shopping for some furniture. (b) Making a dinner reservation. (c) Accepting a friend's dinner invitation. (d) Discussing which restaurant to go to.	M: 안녕하세요, Georgio's입니다! W: 네, 7시에 6명 예약하려고 하는데요. M: 네. 자리는 실내로 하시겠습니까, 실외로 하시겠습니까? W: 실외가 좋겠네요. M: 좋습니다. 7시에 뵙겠습니다! Q: 여자는 무엇을 하고 있는가? (a) 가구 쇼핑하기. (b) 저녁 식사 예약하기. (c) 친구의 저녁 식사 초대 수락하기. (d) 어느 레스토랑에 갈지 이야기하기.

| 해설 대화에서 여자가 무엇을 하고 있는지 묻는 문제이다. 여자가 I'd like to make a reservation for six at 7 o'clock라며 7시에 6명에 대한 예약을 하려고 한다고 요청하고 있으므로 (b)가 정답이다.

오답분석
(d) 이미 레스토랑을 선정한 상황이므로 (d)를 택하지 않도록 조심하자.

| 어휘 make a reservation 예약하다 patio [pǽtiòu] 파티오 (레스토랑의 실외 자리)

32

정답 (b)

M: Hi, Jenny, how was your weekend visit to Busan?
W: It was great except for one problem.
M: What was that?
W: The car we rented overheated, and we got stuck on a busy street.
M: So, what did you do?
W: We called the rental company, and they came and helped us.

Q: What is the woman mainly talking about?

(a) Her car accident in Busan.
(b) Her car trouble on the weekend.
(c) Why she did not enjoy her weekend.
(d) What she thought of Busan's busy streets.

M: 안녕, Jenny. 주말 부산 여행은 어땠어?
W: 한 가지 문제만 빼놓고는 좋았어.
M: 그게 뭐였는데?
W: 우리가 렌트했던 자동차가 과열되어서, 붐비는 길에서 멈춰 섰지 뭐야.
M: 그래서, 어떻게 했는데?
W: 렌터카 회사에 전화했더니 와서 도와주더라고.

Q: 여자는 주로 무엇에 대해 이야기하고 있는가?

(a) 부산에서의 자동차 사고.
(b) 주말에 있었던 자동차 문제.
(c) 주말이 즐겁지 못했던 이유.
(d) 부산의 붐비는 거리에 대한 그녀의 생각.

| 해설 여자가 주로 무엇에 대해 이야기하고 있는지 묻는 문제이다. 여자가 It was great except for one problem에서 주말 여행 중 문제가 하나 있었다고 했고, The car we rented overheated, and we got stuck on a busy street에서 과열로 차가 도로 상에서 멈추어 선 일, 즉 자동차에 생긴 문제에 대하여 이야기하고 있으므로 정답은 (b)이다.

오답분석
(c) 자동차 문제만 제외하고는 주말이 좋았다고 했으므로 오답이다.

33

정답 (d)

M: Marge, I'm so sorry to hear that your uncle passed away.
W: Thanks. It was expected, though.
M: Really? Had he been sick?
W: Yes, he had been suffering from cancer.
M: Still, that must've been terrible.
W: It was. The doctors couldn't do much to help him.

Q: What is the conversation mainly about?

(a) The malpractice of a doctor.
(b) A death that came suddenly.
(c) Sufferings caused by cancer.
(d) The loss of the woman's relative.

M: Marge, 삼촌 돌아가신 거 정말 유감이야.
W: 고마워. 하지만, 예상하고 있었어.
M: 정말? 아프셨던 거야?
W: 응, 암 투병 중이셨거든.
M: 그렇다 해도, 정말 안됐다.
W: 그래. 의사도 별다른 수를 쓸 수 없었어.

Q: 주로 무엇에 관한 대화인가?

(a) 의사의 의료 과실.
(b) 갑작스런 죽음.
(c) 암으로 인한 고통.
(d) 여자네 친척의 죽음.

| 해설 대화의 주제를 묻는 문제이다. 남자가 I'm so sorry to hear that your uncle passed away라며 여자의 삼촌이 암으로 돌아가신 것을 위로하고 있으므로, 돌아가신 여자의 삼촌에 대한 대화를 나누고 있음을 알 수 있다. 따라서 정답은 (d)이다.

| 어휘 pass away 돌아가시다 cancer[kǽnsər] 암 malpractice[mӕlprǽktis] 의료 과실 relative[rélətiv] 친척

34

정답 (c)

M: Excuse me. Can I see the duty-free brochure?
W: Certainly, sir. It should be in the seat pocket in front of you.
M: I'm afraid I can't find it.
W: Perhaps it's behind the in-flight magazine.
M: Oh, yes, here it is.
W: The duty-free trolley will come by in about 15 minutes.
M: OK, thanks.

Q: What is the man mainly trying to do?

(a) Receive a copy of the in-flight magazine.
(b) Figure out how to make a duty-free purchase.
(c) Locate the duty-free shopping information booklet.
(d) Find out when duty-free shopping will be available.

M: 저기요, 면세품 팸플릿 좀 볼 수 있을까요?
W: 물론이죠. 앞에 있는 좌석 주머니에 있을 겁니다.
M: 못 찾겠는데요.
W: 아마 기내 잡지 뒤에 있을 거예요.
M: 아, 맞아요, 여기 있네요.
W: 면세품 판매대가 15분쯤 후에 올 겁니다.
M: 네, 고마워요.

Q: 남자는 주로 무엇을 하려 하는가?

(a) 기내 잡지 받기.
(b) 면세품 구매 방법 알아내기.
(c) 면세품 쇼핑 정보 팸플릿 찾기.
(d) 면세품 쇼핑이 언제 가능할지 알아내기.

| 해설 대화에서 남자가 주로 무엇을 하려고 하는지 묻는 문제이다. Can I see the duty-free brochure?에서 남자가 기내에서 면세품 팸플릿을 찾으려 하고 있으므로 정답은 (c)이다.

오답분석
(d) 면세점 가능 시간에 대한 정보는 여자가 말해준 것이지 남자가 요청한 정보는 아니었으므로 (d)를 택하지 않도록 조심하자.

| 어휘 duty-free 면세품의 brochure[bróuʃuər] 팸플릿, 소책자 in-flight 기내의 trolley[tráli] 판매대
make a purchase 구매하다 booklet[búklit] 소책자, 팸플릿

35

정답 (d)

W: So, coach, did everyone show up at the basketball practice?
M: No. Only about half of the team did.
W: Well, hopefully you'll get better attendance next time.
M: I doubt it. Kids these days aren't committed to sports.
W: Maybe they're just too busy with other activities.
M: Perhaps. But it's a pity.

Q: What is the man complaining about?

(a) His team's poor skills during games.
(b) Students who are failing in their studies.
(c) Players who do not give their best at games.
(d) A lack of commitment among young athletes.

W: 저, 코치님, 농구 연습 때 모두 왔었나요?
M: 아니. 팀원 절반 정도만 왔어.
W: 다음 번엔 참석 인원이 많았으면 좋겠네요.
M: 과연 그럴까. 요즘 애들은 스포츠에 전념하지 않는다니까.
W: 다른 일 때문에 아주 바쁜가 보죠.
M: 그럴지도. 하지만 안타까운 일이야.

Q: 남자는 무엇을 불평하고 있는가?

(a) 경기 중 팀의 기술력 부족.
(b) 과목에서 낙제하는 학생들.
(c) 경기에 최선을 다하지 않는 선수들.
(d) 젊은 운동선수들의 책임감 부족.

해설 남자가 무엇을 불평하고 있는지 묻는 문제이다. Only about half of the team did에서 농구 연습에 팀원 절반만 참석했다고 했고, Kids these days aren't committed to sports에서 요즘 아이들은 스포츠에 전념하지 않는다는 불만을 제기하고 있으므로 정답은 (d)이다.

어휘 attendance[əténdəns] 참석, 출석 be committed to ~에 전념하다 It's a pity. 안타깝다, 유감이다. give one's best at ~에 최선을 다하다 commitment[kəmítmənt] 책임

36

정답 (b)

W: Want to watch the soccer game on TV at David's place?
M: Maybe. What time does it start?
W: It starts at 3 o'clock, but I'm leaving home at about one.
M: Why so early?
W: I'm going to a store first to get some snacks and drinks.
M: I can't leave until around 2.
W: What if I pick you up after shopping?
M: That sounds good. Thanks, Kristen.

Q: What is the conversation mainly about?

(a) Deciding when to pick up David.
(b) Meeting to watch soccer on TV.
(c) Buying tickets for a soccer game.
(d) Going shopping together for snacks.

W: David네 집에서 TV로 축구 경기 볼래?
M: 아마도. 몇 시에 시작하는데?
W: 3시에 시작하는데, 나는 1시쯤에 집에서 출발하려고.
M: 왜 그렇게 일찍 가는데?
W: 간식이랑 마실 것 좀 사러 가게에 먼저 갈 거거든.
M: 난 2시 정도까지는 못 나가.
W: 내가 장을 보고 나서 널 데리러 가면 어떨까?
M: 좋은 생각 같다. 고마워, Kristen.

Q: 주로 무엇에 관한 대화인가?

(a) David을 언제 데리러 갈지 결정하기.
(b) TV로 축구를 보기 위해 만나기.
(c) 축구 경기 티켓 사기.
(d) 간식 사러 같이 장 보기.

해설 대화의 주제를 묻는 문제이다. 여자가 Want to watch the soccer game on TV at David's place?라며 남자에게 David네 집에서 축구 경기를 보자고 제안하자, 남자가 승낙하고 있다. 또한 여자가 What if I pick you up after shopping?이라며 남자를 데리러 갈지 제안하고 있으므로 TV로 축구를 보기 위해 만나는 것이 대화의 주제라고 볼 수 있다. 따라서 정답은 (b)이다.

37

정답 (d)

M: Isn't the food at this party great?
W: It's not bad.
M: Not bad? What are you talking about? It's excellent!
W: It's just finger food, James. It's nothing special.
M: Well, then, I guess you haven't tried those amazing spring rolls.
W: What's with you? Did you skip lunch?
M: Yeah, I haven't eaten since breakfast.
W: That explains it, then. You're delirious.

Q: What are the woman and the man doing in the conversation?

(a) Discussing how delicious the food is.
(b) Talking about why the man is so hungry.
(c) Determining why the man likes spring rolls.
(d) Arguing over whether the food is good or not.

M: 여기 파티 음식 훌륭하지 않니?
W: 나쁘진 않네.
M: 나쁘진 않다니? 무슨 말이야? 아주 좋은데!
W: James, 이건 손으로 집어먹는 간단한 음식이야. 특별한 거 없다고.
M: 그렇다면, 너 아직 이 맛좋은 스프링롤을 안 먹어 본 거구나.
W: 도대체 왜 그래? 점심 굶었니?
M: 응, 아침 식사 이후로 못 먹었어.
W: 그럼 그렇지. 정신 나갔네.

Q: 대화에서 남자와 여자는 무엇을 하고 있는가?

(a) 음식이 얼마나 맛있는지 이야기하기.
(b) 남자가 많이 배고픈 이유에 대해 이야기하기.
(c) 남자가 스프링롤을 좋아하는 이유를 알아내기.
(d) 음식이 좋은지 여부를 두고 입씨름하기.

해설 대화에서 남자와 여자가 하는 행동을 묻는 문제이다. 남자가 Isn't the food at this party great?라며 파티의 음식이 좋지 않느냐고 묻자, 여자는 It's not bad라며 나쁘지는 않다고 의견을 제시하고 있고, 그 이후에 음식에 대한 각자의 의견으로 언쟁이 이어졌다. 따라서 (d)가 정답이다.

어휘 finger food 손으로 집어먹는 음식 skip[skip] 거르다 delirious[dilí(:)riəs] 제 정신이 아닌, 기뻐서 흥분한

38

정답 (a)

M: Hi, Caroline. I'm calling from the airport.
W: Hi, John. What time is your arrival?
M: 9 o'clock. What's the weather like there?
W: It's hot; much hotter than last summer.
M: Great. I like hot weather.
W: Yes, we can go to the beach.

Q: Which is correct according to the conversation?

(a) The man will arrive at 9.
(b) The woman is at the beach.
(c) The woman is leaving soon.
(d) The man does not like hot weather.

M: Caroline, 안녕. 나 공항에서 전화하는 거야.
W: 안녕, John. 몇 시에 도착하니?
M: 9시. 거기 날씨 어때?
W: 더워; 작년 여름보다 훨씬 더 덥다고.
M: 잘 됐네. 나는 더운 날씨가 좋은데.
W: 그래, 우리 바닷가에 갈 수 있겠다.

Q: 대화에 따르면 맞는 것은 무엇인가?

(a) 남자는 9시에 도착할 것이다.
(b) 여자는 바닷가에 있다.
(c) 여자는 곧 떠난다.
(d) 남자는 더운 날씨를 좋아하지 않는다.

해설 대화의 내용과 일치하는 것을 묻는 문제이다. What time is your arrival?이라며 여자가 남자의 도착 시간을 묻자, 남자가 9 o'clock이라며 9시라고 대답했으므로 정답은 (a)이다.

오답분석
(d) 남자는 더운 날씨를 좋아한다고 했으므로 오답이다.

어휘 arrival[əráivəl] 도착

39

정답 (c)

W: So, are you ready for our science experiment?
M: Yep. I got everything ready after school yesterday.
W: You came to the lab after school?
M: Yes. I wanted to make sure everything was prepared.
W: You should've called me for help.
M: It's OK. I was happy to do it by myself.

Q: What did the man do yesterday?

(a) He called the woman.
(b) He studied for a test.
(c) He prepared for an experiment.
(d) He did an experiment in the lab.

W: 자, 과학 실험할 준비 됐니?
M: 응. 어제 방과 후에 다 준비해 놨어.
W: 방과 후에 실험실에 왔었다고?
M: 응. 전부 확실하게 준비해 놓고 싶었어.
W: 나한테 도와달라고 전화했었어야지.
M: 괜찮아. 나 혼자서 해볼 수 있어서 좋았어.

Q: 남자는 어제 무엇을 했는가?

(a) 여자에게 전화했다.
(b) 시험 공부를 했다.
(c) 실험 준비를 했다.
(d) 실험실에서 실험을 했다.

해설 남자가 어제 한 행동을 묻는 문제이다. 여자가 are you ready for our science experiment?라며 남자에게 과학 실험을 할 준비가 되었는지 묻자, 남자가 Yep. I got everything ready after school yesterday라며 어제 방과 후에 준비했다고 답하고 있으므로, 정답은 (c)이다.

오답분석
(d) 남자는 실험을 할 준비를 한 것이지 실험 자체를 한 것은 아니므로 (d)를 택하지 않도록 조심하자.

어휘 experiment [ikspérəmənt] 실험 lab [læb] 실험실

40

정답 (c)

M: Where are you going for vacation? New Mexico again?
W: No, I'm only stopping by there en route to Arizona.
M: So, you're headed for Arizona, then.
W: No, just passing through. I'm really headed for California.
M: Wow, I didn't realize you'd be doing so much traveling.
W: Yes, I'll probably need another vacation afterwards!

Q: Which is the woman's final destination?

(a) Arizona.
(b) Mexico.
(c) California.
(d) New Mexico.

M: 휴가 어디로 가니? 또 뉴멕시코 갈 거야?
W: 아니, 거기는 애리조나 가는 길에 잠깐 들를 뿐이야.
M: 그럼, 애리조나로 가는 거구나.
W: 아니, 거기도 지나가기만 하는 거야. 사실은 캘리포니아로 가.
M: 와, 그렇게 여정이 긴 줄은 몰랐는걸.
W: 그래, 아마도 나중에 휴가가 또 필요할 걸!

Q: 여자의 최종 목적지는 어디인가?

(a) 애리조나.
(b) 멕시코.
(c) 캘리포니아.
(d) 뉴멕시코.

해설 여자의 최종 목적지가 어디인지 묻는 문제이다. I'm really headed for California에서 여자가 실제로 가려고 하는 곳은 캘리포니아라고 했으므로 정답은 (c)이다.

어휘 en route to ~로 가는 도중에 be headed for ~로 향하다 afterwards [ǽftərwərdz] 이후에 final destination 최종 목적지

41

정답 (d)

W: So, how was that movie you went to see? Was it funny?
M: Well, I decided not to see that one.
W: Oh, really? So, what did you see instead?
M: Well, I saw this drama about Ram Das. It was really good.
W: Oh, wasn't he that famous spiritual guru in the sixties?
M: That's right. The movie was about his life.

Q: Which is correct about the movie the man saw?

(a) It was quite funny.
(b) It starred Ram Das.
(c) It was made in the sixties.
(d) It was about a spiritual guru.

W: 그래, 너 보러 간 영화는 어땠니? 재미있었어?
M: 음, 그거 안 보기로 했어.
W: 어, 정말? 그럼, 대신에 뭐 봤어?
M: Ram Das에 대한 드라마물을 봤어. 정말 좋더라.
W: 아, 그 사람 60년대에 유명했던 영적 지도자 아니야?
M: 맞아. 그의 일생에 대한 영화였어.

Q: 남자가 본 영화에 대해 맞는 것은 무엇인가?

(a) 매우 재미있었다.
(b) Ram Das가 주연으로 출연했다.
(c) 60년대에 만들어졌다.
(d) 영적 지도자에 대한 것이었다.

해설 남자가 본 영화에 대한 내용과 일치하는 것을 묻는 문제이다. 여자가 wasn't he that famous spiritual guru in the sixties?라며 영화가 주제로 하는 Ram Das가 60년대의 유명한 영적 지도자인지 묻자, 남자가 That's right라며 맞다고 했으므로 정답은 (d)이다.

오답분석
(c) 60년대는 Ram Das가 활동했던 시기였으며, 영화가 만들어진 시점은 대화에 언급되지 않았으므로 오답이다.

어휘 star [stɑːr] 주연으로 출연시키다 spiritual [spíritʃuəl] 영적인 guru [gú(ː)ruː] 지도자

42

정답 (b)

W: Look at these photographs.
M: Oh, are those of last year's camping trip?
W: Yes. I'll never forget that trip to the mountains.
M: It was crazy. We ran out of food supplies, remember?
W: Yeah, but we still managed to survive quite well, though.
M: Right, thanks to the fast food place in that mountain village.

Q: What happened during the couple's camping trip?

(a) They just stayed in a mountain village.
(b) They used up all their food provisions.
(c) They ended up lost up in the mountains.
(d) They forgot to pack camping equipment.

W: 이 사진들 좀 봐.
M: 어, 이거 작년 캠핑 여행 사진들 아냐?
W: 응. 산에 여행 갔던 거 절대로 잊지 못할 거야.
M: 정신 없었지. 음식 다 떨어졌던 것 기억나?
W: 응, 그래도 우린 잘 버텼잖아.
M: 맞아, 그 산속 마을에 있던 패스트푸드점 덕에 살았지.

Q: 부부의 캠핑 여행 중에 무슨 일이 있어났는가?

(a) 산속 마을에서만 지냈다.
(b) 식량을 다 소비했다.
(c) 산속에서 길을 잃게 되었다.
(d) 캠프 장비 챙기는 것을 잊었다.

해설 부부의 캠핑 여행 중에 일어난 일에 대해 묻는 문제이다. 남자가 We ran out of food supplies, remember?라며 식량이 다 떨어졌던 것을 기억하는지 묻고 있으므로 정답은 (b)이다.

어휘 manage to 가까스로 ~하다 provision [prəvíʒən] 식량 equipment [ikwípmənt] 장비

43

정답 (c)

W: Hi, Ryan. What seems to be the problem today?
M: I have a toothache. It really hurts.
W: Let me have a look. Open your mouth, please.
M: OK. Ah . . .
W: Hmm. You may have a cavity. But I'll need to take a closer look.
M: Will I need to get my tooth pulled?
W: Don't worry. I doubt it.

Q: What will the woman most likely do next?

(a) Pull the man's tooth out.
(b) Set up another appointment.
(c) Have a second look at the tooth.
(d) Ask the man to solve the problem.

W: Ryan씨, 안녕하세요. 오늘은 어디가 아프죠?
M: 치통이 있어서요. 정말 아파요.
W: 어디 봅시다. 입 좀 벌려 보세요.
M: 네. 아…
W: 음, 충치가 있는 것 같아요. 하지만 좀 더 자세히 봐야 할 것 같네요.
M: 이를 뽑아야 되나요?
W: 걱정 마세요. 그러지 않아도 될 것 같습니다.

Q: 여자는 다음에 무엇을 할 것 같은가?

(a) 남자의 이를 뽑는다.
(b) 또 다른 예약을 잡는다.
(c) 이를 다시 살펴본다.
(d) 남자에게 문제를 해결할 것을 요청한다.

해설 여자가 다음에 할 행동을 묻는 문제이다. 여자가 But I'll need to take a closer look이라며 남자의 이를 좀 더 자세히 봐야겠다고 했으므로, 여자가 남자의 이를 다시 살펴볼 것임을 추론할 수 있다. 따라서 정답은 (c)이다.

어휘 cavity [kǽvəti] 충치 pull [pul] 빼다, 뽑다

44

정답 (d)

M: It's rumored that our company might downsize soon.
W: Really? Have things gotten that bad?
M: I'm afraid so. Sales have been really low this quarter.
W: Will there be cutbacks in our department, too?
M: Nothing's for sure at this stage.
W: That's not very reassuring.

Q: What can be inferred from the conversation?

(a) The woman will have to look for another job.
(b) The man is reducing the size of his company.
(c) The man can predict the extent of the cutbacks.
(d) The woman was unaware that the company was in trouble.

M: 우리 회사가 곧 인원 감축을 할 거라는 소문이 돌고 있어.
W: 정말? 그렇게 상황이 안 좋아졌나?
M: 그런 것 같아. 이번 분기에 판매량이 정말 낮았거든.
W: 우리 부서도 감축하게 될까?
M: 지금 상태에서는 아무 것도 확신할 수 없어.
W: 거 참 불안하네.

Q: 대화로부터 추론할 수 있는 것은 무엇인가?

(a) 여자는 다른 직장을 알아봐야 할 것이다.
(b) 남자는 자기 회사의 규모를 줄이고 있다.
(c) 남자는 감축 정도를 예상할 수 있다.
(d) 여자는 회사에 문제가 있었다는 것을 모르고 있었다.

해설 대화를 통해 추론할 수 있는 내용을 묻는 문제이다. 남자가 It's rumored that our company might downsize soon이라며 회사 내 인원 감축 가능성에 대하여 이야기하자, 여자가 Really? Have things gotten that bad?라며 몰랐다는 반응을 보이고 회사의 상황이 안 좋아졌는지 묻고 있으므로, 여자는 회사가 처한 문제점에 대해 알지 못했음을 추론할 수 있다. 따라서 정답은 (d)이다.

어휘 rumor [rúːmər] 소문내다 downsize [dàunsáiz] 인원을 감축하다 quarter [kwɔ́ːrtər] 분기 cutback [kʌ́tbæ̀k] 축소, 삭감 reassuring [rìːəʃúəriŋ] 안심시키는 extent [ikstént] 범위, 정도

45

정답 (d)

W: How's your apartment search going, Ned?
M: Quite well. Actually, there are lots of affordable apartments out there.
W: Really? I didn't know that.
M: Yeah, the vacancy rate is high now, so the rental market is very competitive.
W: Well, make sure you leave enough time to pack and move before your lease expires.
M: Good point. I'll have to make a decision soon on a place.

Q: What can be inferred from the conversation?

(a) The man is optimistic about the renewal of his lease.
(b) The woman thinks the man needs more time to move.
(c) The man is having difficulty packing all his belongings.
(d) The woman is surprised at the number of apartment choices.

W: Ned, 아파트 구하는 거 어떻게 되어가니?
M: 아주 좋아. 사실, 적절한 가격의 아파트가 많이 나와 있더라.
W: 정말? 몰랐는걸.
M: 응, 현재 미임대율이 높아서, 임대 시장 내에 경쟁이 상당히 치열해.
W: 네 임대 계약이 끝나기 전에, 짐을 싸고 이사 갈 시간 충분히 확보해 놔.
M: 좋은 지적이야. 이사 갈 곳을 곧 결정해야 해.

Q: 대화로부터 추론할 수 있는 것은 무엇인가?

(a) 남자는 임대 계약 연장에 대해 긍정적이다.
(b) 여자는 남자가 이사하는 데 시간이 더 많이 필요하다고 생각한다.
(c) 남자는 소지품을 모두 싸는 데 어려움을 겪고 있다.
(d) 여자는 선택할 수 있는 아파트 수에 놀라고 있다.

| 해설 대화를 통해 추론할 수 있는 내용을 묻는 문제이다. 남자가 Actually, there are lots of affordable apartments out there 라며 선택할 수 있는 아파트가 많다고 하자, 여자가 Really? I didn't know that이라며 놀라는 반응을 보이고 있으므로 정답은 (d)이다.

| 어휘 **vacancy** [véikənsi] 빈방, 공석 **rate** [reit] 비율, 율 **competitive** [kəmpétitiv] 경쟁적인 **lease** [li:s] 임대 계약 **expire** [ikspáiər] 만료가 되다 **optimistic** [àptəmístik] 낙관적인 **renewal** [rinjú:əl] 갱신 **belongings** [bilɔ́:ŋiŋz] 소지품

Part IV

46

정답 (c)

Islands have been used for many purposes in US history. For example, Ellis Island in New York Harbor was used as an immigration checkpoint for people entering the country. Islands have also been used as prisons. A small island called Alcatraz in San Francisco Bay was used as a prison until 1963.

Q: What is the main topic of the lecture?

(a) The biggest islands in the US.
(b) The history of prisons in the US.
(c) How islands were used in the US.
(d) Where Alcatraz is located in the US.

미국 역사에서 섬들은 여러 용도로 사용되었습니다. 예를 들어, 뉴욕항의 엘리스 섬은 미국으로 들어오는 사람들을 위한 입국 검문소로 사용되었습니다. 섬들은 또한 감옥으로도 사용되어 왔습니다. 샌프란시스코 만에 있는 알카트라즈라는 작은 섬은 1963년까지 감옥으로 사용되었습니다.

Q: 강의의 주제는 무엇인가?

(a) 미국의 가장 큰 섬들.
(b) 미국 감옥의 역사.
(c) 미국에서 섬들이 어떻게 사용되었는가.
(d) 알카트라즈가 미국 어디에 위치해 있는가.

| 해설 강의의 주제를 묻는 문제이다. 강의 첫 부분에 Islands have been used for many purposes in US history를 시작으로 역사상 미국 섬들의 용도에 대하여 엘리스 섬과 알카트라즈 섬의 예를 들어 구체적으로 설명하고 있으므로 정답은 (c)이다.

| 어휘 **purpose** [pə́:rpəs] 목적, 용도 **harbor** [há:rbər] 항구 **immigration checkpoint** 입국 검문소

47

정답 (d)

At Hashton University, our professors focus on teaching. Unlike many other universities where the main role of faculty is to provide guidance and set an example, our professors actually "instruct." Our teachers will not be distracted with outside consulting jobs, running businesses or lobbying for research grants. We take pride in giving you the best classroom education possible. Check us out online at www.hashton.edu.

Q: What is Hashton's main advantage over other universities?

(a) Its faculty members are not as busy.
(b) Its faculty members are more qualified.
(c) Its faculty members provide better guidance.
(d) Its faculty members are more committed to teaching.

Hashton 대학교에서, 저희 교수들은 가르치는 것에 중점을 둡니다. 교직원들의 주된 역할이 지도를 해주고 본보기가 되는 것인 다른 대학들과는 달리, 저희 교수들은 실제로 "가르칩니다". 저희 교사들은 외부 상담 업무, 사업체 운영 또는 연구 보조금 로비 활동에 신경을 분산시키지 않을 것입니다. 저희는 최고의 교실 수업을 제공하는 데에 자부심을 가집니다. www.hashton.edu에서 확인해 보세요.

Q: 다른 대학교들에 비해 Hashton이 갖는 주요 장점은 무엇인가?

(a) 교직원들이 다른 곳만큼 바쁘지 않다.
(b) 교직원들이 자격 요건이 더 좋다.
(c) 교직원들이 더 나은 지도를 해준다.
(d) 교직원들이 가르치는 데 더욱 전념한다.

| 해설 Hashton 대학이 다른 대학에 비해 지니는 주요 장점이 무엇인지 묻는 문제이다. our professors focus on teaching에서 교수들이 가르치는 것에 집중한다고 했고, Our teachers will not be distracted with outside consulting jobs, running businesses or lobbying for research grants에서 교수진들이 외부 상담 업무, 사업체 운영, 연구 보조금 로비 활동 등으로 신경을 분산시키지 않는다고 했으므로 정답은 (d)이다. 가르치는 것 이외의 일을 하지 않는다는 것이지, 바쁘지 않다는 것이 아니므로 (a)를 택하지 않도록 조심하자.

| 어휘 faculty [fǽkəlti] 교수진 guidance [gáidəns] 지도, 안내 set an example 본보기가 되다, 모범을 보이다 distracted [distrǽktid] 신경이 분산된, 주의가 산만한 qualified [kwáləfàid] 자격 있는, 적임의

48

정답 (c)

Previous speakers have declared that the health care systems of developing countries need to move quickly from paper records and prescriptions into the computer age. Modern information technology can reduce costs, they have told us. But what they have neglected to mention is that a substantial number of research papers conclude otherwise. Some experts warn that leaning heavily on information technology is unwise in countries where the infrastructure to cope with it is not in place. And I believe it's time that we pay attention to this warning.

Q: What is the speaker's main point about developing countries?

(a) New technologies can cut their health care costs.
(b) Efficiency will increase if they adopt new technology.
(c) They should avoid a heavy reliance on new technologies.
(d) They cannot afford the high cost of new technologies at present.

이전 발표자들은 개발 도상국의 건강 관리 시스템이 종이로 된 기록과 처방전에서 컴퓨터 시대로 빠르게 이동해야 한다고 주장하였습니다. 현대의 정보 기술로 비용을 줄일 수 있다고 이야기했지만, 그들이 언급하지 않은 것은 많은 연구 보고서들이 이것과는 반대로 결론을 내린다는 것입니다. 몇몇 전문가들은 이것을 처리할 기반이 구축되지 않은 나라에서는 정보 기술에 너무 의존하는 것이 현명하지 못하다고 경고하였습니다. 그리고 저는 이러한 경고에 주의를 기울여야 할 때가 되었다고 생각합니다.

Q: 개발 도상국에 대한 화자의 요점은 무엇인가?

(a) 새로운 기술은 건강 관리 비용을 줄일 수 있다.
(b) 새로운 기술을 받아들이면 효율성이 증대될 것이다.
(c) 새로운 기술에 너무 의존해서는 안 된다.
(d) 현재로써는 새로운 기술의 높은 비용을 충당할 여력이 되지 않는다.

| 해설 개발 도상국에 대한 화자의 요점을 묻는 문제이다. Some experts warn that leaning heavily on information technology is unwise in countries where the infrastructure to cope with it is not in place에서 개발 도상국의 건강 관리 시스템이 새로운 정보 기술에 너무 의존해서는 안 된다는 전문가들의 의견을 소개했고, 이어서 And I believe it's time that we pay attention to this warning에서 이러한 의견에 주의를 기울여야 한다고 했으므로 정답은 (c)이다.

| 어휘 declare [dikléər] 주장하다, 표명하다 neglect to ~하는 것을 잊다 substantial [səbstǽnʃəl] 상당한, 실체의 infrastructure [ínfrəstrʌ̀ktʃər] 기반 (시설) cope with ~에 대처하다 in place 적절한, 제대로 reliance [riláiəns] 의지, 의존

49

정답 (b)

Good afternoon, and thank you all for coming today to this leadership training meeting. As part of a new company policy, our CEO, Mr. Jacobs, has asked me to hold monthly training meetings with all of the executives in my department. That is the reason why you are here. As this meeting is merely the predecessor of more to come, I'd

안녕하세요, 오늘 리더십 교육 회의에 와주셔서 모든 분들께 감사 드립니다. 새로운 회사 정책의 일환으로, 저희 CEO인 Mr. Jacobs는 저희 부서 내의 모든 임원들과 월간 교육 회의를 가질 것을 제게 요청하였습니다. 그것이 바로 여러분께서 여기 계신 이유입니다. 본 회의는 후속 회의들의 선례일 뿐이기 때문에, 오늘

like to spend some time today introducing the material that will be covered in greater depth in the upcoming months.

Q: What is the main purpose of the meeting?

(a) To provide training for new executives at the company.
(b) To preview content that will be presented in later sessions.
(c) To explain a new company policy implemented by Mr. Jacobs.
(d) To spend time introducing policies for future monthly meetings.

은 시간을 좀 내서 후월에 심도 있게 다루게 될 내용들을 소개하도록 하겠습니다.

Q: 회의의 주된 목적은 무엇인가?

(a) 회사 내 새 임원들을 교육시키는 것.
(b) 차후 회의 시 발표될 내용들을 미리 보는 것.
(c) Mr. Jacobs가 시행한 새로운 회사 정책을 설명하는 것.
(d) 차후 월간 회의에 대한 규정을 소개하는 시간을 갖는 것.

해설 회의의 주된 목적을 묻는 문제이다. 담화의 마지막 부분인 As this meeting is merely the predecessor of more to come, I'd like to spend some time today introducing the material that will be covered in greater depth in the upcoming months에서 이번 회의는 다음 달 차후 회의 시 심도 있게 다룰 내용들을 소개하는 자리가 될 것이라고 했으므로 정답은 (b)이다. 새로운 회사 규정으로써 월간 회의를 소집했다고 했지, 회의에서 새로운 회사 정책을 설명하겠다고 한 것은 아니므로 (c)를 택하지 않도록 조심하자.

어휘 executive[igzékjutiv] 임원 merely[míərli] 단지 predecessor[prédisèsər] 선례 in great depth 심도 있게 preview[príːvjùː] 미리 보다 session[séʃən] 회기 implement[ímpləmənt] 시행하다, 이행하다

50

정답 (a)

Great inventors rarely realize the far-reaching implications of their inventions, and Joseph-Marie Jacquard was no exception. This modest, industrious Frenchman never guessed that his weaving machine, which could automatically weave patterns into silk, would one day inspire many other advancements based upon its technology. He had no idea that his concept would evolve to the point where its possible applications were almost limitless.

Q: What is the main point of the lecture?

(a) Jacquard was unaware of his invention's potential.
(b) Inventions commonly give rise to other inventions.
(c) Inventors rarely recognize their own creative genius.
(d) Jacquard's invention revolutionized the weaving industry.

위대한 발명가들은 자신의 발명품의 멀리까지 미치는 영향을 거의 깨닫지 못하며, Joseph-Marie Jacquard도 예외는 아니었다. 이 겸손하고 근면한 프랑스인은 자동으로 비단에 무늬를 짜넣는 그의 방직 기계가 훗날 그 기술을 바탕으로 다른 많은 기술적 진보에 영감을 줄 것이라고는 전혀 생각하지 못했다. 그는 그의 개념이 개발 가능한 응용 분야가 거의 무한대일 정도로 발전할 수 있을 줄은 몰랐다.

Q: 강의의 요점은 무엇인가?

(a) Jacquard는 자기 발명품의 잠재력을 모르고 있었다.
(b) 발명은 보통 또 다른 발명을 낳는다.
(c) 발명가들은 그들 자신의 창의력을 좀처럼 깨닫지 못한다.
(d) Jacquard의 발명품은 방직 산업에 혁명을 일으켰다.

해설 강의의 요점을 묻는 문제이다. 강의의 첫 부분인 Great inventors rarely realize the far-reaching implications of their inventions, and Joseph-Marie Jacquard was no exception을 시작으로 강의 전반에 걸쳐 Joseph-Marie Jacquard가 자신의 발명품이 지니는 잠재적인 영향력을 깨닫지 못했다는 점을 설명하고 있다. 따라서 정답은 (a)이다.

어휘 far-reaching 멀리까지 미치는 implication[ìmpləkéiʃən] 영향 industrious[indʌ́striəs] 근면한 weave[wiːv] 짜다, 뜨다 advancement[ədvǽnsmənt] 진보 concept[kɑ́nsept] 개념 evolve[ivɑ́lv] 서서히 발전하다 application[æ̀pləkéiʃən] 응용 limitless[límitlis] 무한의 potential[pəténʃəl] 잠재력 give rise to ~을 발생시키다, ~의 근원이 되다 genius[dʒíːnjəs] 특수한 재능 revolutionize[rèvəlúːʃənàiz] 혁명을 일으키다 industry[índəstri] 산업

51

정답 (b)

Four out of five northwest Indiana residents who need drug addiction treatment don't receive it, social workers reported to community leaders on Tuesday. They placed some of the blame on the mistaken notion that the war on drugs can be won by simply hiring more police and building more prisons. They also emphasized that there is a greater need for early intervention and rehabilitation.

Q: What is the news report mainly about?

(a) The difficulty of solving drug-related problems.
(b) The lack of treatment available for needy drug users.
(c) The policies against drugs that are proving ineffective.
(d) The escalating problem of drug abuse in the community.

약물 중독 치료를 필요로 하는 인디애나 서북부 주민 5명 중 4명은 치료를 받지 못하고 있다고 화요일에 사회 사업가들이 지역 유지들에게 보고하였다. 그들은 단순히 경찰을 더 고용하고 감옥을 더 짓는 것으로 마약과의 전쟁에서 이길 수 있다는 잘못된 생각에 일부 책임을 돌렸다. 그들은 또한 조기 치료 및 재활이 더욱 더 요구되고 있다고 강조하였다.

Q: 뉴스 리포트는 주로 무엇에 대한 것인가?

(a) 마약 관련 문제 해결의 어려움.
(b) 필요로 하는 약물 사용자에 대한 가능한 치료 부족.
(c) 비효율적임이 드러나는 대(對)마약 정책들.
(d) 지역 사회에서 확대되어가는 약물 남용 문제.

해설 뉴스 리포트의 주제를 묻는 문제이다. 뉴스 리포트의 첫 부분인 Four out of five northwest Indiana residents who need drug addiction treatment don't receive it을 시작으로 주민들이 약물 중독 치료가 필요함에도 불구하고 대부분이 치료를 받지 못하는 상황에 대해 보도하고 있으므로 정답은 (b)이다. (c)는 치료가 필요한 사람들이 치료를 못 받고 있는 이유를 부연 설명하기 위해서 언급된 세부적인 내용이므로 택하지 않도록 주의하자.

어휘 resident [rézidənt] 주민 drug addiction 약물 중독 community [kəmjú:nəti] 지역 사회 place [pleis] 두다, 걸다 mistaken [mistéikən] 잘못된 notion [nóuʃən] 생각 emphasize [émfəsàiz] 강조하다 intervention [ìntərvénʃən] 중재, 조정 rehabilitation [rì:həbìlitéiʃən] 재활 needy [ní:di] 궁핍한 ineffective [ìniféktiv] 비효율적인 escalate [éskəlèit] 확대하다 drug abuse 약물 남용

52

정답 (d)

Today's lecture will focus on Kevin S. Prance, an up-and-coming contemporary artist. Prance's paintings are emotionally charged, not through excessive expression, but through a rigorous and loving attention to detail. Once you realize this, you can appreciate his intense reverence for the natural world and the emotion he feels for it. Prance does not just paint the natural world; he conspicuously draws attention to his own subjective response to it through intricate detail.

Q: What is the main point about Prance's style of painting?

(a) His emotional response to nature is quite subdued.
(b) His attention to detail adds realism to his paintings.
(c) He is meticulous in everything he does as a painter.
(d) He reveals his passion through his attention to detail.

오늘 강의는 유망한 현대 미술가인 Kevin S. Prance에 초점을 맞추도록 하겠습니다. Prance의 그림은 격정적인데, 과도한 표현을 통해서가 아니라, 세부적인 것들에 대한 정밀하면서도 애정어린 관심을 통해서입니다. 이것을 깨달았다면, 자연 세계에 대한 그의 강렬한 숭배와 그가 이에 대해 느낀 감정을 이해할 수 있을 것입니다. Prance는 자연 세계를 그리기만 하는 것이 아닙니다; 그는 복잡한 세부 묘사를 통하여 그만의 주관적인 감응으로의 관심을 확연히 불러일으킵니다.

Q: Prance의 그림 스타일에 대한 요점은 무엇인가?

(a) 자연에 대한 그의 감응은 꽤 억제되어 있다.
(b) 세부적인 것에 대한 주의는 그의 그림에 현실성을 더한다.
(c) 그는 화가로서 하는 모든 것에 있어서 신중하다.
(d) 세부적인 것에 주의를 기울임으로써 그의 열정을 드러낸다.

| 해설 Prance의 그림 스타일에 대한 요점을 묻는 문제이다. Prance's paintings are emotionally charged, not through excessive expression, but through a rigorous and loving attention to detail에서 Prance는 세부적인 것에 대한 관심을 통해 격정을 표현한다고 했고, 또한 강의의 마지막 부분인 he conspicuously draws attention to his own subjective response to it through intricate detail에서 복잡한 세부 묘사를 통해 관심을 불러일으킨다고 했으므로, (d)가 정답이다. 세부적인 것에 주의를 기울임으로써 현실성을 더하는 것이 아니라 감정을 격양시키므로 (b)는 오답이다.

| 어휘 up-and-coming 유망한 contemporary[kəntémpərèri] 현대의, 동시대의 charged[tʃɑːrdʒd] 강렬한, 열정적인 excessive[iksésiv] 과도한 rigorous[rígərəs] 정밀한 reverence[révərəns] 숭배, 존경 conspicuously[kənspíkjuəsli] 눈에 띄게 draw attention to ~으로 주의를 돌리게 하다 subjective[səbdʒéktiv] 주관적인 intricate[íntrikət] 복잡하게 얽힌 subdued[səbdjúːd] 억제된, 완화된 meticulous[mətíkjuləs] 꼼꼼한, 세심한

53

정답 (c)

In mid-April, Briarwood Valley School will begin its special spring camp. If you want to send your child to this exciting camp, please attend our information meeting on April 3rd or 5th. Enrollment is limited, and the cost of the two-week program, including all meals and snacks, is $500. For further information, call our coordinator at 789-7678.

Q: Which is correct according to the announcement?

(a) The information meeting is in March.
(b) The cost of meals and snacks is extra.
(c) The camp runs for a period of two weeks.
(d) The coordinator can be contacted by e-mail.

4월 중순에, Briarwood Valley School은 특별 봄 캠프를 시작할 것입니다. 댁의 자녀를 이 재미있는 캠프에 보내고 싶으시다면, 4월 3일 또는 5일에 있을 설명회에 참석하시기 바랍니다. 등록 인원에 제한이 있으며, 모든 식사와 간식을 포함하여 2주간의 프로그램 비용은 500달러입니다. 추가 정보를 원하시면, 저희 진행자에게 789-7678번으로 전화하시기 바랍니다.

Q: 안내에 따르면 맞는 것은 무엇인가?

(a) 설명회는 3월에 있다.
(b) 식사와 간식 비용은 별도이다.
(c) 캠프는 2주간 진행된다.
(d) 진행자는 이메일로 연락 가능하다.

| 해설 안내의 내용과 일치하는 것은 묻는 문제이다. the cost of the two-week program, including all meals and snacks, is $500를 통해 캠프가 2주 동안 진행됨을 알 수 있으므로 (c)가 정답이다.

| 어휘 enrollment[inróulmənt] 등록 coordinator[kouɔ́ːrdənèitər] 진행자, 책임자

54

정답 (d)

I'd like to give some advice to those of you who are planning to become a landlord: find the right tenants! Select reliable, employed renters capable of sending their checks in on time. It doesn't matter who they are, as long as they pay their rent. Besides, as a landlord, you must not exclude anyone protected by federal fair housing laws.

Q: Which is correct according to the speaker?

(a) Landlords are protected by fair housing laws.
(b) Landlords must be reliable and solidly employed.
(c) It is illegal to refuse to sell property to foreigners.
(d) It is important to find tenants who pay rent regularly.

집주인이 될 계획이신 분들에게 몇 가지 조언을 해 드리고자 합니다: 적절한 세입자를 찾으세요! 믿을 만하고 직장도 있으며, 집세 낼 수표를 제때 보낼 수 있는 세입자로 고르시기 바랍니다. 집세를 낸다면야, 그들이 누구인지는 상관 없습니다. 게다가, 여러분은 집주인으로서, 연방 공정 주택법의 보호를 받는 사람들은 누구도 차별해선 안 됩니다.

Q: 화자에 따르면 맞는 것은 무엇인가?

(a) 집주인들은 공정 주택 공급법의 보호를 받는다.
(b) 집주인들은 믿을 만하며 확실한 직장이 있어야 한다.
(c) 외국인에게 소유지 판매를 거부하는 것은 불법이다.
(d) 집세를 정기적으로 내는 세입자를 찾는 것이 중요하다.

해설 담화의 내용과 일치하는 것을 묻는 문제이다. It doesn't matter who they are, as long as they pay their rent에서 적절한 세입자를 고를 때 집세를 제때에 내기만 한다면 누구이든지 상관 없다고 했으므로 (d)가 정답이다.

어휘 landlord [lǽndlɔ̀ːrd] 집주인 tenant [ténənt] 세입자 reliable [riláiəbl] 믿을 만한 exclude [iksklúːd] 차별하다 federal [fédərəl] 연방의 fair [fɛər] 공정한 solidly [sálidli] 확실하게 refuse [rifjúːz] 거부하다 property [prápərti] 부동산, 소유지

55

정답 (b)

Today we'll look at two important dates that have much in common: the years 1789 and 1989. The year 1789 marks the storming of the Bastille in Paris, and 1989 is when the Berlin Wall finally fell. In each event, monuments of great political significance were torn down and, within weeks, dismantled stone by stone. And each event was part of a colossal political shift taking place: from monarchy to republicanism and from communism to capitalism, respectively.

Q: What do the events of 1789 and 1989 have in common?

(a) They resulted in the rise of capitalism.
(b) They mark drastic political transitions.
(c) They occurred over a period of weeks.
(d) They involved destruction of private property.

오늘은 공통점이 많은, 두 개의 중요한 날짜들을 살펴보기로 하겠습니다: 바로 1789년과 1989년입니다. 1789년에 파리 바스티유 감옥 습격이 있었으며, 1989년은 마침내 베를린 장벽이 무너진 때입니다. 각각의 사건 당시, 거대한 정치적인 중요성을 띠는 유적들이 무너졌으며, 불과 몇 주 만에 완전히 해체되었습니다. 그리고 이 사건들은 당시 일어나고 있었던 거대한 정치적 변화의 일부였습니다: 각각 군주 정치에서 공화주의로, 공산주의에서 자본주의로의 변화에 대한 것이었습니다.

Q: 1789년과 1989년에 있었던 사건들의 공통점은 무엇인가?

(a) 자본주의의 발생을 야기했다.
(b) 급격한 정치적 변화로 특징지어진다.
(c) 몇 주에 걸쳐서 발생하였다.
(d) 사유 재산의 파괴를 수반하였다.

해설 1789년과 1989년에 있었던 사건들의 공통점을 묻는 문제이다. 담화의 마지막 부분에서 each event was part of a colossal political shift taking place: from monarchy to republicanism and from communism to capitalism, respectively에서 두 사건은 거대한 정치적 변화의 일부였다고 했으므로, (b)가 정답이다.

어휘 have much in common 공통점이 많다 storming [stɔ́ːrmiŋ] 급습 monument [mánjumənt] 유물, 유적 significance [signífikəns] 중요성, 중대성 tear down 무너뜨리다 dismantle [dismǽntl] 해체하다 colossal [kəlásəl] 거대한 shift [ʃift] 움직임, 변화 monarchy [mánərki] 군주 정치 republicanism [ripʌ́blikənìzm] 공화주의 communism [kámjunìzm] 공산주의 capitalism [kǽpitəlìzm] 자본주의 respectively [rispéktivli] 각각 drastic [drǽstik] 급격한, 철저한 transition [trænzíʃən] 변화 private property 사유 재산

56

정답 (c)

The discussion for today's doctors' meeting is about the herbal supplement valerian. As you know, valerian is mainly used to alleviate insomnia. But I know a few of you also prescribe it for stress and minor anxiety disorders. However, the long-term effects of valerian use are unknown and, as such, it should only be prescribed as a last resort. Instead of relying on this herbal supplement, have patients reduce the amount of stress in their lives.

오늘 의사 회의 논제는 약초 보충제인 길초근입니다. 아시다시피, 길초근은 주로 불면증을 완화시키는 데에 쓰입니다. 하지만 여러분들 중 몇 분께서 스트레스와 가벼운 불안 장애에 대해서도 길초근을 처방하신다는 것을 알고 있습니다. 그러나, 길초근 사용의 장기적인 영향은 아직 알려지지 않았으며, 그 이유만으로도, 길초근은 마지막 방편으로서 처방되어야 합니다. 이 약초 보충제에 의존하는 것보다는, 환자들이 생활 속에서 스트레스의 양을 줄이도록 해주시기 바랍니다.

Q: Which is correct about valerian?

(a) It is suitable for long-term use.
(b) It is not used to help overcome sleeplessness.
(c) It is not certain what eventual side effects it may have.
(d) It is predominantly used for relieving stress and anxiety.

Q: 길초근에 대해 맞는 것은 무엇인가?

(a) 장기적으로 사용할 때 적합하다.
(b) 불면증 해소에 도움을 주는 용도로는 사용하지 않는다.
(c) 결과적으로 어떤 부작용이 있을지는 확실하지 않다.
(d) 스트레스와 불안을 경감시키는 데 주로 사용된다.

해설 길초근에 대한 내용과 일치하는 것을 묻는 문제이다. the long-term effects of valerian use are unknown and, as such, it should only be prescribed as a last resort에서 길초근의 장기적인 영향이 아직 알려지지 않았으니 마지막 수단으로만 처방해야 한다고 했으므로, 어떤 부작용이 있을지 확실하지 않다고 볼 수 있다. 따라서 (c)가 정답이다.

어휘 herbal [hə́ːrbəl] 약초의, 식물의 supplement [sʌ́pləmənt] 보충제 valerian [vəlí(ː)əriən] 길초근 alleviate [əlíːvièit] 완화시키다 insomnia [insɑ́mniə] 불면증 prescribe [priskráib] 처방하다 anxiety disorder 불안 장애 long-term 장기적인 unknown [ʌ̀nnóun] 알려지지 않은 last resort 최후의 수단 suitable [súːtəbl] 적당한 overcome [òuvərkʌ́m] 극복하다 sleeplessness [slíːplisnis] 불면증 eventual [ivéntʃuəl] 결과적인 side effect 부작용 predominantly [pridɑ́mənəntli] 주로 relieve [rilíːv] 경감하다

57

정답 (b)

In the last six months, Mongolian barbecue restaurants have become increasingly popular in Dallas. And it appears that customers come for the dining experience just as much as for the food. The popular Mongolian Grill is a case in point: a recent customer survey found that the restaurant's interactive dining experience is its most-loved attraction. Customers said they enjoyed being able to participate in the cooking of their meal.

Q: Which is correct about the Mongolian barbecue restaurants?

(a) Some offer Mongolian cooking classes.
(b) The patrons help to prepare their own meals.
(c) They first appeared in Dallas six months ago.
(d) Customers are often from the Mongolian community.

지난 6개월 동안, 몽골식 바비큐 레스토랑들은 댈러스에서 인기가 더욱 높아졌습니다. 그리고 고객은 음식 자체뿐 아니라 식사 경험을 위해 오는 것처럼 보입니다. 유명한 Mongolian Grill은 이에 대한 적절한 예죠: 최근 고객 설문 조사에서는 그 레스토랑의 상호적인 식사 경험이 레스토랑의 가장 큰 매력이라고 했습니다. 고객들은 자기 식사를 요리하는 데에 참여할 수 있다는 것이 즐거웠다고 했습니다.

Q: 몽골식 바비큐 레스토랑에 대해 맞는 것은 무엇인가?

(a) 일부 레스토랑에서는 몽골 요리 수업을 제공한다.
(b) 손님들이 자기 식사를 준비하는 것을 돕는다.
(c) 6개월 전 댈러스에 처음으로 생겼다.
(d) 고객들은 대개 몽골 커뮤니티 내의 사람들이다.

해설 몽골식 바비큐 레스토랑에 대한 내용과 일치하는 것을 묻는 문제이다. Customers said they enjoyed being able to participate in the cooking of their meal에서 고객들이 자기 식사를 요리하는 데 참여하는 경험을 좋아했다고 한 것으로 보아, '손님들이 자기 식사를 준비하는 것을 돕는다'는 내용의 (b)가 정답이다.

어휘 dining [dáiniŋ] 식사 case in point 적절한 예 survey [səːrvéi] 설문 조사 interactive [ìntərǽktiv] 상호적인 attraction [ətrǽkʃən] 매력, 인기물 patron [péitrən] 고객, 단골 손님

58

정답 (c)

Want to communicate better with customers overseas or expand your business into foreign markets? Then, check out Parlez Premium 7.0. Parlez software can translate e-mails and documents, and effectively link your offices around the world. Parlez provides the most accurate language translations available at lower cost than outside translation services. It is ideal for today's global business environment.

Q: Who would this software benefit most?

(a) Someone applying for a job abroad.
(b) Business people learning a new language.
(c) Business executives with multinational operations.
(d) Travelers who need to check e-mail from overseas.

해외 고객들과 좀 더 의사소통을 잘 하거나 해외 시장으로 귀하의 사업을 확장하시고 싶으십니까? 그렇다면, Parlez Premium 7.0.를 확인해 보세요. Parlez 소프트웨어는 이메일과 문서를 번역하고, 전 세계에 있는 귀하의 사무실들을 효과적으로 연결해 드립니다. Parlez는 통역 서비스를 제외하고는 저가에 받을 수 있는 가장 정확한 언어 통역을 제공합니다. 이것은 오늘날의 세계적 사업 환경에 이상적입니다.

Q: 이 소프트웨어는 누구에게 가장 도움을 줄 것인가?

(a) 해외에 입사 지원하려는 사람.
(b) 새로운 언어를 배우는 사업가.
(c) 다국적 경영을 하는 사업체 경영진.
(d) 해외에서 이메일을 확인해야 하는 여행자들.

해설 이 소프트웨어가 누구에게 가장 도움을 줄지 묻는 문제이다. 광고의 첫 부분인 Want to communicate better with customers overseas or expand your business into foreign markets?에서 세계적으로 사업을 하거나 확장하려는 사람들, 즉 국제적으로 사업을 하는 경영진들에게 이 제품을 권하고 있음을 알 수 있다. 따라서 (c)가 정답이다.

어휘 communicate [kəmjúːnəkèit] 의사 소통하다 expand [ikspǽnd] 확장하다 translate [trænsléit] 번역하다 accurate [ǽkjurət] 정확한 apply for a job 입사 지원하다 multinational [mʌ̀ltinǽʃənəl] 다국적인 operation [ɑ̀pəréiʃən] 경영

59

정답 (a)

I'd like now to give a report on life span variations around the world. As you know, the maximum human life span is about 115 years, but this varies considerably among different regions of the globe. Economically developed countries tend to score the highest, with Japan and Iceland at the top. And there are certain reasons for this tendency.

Q: What will the speaker most likely discuss next?

(a) Factors that affect maximum life spans.
(b) How to improve your health to live longer.
(c) Where the oldest person in the world lives.
(d) The differences between Japan and Iceland.

이제 세계 전역의 수명 차이에 대해 보고하도록 하겠습니다. 아시다시피, 인간의 최대 수명은 115세 정도입니다. 그러나 이것은 세계의 여러 지역 간에 상당한 차이가 납니다. 경제적으로 발달한 나라들은 최대 수명이 더 긴 경향이 있으며, 일본과 아이슬란드가 가장 깁니다. 그리고 이러한 경향에는 특별한 이유가 있습니다.

Q: 화자가 다음에 무엇에 대해 이야기하겠는가?

(a) 최대 수명에 영향을 미치는 요인들.
(b) 더 오래 살기 위해 건강을 증진시키는 방법.
(c) 세계 최고령자가 어디에서 사는지.
(d) 일본과 아이슬란드의 차이점.

해설 화자가 다음에 이야기할 내용을 묻는 문제이다. Economically developed countries tend to score the highest, with Japan and Iceland at the top에서 경제적으로 발달한 나라들의 최대 수명이 길다고 하였고, 이어서 And there are certain reasons for this tendency에서 이러한 경향에는 특별한 이유가 있다고 했으므로, 화자가 다음으로 이러한 이유, 즉 최대 수명에 영향을 미치는 요인들에 대해 이야기할 것임을 추론할 수 있다. 따라서 정답은 (a)이다.

어휘 life span 수명 variation [vὲəriéiʃən] 차이, 변화 maximum [mǽksəməm] 최대의 vary [vέ(ː)əri] 다르다 considerably [kənsídərəbli] 상당히 region [ríːdʒən] 지역 tendency [téndənsi] 경향 factor [fǽktər] 요인 affect [əfékt] 영향을 끼치다

60

정답 (d)

As I mentioned previously, the issue of whether younger learners acquire a second language more readily than old learners has been studied extensively. In this lecture I'd like to focus on the critical period hypothesis. This refers to neurological changes around puberty that result in the two hemispheres of the brain functioning independently. After this change, acquiring native-like competence in a second language becomes difficult, if not impossible.

Q: What can be inferred from the lecture?

(a) Age does not affect language learning ability.
(b) Language learning is achieved through a long period of study.
(c) One hemisphere of the brain controls language learning ability.
(d) Language learning gets more difficult after becoming a teenager.

이전에 언급하였듯이, 나이가 어린 학습자들이 나이 많은 학습자들보다 제2 언어를 더 쉽게 배우는지의 여부는 다방면에 걸쳐 연구되었습니다. 본 강의에서, 저는 결정적 시기 가설에 초점을 맞추고자 합니다. 이는 사춘기 즈음에 일어나는 신경학적인 변화를 가리키는 것으로, 이로 인해 두뇌 안에 있는 두 개의 뇌반구들이 서로 독립적으로 기능하게 됩니다. 이러한 변화가 일어난 뒤, 제2 언어에 있어서 원어민과 같은 수준을 달성하는 것은 불가능하지는 않을지라도 어려워 집니다.

Q: 강의로부터 추론할 수 있는 것은 무엇인가?

(a) 나이는 언어 학습 능력에 영향을 미치지 않는다.
(b) 언어 학습은 장기간의 학습을 통해 이루어진다.
(c) 두뇌의 한쪽 반구에서 언어 학습 능력을 통제한다.
(d) 십대가 된 이후부터는 언어 학습이 어려워진다.

해설 강의를 통해 추론할 수 있는 내용을 묻는 문제이다. neurological changes around puberty ~에서 사춘기 때 신경학적인 변화가 일어남을 알 수 있고, After this change, acquiring native-like competence in a second language becomes difficult, if not impossible에서 이 변화가 일어나면 제2 언어를 원어민 수준으로 습득하는 것이 어려워진다고 했으므로, 십대 이후 언어 학습이 어려워진다는 것을 추론할 수 있다. 따라서 (d)가 정답이다.

어휘 **previously** [príːviəsli] 이전에 **acquire** [əkwáiər] 배우다, 습득하다 **readily** [rédəli] 쉽게 **extensively** [iksténsivli] 광범위하게 **critical** [krítikəl] 결정적인 **hypothesis** [haipáθisis] 가설 **refer to** ~에 대해 언급하다 **neurological** [njùərəládʒikəl] 신경학적인 **puberty** [pjúːbərti] 사춘기 **hemisphere** [hémisfìər] 반구 **independently** [ìndipéndəntli] 독립적으로 **competence** [kámpitəns] 능력

TEST 3 GRAMMAR

Part I

1

정답 (a)

A: Can I call you at 6:00 p.m.?
B: Well, we normally ____________ dinner at that time.

(a) have
(b) will have
(c) have had
(d) are having

A: 오후 6시에 전화해도 돼?
B: 글쎄, 우리는 보통 그 시간엔 저녁을 먹는데.

해설 be동사의 올바른 시제를 찾는 문제이다. '보통은, 대개'의 뜻을 가진 normally를 단서로, '평상시에 주로 그 시간에 저녁 식사를 한다'는 말임을 알 수 있다. 평상시 반복적으로 하는 행동은 단순현재 시제로 나타내므로 (a) have가 정답이다. (ex. I have breakfast. 저는 아침 식사를 합니다. / I don't have breakfast. 저는 아침을 먹지 않습니다.)

오답분석
(d)의 경우, have가 '소유하다'라는 의미일 때는 상태동사이므로 진행형을 쓸 수 없다. (ex. I'm having a car. 나는 차를 가지고 있다. (×)) 하지만 그 외의 뜻으로 '동작'을 가리킬 때는 진행형이 가능한데, 이 문장에서처럼 '먹다(eat)'의 의미로 쓰일 때가 그러하다. 즉, are having은 'We are having dinner right now(우리는 지금 식사 중이다)'에서 처럼 일시적으로 하고 있는 동작을 가리킬 때는 가능한 형태이다.

2

정답 (b)

A: What do you think of your new office?
B: It's great. I like it ____________ much.

(a) too
(b) very
(c) quite
(d) really

A: 네 새로운 사무실은 어떠니?
B: 훌륭해. 정말 맘에 들어.

해설 문맥상 올바른 부사를 선택하는 문제이다. '매우 많이'라는 뜻으로 much 앞에서 강조하는 부사인 (b) very가 정답이다. 참고로 very 대신에 so를 써서 I like it so much로 표현할 수도 있다.

오답분석
(a)의 too much는 부정적인 뉘앙스로 '지나치게 너무 많이'라는 뜻이다. (ex. He boasts too much. 그는 자랑이 지나치다.)

3

정답 (d)

A: May I use your computer? Mine isn't working.
B: ____________________________, I'm afraid.

(a) Either, mine isn't

A: 네 컴퓨터 좀 써도 될까? 내 것은 작동을 안 해서.
B: 내 것도 안 되는 것 같은데.

(b) Either isn't mine
(c) Mine is, neither
(d) Neither is mine

| 해설 A가 Mine isn't working(내 컴퓨터가 작동이 안돼)이라는 부정문을 표현했고, 이 말에 B가 '내 것도 작동이 안돼'라고 동의하는 상황이다. 부정문에 대한 동의를 표현할 때 neither가 문두로 나가면 주어와 동사가 도치되므로 주어인 mine과 동사인 is의 위치가 바뀐 (d) Neither is mine이 정답이다. 참고로 neither는 not과 either가 합쳐진 단어로, 자체가 부정어 표현이므로, no / not / never 등과 같은 부정어와 함께 쓰이지 않는다. 즉, Neither isn't mine은 없는 표현이므로 주의하자.

오답분석
(a)와 (b)의 either는 부정문의 끝에 붙어 '역시'라는 의미를 만들며 문두로 나가지 않는다. 즉, Mine isn't, either로 쓰면 옳다.

4

정답 (b)

A: What should we get for Tom's birthday?
B: Let's buy ____________________.

(a) a bike him
(b) him a bike
(c) to him a bike
(d) a bike to him

A: Tom의 생일에 무얼 사줄까?
B: 자전거를 사주자.

| 해설 buy는 4형식에서 '~에게 …을 사주다'의 뜻으로 쓸 수 있는 동사이다. 즉, 사람을 가리키는 간접목적어를 먼저 쓰고, 그 뒤에 사물을 나타내는 직접목적어를 연결하면 된다. 따라서 사람 him(그에게)을 먼저 쓰고, 사물 a bike(자전거를)를 뒤에 쓴 (b)가 정답이다.

오답분석
(a) a bike him은 간접목적어와 직접목적어의 순서가 바뀌었고, (d) a bike to him은 전치사가 잘못 쓰였다. 대부분의 경우 4형식 구조를 3형식으로 바꿀 때 사람 앞에 전치사 to를 쓰지만, 동사가 buy일 때에는 to가 아니라 for를 쓴다. 따라서 (d)는 a bike for him으로 바꾸면 올바른 표현이 된다. buy 외에도 전치사 for와 함께 쓰이는 동사로는 make, find, get 등이 있다. (ex. He made a new suit for me. 그는 내게 새 양복을 만들어 주었다.)

5

정답 (a)

A: I'm sorry to hear about your car.
B: Well, I just hope they catch the person who ____________________ it.

(a) stole
(b) steals
(c) was stealing
(d) has been stealing

A: 네 차에 대한 소식은 참 유감스럽다.
B: 음, 그냥 그걸 훔쳐간 사람을 빨리 잡아 줬으면 좋겠어.

| 해설 주격 관계대명사 who 뒤에 나올 동사 steal의 올바른 시제를 묻는 문제이다. A가 '네 차에 대해 유감스럽다'라고 했으므로, 누군가 자동차를 훔친 동작은 이미 지나간 과거의 일로 보는 것이 옳다. 따라서 과거동사 (a) stole이 정답이다.

오답분석
(c) was stealing은 과거시제지만 진행형이므로 '훔치고 있는 중이었던 사람'으로 해석되어 오답이다.

| 어휘 catch [kǽtʃ] (범인을) 붙잡다 steal [stíːl] 훔치다

6

정답 (a)

A: Did you hear ____________ Jimmy's moving overseas?
B: Really? Then let's throw him a farewell party.

(a) that
(b) when
(c) which
(d) whether

A: Jimmy가 외국으로 이사 간다는 소식 들었어?
B: 정말? 그럼 환송 파티를 해주자.

해설 타동사 hear 뒤의 목적절(Jimmy's moving overseas)을 이끌 접속사를 묻는 문제이다. 이 문장에서는 '~라는 이야기를 들었니?' 라고 묻는 상황이므로 hear 뒤에 필요한 명사절 접속사인 (a) that이 정답이다. 이때 that은 생략이 가능하다. (ex. I heard (that) he went to America. 그는 미국으로 갔다더군.) 참고로 that 뒤의 Jimmy's는 Jimmy is의 축약형으로, 곧 일어날 계획된 미래를 진행형(is moving)으로 표현한 것이다.

오답분석
(b) when을 쓰면, 'Jimmy가 언제 이사 가는지 들었니?' 라는 질문이 되므로, B가 Jimmy의 이사 날짜에 대한 대답을 해야 자연스러운 대화가 된다.

어휘 overseas [òuvərsíːz] 해외로 farewell party 환송 파티, 송별회

7

정답 (a)

A: Please help me with this math problem.
B: Well, it looks difficult. But I'll ____________________.

(a) try
(b) try to
(c) try to help to
(d) try to help you to

A: 이 수학 문제 푸는 것 좀 도와줘.
B: 글쎄, 이 문제는 어려워 보이네. 그래도 한번 풀어 볼게.

해설 '내가 해볼게, 시도해 볼게' 라고 할 때는 I'll try라고 하므로, (a) try가 정답이다.

오답분석
(b)의 경우, '~하려고 노력하다' 라고 할 때 try 뒤에는 to부정사를 쓴다. (ex. I tried to get some sleep. 나는 잠을 좀 자려고 애썼다.) 하지만 try 뒤의 to부정사가 앞에 나온 어구를 대신해서 받을 경우에는 to까지 모두 생략하고 I'll try까지만 쓰므로 try to는 오답이다.

8

정답 (d)

A: Can you give me a ride?
B: Sure, I ___________ be glad to.

(a) must
(b) could
(c) might
(d) would

A: 차 좀 태워 주실래요?
B: 그럼요, 기꺼이 해드리죠.

해설 구어체에서 '기꺼이 해드리죠' 의 뜻으로 흔하게 쓰이는 표현인 I would be glad to를 묻는 문제이다. 따라서 정답은 (d) would이다. 참고로, 이때 조동사 would에는 가정법의 의미가 포함되어, '(~을 한다면) ~할 텐데' 라는 뜻이 된다. 즉, 이 문장은 '(제가 태워다 드린다면) 참 기쁠 텐데요' 로 직역할 수 있다.

오답분석

(b) could는 가능성의 의미로, '기쁠 수도 있다'는 의미가 되어 어색하며, (c) might는 약한 추측으로 '기쁘지도 모른다'는 뜻이 되어 어색하다.

9

정답 (c)

A: We went to Paris last month.
B: Wow, that ____________ have been nice.

(a) will
(b) shall
(c) must
(d) could

A: 우리는 지난 달에 파리에 갔었어.
B: 와, 정말 좋았겠다.

| 해설 문맥상 올바른 조동사를 찾는 문제이다. '파리에 갔었다'는 A의 말에, B가 감탄사(Wow)를 외치며 nice라고 말한 것으로 보아, '정말 좋았겠다'는 말을 할 것임을 알 수 있다. 따라서 '~임이 틀림없다'는 '강한 확신'을 나타내는 (c) must가 정답이다. 이때 must는 빈칸 뒤의 have p.p.와 연결되어 과거시제로 '(과거에) ~였음이 틀림없다'라고 해석하면 된다. 참고로, must 뒤에 동사원형을 쓰면, 현재의 추측으로 '(현재) ~임이 틀림없다'로 해석하면 된다. (ex. He must be rich. 그는 부자임에 틀림없어.)

오답분석

(a)의 will have p.p.는 미래완료로, 미래에 완료될 동작이나 상태를 나타내며, (d)의 could have p.p.는 과거의 약한 가능성이나 추측을 나타낼 경우에 '~했을지도 모른다'로, 또는 가정법 과거완료로 '~할 수 있었을 텐데'로 해석된다.

10

정답 (b)

A: Is there a view of the valley at the end of this trail?
B: Yes, you can ________________________.

(a) see it from here not far
(b) see it not far from here
(c) far from here not see it
(d) not far from here see it

A: 이 오솔길 끝에서 계곡이 보이니?
B: 응, 여기서 그리 멀지 않은 곳에서 볼 수 있어.

| 해설 보기에 같은 단어들이 서로 다른 조합을 보이고 있는 것으로 보아 어순을 묻는 문제이다. 일단 조동사 can 뒤에 동사원형이 나오는 (a)와 (b) 중에 골라야 한다. '~에서 멀리 떨어진'이란 표현을 far from이라 하므로, '이곳에서 멀리 떨어지지 않은'이라는 말로 not far from here를 올바로 쓴 (b)가 정답이다.

11

정답 (a)

A: Who broke the vase, Joel or Kate?
B: I don't think either ____________________ responsible. I suspect the dog did it.

(a) Joel or Kate is
(b) Joel or Kate are
(c) Joel and Kate is
(d) Joel and Kate are

A: 꽃병 누가 깼니, Joel이니, Kate니?
B: 제 생각에 둘 다 책임이 없는 듯한데요. 개가 깬 것 같아요.

| 해설 either와 함께 쓰일 올바른 상관접속사와 동사의 수를 선택하는 문제이다. 우선 빈칸 앞의 either와 함께 쓰일 상관접속사로 or을 골라야 한다. [either A or B]는 'A 또는 B 둘 중 하나'라는 뜻으로, 주어로 올 경우 동사는 B에 일치시킨다. 따라서 3인칭 단수인 Kate에 맞춰 단수동사 is를 쓴 (a)가 정답이다.

오답분석
(c)나 (d)처럼 접속사 and를 이용하는 상관접속사는 [both A and B (A와 B 둘 다)]이며, 이때는 둘 다를 모두 포함하는 의미이므로 동사는 항상 복수동사를 쓴다. (ex. Both Joel and Kate are innocent. Joel과 Kate는 둘 다 죄가 없다.)

| 어휘 vase[véis] 꽃병 suspect[səspékt] 의심하다

12

정답 (a)

A: I'd like to try on these shoes, please.
A: OK. ___________ do you wear?

(a) What size shoes
(b) What shoes size
(c) Size of what shoes
(d) Shoes of what size

A: 이 신발을 신어 봐도 될까요?
B: 네. 신발 치수는 얼마를 신으세요?

| 해설 B가 '몇 사이즈의 신발을 신으세요?'라고 묻는 상황이다. '몇 사이즈의 신발'을 표현할 때는 의문사 What이 앞으로 와 What size shoes do you wear?라는 문장이 되어야 하므로 정답은 (a)이다. 같은 방식으로, 바지나 셔츠 등의 사이즈를 물을 때도 What size pants(shirt) do you wear?라고 하면 된다.

13

정답 (b)

A: Bob, please finish this report before lunch.
B: No problem. Consider it ___________.

(a) to do
(b) done
(c) doing
(d) having done

A: Bob, 점심 전까지 이 리포트를 끝내 주세요.
B: 문제 없습니다. 곧 마쳐놓겠습니다.

| 해설 부탁 받았을 때 '곧 그 일을 하겠다'라는 의미의 관용 표현 'Consider it done'을 묻는 문제이다. 따라서 정답은 (b)이다. 이 문장은 5형식의 구조로, 타동사 consider 뒤에 it이 목적어로, done이 목적격 보어로 쓰였으며, 직역하면 '그것이 되어진 것으로 여겨라'는 말이 된다. 참고로, consider은 [consider A as B]나 [consider A to be B]의 구조로 쓸 수 있는데, 이때 as나 to be는 생략이 가능하다. 여기서 Consider it done은 Consider it to be done에서 to be done이 생략된 것으로 볼 수 있다.

14

정답 (d)

A: Carol has been ill for several weeks now.
B: That explains why she appears ___________ some weight.

(a) losing
(b) to lose
(c) having lost
(d) to have lost

A: Carol은 지금 몇 주째 몸이 아파.
B: 그래서 살이 좀 빠져 보이는구나.

| 해설 동사 appear의 올바른 형태를 묻는 문제이다. appear는 '~해 보인다'는 뜻으로, 보어 자리에 동사가 올 경우 to부정사를 쓴다. 따라서 (b) to lose와 (d) to have lost 중에서 답을 찾으면 된다. 이 두 보기의 차이점은 '시제'인데, 본동사와 같은 시점에 일어난 동작은 to 뒤에 동사원형을 써서 [to V]로, 본동사보다 한 시제 이전에 일어난 동작은 완료형을 써서 [to have p.p.]로 나타낸다. 살이 빠진 것은 지난 몇 주전부터 몸이 아파 일어난 일이므로, 본동사 appears보다 한 시제 이전이라는 의미로 to부정사의 완료형을 쓴 (d) to have lost가 정답이다.

오답분석
(b) to lose를 쓰면 '살을 빼는 것(lose)'과 '~해 보이는 것(appear)'이 같은 시제가 되어 동시에 일어난다는 의미가 되므로 틀리다.

| 어휘 appear[əpíər] ~인 것 같이 보이다 lose weight 체중이 줄다

15

정답 (b)

A: There wasn't a lot of traffic, ___________?
B: Actually, it was kind of heavy.

(a) there was
(b) was there
(c) it was there
(d) was there it

A: 차량이 그리 많지는 않았지?
B: 사실, 교통 체증이 심했어.

| 해설 빈칸 앞에 [주어 + 동사]로 나온 평서문이 있고, 문미에 물음표가 쓰인 것으로 보아, 평서문 뒤에 덧붙이는 짧은 의문문, 즉 부가의문문이 들어갈 자리이다. 부가의문문은 [(조)동사 + 주어]로 나타내며, 앞 문장이 부정문이면 긍정문으로, 긍정문이면 부정문으로 바꿔 만든다. 따라서 there wasn't를 긍정으로 바꾸고 의문문의 형태로 도치시킨 (b) was there가 정답이다.

| 어휘 traffic[trǽfik] 차량

16

정답 (c)

A: Darrell, can you answer the phone?
B: I would, ___________ I'm busy now.

(a) whereas
(b) though
(c) except
(d) unless

A: Darrell, 전화 좀 받아 줄래?
B: 그러고 싶지만, 지금 바빠.

| 해설 전화를 받아줄 것을 부탁하는 A의 말에, B가 I would로 대답했다. '(확실히) 그러겠다'는 의미로 I will을 쓰지 않고 I would로 답했다는 것에서 가정법의 뉘앙스를 감지해야 한다. 즉, '그렇게 할게'가 아니라 '그렇게 할 텐데 (사실은 못한다)'라고 대답한 것이다. 이때 빈칸 뒤에 I'm busy now가 나와 전화를 받을 수 없는 이유를 설명하고 있으므로, '~을 제외하면 할 텐데'라는 의미를 만드는 접속사 (c) except가 정답이다. except (that) ~은 가정법에서 '그러고 싶지만 (유감스럽게도) ~하다'라는 뜻으로 쓰이는 접속사의 역할을 한다.

오답분석
(a) whereas는 '~인 반면에'란 의미이므로 여기서는, '바쁜 반면에'라는 의미가 되어 어색하고, (b) though를 넣어서, '비록 바쁘지만 전화를 받겠다'라고 대답하려면, 확실한 미래를 나타내는 I will이라고 해야 한다. (d) unless는 '만약 바쁘지 않으면 받을 텐데'라는 의미로, 대화의 흐름에 자연스러워 보이지만, 가정법에서는 쓰지 못하는 접속사이므로 정답이 될 수 없다.

17

정답 (c)

A: Did you have __________ yesterday?
B: Yes, it was a lot of fun.

(a) good time
(b) good times
(c) a good time
(d) the good times

A: 어제 좋은 시간 보냈어?
B: 응, 너무 재미있었어.

해설 명사 time의 단·복수형과 관사의 쓰임을 묻고 있다. time은 '시간'이란 의미로 쓰이면 불가산명사이다. 따라서 '너 시간 있니?'라고 물을 경우, Do you have time?이라고 한다. 하지만 time 앞에 형용사가 들어갈 경우는 부정관사 a를 꼭 붙여 쓴다. 즉, '즐거운 시간을 보냈니?'라고 물을 경우 Did you have a good time?이 옳다. 따라서 이 문장에서도 time 앞에 형용사 good이 나왔으므로 a를 쓴 (c) a good time이 정답이다. (ex. Have a good time! 좋은 시간 보내세요!) 참고로, time 앞에 정관사 the를 써서, Do you have the time?이라고 물을 경우는 '몇 시인지 아니?'라는 의미로 '시각'을 묻는 표현이다.

18

정답 (d)

A: That movie had such a lousy ending.
B: Yes, but ______________________.

(a) it wasn't that bad than other
(b) that wasn't bad other than it
(c) wasn't it bad other than that
(d) other than that it wasn't bad

A: 그 영화는 결말이 너무 엉성했어.
B: 맞아, 그래도 그것 빼면 그렇게 나쁘지는 않았어.

해설 '~외에, ~말고'라는 표현으로 other than이 있다. 이 표현을 이용해, '(결말이 엉성한) 그 점을 제외하고'라는 말을 하기 위해 other than that을 쓰고, 그 뒤에 [주어 + 동사]를 연결해, it wasn't bad(그리 나쁘지 않았어)의 문장을 완성한 (d)가 정답이다. (ex. He has no close friends other than me. 그는 나 외에 다른 친한 친구가 없다.)

어휘 lousy[láuzi] 엉망인, 서투른 other than ~을 제외하고는

19

정답 (c)

A: Well, it's getting late. I'm going to call it a night.
B: Me, too, __________ that it's already past midnight.

(a) see
(b) to see
(c) seeing
(d) having seen

A: 시간이 많이 늦었네. 오늘은 여기까지 해야겠다.
B: 나도, 그러고 보니 벌써 자정이 넘었네.

해설 늦어서 일을 마치겠다는 A의 말에, B가 Me, too라고 동의하였고, 그 뒤에 '벌써 자정이 넘었다'는 말을 덧붙였다. '자정이 넘었다는 점을 볼 때 나도 일을 마쳐야겠다'는 전체 문맥을 고려해서, 주절의 주어가 보는 주체임을 표현한 분사구문 능동의 (c) seeing이 정답이다. seeing that은 분사구문 관련 접속사로, '~인 점을 고려할 때, ~이기 때문에'라고 해석하면 된다.

오답분석
(b) to see는 to부정사의 부사적 용법으로, '~을 보기 위해'라고 해석되어 어색하며, (d) having seen은 분사구문의 완료형으로 주절보다 한 시제 이전 동작을 나타낸다. 따라서 해석하면 '과거에 ~인 것을 보니, 현재 나도 가야겠다'는 말이 되어 틀리다.

어휘 call it a night (그날 밤의 일을) 끝내다

20

정답 (b)

A: I'd like to buy something at the snack machine. Do you have any money?
B: Yeah, here, I have ______________.

(a) one dollar bill
(b) a one dollar bill
(c) the one dollar bill
(d) some one dollar bill

A: 자판기에서 과자를 좀 사고 싶은데. 돈 갖고 있니?
B: 응, 여기 있어, 1달러짜리 지폐 하나 있네.

| 해설 '지폐 하나'를 a bill이라 하고 명사 앞에 '1달러짜리의'라는 의미를 넣기 위해 형용사적 용법으로 one-dollar가 들어간 구문이다. 이때 두 단어를 하나로 연결하는 하이픈은 생략되기도 하므로 (b) a one dollar bill이 정답이다. 참고로, 이를 응용해서 '1달러짜리 지폐 두 장'은 'two one-dollar bills'로, '2달러짜리 지폐 1장'은 'a two-dollar bill'이라고 쓰면 된다.

오답분석
(a)에는 가산명사 bill을 위한 관사가 빠져 있다. 앞에 부정관사 a를 쓰지 않으려면, 1달러짜리 지폐 여러 장이라는 의미로 bill에 복수형 –s를 붙여야 한다. (d)는 '몇 장의'라는 의미의 some이 있기 때문에 bill을 복수형으로 써야 맞다.

Part II

21

정답 (d)

Our company has customers all __________ the world.

(a) in
(b) into
(c) about
(d) around

우리 회사는 전 세계에 고객을 가지고 있다.

| 해설 '전 세계적으로'라는 표현은 all around the world라고 하므로 (d) around가 정답이다. 이때 around는 '~의 여기저기(에), ~의 이곳 저곳(에)'란 의미의 전치사이다. (ex. He roamed around the country. 그는 전국을 돌아다녔다.) 이 외에도 '전 세계적으로'라는 표현은 all over the world / all the world over / across the world / throughout the world 등이 있다.

22

정답 (d)

Although Theodore Roosevelt is most well-known as a former US president, __________ several books before he died.

(a) writing
(b) also wrote
(c) his writing
(d) he also wrote

Theodore Roosevelt는 미국의 전 대통령으로서 가장 유명하지만, 그는 죽기 전에 여러 권의 책을 집필하기도 했다.

| 해설 Although가 이끄는 부사절(Although ~ US president)이 끝나고, 콤마 뒤에는 주절이 나올 차례이다. 빈칸 뒤에 several books로 목적어만 나와 있으므로 빈칸에는 주어와 동사가 모두 들어간 (d) he also wrote가 정답이다. 참고로, 부사 also의 위치는 빈도부사의 위치와 동일하므로, 일반동사 wrote 앞에 쓰였다.

오답분석

(a)나 (c)를 동명사가 이끄는 주어로 볼 경우, '(his) writing several books(여러 권의 책을 쓰는 것은)' 뒤에는 동사가 와야 하는데 before가 이끄는 부사절이 바로 나와 틀리다. (b)의 경우, 주절에 주어가 생략되고 동사부터 쓸 수 있는 경우는 명령문에서 가능한데, 명령문은 동사원형으로 시작하므로 과거동사 wrote는 정답이 될 수 없다. (ex. If you have any problem, please call me any time. 어떤 문제라도 생기면, 언제든 내게 전화하세요.)

23

정답 (c)

The driver stayed clear of the main road ______ had reportedly been the scene of a serious accident.

(a) who
(b) what
(c) which
(d) of which

운전자는 큰 사고가 종종 발생한다고 보도되어 온 중심 도로를 벗어났다.

해설 문맥상 자연스러운 관계대명사를 찾는 문제이다. '큰 사고의 현장이 되어왔었던(had ~ been the scene of a serious accident)' 그 주체는 사람인 the driver가 아니라 장소인 the main road이므로, 사물 선행사를 주어로 받는 관계대명사 (c) which가 정답이다.

오답분석

(a) who는 사람을 선행사로 받고, (b) what은 자체에 선행사를 포함하므로 명사 뒤에 쓰이지 않으며, (d) of which는 [전치사 + 관계대명사]의 결합으로 뒤에는 완전한 문장이 와야 하는데, 빈칸 뒤에는 주어 없이 동사부터 나와서 틀리다.

어휘 stay clear of ~에서 벗어나다 main road 중심 도로, 간선도로 reportedly [ripɔ́ːrtidli] 보도에 의하면, 소문에 의하면

24

정답 (d)

After a little while, Jerry's eyes became accustomed to ______, and he could see the steps in the theater.

(a) dark
(b) darks
(c) a dark
(d) the dark

얼마 지나지 않아, Jerry의 눈은 어둠에 익숙해졌고, 영화관 내의 계단을 볼 수 있었다.

해설 dark는 보통 '어두운'이란 뜻의 형용사로 쓰이지만, 빈칸 뒤에 형용사가 수식할 명사가 없는 것으로 보아 이때 dark는 명사로 쓰인 것임을 알 수 있다. dark는 명사로 '어둠, 암흑'의 의미가 있으며, 이 의미로는 앞에 관용적으로 정관사 the를 붙여 쓰므로 정답은 (d) the dark이다. 참고로 빈칸 앞의 become(= be) accustomed to는 '~에 익숙해지다'는 뜻의 숙어로, be used to의 동의어이다. 이때 to는 부정사가 아니라 전치사이므로 뒤에는 동사원형이 아닌 명사나 동명사가 나온다.

어휘 become accustomed to ~에 익숙해지다 steps [steps] 계단

25

정답 (a)

Since teachers in private schools often do not belong to any union, they ______ be fired at any time.

(a) can
(b) shall

사립 학교의 교사들은 보통 노동 조합에 소속되어 있지 않기 때문에, 언제라도 해고될 수 있다.

(c) must
(d) should

해설 문맥상 자연스러운 조동사를 찾는 문제이다. 앞 문장은 '사립 학교 교사들이 노조에 속해 있지 않기 때문에'라는 말이 있고, 뒤에는 '그들은 언제라도 해고당하다'라는 문장이 나와 있다. 앞 문장이 원인이 되어 일어날 수 있는 가능한 일에 대해 서술하는 내용이므로, 높은 가능성을 나타내어 '언제라도 해고당할 수 있다'는 의미를 만드는 조동사 (a) can이 정답이다.

어휘 belong to ~에 속하다 union [júːnjən] 노동 조합, 노조 at any time 언제라도

26

정답 (c)

The boxer was tired of ____________ for the bell to sound to start of the sixth round.

(a) wait
(b) to wait
(c) waiting
(d) having waited

그 복싱 선수는 6라운드 시작을 알리는 벨 소리가 울릴 때까지 기다리는 것에 지쳤었다.

해설 동사 wait의 올바른 형태를 찾는 문제이다. 전치사 뒤에는 명사나 동명사가 나와야 하는데, 빈칸 앞에 전치사 of가 있으므로, 보기의 동사 wait를 동명사의 형태로 바꾼 (c) waiting이 정답이다.

오답분석
전치사 뒤에는 (a) wait처럼 동사원형이나, (b) to wait처럼 to부정사형이 절대 나올 수 없다. (d)의 경우, having p.p.는 동명사의 형태이나 완료형으로 쓰여, 본동사보다 이전 시제를 나타낸다. 즉, '예전에 기다렸던 것을 후에 지쳐 했다'라는 의미가 되어 오답이다.

27

정답 (d)

Some people think that one's religious beliefs should be kept to ____________.

(a) her
(b) him
(c) itself
(d) oneself

몇몇 사람들은 개인의 종교적 신념은 개인 안에서만 유지되어야 한다고 생각한다.

해설 문맥상 올바른 대명사를 찾는 문제이다. that절의 주어 자리에 one's religious beliefs가 나와 있는데, 이때 one은 '일반 사람'을 가리키는 대명사이다. 따라서 그 절을 해석하면, '사람의 종교적 신념은 유지되어야 한다'는 말이 된다. 그 뒤에 to는 명사 앞자리에 놓였으므로 '~에게'라는 뜻의 전치사임을 알 수 있다. 즉, '한 사람이 갖는 종교는 그 사람에게 국한시켜야 한다'는 내용이므로, one과 같은 대상을 받는 재귀대명사 (d) oneself가 정답이다. [keep + 목적어 + to oneself]는 숙어로, '~을 자기 자신에게 국한시키다, ~을 남에게 알리지 않다'의 뜻이며, 이 구문이 수동형으로 쓰여, [주어 + be kept + to oneself (주어가 자신에게 국한되다)]의 문장이 된 것이다.

28

정답 (d)

Since the Soviet Union's breakup in 1991, the global status of the US ____________ it the world's only remaining superpower.

1991년 구소련의 붕괴 이후, 미국은 세계에서 유일하게 남아 있는 초강대국의 국제적 위상을 얻었다.

(a) will make
(b) is making
(c) had made
(d) has made

| 해설 동사 make의 올바른 시제를 찾는 문제이다. since는 '~이래로, ~부터'의 뜻으로, 과거 시작점을 나타내며, 이 과거의 특정시점부터 현재까지 '계속 ~해오고 있다'는 현재완료의 계속적 용법을 만든다. 문장에서 since 뒤에 과거시점을 가리키는 표현(in 1991)이 나왔으므로, '과거 1991년부터 현재까지 계속 ~해왔다'라는 의미로, 주절에는 현재완료가 나와 (d) has made가 정답이다. 참고로 since가 접속사로 쓰일 때는 [주어 + 동사]의 절을 이끌며 이때의 since절도 역시 과거 시작점을 나타내므로, 동사는 과거시제를 쓴다. (ex. I have known him since I was a child. 나는 어릴 때부터 그를 알아왔다.)

| 어휘 breakup [bréikʌ̀p] 붕괴 superpower [sú:pərpàuər] 초강대국

29

정답 (d)

The Bible contains principles ____________ form the basis on which many religious groups are organized.

(a) to serve
(b) that serve
(c) having served to
(d) that have served to

성경은 많은 종교 단체들이 설립된 토대를 형성하는 역할을 해왔던 원리들을 담고 있다.

| 해설 보기에 serve라는 동사가 있고, 빈칸 뒤에 동사구 form the basis가 나와 있다. 두 개의 동사를 바로 붙여 쓸 수 없으므로 연결고리로써 to부정사가 나온 (c)와 (d) 중에 골라야 하며, 이때 [serve + to부정사]는 '(어떠한) ~역할을 하다'라는 뜻이다. 이 중, principles를 선행사로 받아, 주격 관계대명사 that 뒤에 현재완료 시제를 써서 '과거부터 현재까지 계속 그러한 역할을 해왔다'는 의미를 만든 (d)가 정답이다.

오답분석

(c) having served to는 주절의 앞이나 뒤에 붙는 부사구인 분사구문의 완료시제 표현이다. 하지만 이 문장은 주어를 뒤에서 직접 수식하는 형용사적 용법의 분사자리이며, 이때는 수식을 받는 명사가 그 동작의 주체면 능동의 -ing를, 대상이면 수동의 p.p.를 쓰면 된다. 즉 serving to로 쓸 수 있는데, 이 경우 '예전부터 계속 그러한 역할을 해왔다'는 의미를 나타낼 수 없으므로 역시 (d)보다 덜 좋은 표현이 된다.

30

정답 (a)

Once ____________ over much of northern Asia, camels now inhabit only the remote Gobi Desert in Mongolia.

(a) found
(b) to find
(c) finding
(d) was found

한때 북아시아의 상당 지역에서 발견되었던 낙타는 현재 몽골의 멀리 떨어진 고비 사막에서만 서식하고 있다.

| 해설 콤마 뒤에 camels now inhabit ~로 주절이 나왔으므로, 빈칸에는 들어갈 동사 find를 이용한 부사구를 찾는 문제이다. find는 '~을 찾다, ~을 발견하다'라는 타동사인데, 빈칸 뒤에 목적어가 없다는 것에 주목해야 한다. 즉, 주절의 주어 camels가 '발견되는 대상'이라는 의미로 수동의 과거분사 구문을 만든 (a) found가 정답이다. 참고로, 주절과 분사구문의 시제를 고려해 볼 때, 주절에는 '현재 서식하다(now inhabit)'라는 현재형 동사가 쓰였으나, 분사구문은 '한때 발견되었던(Once found)'이라는 주절보다 한 시제 이전의 내용을 다루고 있다. 따라서 found 앞에는 being이 아닌 having been이 생략된 것으로 보는 것이 옳다.

오답분석

(b) to find는 to부정사의 부사적 용법으로 '발견하기 위해서'라고 해석되며, 의미상 어색할 뿐만 아니라 타동사 find 뒤에 목적어가 없어 구조적으로도 틀리다. (c) finding은 현재분사가 이끄는 분사구문으로, 주절의 주어 camels가 find 동작의 주체라는 의미가 되어 어색하며, 설령 낙타가 뭔가를 찾는 주어가 될 수 있다 하더라도 목적어가 따라 나오지 않아 역시 잘못된 표현이다.

어휘 once [wʌns] 일찍이, 한때 inhabit [inhǽbit] ~에 서식하다, ~에 거주하다 remote [rimóut] 멀리 떨어진

31

정답 (c)

Matthew earns less than Bridgette even though he works ______________ hard.

(a) too
(b) that
(c) just as
(d) even so

Matthew는 아주 열심히 일하는데도 불구하고 Bridgette보다 돈을 더 적게 번다.

해설 주절에는 'Matthew가 Bridgette보다 돈을 적게 번다'는 비교 내용이 나왔고, 그 뒤의 부사절이 even though(~에도 불구하고)로 시작되고 있으므로, 그 뒤에는 '똑같이 열심히 일하지만'이라는 의미가 들어가는 것이 가장 적절하다. 따라서 [as + 형용사나 부사의 원급 + as]의 동등비교 구문을 쓴 (c) just as가 정답이다. 문맥상 비교 대상이 명백할 때는 두 번째 as 뒤의 대상을 굳이 쓰지 않아도 된다. 즉, as hard 뒤에는 'Bridgette이 열심히 일하는 만큼'이란 내용의 as Bridgette does가 생략되어 있는 것이다.

오답분석

(a) too는 '지나치게 너무나'라는 뜻의 부정적인 의미이고, (b) that은 '그렇게'라는 뜻의 부사로 쓰일 때, 보통 부정문이나 의문문에 쓰인다. (ex. The house was not <u>that</u> big. 집이 그렇게 크지는 않았다.) (d) even so는 '그렇다 하더라도, 그렇다손 치더라도'의 뜻이다.

32

정답 (c)

Only after talking again by phone ______________ what Sam was proposing.

(a) did understand Ruben
(b) Ruben did understand
(c) did Ruben understand
(d) Ruben understand did

전화로 다시 대화를 하고 나서야 비로소 Ruben은 Sam이 무엇을 제안하는지 이해했다.

해설 올바른 어순을 묻는 문제이다. Only가 문두에 쓰여 바로 뒤의 부사구나 부사절을 꾸미는 경우, 뒤따라 나오는 주절 내에서는 주어와 동사의 순서가 바뀌는 도치가 일어난다. 이 문장에서도 Only가 부사구 after talking ~ phone을 수식하고 있으므로, 도치되어 나온 (a)와 (c) 중에 골라야 한다. 일반동사가 쓰인 문장의 도치는 의문문을 만들 때와 같은 방법으로, [조동사(do/does/did) + 주어 + 동사원형]의 어순을 따르므로, did를 먼저 쓰고 그 뒤에 [주어 + 동사원형]이 차례로 나온 (c) did Ruben understand가 정답이다.

33

정답 (b)

______________ off the southeast coast of India, the island of Sri Lanka is separated from the mainland by the Palk Strait.

인도의 동남부 연안으로부터 떨어진 스리랑카 섬은 포크해협에 의해 본토로부터 분리된다.

(a) Lies
(b) Lying
(c) To lie
(d) Having lain

| 해설 콤마 뒤에 the island of Sri Lanka is separated ~의 주절이 나왔으므로, 빈칸에는 동사 lie를 이용한 부사구의 성분이 들어가야 한다. lie는 '~에 위치하다'라는 뜻의 자동사이므로 능동태의 구조로만 쓸 수 있다. 즉, '섬이 ~에서 떨어져 위치하다'라고 할 경우, 'The island lies off ~'로 쓰면 되는데, lies 앞에 주어가 빠져 있으므로, 분사구문의 형태로 직접 주절의 주어 the island를 꾸미면 된다. '~에 위치한 섬'이란 의미가 되도록 동사원형에 -ing를 붙여 분사구문으로 만든 (b) Lying이 정답이다.

오답분석
(a) Lies는 현재형 단수의 본동사로 그 앞에는 주어가 필요하고, 이 경우 뒷문장과 연결하기 위해 접속사까지 반드시 필요하다. (c) To lie는 to부정사의 부사적 용법으로 구조적으로는 가능하나, 해석하면 '~에 떨어져 위치하기 위하여'가 되어 어색하며, (d) Having lain는 능동의 분사구문이긴 하나, 완료시제를 써서 주절보다 이전에 일어났다는 의미가 되어 오답이다.

| 어휘 strait [streit] 해협 be seperated from ~에서 분리되다 mainland [méinlæ̀nd] 본토

34

정답 (c)

Emotions can play ______________ how high or low your blood pressure may go.

(a) to determine a role
(b) in a role determining
(c) a role in determining
(d) to determine in a role

감정은 혈압 수치의 높낮이를 결정하는 데 중요한 역할을 할 수 있다.

| 해설 빈칸 앞의 동사 play와 보기에 있는 a role, 그리고 전치사 in을 연결하는 숙어인 [play a role in ~]은 '~에 역할을 하다, ~에 한 몫을 하다'라는 뜻이며, 이 어순을 올바로 따르고, 전치사 in 뒤에 동명사 determining을 연결한 (c)가 정답이다.

| 어휘 play a role in ~에 역할을 하다 blood pressure 혈압

35

정답 (b)

Analysts estimate that the present number of individual investors in the stock market ______________ 25 million and is still rising rapidly.

(a) will surpass
(b) has surpassed
(c) had surpassed
(d) was surpassing

분석가들은 주식 시장에서 개인 투자자들의 현재 수가 2,500만 명을 넘었고, 여전히 그 수는 빠르게 증가하고 있다고 추정한다.

| 해설 동사 surpass의 올바른 시제를 묻는 문제이다. 여기서 그 단서는 that절의 주어인 the present number of에 있다. '~의 현재의 수'라고 했으므로 현재와 관련된 시제를 정답으로 찾아야 한다. 따라서 '2,500만 명을 넘었다'는 것은 현재까지 적용되는 사실이므로 현재완료로 쓴 (b) has surpassed가 정답이다.

오답분석
(d) was surpassing은 과거진행으로 과거의 특정 시점에 일시적으로 일어나고 있었던 동작을 의미하며, 현재와는 관련성이 없다.

| 어휘 stock market 주식 시장 surpass [sərpǽs] 넘다, 능가하다

36

정답 (b)

As the meeting dragged on, the endless ______________ ______________ more than Jack could bear.

(a) bickerings over detail was
(b) bickering over details was
(c) bickerings over detail were
(d) bickering over details were

회의가 지연되면서, 세부 사항과 관련한 끊임없는 논쟁은 Jack이 견디기에는 힘이 들었다.

해설 명사 bickering과 detail의 단·복수를 결정하고, 그에 따라 동사의 수를 일치시키는 문제이다. 일단 detail은 '세부 사항'이란 뜻의 가산명사이므로 반드시 관사를 붙이거나 또는 복수형으로 써야 한다. 따라서 detail 앞에 관사가 나오지 않은 이상 복수 details로 쓰인 (b)와 (d)가 가능하다. 두 개 보기의 차이는 동사의 단·복수형인데, over details는 전치사구이며 진짜 주어는 그 앞의 the endless bickering이므로 단수동사 was를 쓴 (b)가 정답이다.

오답분석
bickering은 '언쟁, 논쟁'이란 뜻으로 불가산명사이므로, (a)나 (c)에서처럼 복수 형태인 -s를 붙일 수 없다.

어휘 drag on 질질 오래 끌다 bickering[bíkəriŋ] 언쟁, 논쟁

37

정답 (c)

During the 1980s, "Made in Italy" ______________ ______________ the city of Milan.

(a) associated a style to describe
(b) associated to describe with style
(c) described a style associated with
(d) described to an associated style of

1980년대에, "이탈리아산 제품"은 밀라노 시와 관련된 스타일을 묘사했다.

해설 보기에 두 개의 동사 형태(describe, associate)가 나와 있으므로, 어떤 것이 본동사인지, 또는 수식을 하는 준동사인지를 구별해야 한다. describe는 '~을 묘사·설명하다,' associate는 '~을 관련·연관시키다'의 뜻이며, 둘 다 타동사이다. 타동사는 능동태로 쓸 경우 뒤에 목적어가 반드시 필요하며, 목적어가 없을 경우는 수동태로 써야 한다. 이를 모두 만족시키는 보기는 (a)와 (c)인데, 해석상 '이탈리아산 제품이 한 스타일을 묘사했다'는 described a style을 쓰고, 이 목적어 style을 수동의 과거분사 associated with ~로 수식하여 '밀라노 시와 연관된'이란 의미를 완성한 (c)가 정답이다.

오답분석
(a)는 본동사 associated 뒤에 목적어 a style이 나오고, 이를 to describe the city ~가 수식하여 가능한 문장 구조이나, 해석상 '이탈리아산 제품은 밀라노 시를 묘사할 스타일을 관련시켰다'가 되어 의미가 어색하다. (b)는 타동사 associate와 describe의 목적어가 둘 다 나오지 않았고, (d)에는 describe 뒤에 목적어가 없어 틀리다.

어휘 describe[diskráib] 묘사하다 associated with ~과 관련된

38

정답 (b)

Since baby killer whales born in captivity ______________ fish, they do not get to learn how to hunt.

(a) feed
(b) are fed

포획된 상태에서 태어난 새끼 범고래는 물고기를 먹이로 받기 때문에, 사냥하는 법을 배우지 못한다.

(c) have fed
(d) have been fed

해설 동사 feed의 올바른 시제와 태를 결정하는 문제이다. feed는 '~에게 먹이를 주다'라는 의미이므로, 주어가 직접 먹이는 주는 주체이면 능동태를, 받는 대상이면 수동태를 써야 한다. 빈칸 앞의 주어가 baby killer whales이고, 이들은 '물고기를 먹이로 받은 대상'이므로 수동태를 쓴 (b)와 (d) 중에 골라야 한다. 다음으로 시제를 선택해야 하는데, '새끼 고래들이 포획 상태에서 먹이를 받기 때문에 사냥법을 모른다'는 전체 문맥상, 일반적인 사실을 나타내는 의미로서 단순현재 시제를 쓴 (b) are fed가 정답이다.

어휘 killer whale 범고래 captivity[kæptívəti] 감금, 사로잡힌 상태 feed A B A에게 B를 먹이로 주다

39

정답 (b)

Directly related to the strong nationalist sentiments in Germany following World War I ____________ the notion of cultural superiority.

(a) has
(b) was
(c) were
(d) have

문화적 우월성의 관념은 제1차 세계 대전 이후 독일 내의 강한 민족주의적 정서와 직접적으로 연관이 있었다.

해설 보기에 동사의 단·복수형이 섞여 있으므로, 주어를 찾아 그 수를 확인해야 한다. 보통 동사 앞에 주어가 있기 마련이지만, 명사 World War I 앞에는 전치사 following이, Germany 앞에는 in이, the strong nationalist sentiments 앞에는 전치사 to가 나와 모두 전치사구이므로 주어 역할을 할 수 없다. 따라서 도치된 구문임을 인식하고, 빈칸 뒤의 명사 the notion에 맞춰 단수 동사를 찾아야 한다. 따라서 원래 어순으로 다시 바꾸면 The notion of cultural superiority ___ directly related to ~가 된다. 이때 단수동사인 (a) has와 (b) was 중에, '~와 연관이 있다'는 의미의 be related to 구문을 완성시키는 be동사 (b) was가 정답이다.

어휘 sentiment[séntəmənt] 정서, 감정 notion[nóuʃən] 개념, 관념 superiority[su(:)pìərió(:)rəti] 우월성

40

정답 (d)

The more classification categories two organisms share, ______________________________.

(a) more closely related are they
(b) they are related more closely
(c) the closely more related are they
(d) the more closely related they are

두 유기체가 더 많은 분류 구분을 공유할수록, 그들은 더욱 밀접한 관계를 갖는다.

해설 문두에 The more가 먼저 나오고 그 뒤에 [주어 + 동사]가 쓰였으며, 보기에도 more가 있는 것으로 보아, 이중 비교급 문장의 어순을 묻는 문제이다. 이중 비교급은 [the + 비교급 + 주어 + 동사 / the + 비교급 + 주어 + 동사]로 나타내며, 그 의미는 '(앞 문장) 하면 할수록, 점점 (뒷문장) 하게 되다'이다. 이 어순을 올바로 따른 (d)가 정답이다. 참고로, the more가 수식하는 명사나 형용사, 부사가 있을 경우 the more 바로 뒤에 그 단어를 쓰고, 그 다음 [주어 + 동사]를 쓴다. 앞 문장에서도 The more가 명사구 classification categories를 수식하고 그 뒤에 [주어 + 동사 (two organisms share)]가 나온 이유이다. 따라서 만약 보기에 the more they are closely related가 있었더라도 정답으로 고르지 않도록 주의해야 한다.

어휘 classification[klæ̀səfikéiʃən] 분류 organism[ɔ́ːrgənìzm] 유기체

Part III

41

정답 (c) which → what

(a) A: The economy is so bad these days.
(b) B: I know. It's hard to save any money.
(c) A: But which can we do about it?
(d) B: Well, we could cut down on dining out.

(a) A: 요즘 경기가 너무 안 좋아.
(b) B: 맞아. 저축하기가 너무 힘들어.
(c) A: 하지만 우리가 뭘 할 수 있겠니?
(d) B: 음, 외식을 줄일 수도 있겠지.

해설 경기가 좋지 않은 상황에 대해 말하는 문맥에서 (c)의 A가 한 말은 '우리가 무엇을 할 수 있겠니?' 일 것이다. 그러나 이때 사용한 which는 한정된 몇 가지 범주 내에서 '어떤 것' 이라고 할 때 쓰는 말이므로, 한정된 몇 가지의 범주가 언급되지 않은 문맥에는 맞지 않는다. 따라서 which는 한정되지 않은 범주 내에서 쓸 수 있는 what으로 바뀌어야 맞다. 참고로, 좋아하는 색이 뭐냐고 물을 때 What color do you like?라고 하는 것이 맞지만, 몇 가지를 놓고 이 중에 어떤 색이 좋은지를 물을 때는 Which color do you like?라고 해야 한다.

어휘 cut down on ~을 줄이다, ~을 삼가다 dining out 외식

42

정답 (c) most → more

(a) A: I was so surprised to hear the thunder last night.
(b) B: Me, too. The weather report had said the storm would be mild.
(c) A: The weather seems most unpredictable than it used to be.
(d) B: Yes, the forecasters can't seem to get it right.

(a) A: 어젯밤 천둥소리에 너무 놀랐어.
(b) B: 나도. 기상 예보에 따르면 폭풍이 약할 거라 했는데.
(c) A: 기상을 예측하는 것이 전보다도 훨씬 어려워진 것 같아.
(d) B: 맞아, 기상 예보관은 제대로 예측을 못하는 듯해.

해설 (c)에서 최상급에 쓰는 most와 비교급에 쓰는 than이 함께 온 것은 틀리다. 기상 예보가 틀렸다고 이야기하는 상황이므로, (c)는 '기상을 예측하는 것이 전보다 더 어려워졌다' 는 '비교급' 의 의미가 되는 것이 자연스럽다. 따라서 최상급에 쓰는 most는 비교급에 쓰는 more로 바뀌어야 맞다.

43

정답 (b) am → was

(a) A: You have a bit of an accent. Where are you from?
(b) B: I am born here in England, actually.
(c) A: But you don't speak British English.
(d) B: Oh, that's because I grew up in Colorado.

(a) A: 약간 액센트가 있으시네요. 어디 출신이세요?
(b) B: 사실, 이곳 영국에서 태어났는데요.
(c) A: 그런데 영국식 영어를 안 쓰시네요.
(d) B: 오, 그건 제가 콜로라도에서 자랐기 때문이에요.

해설 (b)에서 태어난 곳을 말할 때 현재시제 am을 쓴 것은 틀리며, 과거시제 was로 바뀌어야 맞다.

44

정답 (c) which → whom

(a) A: Guess what? Janet and I are dating now.
(b) B: Janet? Who's Janet? Do I know her?
(c) A: She's the girl which I met two weeks ago.
(d) B: Yes, now I remember. She's very cute.

(a) A: 그거 알아? Janet이랑 나랑 사귀고 있어.
(b) B: Janet? Janet이 누구지? 내가 아는 애야?
(c) A: 내가 2주 전에 만난 여자 아이야.
(d) B: 어, 이제 기억난다. 그녀는 아주 귀여워.

| 해설 (c)에서 which는 사물 선행사를 받는 관계대명사이므로, which가 사람 선행사 the girl 뒤에 쓰인 것은 틀리며, 사람 선행사를 받는 관계사로 바뀌어야 한다. 관계절 속의 I met 뒤에 목적어가 빠져 있으므로, 사람 선행사를 받는 목적격 관계대명사 whom이나 이를 대신할 수 있는 who 또는 that으로 바뀌어야 한다. 목적격 관계대명사는 생략 가능하므로, 관계사 생략도 가능하다.

45

정답 (b) equator → the equator

(a) A: Why don't we go to Ecuador over the holidays?
(b) B: Where is that? Is it a country near equator?
(c) A: Yes. Is that OK with you or do you not like the tropics?
(d) B: Oh, no, it's fine. I just wasn't sure where Ecuador was.

(a) A: 휴가에 에콰도르 갈까?
(b) B: 어디 있는 나라인데? 적도 근처에 있나?
(c) A: 응. 열대 지방 괜찮니, 아니면 안 좋아하니?
(d) B: 오, 아니, 괜찮아. 단지 에콰도르가 어디 있는지 잘 몰랐을 뿐이야.

| 해설 (b)에서 '적도'를 의미하는 equator는 항상 정관사 the와 함께 쓰이므로, equator 앞에 the를 넣어야 맞다.

| 어휘 equator [ikwéitər] 적도 the tropics 열대 지방

Part IV

46

정답 (b) be realized → realize

(a) If you receive an expensive bill for auto repairs, you may feel cheated. (b) But you must be realized that cars are expensive to repair. (c) If you are billed $1,500 for a new transmission, you are not being cheated. (d) Vital car parts like engines and transmissions are always expensive to replace.

(a) 만약 자동차 수리 비용이 높게 나온다면, 아마도 사기 당한듯한 느낌이 들 겁니다. (b) 하지만 알아야 할 것은 자동차 수리는 비싸다는 것입니다. (c) 기어 변속기를 새것으로 바꾸는 데 1,500달러가 청구되었다면, 바가지 쓴 가격이 아니라는 것입니다. (d) 엔진과 기어 변속기 같이 필수적인 자동차 부품은 교체 비용이 항상 비쌉니다.

| 해설 (b)에서 주어 you 다음에 수동태 must be realized가 오면 '당신이 깨달아진다'는 어색한 의미가 되므로 틀리다. 또한 수동태 다음에 바로 목적어(that ~ repair)가 온 것은 문법적으로 틀리다. 주어 you가 that 이하의 내용을 깨달아야 하는 주체이며, 바로 뒤에 목적어인 that절이 있으므로, 수동태 be realized를 쓰면 틀리고 능동태 realize를 써야 맞다.

| 어휘 transmission [trænsmíʃən] 기어 변속기 vital [váitəl] 필수적인

47

정답 (c) having rolled → rolling / and roll

(a) Earthquakes are caused by sudden shifts in the earth's crust. (b) The waves of energy created by these shifts are called seismic waves. (c) These waves start in one place, having rolled outward a great distance from the center. (d) Amazingly, a seismic wave only takes 20 minutes to travel around the whole earth.

(a) 지진은 지각의 갑작스런 변동으로 발생된다. (b) 이러한 변동에 의해 발생되는 에너지 파동은 지진파라고 불린다. (c) 지진파는 한 지점에서 발생하여, 중심으로부터 바깥쪽으로 멀리 확산되어간다. (d) 놀랍게도, 지진파가 지구 전체로 퍼지는 데 불과 20분밖에 안 걸린다.

| 해설 (c)에서 having p.p.가 이끄는 완료형 분사구문(having rolled ~)은 주절의 동작보다 한 시제 빠른 이전 동작을 의미한다. 지진파가 한 지점에 시작하고(start), 그 다음에 바깥쪽으로 멀리 확산되는(roll) 것이므로, 두 동작은 거의 동시에 일어나거나, 지진파가 시작한(start) 후 확산되는(roll) 동작이 일어날 것이다. 따라서 완료형 분사구문 having rolled가 쓰인 것은 틀리며, 단순 분사구문인

rolling으로 바뀌어야 맞다. 또는 분사구문으로 쓰는 대신, 접속사 and를 쓰고 현재형 동사 roll을 써서 and roll로 바꾸어도 맞다.

어휘 shift[ʃift] 어긋남, 단층(斷層) crust[krʌst] 지각 seismic wave 지진파 roll outward 외부로 퍼지다

48

정답 (b) with half → in half

(a) There are some things you should remember when using a napkin at a formal dinner. (b) Large dinner napkins should be placed on the lap folded with half. (c) If you leave the table during the meal, never put your napkin on the chair. (d) Always place it, loosely folded, on either the right or left side of your plate.

(a) 예의를 갖춘 저녁 식사에서 냅킨을 사용할 때 알아 두어야 할 것이 있다. (b) 커다란 저녁 식사용 냅킨은 반으로 접어 무릎 위에 살포시 놓는다. (c) 식사 도중 자리를 떠날 때에는, 절대 냅킨을 의자에 놓고 가선 안 된다. (d) 냅킨을 살며시 접어 항상 접시 왼쪽이나 오른쪽에 놓으면 된다.

해설 (b)에서 '반으로 접다'를 뜻하는 표현은 fold with half가 아니라 fold in half이다. 따라서 with는 in으로 바뀌어야 맞다.

49

정답 (c) will → would

(a) It's funny how a superstition in one society can be interpreted quite differently in another. (b) For example, in many buildings in the US, there is no 13th floor and so no 13th floor button in the elevator. (c) However, if you were to visit Italy, you will find that the 13th floor is clearly marked in every elevator. (d) This is because in Italy there is a superstition that the number 13 is related to good luck and prosperity.

(a) 한 사회에서의 미신이 다른 사회에서는 전혀 다르게 해석될 수 있다는 것은 흥미롭다. (b) 예를 들어, 미국의 많은 건물에는 13층이 없고 엘리베이터 안에도 13층 버튼이 없다. (c) 하지만, 이탈리아에 가보면, 모든 엘리베이터 안에 13층이 선명히 표시되어 있음을 볼 수 있다. (d) 그것은 이탈리아에는 13이란 숫자가 행운과 번영과 관계가 있다는 미신이 있기 때문이다.

해설 13이란 숫자가 여러 사회에서 어떻게 다르게 해석되는지 설명하는 문맥에서 (c)는 이탈리아의 경우를 소개하고 있다. 이 문맥에 어울리는 미래를 가정하여 말하는 '가정법 미래'가 쓰여, if절에 [were to + 동사원형]이 왔다. 따라서 주절에는 [조동사의 과거형 + 동사원형]이 와야 한다. 따라서 (c)의 조동사 will은 조동사의 과거형 would로 바뀌어야 맞다.

어휘 superstition[sù:pərstíʃən] 미신 prosperity[prɑspérəti] 번영

50

정답 (b) there was contained a mistake → there was a mistake (contained)

(a) In the 1920s, while at the University of Dhaka, Satyendra Bose wrote an article about his theory on light particles. (b) But physics journals refused to publish the article, saying that there was contained a mistake. (c) Bose then sent his article to Albert Einstein, who promptly agreed with the article's findings. (d) With the help of Einstein, the physics world then took notice of Bose and recognized his theory as a breakthrough in modern physics.

(a) 1920년대 Dhaka 대학에 있으면서 Satyendra Bose는 빛 입자에 대한 그의 이론을 담은 논문을 집필했다. (b) 하지만 물리학 저널지는 이론에 문제가 있다는 이유로 출판하기를 거부했다. (c) Bose는 그의 논문을 Albert Einstein에게 보냈고, Einstein은 논문을 보자마자 즉시 그 이론에 동의했다. (d) Einstein의 도움으로, 물리학계는 Bose를 주목하였고 그의 이론을 현대 물리학계의 눈부신 발전으로 평가하였다.

해설 (b)에서 there was는 '~이 있었다'를 의미해야 문맥에 어울리므로, [there + 동사 + 주어] 어순이 되어야 한다. 따라서 주어 자리에 분사인 contained가 쓰인 것은 틀리다. 명사 주어 a mistake를 먼저 써주고, 분사 contained는 명사 뒤로 보내 과거분사가 뒤에서 명사를 수식하도록 해 주어야 한다.

어휘 light particles 빛 입자 take notice of ~을 알아차리다, ~을 주의하다 breakthrough[bréikθrù:] 돌파구, 눈부신 발전

Part I

1

정답 (c)

A: Aaron, it's your turn to do the dishes.
B: I know. I'll __________ them in five minutes.

(a) put
(b) have
(c) wash
(d) make

A: Aaron, 네가 설거지할 차례야.
B: 나도 알아. 5분 후에 설거지할게.

(a) 두다, 놓다
(b) 가지다
(c) 씻다, 설거지하다
(d) 만들다

| 해설 '네가 설거지를 할 차례이다(It's your turn to do the dishes)'라는 A의 말에 대한 대답으로 '5분 후에 설거지를 하겠다(wash them in five minutes)'라는 내용이 와야 자연스럽다. 따라서 정답은 (c)이다.

| 어휘 turn [təːrn] 차례, 순서 do the dishes 설거지하다 (= wash the dishes)

2

정답 (c)

A: Hi, my name's Cathy.
B: Hi, I'm Pam. It's good to __________ you.

(a) call
(b) find
(c) meet
(d) show

A: 안녕, 내 이름은 Cathy야
B: 안녕, 난 Pam이야. 만나서 반갑다.

(a) 전화하다
(b) 발견하다
(c) 만나다
(d) 보여주다

| 해설 서로 처음 만나서 통성명하는 상황이므로, '만나서 반갑다(It's good to meet you)'라고 해야 자연스럽다. 따라서 정답은 (c)이다.

| 어휘 It's good to ~해서 반갑다

| 어휘플러스 통째로 기억하기

- I found him dozing. 나는 그가 졸고 있는 것을 발견했다.
- show oneself 모습을 나타내다

3

정답 (c)

A: I'm going to lunch. Would you like to come?
B: Thanks, but I __________ mine from home.

(a) sent
(b) took

A: 난 점심 먹으러 갈 거야. 같이 갈래?
B: 고마워, 하지만 난 집에서 가져왔어.

(a) 보냈다
(b) 가져갔다

(c) brought (d) wrapped	(c) 가져왔다 (d) 쌌다, 포장했다

| 해설 점심 먹으러 가자(Would you like to come?)는 제안을 거절하고 있으므로, '집에서 먹을 것을 가져왔다(I brought mine from home)'는 내용이 되어야 자연스럽다. 따라서 정답은 (c)이다.

| 어휘 go to lunch 점심 먹으러 가다 mine[main] 나의 것 bring[briŋ] 가져오다 (과거형: brought) wrap[ræp] 싸다, 포장하다

| 어휘플러스 '~로 갈게'의 의미 차이

- I'll come to you. 너에게 갈게. (네가 있는 곳으로 내가 갈게)
- I'll go there. 거기로 갈게. (너와 내가 있는 곳이 아닌, 제 3의 장소로 갈게)

4

정답 (c)

A: At last, the neighbor's baby has stopped crying. B: Yes. Now we can finally have some ____________ and quiet. (a) joy (b) work (c) peace (d) freedom	A: 마침내, 이웃집 아기가 우는 것을 멈췄군. B: 맞아. 이제 마침내 평화롭고 조용해지겠어. (a) 즐거움 (b) 일 (c) 평화, 평온 (d) 자유

| 해설 이웃집 아기가 우는 것을 멈추었다(the neighbor's baby has stopped crying)고 이야기하고 있고, 빈칸 뒤에 and quiet가 있는 것으로 보아, '마침내 평화롭고 조용해지겠군'이라는 내용이 나오는 것이 자연스럽다. 따라서 빈칸에는 '평화롭고 조용함'이라는 의미의 peace and quiet를 완성하는 peace가 들어가야 하므로 정답은 (c)이다.

| 어휘 at last 결국, 마침내 stop -ing ~하는 것을 멈추다 peace and quiet (소동 뒤의) 평온, 고요함 joy[dʒɔi] 즐거움 freedom[fríːdəm] 자유

| 어휘플러스 통째로 기억하기

- freedom of speech 언론의 자유

5

정답 (a)

A: Have you finished knitting that sweater yet? B: No, I'm still ____________ it. (a) working on (b) passing over (c) looking after (d) keeping from	A: 스웨터 짜는 것 벌써 끝냈어? B: 아니, 아직 계속하고 있는 중이야. (a) 계속하는 (b) 가로지르는 (c) 보살펴 주는 (d) 금지하는

| 해설 스웨터 짜는 것을 끝냈냐는 A의 질문에 B가 No라고 대답한 것으로 보아 아직 끝내지 못했다는 내용이 와야 하므로, '그 일을 계속하고 있는 중이다'라는 의미의 'working on'이 와야 자연스럽다. 따라서 정답은 (a)이다.

| 어휘 finish -ing ~을 마치다 knit[nit] (옷을) 짜다 sweater[swétər] 스웨터 work on 일을 계속하다 pass over 가로지르다, 넘어가다 look after ~를 보살펴 주다, ~를 감독하다 keep from ~을 금지하다, ~을 억제하다

| 어휘플러스 통째로 기억하기

• look after a baby 아기를 돌봐주다
• keep from drinking 음주를 삼가다

6

정답 (c)

A: Do you ___________ if I have some more ribs?
B: No, please help yourself.

(a) hope
(b) wish
(c) mind
(d) think

A: 갈비 좀 더 먹어도 될까요?
B: 네, 마음껏 드세요.

(a) 희망하다, 소망하다
(b) 소원하다, 희망하다
(c) 꺼리다, 주의하다
(d) 생각하다, 상상하다

| 해설 A의 질문에 대해 'No'라고 대답하였는데, 그 뒤에서 '마음껏 드시라고(help yourself)' 대답하는 것으로 보아, A가 더 먹는 것을 '꺼려하시나요?(Do you mind ~?)'와 같이 부정적으로 묻고 있다는 것을 알 수 있다. 따라서 정답은 (c)이다.

| 어휘 have[həv] 먹다 rib[rib] 갈비 Help yourself! 마음껏 드세요! mind[maind] ~을 꺼리다

| 어휘플러스 'Do you mind ~?'에 대한 대답

Do you mind if I smoke here? 여기서 담배를 피워도 될까요?
1) No. / Of course, not. 네. (여기서 담배를 피워도 됩니다)
2) Yes. / Of course. 아니요. (여기서 담배를 피우면 안 돼요)

7

정답 (b)

A: I wonder where Janice is. I thought she'd be here already.
B: Oh, she said she'd be ___________ late.

(a) going
(b) arriving
(c) stopping
(d) entering

A: Janice가 어디 있는지 궁금해. 그녀가 벌써 도착했어야 할 것 같은데.
B: 아, 그녀가 늦을 거라고 했어.

(a) 가는
(b) 도착하는
(c) 멈추는
(d) 들어가는

| 해설 '그녀가 여기에 도착했어야 한다(she'd be here already)'는 A의 말에 대한 B의 대답으로 빈칸 뒤에 late가 있는 것으로 보아, 그녀가 '늦게 도착한다'는 의미로 arrive가 와야 문맥이 자연스럽다. 따라서 정답은 (b)이다.

오답분석
(a) go는 어딘가로 '가다'라는 의미이므로, '여기에 도착했어야 했다'라는 내용과는 맞지 않는다.

| 어휘 wonder[wʌ́ndər] 궁금하게 여기다 arrive[əráiv] 도착하다 enter[éntər] 들어가다

8

정답 (a)

A: Hi. Is Mr. Gordon there, please?
B: No, he isn't. Can I ___________ a message?

(a) take

A: 안녕하세요. Mr. Gordon 계신가요?
B: 아니요, 안 계시는데요. 메시지를 남기시겠어요?

(a) 획득하다

(b) give
(c) hold
(d) leave

(b) 주다
(c) 지니다
(d) 남기다

해설 전화를 받기로 한 사람이 부재중이라서 다른 사람이 전화를 받은 상황이므로, '메시지를 남기시겠습니까?'라고 묻는 것이 가장 자연스럽다. 빈칸 앞의 주어가 I, 즉 전화를 받은 B이므로 메시지를 '받는다'는 의미로 take가 와야 한다. 따라서 정답은 (a)이다. 'Can I take your message?'를 직역하면, '내가 메시지를 받아 적을까요?'라고 할 수 있다.

오답분석
(d) leave는 '남기다'라는 뜻이므로, 'You can leave your name and the number(이름과 전화번호를 남기세요)'와 같이 쓰일 수 있다.

어휘 hold [hould] 지니다 leave [li:v] 남기다

9

정답 (d)

A: Don't you think our house is too small for us?
B: No, I think it's quite ___________ for just the two of us.

(a) capable
(b) efficient
(c) personal
(d) adequate

A: 우리 집이 우리에게 너무 작다고 생각하지 않니?
B: 아니, 나는 우리 둘이 살기에 딱 적당하다고 생각해.

(a) 가능한
(b) 효율적인, 능력 있는
(c) 개인의
(d) 충분한, 알맞은

해설 집이 너무 작지 않느냐(Don't you think our house is too small for us?)는 질문에 대해 B가 그렇지 않다(No)고 하고 있으므로, 둘이 살기에 '적절한, 충분한(adequate)'이라는 표현을 써야 자연스럽다. 따라서 정답은 (d)이다.

어휘 too [tu:] 너무, 지나치게 quite [kwait] 꽤 the two of us 우리 두 명 capable [kéipəbl] 가능한 efficient [ifíʃənt] 효율적인, 능력 있는 personal [pə́rsənəl] 개인의 adequate [ǽdəkwit] 충분한, 알맞은

어휘플러스 통째로 기억하기
- a room **capable** of holding 100 people 100명을 수용할 수 있는 방
- an **efficient** method 효율적인 방법
- a **personal** favor 개인적인 호의

10

정답 (a)

A: Will bus number 23 take me all the way to the airport?
B: No, you'll have to ___________ to bus number 37 at Central Station.

(a) transfer
(b) relocate
(c) exchange
(d) transport

A: 23번 버스가 공항까지 쭉 가나요?
B: 아니요, Central Station에서 37번 버스로 갈아타야 합니다.

(a) 갈아타다, 환승하다
(b) 이전하다, 이동하다
(c) 교환하다, 교체하다
(d) 수송하다, 운송하다

해설 23번 버스가 공항까지 쭉 가냐는 A의 질문에 B가 No라고 대답하였고 빈칸 뒤에서 다른 버스를 언급하고 있으므로, 다른 버스로 '갈아타야(transfer) 한다'라는 표현이 이어져야 자연스럽다. 따라서 정답은 (a)이다.

| 어휘 take [teik] 데려가다 all the way to (먼 거리의) ~까지 쭉 transfer [trænsfə́ːr] 갈아타다, 환승하다 relocate [rilóukéit] 이전하다, 이동하다 exchange [ikstʃéindʒ] 교환하다, 교체하다 transport [trænspɔ́ːrt] 수송하다, 운송하다

| 어휘플러스 transfer의 여러 가지 뜻
1. 전학 가다 **transfer** to another school 다른 학교로 **전학 가다**
2. 양도하다 **transfer** land to another person 토지를 다른 사람에게 **양도하다**
3. 이체하다 **transfer** money to my checking account 내 계좌로 돈을 **이체하다**

11

정답 (c)

A: You did a wonderful job on the project.
B: Thanks, but I can't take all the ____________. Tina assisted me.

(a) fame
(b) effort
(c) credit
(d) award

A: 그 프로젝트에서 자네는 훌륭한 일을 해냈다네.
B: 고맙습니다, 하지만 제가 이 모든 공로를 받을 수는 없어요. Tina가 저를 도와주었습니다.

(a) 명성
(b) 노력
(c) 공로, 칭찬
(d) 상

| 해설 프로젝트를 잘 해냈다는 A의 칭찬에 대해 B가 Tina가 나를 도왔다(Tina assisted me)고 했으므로, '모든 공로를 다 내가 받을 수는 없다'라는 내용이 와야 가장 자연스럽다. take the credit는 '공로를 인정받다'라는 뜻이다. 따라서 정답은 (c)이다.

| 어휘 assist [əsíst] 돕다 fame [feim] 명성 effort [éfərt] 노력 credit [krédit] 공로, 칭찬 award [əwɔ́ːrd] 상; (상을) 수여하다

| 어휘플러스 credit의 여러 가지 뜻
1. 신용, 신용하다 letter of **credit** 신용장
2. 학점, 학점을 주다 **credit** a student with three hours 학생에게 3학점을 주다

12

정답 (d)

A: I'm really sorry for being mean to you yesterday. Please forgive me.
B: All right, apology ____________.

(a) granted
(b) received
(c) believed
(d) accepted

A: 어제 너에게 심술궂게 굴어서 미안해. 용서해 줘.
B: 괜찮아, 사과 받아줄게.

(a) 승인된, 허가된
(b) 받은, 수취된
(c) 믿어지는, 신뢰되는
(d) 받아들여진, 수락된

| 해설 A의 사과에 대해 B가 'All right(괜찮아)'라고 하였으므로, '사과 받아줄게(apology accepted)'라는 표현이 이어져야 자연스럽다. 따라서 정답은 (d)이다.

오답분석
(b) receive는 배달된 물건을 '받다'라는 의미이므로, 여기서는 오답이다.

| 어휘 mean [miːn] 성질이 나쁜, 심술궂은, 짓궂은 forgive [fərgív] 용서하다 grant [grænt] 승인하다, 허가하다 receive [risíːv] 받다, 수취하다 believe [bilíːv] 믿다, 신뢰하다 accept [əksépt] 받아들이다, 수락하다

| 어휘플러스 통째로 기억하기
- **grant** a request 청을 받아들이다

• He received a letter. 그는 편지를 받았다.
• accept the proposal 제안을 받아들이다

13

정답 (a)

A: Do you have much gas left in the tank? B: No, it's a bit ______________. (a) low (b) tiny (c) light (d) small	A: 탱크 안에 휘발유가 많이 남아 있나요? B: 아니요, 적은 편이에요. (a) (수량 · 정도 · 가치 · 비율이) 적은, 낮은 (b) (사람 · 물건 등이) 작은 (c) 가벼운 (d) 작은, 얼마 되지 않는

해설 휘발유가 많이 남아 있냐(Do you have much gas left in the tank?)는 질문에 '아니요(No)'라고 하였으므로, 휘발유의 양이 적다고 대답해야 옳다. 따라서 정답은 (a)이다. 여기서 low는 탱크 안 내용물의 '수위가 낮은'이라는 뜻으로 쓰였다.

어휘 left[left] 남겨진 a bit 다소, 조금 tiny[táini] (사람 · 물건 등이) 작은 light[lait] 가벼운

어휘플러스 통째로 기억하기

• run low 고갈되다
• a tiny boy 조그마한 남자아이
• light as air 매우 가벼운
• a small sum 소액

14

정답 (d)

A: Are you feeling hungry? B: Yes, let's get a ______________ to eat. (a) piece (b) feast (c) meal (d) bite	A: 배고프니? B: 응, 뭐 좀 먹자. (a) 조각 (b) 진수성찬 (c) 끼니 (d) 한 입

해설 A의 배고프냐는 질문에 B가 Yes라고 대답하였으므로 let's 뒤에는 무언가를 먹자는 제안이 이어져야 자연스럽다. 빈칸 앞의 get을 사용하여 '간단히 먹다'라는 의미를 나타내는 표현은 get a bite to eat이다. 따라서 정답은 (d)이다.

어휘 feel[fi:l] ~처럼 느끼다 get a bite to eat 간단히 먹다 piece[pi:s] 조각 feast[fi:st] 진수성찬

어휘플러스 '사먹다'의 빈출 표현

• go grab something 가서 가볍게 사먹다
• get a bite to eat 사 먹다
• go out for a bite to eat 간단히 사먹으러 나가다

통째로 기억하기

• a piece of pie 파이 한 조각; 누워서 떡 먹기
• a feast for the eyes 눈요기 거리
• a light meal 가벼운 식사
• a bite of bread 한 입의 빵

15

정답 (c)

A: Would you ____________ some more ice cream?
B: Thank you, but I've had enough.

(a) fill up
(b) go after
(c) care for
(d) hand over

A: 아이스크림 좀 더 먹겠니?
B: 고마워, 하지만 난 많이 먹었어.

(a) 채우다, 보충하다
(b) 추구하다, 뒤를 쫓다
(c) 하고 싶다
(d) 넘겨주다, 양도하다

해설 B가 배부르다고 사양하는 내용으로 보아, A가 더 먹으라고 권장하는 상황이다. 따라서 '~하시겠습니까?'라는 뜻의 'Would you care for ~?' 혹은 'Would you like ~?'가 정답이다. 따라서 정답은 (c)이다.

어휘 have[həv] 먹다 fill up 채우다, 보충하다 go after ~을 추구하다, ~의 뒤를 쫓다 care for ~을 좋아하다 (= like) hand over ~을 넘겨주다, ~을 양도하다

어휘플러스 would you like ~의 쓰임

- would you like to부정사 ~하기를 원하다
  ex) Would you like to join? 함께 하실래요?
- would you like 명사 ~을 원하다
  ex) Would you like some coffee? 커피 드실래요?

통째로 기억하기

- **fill up** a vacancy 결원을 보충하다
- **go after** a job 일을 구하다

16

정답 (a)

A: The seating on this train is roomy.
B: Right. I don't feel ____________ at all.

(a) cramped
(b) swamped
(c) suppressed
(d) compressed

A: 이 열차의 좌석은 널찍하구나.
B: 맞아. 전혀 갑갑하지 않아.

(a) 비좁은, 갑갑한
(b) 꼼짝달싹 못하는
(c) 억눌린
(d) 압축된

해설 '기차의 좌석이 널찍하다(The seating is roomy)'는 A의 말에 B가 Right(맞아)라고 동의하고 있다. 빈칸 앞에서 I don't feel(~하게 느껴지지 않아)라고 부정으로 말했으므로, 빈칸에는 '널찍하다'와 반대의 의미인 '비좁다(cramped)'는 표현이 와야 자연스럽다. 따라서 정답은 (a)이다.

어휘 seating[síːtiŋ] 좌석, 좌석 배열 roomy[rú(ː)mi] 공간이 많은 at all 전혀, 완전히 cramped[kræmpt] 비좁은, 갑갑한 swamp[swɑmp] 꼼짝달싹 못하게 하다, 쇄도하다 suppress[səprés] 억누르다, 억제하다 compress[kəmprés] 압축하다, 압착하다

어휘플러스 '그는 일에 파묻혀 있었다'의 빈출 표현

- He was swamped with work.
- He was overwhelmed with work.
- He was occupied with work.

통째로 기억하기

- My house is too **cramped**. 우리 집은 너무 좁다.

• be **swamped** with work 일이 밀어닥쳐 정신 못 차리다
• **suppress** one's feelings 감정을 억누르다
• **compress** air 공기를 압축하다

17

정답 (b)

A: I can't believe my play was such a ____________.
B: I don't think that was your fault. Your script was excellent.

(a) defeat
(b) failure
(c) tragedy
(d) mistake

A: 내 연극이 그렇게 실패작이었다는 게 믿어지지가 않아.
B: 나는 그게 너의 잘못이라 생각하지 않아. 너의 대본은 아주 훌륭했어.

(a) 패배, 타파
(b) 실패, 실패자
(c) 비극
(d) 잘못, 착오

해설 B가 네 잘못이 아니었다(I don't think that was your fault)고 격려해 주고 있는 것으로 보아, 연극이 실패했다는 것을 알 수 있다. '실패작' 혹은 '실패자'를 failure라고 한다. 따라서 정답은 (b)이다.

오답분석
(a) defeat는 대회(contest)나 전투(battle) 등에서의 '패배'를 의미하므로, 여기서는 어색하다

어휘 **play**[plei] 연극 **script**[skript] 대본 **defeat**[difí:t] 패배, 타파 **failure**[féiljər] 실패, 실패자 **tragedy**[trǽdʒidi] 비극

어휘플러스 통째로 기억하기

• a humiliating **defeat** 굴욕적인 패배
• He is a **failure**. 그는 실패자이다.
• a **tragedy** resulting from poverty 가난이 빚은 비극

18

정답 (a)

A: My landlord won't renew my lease.
B: When do you have to ____________ your apartment?

(a) vacate
(b) migrate
(c) renovate
(d) evacuate

A: 집주인은 임대차 계약을 갱신하지 않을 거야.
B: 언제 너의 아파트를 비워줘야 하는데?

(a) 집[방]을 비우다
(b) 이주하다
(c) 개조하다
(d) 피난시키다, 대피시키다

해설 A가 '집주인이 임대차 계약을 갱신하지 않을 것이다(My landlord won't renew my lease)'라고 했으므로, 아파트를 비워 줘야 하는 상황임을 알 수 있다. '집을 비우다'라는 표현은 vacate이다. 따라서 정답은 (a)이다.

오답분석
(d) evacuate는 안전한 장소로 가기 위해 집을 비우는 것을 의미하며, 주로 '대피하다'라는 뜻으로 쓰이므로, 여기서는 어색하다.

어휘 **landlord**[lǽndlɔ̀:rd] 집주인 **renew**[rinjú:] 갱신하다, 새롭게 하다 **lease**[li:s] 임대차 계약, 리스 **vacate**[véikeit] 집[방]을 비우다 **migrate**[máigreit] 이주하다 **renovate**[rénəvèit] 개조하다 **evacuate**[ivǽkjuèit] 피난시키다, 대피시키다

어휘플러스 통째로 기억하기

• Birds **migrate** to the south. 새들은 남쪽으로 이주한다.
• **renovate** old cathedrals 낡은 대성당을 수리하다
• The people were ordered to **evacuate** the building. 사람들은 빌딩에서 대피하도록 명령을 받았다.

19

정답 (b)

A: Did you get caught in the rain? You're all wet.
B: Yeah, I got ____________.

(a) poured
(b) soaked
(c) covered
(d) watered

A: 비를 만났니? 완전히 젖었구나.
B: 응, 나 완전히 젖었어.

(a) 억수같이 퍼부은
(b) 흠뻑 젖은
(c) 뒤덮은
(d) 물을 준

해설 A가 B에게 완전히 젖었다(You're all wet)고 말하자 B가 Yeah라고 하였으므로, 자신이 비에 젖었다는 내용이 이어져야 자연스럽다. 완전히 젖었다는 표현은 'get all wet' 혹은 'get soaked'이다. 따라서 정답은 (b)이다.

오답분석

(a) pour는 비가 '퍼붓다'라는 의미이며, 여기서와 같이 주어가 사람(I)일 때 get poured로 쓰이면 '사람이 퍼부어진다'는 의미가 되어 어색하므로 오답이다.

어휘 get caught in the rain 비를 만나다 pour[pɔːr] 억수같이 퍼붓다 soaked[sóukt] 흠뻑 젖은 watered[wɔ́ːtərd] 물을 준

어휘플러스 통째로 기억하기

- The rain **poured** down. 비가 많이 내렸다.
- Snow **covered** the highway. 간선 도로는 눈으로 덮혔다.
- A plant is being **watered**. 나무에 물을 주고 있다.

20

정답 (d)

A: What's wrong? Did you have another fight with Eric?
B: Yes. I just can't seem to ____________ him.

(a) fit in with
(b) back out of
(c) make up for
(d) get along with

A: 무슨 일이야? Eric이랑 또 싸웠어?
B: 응. 나 정말 그와 잘 지낼 수 없을 거 같아.

(a) ~에 맞추다
(b) ~에서 손을 떼다
(c) ~을 보충하다
(d) ~와 잘 지내다

해설 A가 Eric과 또 싸웠냐(Did you have another fight with Eric?)고 묻고 있고 B가 Yes라고 대답하였으므로, '그와 잘 지내는 것(get along with)이 힘들다'는 말이 이어져야 가장 자연스럽다. 따라서 정답은 (d)이다.

어휘 have a fight with ~와 싸우다 seem to ~인 것처럼 보이다 fit in with (일정 등을) ~에 맞추다 back out of (변심하여) ~을 버리다, ~에서 손을 떼다 make up for ~을 보상하다, ~을 벌충하다 get along with ~와 잘 지내다

어휘플러스 통째로 기억하기

- I'll **fit in** my holiday plan **with** yours. 나의 휴일 계획을 네 것과 맞추겠다.
- He **backed out of** the project due to a budget problem. 그는 예산 문제 때문에 그 프로젝트에서 손을 뗐다.
- To **make up for** the losses, they made aggressive plan. 손실을 보상하기 위해, 그들은 적극적인 계획을 세웠다.
- You can't **get along with** the teenagers. 너는10대 청소년들과 어울릴 수 없다.

21

정답 (d)

A: That's a great trophy you won, Angela, but I don't see your name on it.
B: Oh, they'll ____________ that later.

A: Angela, 네가 받은 트로피는 굉장하구나, 근데 그 트로피에 네 이름이 보이지 않네.
B: 아, 그들이 이름을 나중에 새겨줄 거야.

(a) install
(b) indent
(c) publish
(d) engrave

(a) 설치하다
(b) 움푹 들어가게 하다
(c) 출판하다, 발행하다
(d) 새기다, 조각하다

해설 A가 트로피에 이름이 보이지 않는다(I don't see your name on it)고 하였으므로, B가 '이름을 나중에 새겨준다(they'll engrave that later)'라고 대답해야 자연스럽다. 따라서 정답은 (d)이다. 참고로, 여기서 they는 상을 준 사람들을 의미하며, that은 '이름'을 의미한다.

어휘 trophy [tróufi] 트로피 win [win] (상을) 받다, 타다 later [léitər] 나중에 install [instɔ́:l] (장치 · 기계를) 설치하다 indent [indént] 움푹 들어가게 하다 publish [pʌ́bliʃ] 출판하다, 발행하다 engrave [ingréiv] 새기다, 조각하다

어휘플러스 통째로 기억하기

- **install** a chairperson 의장에 임명하다
- **Indent** the first line. 첫 행을 들여 쓰시오.
- This magazine is **published** twice a month. 이 잡지는 한 달에 두 번 **발행된다**.

22

정답 (a)

A: Hi, I'd like to rent a minivan for a week, please.
B: Sorry, sir, there are none available on the ___________ right now.

(a) premises
(b) driveway
(c) perimeter
(d) courtyard

A: 안녕하세요, 미니밴을 일주일 동안 빌리고 싶은데요.
B: 손님, 죄송합니다만, 저희 가게에 지금 사용 가능하신 차량이 남아 있지 않네요.

(a) 부지, 구내, 점포 내
(b) 도로
(c) 방어선
(d) 안마당, 안뜰

해설 차를 빌리고 싶다는 A의 말에 대해 B가 Sorry라는 말로 불가능함을 나타냈다. 또한 대화가 이루어지는 장소가 car rental company(차 대여점)임을 추측할 수 있으므로, '우리 가게 안에(on the premises) 이용 가능한 차가 없다'라는 내용이 되어야 자연스럽다. 따라서 정답은 (a)이다.

어휘 rent [rent] 대여하다 available [əvéiləbl] 사용 가능한 right now 지금 premise [prémis] 부지, 구내, 점포 내 driveway [dráivwèi] 도로 perimeter [pərímitər] (비행장의) 방어선 courtyard [kɔ́:rtjà:rd] 안마당, 안뜰

어휘플러스 통째로 기억하기

- a **perimeter** track 비행장 주변의 콘크리트 도로
- a museum's **courtyard** 박물관의 안뜰

23

정답 (d)

A: I asked about our luggage and the airline guy said it got lost!
B: You're ____________, right?

(a) ridiculing
(b) mocking
(c) tricking
(d) kidding

A: 내가 우리 짐에 대해 항공사 직원에게 물어봤는데, 분실됐대!
B: 농담이지, 그렇지?

(a) 비웃는, 조롱하는
(b) 조롱하는
(c) 속이는
(d) 놀리는, 장난치는

| 해설 비행기에서 짐을 분실한 상황에 대한 대답으로 '농담이지?', '그럴 리 없어'라는 의미의 'You're kidding, right?'가 이어져야 자연스럽다. 따라서 정답은 (d)이다.

| 어휘 luggage [lʌ́gidʒ] 짐, 수하물 get lost 분실되다 ridicule [rídikjù:l] 비웃다, 조롱하다 mock [mɑk] 조롱하다

| 어휘플러스 통째로 기억하기

- **ridicule** a person's ignorance 무식하다고 비웃다
- They **tricked** the poor. 그들은 가난한 이들을 속였다.

24

정답 (b)

A: Violence is ____________ in our society, don't you think?
B: Unfortunately, yes, but there's little we can do to stop it.

(a) gyrating
(b) escalating
(c) stagnating
(d) plummeting

A: 폭력이 우리 사회에서 점점 심해지는 것 같아, 그렇게 생각하지 않아?
B: 불행스럽게도, 그래, 하지만 우리가 그것을 멈추기 위해 할 수 있는 것은 거의 없어.

(a) 선회하는, 회전하는
(b) 차츰 확대되는
(c) 침체하는, 정체하는
(d) 급하락하는, 폭락하는

| 해설 폭력에 관한 A의 말에 대해 B가 Unfortunately, yes라는 말로 부정적인 의미에 동의하고 있으므로 '폭력이 점점 심해진다(Violence is escalating)'라는 내용이 나와야 자연스럽다. escalate는 상황이 점점 심각해지거나, 그 규모나 정도가 심해질 때 쓰는 표현이다. 따라서 정답은 (b)이다.

| 어휘 violence [váiələns] 폭력 unfortunately [ʌnfɔ́:rtʃənitli] 불행히도 little [lítl] 거의 없는 gyrate [dʒáiəreit] 선회하다, 회전하다 escalate [éskəlèit] 차츰 확대하다 stagnate [stǽgneit] 침체하다, 정체하다 plummet [plʌ́mit] 급하락하다, 폭락하다

| 어휘플러스 통째로 기억하기

- The children watched the **gyrating** top. 아이들은 빙빙 돌아가는 팽이를 바라보았다.
- The stock market **plummeted.** 주식 시장이 폭락했다.

25

정답 (a)

A: We can't cross the street here. There's no crosswalk.
B: It's OK. No one worries about ____________ around here.

(a) jaywalking
(b) barhopping
(c) shortcutting
(d) crosschecking

A: 우린 여기서 길을 건널 수 없어. 횡단보도가 없잖아.
B: 괜찮아. 이 주변에서 무단 횡단하는 것에 대해 아무도 신경 안 써.

(a) 무단 횡단하는 것
(b) (여러 술집을) 돌아다니며 마시는 것
(c) 지름길로 가는 것
(d) 비교 검토하는 것

| 해설 A가 횡단보도가 없다고 하자 B가 괜찮다(It's OK)고 한 것으로 보아, '무단 횡단하는 것(jaywalking)'에 대해 아무도 신경 쓰지 않는다는 내용이 이어져야 자연스럽다. 따라서 정답은 (a)이다.

| 어휘 cross [krɔ(:)s] 건너다 crosswalk [krɔ́(:)swɔ̀:k] 횡단보도 worry about ~에 대해 걱정하다 jaywalk [dʒéiwɔ̀:k] 무단 횡단하다 barhop [bá:rhɑ̀p] (여러 술집을) 돌아다니며 마시다 shortcut [ʃɔ́:rtkʌ̀t] 지름길로 가다 crosscheck [krɔ́(:)stʃèk] 비교 검토하다

| 어휘플러스 통째로 기억하기

- His drunkenness was bad that he went **barhopping.** 그의 술버릇은 매우 고약해서 여러 술집을 돌아다니며 술을 마셨다.
- take a **shortcut** 지름길로 가다

Part II

26

정답 (c)

Our new museum has many ___________ sculptures that are thousands of years old.

(a) fresh
(b) distant
(c) ancient
(d) modern

우리 새 박물관은 수천 년된 많은 고대의 조각품들을 소장하고 있습니다.

(a) 신규의, 새로운
(b) (거리가) 먼, (시간이) 아득한
(c) 고대의, 먼 옛날의
(d) 근대의, 현대의

| 해설 빈칸 뒤에서 '수천 년된(thousands of years old) 조각품들'이라고 하였으므로, 빈칸에는 '고대의(ancient)'라는 표현이 와야 자연스럽다. 따라서 정답은 (c)이다.

| 어휘 **sculpture**[skʌ́lptʃər] 조각 **fresh**[freʃ] 신규의, 새로운 **distant**[dístənt] (거리가) 먼, (시간이) 아득한
ancient[éinʃənt] 고대의, 먼 옛날의 **modern**[mádərn] 근대의, 현대의

| 어휘플러스 통째로 기억하기

- **distant view** 먼 경치
- **distant future** 먼 미래
- **modern city life** 현대의 도시 생활

27

정답 (d)

The two main ___________ of a lighthouse are to serve as a navigational aid and to warn boats of dangerous areas.

(a) subjects
(b) products
(c) divisions
(d) functions

등대의 두 가지 주요 기능은 항해의 도움을 제공하는 것과 보트들에게 위험한 지역을 경고하는 것이다.

(a) 주제
(b) 산출물, 생산품
(c) (분할된) 구분
(d) 기능, 직무

| 해설 항해의 도움을 제공하는 것(to serve as a navigational aid)과 보트들에게 위험한 지역을 경고하는 것(to warn boats of dangerous areas)은 등대의 '기능(functions)'이라고 할 수 있다. 따라서 정답은 (d)이다.

| 어휘 **lighthouse**[láithàus] 등대 **serve as** ~으로 역할을 하다 **navigational**[nӕvəgéiʃənəl] 항해의 **aid**[eid] 도움, 원조
warn A of B A에게 B를 경고하다 **subject**[sʌ́bdʒikt] 주제 **product**[prádəkt] 산출물, 생산품 **division**[divíʒən] 구분
function[fʌ́ŋkʃən] 기능, 직무

| 어휘플러스 통째로 기억하기

- the **subject** of debate 논의의 주제
- an administrative **division** 행정부

28

정답 (a)

Trucks delivered food and medical supplies to the flood ___________.

(a) victims

트럭들은 수재민에게 음식과 의료품들을 운반했다.

(a) 희생자

(b) persons (c) reporters (d) witnesses	(b) 사람, 개인 (c) 신문기자 (d) 목격자

해설 음식과 의료 보급품(food and medical supplies)이 전달되었다는 내용이므로, '~에게'라는 의미로 그 대상을 나타내는 전치사 to 뒤에는 '홍수 피해자들(victims)'이라는 내용이 들어가야 자연스럽다. 따라서 정답은 (a)이다.

어휘 deliver[dilívər] 배달하다 medical supplies 의료 보급품 flood[flʌd] 홍수 victim[víktim] 피해자, 희생자 reporter[ripɔ́ːrtər] 신문기자 witness[wítnis] 목격자

어휘플러스 통째로 기억하기

- the **victim** of a terrorist attack 테러 공격의 희생자
- without a **witness** 목격자 없이

29

정답 (a)

After American women won the right to vote in 1920, they finally started to feel ______________ to men. (a) equal (b) unfair (c) familiar (d) difficult	1920년에 미국 여성들이 투표할 권리를 갖게 된 후, 그들은 마침내 남성들과 동등하다고 느끼기 시작했다. (a) 동등한 (b) 불공평한 (c) 친숙한, 정통한 (d) 곤란한, 어려운

해설 투표할 권리를 갖게 된(won the right to vote) 이후라고 하였으므로, 여성들도 남성과 '동등하다고 느끼기 시작했다(started to feel equal to men)'는 내용이 와야 자연스럽다. 따라서 정답은 (a)이다.

어휘 win[win] 얻다 right to vote 투표할 권리 equal[íːkwəl] 동등한 unfair[ʌnfέər] 불공평한 familiar[fəmíljər] 친숙한, 정통한

어휘플러스 통째로 기억하기

- an **unfair** labor practice 부당 노동 행위
- a **familiar** friend 친한 친구
- It is **difficult** to convince him of anything. 그에게 무엇이든 설득시키기는 어렵다.

30

정답 (a)

In the novel, Robin Hood and his friends are ______________ in the use of bows and arrows. (a) skilled (b) qualified (c) surprised (d) developed	소설에서, Robin Hood와 그의 친구들은 활과 화살을 다루는 데 능숙하다. (a) 능숙한, 숙련된 (b) 자격이 있는, 적격의 (c) 놀란 (d) 고도로 발달한

해설 빈칸 앞뒤로 'Robin Hood와 친구들'과 '활과 화살을 다루는 것(the use of bows and arrows)'이라는 내용을 빈칸 뒤의 전치사 in을 사용하여 가장 자연스럽게 연결할 수 있는 숙어는 be skilled in(~에 능숙하다)이다. 따라서 정답은 (a)이다.

어휘 bow[bou] 활 arrow[ǽrou] 화살 skilled[skild] 능숙한, 숙련된 qualified[kwάləfàid] 자격이 있는, 적격의 surprised[sərpráizd] 놀란 developed[divéləpt] 고도로 발달한

| 어휘플러스 '숙련된'의 빈출 표현

• practiced / skilled / experienced / seasoned

통째로 기억하기

• a **qualified** teacher 적임 교사
• a **surprised** look 놀란 표정
• a **developed** country 선진국

31

정답 (d)

To keep from gaining weight, avoid eating ______________ meals close to bedtime.

(a) wide
(b) great
(c) super
(d) heavy

체중이 늘어나는 것을 막으려면, 잘 시간이 다 되어서 과한 음식을 먹는 것을 피하라.

(a) 범위가 넓은, 광범위한
(b) 큰, 대단한
(c) 특대의
(d) 과도한, (음식이) 기름진

| 해설 살찌는 것을 피하기 위한 방법을 언급하고 있으며, 먹는 것을 피하라(avoid eating)고 했으므로 '과한 음식'을 먹는 것을 피하라는 내용이 되어야 가장 자연스럽다. meals와 함께 쓰여 '과한 음식, 기름진 음식'을 나타내는 표현은 heavy이다. 따라서 정답은 (d)이다.

오답분석

(b) great는 '크기가 큰' 혹은, '위대한'이라는 뜻으로 주로 쓰인다.

| 어휘 keep ~ from -ing ~가 -하는 것을 막다 gain weight 체중이 늘어나다 meal [mi:l] 끼니 bedtime [bédtàim] 잠 잘 시간 super [sjú:pər] 특대의 heavy [hévi] 과도한, (음식이) 기름진

| 어휘플러스 통째로 기억하기

• a **wide** range of topics 광범위한 주제
• a **great** city 대도시
• a **great** artist 위대한 예술가
• a **super** production 초특작

32

정답 (d)

In the 1950s, some people thought that global food supplies would soon fall short of ______________.

(a) order
(b) result
(c) request
(d) demand

1950년대에, 몇몇 사람들은 전 세계의 식량 공급이 곧 수요에 미치지 못하게 될 것이라 생각했다.

(a) 주문
(b) 결과
(c) 요청, 수요
(d) 수요, 수요량

| 해설 '세계 식량 공급(global food supplies)이 _______에 미치지 못한다'는 내용에서 빈칸에는 '수요'라는 내용이 들어가야 자연스럽다. supply(공급)와 demand(수요)는 짝을 이루어 같이 쓰여 '수요와 공급'을 나타낸다. 따라서 정답은 (d)이다.

| 어휘 supply [səplái] 공급 fall short of ~에 못 미치다 order [ɔ́:rdər] 주문 request [rikwést] 요청, 수요 demand [dimǽnd] 수요, 수요량

| 어휘플러스 통째로 기억하기

• a large **order** 대량 주문

- **instant results** 즉각적 효과
- be in **demand** 수요가 있다

33

정답 (b)

Maxine felt sympathy for the homeless in her city after seeing their terrible living ______________.

(a) standards
(b) conditions
(c) atmospheres
(d) surroundings

Maxine는 그들의 비참한 생활 여건을 보고 나서 그녀 도시의 집 없는 사람들에 대한 연민을 느꼈다.

(a) 표준, 기준
(b) 여건, 조건
(c) 대기, 분위기, 주위의 상황
(d) 환경

| 해설 집 없는 사람들에 대한 '연민(sympathy)'을 느꼈다고 하였으므로, 그들의 '생활 여건을 보고 나서'라는 표현이 이어져야 자연스럽다. 빈칸 앞의 living과 함께 쓰여 '생활 여건'이라는 의미를 나타낼 수 있는 것은 conditions(여건, 조건)이다. 따라서 정답은 (b)이다.

오답분석
(a) living standard는 '생활 수준'이라는 뜻이다. 낮은 생활 수준은 terrible living standard가 아니라, low standard of living이 올바른 표현이다.
(c) atmosphere는 '분위기'나 '상황'이라는 표현이다.
(d) surroundings는 'environment(환경)'라는 의미이다.

| 어휘 **sympathy**[símpəθi] 연민 **homeless**[hóumlis] 집 없는 사람, 거지 **standard**[stǽndərd] 표준, 기준 **condition**[kəndíʃən] 상태, 상황 **atmosphere**[ǽtməsfìər] 대기, 분위기, 주위의 상황 **surroundings**[səráundiŋz] 환경

| 어휘플러스 통째로 기억하기

- below **standard** 규격 미달의
- a tense **atmosphere** 긴장된 분위기
- new **surroundings** 새로운 환경

34

정답 (b)

From the 1840s to the 1870s, pioneer missionary David Livingston ______________ vast areas of unknown parts of Africa.

(a) inhibited
(b) explored
(c) inspected
(d) expedited

1840년대부터 1870년대에 이르기까지, 선교 개척자 David Livingston은 아프리카의 알려지지 않은 부분의 광대한 지역을 탐험했다.

(a) 억제했다
(b) 탐험했다
(c) 면밀히 살폈다
(d) 진척시켰다

| 해설 빈칸 앞뒤로 '선교 개척자(pioneer missionary)'와 '아프리카의 알려지지 않은 광대한 지역(vast areas of unknown parts of Africa)'이라는 내용이 나오고 있으므로, 빈칸에는 '탐험했다'라는 뜻의 explored가 들어가는 것이 자연스럽다. 따라서 정답은 (b)이다.

| 어휘 **pioneer missionary** 선교 개척자 **vast**[væst] 광대한 **unknown**[ʌnnóun] 알려지지 않은 **inhibit**[inhíbit] 억제하다 **explore**[iksplɔ́ːr] 탐험하다, 답사하다 **inspect**[inspékt] 면밀히 살피다 **expedite**[ékspidàit] (일을) 진척시키다

| 어휘플러스 통째로 기억하기

- **inhibit** one's desire 욕구를 억제하다
- **inspect** the baggage 가방을 면밀히 살피다

35

정답 (b)

As the speaker's views differed from those of the audience, the question and answer period was filled with _____________ discussion.

(a) firm
(b) lively
(c) dense
(d) weary

발표자의 의견이 청중의 의견과 달랐기 때문에, 질의 시간은 활발한 토론으로 채워졌다.

(a) 단호한, 강경한
(b) 활발한, 기운찬
(c) 밀집한, 빽빽한
(d) 지루한, 따분한

해설 발표자(speaker)와 청중(audience)의 의견(views)이 서로 달랐다고 하였으므로, 질의 응답 시간(question and answer period)이 '활발한 토론'으로 채워졌다는 내용이 오는 것이 자연스럽다. 빈칸 뒤의 discussion(토론)과 어울려 쓰여 '활발한 토론'이라는 표현을 만드는 단어는 lively(활발한)이므로 정답은 (b)이다.

어휘 view [vjuː] 관점 differ [dífər] 다르다 period [pí(ː)əriəd] 기간, 시간 be filled with ~으로 채워지다 discussion [diskʌ́ʃən] 토론, 논쟁 firm [fəːrm] 단호한, 강경한 dense [dens] 밀집한, 빽빽한 weary [wí(ː)əri] 지루한, 따분한

어휘플러스 통째로 기억하기

- a **firm** attitude 강경한 태도
- a **dense** forest 밀림
- a **weary** journey 지루한 여행

36

정답 (a)

If an elephant senses possible danger, it will _____________ others by becoming silent rather than sounding a warning.

(a) alert
(b) watch
(c) suggest
(d) provoke

코끼리가 있음직한 위험을 감지하면, 경고하는 소리를 내기보다는 조용해져서 다른 코끼리들을 경계시킨다.

(a) 경계시키다, 경고하다
(b) 망을 보다, 경계하다
(c) 암시하다
(d) 자극하다, 선동하다

해설 빈칸 앞부분에서 '위험을 감지할 때(senses possible danger)'라고 하였으므로, 침묵을 지킴으로써(by becoming silent) 다른 코끼리들을 '경계시킨다(alert)'는 표현이 와야 자연스럽다. 따라서 정답은 (a)이다.

어휘 sense [sens] 감지하다 possible [pásəbl] 있음직한, 가능한 rather than ~라기 보다는 sound [saund] 소리를 내다 alert [əlɔ́ːrt] 경고하다, 경계시키다 watch [wɑtʃ] 망을 보다, 경계하다 suggest [səgdʒést] 암시하다 provoke [prəvóuk] 자극하다, 선동하다

어휘플러스 통째로 기억하기

- **Watch** your step. 발 밑을 조심하세요.
- Her words **suggest** that she loves him. 그녀의 말은 그를 사랑하고 있음을 암시한다.
- **provoke** a riot 폭동을 선동하다

37

정답 (d)

Sorari Bus Corp. claims that, _____________ with other buses, its new models are more environment-friendly.

(a) treated

Sorari 버스 주식회사는, 다른 버스들에 비해, 자신들의 최신 모델이 더 환경 친화적이라고 주장한다.

(a) 다뤄서, 취급해서, 대접해서

(b) opposed (c) identified (d) compared	(b) 반대해서, 대립해서 (c) 확인해서, 식별해서 (d) 비교해서

해설 신모델이 더 환경 친화적(more environment-friendly)이라고 하였고, 빈칸 뒤에 'with other buses(다른 버스들과)'라는 표현이 있으므로, '~과 비교해서'라는 표현인 compared with가 나와야 자연스럽다. 따라서 정답은 (d)이다.

어휘 claim [kleim] 주장하다 environment-friendly 환경 친화적인 treat [triːt] 다루다, 취급하다, 대접하다 oppose [əpóuz] 반대하다, 대립하다 identify [aidéntəfài] 확인하다, 식별하다 compare [kəmpέər] 비교하다

어휘플러스 통째로 기억하기

- I'll **treat** you this time. 이번엔 내가 **살게**.
- **oppose** the suggestion 제안에 **반대하다**
- **identify** the disease 병을 **밝혀내다**

38

정답 (b)

We will not ______________ your personal information with any outside party, unless it is required by law. (a) trade (b) share (c) notice (d) announce	법에 의해 요구되지 않는 한, 저희는 귀하의 개인 정보를 어떠한 외부의 단체와도 공유하지 않을 것입니다. (a) 교환하다 (b) 공유하다 (c) 통보하다 (d) 발표하다, 공고하다

해설 빈칸 뒤의 personal information(개인 정보)에서 information과 어울려 쓰이는 단어는 share(공유하다)로, share information은 '정보를 공유하다'라는 뜻이 된다. 따라서 정답은 (b)이다.

어휘 personal information 개인 정보 outside [àutsáid] 외부의 party [pάːrti] 단체 unless ~하지 않는 한 trade [treid] 교환하다 share [ʃεər] 공유하다 notice [nóutis] 통보하다 announce [ənáuns] 발표하다, 공고하다

어휘플러스 통째로 기억하기

- **trade** salt for eatables 소금과 식량을 **교환하다**
- He was **noticed** to quit. 그는 떠나라는 **통지를 받았다**.
- **announce** a marriage 결혼을 **발표하다**

39

정답 (a)

You should always keep your address ______________ by notifying the post office of your address change. (a) current (b) present (c) forward (d) original	우체국에 바뀐 주소를 신고해서, 당신은 언제나 최신의 주소를 유지해야 한다. (a) 최근의, 현재의 (b) 현재의, 출석 중인 (c) 앞쪽으로의 (d) 최초의, 원래의, 독창적인

해설 빈칸 뒤에 '바뀐 주소를 신고해서(by notifying ~ your address change)'라는 내용이 있고, 빈칸 앞에 keep(유지하다)이 있으므로, 빈칸에는 '~을 최신으로 유지하다'라는 표현인 'keep ~ current'를 완성하는 current(최신의)가 들어가야 자연스럽다. 따라서 정답은 (a)이다.

오답분석

(b) present는 '현재의'라는 뜻을 갖지만, 시제가 '현재의'라는 뜻으로만 쓰이며, '최근의, 최신의'라는 의미로는 current가 더 자연스럽다.

| 어휘 keep ~ current ~을 최신으로 유지하다 notify [nóutəfài] 알리다 post office 우체국 current [kə́:rənt] 최근의, 현재의 present [préznt] 현재의, 출석 중인 forward [fɔ́:rwərd] 앞쪽으로의; (시간적으로) 앞으로 original [ərídʒənəl] 최초의, 원래의, 독창적인

| 어휘플러스 통째로 기억하기

- members **present** 출석한 회원
- turn the clock **forward** 시계를 앞당기다
- an **original** inhabitant 원주민

40

정답 (c)

For the last 20 years, television has been the dominant ____________ of public information in this country.

(a) root
(b) trace
(c) source
(d) foundation

지난 20년 동안, 텔레비전은 이 나라의 대중 정보의 지배적인 원천이었다.

(a) 근원, 핵심
(b) 흔적, 자취
(c) 원천, 출처
(d) 근거, 기초, 토대

| 해설 '텔레비전은 대중 정보의 지배적인 ___이었다(Television has been the dominant ___ of public information)'라는 문맥에서 빈칸에 가장 자연스러운 것은 'source(원천, 출처)'이다. 따라서 정답은 (c)이다.

| 어휘 last [læst] 지난 dominant [dámənənt] 지배적인 public information 대중 정보 root [ru(:)t] 근원, 핵심 trace [treis] 흔적, 자취 source [sɔ:rs] 원천, 출처 foundation [faundéiʃən] 근거, 기초, 토대

| 어휘플러스 통째로 기억하기

- the **root** of the problem 문제의 핵심
- **traces** of an old civilization 옛 문명의 흔적
- news **source** 뉴스의 출처
- a rumor without **foundation** 근거 없는 소문

41

정답 (b)

The boy's parents were ____________ to the leader of the rescue party for finding their lost son.

(a) mindful
(b) grateful
(c) impartial
(d) emotional

그 소년의 부모들은 잃어버린 아들을 찾아준 것에 대해 구조대의 대장에게 감사를 표했다.

(a) 염두에 두는, 유념하는
(b) 감사하는
(c) 편견이 없는, 공평한
(d) 감정적인

| 해설 '잃어버린 아들을 찾아준 것에 대해(for finding their lost son)'라는 내용으로 보아, 부모가 구조대장에게 '감사했다(were grateful)'라는 내용이 와야 가장 자연스럽다. 따라서 정답은 (b)이다.

| 어휘 rescue party 구조대 lost [lɔ(:)st] 잃어버린 mindful [máindfəl] 염두에 두는, 유념하는 grateful [gréitfəl] 감사하는 impartial [impá:rʃəl] 편견이 없는, 공평한 emotional [imóuʃənəl] (사람 · 성질 등이) 감정적인

| 어휘플러스 통째로 기억하기

- Be **mindful** to follow my advice. 내 충고를 따르는 것을 유념하여라.
- **impartial** judgment 공평한 판단
- an **emotional** story 감상적인 소설

42

정답 (a)

To win a debate, you must remain focused and pay no ____________ to any insulting remarks made by your opponent.

(a) attention
(b) recognition
(c) observation
(d) contemplation

논쟁에서 이기려면, 당신은 계속 집중해야 하고 상대편의 무례한 말에 주의를 기울이지 말아야 한다.

(a) 주의, 주목
(b) 인식, 인지
(c) 관찰, 주시
(d) 응시, 고찰

| 해설 논쟁에서 이기기 위한(To win a debate) 방법을 설명하고 있다. 빈칸 앞에 pay가 있고, 빈칸 뒤에 '무례한 말에(to any insulting remarks)'라는 표현이 있으므로, 상대방의 무례한 말에 주의를 기울이지 말라는 내용이 되어야 자연스럽다. '~에 주의를 기울이다'라는 표현은 'pay attention to'로 표현하므로, pay no attention to는 '~에 주의를 기울이지 않다'라는 뜻이 된다. 따라서 정답은 (a)이다.

| 어휘 debate [dibéit] 토론, 논쟁 remain focused 계속 집중하다 insulting [insʌ́ltiŋ] 모욕하는, 욕설하는
remark [rimɑ́ːrk] 의견, 말, 언급 opponent [əpóunənt] 상대편, 적 attention [ətén∫ən] 주의, 주목
recognition [rèkəgní∫ən] 인식, 인지 observation [ɑ̀bzəːrvéi∫ən] 관찰, 주시 contemplation [kɑ̀ntəmpléi∫ən] 응시, 고찰

| 어휘플러스 통째로 기억하기

- pay **attention** to ~에 관심을 기울이다
- give **recognition** to ~을 인정하다
- make **observations** 관찰하다
- ethical **contemplation** 윤리적 고찰

43

정답 (c)

Many people believe that lie detectors are highly accurate and ____________.

(a) pure
(b) honest
(c) reliable
(d) transparent

많은 사람들은 거짓말 탐지기가 매우 정확하고 신뢰할 만하다고 믿는다.

(a) 순수한, 섞이지 않은
(b) 정직한, 숨김 없는
(c) 믿을 수 있는, 신뢰성 높은
(d) 투명한

| 해설 거짓말 탐지기에 대해 빈칸 앞에서 '매우 정확하다(highly accurate)'라고 하였으므로, and 뒤의 빈칸에도 역시 거짓말 탐지기에 대한 긍정적인 내용인 거짓말 탐지기가 '믿을 수 있다(reliable)'는 내용이 와야 자연스럽다. 따라서 정답은 (c)이다.

| 어휘 lie detector 거짓말 탐지기 highly [háili] 매우 accurate [ǽkjurət] 정확한 pure [pjuər] 순수한, 섞이지 않은
honest [ɑ́nist] 정직한, 숨김 없는 reliable [riláiəbl] 믿을 수 있는, 신뢰성 높은 transparent [trænspέ(:)ərənt] 투명한

| 어휘플러스 통째로 기억하기

- **pure** gold 순금
- **honest** dealings 공정한 거래
- a **transparent** substance 투명한 물질

44

정답 (c)

Whereas conventional microscopes are limited due to the wavelength of light, the electron microscope has no such ______________.

(a) obstacle
(b) deterrent
(c) constraint
(d) flexibility

재래식 현미경은 빛의 파장 때문에 한계가 있는 반면, 전자 현미경은 그러한 제약이 없다.

(a) 장애물, 방해물
(b) 방해물
(c) 제약, 제한
(d) 적응성, 융통성

| 해설 앞쪽에서 재래식 현미경이 '한계가 있다(are limited)'라고 하였는데 Whereas가 반대의 내용을 나타내므로, 뒷부분에 나오는 전자 현미경은 그러한 '제약(constraint)을 가지고 있지 않다'라는 내용이 되어야 자연스럽다. 따라서 정답은 (c)이다.

| 어휘 whereas [*h*wɛəræ̂z] ~인 반면에 conventional [kənvénʃənəl] 기존의, 재래식의 microscope [máikrəskòup] 현미경 due to ~으로 인하여 wavelength [wéivlèŋθ] 파장 electron [iléktrɑn] 전자 obstacle [ábstəkl] 장애물, 방해물 deterrent [ditə́:rənt] 방해물 constraint [kənstréint] 제약, 제한 flexibility [flèksəbíləti] 적응성, 융통성

| 어휘플러스 통째로 기억하기

- an **obstacle** to success 성공의 장애물

45

정답 (a)

Linda has a ______________ temper and can get upset very easily.

(a) fiery
(b) thorny
(c) jagged
(d) rugged

Linda는 불 같은 성미를 가졌으며 매우 쉽게 화를 낸다.

(a) 불 같은
(b) 가시가 많은
(c) 뾰족뾰족한
(d) 울퉁불퉁한, 엄한

| 해설 매우 쉽게 화를 낸다(get upset very easily)는 내용으로 보아, 빈칸에는 이에 어울리는 성질(temper)에 대한 표현이 와야 한다. fiery는 temper와 어울려 쓰여 '불 같은 성미(fiery temper)'를 의미한다. 따라서 정답은 (a)이다.

| 어휘 temper [témpə*r*] 성미, 기질 get upset 화내다 easily [í:zili] 쉽게 fiery [fáiəri] 불 같은 thorny [θɔ́:*r*ni] 가시가 많은 jagged [dʒǽgid] 뾰족뾰족한 rugged [rʌ́gid] 울퉁불퉁한, 엄한

| 어휘플러스 통째로 기억하기

- a **fiery** speech 열변
- **fiery** discussion 열띤 토론
- the **thorny** issue 까다로운 쟁점
- The mountains are **jagged**. 산이 뾰족하다.
- **rugged** mountains 바위산

46

정답 (c)

British Tiger Film Corporation was taken over by FMF in 1976 and was ______________ sold to Cannox in 1992.

(a) consistently

British Tiger Film 주식회사는 1976년에 FMF에 인수되었다가 이어서 1992년에 Cannox에게 팔렸다.

(a) 한결같이

(b) extraneously
(c) subsequently
(d) anonymously

(b) 이질적으로, 외부에
(c) 그 후에, 이어서
(d) 익명으로

해설 빈칸 앞에서는 '1976년에 회사가 FMF에 의해 인수되었다(~ was taken over by FMF in 1976)' 고 하였고, 빈칸 뒤에서는 '1992년에 팔렸다(sold to Cannox in 1992)' 고 하였으므로, 시간의 순차적인 흐름을 나타내는 subsequently(그 후에)가 두 내용 사이에 들어가야 문맥이 자연스럽다. 따라서 정답은 (c)이다.

어휘 take over 떠넘기다, 인수하다 consistently[kənsístəntli] 한결같이 extraneously[ikstréiniəsli] 이질적으로, 외부에 subsequently[sʌ́bsəkwəntli] 그 후에, 이어서 anonymously[ənɑ́nəməsli] 익명으로

어휘플러스 통째로 기억하기

- **consistently** advocate 한결같이 옹호하다
- an **extraneous** matter 부착물
- an **anonymous** letter 익명의 편지

47

정답 (d)

Some analysts argue that birth control should be ______________ in third world countries to reduce overpopulation and poverty.

(a) pivotal
(b) ancillary
(c) ephemeral
(d) compulsory

어떤 분석가들은 인구 과밀과 가난을 줄이기 위해 제3 세계 국가들에서 산아 제한이 강제적이 되어야 한다고 주장한다.

(a) 추축의, 중추의
(b) 보조적인, 부수적인
(c) 순식간의, 덧없는
(d) 강제적인, 필수의

해설 가난과 인구 과밀을 줄이기 위한(to reduce overpopulation and poverty) 방법을 언급하고 있으므로, 산아 제한(birth control) 정책이 '강제적(compulsory)' 이 되어야 한다는 내용이 와야 자연스럽다. 따라서 정답은 (d)이다.

어휘 argue[ɑ́:rgju:] 논하다, 주장하다 birth control 산아 제한 third world country 제3 세계 국가 overpopulation[òuvərpɑ̀pjuléiʃən] 인구 과밀 pivotal[pívətəl] 추축의, 중추의 ancillary[ǽnsəlèri] 보조적인, 부수적인 ephemeral[ifémərəl] 순식간의, 덧없는 compulsory[kəmpʌ́lsəri] 강제적인, 필수의

어휘플러스 통째로 기억하기

- play a **pivotal** role 중추적 역할을 하다

48

정답 (a)

The novel contains numerous ______________ of the author's childhood and youth.

(a) reminiscences
(b) accumulations
(c) memorandums
(d) commemorations

그 소설은 작가의 어린 시절과 청소년기에 대한 많은 추억을 담고 있다.

(a) 옛 생각, 회고담, 회상록
(b) 축적, 누적
(c) 메모, 각서
(d) 기념, 기념물

해설 소설에 작가의 어린 시절과 유년기에 대한 내용이 담겨 있다고 했으므로, '추억(reminiscences)' 이라는 표현이 빈칸에 와야 내용상 자연스럽다. 따라서 정답은 (a)이다.

| 어휘 numerous [njúːmərəs] 다양한, 많은 reminiscence [rèmənísəns] 옛 생각, 회고담, 회상록 accumulation [əkjùːmjuléiʃən] 축적, 누적 memorandum [mèmərǽndəm] 메모, 각서 commemoration [kəmèməréiʃən] 기념, 기념물

| 어휘플러스 통째로 기억하기

- **accumulation** of capital 자본 축적
- an exchange **memorandum** 각서의 교환
- in **commemoration** of the founding 창립 기념으로

49

정답 (d)

Using the T-shaped drawing, students must calculate the length of the short horizontal line that is ______________ to the long vertical one.

(a) triangular
(b) longitudinal
(c) symmetrical
(d) perpendicular

T자형 제도기를 사용해서, 학생들은 긴 수직선과 직교하는 짧은 수평선의 길이를 계산해야 한다.

(a) 삼각형의
(b) 경도의, 길이의
(c) 대칭적인
(d) 수직의

| 해설 빈칸 앞에는 '수평선(horizontal line)'이 있고, 빈칸 뒤에는 '수직선(vertical one)'이 있으므로, 두 선이 '직교한다(perpendicular)'는 내용이 와야 자연스럽다. 따라서 정답은 (d)이다.

| 어휘 shaped [ʃeipt] (어떠한) 모양의 drawing [drɔ́ːiŋ] 제도기 calculate [kǽlkjulèit] 계산하다 horizontal [hɔ̀(ː)rəzɑ́ntəl] 수평의 vertical [vɔ́ːrtikəl] 수직의 triangular [traiǽŋgjulər] 삼각형의 longitudinal [lɑ̀ndʒətjúːdənəl] 경도의, 길이의 symmetrical [simétrikəl] (좌우) 대칭적인 perpendicular [pɔ̀ːrpəndíkjulər] 직각을 이룬, 수직의

| 어휘플러스 통째로 기억하기

- a **longitudinal** axis 세로축
- two lines **perpendicular** to each other 직각으로 교차하는 두 직선

50

정답 (c)

Inside this month's issue of our magazine, you will find articles that are sure to ______________ your interest.

(a) entrap
(b) charm
(c) pique
(d) quell

저희 잡지의 이번 달 호에서, 귀하는 확실하게 귀하의 흥미를 끄는 기사들을 찾으실 수 있을 것입니다.

(a) 함정에 빠뜨리다
(b) 마음을 빼앗다
(c) (호기심 · 흥미를) 돋우다
(d) (반란 등을) 진압하다

| 해설 잡지의 이번 달 호에 '흥미를 끄는' 기사가 있다는 내용이 되어야 자연스럽다. 빈칸 뒤의 interest와 어울려 쓰여 '흥미를 끌다'라는 의미를 나타내는 표현은 'pique(흥미를 돋우다)'이다. 따라서 정답은 (c)이다.

오답분석
(b) charm은 '~를 매혹하다'이므로, 뒤에 your interest가 아니라 매혹할 수 있는 대상이 와야 옳다.

| 어휘 issue [íʃuː] 발행물 article [ɑ́ːrtikl] 기사 be sure to ~가 확실하다 entrap [intrǽp] 함정에 빠뜨리다 charm [tʃɑːrm] ~의 마음을 빼앗다 pique [piːk] (호기심 · 흥미를) 돋우다 quell [kwel] (반란 등을) 진압하다

| 어휘플러스 통째로 기억하기

- She was **charmed** by his smile. 그녀는 그의 미소에 매혹되었다.
- **quell** opposition 반대를 억누르다

Part I

1

정답 (b)

If kids drink too many soft drinks, they are going to gain weight. Parents need to provide other beverage options, such as low-fat milk, 100 percent fruit juices, or water. They also need to make sure their children know not to drink too many sugary drinks. Parents need to teach them that ______________________________. By learning this, children will be less likely to become overweight and will grow up healthier.

(a) they should not spend so much money
(b) drinking too many soft drinks is unhealthy
(c) eating fruit is better for them than junk food
(d) they should not add more sugar to their drinks

만약 아이들이 청량음료를 너무 많이 마신다면, 살이 찌게 될 것이다. 부모들은 저지방 우유, 100퍼센트 과일 주스 또는 물 등의 다른 음료수의 선택 사항들을 제공할 필요가 있다. 또한 부모들은 아이들이 너무 많은 단 음료를 마셔서는 안 된다는 것을 알게 해야 한다. 부모들은 아이들에게 ______________을 가르쳐야 한다. 이러한 것을 배움으로써, 아이들은 과체중이 되지 않고 더 건강하게 자랄 수 있다.

(a) 그렇게 많은 돈을 소비해서는 안 된다는 것
(b) 청량음료를 너무 많이 마시는 것은 건강에 나쁘다는 것
(c) 정크 푸드보다는 과일을 먹는 것이 좋다는 것
(d) 음료수에 설탕을 더 넣어서는 안 된다는 것

해설 아이들이 청량음료를 너무 많이 마시면 살이 찌게 된다(If kids drink too many soft drinks, they are going to gain weight)고 하였으므로, 정답은 (b)이다.

오답분석
(a) 본문은 청량음료를 아이들이 많이 마시지 않도록 해야 한다는 것이지, 과소비(spend so much money)에 대한 내용이 아니므로 오답이다.
(c) 본문은 정크 푸드(junk food)와 과일에 대한 내용이라 볼 수 없으므로 오답이다.
(d) 본문에서는 sugary drinks를 너무 많이 마시지 않도록 하라고 하였지, 아이들이 직접 음료에 설탕을 넣어서 마시는 것에 대해 경고하는 것이 아니므로 오답이다.

어휘 soft drink 청량음료 gain weight 살이 찌다 beverage[bévəridʒ] 음료 option[ápʃən] 선택 사항 low-fat 저지방의 sugary drink 단 음료 overweight[óuvərwèit] 과체중인

2

정답 (b)

Ever since people began living in fixed settlements, ______________________. It was not a problem before then, when human beings lived as nomadic hunters and gatherers in harmony with nature. Back then, waste products were natural and recyclable. But when large cities formed, getting rid of waste and pollution became more difficult. Especially after the Industrial Revolution, pollution became an even larger problem due to the increased use of fossil fuels and, later plastics and chemicals.

(a) crime has occurred

사람들이 고정된 거주지에 살기 시작하면서, ________________. 인간이 자연과 조화를 이루어 유목 사냥꾼이나 채집자로 살던 그 이전에는 이것이 문제가 되지 않았다. 그 당시에는, 쓰레기가 자연적이었고 재활용이 가능하였다. 하지만 커다란 도시가 형성되면서, 쓰레기와 오염물을 치우는 것이 더욱 어려워졌다. 특히 산업 혁명 이후에, 오염은 화석 연료의 사용 증가와 이후 플라스틱과 화학 제품들의 사용 증가로 인해 훨씬 더 커다란 문제가 되었다.

(a) 범죄가 발생하였다

(b) there has been pollution
(c) technology has advanced
(d) human health has improved

(b) 공해가 생기게 되었다
(c) 기술이 진보하였다
(d) 인간의 건강이 향상되었다

해설 빈칸 뒷부분에서, 도시가 형성되면서, 쓰레기와 오염물의 처리 문제가 더 어려워졌다(getting rid of waste and pollution became more difficult)고 하였으므로 (b)가 정답이다.

오답분석
(a) 본문은 인간이 고정된 거주지에 살게 되고, 더 많은 인구가 생기게 됨에 따라, 오염 문제가 생기게 되었다는 내용이지, 범죄가 발생하였다는 내용은 언급되지 않았으므로 오답이다.
(c) 본문은 인간의 거주 이후 생긴 공해와 오염에 대한 내용이지, 기술적 진보에 대한 내용이 아니므로 오답이다.
(d) 빈칸 뒷문장(It was not a problem before then)으로 볼 때, 빈칸에는 부정적인 문제점이 진술되어야 하므로, 건강이 향상되었다는 긍정적인 내용은 오답이다.

어휘 nomadic [noumǽdik] 유목의 recyclable [riːsáikləbl] 재활용이 가능한 Industrial Revolution 산업 혁명 fossil fuel 화석 연료 advance [ədvǽns] 진보하다 improve [imprúːv] 개선되다, 향상되다

3

정답 (c)

__________________________ is now much easier thanks to modern technology. One way is to use the route planners that are available through the Internet or computer software. You simply key in your starting point and destination, and the planner shows you the best route to take. Another way is to use a digital navigation device. These are based on the global positioning system (GPS), which uses satellites to locate your position anywhere in the world to within a few meters.

(a) Driving safely in your car
(b) Shopping for quality products
(c) Finding directions for traveling
(d) Planning your day ahead of time

__________________은 현대 과학 기술 덕분에 훨씬 더 쉬워졌다. 한 가지 방법은 인터넷이나 컴퓨터 소프트웨어를 통해 이용 가능한 길 안내자를 이용하는 것이다. 출발지와 목적지를 입력하기만 하면, 택해야 할 최선의 경로를 길 안내자가 보여준다. 다른 방법은 디지털 네비게이션 장치를 이용하는 것이다. 이것들은 지구 위치 확인 시스템(GPS)에 기반하는데, 이것은 세계 어디서든, 당신의 위치를 몇 미터 이내로 파악하기 위해 인공위성을 사용한다.

(a) 안전하게 운전하는 것
(b) 품질 좋은 물건을 사는 것
(c) 여행에서 길을 찾는 것
(d) 미리 하루를 계획하는 것

해설 빈칸 뒤의 내용에 따르면, 현대 과학 기술을 통해 길 안내자(route planners)를 이용할 수 있고, 또한 디지털 네비게이션 장치(digital navigation device)를 이용할 수 있다고 하였으므로, (c)가 정답이다.

어휘 route [ruːt] 경로, 길 key in ~을 입력하다 digital navigation device 디지털 네비게이션 장치 satellite [sǽtəlàit] 인공위성 locate [lóukeit] 위치를 찾아내다 ahead of time 미리

4

정답 (a)

Between the years 1880 and 1887, Robert Louis Stevenson did not flourish as far as his health was concerned, but __________________________. Writing was one of the few activities he could do when he was confined to bed because of hemorrhaging lungs. While ill, he wrote some of his most enduring works of fiction, notably *Treasure Island* (1883), *Kidnapped* (1886), ▶

1880년부터 1887년 사이, Robert Louis Stevenson은 그의 건강에 있어서는 원기가 있지는 않았으나 __________________. 글쓰기는 폐출혈로 인해 침대에 있을 수밖에 없던 그가 할 수 있었던 몇 안 되는 활동 중 하나였다. 병중에, 그는 그의 불후의 소설 작품 몇 개를 썼는데, 그 중에서도 특히 「보물섬」(1883), 「유괴」(1886), 그리고

and *The Strange Case of Dr. Jekyll and Mr. Hyde* (1886). He was also busy writing essays and collaborating on plays with W. E. Henley, the poet, essayist, and editor who championed Stevenson in London literary circles and who became the model for Long John Silver in *Treasure Island.*

(a) his literary output was impressive
(b) he recovered quickly and started writing
(c) his poor health did not keep him from reading famous books
(d) he still managed to complete his best-known work, *Treasure Island*

「지킬박사와 하이드」 (1886)가 있다. 그는 또한 왕성하게 수필을 썼고 W. E. Henley와 같이 희곡을 공동 집필하기도 했는데, Henley는 런던 문학 서클에서 Stevenson을 옹호했던 시인이자 수필가이자 편집자였고 「보물섬」의 Long John Silver의 모델이 되기도 하였다.

(a) 그의 문학 작품들은 인상적이었다
(b) 빨리 회복하여 글쓰기를 시작했다
(c) 그의 나쁜 건강도 그가 유명한 책을 읽는 것을 막지 못했다
(d) 그의 가장 유명한 작품인 「보물섬」을 어떻게든 완성할 수 있었다

해설 본문에 따르면, '그가 병중에 있는 동안 불후의 명작들을 썼다(While ill, he wrote some of his most enduring works of fiction ~)' 고 하였으므로 정답은 (a)이다.

오답분석
(b) 그가 빨리 회복을 했다는 언급이 본문에 없으므로 오답이다.
(c) 본문에 따르면, Stevenson은 그의 좋지 않은 건강에도 불구하고, 작품 활동을 계속했다고 하였지(Writing was one of the few activities he could do when he was confined to bed because of hemorrhaging lungs), 계속해서 책을 읽었다는 것은 아니므로 오답이다.
(d) 본문에 따르면, 병상에 있었음에도 불구하고 많은 작품들(Treasure Island, Kidnapped, The Strange Case of Dr. Jekyll and Mr. Hyde)을 완성해냈다고 하였지, 가까스로 보물섬 작품을 끝냈다(managed to complete his best-known work, Treasure Island)고 언급하지는 않았으므로 오답이다.

어휘 flourish [fləːriʃ] 활약하다, 원기 있다 as far as ~ is concerned ~에 관한 한 confined [kənfáind] 갇힌
hemorrhage [héməridʒ] 출혈하다 lung [lʌŋ] 폐 enduring [indjú(:)əriŋ] 영속하는, 영구적인 notably [nóutəbli] 특히
collaborate [kəlǽbərèit] 합작하다 champion [tʃǽmpiən] 옹호하다 output [áutpùt] 결과물

5

정답 (b)

Instead of spending time with family, many children and even adults nowadays tend to prefer spending time by themselves in front of a computer. Sitting in darkened rooms, they are caught up in virtual reality worlds where they slay monsters, conquer enemies, and strive to become heroes and heroines. These gamers insist that their favorite activity is a harmless hobby, but others regard such a time-consuming, antisocial pastime as something a little more dangerous. This raises the question: ______________________?

(a) are computers necessary in the home
(b) is there such a thing as gaming addiction
(c) why do kids spend so much time on computers
(d) what kind of games are most popular nowadays

가족들과 시간을 보내는 대신에, 오늘날의 많은 아이들과 심지어 어른들도 요즘엔 컴퓨터 앞에서 혼자 시간을 보내는 경향이 있다. 어두운 방에 앉아, 그들은 몬스터를 죽이고, 적들을 정복하고 영웅이나 여장부가 되려고 하는 가상 현실 세계에 사로잡혀 있다. 이러한 게이머들은 그들이 좋아하는 활동이 무해한 취미라고 주장하지만, 다른 사람들은 그러한 시간 낭비이자 반사회적인 오락이 좀 더 위험하다고 여긴다. 이는 ______________라는 질문을 불러일으킨다.

(a) 가정에 컴퓨터가 필요한가
(b) 게임 중독이란 것이 있는가
(c) 아이들에 컴퓨터에 그렇게 많은 시간을 쏟는 이유가 무엇인가
(d) 요즘엔 어떠한 종류의 게임이 가장 인기가 있는가

해설 본문은 많은 사람들이 가상 현실 게임에 열광하고 있는 현상을 다루고 있다. 게임이 무해하다는 게이머들의 주장과 반대로 이 같은 현상을 우려하는 의견이 엇갈리는 가운데 화자가 던질 적절한 질문을 골라야 하므로, (b)가 정답이다.

오답분석

(a) 본문은 컴퓨터의 필요성에 대한 의문을 제기하는 내용이 아니라, 가상 현실 게임에 대한 글이므로 오답이다.

(c) 본문에 제기된 게임 문제가 '아이들'에게만 국한되지 않았으므로(many children and even adults nowadays tend to prefer spending time ~ in front of a computer) 오답이다.

(d) 빈칸 앞 문장에서 게임의 부정적 측면을 언급하고 있으므로, 빈칸 뒤에서 어느 게임이 인기 있는지 질문을 제기하는 것은 어색하다.

| 어휘 slay[slei] 살해하다 conquer[káŋkər] 정복하다 strive to 애쓰다 harmless[há:rmlis] 무해한
antisocial[æ̀ntaisóuʃəl] 반사회적인 pastime[pǽstàim] 오락, 취미 addiction[ədíkʃən] 중독

6

정답 (c)

Sponsoring our Web site Aspneur.com is a great way to build your brand name and reach a targeted group of businesses and entrepreneurs. Here are just a few ways you can promote your business by being our sponsor: your logo and Web hyperlink will be placed on the Aspneur Web site in a high-profile position; a brief business profile will be featured in our Business Networking section where ads will have virtually no competition; and your name will be highlighted in quarterly e-mail newsletters to our subscribers. Contact us to find out more about ______________________________.

(a) setting up a more professional Web site
(b) attracting more visitors to your Web site
(c) promoting your company to our readers
(d) cutting the costs of running your business

저희 웹사이트 Aspneur.com을 후원하시는 것은 귀하의 브랜드 이름을 키우고, 목표로 삼은 사업과 사업가들 그룹에 닿기 위한 훌륭한 방법입니다. 여기에 저희 스폰서가 되셔서 귀하의 사업을 홍보할 수 있는 몇 가지 방법이 있습니다: 귀하의 로고와 웹사이트 링크가 Aspneur 웹사이트에서 가장 좋은 프로필 자리에 위치하게 되고, 간단한 사업 프로필이 사실상 광고 경쟁이 없는 사업 네트워킹 섹션에 기사로 다뤄지게 될 것이며, 저희 구독자들에게 1년에 4번 보내지는 이메일 뉴스레터에 귀하의 이름이 강조되어 실릴 것입니다. ______________________________에 관해 좀 더 알고 싶으시면 연락하세요.

(a) 더욱 전문적인 웹사이트를 구축하는 것
(b) 귀하의 웹사이트에 좀 더 많은 방문자를 유인하는 것
(c) 저희 독자들에게 귀하의 회사를 홍보하는 것
(d) 귀하의 사업을 하는 데 드는 비용을 절감하는 것

| 해설 본문에 따르면, 이 웹사이트는 '구독자(subscribers)'를 확보하고 있는 기업 홍보 웹사이트이다. 이 웹사이트를 후원하면 사업을 홍보할 수 있다고 했고, 그 이후에 구체적인 홍보 방법들을 구체적으로 제시하고 있다. 따라서, 이 내용을 종합적으로 정리하면, 웹사이트에서 후원 회사를 홍보해 준다고 볼 수 있으므로 (c)가 정답이다.

오답분석

(a) 웹사이트의 링크를 실어 준다고 하였지, 웹사이트를 구축하라고 하지는 않았으므로 오답이다.

(b) 웹사이트 링크를 통해 더 많은 방문자를 유인하는 것은 '홍보'의 여러 가지 수단 중 한 가지에 불과하므로 오답이다.

(d) 본문에서 언급된 홍보의 여러 장점 중, 비용 절감에 대한 내용은 없으므로 오답이다.

| 어휘 entrepreneur[à:ntrəprənə́:r] 사업가 promote[prəmóut] 홍보하다 feature[fí:tʃər] 크게 다루다
virtually[və́:rtʃuəli] 사실상 highlight[háilàit] 강조하다, 돋보이다 quarterly[kwɔ́:rtərli] 연 4회 발행의
subscriber[səbskráibər] 구독자

7

정답 (a)

Based on our study on land reform policies in Colombia, we have found that current policies have been ineffective in transferring land to poor farmers. Our research indicates that the current policies have resulted in very little land actually being transferred. The ineffectiveness of these

콜롬비아에서의 토지 개혁 정책에 대한 우리 연구에 근거하여, 우리는 가난한 농부들에게 토지를 양도하는 데 있어 현 정책이 비효율적이었다는 것을 알아냈다. 우리의 연구는 현 정책이 매우 적은 토지만이 실제로 양도되게 했다는 것을 나타낸다. 이러한 정책들

policies has kept large plots of land in the hands of wealthy landowners, while small landowners and the landless have seen little growth in capital. Therefore, better policies are needed. New policies must be implemented to improve the functioning of land markets and to facilitate ________________________________.

(a) greater land access for the most disadvantaged
(b) access to the best farming machinery for the poor
(c) the sale of government property to small investors
(d) the transfer of land to the most productive companies

의 비효율성으로 인해 부유한 토지 소유자들에게는 계속 많은 토지를 소유하도록 한 반면에, 소규모 토지 소유자나 토지가 없는 사람들에게는 자본의 증가가 거의 없었다. 그러므로, 더 나은 정책이 필요하다. 새로운 정책은 토지 시장의 기능을 향상시키고 ________________________을(를) 촉진시키기 위해 시행되어야만 한다.

(a) 가장 혜택받지 못한 이들에게 더 많은 토지 이용
(b) 가난한 이들에게 최고의 농기계의 이용
(c) 소액 투자자들을 위한 정부 토지의 판매
(d) 가장 생산적인 회사들에게 토지 양도

해설 본문에 따르면, 콜롬비아의 현 토지 개혁 정책이 가난한 사람들에게 토지를 효율적으로 양도하지 못하고 있고(current policies have been ineffective in transferring land to poor farmers), 이로 인해 빈부차를 더 커지게 했다(has kept large plots of land in the hands of wealthy landowners, while small landowners ~ have seen little growth in capital)고 하였다. 따라서 새로운 정책이 가난한 이들에게 토지를 이용할 수 있도록 해야 한다는 내용의 (a)가 정답이다.

오답분석
(b) 이 글은 토지 양도 문제(transferring land)에 대한 내용이지, 농기계(farming machinery)를 이용 문제를 다루는 것이 아니므로 오답이다.
(c) 정부가 우려하는 것은 가난한 사람들의 토지 이용 문제이지, 소액 투자자에 대한 것이 아니므로 오답이다.
(d) 토지를 양도해야 할 대상은 생산적인 회사가 아니라 가난한 농부들이라고 언급되어 있으므로 오답이다.

어휘 reform [riːfɔ́ːrm] 개혁 ineffective [ìniféktiv] 비효율적인 transfer [trænsfə́ːr] 양도하다; 양도 plot of land (구역 단위의) 토지 capital [kǽpitəl] 자본 the disadvantaged 혜택받지 못한 자들, 가난한 자들 machinery [məʃíːnəri] 기계 property [prápərti] 재산, 소유물, 토지 productive [prədʌ́ktiv] 생산적인

8

정답 (d)

The great humanist philosopher Erasmus once observed that "human beings are not born, but formed." According to his view, a child is not fully human at birth; he or she has to be taught how to be human. A child to him was nothing but an impressionable creature without rational and moral self-control who needs guidance from good parents. He believed one cannot assume that children would simply grow into mature adults on their own. They need to be taught how to be adults. Thus, for Erasmus, a human being ________________________________.

(a) has to be governed by religious laws
(b) can achieve greatness through learning
(c) is born with an inherent moral sensibility
(d) must be created by conscientious parenting

위대한 인문주의 철학자 에라스무스는 일찍이 "인간은 태어나는 것이 아니라 형성된다"라고 말했다. 그의 관점에 의하면, 아이는 태어났을 때 완전한 인간이 아니며, 인간이 되는 법을 교육받아야 한다. 그에게 있어, 아이는 이성적이고 도덕적인 자제심이 없는, 훌륭한 부모의 지도가 필요한 감수성이 예민한 생물체에 지나지 않았다. 그는 아이들 스스로 성숙한 어른으로 자라기는 힘들다고 믿었다. 어린이들은 어른이 되는 법을 배워야 한다. 그러므로, 에라스무스에게, 인간은 ________________________.

(a) 종교적인 법에 의해 지배되어야 한다
(b) 배움을 통해 위대함을 이룰 수 있다
(c) 도덕적 감각을 갖고 태어난다
(d) 성실한 부모의 양육으로 만들어져야 한다

해설 본문에 따르면, 에라스무스는 아이들이 스스로 성숙한 어른으로 자라기는 힘들고, 훌륭한 부모의 지도가 필요하다고 생각하였다. 따라서 에라스무스의 생각에 따르면 성숙한 인간은 부모의 양육에 의해 만들어져야 한다고 볼 수 있으므로 (d)가 정답이다.

오답분석
(a) 에라스무스가 강조한 내용 중에 종교적 가르침에 대한 언급은 없으므로 오답이다.
(b) 배움을 통해 인간이 되는 법을 알아나가는 것은 맞지만, 배움을 통해 '위대함(greatness)'을 이룩해야 한다고 하지는 않았

으므로 오답이다.

(c) 본문에 따르면, 인간은 처음 태어났을 때, 도덕적 자제심이 없는 생물체에 다름없다(A child ~ was nothing but an impressionable creature without rational and moral self-control)고 하였으므로 오답이다.

| 어휘 humanist[hjúːmənist] 인문주의의 observe[əbzə́ːrv] 진술하다, 말하다 impressionable[impréʃənəbl] 감수성이 예민한 rational[rǽʃənəl] 이성적인 moral[mɔ́(ː)rəl] 도덕적인 mature[mətjúər] 성숙한, 분별 있는 sensibility[sènsəbíləti] 감각 conscientious[kànʃiénʃəs] 양심적인, 성실한

9

정답 (a)

Dear Ms. Jansen,

It is with much regret that I write to inform you that I have been unable to resolve your dispute with Mawim Electronics. As your lawyer, I have done all that I can without going to court, and I am certain that taking this dispute to court would end up costing you more than you paid for the faulty installation of your sound system. I hope you don't mind my candid advice: but I recommend that you ______________________. Please contact me to discuss the next step.

Sincerely,
Jim Ross, LLB

(a) drop the matter and not take it to court
(b) sue for the money that is rightfully yours
(c) accept the court's decision and pay the costs
(d) contact Mawim Electronics and file a complaint

Ms. Jansen께,

Mawim 전자와 귀하의 분쟁을 해결하지 못했다는 것을 알려드리게 되어 매우 유감입니다. 귀하의 변호사로서, 저는 법정에 가지 않고 할 수 있는 모든 것을 해 보았습니다, 그리고 이 분쟁을 법정으로 가져가는 것은 귀하가 잘못 설치된 사운드 시스템에 지불하신 돈보다 결국 더 많은 비용이 들 거라고 확신합니다. 부디 저의 솔직한 조언에 불쾌해하지 않으시길 바랍니다만, 귀하께서 ______________ 권하는 바입니다. 다음 절차에 대해 논의하기 위해 연락해 주시기 바랍니다.

진심을 담아,
법학사, Jim Ross

(a) 이 문제를 포기하시고 이를 법정으로 가져가지 않으시길
(b) 당연히 귀하의 것인 돈을 위해 고소하시길
(c) 법정의 판결에 따르셔서 비용을 지불하시길
(d) Mawim 전자에 연락하셔서 불만을 제기하시길

| 해설 본문에 따르면, 이 문제를 법정으로 가져가는 것이 잘못 설치된 사운드 시스템에 지불한 비용보다 더 많이 들 것이라고 조언하고 있으므로 (a)가 정답이다.

오답분석

(b) 본문에서 고소하는 것은 결국 비용이 더 많이 들 것(end up costing ~ more)이라고 하였으므로, 고소하라(sue for the money)는 내용의 보기는 오답이다.

(c) 법원에 아직 고소를 하지 않았으므로, 법원의 판결을 받아들이라(accept the court's decision ~)는 내용의 보기는 오답이다.

(d) 본문에 따르면, 변호사는 Mawim 전자와의 분쟁을 해결하지 못한 것을 유감스럽게 생각하고 있다(It is with much regret that I write to inform you that I have been unable to resolve your dispute with Mawim Electronics). 따라서, Ms. Jansen은 이미 Mawim 전자에 불만을 제기했다는 것을 알 수 있으므로 오답이다.

| 어휘 resolve[rizálv] 해결하다 dispute[dispjúːt] 분쟁 take a dispute to court 분쟁을 법정으로 가져가다 end up -ing 결국 ~로 끝나다 faulty[fɔ́ːlti] 잘못된 installation[ìnstəléiʃən] 설치 mind[maind] 마음에 꺼리다 candid[kǽndid] 솔직한 LLB (Legum Baccalaureus; Bachelor of Law) 법학사 sue[suː] 고소하다 rightfully[ráitfəli] 정당하게, 당연히 file a complaint 불만을 제기하다

10

정답 (d)

One aspect of child psychology that parents need to understand is what makes a child "spoiled." Some parents, unaware of the psychological harm they are inflicting on their child, deliberately withhold treats from their children because they "don't want to spoil them." This is sad because in reality it has nothing to do with ____. Children might receive a high allowance, have a large bedroom, and receive much attention and still not be spoiled, or they can have very little and be spoiled. It is not what they get that is at issue. It is how and why they get it.

(a) what a child is given
(b) how parents react to their children
(c) why children should be disciplined
(d) whether a child is misbehaving or not

부모들이 이해해야 할 아동 심리학의 한 관점은 무엇이 자녀를 "버릇없게" 만드는가이다. 어떤 부모들은, 그들이 아이에게 끼치는 심리적인 해로움은 인식하지 못한 채, 고의적으로 아이들이 만족감을 얻는 것을 억누른다. 왜냐하면 그들은 "아이들을 버릇없게 만들고 싶지 않기" 때문이다. 이것은 실제로 이는 ________________와 아무런 상관이 없기 때문에 슬픈 일이다. 아이들은 많은 용돈을 받거나 큰 침실을 갖거나, 많은 관심을 받고도 여전히 버릇없게 되지 않거나, 이러한 것들을 거의 받지 못하고도 버릇없게 될 수 있다. 문제가 되는 것은 아이들이 무엇을 받는지가 아니다. 어떻게 그리고 왜 그것을 받는지가 문제이다.

(a) 아이들이 무엇을 받는지
(b) 부모가 아이들에게 어떻게 반응을 하는지
(c) 아이들이 왜 훈육을 받아야 하는지
(d) 아이들이 버릇없이 행동하는지 아닌지

해설 빈칸 뒷문장에 따르면, 아이들이 부모에게 treats(만족감을 주는 것)를 제공받아도 버릇없게 되지 않으며, treats를 거의 못 받아도 버릇없게 될 수 있다고 하였다. 빈칸 앞의 it은 직전 문장에서 언급한 withhold treats를 의미하고 있으므로, treats를 withhold하는 것은 아이의 품행이 나빠지는지 아닌지 여부와는 관계가 없다고 볼 수 있다. 따라서 정답은 (d)이다.

오답분석

(a) 아이들이 무엇을 제공받는지(what a child is given)가 관건이 아니라, 아이들이 어떻게 받는지, 왜 그것을 받는지가 관건(how and why they get it)이라 하였으므로 오답이다.

(c) 본문에서는 아이들을 훈육되어야 한다고(disciplined) 하지 않았으며, 단지, 아이에게 treats(만족감을 주는 것)를 제공할 때, 제공하는 방식과 이유(it is how and why they get it)가 더 중요하다고 하였으므로 오답이다.

어휘 unaware [ʌ̀nəwέər] 알지 못하는 inflict harm on ~에게 해를 끼치다 deliberately [dilíbəritli] 고의적으로 withhold [wiðhóuld] 억누르다 treat [triːt] 대접, 만족감을 주는 것 at issue 문제가 되고 있는 discipline [dísəplin] 훈련시키다 misbehave [mìsbihéiv] 버릇없이 행동하다

11

정답 (a)

ShakerStyle Furniture Company wants you to know that we appreciate your business and value your continued support of our company. To reward our many faithful customers who have enjoyed our fine handcrafted furniture over the years, we are initiating a Valued Customer Program. Customers whose purchases have totaled $1,000 or above over the past year will receive a 10% discount off any future purchase; for $2,000 or above, customers will receive 15% off any future purchase. We know that customers of our handcrafted furniture recognize the inherent value of ShakerStyle products. And for our part, we ____.

(a) recognize that loyal patronage should be rewarded
(b) will continue to manufacture high-quality furniture

ShakerStyle 가구 회사는 귀하의 사업에 감사하고 저희 회사에 대한 귀하의 지속적인 지원을 높이 사고 있다는 점을 알려 드리고 싶습니다. 수년간 저희의 훌륭한 수공예 가구를 향유하신 많은 충실한 고객님들께 보답하기 위해, '소중한 고객 프로그램'을 시작하려 합니다. 작년 한 해 동안 1,000달러 이상을 구입하신 고객님들은 모든 가구 구입에 대해 10%의 할인을 받으실 것입니다; 2,000달러 이상 구매하신 고객님들은 15%의 할인을 받으실 것입니다. 저희 수공예 가구의 고객님들께서는 ShakerStyle 제품의 고유한 가치를 인정하신다는 것을 저희는 알고 있습니다. 그리고 저희는 ________________________.

(a) 성실한 단골 고객님들은 보답을 받아야 함을 알고 있습니다
(b) 계속해서 고품질의 가구들을 생산할 것입니다

(c) want to reward all of our first-time buyers with discounts (d) hope that everyone will take advantage of this bargain sale	(c) 첫 구매 고객님들께 할인으로 보답하고 싶습니다 (d) 모두가 이 바겐 세일을 이용하시길 바랍니다

해설 본문에 따르면, 고객에게 보답하고자(To reward our many faithful customers ~), 'Valued Customer Program'을 시작하려 한다고 하였으므로, (a)가 정답이다.

오답분석

(b) 고품질의 가구를 생산할 것이라는 회사의 다짐은 본문에서 언급된 바 없으므로 오답이다.

(c) 본문에서는 1,000달러 이상($1,000 or above)과 2,000달러 이상($2,000 or above) 구매한 고객에게 각각 10%와 15%의 할인을 제시한다고 하였지, 첫 구매 고객에게 할인을 제공한다고 하지는 않았으므로 오답이다.

(d) 본문에서 언급하는 sale은 특정 금액 이상의 구매 고객에게만 제공하는 할인이므로 오답이다.

어휘 faithful [féiθfəl] 믿음직한 handcrafted [hǽndkræ̀ftid] 수공으로 제작된 initiate [iníʃièit] 시작하다 total [tóutəl] 총 합이 ~에 이르다 recognize [rékəgnàiz] 인지하다 inherent [inhí(:)ərənt] 고유한 patronage [péitrənidʒ] 단골 고객

12

정답 (d)

Our report committee's internal review of hospital sanitation has found that approximately one in ten of our hospitalized patients acquires an infection after admission, resulting in substantial costs. Based on our calculations, the cost of these infections will raise our hospital's annual economic bill to nearly $6.7 million. The primary expense is incurred when patients with hospital-acquired infections have to prolong their stay. During this time, they occupy valuable bed space and require additional diagnostic and therapeutic interventions. It is a tragedy that such infections ____________________. (a) expose the unsanitary conditions at our hospital (b) negatively affect the way medical care is perceived (c) have not been investigated to determine their source (d) add to the burden and cost of our health care resources	우리 보고 위원회의 병원 위생에 대한 내부 조사는 대략 10명 중 1명의 입원 환자가 입원 후 감염증에 걸려 상당한 비용을 초래한다는 것을 밝혀냈다. 우리의 계산에 의하면, 이러한 감염으로 인한 비용은 우리 병원의 매년 경제적 청구서를 거의 670만 달러까지 올린다. 주요 지출은 병원에서 감염증에 걸린 환자가 입원 기간을 늘릴 때 생긴다. 이 기간 동안, 환자들은 값비싼 침대 공간을 차지하고 추가적인 진단과 치료의 중재를 요구한다. 이러한 감염증이 ____________________ 것은 비극적이다. (a) 우리 병원의 비위생적인 환경을 드러낸다는 (b) 의학 치료가 인식되는 방식에 부정적인 영향을 끼친다는 (c) 그것의 원천을 알아내기 위한 조사가 이루어지지 않았다는 (d) 우리의 건강 관리 재원에 부담과 비용을 추가한다는

해설 본문에 따르면, 환자들이 입원 이후에 감염이 되는 사례 때문에 병원의 비용이 증가한다고 하였으므로, 이와 같은 내용을 강조하는 (d)가 정답이다.

오답분석

(a) 본문에서 주로 언급하는 것은 '비위생적인 환경'이 아니라, 그로 인한 추가 환자 치료에 들어가는 '비용' 측면이므로 오답이다.

(b) 감염증이 의학 치료에 부정적으로 영향을 미친다는 언급은 없으므로 오답이다.

(c) 감염증의 원인을 알아내야 한다는 것이 이 글의 핵심이 아니라, 그것이 비용을 증가시킨다는 측면을 본문에서 주로 언급하고 있으므로 오답이다.

어휘 sanitation [sæ̀nitéiʃən] 공중 위생 hospitalize [háspitəlàiz] 입원시키다 acquire [əkwáiər] (병 등을) 얻다 admission [ədmíʃən] 입원, 입장 substantial [səbstǽnʃəl] 막대한 cost [kɔ(:)st] 비용 incur [inkə́:r] 초래하다 hospital-acquired infection 병원에서 얻은 감염 prolong [prəlɔ́(:)ŋ] 연장하다 occupy [ákjupài] (장소를) 차지하다 diagnostic [dàiəgnástik] 진단의 therapeutic [θèrəpjú:tik] 치료상의 intervention [ìntərvénʃən] 중재 expose [ikspóuz] 노출시키다 unsanitary [ʌ̀nsǽnitèri] 비위생적인 medical care 의학적 치료 perceive [pərsí:v] 인식하다 determine [ditə́:rmin] 알아내다 burden [bə́:rdn] 부담

13

정답 (b)

In asexual reproduction, one parent transmits all of its genetic information to the offspring, and the offspring is therefore identical to the parent. It typically is a reliable method of reproduction for simple organisms such as bacteria. One drawback, however, is that it ____. The genetic uniformity of offspring makes them all equally susceptible to changes in the environment. If a new disease, a new predator, or a climate change is lethal to one, it is lethal to all.

(a) paves the way for bacterial infections
(b) detracts from the resiliency of the species
(c) can spread diseases to more complex organisms
(d) enables bacteria to develop resistance to new drugs

무성 생식에서는, 한쪽 부모가 모든 유전 정보를 자손에게 전달하고, 따라서 자손은 그 부모와 동일하다. 이는 박테리아와 같은 단순 생물체에게 전형적으로 신뢰할 만한 생식 방법이다. 그러나, 한 가지 약점은 그것이 ____________________는 것이다. 자손들의 유전적 동일성은 그들을 모두 똑같이 환경의 변화에 취약하게 만든다. 만약 새로운 질병, 새로운 포식자, 또는 기후 변화가 한 개체에게 치명적이라면, 그것은 모두에게 치명적이다.

(a) 박테리아 감염을 용이하게 한다
(b) 종의 신속한 회복력을 손상시킨다
(c) 더 복잡한 생명체에게 질병을 퍼뜨릴 수 있다
(d) 박테리아가 새로운 약물에 대한 저항력을 개발하게 한다

해설 무성 생식(asexual reproduction)을 통해 부모와의 유전적 동일성(genetic uniformity)을 갖고 태어나는 자손(offspring)은 부모들과 똑같이 환경의 변화에 취약하게 된다(equally susceptible to changes in the environment)는 내용의 글이다. 따라서, 종의 회복력을 손상시킨다는 내용의 (b)가 정답이다.

오답분석

(a) 본문에서 언급하는 생명체가 바로 박테리아(It typically is a reliable method of reproduction for simple organisms such as bacteria)이므로, 박테리아에 감염된다는 내용은 오답이다.
(c) 본문에 의하면, 다른 생명체에게 질병을 옮긴다고 하지는 않았고, 단지 그 종이 환경 변화에 취약해진다고 하였으므로 오답이다.
(d) 본문에서는 무성 생식으로 박테리아가 환경에 취약해진다고 했지, 박테리아가 새 약물에 대한 저항력을 개발한다는 내용은 언급된 바 없으므로 오답이다.

어휘 asexual [eisékʃuəl] 무성의 reproduction [rìːprədʌ́kʃən] 생식 offspring [ɔ́(ː)fsprìŋ] 자손 identical [aidéntikəl] 똑같은 drawback [drɔ́ːbæ̀k] 결점 uniformity [jùːnəfɔ́ːrməti] 동일성 susceptible to ~에 취약한 lethal [líːθəl] 치명적인 pave the way for ~을 용이하게 하다 detract [ditrǽkt] 손상시키다 resiliency [rizíljənsi] 신속한 회복력 resistance [rizístəns] 저항력, 내성

14

정답 (a)

The plasma fuel reformer, or plasmatron, may look like nothing more than a modified aluminum soda can. Yet it can perform a vital function that is beneficial to the environment. When incorporated into diesel fuel engines, such as those used in vehicles, it purifies emissions, resulting in less toxic pollutants being passed into the atmosphere. The plasmatron works by using an electric charge to rearrange diesel fuel molecules into carbon monoxide and hydrogen. It then harnesses these gases and puts them to use in cleaning up smog-producing nitrogen oxides, or NOx. The applications of this technology are far-reaching, but for now, scientists hope it may help ____.

플라즈마 연료 개량기, 또는 플라즈마 장치는 개조된 알루미늄 음료수 캔 정도로 밖에는 보이지 않을 것이다. 그러나 이는 환경에 이로운 중대한 기능을 수행한다. 그것이 자동차에 쓰이는 디젤 연료 엔진과 결합되면, 대기에 방출되는 독성이 보다 적은 오염 물질을 만들어 내면서, 배기가스를 정화한다. 플라즈마 장치는 디젤 연료 분자를 일산화탄소와 수소로 재배열하기 위해 전하를 이용함으로써 작동한다. 그런 다음 그것은 이 가스들을 동력화해서 스모그를 만들어내는 산화질소 혹은 NOx를 정화하는 데 사용한다. 이 과학 기술의 적용은 멀리까지 미칠 수 있지만, 현재로써는, 과학자들은 이것이 ____________________을 도울 것이라고 희망한다.

(a) lower the release of noxious nitrogen oxide fumes
(b) lessen fuel consumption in standard diesel engines
(c) provide an alternative energy solution to the oil crisis
(d) prevent chemical spills from damaging the environment

(a) 유해한 산화질소 배기가스 방출을 낮추는 것
(b) 표준 디젤 엔진에서 연료 소비를 줄여 주는 것
(c) 석유 파동에 대한 대체 에너지 해결책을 제공해 주는 것
(d) 화학물 유출로부터 자연이 손상되는 것을 방지하는 것

해설 본문에 따르면, 이 기계는 스모그를 만들어내는(smog-producing) 산화질소(nitrogen oxides)를 정화하는(cleaning up) 데 사용된다고 하였으므로, 이것이 유해한 산화질소 배기가스 방출을 낮추는 데 도움이 될 것이라는 내용의 (a)가 정답이다.

오답분석
(b) 본문에서 이 기계가 연료 소비를 줄여준다는 내용은 언급된 바 없으므로 오답이다.
(c) 이 기계는 대체 에너지를 제공해 주는 것이 아니므로 오답이다.
(d) 이 기계는 대기에 방출되는 배기가스(emissions)를 정화하는 역할을 하는 것이지, 화학물 유출(chemical spills)을 방지하는 기능을 하는 것이 아니므로 오답이다.

어휘 reformer [rifɔ́:rmər] 개량기 nothing more than ~에 지나지 않는 vital [váitəl] 중대한
incorporate [inkɔ́:rpərèit] 합치다, 결합하다 purify [pjú(:)ərəfài] 정화하다 emission [imíʃən] 배기가스, 배출
pollutant [pəlú:tənt] 오염 물질 electric charge 전하 rearrange [rì:əréindʒ] 재배열하다 molecule [mɑ́ləkjù:l] 분자
harness [hɑ́:rnis] 이용하다 application [æ̀pləkéiʃən] 적용 far-reaching (효과·영향이) 멀리까지 미치는 noxious [nɑ́kʃəs] 유해한
fume [fjú:m] 배기가스 lessen [lésn] 줄이다, 적게 하다 consumption [kənsʌ́mpʃən] 소모 alternative energy 대체 에너지
oil crisis 석유 파동 spill [spil] 유출

15

정답 (c)

Bill Gates and Henry Thoreau represent two very different views of technology. Bill Gates, who regards technology as a necessary and essential tool for the advancement of humankind, believes that technology has improved our lives. ______________, Thoreau believed that technology could actually stop the advancement of humankind. He believed that technology takes us away from living truthfully. In other words, technology stops us from enjoying simple pleasures such as reading a book or walking in the woods.

(a) In addition
(b) To summarize
(c) On the other hand
(d) As a matter of fact

빌 게이츠와 헨리 소로는 기술에 대한 매우 다른 두 가지 관점을 보여준다. 기술이 인류의 발전에 필요하고 필수적인 도구라고 여기는 빌 게이츠는 기술이 우리의 생활을 향상시켰다고 믿는다. _______, 소로는 기술이 인류의 진보를 실제로 멈추게 할 수 있었다고 믿었다. 그는 기술이 우리를 진실되게 살지 못하게 한다고 믿었다. 다시 말해, 기술은 우리가 책을 읽거나 숲에서 걷는 것과 같은 단순한 기쁨을 즐기는 것을 막는다는 것이다.

(a) 게다가
(b) 요약하자면
(c) 반면에
(d) 사실상

해설 빈칸 앞에서는 빌 게이츠가 '기술이 인류 발전을 위해 필요한 것이라고 여긴다(regards technology as a necessary and essential tool for the advancement of humankind)'고 하였고, 빈칸 뒤에서는 소로가 '기술이 인간의 진보를 멈추게 할 수도 있었다(technology could actually stop the advancement of humankind)'고 언급하고 있으므로, 빌 게이츠와 소로의 견해는 서로 상반된다고 볼 수 있다. 따라서 대조 관계를 나타내는 (c) On the other hand가 정답이다.

어휘 represent [rèprizént] 대표하다 regard A as B A를 B로 여기다 essential [əsénʃəl] 필수적인
advancement [ədvǽnsmənt] 진보 improve [imprú:v] 개선되다 truthfully [trú:θfəli] 진실되게, 정직하게
pleasure [pléʒər] 기쁨, 즐거움

16

정답 (a)

Alternative medical therapies are now beginning to win some mainstream acceptance. According to a recent survey, more than a third of American adults have tried alternative therapies, including folk medicine and natural products. ______________, this growing popularity does not mean that caution can be laid aside. The Food and Drug Administration warns that "natural" does not necessarily mean safe because no scientific research exists on the long-term side effects of using certain alternative therapies.

(a) Even so
(b) Likewise
(c) Therefore
(d) For example

대체 의학 치료는 현재 몇몇 주류에 의해 인정받기 시작하고 있다. 최근 조사에 따르면, 미국 성인의 삼분의 일 이상이 민간 치료 요법, 자연 제품을 포함한 대체 치료를 시도해 봤다고 한다. ________, 이 높아지는 인기가 주의를 기울일 필요가 없다는 것을 의미하는 것은 아니다. 식품 의약청은 "자연적인 것"이 반드시 안전하다는 것을 의미하지는 않는다고 경고하는데, 특정 대체 치료법 사용에 따른 장기적인 부작용에 대해 어떠한 과학적 연구도 없기 때문이다.

(a) 그렇다고 하더라도
(b) 마찬가지로
(c) 그러므로
(d) 예를 들면

해설 빈칸 앞부분에서는 대체 의학 치료가 미국에서 주류로 받아들여지기 시작하고 있다고 했으나, 빈칸 뒷부분에서는 반드시 안전하다고 할 수는 없다고 하였으므로, 역접의 (a) Even so가 정답이다

어휘 alternative[ɔːltə́ːrnətiv] 대체의, 대신의 therapy[θérəpi] 치료 win acceptance 받아들여지다 mainstream[méinstrìːm] 주류, 주류의 survey[səːrvéi] 조사 folk medicine 민간 치료 요법 popularity[pɑ̀pjulǽrəti] 인기 caution[kɔ́ːʃən] 조심, 주의 lay aside 제쳐두다 long-term 장기적인 side effect 부작용

Part II

17

정답 (b)

Phnom Penh in Cambodia certainly was not how I had imagined it would be. Around the sacred hilltop temple where legend says this capital city was born, a karaoke bar, a pizza parlor, and two high-rise hotels ruin any sense of history. Down the broad boulevards, traffic noise and pollution have replaced the clean air and sweet aromas of traditional markets. The old, elegant villas that once stood nearby have been bulldozed to make way for cheap, tasteless apartment blocks.

Q: What is the main topic of the passage?

(a) The history of Cambodia
(b) The loss of Phnom Penh's past
(c) The fun of traveling in Cambodia
(d) The liveliness of Cambodia's capital

캄보디아의 프놈펜은 확실히 내가 상상했던 것과는 달랐다. 전설에서 일컫기로 이 수도가 태어난 곳이라는 신성한 언덕 꼭대기의 사원 근처에는, 가라오케 바, 피자 가게, 그리고 두 개의 고층 호텔들이 역사적인 느낌을 망가뜨린다. 넓은 길 아래에는, 교통 소음과 공해가 맑은 공기와 전통 시장의 달콤한 향기를 대체해 버렸다. 한때 근처에 있었던 오래되고 우아한 주택들은 싸구려의 무미건조한 아파트 단지들을 만들기 위해 불도저로 밀렸다.

Q: 이 글의 주제는 무엇인가?

(a) 캄보디아의 역사
(b) 프놈펜의 과거의 소실
(c) 캄보디아 여행의 재미
(d) 캄보디아 수도의 활기

해설 본문에 따르면, 캄보디아의 수도 프놈펜이 새로 생긴 건물들(a karaoke bar, a pizza parlor and two high-rise hotels)로 인해 역사적인 느낌(sense of history)을 잃었다고 하였다. 따라서 (b)가 정답이다.

오답분석
(a) 본문은 캄보디아가 아니라 캄보디아의 수도인 프놈펜의 역사에 대해 주로 언급하고 있으며, 이 또한 주된 내용이 아니므로 오답이다.
(d) 캄보디아의 수도인 프놈펜에 대한 내용은 맞지만, 활기 있다는 긍정적인 내용이 아니라, 과거의 모습이 사라졌다는 부정적인 내용이므로 오답이다.

| 어휘 Phnom Penh 프놈펜 (캄보디아의 수도) sacred [séikrid] 성스러운 hilltop [híltɑ̀p] 언덕 꼭대기 parlor [pɑ́:rlər] 가게, 상점 high-rise 고층의 ruin [rú(:)in] 망치다 boulevard [bú(:)ləvɑ̀:rd] 큰 길 bulldoze [búldòuz] 불도저로 밀다 make way for ~에게 길을 양보하다 tasteless [téistlis] 무미건조한 apartment block 아파트 단지

18

정답 (b)

Dear Customer,

Thank you for contacting Music27.com. To reset your password on our Web site, you need to follow these two steps. First, go to www.music27.com/reset.html and enter your current ID. Then, follow the instructions on the screen to choose a new password. If you are still having trouble after completing those steps, you may contact technical support by e-mail (techsupport@music27.com).

Music27.com Customer Service

Q: What is the e-mail about?

(a) How to buy music online
(b) How to reset your password
(c) What to do when you forget your ID
(d) Who to contact for technical support

고객님께,

Music27.com에 접속해 주셔서 감사합니다. 저희 웹사이트에서 귀하의 암호를 재설정하기 위해, 귀하께서는 다음의 두 절차를 따라 주셔야 합니다. 첫째로, www.music27.com/reset.html에 가셔서 지금 쓰시는 ID를 입력해 주십시오. 그런 다음, 새로운 암호를 선택하기 위해 스크린에 뜨는 지시에 따르십시오. 만약 이 단계를 완료한 후에도 여전히 문제가 발생하는 경우에는, 이메일(techsupport@music27.com)로 기술 지원에 연락하세요.

Music27.com 고객 서비스

Q: 이 이메일은 무엇에 관한 것인가?

(a) 온라인으로 음악을 사는 방법
(b) 비밀번호를 재설정하는 방법
(c) 아이디를 잊었을 때 해야 할 것
(d) 기술 지원을 위해 연락해야 할 사람

| 해설 본문에서 'To reset your password on our Web site'라고 하였고, 그 이후에 이를 위한 절차들을 언급하고 있으므로, 비밀번호를 재설정하기 위한 방법이라고 한 (b)가 정답이다.

오답분석
(a) 음악 사이트에서 암호를 재설정하는 방법에 대한 설명이지, 음악을 사는 방법에 대한 내용이 아니므로 오답이다.
(c) 아이디를 잊었을 경우가 아니라, 암호 재설정에 대한 내용이므로 오답이다.
(d) 기술 지원을 위해 연락할 곳에 대한 정보는 본문에 언급되었지만, 본문의 핵심 내용은 아니므로 오답이다.

| 어휘 reset [ri:sét] 재설정하다 instruction [instrʌ́kʃən] 설명, 안내 complete [kəmplí:t] 완성하다 technical support 기술 지원

19

정답 (c)

Since about 1950, farmers have used chemicals to grow their fruits and vegetables more profitably. By using chemicals, farmers can grow more crops on the same amount of land. This means they can sell more fruits and vegetables to stores. Farmers also use chemicals to ripen them artificially. Most tomatoes, for example, are picked

1950년경 이후로, 농부들은 과일과 채소를 더욱 수익성 있게 재배하기 위해 화학 약품들을 사용해왔다. 화학 약품을 사용함으로써, 농부들은 같은 크기의 땅에서 더 많은 작물을 키울 수 있다. 이것은 상점에 더 많은 과일과 야채를 팔 수 있다는 것을 의미한다. 농부들은 또한 그것들을 인위적으로 익히기 위해 화학 약품을 이용한다. 예를 들면, 대부분의 토마토는 여전

from the vine while they are still green, and put in boxes. They turn red when chemicals are added to the boxes before they are delivered to the supermarket.

Q: What is the passage mainly about?

(a) What farmers do before planting fruits and vegetables
(b) What kind of fertilizers are used in farming
(c) How chemicals are used in farming
(d) How chemicals help tomatoes ripen

히 녹색일 때 줄기에서 수확되어 박스에 담아진다. 그것들은 슈퍼마켓에 배달되기 전 화학 약품이 추가되면 붉은 색으로 변한다.

Q: 이 글은 주로 무엇에 관한 것인가?

(a) 과일과 야채를 재배하기 전에 농부가 무엇을 하는지
(b) 어떤 종류의 비료가 경작에 이용되는지
(c) 화학 약품이 경작에 어떻게 이용되는지
(d) 화학 약품이 어떻게 토마토를 익히는 지

해설 본문에 따르면, 농부들이 수익성 있게 과일과 채소를 재배하기 위해 화학 약품을 사용해 왔다(farmers have used chemicals to grow their fruits and vegetables more profitably)고 했고, 그 이후에 구체적으로 경작에서 사용하는 용도에 대해 설명하고 있다. 따라서 (c)가 정답이다.

오답분석
(a) 화학 약품 사용에 대한 언급이 빠져 있으므로 오답이다.
(b) 비료의 종류에 대해서는 본문에서 언급된 바 없으므로 오답이다.
(d) 토마토를 익히는 화학 약품에 대한 내용은 본문의 일부 내용이므로 주제로는 부적합하다.

어휘 chemicals [kémikəlz] 화학 약품 profitably [práfitəbli] 수익성 있게 crop [krɑp] 작물 ripen [ráipən] 익히다, 익다 artificially [à:rtəfíʃəli] 인위적으로 vine [vain] 넝쿨, 줄기

20

정답 (d)

A new test may help police nab drug users behind the wheel. When police in the US pull over a driver on suspicion of "driving under the influence," proving the presence of drugs is quite difficult as it requires a blood test that takes weeks to analyze. So, Dialab, a medical diagnostics company in California, has developed a way to test for up to ten drugs in five minutes by examining saliva. "Measuring the drug levels in spit, along with its acidity, can provide an accurate read of the dose present in a person's bloodstream", says Linda Masterson, President of Dialab. The device is expected to be available in late 2009.

Q: What is the passage mainly about?

(a) Helping police fight against illegal drug trafficking
(b) Stopping drunk drivers using a device made by Dialab
(c) A company that develops devices to aid in drug research
(d) A device that police can use to test drivers for drug levels

새로운 검사가 경찰이 운전 중인 마약 사용자들을 검거하도록 도와줄지도 모른다. 미국에 있는 경찰이 "약에 취한 채 운전을 한다"고 의심되는 운전자를 멈춰 세울 때, 분석하는 데 몇 주나 걸리는 혈액 검사가 요구되기 때문에 약물의 존재 여부를 증명하는 것이 꽤 어렵다. 그래서, 캘리포니아에 있는 의학 진단 회사인 Dialab은 침을 검사해서 5분 내에 최대 열 가지의 약물을 검사하는 방법을 개발하였다. "침에서 산성도와 함께 약물 수준을 측정하는 것은 사람의 혈류에 존재하는 정확한 약물 복용량의 판독을 제공할 수 있다"고 Dialab의 사장인 Linda Masterson은 말한다. 이 장치는 2009년 하반기에 사용이 가능할 전망이다.

Q: 이 글은 주로 무엇에 관한 것인가?

(a) 경찰이 불법 마약 밀매에 맞서 싸우는 것을 돕는 것
(b) Dialab에 의해 만들어진 장치를 이용해 음주 운전자를 막는 것
(c) 마약 연구를 돕기 위한 장치들을 개발하는 회사
(d) 운전자들의 마약 수치를 검사하기 위해 경찰들이 이용할 수 있는 장치

해설 본문에 따르면, 운전 중인 마약 사용자들을 경찰이 검거하는 것을 돕는 새로운 테스트가 개발되었다고 하였고, 그 이후에 이 검사에 대해 설명하고 있으므로 (d)가 정답이다.

오답분석
(a) 본문은 마약 밀매(drug trafficking)에 대한 내용이 아니라, 마약 복용 검사에 대한 내용이므로 오답이다.
(b) 이 검사의 목적은 음주 운전을 막는 것이 아니라, 마약 복용 운전자(drug users behind the wheel)를 검거하는 것(nab) 이므로 오답이다.
(c) 이 검사 장치가 마약 연구를 돕는 것은 아니므로 오답이다.

어휘 nab [næb] 검거하다 behind the wheel 운전 중인 pull over 차를 한쪽에 세우다 on suspicion of ~이 의심되는 drive under the influence (약물 · 술 등을) 복용한 상태로 운전하다 diagnostics [dàiəgnástiks] 진단 saliva [səláivə] 침 acidity [əsídəti] 산성도 dose [dous] (약물) 복용량 drug trafficking 마약 밀매

21

정답 (d)

Many foreign species are introduced into new environments for farming, pest control, or as pets. Other species hitch rides in cargo shipments. While some are benign and fit in well with their new environment, many wreak havoc. For instance, the nutria, a large South American rodent, has been imported into many countries by entrepreneurs hoping to sell its fur. But when the animals have escaped into the wild, their voracious feeding and burrowing habits have threatened native habitats and caused the erosion of riverbanks and dikes.

Q: What it the main idea of the passage?

(a) Foreign species can arrive in a country in many ways.
(b) Some foreign animals easily adapt to new environments.
(c) The introduction of the nutria had disastrous consequences.
(d) Introducing species to new environments can cause damage.

많은 외래종들이 농작, 해충 구제, 또는 애완동물으로 새로운 환경에 들어온다. 다른 종들은 화물 수송에 끼워 들어온다. 몇몇은 온순하고 새로운 환경에 잘 적응하는 반면에, 다수는 이를 파괴한다. 예를 들면, 커다란 남아메리카 설치류인 nutria는 이것의 모피를 팔고자 하는 사업가들에 의해 많은 나라에 수입되었다. 하지만 이 동물들이 야생으로 도망치자, 이들의 왕성한 식성과 굴을 파는 습관은 자연 서식지를 위협했고 강둑과 제방의 부식을 일으키는 원인이 되었다.

Q: 이 글의 주제는 무엇인가?

(a) 외래종은 다양한 방법으로 한 나라에 도착할 수 있다.
(b) 몇몇 외래 동물들은 새로운 환경에 쉽게 적응한다.
(c) nutria의 도입은 재앙적인 결과를 불러왔다.
(d) 생물 종들을 새로운 환경에 들여오는 것은 피해를 유발할 수 있다.

해설 본문에서, 많은 외래종들이 새로운 환경을 파괴한다(wreak havoc)고 하였으므로 (d)가 정답이다.

오답분석
(a) 본문에는 외래종들이 도착하는 여러 방법들이 언급되고 있지만, 그로 인한 피해의 측면을 언급하지 않아 주제로 보기 어렵다.
(b) 몇몇 외래종들이 새로운 환경에 쉽게 적응한다(some are benign and fit in well with their new environment)고 본문에 언급되고는 있지만, 이 글 전체의 주제로 보기는 어렵다.
(c) nutria는 외래종 피해의 예로 언급한 것이므로 주제라고 보기 어렵다.

어휘 introduce [ìntrədjú:s] 들여오다, 소개하다 hitch ride 끼워 타다, 히치하이킹하다 cargo shipment 화물 수송 benign [bináin] 온순한 wreak havoc 파괴하다 rodent [róudənt] 설치류 fur [fə:r] 털, 모피 voracious [vɔ:réiʃəs] 왕성한, 게걸스러운 erosion [iróuʒən] 부식 riverbank [rívərbæ̀ŋk] 강둑 dike [daik] 제방

22

정답 (c)

Our B2B Trade Shows are the largest shows of their kind in the nation and a perfect opportunity to introduce your business to a wide clientele. Show formats are open to

우리 B2B 무역 박람회는 국내의 동종 박람회 중에서 제일 큰 규모이며 귀하의 사업을 폭 넓은 고객들에게 소개할 완벽한 기회입니다. 박람회 형식들은 대중들

the general public and thus draw crowds of both consumers and industry insiders. This format is an effective way to have your product or service seen by tens of thousands of customers daily. Our advertising campaign encompasses the full range of public media including trade publications and outdoor advertising. In order to be part of a show next year, you must reserve your space early. With four award-winning events each year, you can't lose. But hurry, our shows sell out quickly!

Q: What is mainly being advertised?

(a) An upcoming B2B Trade Show for the general public
(b) A large conference specifically for business leaders in trade
(c) An opportunity for businesses to participate at a trade show
(d) A trade show for businesses specializing in outdoor advertising

에게 공개되어 있고, 따라서 소비자와 산업 관계자 양쪽 모두를 끌어들입니다. 이러한 형식은 귀하의 제품이나 서비스를 매일 수만 명의 고객들에게 보이기 위한 효과적인 방법입니다. 저희의 광고 캠페인은 무역 출판물과 옥외 광고를 포함하여 모든 대중 매체를 포함합니다. 내년 박람회에 참가하시려면, 귀하께서는 일찍 자리를 예약하셔야 합니다. 매년 4개 부문을 수상한 박람회로, 귀하에게 이득이 됩니다. 하지만 서두르세요, 저희 박람회 자리는 금세 다 팔립니다!

Q: 무엇을 주로 광고하고 있는가?

(a) 일반 대중들을 위해 곧 열릴 B2B 무역 박람회
(b) 특히 무역 업계 지도자들을 위한 큰 회담
(c) 업체들이 무역 박람회에 참가할 수 있는 기회
(d) 옥외 광고 전문인 업체들을 위한 무역 박람회

해설 본문에 따르면, 이 B2B 무역 박람회(B2B Trade Shows)는 귀하의 사업을 대중에게 소개시킬 완벽한 기회(to introduce your business to a wide clientele)라고 하였으므로, (c)가 정답이다.

오답분석
(a) 곧 열릴 특정한 하나의 박람회에 대한 광고가 아니라, 내년에 열릴 무역 박람회 전체(B2B Trade shows)에 대한 광고이므로 오답이다.
(b) 무역 박람회에 대한 광고이지, 회담(conference)에 대한 광고가 아니므로 오답이다.
(d) 옥외 광고가 이 박람회의 광고 수단 중 하나이지, 옥외 광고를 하는 사업체들을 위한 박람회가 아니므로 오답이다.

어휘 kind [kaind] 종류, 동종 clientele [klàiəntél] 고객 general public 대중 industry insider 산업 관계자 encompass [inkʌ́mpəs] 포함하다 publication [pʌ̀bləkéiʃən] 출판물 advertising [ǽdvərtàiziŋ] 광고 sell out 팔리다 specialize in ~을 전문으로 하다

23

정답 (c)

The earliest art that we know of was painted on the walls of caves during the Stone Age. Most of the pictures depict animals that cavemen hunted and depended on for survival. To understand them, one must realize that the artist or hunter painted them for superstitious reasons. Stone Age artists believed that painting their prey would make future hunts successful.

Q: Which of the following is correct about Stone Age paintings?

(a) They showed cavemen hunting.
(b) They mainly showed large animals.
(c) They were meant to help with hunting.
(d) They were painted after a successful hunt.

우리가 알고 있는 가장 초창기의 예술은 석기 시대 동안 동굴의 벽에 그려졌다. 대부분의 그림들은 원시인들이 생존을 위해 사냥하고 의지했던 동물들을 묘사한다. 이들을 이해하기 위해서는, 우리는 화가 또는 사냥꾼들이 미신적인 이유로 이들을 그렸다는 것을 알아야 한다. 석기 시대 화가들은 그들의 사냥감을 그리는 것이 앞으로의 사냥을 성공하게 해준다고 믿었다.

Q: 다음 중 석기 시대 그림에 대하여 옳은 것은?

(a) 원시인들이 사냥하는 것을 보여 주었다.
(b) 주로 큰 동물들을 보여 주었다.
(c) 사냥을 돕기 위함이 목적이었다.
(d) 성공적인 사냥 후에 그려졌다.

| 해설 본문에 따르면, 석기 시대의 화가들이 동물을 벽화에 그린 이유는 사냥을 성공하게 하기 위해서라고 하였으므로(painting their prey would make future hunts successful), 정답은 (c)이다.

| 어휘 depict[dipíkt] 묘사하다 caveman[kéivmæ̀n] 원시인 survival[sərváivəl] 생존 superstitious[sù:pərstíʃəs] 미신적인 prey[prei] 사냥감

24

정답 (b)

A man with a gun who hid in the woods from police on Monday finally surrendered after being bitten by a snake, the Santa Clara sheriff's office said today. The incident occurred in the afternoon in a remote area south of Los Gatos. Police received a call about a man seen with a gun, and when officers arrived and confronted the man, he ran into the woods. Police talked to the man using a loudspeaker but were unable to persuade him to give up. At about 5:30 p.m., the man emerged from the woods, saying he was willing to surrender because he had been bitten by a snake. He was promptly arrested.

Q: Why did the man surrender?

(a) He was persuaded by police.
(b) He had been bitten by a snake.
(c) He ran out of bullets for his gun.
(d) He got tired of living in the woods.

월요일에 경찰을 피해 숲으로 달아난 총을 든 한 남자가 뱀에게 물린 후 결국 자수를 했다고 오늘 Santa Clara의 보안관 사무실은 발표했다. 이 사고는 Los Gatos의 남쪽 지역의 외딴 곳에서 오후에 발생하였다. 경찰은 총을 든 남자를 보았다는 전화를 받았고 경찰들이 도착하여 남자를 맞닥뜨리자, 그는 숲 속으로 도망쳤다. 경찰은 확성기를 사용해 남자와 대화를 하였지만 그가 포기하도록 설득하는 데는 실패했다. 오후 5시 30분 쯤에 그 남자는 뱀에게 물려서 자수를 하겠다고 말하며 숲에서 나왔다. 그는 즉시 검거되었다.

Q: 남자는 왜 자수했는가?

(a) 그는 경찰에 의해 설득되었다.
(b) 그는 뱀에 물렸었다.
(c) 그의 총에 총알이 다 떨어졌다.
(d) 그는 숲에서 사는 것에 지쳤다.

| 해설 본문에 따르면, 한 남자가 숲으로 달아났지만, 뱀에게 물리고 나서 자수를 했다(finally surrendered after being bitten by a snake)고 하였고, 뱀에게 물려서 항복한다(he was willing to surrender because he had been bitten by a snake)고 말했다고 했으므로, 정답은 (b)이다.

오답분석
(a) 본문에 따르면 경찰이 그가 포기하도록 설득을 시도하였으나 실패했다(Police ~ were unable to persuade him to give up)고 하였으므로 오답이다.
(c) 그의 총에 총알이 다 떨어졌다고 언급된 바 없으므로 오답이다.
(d) 그는 숲에서 살았던 것이 아니라, 숲으로 도망간 것이므로 오답이다.

| 어휘 surrender[səréndər] 항복하다 bite[bait] 물다 sheriff[ʃérif] 보안관 remote[rimóut] (멀리) 떨어진 confront[kənfrʌ́nt] 대면하다 loudspeaker[láudspì:kər] 확성기 persuade[pərswéid] 설득하다 promptly[prámptli] 즉시, 신속하게 bullet[búlit] 총알

25

정답 (b)

Twenty years ago, only a few people had the skills or equipment to make counterfeit money. But today, computers, copiers and printers are so advanced that almost anyone can "make" money. Because of this newfound convenience, there is a new kind of counterfeiter: the "casual counterfeiter." These

20년 전에는 소수의 사람만이 위조 지폐를 만드는 기술이나 장비를 갖고 있었다. 하지만 오늘날에는 컴퓨터, 복사기, 그리고 프린터들이 매우 진보하여 거의 누구나가 돈을 "만들" 수 있다. 이렇게 새로 발견된 편리함 때문에, 새로운 종류의 위조자가 생겼다: "평범한 위조자"이다. 이러한 위조자들은 "평범"하다고

counterfeiters are called "casual" because they do not necessarily have special skills or need to put much effort into counterfeiting. So, many "casual counterfeiters" now exist that, according to government statistics, the total number of counterfeiters has doubled since 1989.

Q: What has made it possible for casual counterfeiters to "make" money?

(a) Faster computers with special programs
(b) The accessibility of advanced technology
(c) Skills they have learned from professionals
(d) The increase in the amount of counterfeit money

불리는데 왜냐하면 이들은 반드시 특별한 기술을 지니거나 위조하는 데에 많은 공을 들일 필요가 없기 때문이다. 그래서, 현재 많은 "평범한 위로자들"이 존재하며, 정부의 통계에 따르면, 위조자들의 총 수는 1989년 이래로 두 배가 되었다.

Q: 무엇이 평범한 위조자가 돈을 "만드는" 것을 가능하게 했는가?

(a) 특별한 프로그램을 가진 더 빠른 컴퓨터
(b) 선진 기술의 접근성
(c) 그들이 전문가들에게서 배운 기술
(d) 위조 지폐 양의 증가

해설 본문에 따르면, 컴퓨터, 복사기, 프린터들이 매우 진보하여 거의 누구나 돈을 만들 수 있다(~ are so advanced that almost anyone can "make" money)고 하였다. 따라서, 평범한 위조자들이 돈을 "만드는" 것은 복사기, 프린터와 같은 선진 기술에 접근할 수 있게 된 것이 원인이므로, (b)가 정답이다.

오답분석
(a) 컴퓨터가 발달되었다고 하였지, 특별한 프로그램을 가진 컴퓨터 덕분이라고 하지는 않았으므로 오답이다.
(c) 전문가에게서 배운 기술이 아니라, 단순히 컴퓨터, 복사기, 프린터들만 있으면 누구나 돈을 만들 수 있다고 하였으므로 오답이다.
(d) 위조 지폐 양의 증가는 평범한 위조자가 돈을 만드는 것이 가능하게 되면서 생긴 결과이지, 평범한 위조자들이 돈을 만들 수 있게 된 원인이 아니므로 오답이다.

어휘 counterfeit [káuntərfit] 위조의 newfound [njú:fàund] 새로이 발견된 counterfeiter [káuntərfitər] 위조자
casual [kǽʒjuəl] 평범한, 일상의 put an effort into 노력을 기울이다 statistics [stətístiks] 통계
accessibility [æksèsəbíləti] 접근성

26

정답 (b)

Gorillas live in a close-knit group of a dominant male, one or two other males, several females, and young. The group wanders in a home range of 10 to 40 square kilometers, which has no fixed boundaries. There may be some conflict with neighboring groups, but encounters are generally avoided by communications such as pounding on the ground from a distance. Though conflict with other groups is not that common, males often clash for power within the group. When that happens, senior males threaten rivals by standing erect and beating their chests, sometimes throwing around vegetation.

Q: Which of the following is correct about gorillas according to the passage?

(a) Gorillas can travel long distances in one day.
(b) Senior males show aggression to scare off rivals.
(c) Groups are generally headed by one or two males.
(d) Neighboring groups often conflict with each other.

고릴라들은 한 마리의 지배적인 수컷, 한두 마리의 다른 수컷, 여러 마리의 암컷과 새끼들의 긴밀하게 맺어진 무리로 살아간다. 이 무리는 고정된 경계가 없는 10에서 40평방킬로미터의 행동권 안에서 돌아다닌다. 이웃 무리들과 충돌이 있을 수 있지만, 먼 거리에서 땅을 치는 등의 의사소통으로 대개는 충돌을 피한다. 다른 무리와의 충돌이 흔하지 않다고는 하나, 수컷들은 종종 무리 내의 권력을 두고 충돌하기도 한다. 이런 경우가 발생하면, 나이가 많은 수컷들은 직립으로 서서 그들의 가슴을 두들기고, 때로는 식물들을 휘두르기도 하면서 경쟁자들을 위협한다.

Q: 이 글에 따르면 다음 중 고릴라에 대하여 옳은 것은?

(a) 고릴라는 하루에 먼 거리를 이동할 수 있다.
(b) 나이가 많은 수컷은 경쟁자를 겁주어 쫓아 버리기 위해 공격성을 표출한다.
(c) 무리는 일반적으로 한두 마리의 수컷에 의해 통치된다.
(d) 이웃하는 무리들은 서로 수시로 충돌한다.

| 해설 본문에 따르면, 고릴라 수컷들은 무리 안에서(within the group) 종종 권력을 두고 충돌하며(clash for power), 이러한 경우에 나이가 많은 수컷들은 경쟁자를 위협하기 위한(senior males threaten rivals) 행동들을 하기도 한다고 하였으므로 (b)가 정답이다.

오답분석

(a) 고릴라가 먼 거리를 여행하는 것이 아니라, 먼 거리에서도 땅을 두들기는 신호를 보내(such as pounding on the ground from a distance) 이웃 무리와 충돌하는 것을 피한다(encounters are generally avoided)고 하였으므로 오답이다.

(c) 본문에서 무리에는 한 마리의 지배적인 수컷(a dominant male)이 있다고 하였으므로 오답이다.

(d) 이웃 무리와의 충돌은 있을 수도 있으나(There may be some conflict with neighboring groups) 가급적 피한다(but encounters are generally avoided ~)고 하였으므로 오답이다.

| 어휘 close-knit 긴밀한 wander [wándər] 돌아다니다 home range (동물의) 행동권 square kilometer 평방킬로미터
fixed [fikst] 고정된 boundary [báundəri] 경계선, 경계표 neighboring [néibəriŋ] 이웃하는, 붙어 있는
encounter [inkáuntər] 마주침 pound on ~을 세게 두드리다 from a distance 떨어져서, 멀리서 clash [klæʃ] 충돌하다
erect [irékt] 직립한, 똑바로 선 throw around 휘두르다, 뿌리다 aggression [əgréʃən] 공격성

27

정답 (d)

The Academy of American Poets was founded in 1934 to support American poets at all stages of their careers and to foster the appreciation of contemporary poetry. To fulfill this mission, the Academy administers a wide variety of programs, including National Poetry Month, the largest literary celebration in the world; the Poetry Audio Archive, a collection of nearly 500 recordings dating back to the 1960s; and Poets.org, our award-winning Web site, which provides a wealth of online information on contemporary American poetry.

Q: Which of the following is correct about the Academy of American Poets?

(a) It offers over 500 audio recordings online.
(b) Its main goal is to promote classical poetry.
(c) It was founded by well-known American poets.
(d) It holds the world's largest literary celebration.

미국 시인 학회는 모든 경력 단계의 미국 시인들을 지원하고, 현대 시의 이해를 증진시키기 위해 1934년에 설립되었다. 이 사명을 이행하기 위해, 학회는 세계 최대의 문학 축제인 '전국 시의 달', 1960년대로 거슬러 올라가는 거의 500개의 녹음 자료들의 컬렉션인 '시 오디오 보관소', 그리고 현대 미국 시에 대한 풍부한 온라인 정보를 제공하며, 상을 수상한 우리 웹사이트인 'Poets.org'를 포함하는 다양한 프로그램을 운영한다.

Q: 다음 중 미국 시인 학회에 대하여 옳은 것은?

(a) 500여 개의 녹음 자료들을 온라인으로 제공한다.
(b) 주요 목표는 고전 시를 홍보하는 것이다.
(c) 유명한 미국 시인에 의해 설립되었다.
(d) 세계 최대의 문학 축제를 개최한다.

| 해설 본문에 따르면, 미국 시인 학회(Academy of American Poets)가 개최하는 프로그램 중 National Poetry Month는 세계 최대의 문학 축제(the largest celebration in the world)라고 하였으므로 정답은 (d)이다.

오답분석

(a) 약 500개 녹음 자료들의 컬렉션이 있다고 하였지, 이를 온라인으로 제공한다고 하지 않았으므로 오답이다.

(b) 설립 목표가 고전 시(classical poetry)를 홍보하는 것이 아니라, 현대 시(contemporary poetry)의 이해 증진이라고 했으므로 오답이다.

(c) 본문에는 이 학회를 설립한 사람에 대한 언급은 없으므로 오답이다.

| 어휘 found [faund] 설립하다 career [kəríər] 경력 foster [fɔ́(:)stər] 양육하다, 키우다 appreciation [əprì:ʃiéiʃən] 진가
contemporary [kəntémpərèri] 현대의 fulfill [fulfíl] 이행하다 mission [míʃən] 사명
administer [ədmínistər] 관리하다, 운영하다 literary [lítərèri] 문학의 archive [á:rkaiv] 보관소
date back (시간을) 거슬러 올라가다 award-winning 상을 받은, 수상의 a wealth of 풍부한

28

정답 (a)

Dear Mr. Lenoir,

You have done quality work for us for over 12 years, but we were very disappointed with the most recent job you did on one of the houses at the Lamas development site. As our contract agreement stipulates, you were required to install five black cabinets in the master bedroom, but instead we found that three white ones were put in. I think you will agree that there has been a communication problem. We would like you to rectify the situation by taking out the white cabinets and putting the black ones in as soon as possible.

Yours sincerely,
Tim Johnston
Home Furnishings, Inc.

Q: Which of the following is correct about the writer of the letter?

(a) He has a contract agreement with Mr. Lenoir.
(b) He received five white cabinets instead of three.
(c) He wants to get a full refund as soon as possible.
(d) He has worked for Mr. Lenoir for more than 12 years.

Mr. Lenoir께,

귀하께서는 지난 12년간 저희를 위해 훌륭한 일을 해 주셨습니다만, 가장 최근에 Lamas 개발 지역에 있는 한 주택에서 귀하께서 작업하신 일에 대해 매우 실망하였습니다. 우리의 계약 협정이 명시하는 바와 같이, 귀하는 안방에 5개의 검은 캐비닛을 설치할 것을 요구받았지만, 대신에 우리는 세 개의 흰색 캐비닛이 설치되어 있는 것을 발견하였습니다. 의사소통의 문제가 있었음을 귀하도 동의하실 거라 생각합니다. 최대한 빨리 흰색 캐비닛을 들어내고 검은색 캐비닛으로 교체하여 상황을 조정해 주시길 바랍니다.

진심을 담아,
Tim Johnston
Home Furnishings 주식회사

Q: 이 편지를 쓴 사람에 대하여 옳은 것은?

(a) Mr. Lenoir와 계약 협정 관계이다.
(b) 3개의 흰색 캐비닛 대신에 5개를 받았다.
(c) 최대한 빨리 전액 환불을 받고 싶어 한다.
(d) Mr. Lenoir를 위해 12년이 넘도록 일했다.

해설 본문에서 '우리의 계약이 명시하는 바에 따르면(As our contract agreement stipulates)'이라고 하였으므로, 편지를 받는 Mr. Lenoir와 편지를 쓴 Tim Johnston이 계약 협정 관계에 있다는 것을 알 수 있다. 따라서 (a)가 정답이다.

오답분석

(b) Tim Johnston은 5개의 검은 캐비닛 대신에(five black cabinets) 흰색 3개(three white ones)를 받았다고 하였으므로 오답이다.
(c) 글쓴이는 캐비닛을 교체해 달라고 하였지(rectify the situation by taking out the white cabinets and putting the black ones in as soon as possible), 환불을 요청하지는 않았으므로 오답이다.
(d) 글쓴이가 Mr. Lenoir를 위해 12년 이상 일한 것이 아니라, Mr. Lenoir가 글쓴이를 위해 일해왔다(You have done quality work for us for over 12 years)고 할 수 있으므로 오답이다.

어휘 stipulate [stípjulèit] 명시하다 install [instɔ́:l] 설치하다 master bedroom 안방 rectify [réktəfài] 정정하다, 수정하다

29

정답 (b)

If you are considering buying a diamond ring, there are certain ways to ensure that you purchase a top quality gemstone. First, hold the ring and look at the diamond in both shadow and natural light. A good gem will sparkle even under faint light conditions. And when you purchase a diamond of one carat or higher, you should receive a report from an official gemological institute that outlines for you the physical characteristics of the stone, commonly

다이아몬드 반지를 사는 것을 고려하고 있다면, 당신이 최상품의 원석을 구매했다는 것을 보증하는 특정 방법들이 있다. 첫째로, 반지를 들고 그늘과 자연광 모두에서 다이아몬드를 살펴보라. 좋은 보석은 희미한 빛에서조차 반짝일 것이다. 그리고 1캐럿 이상의 다이아몬드를 구입했을 때, 공식 보석학 학회로부터 일반적으로 4C(절단 가공, 색, 명도, 캐럿 무게)로 알려진 보석의 물질적인 특성들을 약술하는 보고서를

known as the four Cs: cut, color, clarity and carat weight. While this report is not a guarantee and does not list a suggested price, it does provide an official, objective opinion about the quality of the gem.

받아야 한다. 이 보고서는 보증서가 아니고 권장 가격을 제시하는 것도 아니지만, 보석의 품질에 대한 공식적이고 객관적인 의견을 제공한다.

Q: Which of the following is correct according to the passage?

(a) Diamonds of every size are accompanied by a report.
(b) A diamond's monetary value is not recorded on its report.
(c) Diamonds do not sparkle much under poor light conditions.
(d) Diamonds of one carat or higher always come with a warranty.

Q: 이 글에 따르면 다음 중 옳은 것은?

(a) 모든 크기의 다이아몬드에는 보고서가 따라온다.
(b) 다이아몬드의 금전적인 가치는 보고서에 기록되어 있지 않다.
(c) 다이아몬드는 빛이 약한 조건하에서는 많이 반짝이지 않는다.
(d) 1캐럿 이상의 다이아몬드에는 항상 보증서가 딸려온다.

해설 본문에 따르면, '보고서에는 권장 가격이 나와 있는 것은 아니다(this report ~ does not list a suggested price)'라고 하였으므로, 보고서에 금전적 가치는 기록되어 있지 않다는 (b)가 정답이다.

오답분석
(a) 모든 크기의 다이아몬드에 보고서가 따라오는 것이 아니라, 1캐럿 이상의 다이아몬드 구입시에 보고서를 받아야 한다(when you purchase a diamond of one carat or higher, you should receive a report ~)고 하였으므로 오답이다.
(c) 좋은 보석은 빛이 희미한 경우에도 반짝인다(A good gem will sparkle even under faint light conditions)고 하였으므로 오답이다.
(d) 1캐럿 이상을 구입하는 사람이 보증서를 받아야 한다(you should receive a report)고 하였지, 그러한 다이아몬드와 함께 보증서가 항상 함께 딸려온다고 하지는 않았으므로 오답이다.

어휘 shadow[ʃǽdou] 그늘 natural light 자연광 sparkle[spáːrkl] 반짝이다 faint[feint] 희미한 outline[áutlàin] 약술하다 suggested price 권장 가격 accompany[əkʌ́mpəni] 동반하다 warranty[wɔ́ːrənti] 보증서

30

정답 (d)

One underlying theme that runs through much of Herman Melville's writing is the corruption of innocence by society. This theme is also woven into his novel, *Billy Budd*. But if this posthumous work is indeed the author's last will and testament, the presence of the theme may indicate a personal resignation and acceptance of the flaws and defects of life. For through acceptance and endurance, suffering and reflection, the novel's characters – and the author as well – seem to discover a peace and understanding of life and society. Thus, in *Billy Budd*, something of Melville's own adjustment to the incongruities of life as a necessary tragic factor is revealed.

허먼 멜빌의 많은 작품을 관통하는 하나의 근원적인 주제는 사회에 의한 순수의 타락이다. 이 주제는 또한 그의 소설 「빌리 버드」에도 역시 짜넣여 있다. 하지만 만약 이 유작이 정말로 작가의 유언이라면, 그 주제의 존재가 나타내는 것은 삶의 결점과 결함에 대한 개인적인 체념과 인정일 것이다. 인정과 인내, 고통과 반성을 통해 소설의 등장인물들은–작가 또한– 평화와 인생과 사회에 대한 이해를 찾은 듯하다. 그렇기에, 「빌리 버드」에서는, 필요한 비극적 요소로서 인생의 부조리에 대한 멜빌 자신의 적응에 대한 것이 드러난다.

Q: Which of the following is correct about *Billy Budd*?

(a) It contains a theme that Melville also addresses in later novels.

Q: 다음 중 「빌리 버드」에 대해 옳은 것은?

(a) 멜빌이 나중의 소설에서도 다루는 주제를 포함한다.

(b) It presents a story that is based on tragic events in Melville's life.
(c) It portrays a civilized society that is corrupted by primitive ideas.
(d) It conveys a sense that Melville was resigned to life's imperfections.

(b) Melville의 인생에서 비극적인 사건에 근간을 두는 이야기를 다룬다.
(c) 원시적인 생각에 의해 타락되는 문명 사회를 그린다.
(d) Melville이 인생의 불완전함에 체념했다는 인상을 전달한다.

해설 본문에 따르면, 「빌리 버드」에서 Melville은 '삶의 결점과 결함에 대한 개인적인 체념과 인정을 드러낸다(indicate a personal resignation and acceptance of the flaws and defects of life)'고 하였다. 삶의 결함에 대한 수용과 단념은, 인생이 불완전하다는 것을 인정하고 받아들이는 것을 의미한다고 볼 수 있다. 따라서 Billy Budd가 삶의 불완전함(imperfection)에 체념했다는 인상을 전달한다는 내용의 (d)가 정답이다.

오답분석
(a) 본문에 따르면, Billy Budd는 작가의 유작(posthumous work)이므로, 이후의 소설이 아니라 이전의 소설들이 같은 테마를 담고 있다고 볼 수 있으므로 오답이다.
(b) Billy Budd는 작가의 비극적 삶을 담고 있는 것이 아니라, 삶에 대한 작가의 견해를 담고 있는 것이므로 오답이다.
(c) 원시적인 생각(primitive ideas)에 의한 문명화 사회의 비판을 그린 작품이 아니라, 사회에 의한 순수의 타락을 그린 작품(corruption of innocence by society)이므로 오답이다.

어휘 underlying [ʌ́ndərlàiiŋ] 근원적인 corruption [kərʌ́pʃən] 타락 innocence [ínəsəns] 순수함
woven into ~에 짜여진, ~에 포함된 (woven: weave의 과거분사) posthumous [pástʃuməs] 사후의, 죽은 뒤에
testament [téstəmənt] 유언 resignation [rèzignéiʃən] 체념, 포기 adjustment [ədʒʌ́stmənt] 적응, 순응
incongruity [ìnkaŋgrú(:)əti] 불합리함 address [ədrés] 다루다 civilized [sívəlàizd] 문명화되어진
corrupt [kərʌ́pt] 타락시키다, 부패시키다 primitive [prímitiv] 원시의 resign [rizáin] 포기하다

31

정답 (d)

Being near the top of a rickety forty-foot wooden ladder as it begins to slide is a scary thing. And that's precisely the predicament I found myself in, thirty-five feet up against a three-story house. My ladder had become off-kilter as a result of the loose ground it was on. Though not normally afraid of heights, I was terrified that morning as the ladder began to teeter to the right. In a panic, I clenched the sides of the sliding ladder and jumped it to the left till it was stable. Miraculously, it worked! But I didn't stay up there. I scampered down to the safety of the ground. I'd never been so relieved to be on solid ground.

Q: Which of the following is correct about the person in the story?

(a) He attempted to jump off the ladder as it began to slide.
(b) He jolted the ladder back to the right to keep it from falling.
(c) He was standing forty feet up on the ladder when it began sliding.
(d) He was astounded that his efforts to reposition the ladder were successful.

미끄러지기 시작하는, 삐걱거리는 40피트짜리 나무 사다리의 거의 꼭대기에 있는 것은 무서운 일이다. 그리고 이는 3층집에 기대어 35피트 위에서 정확히 내가 마주하고 있었던 곤경이었다. 내 사다리는 아래의 단단하지 않은 땅 때문에 기울기 시작했다. 평소 나는 높은 곳을 두려워하지 않지만, 사다리가 오른쪽으로 기울던 그날 아침에는 공포에 떨었다. 나는 공황 상태에서, 미끄러지는 사다리의 양쪽을 움켜잡고 안정될 때까지 왼쪽으로 뛰어올라 사다리를 움직였다. 기적적으로 이는 효과가 있었다! 하지만 나는 그곳에 머물지 않았다. 난 재빨리 안전한 바닥으로 내려왔다. 단단한 땅 위에 있는 것이 그렇게 안도가 된 적이 없었다.

Q: 다음 중 이야기에 나오는 사람에 대하여 옳은 것은?

(a) 사다리가 미끄러지기 시작했을 때 사다리에서 뛰어 내리려 시도했다.
(b) 다시 오른쪽으로 사다리를 흔들어서 떨어지지 않으려 했다.
(c) 사다리가 미끄러지기 시작했을 때 그는 사다리의 40피트 위에 있었다.
(d) 사다리를 위치를 바꾸려는 그의 노력이 성공한 것에 대해 몹시 놀랐다.

| 해설 본문에 따르면, 글쓴이는 사다리의 양쪽을 움켜쥐고 안정될 때까지 왼쪽으로 뛰어올라 사다리를 움직였으며(clenched the sides of the sliding ladder and jumped it to the left till it was stable), 기적적으로 이것이 효과가 있었다(Miraculously, it worked!)고 놀라움을 표현했으므로 (d)가 정답이다.

오답분석

(a) 사다리가 미끄러지기 시작했을 때 사다리에서 뛰어내린 것이 아니라, 왼쪽으로 이동하여서 사다리를 안정시키고 나서 땅에 뛰어내린 것이므로 오답이다.

(b) 왼쪽으로 뛰어서(jumped it to the left) 안정시켰다고 하였으므로 오답이다.

(c) 그가 있었던 높이는 35피트(thirty-five feet up)라고 하였으므로 오답이다.

| 어휘 **rickety** [ríkiti] 삐걱거리는, 불안한 **predicament** [pridíkəmənt] 곤경, 궁지 **off-kilter** (약간) 기운, 비스듬한
loose [lu:s] 푸석푸석한, 단단하지 않은 **normally** [nɔ́:rməli] 보통 **teeter** [tí:tər] 흔들리다 **clench** [klentʃ] 움켜쥐다
miraculously [mirǽkjuləsli] 기적적으로 **scamper** [skǽmpər] 재빨리 뛰다 **relieve** [rilí:v] 안도하다, 긴장을 풀다
jolt [dʒoult] 흔들다 **astounded** [əstáundid] 몹시 놀란, 매우 기쁜

32

정답 (c)

Cynicism refers to a negative outlook that views people, ideas, or things with distrust. It dates back to Antisthenes, a disciple of Socrates in ancient Greece who had a negative view of worldly things. He taught that pleasure and dependence on people and material things should be avoided. These teachings became known as Cynic philosophy, named after the school where Antisthenes taught. Over time, the term "cynicism" emerged to refer to the kind of sneering outlook on society and contempt for social values that characterized his philosophy.

Q: Which of the following is correct according to the passage?

(a) The term "cynicism" was invented by Antisthenes.
(b) Cynicism was widespread in ancient Greek society.
(c) Antisthenes' negative views gave rise to the notion of cynicism.
(d) Antisthenes' negative view of worldly things came from Socrates.

냉소란 사람, 생각, 또는 사물을 불신으로 바라보는 부정적인 견해를 나타냅니다. 이는 세속적인 것에 대해 부정적인 시각을 가졌던 고대 그리스의 소크라테스의 제자인 Antisthenes로 거슬러 올라갑니다. 그는 사람과 물질에 대한 기쁨과 의존을 피해야 한다고 가르쳤습니다. 이러한 가르침들은 Antisthenes가 가르쳤던 학교의 이름을 따서 Cynic 철학으로 알려졌습니다. 시간이 지남에 따라, "냉소"라는 용어는 그의 철학을 특징짓는 사회에 대해 비웃는 견해와 사회 가치들에 대한 경멸을 가리키게 되었습니다.

Q: 이 글에 따르면 다음 중 옳은 것은?

(a) "냉소"라는 용어는 Antisthenes에 의해 고안되었다.
(b) 냉소는 고대 그리스 사회에 널리 퍼져 있었다.
(c) Antisthenes의 부정적인 관점은 냉소의 관념을 발생시켰다.
(d) Antisthenes의 세속적인 것에 대한 부정적인 관점은 소크라테스로부터 왔다.

| 해설 본문에 따르면 '냉소'라는 개념이 고대 그리스 시대의 소크라테스의 제자인 Antisthenes에게로 거슬러 올라간다고(It dates back to Antisthenes, a disciple of Socrates in ancient Greece ~) 하였고, 그는 부정적인 세계관을 가졌다(had a negative view of worldly things)고 했으므로, (c)가 정답이다.

오답분석

(a) 냉소(cynicism)라는 용어는 Antisthenes가 가르치던 학교의 이름에서 기원했지, Antisthenes가 고안한 것이 아니므로 오답이다.

(b) 고대 그리스 시대에 '냉소'라는 개념이 널리 퍼져 있었다는 언급은 없으므로 오답이다.

(d) Antisthenes의 부정적인 관점이 소크라테스에게서 온 것이 아니라, 단지 Antisthenes가 소크라테스의 제자(disciple)였다고 했으므로 오답이다.

| 어휘 **cynicism** [sínisìzm] 냉소 **refer to** ~을 가리키다, ~을 지칭하다 **outlook** [áutlùk] 시각, 관점 **view** [vju:] 바라보다
distrust [distrʌ́st] 불신 **date back** (시간을) 거슬러 올라가다 **disciple** [disáipl] 제자, 문하생 **worldly** [wə́:rldli] 세상의, 세속의

dependence[dipéndəns] 의지, 의존 name after 이름을 따서 짓다 emerge[imə́ːrdʒ] 나타나다, 등장하다
sneer[sniər] 비웃다 contempt[kəntémpt] 경멸 give rise to ~을 발생 시키다 notion[nóuʃən] 관념

33

정답 (a)

The Town Council's annual Finance Committee meeting will take place on September 6. All local residents are encouraged to watch this meeting, as the Committee will be making important budgetary decisions that will affect all of us. You are invited to come to the Town Hall and watch the meeting in progress from the public seating area, or you may view it at home on local TV. Whichever you choose, we hope that you will take an interest in the financial decisions that will affect our town.

Q: What can be inferred about the meeting?

(a) It will not be conducted in private.
(b) It will not interest many residents.
(c) It will be taped for future reference.
(d) It is going to be held at the TV station.

시의회의 연례 재정 위원회 회의는 9월 6일에 개최될 것입니다. 위원회가 우리 모두에 영향을 미칠 중요한 예산안 결정을 내리기 때문에, 모든 지역 주민은 이 회의를 지켜 보도록 권장됩니다. 시청으로 오셔서 공공 좌석 구역에서 진행 중인 회의를 지켜보시도록 여러분을 초대합니다. 또는 집에서 지역 TV를 통해 보실 수 있습니다. 무엇을 선택하시든지 간에, 저희는 우리 시에 영향을 줄 재정 결정에 여러분께서 관심을 가져 주시길 바랍니다.

Q: 회의에 대하여 추론할 수 있는 것은?

(a) 비공식으로 진행되지 않을 것이다.
(b) 많은 주민들의 관심을 끌지 않을 것이다.
(c) 미래 참고 자료로써 녹화될 것이다.
(d) TV 방송국에서 열릴 것이다.

해설 회의를 주민들이 지켜보도록 권장(All local residents are encouraged to watch this meeting ~)하고 있으며, 공공 좌석 구역에서 회의를 지켜보거나(watch the meeting in progress from the public seating area) 집에서 TV로 볼 수 있다(you may view it at home on local TV)고 했으므로, 비공식이 아니라 공식적으로 진행된다고 할 수 있다. 따라서 (a)가 정답이다.

오답분석
(b) 주민들에게 관심을 가지도록 부탁하고 있지(you will take an interest ~), 주민들의 관심을 끌지 못할 것이라고 하지는 않았으므로 오답이다.
(c) 집에서 TV로 볼 수 있다(you may view it at home on local TV)고 하였으므로 녹화되는 것은 사실이지만, 미래의 참고 자료(future reference)로 쓰기 위해서라는 언급은 없으므로 오답이다.
(d) TV로 볼 수 있다고 하였지 TV 방송국에서 개최되는 것은 아니며, Town Hall에서 개최된다고 했으므로 오답이다.

어휘 Council[káunsəl] 의회 take place 개최되다 budgetary[bʌ́dʒitèri] 예산의 in progress 진행 중인

34

정답 (c)

More efficient and versatile than traditional incandescent bulbs, solid-state lights are on the verge of transforming electric lighting forever. Unlike the fragile, gas-filled glass bulbs or tubes that have been used for the past 125 years, solid-state lighting uses a flat surface and can produce light that changes in color, intensity, and distribution. With this new lighting, we can illuminate and decorate our living spaces with glowing walls and ceilings. Furthermore, solid-state lighting is cheap to make, consumes 50% less energy than traditional lighting methods and produces less environmental waste and pollution.

기존의 백열전구보다 더욱 효율적이고 다용도의 고체 소자 조명이 전등을 영원히 바꾸기 직전에 있다. 지난 125년간 사용된, 깨지기 쉽고 가스로 채워진 유리 전구나 튜브와는 달리, 고체 소자 조명은 평평한 표면을 이용하고 색과 강도와 분포가 바뀌는 빛을 낼 수 있다. 이 새로운 조명으로, 우리는 주거 공간을 빛이 나는 벽과 천장으로 밝히고 꾸밀 수 있다. 게다가, 고체 소자 조명은 적은 비용으로 만들 수 있고, 기존 조명 방식보다 에너지를 50% 적게 사용하며 환경 쓰레기 및 오염을 덜 발생시킨다.

Q: What can be inferred from the passage?

(a) Solid-state lights are powered by the sun's energy.
(b) Solid-state lights are more expensive than light bulbs.
(c) Light fittings on ceilings and walls could become obsolete.
(d) Thicker glass is used in the production of solid-state lights.

Q: 이 글로부터 추론할 수 있는 것은?

(a) 고체 소자 조명은 태양 에너지에 의해 작동한다.
(b) 고체 소자 조명이 전구보다 더 비싸다.
(c) 천장과 벽에 끼우는 조명은 사라질 것이다.
(d) 고체 소자 조명을 만들기 위해 더욱 두꺼운 유리가 사용된다.

해설 본문에 따르면, 새로운 고체 소자 조명이 기존의 백열전구를 곧 대체할 것(solid-state lights are on the verge of transforming electric lighting forever)이라고 하였고, 이것으로 빛이 나는 벽과 천장을 장식할 수 있다고 하였다. 따라서, 천장과 벽에 끼우는 식의 기존 백열전구 조명은 사라질 것이라는 (c)가 정답이다.

오답분석
(a) 고체 소자 조명(solid-state lights)은 전기를 사용하므로 오답이다.
(b) 더 적은 비용으로 만들 수 있다(is cheap to make)고 하였으므로 오답이다.
(d) 깨지기 쉬운 유리 전구를 사용하던 것(Unlike the fragile, gas-filled glass bulbs)은 이전의 방식이지만, 그렇다고 해서 새로운 고체 소자 조명은 더 두꺼운 유리를 사용한다고 언급하지는 않았으므로 오답이다.

어휘 versatile[vəːrsətl] 다용도의 incandescent[ìnkəndésənt] 백열의 on the verge of ~에 직면한, ~을 앞두고 있는
fragile[frædʒəl] 연약한 intensity[inténsəti] 세기 illuminate[ilúːmənèit] (빛으로) 밝히다 decorate[dékərèit] 꾸미다
obsolete[àbsəlíːt] 안 쓰이는

35

정답 (d)

No international organization has been more maligned, it seems, than the World Trade Organization (WTO). However, the WTO's actions ultimately improve global conditions, especially for developing nations. The WTO gives provisions to such nations to enable them to meet trade agreements without compromising their own interests. And as these nations' economies improve, they will have more resources with which to improve their living standards and enact laws to solve environmental problems.

어떠한 세계 기구도, 세계 무역 기구(WTO)보다 더 비난받지 않았을 것이다. 그러나 WTO의 활동은 궁극적으로 전 세계, 특히 개발 도상국들의 상황을 개선시킨다. WTO는 이러한 국가들이 자국의 이익과 타협하지 않고도 무역 협정을 맺을 수 있도록 하기 위해 준비시킨다. 그리고 이러한 국가들의 경제가 성장함에 따라, 그들은 생활 수준을 향상시킬 더 많은 재원을 갖게 되고 환경 문제를 해결하기 위한 법을 제정하게 될 것이다.

Q: What can be inferred about the WTO from the passage?

(a) It can also offer loans to developing countries.
(b) Its focus is on providing resources to poor nations.
(c) It exists to help economies that are based on agriculture.
(d) Its actions ultimately result in protecting the environment.

Q: 이 글로부터 WTO에 대해 추론할 수 있는 것은?

(a) 개발 도상국에 차관을 제공할 수도 있다.
(b) 그것의 초점은 가난한 국가에 자원을 제공하는 데 있다.
(c) 농업에 기반을 두는 경제를 돕기 위하여 존재한다.
(d) 그것의 활동은 궁극적으로 환경을 보호하는 결과를 가져온다.

해설 본문에 따르면, WTO의 활동은 개발 도상국의 상황을 개선하는 것이고, 그러한 국가들의 경제가 성장하면 이는 환경 문제를 해결하기 위한 법을 제정하게(enact laws to solve the environmental problems) 될 것이라고 하였으므로, 환경 보호의 결과를 가져온다는 내용의 (d)가 정답이다.

오답분석

(a) 본문에서 WTO가 개발 도상국의 상황을 개선시킨다고는 하였지만, 돈을 빌려준다고 하지는 않았으므로 오답이다.
(b) 본문에서 WTO가 개발 도상국들이 자국의 이익과 타협하지 않고도 무역 협정을 맺을 수 있도록 준비시킨다고 하였지만, 자원을 제공한다는 내용은 언급된 바 없으므로 오답이다.
(c) 본문에서는 개발도상국의 상황을 개선시킨다고는 했지만, 농업을 근간으로 하는 국가를 돕는다는 언급은 없으므로, 오답이다.

어휘 malign [məláin] 헐뜯다, 흉보다 ultimately [ʌ́ltəmətli] 궁극적으로 provision [prəvíʒən] 준비 compromise [kɑ́mprəmàiz] 타협하다 interest [íntərèst] 이익 living standard 생활 수준 enact [inǽkt] (법률을) 제정하다 loan [loun] 대부, 차관

36

정답 (d)

Online advertising has lost its focus, concentrating too much on methods of delivery and not enough on content. Zack Smith, creative director of advertising agency WebSpot, likens the shift in priorities in online advertising to the computer gaming business: "Back in the eighties, games were innovative, even though they featured low resolution graphics. Today, while much emphasis has been placed on creating impressive 3-D graphics, a lot of game play has become routine. People have gotten carried away with the technology." It is the same in the online ad business. Everyone is using audio, video, animation, and interactivity to create ads for awe-effect, but the message quality and clarity of ads have deteriorated.

Q: What can be inferred about online advertising from the passage?

(a) Its content is becoming similar to computer gaming.
(b) It is outdated because consumers are used to 3-D graphics.
(c) It will be directed toward attracting the younger generations.
(d) Its ability to convey messages clearly has not caught up with technology.

온라인 광고는 전달하는 방법에만 지나치게 집중하고 내용에는 충분히 집중하지 않아 초점을 잃었다. 광고사 WebSpot의 제작 팀장 Zack Smith는 온라인 광고에서 우선 순위의 변화를 컴퓨터 게임 사업에 비유한다. "80년대에는, 낮은 해상도의 그래픽을 보여 줬음에도 게임이 혁신적이었습니다. 오늘날에는, 멋진 3차원 그래픽 게임을 만드는 것에 많은 중점을 두고 있음에도 불구하고, 많은 게임 행위는 틀에 박힌 것이 되어 버렸습니다. 사람들은 기술에 넋을 잃었습니다." 이는 온라인 광고 사업에서도 마찬가지다. 모두가 경이적인 효과를 내는 광고를 만들기 위해 오디오, 비디오, 애니메이션, 그리고 쌍방향 통신을 이용하지만, 광고의 메시지의 질과 명쾌함은 떨어졌다.

Q: 이 글로부터 온라인 광고에 대하여 추론할 수 있는 것은?

(a) 광고의 내용이 컴퓨터 게임과 비슷하게 되어 가고 있다.
(b) 소비자들이 3차원 그래픽에 익숙하기 때문에 광고는 구식이다.
(c) 더 젊은 세대들의 관심을 끄는 방향으로 될 것이다.
(d) 내용을 명확히 전달하는 능력이 기술을 따라가지 못한다.

해설 본문에 따르면, 광고의 기술적인 부분은 뛰어나지만, 메시지의 질과 명쾌함이 떨어졌다(the message quality and clarity of ads have deteriorated)고 하였다. 따라서 내용을 명확히 전달하는 능력이 기술을 따라가지 못한다는 것을 추론할 수 있으므로 정답은 (d)이다.

오답분석

(a) 광고의 내용(contents)이 컴퓨터 게임과 비슷해지는 것이 아니라, 기술적인 면에 치중하되, 게임의 내용은 질이 떨어지는 상황이 광고에서도 마찬가지라는 내용이므로 오답이다.
(b) 모두들 놀라운 효과를 만들어 내고자 한다(Everyone is using ~ to create ads for awe-effect)고 하였으므로, 광고가 outdated(구식의)라고 볼 수는 없다.
(c) 본문에서 젊은 세대들이 관심을 끄는 방식으로 광고가 변한다고 언급한 바 없으므로 오답이다.

| 어휘 creative director 제작 팀장 liken to ~에 비유하다 priority [praiɔ́:rəti] 우선 순위 innovative [ínəvèitiv] 혁신적인 resolution [rèzəlú:ʃən] 해상도 emphasis [émfəsis] 주안점, 중점 routine [ru:tí:n] 틀에 박힌 것 get carried away with ~에 넋을 잃다 interactivity [ìntəræktívəti] 쌍방향 통신 awe-effect 경이로운 효과 clarity [klǽrəti] 명쾌함 deteriorate [dití(:)əriərèit] 악화하다, 나쁘게 하다 outdated [àutdéitid] 구식의 convey [kənvéi] 전달하다 catch up with ~를 따라잡다

37

정답 (a)

How do you explain the success of books like *The Code of the Holy Grail*? At the core of this novel is a liberal use of pseudo-scholarship and flashy but baseless theories on everything from church tradition to architecture to secret societies. Yet hot sales and flattering reviews by the press and readers alike indicate that many are buying into this brew of conspiracy theory, romance novel, and twisted facts. If readers are happy to be manipulated by the conventions of romance-writing, perhaps they deserve to be deceived by this book.

Q: Which statement about the book would the writer most likely agree with?

(a) Its wild popularity does not reflect its literary value.
(b) Readers do not seem to realize that it criticizes religion.
(c) Readers nowadays are more attracted to historical novels.
(d) Its overwhelming success is mainly due to the press's flattering reviews.

「성배의 코드」와 같은 책의 성공을 어떻게 설명할까? 이 소설의 핵심은 허위 학문의 무분별한 사용과 교회 전통에서부터 비밀 단체들의 구조에 이르는 모든 것에 대한 그럴 듯하지만 근거가 없는 이론들이다. 그러나 불티나는 판매, 그리고 언론과 독자 모두에 의한 아첨하는 평론들은, 많은 사람들이 음모론, 로맨스 소설, 그리고 왜곡된 진실의 이러한 조합을 받아들인다는 것을 시사한다. 만약 독자들이 통속 로맨스 소설에 의해 교묘히 속아 넘어가는 것에 대해 만족한다면, 어쩌면 그들이 이 책에 기만당하는 것이 당연할지도 모른다.

Q: 다음 중 글쓴이가 책에 대해 가장 동의할 만한 의견은?

(a) 맹렬한 인기가 그것의 문학적 가치를 반영하지 않는다.
(b) 독자는 이 책이 종교를 비판한다는 것을 깨닫지 못하는 듯하다.
(c) 요새 독자들은 역사 소설에 좀 더 끌린다.
(d) 이 책의 압도적인 성공은 주로 아첨하는 언론들의 평론 때문이다.

| 해설 본문에 따르면, 글쓴이는 이 책이 매우 잘 팔리고(hot sales), 아첨하는 평론(flattering reviews)을 받고 있지만, 음모론, 로맨스 소설과 왜곡된 진실의 조합(this brew of conspiracy theory, romance movel and twisted facts)에 지나지 않는다고 비난하고 있다. 따라서 글쓴이는 이 책이 인기에 비해 문학적 가치가 낮다고 평가하고 있다는 것을 알 수 있으므로, (a)가 정답이다.

오답분석
(b) 종교에 관련된 내용이 허위라고 하였지, 종교를 비판하는지 여부는 알 수 없으므로 오답이다.
(c) 독자들이 이 책을 좋아한다고는 하였으나, historical novels를 좋아하는지 여부는 알 수 없으므로 오답이다.
(d) 본문에서 아첨하는 평론들에 대해서 언급은 하였으나, 성공의 원인이 평론 때문이라고 하지는 않았으므로 오답이다.

| 어휘 Holy Grail 성배 core [kɔər] 핵심 liberal [líbərəl] 자유로운, 무분별한 pseudo-scholarship 가짜 학문 flashy [flǽʃi] 번지르르한 baseless [béislis] 근거 없는 flattering [flǽtəriŋ] 아첨하는 buy into ~을 받아들이다 brew [bru:] 혼합, 양조 conspiracy [kənspírəsi] 음모 twisted [twístid] 왜곡된 manipulate [mənípjulèit] 교묘히 조종하다 convention [kənvénʃən] 관습, 통속 deceive [disí:v] 속이다, 기만하다 reflect [riflékt] 반영하다 overwhelming [òuvərhwélmiŋ] 압도적인

Part III

38

정답 (c)

For more than 40 years, our zoo has been committed to conservation, education, and research. (a) With every visit to our zoo, you are supporting wildlife conservation around the world. (b) In fact, a portion of your admission fee might help rescue an orphaned whale, protect threatened habitats, or even help save an entire species from extinction. (c) We provide special parking and access to shows, exhibits, and meal facilities for guests with disabilities. (d) Five percent of every ticket purchased goes toward our wildlife relief fund.

40년이 넘도록, 저희 동물원은 보호, 교육, 그리고 연구에 몰두하였습니다. (a) 저희 동물원에 방문하실 때마다, 여러분들은 전 세계 야생 동물 보호를 지원하시게 됩니다. (b) 실제로, 여러분의 입장료의 일부는 부모 잃은 고래를 구조하거나, 위험에 처한 서식지들을 보호하거나 또는 멸종으로부터 생물 종 전체를 구하는 것을 도울 수 있습니다. (c) 장애 고객께는 특별 주차와 쇼, 전시회, 그리고 식사 시설에 대한 특별 출입을 제공합니다. (d) 티켓 판매금의 5%가 야생 동물 구조 기금으로 갑니다.

| 해설 본문은 이 동물원이 동물 보호에 앞장서왔으며, 입장료의 일부가 동물 보호에 쓰인다는 내용이다. (a)에서는 동물원을 방문하면, 야생 동물 보호를 지원하게 된다고 하였고, (b)에서는 입장료가 실제 동물 보호를 위해 어떻게 쓰이는지 설명해 주고 있으며, (d)에서는 티켓 판매금이 야생 동물 구조 기금으로 쓰인다고 했다. 그러나 (c)는 동물 보호에 대한 노력에 대한 언급이 아니라, 장애 고객들이 동물원에서 이용할 수 있는 서비스에 대해 언급하고 있으므로 글 전체의 내용과 관련이 없어 정답이다.

| 어휘 be committed to ~에 몰두하다, ~에 헌신하다 conservation [kɑ̀nsərvéiʃən] 보호 admission [ədmíʃən] 입장 orphan [ɔ́:rfən] ~를 고아로 만들다 habitat [hǽbitæ̀t] 서식처 extinction [ikstíŋkʃən] 멸종 facility [fəsíləti] 시설 disability [dìsəbíləti] (신체의) 장애 relief [rilí:f] 구조, 구제

39

정답 (b)

Demy Mood, a lyricist of well-known pop songs over the past two decades, has recently published a collection of poetry. (a) Many critics are surprised by the emotional depth Mood has been able to create in this remarkable volume of poems. (b) The recording company is releasing a CD with all of Mood's most popular songs. (c) Mood's ability to pen sharp and subtle imagery in song lyrics has clearly flowed into her poetry. (d) Most reviewers agree that her poems, while rough in some spots, are unique and well worth a read.

지난 20여년 동안 유명한 팝송들의 작사가인 Demy Mood는 최근 시집을 출판했다. (a) 많은 비평가들은 이 주목할 만한 시집에서 Mood가 만들어낸 감정적 깊이에 깜짝 놀라고 있다. (b) 음반사는 Mood의 가장 인기 있는 노래들이 모두 담긴 CD를 출시할 예정이다. (c) 노래 가사에서 뚜렷하면서도 미묘한 이미지를 써내는 그녀의 능력이 확실히 그녀의 시에 녹아들었다. (d) 대부분의 평론가들은 그녀의 시가 비록 몇 군데에서는 서툴지만, 독창적이고 읽을 가치가 충분하다는 데에 동의한다.

| 해설 본문에는 Demy Mood라는 작사가가 시집을 출판했으며, 그녀의 시에 대한 평가가 언급되어 있다. (a)에서는 이 시집에 대한 많은 비평가들의 반응을, (c)에서는 그녀의 가사처럼 시에서도 많은 능력을 보여주고 있음을, (d)에서는 그녀의 시에 대한 평론가들의 의견이 언급되어 있다. 그러나 (b)는 음반사가 Mood의 유명한 노래 CD를 출시한다는 내용으로, 글 전체의 내용인 시집 출판과는 관련이 없으므로 정답이다.

| 어휘 lyricist [lírəsist] 작사가 remarkable [rimɑ́:rkəbl] 주목할 만한 volume [vɑ́lju:m] (노래 · 곡을 실은 레코드의) 앨범 pen [pen] (글을) 쓰다 sharp [ʃɑ:rp] 뚜렷한, 명료한 subtle [sʌtl] 미묘한 imagery [ímidʒəri] 비유적 묘사 rough [rʌf] 거친, 서툰

40

정답 (b)

Dreams allow unconscious wishes to be expressed directly. (a) Indeed, Freud insisted that dreams are the "royal road to the unconscious" because normally forbidden desires rise into consciousness. (b) Since Freud, the scientific study of dreams has become a vital part of the field of psychology. (c) For example, a hungry person might dream of food and the sexually deprived might dream of sex. (d) These "pent-up" desires are diminished to some extent simply by being expressed in dream consciousness.

꿈은 무의식의 소망들을 직접적으로 표현하게 해준다. (a) 실제로, 프로이드는 꿈이 "무의식으로의 왕도"라고 주장하였는데 이는 보통은 억압된 욕망들이 의식으로 드러나기 때문이다. (b) 프로이드 이후로, 꿈의 과학적인 연구는 심리학 분야의 중요한 부분이 되었다. (c) 예를 들어, 배고픈 사람은 음식에 대한 꿈을 꿀 것이고 성적으로 박탈된 사람은 섹스에 대한 꿈을 꿀 것이다. (d) 이러한 "억압된" 욕망들은 꿈의 의식에서 표출됨으로써 어느 정도 간단히 감소된다.

해설 본문은 프로이드에 의한 꿈에 대한 심리학적 접근을 다룬 글로서, 꿈이 '무의식의 표출'이라는 내용이 일관되게 진술되고 있다. (a)에서는 프로이드가 꿈이 '무의식으로의 왕도(무의식이 드러나는 가장 확실한 방법)'라고 하였고, (c)에는 프로이드의 주장에 의거한, 꿈을 통해 억압된 욕망이 표출되는 예가 드러나 있으며 (d)에는 억압된 욕망들이 꿈을 통한 표출로 감소된다고 진술하고 있다. 그러나 (b)에서는 프로이드 이후의 '꿈에 대한 심리학 연구'에 대한 내용으로, 글 전체의 내용인 '프로이드의 꿈에 대한 분석'과 관련이 없다. 따라서 정답은 (b)이다.

어휘 unconscious[ʌnkánʃəs] 무의식의 indeed[indíːd] 실제로 royal road 왕도, 쉬운 방법 rise into 드러나다
consciousness[kánʃəsnis] 의식 deprived[dipráivd] 박탈된 pent-up 억압된 diminish[dimíniʃ] 감소하다
extent[ikstént] 정도, 범위

* MP3 파일을 www.ChampStudy.com에서 무료로 다운로드 받아, 들으면서 암기하세요.

LISTENING COMPREHENSION

- □ **agenda** [ədʒéndə] 의제
- □ **fine** [fain] 아주 작은
- □ **illegible** [ilédʒəbl] 읽기 어려운
- □ **entail** [intéil] 수반하다
- □ **psychiatric** [sàikiǽtrik] 정신과의
- □ **ward** [wɔːrd] 병동
- □ **qualification** [kwɑ̀ləfikéiʃən] 자격 조건
- □ **binding** [báindiŋ] 구속력이 있는
- □ **grant** [grænt] 연구 보조금
- □ **off the rack** 기성복의
- □ **alter** [ɔ́ːltər] 수선하다
- □ **secondhand** [sékəndhǽnd] 중고의
- □ **endoscopy** [endáskəpi] 내시경
- □ **put off** 미루다
- □ **probe** [proub] 검사하다
- □ **malpractice** [mæ̀lprǽktis] 의료 과실
- □ **brochure** [bróuʃuər] 팸플릿, 소책자
- □ **trolley** [tráli] 판매대
- □ **make a purchase** 구매하다
- □ **attendance** [əténdəns] 참석, 출석
- □ **delirious** [dilí(ː)riəs] 제 정신이 아닌, 기뻐서 흥분한
- □ **en route to** ~로 가는 도중에
- □ **afterwards** [ǽftərwərdz] 이후에
- □ **star** [stɑːr] 주연으로 출연시키다
- □ **guru** [gú(ː)ruː] 지도자
- □ **provision** [prəvíʒən] 식량
- □ **cavity** [kǽvəti] 충치
- □ **downsize** [dàunsáiz] 인원을 감축하다
- □ **quarter** [kwɔ́ːrtər] 분기
- □ **reassuring** [rìːəʃúəriŋ] 안심시키는
- □ **competitive** [kəmpétitiv] 경쟁적인
- □ **lease** [liːs] 임대 계약
- □ **belongings** [bilɔ́ːŋiŋz] 소지품
- □ **harbor** [hɑ́ːrbər] 항구
- □ **distracted** [distrǽktid] 신경이 분산된, 주의가 산만한
- □ **declare** [diklέər] 주장하다, 표명하다
- □ **neglect to** ~하는 것을 잊다
- □ **cope with** ~에 대처하다
- □ **reliance** [riláiəns] 의지, 의존
- □ **in great depth** 심도 있게
- □ **industrious** [indʌ́striəs] 근면한
- □ **limitless** [límitlis] 무한의
- □ **revolutionize** [rèvəljúːʃənàiz] 혁명을 일으키다
- □ **notion** [nóuʃən] 생각
- □ **emphasize** [émfəsàiz] 강조하다
- □ **intervention** [ìntərvénʃən] 중재, 조정
- □ **rehabilitation** [rìːhəbìlitéiʃən] 재활
- □ **needy** [níːdi] 궁핍한
- □ **escalate** [éskəlèit] 확대하다
- □ **contemporary** [kəntémpərèri] 현대의, 동시대의
- □ **rigorous** [rígərəs] 정밀한
- □ **reverence** [révərəns] 숭배, 존경
- □ **conspicuously** [kənspíkjuəsli] 눈에 띄게
- □ **intricate** [íntrikit] 복잡하게 얽힌
- □ **subdued** [səbdjúːd] 억제된, 완화된
- □ **meticulous** [mətíkjuləs] 꼼꼼한, 세심한
- □ **tenant** [ténənt] 세입자
- □ **exclude** [iksklúːd] 차별하다
- □ **federal** [fédərəl] 연방의
- □ **solidly** [sálidli] 확실하게
- □ **property** [prápərti] 부동산, 소유지
- □ **storming** [stɔ́ːrmiŋ] 급습
- □ **monument** [mánjumənt] 유물, 유적
- □ **tear down** 무너뜨리다
- □ **dismantle** [dismǽntl] 해체하다
- □ **colossal** [kəlásəl] 거대한
- □ **monarchy** [mánərki] 군주 정치

QUIZ

주어진 어휘에 맞는 뜻을 고르세요.

1. alter	ⓐ 수반하다
2. probe	ⓑ 식량
3. provision	ⓒ 수선하다
4. illegible	ⓓ 병동
5. ward	ⓔ 읽기 어려운
	ⓕ 검사하다

6. rehabilitation	ⓐ ~에 대처하다
7. exclude	ⓑ 중재, 조정
8. cope with	ⓒ ~하는 것을 잊다
9. tear down	ⓓ 재활
10. intervention	ⓔ 차별하다
	ⓕ 무너뜨리다

1. ⓒ 2. ⓕ 3. ⓑ 4. ⓔ 5. ⓓ 6. ⓓ 7. ⓔ 8. ⓐ 9. ⓕ 10. ⓑ

☐ republicanism [ripʌ́blikənìzm] 공화주의
☐ respectively [rispéktivli] 각각
☐ drastic [drǽstik] 급격한, 철저한
☐ transition [trænzíʃən] 변화
☐ supplement [sʌ́pləmənt] 보충제
☐ overcome [òuvərkʌ́m] 극복하다
☐ predominantly [pridɑ́mənəntli] 주로
☐ relieve [rilíːv] 경감하다
☐ dining [dáiniŋ] 식사
☐ interactive [ìntərǽktiv] 상호적인
☐ attraction [ətrǽkʃən] 매력, 인기물
☐ translate [trænsléit] 번역하다
☐ accurate [ǽkjurət] 정확한
☐ life span 수명
☐ variation [vɛ̀əriéiʃən] 차이, 변화
☐ tendency [téndənsi] 경향
☐ readily [rédəli] 쉽게
☐ critical [krítikəl] 결정적인
☐ hypothesis [haipɑ́θisis] 가설
☐ puberty [pjúːbərti] 사춘기
☐ independently [ìndipéndəntli] 독립적으로

GRAMMAR

☐ lousy [láuzi] 엉망인, 서투른
☐ stay clear of ~에서 벗어나다
☐ inhabit [inhǽbit] ~에 서식하다, ~에 거주하다
☐ remote [rimóut] 멀리 떨어진
☐ surpass [sərpǽs] 넘다, 능가하다
☐ drag on 질질 오래 끌다
☐ bickering [bíkəriŋ] 언쟁, 논쟁
☐ captivity [kæptívəti] 감금, 사로잡힌 상태
☐ superiority [su(ː)pìəriɔ́(ː)rəti] 우월성
☐ cut down on ~을 줄이다, ~을 삼가다
☐ equator [ikwéitər] 적도
☐ seismic wave 지진파
☐ superstition [sùːpərstíʃən] 미신
☐ light particles 빛 입자

VOCABULARY

☐ knit [nit] (옷을) 짜다
☐ pass over 가로지르다, 넘어가다
☐ look after ~를 보살펴주다, ~를 감독하다
☐ fame [feim] 명성
☐ feast [fiːst] 진수성찬
☐ go after ~을 추구하다, ~의 뒤를 쫓다
☐ cramped [kræmpt] 비좁은, 갑갑한
☐ swamp [swamp] 꼼짝달싹 못하게 하다, 쇄도하다
☐ suppress [səprés] 억누르다, 억제하다
☐ tragedy [trǽdʒidi] 비극
☐ renew [rinjúː] 갱신하다, 새롭게 하다
☐ migrate [máigreit] 이주하다
☐ evacuate [ivǽkjuèit] 피난시키다, 대피시키다
☐ back out of (변심하여) ~을 버리다, ~에서 손을 떼다
☐ make up for ~을 보상하다, ~을 벌충하다
☐ indent [indént] 움푹 들어가게 하다
☐ engrave [ingréiv] 새기다, 조각하다
☐ premise [prémis] 부지, 구내, 점포 내
☐ perimeter [pərímitər] (비행장의) 방어선
☐ courtyard [kɔ́ːrtjɑ̀ːrd] 안마당, 안뜰
☐ ridicule [rídəkjùːl] 비웃다, 조롱하다
☐ mock [mɑk] 조롱하다
☐ gyrate [dʒáiəreit] 선회하다, 회전하다
☐ stagnate [stǽgneit] 침체하다, 정체하다
☐ jaywalk [dʒéiwɔ̀ːk] 무단 횡단하다
☐ barhop [bɑ́ːrhɑ̀p] (여러 술집을) 돌아다니며 마시다
☐ lighthouse [láithàus] 등대
☐ navigational [næ̀vəgéiʃənəl] 항해의
☐ witness [wítnis] 목격자
☐ bow [bou] 활
☐ arrow [ǽrou] 화살
☐ sympathy [símpəθi] 연민
☐ surroundings [səráundiŋz] 환경
☐ vast [væst] 광대한
☐ inhibit [inhíbit] 억제하다
☐ explore [iksplɔ́ːr] 탐험하다, 답사하다
☐ inspect [inspékt] 면밀하게 살피다

QUIZ

주어진 어휘에 맞는 뜻을 고르세요.

1. puberty
2. bickering
3. surpass
4. supplement
5. variation

ⓐ 사춘기
ⓑ 보충제
ⓒ 넘다, 능가하다
ⓓ 수명
ⓔ 차이, 변화
ⓕ 언쟁, 논쟁

6. mock
7. gyrate
8. stagnate
9. inhibit
10. renew

ⓐ 선회하다, 회전하다
ⓑ 가로지르다, 넘어가다
ⓒ 침체하다, 정체하다
ⓓ 갱신하다, 새롭게 하다
ⓔ 억제하다
ⓕ 조롱하다

1. ⓐ 2. ⓕ 3. ⓒ 4. ⓑ 5. ⓔ 6. ⓕ 7. ⓐ 8. ⓒ 9. ⓔ 10. ⓓ

- □ expedite [ékspədàit] (일을) 진척시키다
- □ differ [dífər] 다르다
- □ firm [fəːrm] 단호한, 강경한
- □ dense [dens] 밀집한, 빽빽한
- □ weary [wí(ː)əri] 지루한, 따분한
- □ alert [ələ́ːrt] 경고하다, 경계시키다
- □ provoke [prəvóuk] 자극하다, 선동하다
- □ dominant [dámənənt] 지배적인
- □ trace [treis] 흔적, 자취
- □ foundation [faundéiʃən] 근거, 기초, 토대
- □ grateful [gréitfəl] 감사하는
- □ impartial [impáːrʃəl] 편견이 없는, 공평한
- □ insulting [insʌ́ltiŋ] 모욕하는, 욕설하는
- □ remark [rimáːrk] 의견, 말, 언급
- □ opponent [əpóunənt] 상대편, 적
- □ recognition [rèkəgníʃən] 인식, 인지
- □ contemplation [kàntəmpléiʃən] 응시, 고찰
- □ wavelength [wéivlèŋθ] 파장
- □ electron [iléktran] 전자
- □ deterrent [ditə́ːrənt] 방해물
- □ constraint [kənstréint] 제약, 제한
- □ temper [témpər] 성미, 기질
- □ get upset 화내다
- □ fiery [fáiəri] 불 같은
- □ thorny [θɔ́ːrni] 가시가 많은
- □ jagged [dʒǽgid] 뾰족뾰족한
- □ rugged [rʌ́gid] 울퉁불퉁한, 엄한
- □ extraneously [ikstréiniəsli] 이질적으로, 외부에
- □ subsequently [sʌ́bsəkwəntli] 그 후에, 이어서
- □ pivotal [pívətəl] 추축의, 중추의
- □ ancillary [ǽnsəlèri] 보조적인, 부수적인
- □ ephemeral [ifémərəl] 순식간의, 덧없는
- □ numerous [njúːmərəs] 다양한, 많은
- □ reminiscence [rèmənísəns] 옛 생각, 회고담, 회상록
- □ accumulation [əkjùːmjuléiʃən] 축적, 누적
- □ commemoration [kəmèməréiʃən] 기념, 기념물
- □ horizontal [hɔ̀(ː)rəzántəl] 수평의
- □ vertical [və́ːrtikəl] 수직의
- □ triangular [traiǽŋgjulər] 삼각형의
- □ longitudinal [làndʒətjúːdənəl] 경도의, 길이의
- □ symmetrical [simétrikəl] (좌우) 대칭적인
- □ perpendicular [pə̀ːrpəndíkjulər] 직각을 이룬, 수직의
- □ entrap [intrǽp] 함정에 빠뜨리다
- □ pique [piːk] (호기심 · 흥미를) 돋우다
- □ quell [kwel] (반란 등을) 진압하다

READING COMPREHENSION

- □ beverage [bévəridʒ] 음료
- □ option [ápʃən] 선택 사항
- □ sugary drink 단 음료
- □ nomadic [noumǽdik] 유목의
- □ recyclable [riːsáikləbl] 재활용이 가능한
- □ key in ~을 입력하다
- □ satellite [sǽtəlàit] 인공위성
- □ flourish [flə́ːriʃ] 활약하다, 원기 있다
- □ hemorrhage [hémәridʒ] 출혈하다
- □ enduring [indjú(ː)əriŋ] 영속하는, 영구적인
- □ notably [nóutəbli] 특히
- □ collaborate [kəlǽbərèit] 합작하다
- □ champion [tʃǽmpiən] 옹호하다
- □ slay [slei] 살해하다
- □ conquer [káŋkər] 정복하다
- □ entrepreneur [àːntrəprənə́ːr] 사업가
- □ reform [riːfɔ́ːrm] 개혁
- □ capital [kǽpitəl] 자본
- □ observe [əbzə́ːrv] 진술하다, 말하다
- □ moral [mɔ́(ː)rəl] 도덕적인
- □ conscientious [kànʃiénʃəs] 양심적인, 성실한
- □ resolve [rizálv] 해결하다
- □ faulty [fɔ́ːlti] 잘못된
- □ candid [kǽndid] 솔직한
- □ sue [suː] 고소하다
- □ withhold [wiðhóuld] 억누르다
- □ treat [triːt] 대접, 만족감을 주는 것
- □ discipline [dísəplin] 훈련시키다

QUIZ

주어진 어휘에 맞는 뜻을 고르세요.

1. insulting	ⓐ 응시, 고찰
2. thorny	ⓑ 모욕하는, 욕설하는
3. contemplation	ⓒ 축적, 누적
4. accumulation	ⓓ 가시가 많은
5. deterrent	ⓔ 인식, 인지
	ⓕ 방해물

6. entrap	ⓐ 개혁
7. slay	ⓑ 살해하다
8. reform	ⓒ 고소하다
9. sue	ⓓ 자본
10. withhold	ⓔ 억누르다
	ⓕ 함정에 빠뜨리다

1. ⓑ 2. ⓓ 3. ⓐ 4. ⓒ 5. ⓕ 6. ⓕ 7. ⓑ 8. ⓐ 9. ⓒ 10. ⓔ

☐ misbehave [mìsbihéiv] 품행이 좋지 못하다, 나쁘게 행동하다
☐ faithful [féiθfəl] 믿음직한
☐ handcrafted [hǽndkræ̀ftid] 수공으로 제작된
☐ initiate [iníʃièit] 시작하다
☐ patronage [péitrənidʒ] 단골 고객
☐ hospitalize [háspitəlàiz] 입원하다
☐ incur [inkə́ːr] 초래하다
☐ asexual [eisékʃuəl] 무성의
☐ offspring [ɔ́(ː)fsprìŋ] 자손
☐ pave the way for ~을 용이하게 하다
☐ resiliency [rizíljənsi] 신속한 회복력
☐ resistance [rizístəns] 저항력, 내성
☐ vital [váitəl] 중대한
☐ purify [pjú(ː)ərəfài] 정화하다
☐ noxious [nákʃəs] 유해한
☐ alternative [ɔːltə́ːrnətiv] 대체의, 대신의
☐ therapy [θérəpi] 치료
☐ folk medicine 민간 치료 요법
☐ lay aside 제쳐두다
☐ sacred [séikrid] 성스러운
☐ parlor [páːrlər] 가게, 상점
☐ boulevard [bú(ː)ləvàːrd] 큰 길
☐ bulldoze [búldòuz] 불도저로 밀다
☐ make way for ~에게 길을 양보하다
☐ ripen [ráipən] 익히다, 익다
☐ vine [vain] 넝쿨, 줄기
☐ nab [næb] 검거하다
☐ behind the wheel 운전 중인
☐ on suspicion of ~이 의심되는
☐ saliva [səláivə] 침
☐ acidity [əsídəti] 산성도
☐ dose [dous] (약물) 복용량
☐ drug trafficking 마약 밀매
☐ benign [bináin] 온순한
☐ wreak havoc 파괴하다
☐ rodent [róudənt] 설치류
☐ voracious [vɔːréiʃəs] 왕성한, 게걸스러운
☐ erosion [iróuʒən] 부식

☐ riverbank [rívərbæ̀ŋk] 강둑
☐ dike [daik] 제방
☐ clientele [klàiəntél] 고객
☐ encompass [inkʌ́mpəs] 포함하다
☐ caveman [kéivmæ̀n] 원시인
☐ surrender [səréndər] 항복하다
☐ confront [kənfrʌ́nt] 대면하다
☐ promptly [prámptli] 즉시, 신속하게
☐ bullet [búlit] 총알
☐ counterfeit [káuntərfit] 위조의
☐ erect [irékt] 직립한, 똑바로 선
☐ aggression [əgréʃən] 공격성
☐ foster [fɔ́(ː)stər] 양육하다, 키우다
☐ fulfill [fulfíl] 이행하다
☐ rectify [réktəfài] 정정하다, 수정하다
☐ posthumous [pástʃuməs] 사후의, 죽은 뒤의
☐ testament [téstəmənt] 유언
☐ incongruity [ìnkaŋgrú(ː)əti] 불합리함
☐ rickety [ríkiti] 삐걱거리는, 불안한
☐ jolt [dʒoult] 흔들다
☐ budgetary [bʌ́dʒitèri] 예산의
☐ incandescent [ìnkəndésənt] 백열의
☐ illuminate [iljúːmənèit] (빛으로) 밝히다
☐ malign [məláin] 헐뜯다, 흉보다
☐ enact [inǽkt] (법률을) 제정하다
☐ get carried away with ~에 넋을 잃다
☐ clarity [klǽrəti] 명쾌함
☐ deteriorate [ditíː(ː)əriərèit] 악화하다, 나쁘게 하다
☐ deceive [disíːv] 속이다, 기만하다
☐ orphan [ɔ́ːrfən] ~를 고아로 만들다
☐ subtle [sʌtl] 미묘한
☐ imagery [ímidʒəri] 비유적 묘사
☐ royal road 왕도, 쉬운 방법
☐ rise into 드러나다
☐ consciousness [kánʃəsnis] 의식
☐ deprived [dipráivd] 박탈된
☐ pent-up 억압된
☐ diminish [dimíniʃ] 감소하다

TEST 1
TEST 2
TEST 3
텝스공식문제 최신기출 2 문제와 해설

QUIZ

주어진 어휘에 맞는 뜻을 고르세요.

1. offspring	ⓐ 시작하다	6. jolt	ⓐ 위조의
2. pave the way for	ⓑ 운전 중인	7. foster	ⓑ 양육하다, 키우다
3. behind the wheel	ⓒ ~을 용이하게 하다	8. rectify	ⓒ 흔들다
4. voracious	ⓓ 자손	9. counterfeit	ⓓ 사후의, 죽은 뒤의
5. initiate	ⓔ 익히다, 익다	10. posthumous	ⓔ 정정하다, 수정하다
	ⓕ 왕성한, 게걸스러운		ⓕ 미묘한

1. ⓓ 2. ⓒ 3. ⓑ 4. ⓕ 5. ⓐ 6. ⓒ 7. ⓑ 8. ⓔ 9. ⓐ 10. ⓓ

TEPS

서울대 텝스관리위원회

텝스공식문제 최신기출 2

문제와 해설

문제집

해커스
챔프스터디
HackersIngang.com

본 교재 동영상강의 HackersIngang.com

서울대 텝스관리위원회
텝스공식문제 최신기출 2

문제와 해설

문제집

챔프스터디
www.ChampStudy.com

텝스공식문제 최신기출 2 문제와 해설 문제집

초판 3쇄 발행 2014년 2월 17일

초판 1쇄 발행 2010년 2월 1일
저자 서울대TEPS관리위원회 제공 | 해커스 TEPS전문강사 특별 해설
펴낸곳 (주)챔프스터디
펴낸이 챔프스터디 출판팀
주소 서울특별시 서초구 강남대로61길 23 챔프스터디
전화 02-566-0001
팩스 02-563-0622
이메일 publishing@hackers.com
홈페이지 www.HackersIngang.com
ISBN 978-89-960553-5-8 13740

저작권자 ⓒ 2010, 챔프스터디
이 책 및 음성파일의 모든 내용, 이미지, 디자인, 편집 형태에 대한 저작권은 저자에게 있습니다.
서면에 의한 저자와 출판사의 허락 없이 내용의 일부 혹은 전부를 인용, 발췌하거나
복제, 배포할 수 없습니다.

COPYRIGHT ⓒ 2010 ChampStudy
All rights reserved including the rights of reproduction
in whole or part in any form.
Printed in KOREA
Serial Number: 01-03-04

Contents

문제집

온라인 교육 포털 www.ChampStudy.com

기출 TEST 1

LISTENING COMPREHENSION
GRAMMAR
VOCABULARY
READING COMPREHENSION

LISTENING COMPREHENSION의 MP3는 수록된 CD의 기출 TEST 1.mp3에 있습니다.

테스트 전 확인사항

- ☐ 휴대폰의 전원을 껐습니다.
- ☐ OMR 답안지, 컴퓨터용 사인펜, 수정테이프가 준비되어 있습니다.
- ☐ 시계가 준비되어 있습니다.
- ☐ 목표 점수를 정했습니다.

  LISTENING (_____개 / 60개) GRAMMAR (_____개 / 50개)
  VOCABULARY (_____개 / 50개) READING (_____개 / 40개)
- ☐ 테스트의 시작과 종료 시간을 정했습니다.

  GRAMMAR 시 분 ~ 시 분 (25분)
  VOCABULARY 시 분 ~ 시 분 (15분)
  READING 시 분 ~ 시 분 (45분)

TEPS

LISTENING COMPREHENSION

DIRECTIONS

1. In the Listening Comprehension section, all content will be presented orally rather than in written form.
2. This section contains 4 parts. In parts I and II, each passage will be read only once. In parts III and IV, each passage and its corresponding question will be read twice. But in all sections, the options will be read only once. After listening to the passage and question, listen to the options and choose the best answer.
3. More specific directions will be given at the begining of each part of this section.

Part I **Questions 1~15**

You will now hear fifteen conversation fragments, each made up of a single spoken statement followed by four spoken responses. Choose the most appropriate response to the statement.

Part II **Questions 16~30**

You will now hear fifteen conversation fragments, each made up of three spoken statements followed by four spoken responses. Choose the most appropriate response to complete the conversation.

Part III **Questions 31~45**

You will now hear fifteen complete conversations. For each item, you will hear a conversation and its corresponding question, both of which will be read twice. Then you will hear four options which will be read only once. Choose the option that best answers the question.

Part IV **Questions 46~60**

You will now hear fifteen spoken monologues. For each item, you will hear a monologue and its corresponding question, both of which will be read twice. Then you will hear four options which will be read only once. Choose the option that best answers the question.

TEPS

GRAMMAR

DIRECTIONS

This part of the exam tests your grammar skills. You will have 25 minutes to complete the 50 questions. Be sure to follow the directions given by the proctor.

Part I **Questions 1~20**

Choose the best answer for the blank.

1. A: When is the deadline for the application?
   B: You need ________ it by 5 p.m. today.

   (a) complete
   (b) completing
   (c) to complete
   (d) have completed

2. A: So, what happened to Snow White after she was taken to the forest?
   B: ________ in the woods, she found the cottage where seven dwarfs lived.

   (a) Lost
   (b) Losing
   (c) To lose
   (d) Been lost

3. A: Your hair is getting rather long.
   B: Yes, I'd better get it ________.

   (a) trim
   (b) trimmed
   (c) to be trimmed
   (d) having trimmed

4. A: Would you like to go to the concert with me?
   B: ________, but I can't.

   (a) I'd love
   (b) I'd love to
   (c) I'd love it to go
   (d) I'd love to go to

5. A: Do you want to go and have a look at the new art center?
   B: Not really. I actually ________ it last weekend.

   (a) visit
   (b) visited
   (c) had visited
   (d) was visiting

6. A: ________ do you like most about the garden?
   B: The flowers and the small pond.

   (a) Who
   (b) How
   (c) What
   (d) Where

7. A: Mom, can I have one of those bananas?
   B: No, they're still ________.

   (a) not too ripe
   (b) too not ripe
   (c) not enough ripe
   (d) not ripe enough

8. A: Jim says he's going to quit his job.
   B: Really? Why would he do ________ thing?

   (a) such
   (b) such a
   (c) such one
   (d) such the

9. A: Barbara, hurry up! We're going to be late!
   B: All right! ________.

   (a) I came
   (b) I come
   (c) I've come
   (d) I'm coming

10. A: Diane, can you sing that song one more time?
    B: Only ________ you accompany me on the piano.

    (a) if
    (b) but
    (c) that
    (d) whether

11. A: Do you have a delivery service?
B: Yes, where do you want it ________?

(a) deliver
(b) delivered
(c) to deliver
(d) delivering

12. A: I wonder if you remember my ________ about information on your courses.
B: Yes, sir. I have an information booklet ready for you right here.

(a) asked
(b) to ask
(c) asking
(d) had asked

13. A: I have a bad headache.
B: Why don't you take this pill? It'll ________________.

(a) help you feel better
(b) help you better feel
(c) help you feeling better
(d) help feeling better for you

14. A: I have decided that I ________ the job transfer.
B: Good for you. I think you've made a wise choice.

(a) accepted
(b) will accept
(c) have accepted
(d) will have accepted

15. A: Can I help you?
B: I'd like ________________, please.

(a) to have this prescription filled
(b) to have filled this prescription
(c) this prescription to have filled
(d) filled to have this prescription

16. A: Ma'am, I've looked at your car, and it needs major repairs.
B: How much do you think ________?

(a) will it cost
(b) it will cost
(c) will be cost
(d) cost will be

17. A: I'd like to speak to the owner of this store.
B: That gentleman ________ in the aisle is the owner.

(a) stood
(b) stands
(c) to stand
(d) standing

18. A: Are you still on my cell phone?
B: Oh, I'm sorry. I'll get off in ________.

(a) minute
(b) minutes
(c) a minute
(d) the minute

19. A: Guess what? Sean is preparing a feast for us tonight.
B: I was wondering ________________ ________________ in the kitchen.

(a) what all that noise was about
(b) what was about all that noise
(c) all that noise was about what
(d) what about was all that noise

20. A: Is Sam OK? I heard his back is acting up again.
B: Yeah, it's ________ not having taken his medicine regularly.

(a) by
(b) for
(c) with
(d) from

Part II **Questions 21~40**

Choose the best answer for the blank.

21. Tom and Mike bike to school together ___________ every morning.

(a) rather
(b) much
(c) almost
(d) enough

22. Not only _____________ the largest state in America, but it is also the state with the most natural resources.

(a) is Alaska
(b) Alaska is
(c) Alaska it is
(d) it is Alaska

23. __________________ who pioneered the field of modern dance.

(a) Isadora Duncan
(b) Isadora Duncan was
(c) Was Isadora Duncan
(d) It was Isadora Duncan

24. All applicants ________ secondary education has been completed outside Korea must complete an international student form.

(a) who
(b) that
(c) whose
(d) where

25. ______________ shy at meeting new people, Dana stood by herself at the party.

(a) Been
(b) Being
(c) To be
(d) To have been

26. Ancient Romans borrowed many ideas from ___________.

(a) Greek
(b) a Greek
(c) any Greek
(d) the Greeks

27. The school advisory board held an emergency meeting, ________________ to teachers' demands for better health care.

(a) respond
(b) responded
(c) responding
(d) having responded

28. Tourists from all over the world come to see the Grand Canyon and other natural wonders ___________ Arizona is famous.

(a) where
(b) in that
(c) whatever
(d) for which

29. The youth camp counselor ordered all campers ___________________________.

(a) going for their teeth brush
(b) go for brushing their teeth
(c) to go and brush their teeth
(d) go and to brush their teeth

30. While in college, statistics __________ Judy's favorite subject.

(a) is
(b) are
(c) was
(d) were

31. In the survey, the customers __________ for their opinions on the store's new products.

(a) were to ask
(b) were asked
(c) had asked
(d) asked

32. Melanie __________ down the street when a big dog came running toward her.

(a) is walking
(b) had walked
(c) was walking
(d) has been walking

33. Anna is one of those children __________ to share things.

(a) who refuse
(b) who refuses
(c) which refuse
(d) which refuses

34. New Start is a radical group of scholars __________ an alternative school system.

(a) with the goal of develop
(b) with the goal developing
(c) whose goal is developed
(d) whose goal is to develop

35. __________ offices are fitted with better ventilation, we will see an increased risk of allergic reactions to air pollutants.

(a) Even
(b) Unless
(c) Because
(d) Whether

36. England's largest colony was India, __________ an English writer later called "the jewel in the crown" of the British Empire.

(a) that
(b) what
(c) which
(d) whose

37. Literacy in medieval times was __________ an accomplishment related to social standing.

(a) too
(b) such
(c) as great
(d) very much

38. The dilemma confronting the government nowadays is __________ the refugee problem.

(a) lacking funds for coping
(b) lacked funds for coping of
(c) a lack of funds to cope with
(d) to cope with lack for funds of

39. Mozart lived in a period of __________.

(a) great musical creativity
(b) great musical creativities
(c) a great musical creativity
(d) the great musical creativities

40. __________ the Middle Ages, most women married before reaching the age of 19 in Western Europe.

(a) As
(b) For
(c) While
(d) During

Part III **Questions 41~45**

Identify the option that contains an awkward expression or an error in grammar.

41. (a) A: Your cell phone's ringing. Are you going to get it?
(b) B: No, just let it ring.
(c) A: Why? You'd better answer to it.
(d) B: It's just a sales call. See the number?

42. (a) A: I see you've raked your yard.
(b) B: Yes, I finished it this morning.
(c) A: That pile of leaves must be fun for the kids.
(d) B: Yes, they love to jump it in.

43. (a) A: Be careful. It's more slippery than you think.
(b) B: I am being careful. Don't worry about it.
(c) A: Climbing up those rocks are dangerous.
(d) B: Relax. As I said, I'm fine. I'll go very slowly.

44. (a) A: I wish my son could go to a private school.
(b) B: Why? I thought your son liked his school.
(c) A: Well, if I have had more money, he could go to a better school.
(d) B: The school he is at is pretty good, though.

45. (a) A: Checkmate again! I told you I'd improved.
(b) B: I don't believe it. How can you be so lucky at chess?
(c) A: Lucky? Luck has nothing to do with it. It's pure skill.
(d) B: Let's play again. I'm sure I must beat you this time.

Part IV **Questions 46~50**

Identify the option that contains an awkward expression or an error in grammar.

46. (a) The news media was focused too much on violence these days. (b) You can't pick up a newspaper anymore without reading about some terrible crime. (c) And on TV, reports are usually about murders and other violent crimes. (d) Instead of violence, the media should cover a wide range of news stories.

47. (a) In the painting, Titian's lighting underscores his use of spatial disjunction. (b) Since the background is illuminated from the left, shadows are cast to the right. (c) In the foreground, there are red cushions casting shadows to the left. (d) They provide the sense of a lesser illumination, from as if a candle that is just out of sight.

48. (a) Campus tours will be held daily, every hour on the hour, from 10 a.m. to 4 p.m. (b) Each tour takes approximately 50 minutes and starts at the library. (c) Any interested students could meet in front of the library's main entrance. (d) Private tours are also available for students with disabilities.

49. (a) A good warning can be an effective discipline strategy. (b) The problem comes when you threaten in anger. (c) Instead, try to make your warnings more specifically and immediately. (d) Use a calm, firm tone of voice that makes it clear you're in control.

50. (a) The robot explorer Opportunity has seen clear evidence that water once existed on Mars. (b) This discovery has bolstered the view that water once drenched the planet's now dry surface. (c) Furthermore, the new data suggests that some regions may have once been habitable environments. (d) Although signs of life are yet to be found, evidence does suggest that life would have existed.

This is the end of the Grammar section. Do NOT move on to the next section until instructed to do so. You are NOT allowed to turn to any other section of the test.

TEPS

VOCABULARY

DIRECTIONS

This part of the exam tests your vocabulary skills. You will have 15 minutes to complete the 50 questions. Be sure to follow the directions given by the proctor.

Part I **Questions 1~25**

Choose the best answer for the blank.

1. A: Hello, I'd like to speak to John Cage, please.
   B: Please ________ the line. I'll see if he is in.
   (a) stop
   (b) wait
   (c) hold
   (d) pause

2. A: So, how's work going? Do you still have a lot to do?
   B: Yes, I'm still ________ working hard to get promoted.
   (a) fast
   (b) busy
   (c) calm
   (d) quiet

3. A: I need your help to carry a box home from work tomorrow.
   B: Sure, I'll ________ at around 5 p.m.
   (a) pull over
   (b) send out
   (c) carry out
   (d) come over

4. A: Do you have any hotel rooms available?
   B: Yes, we have a few ________. What kind are you looking for?
   (a) positions
   (b) openings
   (c) vacancies
   (d) opportunities

5. A: The sky is so ________ tonight.
   B: Yes, I can see lots of stars.
   (a) light
   (b) clear
   (c) deep
   (d) clean

6. A: When should I come back to see you, doctor?
   B: Make an appointment with the ________ for next Wednesday.
   (a) director
   (b) custodian
   (c) consultant
   (d) receptionist

7. A: Where is your grandfather's grave?
   B: He's buried in a ________ in his hometown.
   (a) funeral
   (b) cemetery
   (c) memorial
   (d) tombstone

8. A: Excuse me. Do you know where the war monument is?
   B: Straight ahead. It's a major ________, so you can't miss it.
   (a) rank
   (b) status
   (c) landmark
   (d) signboard

9. A: Do you want to go dancing?
   B: That'd be great. I haven't been to a ________ for a while.
   (a) club
   (b) floor
   (c) studio
   (d) casino

10. A: Is it true you're a ________?
    B: Yes, my wife died four years ago.
    (a) suitor
    (b) widow
    (c) spinster
    (d) widower

11. A: I heard someone was caught with drugs at the airport.
B: Yeah, some guy was trying to __________ them in.

(a) conceal
(b) obscure
(c) disguise
(d) smuggle

12. A: You received several phone calls while you were out.
B: Were there any __________ ones? I'll return them right away.

(a) mobile
(b) urgent
(c) rapid
(d) alert

13. A: It's a shame to see people __________.
B: I know. It makes the city look like a garbage dump.

(a) littering
(b) loitering
(c) swearing
(d) disposing

14. A: What is your final __________?
B: The last stop on my trip will be Chicago.

(a) target
(b) landing
(c) boarding
(d) destination

15. A: Why didn't you ask me for help?
B: I didn't want to __________ you.

(a) bother
(b) harness
(c) motivate
(d) discourage

16. A: Why does Joan get so upset when she's criticized?
B: She's always had a quick __________.

(a) rage
(b) temper
(c) attitude
(d) emotion

17. A: Sorry, I still couldn't hear. What did you say again?
B: Oh, never __________.

(a) hear
(b) mind
(c) think
(d) matter

18. A: Is there a good place to grab a quick meal around here?
B: Try that new __________ on the corner.

(a) diner
(b) cellar
(c) winery
(d) greenery

19. A: Please, I insist on driving you home.
B: Thank you. That is a(n) __________ I can't refuse.

(a) offer
(b) promise
(c) contract
(d) announcement

20. A: Oh no, I'm __________ again.
B: I warned you not to use your credit card so much!

(a) in the red
(b) out of sorts
(c) glued to my seat
(d) biting my tongue

21. A: I think Barry might be going bald.
B: I know. His hair line is definitely __________.

(a) dying
(b) waning
(c) receding
(d) depleting

22. A: Come on, put some more effort in, and you'll win this game!
B: I can't. I'm completely __________.

(a) void
(b) worn
(c) spent
(d) empty

23. A: We're clear of the harbor. Shall I put the mainsail up?
B: No, you steer, and I'll __________ the mainsail.

(a) issue
(b) hoist
(c) uplift
(d) pitch

24. A: I was quite surprised when I met Dr. Franks. He's so down-to-earth.
B: Yeah, I got the same __________.

(a) intuition
(b) sensation
(c) perception
(d) impression

25. A: Do you think we'll ever manage to meet the deadline?
B: Yes, I'm sure everything will __________.

(a) reign in
(b) work out
(c) fall apart
(d) pass away

Part II **Questions 26~50**

Choose the best answer for the blank.

26. According to the legend, there was __________ treasure out in the desert.

(a) fallen
(b) hidden
(c) frightened
(d) heightened

27. After __________ the doorbell, Julie waited to see if anyone was home.

(a) ringing
(b) turning
(c) working
(d) switching

28. It was difficult to decide which team was the best in the debate, as each team put forward a good __________.

(a) proof
(b) interview
(c) argument
(d) conversation

29. The growing number of elderly people is going to __________ a financial burden in the future.

(a) build
(b) move
(c) stand
(d) create

30. The next speaker will be Professor Walters, who __________ in the History Department.

(a) schools
(b) lectures
(c) operates
(d) conducts

31. The police had to release the suspect due to __________ evidence.

(a) infinite
(b) innocent
(c) inefficient
(d) insufficient

32. One of Karl's first __________ after graduating from college was working as a copy editor.

(a) jobs
(b) utilities
(c) chances
(d) advantages

33. The writing process can be divided into three __________: planning, writing, and revision.

(a) stages
(b) ranges
(c) degrees
(d) moments

34. The heart __________ about 7,200 liters of blood each day.

(a) flows
(b) beats
(c) forces
(d) pumps

35. Enjoy a wide variety of delicious meals at our food outlets, conveniently __________ throughout the zoo.

(a) settled
(b) rooted
(c) located
(d) resided

36. The reporter had trouble ___________ the documents that proved his facts were correct.

(a) obtaining
(b) adopting
(c) rejecting
(d) diluting

37. The union insisted that a ___________ of the company's profits be allocated to employees as part of the wage deal.

(a) point
(b) portion
(c) volume
(d) number

38. Children who are ___________ are fluent in two different languages as well as two different cultures.

(a) bilateral
(b) versatile
(c) bilingual
(d) dexterous

39. Evidence is ___________ in support of the theory that humans derived from one common ancestor.

(a) thriving
(b) mounting
(c) generating
(d) outgrowing

40. To be safe for ___________, pork should always be cooked thoroughly.

(a) initiation
(b) reduction
(c) pretension
(d) consumption

41. The sequencing of the human genome is the greatest ___________ in medical knowledge in the past 25 years.

(a) advance
(b) invention
(c) fulfillment
(d) realization

42. Some language teachers believe that dictionaries are a reading ___________ rather than a reading enhancer.

(a) helper
(b) seducer
(c) inhibitor
(d) facilitator

43. At the diving event, each dive will be ___________ on the takeoff, the difficulty of the dive, and the position when entering the water.

(a) tested
(b) assessed
(c) numbered
(d) diagnosed

44. By using perspective, artists can achieve a three-dimensional effect in their paintings, showing ___________ and distance.

(a) depth
(b) extent
(c) insight
(d) fullness

45. Last night, a school bus carrying twenty students ___________ into a telephone pole, but no one was injured.

(a) smashed
(b) hastened
(c) launched
(d) crammed

46. The exam is __________, and therefore all students should study the material covered since the beginning of the semester.

(a) equitable
(b) cumulative
(c) tendentious
(d) supplemental

47. Every suite at our hotel is lavishly furnished with luxurious __________ such as PDP television and jacuzzi.

(a) assets
(b) resources
(c) amenities
(d) proprieties

48. After Camembert, Brie may be the most well-known of French cheeses and is widely appreciated for its __________ taste.

(a) refined
(b) laconic
(c) ecstatic
(d) acquired

49. Prior to the __________ of foreign investments last year, Minima Inc. had not attracted the interest of any overseas investors.

(a) influx
(b) attrition
(c) demotion
(d) recurrence

50. In Sri Lanka, rebel forces are fighting for __________ from the central government.

(a) acquittal
(b) salvation
(c) autonomy
(d) supremacy

This is the end of the Vocabulary section. Do NOT move on to the Reading Comprehension section until instructed to do so. You are NOT allowed to turn to any other section of the test.

READING COMPREHENSION

DIRECTIONS

This part of the exam tests your ability to comprehend reading passages. You will have 45 minutes to complete the 40 questions. Be sure to follow the directions given by the proctor.

Part I **Questions 1~16**

Read the passage. Then choose the option that best completes the passage.

1. It would be a mistake to think that Lewis Carroll's *Alice's Adventures in Wonderland* ________________________. This is because there is more to it than just wild fantasy. Many of Alice's dilemmas in the story have to do with things that happen in the real world. So the book is not just a fantasy for children but has things that adults can relate to as well.

(a) is a book of true stories
(b) is just for young readers
(c) takes a long time to read
(d) has many levels of meaning

2. On average, 300,000 people sign up for cell phone service every day. Meanwhile, 8 billion e-mails are sent daily by the 250 million people who are hooked up to the Internet. What does it all mean? There is a communication revolution going on, and one company is right in the middle of it: Largent Technologies. At Largent, we make the things that ________________________.

(a) connect you to the world
(b) give you a healthy lifestyle
(c) turn you into a new person
(d) make shopping much easier

3. It's a good idea, in my opinion, to involve your children in ________________________. In our house, we tend to do this around holiday time when charities are most active. Explain to your children what each group does, and let them help pick where the money goes. You can make contributions with money you get from recyclables or from turning the family change jar into dollars. Or, if you give your child an allowance, consider adding a little more and encourage your child to donate some to a charity of his or her choice.

(a) doing household chores
(b) the weekly grocery shopping
(c) saving up to go on a vacation
(d) decisions about helping others

4. A new study has found that caffeine in coffee leads to higher brain activity through its effects on distinct areas of the brain. More specifically, it improves short-term memory and speeds up reaction times. In tests, researchers found that those given caffeine were able to perform better. Overall, those who received caffeine ______________________________.

(a) could stay awake much longer
(b) showed greater memory skills
(c) did not notice any side effects
(d) had trouble remembering facts

5. Even primitive people realized that ______________________________. They understood that they needed some form of preservation to keep it from decaying. They knew they had to preserve food for times when it would be scarce. The first preserved foods were probably dried seeds, roots, fruits and vegetables. Later, meats were smoked and dried. People in early times also discovered that burying some foods in the earth kept them from rotting.

(a) food does not stay fresh
(b) they had to hunt for food
(c) food can be stored in cans
(d) cooking meat made it tastier

6. Job interviews are not easy for anyone, whether the person is a fresh college graduate or a CEO. But an interview becomes easier and less scary if you look at it as a kind of game. No matter what sport, every game has certain rules that players have to follow. And like a game, an interview also has its own set of rules. So if you play by the rules, you have a better chance of ______________________________.

(a) avoiding physical injuries
(b) being a successful candidate
(c) learning a new sport quickly
(b) performing well in your first job

7.

> Dear Mr. & Mrs. Walton:
>
> I am sorry to have to write this letter. However, your dog Fifi nipped at our baby yesterday. I'm sure it was the baby's fault for pulling his tail. But your children do bring him here unleashed, and it isn't possible to keep an eye on him all the time. Now, we don't want the boys to stop coming over to our house. However, I wonder if you could possibly ask them to leave Fifi at home. Once our baby is older, this probably won't even be necessary, but for now, it would be helpful if your boys ________________________. Thanks.
>
> Your neighbors,
> Rob & Melissa

(a) left our dog alone
(b) left the dog at home
(c) stopped making noise
(d) stopped coming to our house

8. Children who show little fear of anything are up to three times more likely than their more anxious peers to achieve success in sports when they get older, a new research shows. The study shows that youngsters between the ages of 5 and 11 who scored the lowest on fearfulness scales were much more likely to play individual or team sports at a high level in adulthood. The findings have implications for public health initiatives that promote exercise among children. Most studies on children's fears have tended to highlight the dangers, such as the risk of injury to youngsters not afraid of heights. The latest study is one of only a few to consider ____.

(a) the positive outcomes of childhood fearlessness
(b) the serious accidents that involve young children
(c) the high income young people can make in sports
(d) the anxiety that the fear of getting injured can cause

9. When people prepare food and eat meals, there are psychological aspects involved. Babies learn to connect food with the warmth and security provided by the person who feeds them. Children associate food with pleasurable experiences, such as cake with birthday parties and popcorn with movies. Adults associate food with times of happiness and security, such as when the family is gathered at a meal. Thus food is ____. That is why pleasant experiences may cause you to like certain foods, and unhappy experiences may cause you to dislike certain other foods.

(a) related to cultural differences
(b) cooked differently in each society
(c) connected to emotional well-being
(d) important to maintaining good health

10. Historically, women have not been treated as well as men in most cultures. This kind of attitude of favoring one sex over another is called sexism, and it is thought by many to be present in ______________________________. A common example is the use of the word "man" or "mankind" to refer to the whole human species. Feminists generally believe that this manner of speaking adds to the idea that men were the main participants in history. Instead of such male-centered vocabulary, feminists tend to prefer more inclusive terms such as "humans" or "humankind."

(a) the very language we speak
(b) how we bring up our children
(c) non-Western cultures in particular
(d) the way scholars view feminist writers

11. More than 600 million still-usable computers will be discarded by companies over the next five years. These companies do this because they have to update their equipment. Most of the discarded computers still work perfectly, and yet they end up buried in landfill sites. But now, an ambitious project is hoping to put hundreds of thousands of these abandoned machines to use in helping children in the developing world become computer-literate and better educated. The project is being coordinated by a group called Digital Partnership. It is setting up a program to collect the discarded computers and ______________________________.

(a) sell them at low prices around the world
(b) give them to businesses in African countries
(c) recycle them to produce brand-new computers
(d) donate them to schools in the developing world

12. Kelly Bauer may have the best part-time job in America at USP. For Kelly, USP offers a lot more than job experience. USP offers her the freedom of a college education without a financial burden. Kelly was faced with huge, future student loan payments, when, during her junior year at the University of Missouri, we announced USP's new education assistance program. USP's "Earn and Learn" program offers part-time employees $3,000 in tuition assistance and $2,000 in forgivable loans per calendar year. A sum of $23,000 in total aid is possible. Kelly immediately signed up for the program to ______________________________.

(a) begin her teaching career at USP
(b) reduce her future student loan debt
(c) get a large loan at a low interest rate
(d) ask for a substantial raise in her salary

13. Redesigning and building an addition to an old house is expensive, and the costs might only be partially recovered when the house is sold. But that does not mean that money spent on home improvements is not well spent. Refurbishing a home can bring greater comfort and convenience, whether you decide to sell or not. So, even though it can cost a lot to refurbish your home, ______________________________.

(a) your neighbors will be impressed
(b) the benefits can make it worthwhile
(c) you will get it all back when you sell
(d) it can reduce your overall tax expenses

14. A new hypothesis theorizes that meteorite impacts on earth may do more than just throw up huge dust clouds that cover the planet. Scientists studying 38 large craters examined the times of meteorite impacts and found that they correlate strongly with eruptions of "mantle-plume" volcanoes. Most volcanoes come from small amounts of the Earth's upper mantle rising to the surface, but "mantle-plume" volcanoes happen when something causes hot rock from deep within the Earth's mantle to shoot straight up through the Earth's crust. The study suggests that these volcanoes ______________________________.

(a) were important in the creation of Earth
(b) were set off by massive meteorite impacts
(c) caused widespread earthquakes and huge waves
(d) lessened the devastating effects of meteorite impacts

15. A popular legend in Britain claims that King Arthur never actually died and that he would one day return to his people when their need was great. ____________ it is easy for modern people to discount a story like that, people in the twelfth century took the legend seriously. Moreover, since no one could point to the location of Arthur's actual burial place, the legend continued to grow.

(a) As if
(b) While
(c) Because
(d) However

16. For businesses competing in the global economy, investment in information technology is a must. Firms in the financial sector rely heavily on computers to engage in transactions in international financial markets; manufacturing firms depend on communications equipment to coordinate global production processes; and the customers of consumer services firms demand twenty-four-hour-a-day access to their accounts by telephone or via the Internet. ____________, information technology has become part of the basic infrastructure of business.

(a) And yet
(b) In short
(c) Similarly
(d) Nevertheless

Part II **Questions 17~37**

Read the passage and the question. Then choose the option that best answers the question.

17.

Dear Editor,

In my opinion, people should start doing more to help the local wildlife. My wife and I have a wealth of nature around us. But I don't mean the nature in parks and open spaces. I'm talking about the wildlife in our backyard. We have planted many plants, trees and flowers to attract birds, squirrels and butterflies. I think everyone should do the same and help our fellow creatures by growing plants that will draw them into our backyards.

Yours truly,
Edward Blackston

Q: What is the main topic of the letter?

(a) Problems with local parks
(b) Growing plants to help wildlife
(c) Visiting parks and open spaces
(d) Helping neighbors with gardening

18. By the time children begin school, most have built up a considerable knowledge of arithmetic. They have experiences of adding and subtracting numbers of items in their everyday play, although they lack the symbolic representations of addition and subtraction that are taught in school. Thus, if children's knowledge is acknowledged when teachers attempt to teach addition and subtraction, it is likely that children will acquire a quicker understanding of them. Math doesn't have to be entirely abstract; with specific guidance from teachers, children can connect everyday knowledge to the math they are taught.

Q: What is the main idea of the passage?

(a) Children should start learning formal math as early as possible.
(b) Preschool children have a rudimentary knowledge of arithmetic.
(c) Early math learning should be integrated with everyday knowledge.
(d) Everyday experiences are more important than formal math education.

19. Carter College is proud to present the "Brown Bag Lunch Lecture Series" for the upcoming academic term. The lectures will cover a diverse range of topics in urban geography, and our speakers are all renowned experts in their respective fields. All faculty and students are encouraged to participate in the panel discussions following each lecture. Members outside the university community are also encouraged to attend. Also, the Lecture Series Committee is still seeking volunteers to assist with the series. Interested parties should contact the Dean's secretary at 878-9898.

Q: What is the main purpose of the announcement?

(a) To solicit volunteer discussants for a lecture series.
(b) To report on the election of a new Lecture Series Committee.
(c) To announce an upcoming lunchtime lecture series at a college.
(d) To encourage faculty and students to get involved with the community.

20. The golden age of falling gas bills is over. Gas companies are pushing through price increases that will result in the typical household paying as much as 15% more this year than last year, or about ten times the current rate of inflation. But the worse is yet to come. In the same way that water companies raised prices dramatically under the guise of paying for environmental improvements, gas companies are warning that meeting environmental obligations to reduce carbon dioxide emissions will lead to steep price increases.

Q: What is the main topic of the report?

(a) The prospect of rising gas prices
(b) The greed of big utility companies
(c) Effects of inflation on household costs
(d) Saving the environment from pollution

21. The job insecurity that has settled over the nation during the past few years has made the idea of self-employment more appealing to college students. In response, a growing number of colleges and universities are offering courses and even degree programs in entrepreneurship to prepare young people for the challenges of working for themselves. At least 550 colleges now offer classes in entrepreneurship, with 49 offering them as a degree program.

Q: What is the best title for the report?

(a) A Good Job Can No Longer Be Guaranteed
(b) Entrepreneurship Programs Still Not Widely Available
(c) College Students Learn about Going into Business for Themselves
(d) The Importance of Job Training Is Underestimated at Many Colleges

22. Computer security researchers have discovered a malicious program that installs itself on computers through a pop-up ad and can read keystrokes to steal passwords when victims visit any of nearly 50 online major banking sites, researcher Marcus Sachs said Tuesday. "If the program recognizes that you are on one of those sites, it does keystroke logging," said Sachs, who monitors network threats. Even though all financial sites use encryption built into browsers to protect log-in data, this program can capture the information before it gets encrypted.

Q: What is the passage mainly about?

(a) The rising threat of fake online banking Web sites
(b) The decoding of bank data by a malicious program
(c) A program that secretly records what computer users type
(d) A discovery that banks are sharing customers' information

23. These beautiful handmade baskets are the perfect tote bag for all occasions. All items are crafted in Africa and made from interwoven linen and cotton. The world-famous baskets are proudly woven by skilled craftsmen and are of the highest standard. You won't find pieces of art like these in any department store.

Q: Which of the following is correct about the baskets?

(a) They are made of leather.
(b) They are handcrafted in Africa.
(c) They are on sale at the moment.
(d) They are sold in department stores.

24. At Tampton Hotels, we value every moment of your time spent with us. So now you'll earn Tampton Honors hotel points and airline miles throughout your stay. Use them toward free flights on your favorite airlines and free stays at any of the Tampton Worldwide Family of Hotels. Rooms start at around $69 to $99 a night. For reservations, visit tampton.com or call 1-800-TAMPTON.

Q: Which of the following is correct about Tampton Hotels?

(a) They offer discounts on long stays.
(b) Their customers get valuable hotel points.
(c) They market their hotels mainly to families.
(d) Their maximum room price is $99 per night.

25. In collectivist cultures, people view themselves as long-term members of a group. They gain a lot from group membership, but they also have extensive obligations to fellow members. Because of this binding combination of benefits and obligations, people in collectivist cultures do not offer group membership quickly. They tend to trust only the members of their own group and are often suspicious of newcomers. This is because outsiders do not share that bond of long-term commitment and trust that group members have.

Q: Which of the following is correct about people in collectivist cultures?

(a) They rarely have social problems.
(b) They do not have much individuality.
(c) They are unlikely to accept newcomers easily.
(d) They suffer from the burden of their obligations.

26. The World Health Committee (WHC) has found that malaria infections have increased dramatically in the past five years due to increasing global temperatures. The rise in temperature in tropical regions has brought about a significant increase in the mosquito population that carries the infectious disease. Travelers going to infected areas should take anti-malarial drugs before their trip and also try not to be bitten by mosquitoes.

Q: Which of the following is correct according to the report?

(a) Travelers are responsible for spreading malaria globally.
(b) Residents in infected areas should take anti-malarial drugs.
(c) The reason for an increase in malarial infections is not known.
(d) The increased mosquito population is due to higher temperatures.

27.

> Dear Manager:
>
> I recently had lunch at your Burger World restaurant, and unless things change, that will be my last time ever eating there. I saw the employees making hamburgers with their bare hands! This is against health rules. Also, I saw an employee taking money from a customer and then return to making hamburgers without washing his hands! Money carries a lot of germs. I am so angry that I'm not going to eat at Burger World again until you improve your standards!
>
> Sincerely unhappy,
> Victor Parkinson

Q: Which of the following is correct about the Burger World restaurant?

(a) Its employees behave badly to customers.
(b) It serves hamburgers that are too small.
(c) It does not follow the health rules.
(d) It no longer accepts credit cards.

28. The progress of biblical scholarship in recent years has made possible an even greater accuracy in translation. In this respect, the New Revised Standard Version (NRSV) of 1989 is generally considered one of the most accurate translations of the Bible into English. That does not mean that this version is flawless, of course. More specifically, the rise of political correctness has too often mandated inaccuracies in translation, most of these having to do with terms related to gender. For example, where the Greek literally says "brothers," the NRSV says "friends."

Q: What is the author's main complaint against the NRSV?

(a) It is not based on the latest biblical scholarship.
(b) It contains politically correct but inaccurate words.
(c) It focuses too much on the gender issues in the Bible.
(d) It ignores the political context out of which it was translated.

29. Zebras are most commonly found grazing on the African plains. They graze for two-thirds of each day on red oat grass, leaves, bark, roots, and stems. Zebras stay in family groups of a stallion and several mares, but different families typically come together in huge herds of hundreds of zebras. These herds mingle with wildebeests, ostriches, and antelopes while they graze, and even come to depend on them as additional protection against predators such as lions or hyenas.

Q: Which of the following is correct about zebras?

(a) They generally travel in relatively small groups.
(b) They often mix with other animals when feeding.
(c) They depend on speed to run away from predators.
(d) They usually graze during the morning on the plains.

30. Canada's first space telescope, MOST, was successfully launched yesterday from the Plesetsk Cosmodrome in Russia's Far North. The microsatellite, the size of a large suitcase, is now circling 820 km above the Earth, set with the mission of checking the age of the universe. It completes its orbit every 100 minutes, precisely measuring the amount of light coming from stars. Measuring light levels lets scientists determine how long stars have been burning, providing an independent check of estimates that the universe is roughly 13 billion years old.

Q: Why was the telescope sent into space?

(a) To estimate the number of stars in the universe.
(b) To study the effects of space on microsatellites.
(c) To help determine the age of the universe.
(d) To take pictures of the most distant stars.

31. A program that provides guard dogs to livestock farmers at a modest rate is helping to save wild cheetahs in southern Africa. The program is the brainchild of Laurie Marker, a US biologist who moved to Namibia in 1990 to help stop farmers from shooting cheetahs. Begun in 1994, her Livestock Guarding Dog Program has trained more than 200 Anatolian Shepherds to protect livestock in Namibia. These larger, more powerful Shepherds are unlike most other breeds used to herd sheep and goats because they challenge predators and scare them off with their loud bark.

Q: Which of the following is correct according to the article?

(a) Laurie Marker moved to Namibia to save dogs from cheetahs.
(b) Farmers from Namibia are employed to protect sheep and goats.
(c) Since 1990 hundreds of cheetahs have been saved from being shot.
(d) Anatolian Shepherds differ in size from other sheep-herding farm dogs.

32. In *Melville: His World and Work*, Andrew Delaney ably chronicles Herman Melville's world and his work, but has difficulty showing or explaining the interplay between the two. Though no doubt Delaney knows Melville and his works well, his cultural critical soundings yield only intermittently perceptive readings of the deep-water-dwelling Melville. For instance, in maintaining that *Moby Dick*'s Ahab anticipates the "leaders who lead the fight against terrorism," Delaney may have scored points with his colleagues in universities, but these associations hardly advance our knowledge of the mid-19th-century classic.

Q: Which of the following is correct about Delaney's book?

(a) It does not give an adequate explanation of Melville's world.
(b) It yields a better understanding of Melville's works if read perceptively.
(c) It presents an argument that accurately represents Melville's intentions.
(d) It fails to show the relations between Melville's texts and the world he lived in.

33. Although initially greeted with skepticism, the introduction of the steamboat to the Mississippi River was a huge success. At first, skeptics said that such a large boat could never survive the Mississippi's currents, bends, sandbars and floods. But in 1811, the first steamboat proved them all wrong, by traveling successfully from Pittsburgh to New Orleans and back. After that first trip proved it was possible to navigate the Mississippi, steamboats were in big demand, and the value of goods carried by them on the river increased astronomically.

Q: What can be inferred from the passage?

(a) The introduction of the steamboat was delayed for several years.
(b) The steamboat had difficulties on its first trip on the Mississippi.
(c) Steamboats used to be a major mode of transportation for shipping.
(d) Steamboats became popular as tour boats as well as for shipping.

34. Deputy Prime Minister Elizabeth Whiner announced that the federal government will invest $90 million over the next five years to improve technological education across Canada. The funding will be used to purchase new equipment, including construction framing tools, automotive hoists, and food preparation equipment. Now, students will finally be able to have the most up-to-date equipment in order to reach their full potential. It is estimated that 300,000 students annually will benefit from the technological renewal initiative. This five-year initiative is the result of extensive consultations with key Canadian companies and institutions.

Q: What can be inferred from the report?

(a) Canadian companies will help to finance the new initiative.
(b) The new initiative was started by students' persistent requests.
(c) Existing technological equipment in Canada's schools is outdated.
(d) New curriculum for technological education will soon be developed.

35. Hollywood can make almost any profession look sexy, even that of an academic. For instance, the hero of the "Indiana Jones" movies is a university lecturer in archaeology. But what you won't come across in Hollywood movies is a heroic or sexy philosopher. On the other hand, sexy philosophers abound in French films. In fact, two recent French films adhere to a well-worn Francophile format with philosophers as their main protagonists. These philosophers conform to the three main specifications. One, they are men; two, they are having trouble finishing a thesis or book on Heidegger; three, they fall in love with a quirky young woman.

Q: What can be inferred from the passage?

(a) French films about philosophers tend to be stereotypical.
(b) Hollywood often fails to portray academic life realistically.
(c) Hollywood's depiction of sexy academics has been influenced by French films.
(d) French philosophers feel uncomfortable about how they are portrayed in films.

36. The Kraken has been a major feature of Norse mythology since at least the twelfth century. Legends tell of a tentacled beast so huge and powerful that its thrashings could create frightening whirlpools easily capable of sinking a ship. In fact, the name "Kraken" stems from the Norwegian word for a tree trunk or stump with the roots attached. It was an apt word to describe a beast that was more than likely based on sailors' accounts of seeing what we now know as a giant squid.

Q: What can be inferred from the passage?

(a) Norse mythology is full of mysterious creatures.
(b) The name "Kraken" derives from the appearance of the creature.
(c) The Kraken attacked and sunk numerous Norwegian sailing vessels.
(d) The Kraken is a creature that Norwegian sailors used to fight against.

37. I think our state should follow Pennsylvania's lead. As a response to America's painfully obvious medical "crisis," Pennsylvania has formed an organization called Doctor's Advocate. Doctor's Advocate offers an inexpensive legal service designed to terminate frivolous malpractice lawsuits. Since in our state medical malpractice suing has reached epidemic proportions, I think it is high time to counteract these finance-draining attacks on medical care. Right now, insurance premiums are skyrocketing, and doctors are continuing to leave the area. As a result, physicians, patients, and the entire healthcare delivery system are suffering.

Q: Which statement is the writer most likely to agree with?

(a) American doctors are not doing their best to treat patients.
(b) Pennsylvania has more malpractice lawsuits than other states.
(c) Too many people are suing doctors to get money.
(d) Policies against malpractice should not vary from state to state.

Part III **Questions 38~40**

Read the passage. Then Identify the option that does NOT belong.

38. Just as music can be played in many rhythms, so poetry can be written in many meters. (a) Of the many meters, none is more common in English poetry than the iambic, which consists of an unstressed syllable followed by a stressed syllable. (b) The second most common meter in English poetry is trochaic. (c) Much of Shakespeare's verse is iambic and so are many lines of poetry by Emily Dickinson and Robert Frost. (d) Hamlet's soliloquy beginning with "To be or not to be..." may be the most well-known use of the iambic meter.

39. With investors hoping for a full market recovery in the new year, analysts are warning them not to be overly optimistic. (a) It is unlikely that the economy will see a sudden recovery, and investors are advised to structure their portfolios for the long-term. (b) Seeking short-term gains is a very risky strategy in the current climate. (c) It is estimated that two out of five investors seek the advice of professional analysts. (d) Analysts are urging investors not to be led by new-year optimism but to proceed cautiously in the coming months.

40. In the wake of World War I, the demand for coal slackened. (a) Miners' salaries dropped, and many lost their jobs. (b) There was growing unrest, with union organizations holding marches to fight for workers' rights. (c) Management, however, responded not with an offer of negotiations but with intransigence or downright hostility. (d) The introduction of mechanical coal-loading equipment boosted productivity and eventually made hand-loading obsolete.

정답 p.466 / 해설 p.35

This is the end of the Reading Comprehension section. Please remain seated until the proctor has instructed otherwise. You are NOT allowed to turn to any other section of the test.

온라인 교육 포털 www.ChampStudy.com

기출 TEST 2

LISTENING COMPREHENSION
GRAMMAR
VOCABULARY
READING COMPREHENSION

LISTENING COMPREHENSION의 MP3는 수록된 CD의 기출 TEST 2.mp3에 있습니다.

테스트 전 확인사항

- ☐ 휴대폰의 전원을 껐습니다.
- ☐ OMR 답안지, 컴퓨터용 사인펜, 수정테이프가 준비되어 있습니다.
- ☐ 시계가 준비되어 있습니다.
- ☐ 목표 점수를 정했습니다.

LISTENING	(____개 / 60개)	GRAMMAR	(____개 / 50개)
VOCABULARY	(____개 / 50개)	READING	(____개 / 40개)

- ☐ 테스트의 시작과 종료 시간을 정했습니다.

GRAMMAR	시 분 ~ 시 분	(25분)
VOCABULARY	시 분 ~ 시 분	(15분)
READING	시 분 ~ 시 분	(45분)

Listening Comprehension

DIRECTIONS

1. In the Listening Comprehension section, all content will be presented orally rather than in written form.
2. This section contains 4 parts. In parts I and II, each passage will be read only once. In parts III and IV, each passage and its corresponding question will be read twice. But in all sections, the options will be read only once. After listening to the passage and question, listen to the options and choose the best answer.
3. More specific directions will be given at the begining of each part of this section.

Part I **Questions 1~15**

You will now hear fifteen conversation fragments, each made up of a single spoken statement followed by four spoken responses. Choose the most appropriate response to the statement.

Part II **Questions 16~30**

You will now hear fifteen conversation fragments, each made up of three spoken statements followed by four spoken responses. Choose the most appropriate response to complete the conversation.

Part III **Questions 31~45**

You will now hear fifteen complete conversations. For each item, you will hear a conversation and its corresponding question, both of which will be read twice. Then you will hear four options which will be read only once. Choose the option that best answers the question.

Part IV **Questions 46~60**

You will now hear fifteen spoken monologues. For each item, you will hear a monologue and its corresponding question, both of which will be read twice. Then you will hear four options which will be read only once. Choose the option that best answers the question.

TEPS

GRAMMAR

DIRECTIONS

This part of the exam tests your grammar skills. You will have 25 minutes to complete the 50 questions. Be sure to follow the directions given by the proctor.

Part I **Questions 1~20**

Choose the best answer for the blank.

1. A: Are there any rooms ______________ for tonight?
B: Sorry, we don't have any vacancies.

(a) available
(b) be available
(c) to be available
(d) being available

2. A: Is it all right if I smoke in here?
B: No, smoking ______________ only outside the building.

(a) allows
(b) allowed
(c) is allowed
(d) was allowed

3. A: Where did you watch the game?
B: I ______________ it on TV.

(a) see
(b) saw
(c) am seeing
(d) have seen

4. A: You seem to go to the library a lot these days.
B: Yes, I'm ______________.

(a) research a project
(b) researching project
(c) doing a research project
(d) to do researching a project

5. A: Hi, do I know you?
B: No, I don't think we ______________ introduced.

(a) are
(b) will be
(c) have been
(d) were being

6. A: Can you tell me ______________?
B: He was tall, skinny, and had brown hair.

(a) like what he was
(b) like what was he
(c) what he was like
(d) what he like was

7. A: Were you able to solve the crossword puzzle?
B: Yes, but it was ______________ harder than it looked.

(a) so
(b) that
(c) very
(d) much

8. A: Can you take Betty or Sam in your car?
B: Sure. I'll take ______________ wants to ride with me.

(a) who
(b) which
(c) whoever
(d) whichever

9. A: Where did you put my shoes?
B: They're near ______________.

(a) front door
(b) front doors
(c) a front door
(d) the front door

10. A: I think I'd better ______________ now.
B: Oh, do you have to leave so soon?

(a) going
(b) be going
(c) have gone
(d) to be going

11. A: Shall we catch a cab?
B: No, I'd prefer ____________ rather than get a cab.

(a) walk
(b) to walk
(c) walking
(d) to be walking

12. A: Are you going to order the spaghetti?
B: Well, I ____________ if it weren't so expensive.

(a) will
(b) can
(c) would
(d) should

13. A: Have you been to church lately?
B: No. I'm afraid I ____________.

(a) haven't
(b) haven't been
(c) haven't been to
(d) haven't been to it

14. A: Here is the presentation material for you.
B: Oh, you ____________ not have done that. I prepared it myself last night.

(a) must
(b) need
(c) might
(d) would

15. A: Has anyone from your family arrived yet?
B: Yes, my brother as well as his wife ____________ here.

(a) is
(b) are
(c) has been
(d) have been

16. A: What would you like to have, ma'am?
B: Can you ____________? I haven't decided yet.

(a) a little later come back
(b) come a little later back
(c) come back a little later
(d) come back later a little

17. A: Ticket prices have gone up again.
B: Yes, and they might go up again ________ another six months.

(a) in
(b) on
(c) by
(d) till

18. A: It looks like the sky is getting cloudy.
B: Yes, we'd better take an umbrella ____________ it rains.

(a) while
(b) in case
(c) even if
(d) as though

19. A: How did you find your lost ring?
B: Well, ____________ in the garden, I noticed it by the roses.

(a) walked
(b) to walk
(c) walking
(d) had walked

20. A: Do you think Paul will remember your birthday?
B: I ____________. He's very forgetful.

(a) expect him not
(b) don't expect him
(c) don't expect him to
(d) expect of him not to

GRAMMAR

Part II **Questions 21~40**

Choose the best answer for the blank.

21. Cary Woodson is a talented singer, ________ she is not famous yet.

(a) so
(b) but
(c) then
(d) because

22. Our sense of hearing connects us to other people and ____________________.

(a) us around the world
(b) around us the world
(c) the world around us
(d) around the world to us

23. No one took Julie's words ____________ seriously when she said she wanted to go skydiving.

(a) too
(b) ever
(c) such
(d) much

24. One of the most important things in early schooling is how _______________.

(a) reading is taught
(b) reading taught is
(c) taught reading is
(d) is reading taught

25. Text messaging is becoming a more popular form of communication than _____________ by house phone.

(a) call
(b) calls
(c) to call
(d) calling

26. The university entrance exam is __________________ by the Office of Admissions.

(a) administers
(b) to administer
(c) administered
(d) administering

27. A dairy cow cannot produce milk until after it gives birth to ____________.

(a) calf
(b) a calf
(c) the calf
(d) any calf

28. The proposal discussed by the managers __________ not agreed upon until after midnight.

(a) is
(b) are
(c) was
(d) were

29. The so-called Arabic numerals used in most parts of the world today _______________ in India.

(a) invented
(b) inventing
(c) are inventing
(d) were invented

30. Standard Chinese, based on the Peking dialect, is further from Cantonese ____________________________.

(a) is to Spanish and French
(b) is Spanish and to French
(c) than Spanish is from French
(d) is than Spanish from French

31. Since George Washington's election to the presidency in 1789, there __________ 43 presidents.

(a) are
(b) were
(c) had been
(d) have been

32. Only after the giant cruise ship pulled out of port ____________________ how huge it was.

(a) did Jenny realize
(b) Jenny did realize
(c) Jenny had realized
(d) had realized Jenny

33. Banned in most of the US, the movie was only shown in one theater in __________ of a few large cities.

(a) all
(b) any
(c) each
(d) every

34. Blue whales and other endangered species ______________ saved from extinction, but only if we all learn to protect the environment.

(a) can be
(b) must be
(c) should be
(d) ought to be

35. The first civilization ________________ in the valley of the Tigris and Euphrates rivers around 3000 BC.

(a) appearing to arise
(b) has appeared arising
(c) has appeared to arise
(d) appears to have arisen

36. Kimchi is to Koreans __________ pasta is to Italians—an integral part of Korean culture.

(a) that
(b) how
(c) what
(d) which

37. It could take years before investigators _______________ able to uncover the details of the crime.

(a) are
(b) were
(c) have been
(d) will have been

38. French fashion design _______________ influenced trends around the world.

(a) has such appeal that it has
(b) has appeal that it has such
(c) appeals such that it has had
(d) it has had such appeals that

39. Though not as ____________ at the outset of the mountaineers' ascent, weather conditions at the peak were severe.

(a) forebode
(b) foreboded
(c) foreboding
(d) to forebode

40. Tony bought his daughter a pony for Christmas; ______________________ like she had wanted.

(a) it was not only a real one
(b) only it was not a real one
(c) not a real one only
(d) not only a real one

Part III **Questions 41~45**

Identify the option that contains an awkward expression or an error in grammar.

41. (a) A: Wasn't that new actor in the movie great?
(b) B: Yes. I had no idea he would turn out to be the hero.
(c) A: I agree. He was the more unlikely of all the actors.
(d) B: Right. I expected the lead actor to be the hero.

42. (a) A: I can't believe we're finally on vacation!
(b) B: Me, neither. Isn't it great to be away from work?
(c) A: Yeah. I can hardly remember the last time we had a vacation.
(d) B: I know. It's been such a long time ago.

43. (a) A: That artist's exhibit at the gallery was amazing.
(b) B: Absolutely. I think he's the best artist in the country.
(c) A: Is he the one which won the national art prize?
(d) B: Yes. Since then his work has gained popularity.

44. (a) A: What are you looking for on that world map?
(b) B: I'm trying to find Iceland. Isn't it close to North Pole?
(c) A: No, that's Greenland. Iceland is farther south.
(d) B: Oh, now I see it. It's this island over here.

45. (a) A: Ms. Jones said she can't come in today.
(b) B: Why didn't she call and tell me that herself?
(c) A: I think she wanted to avoid talking to you.
(d) B: Well, I insist that next time she talks to me in person.

Part IV **Questions 46~50**

Identify the option that contains an awkward expression or an error in grammar.

46. (a) The Continental Hotel is offering new discounts this month. (b) We are offering a 10% price reduction on all rooms. (c) And best of all, when you stay at two nights, your third night is free! (d) So, come and stay at the Continental and save money!

47. (a) Most people care about their health and how they look. (b) Try to stay in shape, they go to health clubs and gyms. (c) At health clubs, some take special classes such as aerobics or yoga. (d) Other people go to clinics and seek out dietitians to help them lose weight.

48. (a) The Amazon forest contains one third of all of the world's trees. (b) However, the Amazon's trees are disappearing due to massive logging that began more than thirty years ago. (c) Between 1972 and 1998, an area of forest the size of France was cut down. (d) In the worst of those years, in 1975, 4 percent of the remained trees were logged.

49. (a) Residents of Hawaii's Oahu Island have the benefit of a world-class transportation service. (b) Known as "The Bus," Oahu's mass transit system is recognized as one of the best in the US. (c) It is so popular that about 260,000 people ride it on a daily basis. (d) In order to accommodate that many people, passengers are limited to carry-on baggages only.

50. (a) With the arrival of spring, the outdoors becomes warm and inviting, beckoning us to step outside again. (b) The air loses its biting arctic sting and feels therapeutic on exposed skin. (c) The promise of adventure is irresistible, as the snows melt and the mountain streams begin their trickling once again. (d) And with this fresh allure of nature, our homes, which sheltered us all winter long, now seems dull and stagnant.

This is the end of the Grammar section. Do NOT move on to the next section until instructed to do so. You are NOT allowed to turn to any other section of the test.

TEPS

VOCABULARY

DIRECTIONS

This part of the exam tests your vocabulary skills. You will have 15 minutes to complete the 50 questions. Be sure to follow the directions given by the proctor.

Part I **Questions 1~25**

Choose the best answer for the blank.

1. A: Hi! I don't think I've seen you here before.
   B: Oh, I'm a ____________. I just joined the health club.

   (a) stranger
   (b) colleague
   (c) teammate
   (d) newcomer

2. A: I didn't catch what you just said.
   B: OK. ____________ carefully this time.

   (a) Hear
   (b) Listen
   (c) Speak
   (d) Attend

3. A: May I ____________ your order?
   B: Sure. I'd like a hamburger, please.

   (a) ask
   (b) take
   (c) collect
   (d) receive

4. A: Barbara, here is a small gift I bought for you.
   B: Thanks! I don't know what to say. I'm ____________.

   (a) mindless
   (b) speechless
   (c) unthinkable
   (d) unbelievable

5. A: Who left the terrible mess in the kitchen?
   B: I'm sorry. It's my ____________.

   (a) fault
   (b) error
   (c) blame
   (d) disaster

6. A: How do you know so much about computers?
   B: I guess it's because I ____________ ____________ computers a lot.

   (a) give up on
   (b) get around to
   (c) do away with
   (d) play around with

7. A: George, could you come here now?
   B: OK, I'll be there in a ____________.

   (a) time
   (b) point
   (c) period
   (d) minute

8. A: How do I use this calling card?
   B: Just ____________ the number listed on the back.

   (a) dial
   (b) find
   (c) click
   (d) write

9. A: Is there a drugstore nearby?
   B: Excuse me? Can you ____________ that, please?

   (a) retell
   (b) recall
   (c) repeat
   (d) remind

10. A: Can I make an appointment to see Dr. Richards?
    B: Yes, but he won't be ____________ until next Monday at 4 p.m.

    (a) free
    (b) open
    (c) clear
    (d) empty

11. A: Hello, can I reserve some rooms for my tour group?
B: Sure. How many are in your __________?

(a) club
(b) gang
(c) party
(d) society

12. A: I think we should make a decision right now.
B: No, let's __________ it until next week.

(a) lay
(b) pause
(c) update
(d) postpone

13. A: Can I speak to Mr. Frye, please?
B: He's very busy. I'm afraid he can't be __________.

(a) touched
(b) aroused
(c) grabbed
(d) disturbed

14. A: Where is the Admissions Office?
B: It's in the building __________ this one.

(a) involving
(b) adjoining
(c) revolving
(d) conveying

15. A: I'd like to book a direct flight to Milan for next Wednesday.
B: Sorry, the only flight that day has a __________ in Hong Kong.

(a) stopover
(b) blowout
(c) letdown
(d) pullover

16. A: Oh, no! It's already 4! I'm going to be late for the meeting!
B: Relax. You're only a few minutes behind __________.

(a) plan
(b) moment
(c) schedule
(d) appointment

17. A: How're you doing in your math class?
B: Much better. I'm beginning to __________.

(a) add up
(b) sum up
(c) move on
(d) catch on

18. A: These days, I keep getting interrupted and can't finish my work.
B: Well, don't let yourself get __________.

(a) adjusted
(b) perplexed
(c) insinuated
(d) sidetracked

19. A: It's snowing outside.
B: That's __________. I thought winter was over.

(a) odd
(b) rare
(c) scarce
(d) unfamiliar

20. A: Have you rented out your apartment yet?
B: Yes, I finally found a new __________.

(a) client
(b) tenant
(c) patron
(d) landlord

VOCABULARY

21. A: I don't think you can handle this project.
B: What? I can't believe you have no ____________ in me!

(a) deference
(b) disillusion
(c) confidence
(d) consideration

22. A: What does it mean when people say they will burn the midnight oil?
B: It's just an ____________ meaning that they will work late into the night.

(a) invocation
(b) illustration
(c) expression
(d) explanation

23. A: Wasn't that movie exciting?
B: It sure was. I was ______________ the whole time.

(a) passing the buck
(b) up to my old tricks
(c) picking up the pieces
(d) on the edge of my seat

24. A: These old cottages are badly damaged.
B: Yes. They do look quite __________.

(a) ebullient
(b) delinquent
(c) dilapidated
(d) embellished

25. A: I don't think the suspect was working alone in this robbery.
B: Are you suggesting that he had a(n) ____________?

(a) contractor
(b) concubine
(c) apprentice
(d) accomplice

Part II **Questions 26~50**

Choose the best answer for the blank.

26. The bitter cold may cause the water in the pipes to ____________.

(a) melt
(b) freeze
(c) defrost
(d) release

27. Although reporters asked many questions, the vice chancellor did not ____________ any of them.

(a) say
(b) return
(c) answer
(d) request

28. Unlike other floor cleaners, the new SqueakyClean Pro disinfects the floor while you __________ it.

(a) tap
(b) mop
(c) rinse
(d) drain

29. Each answer will be counted as either right or wrong; no ___________ credit will be given.

(a) full
(b) partial
(c) medial
(d) neutral

30. The physical nature of viruses was not fully ____________ until the invention of the electron microscope.

(a) published
(b) assembled
(c) developed
(d) understood

31. Death Valley ____________ less than two inches of precipitation per year.

(a) balances
(b) averages
(c) estimates
(d) calculates

32. Every president ___________ a crisis of some kind during his presidency.

(a) halts
(b) faces
(c) works
(d) pushes

33. ____________ are formed when the same actions are repeated over and over for a long period of time.

(a) Traits
(b) Styles
(c) Habits
(d) Hobbies

34. Regardless of how many times you may have tried to quit smoking in the past, this new treatment is ___________ to work.

(a) agreed
(b) secured
(c) satisfied
(d) guaranteed

35. The university's Global Exchange Program provides a limited number of students with the ____________ to study abroad for a year.

(a) adaptability
(b) opportunity
(c) applicability
(d) accessibility

36. Though taxes are high, that is certainly not a(n) ____________ excuse for not paying them.

(a) reliable
(b) improper
(c) legitimate
(d) accredited

37. In a democracy, the president is ____________ to office by the country's citizens.

(a) lifted
(b) voted
(c) opted
(d) polled

38. A sports official should pay no attention to the ____________ of the home crowd when a decision goes against the home team.

(a) booing
(b) conflict
(c) support
(d) cheering

39. Car ____________ and smog from factories are major causes of the global air pollution problem.

(a) leakage
(b) mileage
(c) emissions
(d) transmissions

40. The movie was so poorly made that it was ____________ to watch.

(a) ineffectual
(b) disfiguring
(c) unbearable
(d) implausible

41. To make our state more homeschool friendly, we plan not to ____________ burdens on parents who teach at home.

(a) affect
(b) dictate
(c) charge
(d) impose

42. In ancient times, the land surrounding the Nile River was known for its ____________ mud, which could produce two crops a year.

(a) fertile
(b) potent
(c) barren
(d) sterile

43. The inquisitive toddlers were ____________ by the many strange animals at the zoo.

(a) elevated
(b) appalled
(c) horrified
(d) fascinated

44. The police ____________ three scholars for speaking out against the government.

(a) derided
(b) detained
(c) dethroned
(d) dispatched

45. Since the 1980s, new technologies at NASA have ____________ a fleet of lightweight, low-cost unmanned craft.

(a) arrayed
(b) operated
(c) spawned
(d) precluded

46. As tuition fees continue to rise annually, ______________ of parent complaints and student withdrawals are increasing.

(a) incidents
(b) examples
(c) occasions
(d) conditions

47. The classic elegance and quality of modern Italian fashion have now completely ______________ the cliché that Italy is all about outdated trends.

(a) restored
(b) displaced
(c) sustained
(d) compelled

48. When his father realized that Beethoven was unusually gifted in music, he decided to ____________ his son's talents by having him tutored.

(a) gird
(b) allot
(c) hone
(d) mend

49. In the US, courts are expected to interpret the Constitution correctly to avoid any ________________ of civil rights.

(a) fluctuation
(b) amendment
(c) infringement
(d) remuneration

50. Currently the most widely ___________ columnist, Ann Landers is read in more than 1,200 newspapers around the world.

(a) generated
(b) franchised
(c) syndicated
(d) accessorized

This is the end of the Vocabulary section. Do NOT move on to the Reading Comprehension section until instructed to do so. You are NOT allowed to turn to any other section of the test.

TEPS

Reading Comprehension

DIRECTIONS

This part of the exam tests your ability to comprehend reading passages. You will have 45 minutes to complete the 40 questions. Be sure to follow the directions given by the proctor.

Part I **Questions 1~16**

Read the passage. Then choose the option that best completes the passage.

1. Mars, otherwise known as the "Red Planet," appears red because of the fine, red dust that covers its surface. The dust is not simply on the ground but in the atmosphere as well. The planet has frequent and intense dust storms that throw dust up to 25 miles into the air. One thing is for certain about Mars: ____________________.

(a) there was once water there
(b) it does not support any life
(c) it is a place covered in dust
(d) there is nothing much to see

2. The Black Death was a terrifying outbreak of disease that first affected Europe in the 14th century. Victims of the disease often died within days, and thousands died of it every year. It spread at a fast rate, too, and could infect a whole town within weeks. Because there was no known cure at the time, the authorities built plague hospitals to hold victims or ordered victims to stay in their own houses so they would not spread the disease to others. Understandably, Europeans in the 14th century were ____________________.

(a) inventing many new medicines
(b) not able to succeed in their jobs
(c) not yet scientifically knowledgeable
(d) deathly afraid of catching the disease

3. April marks the 22nd anniversary of the National Child Abuse Prevention Month. During this month, we request that everyone wear a blue ribbon pin to call attention to the abuse of children around the nation. Child abuse is a growing problem, and we need to do everything in our power to prevent it. So, please join in the nationwide fight against child abuse and play a part in our campaign to educate families, children, neighbors, and communities. In this way, you can help to ____________________.

(a) improve our neighborhood security
(b) give our children a better education
(c) put an end to the ill-treatment of the young
(d) encourage the growth of community activities

4. In cultures around the world, there are many legends and stories about animals and birds that were able to detect an impending disaster. But the details of how this detection ability works remain elusive. One popular theory suggests that animals may be able to detect ground vibrations or perhaps sounds that are inaudible to humans. And, according to the theory, this gives them an early warning of when events like an earthquake or tsunami are about to occur. But until further studies are conducted, exactly how animals and birds are able to ________________________ will remain speculative.

(a) predict natural disasters
(b) know the precise time to migrate
(c) navigate using ultrasonic sound waves
(d) understand the feelings of their owners

5. The Ongkors are a group of people in China whose cultural identity has just about disappeared. This loss of cultural uniqueness came about as the Ongkors adopted the lifestyle of their Chinese neighbors. Over the years, so many have intermarried with the Chinese that now only 20 or so Ongkor people remain. Today they have ________________________. In fact, only one elderly man among the remaining 20 Ongkors still speaks the language fluently.

(a) almost lost their unique identity
(b) emigrated to other parts of the world
(c) adopted the modern ways of Western society
(d) gradually became more like their Ongkor ancestors

6. The Partnership for Peace Education and Training Conference will be held October 25-29. The conference is devoted to discussing current NATO initiatives regarding its Training and Education Enhancement Program. The conference will present various concepts and technologies that may enhance the future of education and training through distance learning using the Internet. There will also be an international technology exposition showcasing various products sold by the commercial sponsors of the conference. If you are ________________________, you will greatly benefit from attending this conference.

(a) interested in new computer games
(b) involved in international peace projects
(c) interested in using technology in education
(d) involved in selling products on the Internet

7. Even though it is not commonly acknowledged, the main cause of suffering and death is aging. Since it is a degenerative process, aging increases our vulnerability to whatever will eventually be diagnosed as the cause of death. Although this final cause is all that is written on the death certificate, in fact, that final cause is simply the end result, the by-product of aging. The reality is that in many cases people die from ____.

(a) factors associated with the aging process
(b) what was recorded on the death certificate
(c) illnesses that can be traced back to childhood
(d) causes that were inherited from their parents

8. Are you struggling to get good grades? Well, here are some things you can do that will help. First, forget about any poor grades you may have received in the past. You cannot go back in time and fix them, so worrying will not do you any good. Next, ask your teachers for help if there are certain areas that are causing you difficulty. Also, take periodic breaks when you are studying because that helps, too. Finally, and perhaps most importantly, keep a positive outlook and remember that grades do not improve overnight. Just follow these tips, and you can ____.

(a) improve your academic performance
(b) be organized and remember things better
(c) enter the graduate school of your dreams
(d) keep from being overwhelmed with worry

9. Once a building is constructed, it might become the subject of paintings and sculptures, or be featured on prints, maps or in photographs. But _______________________________________. This is because the conventions of the various media employed do not capture the full creative expression of the building. In the hands of a painter, the same building is pictured subjectively–its surfaces, structure, and color altered according to the painter's own vision. A photograph is a more faithful record, but only up to a point, as it registers whatever falls within the range of its fixed frame, and it only captures a brief instance in time; landscapes, seasons, and colors can change.

(a) pictures of buildings are not interesting to most people
(b) we have to give full credit to the architect for its beauty
(c) buildings can look old-fashioned with the wrong design
(d) such reproductions fail to portray the original adequately

10. This document on XML programming standards provides a brief description of the XML programming language for programmers who are already familiar with the more comprehensive *XML Programmer's Handbook* upon which this is based. The intended audience of this document includes software developers who may not have the time to browse the larger *XML Programmer's Handbook* but yet need a handy reference work that goes beyond basic XML. In essence, you should use this document if you ______________________________.

(a) need to acquire a comprehensive knowledge of XML
(b) are a beginner who wants to understand computers better
(c) already understand basic XML but need a concise reference work
(d) want to learn how XML is different from other programming languages

11. I will never forget the lesson I learned from an experience I had in Thailand. When I was there, I visited an acquaintance from Germany, named Franz, who was in prison. There, in a stuffy visitors' room, Franz described his life in prison, a stark contrast to my life on the outside: cells were overcrowded and there were only ten dirty toilets for 500 prisoners. The visit did not last long as Franz had to return to his cell after twenty minutes. As I left, I realized ______________________________. Outside, the sunlight seemed brighter than ever. I noticed singing birds flying freely through the air, and I appreciated, as never before, the privilege to walk wherever I pleased.

(a) how unjust it was for Franz to be locked up in prison
(b) how thankful I was that I had not been caught like Franz
(c) that the freedoms we have in life are often taken for granted
(d) that Thai prisons were more crowded than the ones back home

12. Many chronically ill patients are unable to see beyond their own suffering. But at Procovery Health Center we encourage such individuals to look beyond themselves and think positively. By doing so, we provide patients with a new outlook on life, a brighter future, and sometimes even a full recovery from their illness. Our staff's inspirational approach to health care emphasizes living life rather than dwelling on illness. If you are suffering from chronic illness, call us at 1-800-PRO-COVR. We will help you ______________________________.

(a) get your back pain cured permanently
(b) achieve mental health through counseling
(c) find hope, happiness, and maybe even a cure for your disease
(d) locate a hospital that can care for your chronically ill family member

13. The pharmacological management of our mental lives has raised a serious ethical question. By directly supplanting our natural emotions, new, legal psychotropic drugs are threatening to sever the link between feelings of happiness and our actions and experiences in the world. The startling "effectiveness" of these new medications means that users can attain the same sense of euphoric pleasure that would otherwise come from more natural joy-inducing activities, such as having children, building friendships, or achieving personal success. These new drugs offer users the ability to ______________________________.

(a) block out aspects of memory that are painful for them
(b) extricate themselves from the mediocrity and boredom of their lives
(c) experience cheap thrills at the risk of becoming addicted to the drugs
(d) substitute real feelings with artificial ones not derived from life experiences

14. In *Cannibal Encounters*, Dr. Philip Boucher notes that Christopher Columbus' stereotype of Caribbean natives as "ferocious cannibals" was used by some of history's greatest writers and philosophers, including William Shakespeare, Thomas Hobbes, John Locke, and Jean-Jacques Rousseau. Thus, he concedes, the spread of racist stereotypes can be traced back to Columbus to some extent. However, Boucher's main contention is that not all blame can be pinned on Columbus, and he devotes much discussion to salvaging the explorer's reputation by pointing out that Europeans were misinformed long before they arrived in the New World. In fact, they adhered to ______________________________.

(a) notions held by various civilizations in the New World
(b) distortions emanating from centuries of European cultural bias
(c) beliefs perpetuated by Columbus and leading figures of his day
(d) ideas which have influenced famous writers since Shakespeare

15. Did you know that the typical American family spends close to $1,300 a year on their home's utility bills? But unfortunately, a large portion of that energy is wasted. The amount of energy that is lost just through poorly insulated windows and doors is about as much energy as the country gets from the Alaskan pipeline each year. __________, the amount of pollution that the average home generates is fairly large. Electricity generated by fossil fuels for a single home puts more carbon dioxide into the air than two average-sized cars.

(a) However
(b) Especially
(c) In addition
(d) For example

16. The Byzantine Empire, which was for part of its history merely the eastern half of the Roman Empire, first took shape under the reign of Emperor Diocletian when he officially split the Roman Empire in AD 284. With this division, the distinct identity of the more wealthy, populous, and in some senses, powerful eastern expanse of the Roman Empire was formally recognized. ____________, it was heavily influenced by Rome until the city fell in AD 476. After that point, Roman influence gradually faded, and it slowly became an empire in its own right, expanding from east to west.

(a) In point of fact
(b) Consequently
(c) What is more
(d) Nevertheless

Part II **Questions 17~37**

Read the passage and the question. Then choose the option that best answers the question.

17. French painter Édouard Vuillard often chose members of his own family as subjects for his paintings. Vuillard was especially close to his grandmother and painted several portraits of her. For instance, in *Grandmother Michaud in Silhouette*, Vuillard chose to paint his grandmother with dark-colored paints against a pink and yellow background. The contrast between her dark figure and the lighter background draws attention to her face.

Q: What is the main topic of the passage?

(a) Different styles of French painting
(b) Great painters who painted portraits
(c) What made Édouard Vuillard famous
(d) What Édouard Vuillard liked to paint

18. Like all amphibians, frogs and toads need fresh water to keep their skin moist. So, to maintain sufficient water intake, frogs and toads have to take extra precautions. Frogs get the water they need by seeking out damp places, by burrowing in mud and by soaking up water from wet surfaces. Similarly, toads obtain almost three-quarters of the water they need through a "seat," or baggy patch, on their pelvis that they press against moist surfaces. But interestingly, amphibians rarely drink water, although they may take in a little with their food.

Q: What is the best title for the passage?

(a) How Frogs and Toads Obtain Enough Water
(b) Amphibians' Adaptation to Various Climates
(c) Behavioral Differences between Frogs and Toads
(d) Why Fresh Water Is Important for Aquatic Animals

19. Ladies, has your dating life stalled and gone stale? Then, you need to try Meet Mr. Right, a new service that provides an escort who will help you meet that perfect someone. So, how does it work? First, you choose an escort from the company's book of photos and match his personality to your own. Then, you meet him one night, and he accompanies you to wherever you want to go. Your escort's job is to help you meet other men and try to introduce you to your perfect match. Sounds like fun, right? Check out our catalog online at www.mem.com.

Q: What is mainly being advertised?

(a) A matchmaking service that uses an escort
(b) A website where women can find a husband
(c) A service that arranges blind dates for women
(d) A company that provides personal tour guides

20.

> Dear Grandma,
>
> Thank you for the money that you sent me for my birthday. I intend to use it toward my trip to Lake Tahoe for winter break. A couple of college friends and I are going there. We're so excited that we've decided to leave right after class on Friday! I can't wait to go skiing there. I heard the mountains just had eight inches of snow! I'll try to send you some pictures of my trip when I get back. Thanks again for thinking of me.
>
> Love,
> Susie

Q: What is the purpose of the letter?

(a) To invite someone to go skiing
(b) To send gift money to Grandma
(c) To show appreciation for a birthday gift
(d) To express thanks for being invited on a vacation

21. The education system in Iraq was once considered one of the best in the region. Since the 1980s, however, it has steadily deteriorated in terms of access, quality, and equity at all levels-the result of three major wars and over a decade of sanctions, underfunding, and government neglect. Thus, the massive lack of capital development and maintenance, human resources, and system development means that reconstructing the education system is a huge challenge.

Q: What is the main topic of the passage?

(a) The decline of the education system in Iraq
(b) The privatization of Iraq's education system
(c) The damage done to Iraq by three major wars
(d) The need for equal access to education in Iraq

22. For the world's most expensive hotels, staying on top means doing everything to please a tough, discerning, and highly critical crowd. Their guests, which on any given night may include rap stars, tycoons, royalty, and CEOs, know the difference between the sublime and the merely impressive. If the champagne is not properly chilled, the quality of the linen sheets is inadequate, the luggage is not brought up with alacrity, or the morning coffee is served anything less than piping hot, they may take their fancy credit cards and go elsewhere.

Q: What is the main point about expensive hotels?

(a) They attract a wide variety of famous and powerful guests.
(b) Their guests pay a lot of money for high quality services.
(c) They must ensure that champagne is served chilled and coffee hot.
(d) They must set very high standards, or else they will lose guests.

23. As many of my readers know, I love poetry. And lately, I have been studying the history of poetry, which I would like to share with you. I was amazed to find that poetry has been around since 1000 BC. Some of the earliest-written poems, such as Homer's poems written around 850 BC, were based on even older war songs that people used to tell or sing to each other.

Q: Which of the following is correct according to the passage?

(a) Poetry first appeared around 850 BC.
(b) Homer's poems were sung during wartime.
(c) Some early poetry was based on war songs.
(d) Homer was the person who invented poetry.

24. When a female hippo is ready to mate, she will seek out an adult male. Approximately 34 weeks after mating, the female will give birth to a single calf. Typically, the birth takes place underwater, and the newborn must surface quickly to take its first breath. But this is not a problem, as young hippos can swim and walk within moments after birth. The mother nurses the young hippo for only eight months, although it will remain with her for several years.

Q: Which of the following is correct about hippos according to the passage?

(a) Baby hippos are rarely born underwater.
(b) Baby hippos can swim and walk soon after birth.
(c) Female hippos give birth to two babies at a time.
(d) Female hippos nurse their young for several years.

25. For millions of Chinese high school students, the final day of national college entrance exams is next Thursday. In some Chinese cities, authorities plan to reroute traffic and ban construction on that day to create a quiet and less stressful environment for test-takers. The entrance exams are crucial for high school students and for their families. Only one in every four who sit for the exams will be eligible for university enrollment. And while a college degree does not necessarily translate into a high salary, it is highly valued in society, so parents place high expectations on their children and push them to do well.

Q: Which of the following is correct according to the passage?

(a) Chinese parents prefer their children to study overseas.
(b) Half of all Chinese high school students get into college.
(c) University graduates in China usually earn high salaries.
(d) Construction will stop on Thursday in some cities in China.

26. Since most people begin to speak a language at a very young age, it would be easy to assume that we are born with that ability. But that is not the case. Unlike other skills, like walking, for example, language is not an inherent, biological function of humans. The ability to talk is due entirely to the world into which we are born. We are born into a society that from day one teaches us its traditions. Eliminate society and there is still reason to believe that we will learn to walk. However, it is certain that we would never learn to talk.

Q: Which of the following is correct according to the passage?

(a) Talking would not be possible without society's influence.
(b) Language is a natural biological function in human beings.
(c) Most children can learn a foreign language at a very young age.
(d) Children are born with an inherent ability to understand their culture.

27. Driving on slippery roads can be very dangerous. When the road is slippery, you must slow your vehicle. If you want to stop or turn on a slippery surface, apply the brake pedal lightly several times to slow your vehicle. Avoid any sudden changes in speed or direction; otherwise, your car may skid on the slippery surface. If your car begins to skid, turn the front wheels so that you steer in the direction of the skid.

Q: According to the instructions, what should you do if your car begins to skid?

(a) Avoid steering the car.
(b) Slow down your speed.
(c) Turn in the direction of the skid.
(d) Step on the brake pedal as soon as possible.

28.

Dear Dr. Walters,

I have been married for 17 happy years. My husband and I live in the north in a beautiful home. But we have a problem. I love the winter season because I enjoy skiing and relaxing indoors by our fireplace. I hate summer, though—the heat, the humidity, the summer bugs, etc. The problem is that my husband gets depressed during the winter and always looks forward to summer. I love cold, snowy, gray days, but he hates them and is desperate to move south. My husband and I have discussed this several times, but neither of us is willing to change our minds. What should I do?

Megan in Minneapolis

Q: Which of the following is correct about the writer of the letter?

(a) She does not want to be married anymore.
(b) She is tired of staying indoors during winter.
(c) She and her husband prefer opposite seasons.
(d) She wants to live in the south where it is warmer.

29. The main policy recommendation made in this report is that we should provide more technological education opportunities to the public. The fact is, we now live in an information-based society, and since technology affects everyone, everyone needs to know how to use it, or they will be left behind. To keep pace with the rapid spread of information in our culture, people need to learn new skills no matter what career they have. For this reason, the report committee believes that the issues surrounding the technical education and training of the general public deserve urgent attention.

Q: According to the report, why does the general public need to be educated?

(a) To enable people to advance their careers
(b) To ensure that the society continues to grow
(c) To acquire skills that are not taught in college
(d) To keep up with an information-based society

30. Electing a new pope was not always a short process as it is these days. In 1268, Catholic cardinals began an election process that would take them until 1271 before they reached a decision. In fact, the election process could have lasted even longer had it not been for the intervention of local authorities, who, weary of the delay, confined the cardinals until a decision was reached. This protracted length of time was deemed far too long by the pope who was finally elected, Gregory X. So, he brought in laws to prevent such scandalous delays in the future, and since then elections for a new pope have been significantly shorter.

Q: Which of the following is correct according to the passage?

(a) Catholic cardinals elected Gregory X as pope in 1271.
(b) Gregory X outlawed secular interventions in papal affairs.
(c) It took over two years to choose Pope Gregory X's successor.
(d) Authorities imprisoned Catholic cardinals for not electing a pope.

31. Whether professors should assign their own books as class reading is a hotly debated topic among students and professors in universities. Many students feel that professors who do so are behaving narcissistically and that they are only trying to increase royalties. On the other hand, some students are thrilled with the idea of reading their professors' works. Among professors there is also diversity of opinion. Professors who assign their own books often do so because they feel their own books best cover the material in the course. A significant drawback, however, is that you only get one perspective.

Q: Which of the following is correct about professors' assigning their own books in courses?

(a) It has led students to see some professors as self-serving egotists.
(b) Some students are of the opinion that it just offers them one perspective.
(c) Students support it because those books best cover the material in the course.
(d) It is regarded by some professors as a way to increase royalties from book sales.

32. The human conscience is an invaluable faculty that helps children distinguish right from wrong and judge the social consequences of their actions from an early age. Though there is debate over whether conscience is inherent or acquired, most psychologists agree that conscience is greatly influenced by experiences early in a child's life. Thus, parents have a huge responsibility in helping their children develop a healthy conscience. This is especially important when they are young, since as children get older it becomes more of a challenge.

Q: Which of the following is correct about the human conscience according to the passage?

(a) Most psychologists believe it is shaped in early childhood.
(b) It helps provide a child with a stable sense of social identity.
(c) Psychologists agree that it cannot be shaped after childhood.
(d) Its healthy development is entirely due to parental guidance.

33.

Dear Mr. Jacobs,

Starting a new life in a new place can be a difficult and sometimes lonely thing. And frankly, I was very hesitant about how I would fit into society again after being released from prison. But the help you've given me as I've tried to resettle in my hometown has taken away all of my anxieties and has helped me feel comfortable with my new life. I owe all of this to you and your outreach center. So, if you ever need a volunteer for anything, please let me know. Thank you so much.

Gratefully yours,
Martha Jones

Q: What can be inferred about the writer?

(a) She is a volunteer at an outreach center.
(b) She has recently moved to a new prison.
(c) She has not been out of jail for very long.
(d) She is no longer anxious about prison life.

34. Join the nation's top football strength and conditioning professionals for two days of lectures and workshops at the annual Football Strength Training Conference (FSTC). A very popular event, this annual event is a huge hit every year. The next FSTC will take place immediately before the Football Coaches Association meeting, January 7-8 in Louisville, Kentucky. There will also be an accompanying trade show, as well as a Football League Experience Center where kids can see if they have what it takes to become a professional football star.

Q: Who is most likely to attend the FSTC?

(a) High school sports directors
(b) Professional football players
(c) Athletes who want a career in football
(d) Football strength training professionals

35. SAN FRANCISCO–A thief has stolen a computer laptop containing personal information on nearly 100,000 University of Hampton alumni, graduate students, and past applicants, continuing a recent series of security breakdowns that has illustrated society's growing susceptibility to identity theft. By law, university officials are required to personally notify each person whose private information has been breached, a process that could prove very difficult, university officials admit. Some of the students received their degrees nearly 30 years ago.

Q: What can be inferred from the article?

(a) The laptop's owner will be arrested for the security breach.
(b) Not all graduates will be notified of their identity theft soon.
(c) Thefts of laptops at the University of Hampton are on the rise.
(d) University officials will make an official apology to the public.

36. Developing countries are growing, on average, at a rate of 6 percent. This trend can be attributed to a favorable combination of high commodity prices, low interest rates and increasing foreign assistance. But this economic growth has had negative side effects as well. Thus far the economic growth has not resulted in decent and productive employment for the poorest sectors of society. Employment generation has remained generally weak throughout the developing world. Furthermore, income inequality has been increasing in the majority of developing countries.

Q: What can be inferred about developing countries from the passage?

(a) Economic growth tends to have more negative than positive outcomes.
(b) Rapid economic growth does not necessarily benefit the poorest people.
(c) Foreign financial assistance has not been distributed equally among countries.
(d) They have not been able to train people to qualify for the jobs that are available.

37. In 1848 in England, a group of young painters got together and decided on their own idea of what a painting should be, and based on this idea, formed a secret society called the Pre-Raphaelite Brotherhood. The Pre-Raphaelites felt stifled by the rigidity of the artistic authority of their day, the Royal Academy, and its idea of what tasteful, beautiful art should be. For the Pre-Raphaelites, great art came from before the 16th-century Italian painter, Raphael. Raphael represented a time when painters would manipulate their subjects into their own ideal of beauty, instead of letting their subjects dictate their own qualities to the artist. For the Pre-Raphaelite Brotherhood, this was a disdainful approach to art.

Q: Most likely, which opinion would the Brotherhood have agreed with?

(a) Idealism should be confined to art forms other than painting.
(b) The Royal Academy should give more credit to artists like Raphael.
(c) The depiction of beauty as each artist sees it is what makes great art.
(d) Raphael's paintings best illustrated what beautiful paintings should look like.

Part III **Questions 38~40**

Read the passage. Then Identify the option that does NOT belong.

38. Renting furniture from HomeValue has many practical advantages. (a) When you rent from us, you avoid the hassle of having to sell or give away your furniture when you move. (b) Staying in a luxury apartment with rental furniture is more comfortable than staying in a hotel. (c) Also, when you rent from us you can call us any time your preferences change, and we'll replace the furniture. (d) All you have to do to rent furniture from HomeValue is come to our store and pick it out; we'll deliver it for free!

39. In the mid-19th century, when surveyors began measuring land on the Michigan peninsula, they had problems getting the right measurements during winter. (a) Warmer climates in recent times have allowed a greater accuracy in measurements. (b) To measure the land, they laid out long metal chains like giant rulers across the forests and swamps. (c) But the length of the chains would shrink whenever the temperature dropped below zero. (d) Because the chains shrunk, the measurements taken would be different from those taken in warmer times.

40. The now-famous Barbie doll was from birth involved in the ideological conflicts of the Cold War. (a) Barbie was born at the moment when consumerism was being made synonymous with democracy and become part of that relationship. (b) The dolls came onto the market the same year that the infamous Nixon-Kruschev "kitchen debate" took place in Moscow. (c) In front of the cameras of the world, the leaders of the capitalist and socialist worlds faced off over the relative merits of American and Soviet washing machines and electric ranges. (d) Russians actually began importing the finely crafted dolls through a trade loophole at the height of the Cold War.

정답 p.467 / 해설 p.141

This is the end of the Reading Comprehension section. Please remain seated until the proctor has instructed otherwise. You are NOT allowed to turn to any other section of the test.

READING COMPREHENSION

온라인 교육 포털 www.ChampStudy.com

기출 TEST 3

LISTENING COMPREHENSION
GRAMMAR
VOCABULARY
READING COMPREHENSION

LISTENING COMPREHENSION의 MP3는 수록된 CD의 기출 TEST 3.mp3에 있습니다.

테스트 전 확인사항

- ☐ 휴대폰의 전원을 껐습니다.
- ☐ OMR 답안지, 컴퓨터용 사인펜, 수정테이프가 준비되어 있습니다.
- ☐ 시계가 준비되어 있습니다.
- ☐ 목표 점수를 정했습니다.

LISTENING	(_____개 / 60개)	GRAMMAR	(_____개 / 50개)
VOCABULARY	(_____개 / 50개)	READING	(_____개 / 40개)

- ☐ 테스트의 시작과 종료 시간을 정했습니다.

GRAMMAR	시 분 ~ 시 분 (25분)
VOCABULARY	시 분 ~ 시 분 (15분)
READING	시 분 ~ 시 분 (45분)

LISTENING COMPREHENSION

DIRECTIONS

1. In the Listening Comprehension section, all content will be presented orally rather than in written form.
2. This section contains 4 parts. In parts I and II, each passage will be read only once. In parts III and IV, each passage and its corresponding question will be read twice. But in all sections, the options will be read only once. After listening to the passage and question, listen to the options and choose the best answer.
3. More specific directions will be given at the begining of each part of this section.

Part I **Questions 1~15**

You will now hear fifteen conversation fragments, each made up of a single spoken statement followed by four spoken responses. Choose the most appropriate response to the statement.

Part II **Questions 16~30**

You will now hear fifteen conversation fragments, each made up of three spoken statements followed by four spoken responses. Choose the most appropriate response to complete the conversation.

Part III **Questions 31~45**

You will now hear fifteen complete conversations. For each item, you will hear a conversation and its corresponding question, both of which will be read twice. Then you will hear four options which will be read only once. Choose the option that best answers the question.

Part IV **Questions 46~60**

You will now hear fifteen spoken monologues. For each item, you will hear a monologue and its corresponding question, both of which will be read twice. Then you will hear four options which will be read only once. Choose the option that best answers the question.

TEPS

GRAMMAR

DIRECTIONS

This part of the exam tests your grammar skills. You will have 25 minutes to complete the 50 questions. Be sure to follow the directions given by the proctor.

Part I **Questions 1~20**

Choose the best answer for the blank.

1. A: Can I call you at 6:00 p.m.?
   B: Well, we normally ____________ dinner at that time.
   (a) have
   (b) will have
   (c) have had
   (d) are having

2. A: What do you think of your new office?
   B: It's great. I like it __________ much.
   (a) too
   (b) very
   (c) quite
   (d) really

3. A: May I use your computer? Mine isn't working.
   B: ____________________, I'm afraid.
   (a) Either, mine isn't
   (b) Either isn't mine
   (c) Mine is, neither
   (d) Neither is mine

4. A: What should we get for Tom's birthday?
   B: Let's buy ________________.
   (a) a bike him
   (b) him a bike
   (c) to him a bike
   (d) a bike to him

5. A: I'm sorry to hear about your car.
   B: Well, I just hope they catch the person who ____________ it.
   (a) stole
   (b) steals
   (c) was stealing
   (d) has been stealing

6. A: Did you hear ____________ Jimmy's moving overseas?
   B: Really? Then let's throw him a farewell party.
   (a) that
   (b) when
   (c) which
   (d) whether

7. A: Please help me with this math problem.
   B: Well, it looks difficult. But I'll ____________.
   (a) try
   (b) try to
   (c) try to help to
   (d) try to help you to

8. A: Can you give me a ride?
   B: Sure, I ___________ be glad to.
   (a) must
   (b) could
   (c) might
   (d) would

9. A: We went to Paris last month.
   B: Wow, that _________ have been nice.
   (a) will
   (b) shall
   (c) must
   (d) could

10. A: Is there a view of the valley at the end of this trail?
    B: Yes, you can ___________________.
    (a) see it from here not far
    (b) see it not far from here
    (c) far from here not see it
    (d) not far from here see it

11. A: Who broke the vase, Joel or Kate?
B: I don't think either ______________ responsible. I suspect the dog did it.

(a) Joel or Kate is
(b) Joel or Kate are
(c) Joel and Kate is
(d) Joel and Kate are

12. A: I'd like to try on these shoes, please.
B: OK. ____________ do you wear?

(a) What size shoes
(b) What shoes size
(c) Size of what shoes
(d) Shoes of what size

13. A: Bob, please finish this report before lunch.
B: No problem. Consider it _________.

(a) to do
(b) done
(c) doing
(d) having done

14. A: Carol has been ill for several weeks now.
B: That explains why she appears ____________ some weight.

(a) losing
(b) to lose
(c) having lost
(d) to have lost

15. A: There wasn't a lot of traffic, ____________?
B: Actually, it was kind of heavy.

(a) there was
(b) was there
(c) it was there
(d) was there it

16. A: Darrell, can you answer the phone?
B: I would, __________ I'm busy now.

(a) whereas
(b) though
(c) except
(d) unless

17. A: Did you have ____________ yesterday?
B: Yes, it was a lot of fun.

(a) good time
(b) good times
(c) a good time
(d) the good times

18. A: That movie had such a lousy ending.
B: Yes, but ____________________.

(a) it wasn't that bad than other
(b) that wasn't bad other than it
(c) wasn't it bad other than that
(d) other than that it wasn't bad

19. A: Well, it's getting late. I'm going to call it a night.
B: Me, too, ____________ that it's already past midnight.

(a) see
(b) to see
(c) seeing
(d) having seen

20. A: I'd like to buy something at the snack machine. Do you have any money?
B: Yeah, here, I have ______________.

(a) one dollar bill
(b) a one dollar bill
(c) the one dollar bill
(d) some one dollar bill

Part II **Questions 21~40**

Choose the best answer for the blank.

21. Our company has customers all ___________ the world.

(a) in
(b) into
(c) about
(d) around

22. Although Theodore Roosevelt is most well-known as a former US president, ___________ several books before he died.

(a) writing
(b) also wrote
(c) his writing
(d) he also wrote

23. The driver stayed clear of the main road ___________ had reportedly been the scene of a serious accident.

(a) who
(b) what
(c) which
(d) of which

24. After a little while, Jerry's eyes became accustomed to ___________, and he could see the steps in the theater.

(a) dark
(b) darks
(c) a dark
(d) the dark

25. Since teachers in private schools often do not belong to any union, they ___________ be fired at any time.

(a) can
(b) shall
(c) must
(d) should

26. The boxer was tired of ___________ for the bell to sound to start of the sixth round.

(a) wait
(b) to wait
(c) waiting
(d) having waited

27. Some people think that one's religious beliefs should be kept to ___________.

(a) her
(b) him
(c) itself
(d) oneself

28. Since the Soviet Union's breakup in 1991, the global status of the US ___________ it the world's only remaining superpower.

(a) will make
(b) is making
(c) had made
(d) has made

29. The Bible contains principles ___________ form the basis on which many religious groups are organized.

(a) to serve
(b) that serve
(c) having served to
(d) that have served to

30. Once ___________ over much of northern Asia, camels now inhabit only the remote Gobi Desert in Mongolia.

(a) found
(b) to find
(c) finding
(d) was found

31. Matthew earns less than Bridgette even though he works ______________ hard.

(a) too
(b) that
(c) just as
(d) even so

32. Only after talking again by phone ______ ________________ what Sam was proposing.

(a) did understand Ruben
(b) Ruben did understand
(c) did Ruben understand
(d) Ruben understand did

33. ______________ off the southeast coast of India, the island of Sri Lanka is separated from the mainland by the Palk Strait.

(a) Lies
(b) Lying
(c) To lie
(d) Having lain

34. Emotions can play ___________________ how high or low your blood pressure may go.

(a) to determine a role
(b) in a role determining
(c) a role in determining
(d) to determine in a role

35. Analysts estimate that the present number of individual investors in the stock market ________________ 25 million and is still rising rapidly.

(a) will surpass
(b) has surpassed
(c) had surpassed
(d) was surpassing

36. As the meeting dragged on, the endless ________________________________ more than Jack could bear.

(a) bickerings over detail was
(b) bickering over details was
(c) bickerings over detail were
(d) bickering over details were

37. During the 1980s, "Made in Italy" ________________________________ the city of Milan.

(a) associated a style to describe
(b) associated to describe with style
(c) described a style associated with
(d) described to an associated style of

38. Since baby killer whales born in captivity ______________ fish, they do not get to learn how to hunt.

(a) feed
(b) are fed
(c) have fed
(d) have been fed

39. Directly related to the strong nationalist sentiments in Germany following World War I ______________ the notion of cultural superiority.

(a) has
(b) was
(c) were
(d) have

40. The more classification categories two organisms share, ____________________ ______________.

(a) more closely related are they
(b) they are related more closely
(c) the closely more related are they
(d) the more closely related they are

Part III **Questions 41~45**

Identify the option that contains an awkward expression or an error in grammar.

41. (a) A: The economy is so bad these days.
(b) B: I know. It's hard to save any money.
(c) A: But which can we do about it?
(d) B: Well, we could cut down on dining out.

42. (a) A: I was so surprised to hear the thunder last night.
(b) B: Me, too. The weather report had said the storm would be mild.
(c) A: The weather seems most unpredictable than it used to be.
(d) B: Yes, the forecasters can't seem to get it right.

43. (a) A: You have a bit of an accent. Where are you from?
(b) B: I am born here in England, actually.
(c) A: But you don't speak British English.
(d) B: Oh, that's because I grew up in Colorado.

44. (a) A: Guess what? Janet and I are dating now.
(b) B: Janet? Who's Janet? Do I know her?
(c) A: She's the girl which I met two weeks ago.
(d) B: Yes, now I remember. She's very cute.

45. (a) A: Why don't we go to Ecuador over the holidays?
(b) B: Where is that? Is it a country near equator?
(c) A: Yes. Is that OK with you or do you not like the tropics?
(d) B: Oh, no, it's fine. I just wasn't sure where Ecuador was.

GRAMMAR

Part IV **Questions 46~50**

Identify the option that contains an awkward expression or an error in grammar.

46. (a) If you receive an expensive bill for auto repairs, you may feel cheated. (b) But you must be realized that cars are expensive to repair. (c) If you are billed $1,500 for a new transmission, you are not being cheated. (d) Vital car parts like engines and transmissions are always expensive to replace.

47. (a) Earthquakes are caused by sudden shifts in the earth's crust. (b) The waves of energy created by these shifts are called seismic waves. (c) These waves start in one place, having rolled outward a great distance from the center. (d) Amazingly, a seismic wave only takes 20 minutes to travel around the whole earth.

48. (a) There are some things you should remember when using a napkin at a formal dinner. (b) Large dinner napkins should be placed on the lap folded with half. (c) If you leave the table during the meal, never put your napkin on the chair. (d) Always place it, loosely folded, on either the right or left side of your plate.

49. (a) It's funny how a superstition in one society can be interpreted quite differently in another. (b) For example, in many buildings in the US, there is no 13th floor and so no 13th floor button in the elevator. (c) However, if you were to visit Italy, you will find that the 13th floor is clearly marked in every elevator. (d) This is because in Italy there is a superstition that the number 13 is related to good luck and prosperity.

50. (a) In the 1920s, while at the University of Dhaka, Satyendra Bose wrote an article about his theory on light particles. (b) But physics journals refused to publish the article, saying that there was contained a mistake. (c) Bose then sent his article to Albert Einstein, who promptly agreed with the article's findings. (d) With the help of Einstein, the physics world then took notice of Bose and recognized his theory as a breakthrough in modern physics.

This is the end of the Grammar section. Do NOT move on to the next section until instructed to do so. You are NOT allowed to turn to any other section of the test.

TEPS

VOCABULARY

DIRECTIONS

This part of the exam tests your vocabulary skills. You will have 15 minutes to complete the 50 questions. Be sure to follow the directions given by the proctor.

Part I **Questions 1~25**

Choose the best answer for the blank.

1. A: Aaron, it's your turn to do the dishes.
B: I know. I'll ______________ them in five minutes.

(a) put
(b) have
(c) wash
(d) make

2. A: Hi, my name's Cathy.
B: Hi, I'm Pam. It's good to __________ you.

(a) call
(b) find
(c) meet
(d) show

3. A: I'm going to lunch. Would you like to come?
B: Thanks, but I ______________ mine from home.

(a) sent
(b) took
(c) brought
(d) wrapped

4. A: At last, the neighbor's baby has stopped crying.
B: Yes. Now we can finally have some ______________ and quiet.

(a) joy
(b) work
(c) peace
(d) freedom

5. A: Have you finished knitting that sweater yet?
B: No, I'm still ______________ it.

(a) working on
(b) passing over
(c) looking after
(d) keeping from

6. A: Do you ______________ if I have some more ribs?
B: No, please help yourself.

(a) hope
(b) wish
(c) mind
(d) think

7. A: I wonder where Janice is. I thought she'd be here already.
B: Oh, she said she'd be __________ late.

(a) going
(b) arriving
(c) stopping
(d) entering

8. A: Hi. Is Mr. Gordon there, please?
B: No, he isn't. Can I __________ a message?

(a) take
(b) give
(c) hold
(d) leave

9. A: Don't you think our house is too small for us?
B: No, I think it's quite ______________ for just the two of us.

(a) capable
(b) efficient
(c) personal
(d) adequate

10. A: Will bus number 23 take me all the way to the airport?
B: No, you'll have to ______________ to bus number 37 at Central Station.

(a) transfer
(b) relocate
(c) exchange
(d) transport

11. A: You did a wonderful job on the project.
B: Thanks, but I can't take all the __________. Tina assisted me.

(a) fame
(b) effort
(c) credit
(d) award

12. A: I'm really sorry for being mean to you yesterday. Please forgive me.
B: All right, apology __________.

(a) granted
(b) received
(c) believed
(d) accepted

13. A: Do you have much gas left in the tank?
B: No, it's a bit __________.

(a) low
(b) tiny
(c) light
(d) small

14. A: Are you feeling hungry?
B: Yes, let's get a __________ to eat.

(a) piece
(b) feast
(c) meal
(d) bite

15. A: Would you __________ some more ice cream?
B: Thank you, but I've had enough.

(a) fill up
(b) go after
(c) care for
(d) hand over

16. A: The seating on this train is roomy.
B: Right. I don't feel __________ at all.

(a) cramped
(b) swamped
(c) suppressed
(d) compressed

17. A: I can't believe my play was such a __________.
B: I don't think that was your fault. Your script was excellent.

(a) defeat
(b) failure
(c) tragedy
(d) mistake

18. A: My landlord won't renew my lease.
B: When do you have to __________ your apartment?

(a) vacate
(b) migrate
(c) renovate
(d) evacuate

19. A: Did you get caught in the rain? You're all wet.
B: Yeah, I got __________.

(a) poured
(b) soaked
(c) covered
(d) watered

20. A: What's wrong? Did you have another fight with Eric?
B: Yes. I just can't seem to __________ him.

(a) fit in with
(b) back out of
(c) make up for
(d) get along with

21. A: That's a great trophy you won, Angela, but I don't see your name on it.
B: Oh, they'll ______________ that later.

(a) install
(b) indent
(c) publish
(d) engrave

22. A: Hi, I'd like to rent a minivan for a week, please.
B: Sorry, sir, there are none available on the ______________ right now.

(a) premises
(b) driveway
(c) perimeter
(d) courtyard

23. A: I asked about our luggage and the airline guy said it got lost!
B: You're ______________, right?

(a) ridiculing
(b) mocking
(c) tricking
(d) kidding

24. A: Violence is ______________ in our society, don't you think?
B: Unfortunately, yes, but there's little we can do to stop it.

(a) gyrating
(b) escalating
(c) stagnating
(d) plummeting

25. A: We can't cross the street here. There's no crosswalk.
B: It's OK. No one worries about ______________ around here.

(a) jaywalking
(b) barhopping
(c) shortcutting
(d) crosschecking

Part II **Questions 26~50**

Choose the best answer for the blank.

26. Our new museum has many __________ sculptures that are thousands of years old.

(a) fresh
(b) distant
(c) ancient
(d) modern

27. The two main __________ of a lighthouse are to serve as a navigational aid and to warn boats of dangerous areas.

(a) subjects
(b) products
(c) divisions
(d) functions

28. Trucks delivered food and medical supplies to the flood __________.

(a) victims
(b) persons
(c) reporters
(d) witnesses

29. After American women won the right to vote in 1920, they finally started to feel __________ to men.

(a) equal
(b) unfair
(c) familiar
(d) difficult

30. In the novel, Robin Hood and his friends are __________ in the use of bows and arrows.

(a) skilled
(b) qualified
(c) surprised
(d) developed

31. To keep from gaining weight, avoid eating __________ meals close to bedtime.

(a) wide
(b) great
(c) super
(d) heavy

32. In the 1950s, some people thought that global food supplies would soon fall short of __________.

(a) order
(b) result
(c) request
(d) demand

33. Maxine felt sympathy for the homeless in her city after seeing their terrible living __________.

(a) standards
(b) conditions
(c) atmospheres
(d) surroundings

34. From the 1840s to the 1870s, pioneer missionary David Livingston __________ vast areas of unknown parts of Africa.

(a) inhibited
(b) explored
(c) inspected
(d) expedited

35. As the speaker's views differed from those of the audience, the question and answer period was filled with __________ discussion.

(a) firm
(b) lively
(c) dense
(d) weary

36. If an elephant senses possible danger, it will ____________ others by becoming silent rather than sounding a warning.

(a) alert
(b) watch
(c) suggest
(d) provoke

37. Sorari Bus Corp. claims that, _________ with other buses, its new models are more environment-friendly.

(a) treated
(b) opposed
(c) identified
(d) compared

38. We will not ____________ your personal information with any outside party, unless it is required by law.

(a) trade
(b) share
(c) notice
(d) announce

39. You should always keep your address ____________ by notifying the post office of your address change.

(a) current
(b) present
(c) forward
(d) original

40. For the last 20 years, television has been the dominant __________ of public information in this country.

(a) root
(b) trace
(c) source
(d) foundation

41. The boy's parents were ____________ to the leader of the rescue party for finding their lost son.

(a) mindful
(b) grateful
(c) impartial
(d) emotional

42. To win a debate, you must remain focused and pay no ______________ to any insulting remarks made by your opponent.

(a) attention
(b) recognition
(c) observation
(d) contemplation

43. Many people believe that lie detectors are highly accurate and ____________.

(a) pure
(b) honest
(c) reliable
(d) transparent

44. Whereas conventional microscopes are limited due to the wavelength of light, the electron microscope has no such __________.

(a) obstacle
(b) deterrent
(c) constraint
(d) flexibility

45. Linda has a ____________ temper and can get upset very easily.

(a) fiery
(b) thorny
(c) jagged
(d) rugged

46. British Tiger Film Corporation was taken over by FMF in 1976 and was ____________ sold to Cannox in 1992.

(a) consistently
(b) extraneously
(c) subsequently
(d) anonymously

47. Some analysts argue that birth control should be ____________ in third world countries to reduce overpopulation and poverty.

(a) pivotal
(b) ancillary
(c) ephemeral
(d) compulsory

48. The novel contains numerous ____________ of the author's childhood and youth.

(a) reminiscences
(b) accumulations
(c) memorandums
(d) commemorations

49. Using the T-shaped drawing, students must calculate the length of the short horizontal line that is ____________ to the long vertical one.

(a) triangular
(b) longitudinal
(c) symmetrical
(d) perpendicular

50. Inside this month's issue of our magazine, you will find articles that are sure to _________ your interest.

(a) entrap
(b) charm
(c) pique
(d) quell

This is the end of the Vocabulary section. Do NOT move on to the Reading Comprehension section until instructed to do so. You are NOT allowed to turn to any other section of the test.

READING COMPREHENSION

DIRECTIONS

This part of the exam tests your ability to comprehend reading passages. You will have 45 minutes to complete the 40 questions. Be sure to follow the directions given by the proctor.

Part I **Questions 1~16**

Read the passage. Then choose the option that best completes the passage.

1. If kids drink too many soft drinks, they are going to gain weight. Parents need to provide other beverage options, such as low-fat milk, 100 percent fruit juices, or water. They also need to make sure their children know not to drink too many sugary drinks. Parents need to teach them that ____________________. By learning this, children will be less likely to become overweight and will grow up healthier.

(a) they should not spend so much money
(b) drinking too many soft drinks is unhealthy
(c) eating fruit is better for them than junk food
(d) they should not add more sugar to their drinks

2. Ever since people began living in fixed settlements, ____________________. It was not a problem before then, when human beings lived as nomadic hunters and gatherers in harmony with nature. Back then, waste products were natural and recyclable. But when large cities formed, getting rid of waste and pollution became more difficult. Especially after the Industrial Revolution, pollution became an even larger problem due to the increased use of fossil fuels and, later plastics and chemicals.

(a) crime has occurred
(b) there has been pollution
(c) technology has advanced
(d) human health has improved

3. ____________________ is now much easier thanks to modern technology. One way is to use the route planners that are available through the Internet or computer software. You simply key in your starting point and destination, and the planner shows you the best route to take. Another way is to use a digital navigation device. These are based on the global positioning system (GPS), which uses satellites to locate your position anywhere in the world to within a few meters.

(a) Driving safely in your car
(b) Shopping for quality products
(c) Finding directions for traveling
(d) Planning your day ahead of time

4. Between the years 1880 and 1887, Robert Louis Stevenson did not flourish as far as his health was concerned, but ______________________________. Writing was one of the few activities he could do when he was confined to bed because of hemorrhaging lungs. While ill, he wrote some of his most enduring works of fiction, notably *Treasure Island* (1883), *Kidnapped* (1886), and *The Strange Case of Dr. Jekyll and Mr. Hyde* (1886). He was also busy writing essays and collaborating on plays with W. E. Henley, the poet, essayist and editor who championed Stevenson in London literary circles and who became the model for Long John Silver in *Treasure Island.*

(a) his literary output was impressive
(b) he recovered quickly and started writing
(c) his poor health did not keep him from reading famous books
(d) he still managed to complete his best-known work, *Treasure Island*

5. Instead of spending time with family, many children and even adults nowadays tend to prefer spending time by themselves in front of a computer. Sitting in darkened rooms, they are caught up in virtual reality worlds where they slay monsters, conquer enemies, and strive to become heroes and heroines. These gamers insist that their favorite activity is a harmless hobby, but others regard such a time-consuming, antisocial pastime as something a little more dangerous. This raises the question: ______________________________?

(a) are computers necessary in the home
(b) is there such a thing as gaming addiction
(c) why do kids spend so much time on computers
(d) what kind of games are most popular nowadays

6. Sponsoring our Web site Aspneur.com is a great way to build your brand name and reach a targeted group of businesses and entrepreneurs. Here are just a few ways you can promote your business by being our sponsor: your logo and Web hyperlink will be placed on the Aspneur Web site in a high-profile position; a brief business profile will be featured in our Business Networking section where ads will have virtually no competition; and your name will be highlighted in quarterly e-mail newsletters to our subscribers. Contact us to find out more about ______________________________.

(a) setting up a more professional Web site
(b) attracting more visitors to your Web site
(c) promoting your company to our readers
(d) cutting the costs of running your business

7. Based on our study on land reform policies in Colombia, we have found that current policies have been ineffective in transferring land to poor farmers. Our research indicates that the current policies have resulted in very little land actually being transferred. The ineffectiveness of these policies has kept large plots of land in the hands of wealthy landowners, while small landowners and the landless have seen little growth in capital. Therefore, better policies are needed. New policies must be implemented to improve the functioning of land markets and to facilitate ____________________.

(a) greater land access for the most disadvantaged
(b) access to the best farming machinery for the poor
(c) the sale of government property to small investors
(d) the transfer of land to the most productive companies

8. The great humanist philosopher Erasmus once observed that "human beings are not born, but formed." According to his view, a child is not fully human at birth; he or she has to be taught how to be human. A child to him was nothing but an impressionable creature without rational and moral self-control who needs guidance from good parents. He believed one cannot assume that children would simply grow into mature adults on their own. They need to be taught how to be adults. Thus, for Erasmus, a human being ____________________.

(a) has to be governed by religious laws
(b) can achieve greatness through learning
(c) is born with an inherent moral sensibility
(d) must be created by conscientious parenting

9.

> Dear Ms. Jansen,
>
> It is with much regret that I write to inform you that I have been unable to resolve your dispute with Mawim Electronics. As your lawyer, I have done all that I can without going to court, and I am certain that taking this dispute to court would end up costing you more than you paid for the faulty installation of your sound system. I hope you don't mind my candid advice: but I recommend that you ____________________. Please contact me to discuss the next step.
>
> Sincerely,
> Jim Ross, LLB

(a) drop the matter and not take it to court
(b) sue for the money that is rightfully yours
(c) accept the court's decision and pay the costs
(d) contact Mawim Electronics and file a complaint

10. One aspect of child psychology that parents need to understand is what makes a child "spoiled." Some parents, unaware of the psychological harm they are inflicting on their child, deliberately withhold treats from their children because they "don't want to spoil them." This is sad because in reality it has nothing to do with ________________. Children might receive a high allowance, have a large bedroom, and receive much attention and still not be spoiled, or they can have very little and be spoiled. It is not what they get that is at issue. It is how and why they get it.

(a) what a child is given
(b) how parents react to their children
(c) why children should be disciplined
(d) whether a child is misbehaving or not

11. ShakerStyle Furniture Company wants you to know that we appreciate your business and value your continued support of our company. To reward our many faithful customers who have enjoyed our fine handcrafted furniture over the years, we are initiating a Valued Customer Program. Customers whose purchases have totaled $1,000 or above over the past year will receive a 10% discount off any future purchase; for $2,000 or above, customers will receive 15% off any future purchase. We know that customers of our handcrafted furniture recognize the inherent value of ShakerStyle products. And for our part, we ________________________________.

(a) recognize that loyal patronage should be rewarded
(b) will continue to manufacture high-quality furniture
(c) want to reward all of our first-time buyers with discounts
(d) hope that everyone will take advantage of this bargain sale

12. Our report committee's internal review of hospital sanitation has found that approximately one in ten of our hospitalized patients acquires an infection after admission, resulting in substantial costs. Based on our calculations, the cost of these infections will raise our hospital's annual economic bill to nearly $6.7 million. The primary expense is incurred when patients with hospital-acquired infections have to prolong their stay. During this time, they occupy valuable bed space and require additional diagnostic and therapeutic interventions. It is a tragedy that such infections ________________________.

(a) expose the unsanitary conditions at our hospital
(b) negatively affect the way medical care is perceived
(c) have not been investigated to determine their source
(d) add to the burden and cost of our health care resources

13. In asexual reproduction, one parent transmits all of its genetic information to the offspring, and the offspring is therefore identical to the parent. It typically is a reliable method of reproduction for simple organisms such as bacteria. One drawback, however, is that it ________________________________. The genetic uniformity of offspring makes them all equally susceptible to changes in the environment. If a new disease, a new predator, or a climate change is lethal to one, it is lethal to all.

(a) paves the way for bacterial infections
(b) detracts from the resiliency of the species
(c) can spread diseases to more complex organisms
(d) enables bacteria to develop resistance to new drugs

14. The plasma fuel reformer, or plasmatron, may look like nothing more than a modified aluminum soda can. Yet it can perform a vital function that is beneficial to the environment. When incorporated into diesel fuel engines, such as those used in vehicles, it purifies emissions, resulting in less toxic pollutants being passed into the atmosphere. The plasmatron works by using an electric charge to rearrange diesel fuel molecules into carbon monoxide and hydrogen. It then harnesses these gases and puts them to use in cleaning up smog-producing nitrogen oxides, or NOx. The applications of this technology are far-reaching, but for now, scientists hope it may help ________________________________.

(a) lower the release of noxious nitrogen oxide fumes
(b) lessen fuel consumption in standard diesel engines
(c) provide an alternative energy solution to the oil crisis
(d) prevent chemical spills from damaging the environment

15. Bill Gates and Henry Thoreau represent two very different views of technology. Bill Gates, who regards technology as a necessary and essential tool for the advancement of humankind, believes that technology has improved our lives. ______________________, Thoreau believed that technology could actually stop the advancement of humankind. He believed that technology takes us away from living truthfully. In other words, technology stops us from enjoying simple pleasures such as reading a book or walking in the woods.

(a) In addition
(b) To summarize
(c) On the other hand
(d) As a matter of fact

16. Alternative medical therapies are now beginning to win some mainstream acceptance. According to a recent survey, more than a third of American adults have tried alternative therapies, including folk medicine and natural products. ______________________, this growing popularity does not mean that caution can be laid aside. The Food and Drug Administration warns that "natural" does not necessarily mean safe because no scientific research exists on the long-term side effects of using certain alternative therapies.

(a) Even so
(b) Likewise
(c) Therefore
(d) For example

Part II **Questions 17~37**

Read the passage and the question. Then choose the option that best answers the question.

17. Phnom Penh in Cambodia certainly was not how I had imagined it would be. Around the sacred hilltop temple where legend says this capital city was born, a karaoke bar, a pizza parlor, and two high-rise hotels ruin any sense of history. Down the broad boulevards, traffic noise and pollution have replaced the clean air and sweet aromas of traditional markets. The old, elegant villas that once stood nearby have been bulldozed to make way for cheap, tasteless apartment blocks.

Q: What is the main topic of the passage?

(a) The history of Cambodia
(b) The loss of Phnom Penh's past
(c) The fun of traveling in Cambodia
(d) The liveliness of Cambodia's capital

18.

Dear Customer,

Thank you for contacting Music27.com. To reset your password on our Web site, you need to follow these two steps. First, go to www.music27.com/reset.html and enter your current ID. Then, follow the instructions on the screen to choose a new password. If you are still having trouble after completing these steps, you may contact technical support by e-mail (techsupport@music27.com).

Music27.com Customer Service

Q: What is the email about?

(a) How to buy music online
(b) How to reset your password
(c) What to do when you forget your ID
(d) Who to contact for technical support

19. Since about 1950, farmers have used chemicals to grow their fruits and vegetables more profitably. By using chemicals, farmers can grow more crops on the same amount of land. This means they can sell more fruits and vegetables to stores. Farmers also use chemicals to ripen them artificially. Most tomatoes, for example, are picked from the vine while they are still green, and put in boxes. They turn red when chemicals are added to the boxes before they are delivered to the supermarket.

Q: What is the passage mainly about?

(a) What farmers do before planting fruits and vegetables
(b) What kind of fertilizers are used in farming
(c) How chemicals are used in farming
(d) How chemicals help tomatoes ripen

20. A new test may help police nab drug users behind the wheel. When police in the US pull over a driver on suspicion of "driving under the influence," proving the presence of drugs is quite difficult as it requires a blood test that takes weeks to analyze. So, Dialab, a medical diagnostics company in California, has developed a way to test for up to ten drugs in five minutes by examining saliva. "Measuring the drug levels in spit, along with its acidity, can provide an accurate read of the dose present in a person's bloodstream", says Linda Masterson, President of Dialab. The device is expected to be available in late 2009.

Q: What is the passage mainly about?

(a) Helping police fight against illegal drug trafficking
(b) Stopping drunk drivers using a device made by Dialab
(c) A company that develops devices to aid in drug research
(d) A device that police can use to test drivers for drug levels

21. Many foreign species are introduced into new environments for farming, pest control, or as pets. Other species hitch rides in cargo shipments. While some are benign and fit in well with their new environment, many wreak havoc. For instance, the nutria, a large South American rodent, has been imported into many countries by entrepreneurs hoping to sell its fur. But when the animals have escaped into the wild, their voracious feeding and burrowing habits have threatened native habitats and caused the erosion of riverbanks and dikes.

Q: What it the main idea of the passage?

(a) Foreign species can arrive in a country in many ways.
(b) Some foreign animals easily adapt to new environments.
(c) The introduction of the nutria had disastrous consequences.
(d) Introducing species to new environments can cause damage.

22. Our B2B Trade Shows are the largest shows of their kind in the nation and a perfect opportunity to introduce your business to a wide clientele. Show formats are open to the general public and thus draw crowds of both consumers and industry insiders. This format is an effective way to have your product or service seen by tens of thousands of customers daily. Our advertising campaign encompasses the full range of public media including trade publications and outdoor advertising. In order to be part of a show next year, you must reserve your space early. With four award-winning events each year, you can't lose. But hurry, our shows sell out quickly!

Q: What is mainly being advertised?

(a) An upcoming B2B Trade Show for the general public
(b) A large conference specifically for business leaders in trade
(c) An opportunity for businesses to participate at a trade show
(d) A trade show for businesses specializing in outdoor advertising

23. The earliest art that we know of was painted on the walls of caves during the Stone Age. Most of the pictures depict animals that cavemen hunted and depended on for survival. To understand them, one must realize that the artist or hunter painted them for superstitious reasons. Stone Age artists believed that painting their prey would make future hunts successful.

Q: Which of the following is correct about Stone Age paintings?

(a) They showed cavemen hunting.
(b) They mainly showed large animals.
(c) They were meant to help with hunting.
(d) They were painted after a successful hunt.

24. A man with a gun who hid in the woods from police on Monday finally surrendered after being bitten by a snake, the Santa Clara sheriff's office said today. The incident occurred in the afternoon in a remote area south of Los Gatos. Police received a call about a man seen with a gun, and when officers arrived and confronted the man, he ran into the woods. Police talked to the man using a loudspeaker but were unable to persuade him to give up. At about 5:30 p.m., the man emerged from the woods, saying he was willing to surrender because he had been bitten by a snake. He was promptly arrested.

Q: Why did the man surrender?

(a) He was persuaded by police.
(b) He had been bitten by a snake.
(c) He ran out of bullets for his gun.
(d) He got tired of living in the woods.

25. Twenty years ago, only a few people had the skills or equipment to make counterfeit money. But today, computers, copiers and printers are so advanced that almost anyone can "make" money. Because of this newfound convenience, there is a new kind of counterfeiter: the "casual counterfeiter." These counterfeiters are called "casual" because they do not necessarily have special skills or need to put much effort into counterfeiting. So, many "casual counterfeiters" now exist that, according to government statistics, the total number of counterfeiters has doubled since 1989.

Q: What has made it possible for casual counterfeiters to "make" money?

(a) Faster computers with special programs
(b) The accessibility of advanced technology
(c) Skills they have learned from professionals
(d) The increase in the amount of counterfeit money

26. Gorillas live in a close-knit group of a dominant male, one or two other males, several females, and young. The group wanders in a home range of 10 to 40 square kilometers, which has no fixed boundaries. There may be some conflict with neighboring groups, but encounters are generally avoided by communications such as pounding on the ground from a distance. Though conflict with other groups is not that common, males often clash for power within the group. When that happens, senior males threaten rivals by standing erect and beating their chests, sometimes throwing around vegetation.

Q: Which of the following is correct about gorillas according to the passage?

(a) Gorillas can travel long distances in one day.
(b) Senior males show aggression to scare off rivals.
(c) Groups are generally headed by one or two males.
(d) Neighboring groups often conflict with each other.

27. The Academy of American Poets was founded in 1934 to support American poets at all stages of their careers and to foster the appreciation of contemporary poetry. To fulfill this mission, the Academy administers a wide variety of programs, including National Poetry Month, the largest literary celebration in the world; the Poetry Audio Archive, a collection of nearly 500 recordings dating back to the 1960s; and Poets.org, our award-winning Web site, which provides a wealth of online information on contemporary American poetry.

Q: Which of the following is correct about the Academy of American Poets?

(a) It offers over 500 audio recordings online.
(b) Its main goal is to promote classical poetry.
(c) It was founded by well-known American poets.
(d) It holds the world's largest literary celebration.

28.

Dear Mr. Lenoir,

You have done quality work for us for over 12 years, but we were very disappointed with the most recent job you did on one of the houses at the Lamas development site. As our contract agreement stipulates, you were required to install five black cabinets in the master bedroom, but instead we found that three white ones were put in. I think you will agree that there has been a communication problem. We would like you to rectify the situation by taking out the white cabinets and putting the black ones in as soon as possible.

Yours sincerely,
Tim Johnston
Home Furnishings, Inc.

Q: Which of the following is correct about the writer of the letter?

(a) He has a contract agreement with Mr. Lenoir.
(b) He received five white cabinets instead of three.
(c) He wants to get a full refund as soon as possible.
(d) He has worked for Mr. Lenoir for more than 12 years.

29. If you are considering buying a diamond ring, there are certain ways to ensure that you purchase a top quality gemstone. First, hold the ring and look at the diamond in both shadow and natural light. A good gem will sparkle even under faint light conditions. And when you purchase a diamond of one carat or higher, you should receive a report from an official gemological institute that outlines for you the physical characteristics of the stone, commonly known as the four Cs: cut, color, clarity and carat weight. While this report is not a guarantee and does not list a suggested price, it does provide an official, objective opinion about the quality of the gem.

Q: Which of the following is correct according to the passage?

(a) Diamonds of every size are accompanied by a report.
(b) A diamond's monetary value is not recorded on its report.
(c) Diamonds do not sparkle much under poor light conditions.
(d) Diamonds of one carat or higher always come with a warranty.

30. One underlying theme that runs through much of Herman Melville's writing is the corruption of innocence by society. This theme is also woven into his novel, *Billy Budd*. But if this posthumous work is indeed the author's last will and testament, the presence of the theme may indicate a personal resignation and acceptance of the flaws and defects of life. For through acceptance and endurance, suffering and reflection, the novel's characters - and the author as well - seem to discover a peace and understanding of life and society. Thus, in *Billy Budd*, something of Melville's own adjustment to the incongruities of life as a necessary tragic factor is revealed.

Q: Which of the following is correct about *Billy Budd*?

(a) It contains a theme that Melville also addresses in later novels.
(b) It presents a story that is based on tragic events in Melville's life.
(c) It portrays a civilized society that is corrupted by primitive ideas.
(d) It conveys a sense that Melville was resigned to life's imperfections.

31. Being near the top of a rickety forty-foot wooden ladder as it begins to slide is a scary thing. And that's precisely the predicament I found myself in, thirty-five feet up against a three-story house. My ladder had become off-kilter as a result of the loose ground it was on. Though not normally afraid of heights, I was terrified that morning as the ladder began to teeter to the right. In a panic, I clenched the sides of the sliding ladder and jumped it to the left till it was stable. Miraculously, it worked! But I didn't stay up there. I scampered down to the safety of the ground. I'd never been so relieved to be on solid ground.

Q: Which of the following is correct about the person in the story?

(a) He attempted to jump off the ladder as it began to slide.
(b) He jolted the ladder back to the right to keep it from falling.
(c) He was standing forty feet up on the ladder when it began sliding.
(d) He was astounded that his efforts to reposition the ladder were successful.

32. Cynicism refers to a negative outlook that views people, ideas, or things with distrust. It dates back to Antisthenes, a disciple of Socrates in ancient Greece who had a negative view of worldly things. He taught that pleasure and dependence on people and material things should be avoided. These teachings became known as Cynic philosophy, named after the school where Antisthenes taught. Over time, the term "cynicism" emerged to refer to the kind of sneering outlook on society and contempt for social values that characterized his philosophy.

Q: Which of the following is correct according to the passage?

(a) The term "cynicism" was invented by Antisthenes.
(b) Cynicism was widespread in ancient Greek society.
(c) Antisthenes' negative views gave rise to the notion of cynicism.
(d) Antisthenes' negative view of worldly things came from Socrates.

33. The Town Council's annual Finance Committee meeting will take place on September 6. All local residents are encouraged to watch this meeting, as the Committee will be making important budgetary decisions that will affect all of us. You are invited to come to the Town Hall and watch the meeting in progress from the public seating area, or you may view it at home on local TV. Whichever you choose, we hope that you will take an interest in the financial decisions that will affect our town.

Q: What can be inferred about the meeting?

(a) It will not be conducted in private.
(b) It will not interest many residents.
(c) It will be taped for future reference.
(d) It is going to be held at the TV station.

34. More efficient and versatile than traditional incandescent bulbs, solid-state lights are on the verge of transforming electric lighting forever. Unlike the fragile, gas-filled glass bulbs or tubes that have been used for the past 125 years, solid-state lighting uses a flat surface and can produce light that changes in color, intensity, and distribution. With this new lighting, we can illuminate and decorate our living spaces with glowing walls and ceilings. Furthermore, solid-state lighting is cheap to make, consumes 50% less energy than traditional lighting methods and produces less environmental waste and pollution.

Q: What can be inferred from the passage?

(a) Solid-state lights are powered by the sun's energy.
(b) Solid-state lights are more expensive than light bulbs.
(c) Light fittings on ceilings and walls could become obsolete.
(d) Thicker glass is used in the production of solid-state lights.

35. No international organization has been more maligned, it seems, than the World Trade Organization (WTO). However, the WTO's actions ultimately improve global conditions, especially for developing nations. The WTO gives provisions to such nations to enable them to meet trade agreements without compromising their own interests. And as these nations' economies improve, they will have more resources with which to improve their living standards and enact laws to solve environmental problems.

Q: What can be inferred about the WTO from the passage?

(a) It can also offer loans to developing countries.
(b) Its focus is on providing resources to poor nations.
(c) It exists to help economies that are based on agriculture.
(d) Its actions ultimately result in protecting the environment.

36. Online advertising has lost its focus, concentrating too much on methods of delivery and not enough on content. Zack Smith, creative director of advertising agency WebSpot, likens the shift in priorities in online advertising to the computer gaming business: "Back in the eighties, games were innovative, even though they featured low resolution graphics. Today, while much emphasis has been placed on creating impressive 3-D graphics, a lot of game play has become routine. People have gotten carried away with the technology." It is the same in the online ad business. Everyone is using audio, video, animation, and interactivity to create ads for awe-effect, but the message quality and clarity of ads have deteriorated.

Q: What can be inferred about online advertising from the passage?

(a) Its content is becoming similar to computer gaming.
(b) It is outdated because consumers are used to 3-D graphics.
(c) It will be directed toward attracting the younger generations.
(d) Its ability to convey messages clearly has not caught up with technology.

37. How do you explain the success of books like *The Code of the Holy Grail*? At the core of this novel is a liberal use of pseudo-scholarship and flashy but baseless theories on everything from church tradition to architecture to secret societies. Yet hot sales and flattering reviews by the press and readers alike indicate that many are buying into this brew of conspiracy theory, romance novel, and twisted facts. If readers are happy to be manipulated by the conventions of romance-writing, perhaps they deserve to be deceived by this book.

Q: Which statement about the book would the writer most likely agree with?

(a) Its wild popularity does not reflect its literary value.
(b) Readers do not seem to realize that it criticizes religion.
(c) Readers nowadays are more attracted to historical novels.
(d) Its overwhelming success is mainly due to the press's flattering reviews.

Part III **Questions 38~40**

Read the passage. Then Identify the option that does NOT belong.

38. For more than 40 years, our zoo has been committed to conservation, education, and research. (a) With every visit to our zoo, you are supporting wildlife conservation around the world. (b) In fact, a portion of your admission fee might help rescue an orphaned whale, protect threatened habitats, or even help save an entire species from extinction. (c) We provide special parking and access to shows, exhibits, and meal facilities for guests with disabilities. (d) Five percent of every ticket purchased goes toward our wildlife relief fund.

39. Demy Mood, a lyricist of well-known pop songs over the past two decades, has recently published a collection of poetry. (a) Many critics are surprised by the emotional depth Mood has been able to create in this remarkable volume of poems. (b) The recording company is releasing a CD with all of Mood's most popular songs. (c) Mood's ability to pen sharp and subtle imagery in song lyrics has clearly flowed into her poetry. (d) Most reviewers agree that her poems, while rough in some spots, are unique and well worth a read.

40. Dreams allow unconscious wishes to be expressed directly. (a) Indeed, Freud insisted that dreams are the "royal road to the unconscious" because normally forbidden desires rise into consciousness. (b) Since Freud, the scientific study of dreams has become a vital part of the field of psychology. (c) For example, a hungry person might dream of food and the sexually deprived might dream of sex. (d) These "pent-up" desires are diminished to some extent simply by being expressed in dream consciousness.

정답 p.468 / 해설 p.245

This is the end of the Reading Comprehension section. Please remain seated until the proctor has instructed otherwise. You are NOT allowed to turn to any other section of the test.

온라인 교육 포털 www.ChampStudy.com

Answer Keys

OMR 답안지

Answer Keys

기출 TEST 1

LISTENING COMPREHENSION

1. (a)	2. (b)	3. (a)	4. (a)	5. (c)
6. (b)	7. (a)	8. (a)	9. (b)	10. (d)
11. (b)	12. (b)	13. (a)	14. (a)	15. (a)
16. (c)	17. (d)	18. (c)	19. (c)	20. (a)
21. (d)	22. (a)	23. (a)	24. (d)	25. (b)
26. (a)	27. (c)	28. (b)	29. (d)	30. (a)
31. (b)	32. (d)	33. (b)	34. (b)	35. (c)
36. (b)	37. (a)	38. (a)	39. (d)	40. (b)
41. (c)	42. (d)	43. (c)	44. (d)	45. (b)
46. (a)	47. (c)	48. (b)	49. (b)	50. (b)
51. (c)	52. (b)	53. (d)	54. (a)	55. (d)
56. (d)	57. (d)	58. (a)	59. (b)	60. (c)

GRAMMAR

1. (c)	2. (a)	3. (b)	4. (b)	5. (b)
6. (c)	7. (d)	8. (b)	9. (d)	10. (a)
11. (b)	12. (c)	13. (a)	14. (b)	15. (a)
16. (b)	17. (d)	18. (c)	19. (a)	20. (d)
21. (c)	22. (a)	23. (d)	24. (c)	25. (b)
26. (d)	27. (c)	28. (d)	29. (c)	30. (c)
31. (b)	32. (c)	33. (a)	34. (d)	35. (b)
36. (c)	37. (d)	38. (c)	39. (a)	40. (d)
41. (c)	42. (d)	43. (c)	44. (c)	45. (d)
46. (a)	47. (d)	48. (c)	49. (c)	50. (d)

VOCABULARY

1. (c)	2. (b)	3. (d)	4. (c)	5. (b)
6. (d)	7. (b)	8. (c)	9. (a)	10. (d)
11. (d)	12. (b)	13. (a)	14. (d)	15. (a)
16. (b)	17. (b)	18. (a)	19. (a)	20. (a)
21. (c)	22. (c)	23. (b)	24. (d)	25. (b)
26. (b)	27. (a)	28. (c)	29. (d)	30. (b)
31. (d)	32. (a)	33. (a)	34. (d)	35. (c)
36. (a)	37. (b)	38. (c)	39. (b)	40. (d)
41. (a)	42. (c)	43. (b)	44. (a)	45. (a)
46. (b)	47. (c)	48. (a)	49. (a)	50. (c)

READING COMPREHENSION

1. (b)	2. (a)	3. (d)	4. (b)	5. (a)
6. (b)	7. (b)	8. (a)	9. (c)	10. (a)
11. (d)	12. (b)	13. (b)	14. (b)	15. (b)
16. (b)	17. (b)	18. (c)	19. (c)	20. (a)
21. (c)	22. (c)	23. (b)	24. (b)	25. (c)
26. (d)	27. (c)	28. (b)	29. (b)	30. (c)
31. (d)	32. (d)	33. (c)	34. (c)	35. (a)
36. (b)	37. (c)	38. (b)	39. (c)	40. (d)

기출 TEST 2

LISTENING COMPREHENSION

1. (c)	2. (a)	3. (b)	4. (d)	5. (a)
6. (c)	7. (b)	8. (a)	9. (c)	10. (b)
11. (c)	12. (b)	13. (d)	14. (b)	15. (c)
16. (d)	17. (d)	18. (a)	19. (a)	20. (c)
21. (a)	22. (d)	23. (d)	24. (d)	25. (c)
26. (d)	27. (a)	28. (a)	29. (b)	30. (c)
31. (d)	32. (d)	33. (a)	34. (c)	35. (c)
36. (b)	37. (a)	38. (d)	39. (d)	40. (b)
41. (d)	42. (c)	43. (a)	44. (d)	45. (b)
46. (c)	47. (c)	48. (d)	49. (b)	50. (a)
51. (d)	52. (b)	53. (d)	54. (c)	55. (a)
56. (c)	57. (c)	58. (b)	59. (a)	60. (c)

GRAMMAR

1. (a)	2. (c)	3. (b)	4. (c)	5. (c)
6. (c)	7. (d)	8. (c)	9. (d)	10. (b)
11. (b)	12. (c)	13. (a)	14. (b)	15. (a)
16. (c)	17. (a)	18. (b)	19. (c)	20. (c)
21. (b)	22. (c)	23. (a)	24. (a)	25. (d)
26. (c)	27. (b)	28. (c)	29. (d)	30. (c)
31. (d)	32. (a)	33. (c)	34. (a)	35. (d)
36. (c)	37. (a)	38. (a)	39. (c)	40. (b)
41. (c)	42. (d)	43. (c)	44. (b)	45. (d)
46. (c)	47. (b)	48. (d)	49. (d)	50. (d)

VOCABULARY

1. (d)	2. (b)	3. (b)	4. (b)	5. (a)
6. (d)	7. (d)	8. (a)	9. (c)	10. (a)
11. (c)	12. (d)	13. (d)	14. (b)	15. (a)
16. (c)	17. (d)	18. (d)	19. (a)	20. (b)
21. (c)	22. (c)	23. (d)	24. (c)	25. (d)
26. (b)	27. (c)	28. (b)	29. (b)	30. (d)
31. (b)	32. (b)	33. (c)	34. (d)	35. (b)
36. (c)	37. (b)	38. (a)	39. (c)	40. (c)
41. (d)	42. (a)	43. (d)	44. (b)	45. (c)
46. (a)	47. (b)	48. (c)	49. (c)	50. (c)

READING COMPREHENSION

1. (c)	2. (d)	3. (c)	4. (a)	5. (a)
6. (c)	7. (a)	8. (a)	9. (d)	10. (c)
11. (c)	12. (c)	13. (d)	14. (b)	15. (c)
16. (d)	17. (d)	18. (a)	19. (a)	20. (c)
21. (a)	22. (d)	23. (c)	24. (b)	25. (d)
26. (a)	27. (c)	28. (c)	29. (d)	30. (a)
31. (a)	32. (a)	33. (c)	34. (d)	35. (b)
36. (b)	37. (c)	38. (b)	39. (a)	40. (d)

LISTENING COMPREHENSION

1. (c)	2. (a)	3. (c)	4. (a)	5. (c)
6. (b)	7. (c)	8. (d)	9. (d)	10. (a)
11. (c)	12. (d)	13. (d)	14. (a)	15. (d)
16. (b)	17. (b)	18. (a)	19. (b)	20. (d)
21. (d)	22. (d)	23. (a)	24. (b)	25. (b)
26. (a)	27. (c)	28. (b)	29. (c)	30. (d)
31. (b)	32. (b)	33. (d)	34. (c)	35. (d)
36. (b)	37. (d)	38. (a)	39. (c)	40. (c)
41. (d)	42. (b)	43. (c)	44. (d)	45. (d)
46. (c)	47. (d)	48. (c)	49. (b)	50. (a)
51. (b)	52. (d)	53. (c)	54. (d)	55. (b)
56. (c)	57. (b)	58. (c)	59. (a)	60. (d)

GRAMMAR

1. (a)	2. (b)	3. (d)	4. (b)	5. (a)
6. (a)	7. (a)	8. (d)	9. (c)	10. (b)
11. (a)	12. (a)	13. (b)	14. (d)	15. (b)
16. (c)	17. (c)	18. (d)	19. (c)	20. (b)
21. (d)	22. (d)	23. (c)	24. (d)	25. (a)
26. (c)	27. (d)	28. (d)	29. (d)	30. (a)
31. (c)	32. (c)	33. (b)	34. (c)	35. (b)
36. (b)	37. (c)	38. (b)	39. (b)	40. (d)
41. (c)	42. (c)	43. (b)	44. (c)	45. (b)
46. (b)	47. (c)	48. (b)	49. (c)	50. (b)

VOCABULARY

1. (c)	2. (c)	3. (c)	4. (c)	5. (a)
6. (c)	7. (b)	8. (a)	9. (d)	10. (a)
11. (c)	12. (d)	13. (a)	14. (d)	15. (c)
16. (a)	17. (b)	18. (a)	19. (b)	20. (d)
21. (d)	22. (a)	23. (d)	24. (b)	25. (a)
26. (c)	27. (d)	28. (a)	29. (a)	30. (a)
31. (d)	32. (d)	33. (b)	34. (b)	35. (b)
36. (a)	37. (d)	38. (b)	39. (a)	40. (c)
41. (b)	42. (a)	43. (c)	44. (c)	45. (a)
46. (c)	47. (d)	48. (a)	49. (d)	50. (c)

READING COMPREHENSION

1. (b)	2. (b)	3. (c)	4. (a)	5. (b)
6. (c)	7. (a)	8. (d)	9. (a)	10. (d)
11. (a)	12. (d)	13. (b)	14. (a)	15. (c)
16. (a)	17. (b)	18. (b)	19. (c)	20. (d)
21. (d)	22. (c)	23. (c)	24. (b)	25. (b)
26. (b)	27. (d)	28. (a)	29. (b)	30. (d)
31. (d)	32. (c)	33. (a)	34. (c)	35. (d)
36. (d)	37. (a)	38. (c)	39. (b)	40. (b)

자르는 선

앞면(Side1)

TEPS

Test of English Proficiency
developed by
Seoul National University

수험번호 Registration No.	
성명 Name 한글	
성명 Name 한자	

문 제 지 번 호 Test Booklet No.

감독관확인란

청 해 Listening Comprehension

1	a	b	c	d	26	a	b	c	d	51	a	b	c	d
2	a	b	c	d	27	a	b	c	d	52	a	b	c	d
3	a	b	c	d	28	a	b	c	d	53	a	b	c	d
4	a	b	c	d	29	a	b	c	d	54	a	b	c	d
5	a	b	c	d	30	a	b	c	d	55	a	b	c	d
6	a	b	c	d	31	a	b	c	d	56	a	b	c	d
7	a	b	c	d	32	a	b	c	d	57	a	b	c	d
8	a	b	c	d	33	a	b	c	d	58	a	b	c	d
9	a	b	c	d	34	a	b	c	d	59	a	b	c	d
10	a	b	c	d	35	a	b	c	d	60	a	b	c	d
11	a	b	c	d	36	a	b	c	d					
12	a	b	c	d	37	a	b	c	d					
13	a	b	c	d	38	a	b	c	d					
14	a	b	c	d	39	a	b	c	d					
15	a	b	c	d	40	a	b	c	d					
16	a	b	c	d	41	a	b	c	d					
17	a	b	c	d	42	a	b	c	d					
18	a	b	c	d	43	a	b	c	d					
19	a	b	c	d	44	a	b	c	d					
20	a	b	c	d	45	a	b	c	d					
21	a	b	c	d	46	a	b	c	d					
22	a	b	c	d	47	a	b	c	d					
23	a	b	c	d	48	a	b	c	d					
24	a	b	c	d	49	a	b	c	d					
25	a	b	c	d	50	a	b	c	d					

문 법 Grammar

1	a	b	c	d	26	a	b	c	d
2	a	b	c	d	27	a	b	c	d
3	a	b	c	d	28	a	b	c	d
4	a	b	c	d	29	a	b	c	d
5	a	b	c	d	30	a	b	c	d
6	a	b	c	d	31	a	b	c	d
7	a	b	c	d	32	a	b	c	d
8	a	b	c	d	33	a	b	c	d
9	a	b	c	d	34	a	b	c	d
10	a	b	c	d	35	a	b	c	d
11	a	b	c	d	36	a	b	c	d
12	a	b	c	d	37	a	b	c	d
13	a	b	c	d	38	a	b	c	d
14	a	b	c	d	39	a	b	c	d
15	a	b	c	d	40	a	b	c	d
16	a	b	c	d	41	a	b	c	d
17	a	b	c	d	42	a	b	c	d
18	a	b	c	d	43	a	b	c	d
19	a	b	c	d	44	a	b	c	d
20	a	b	c	d	45	a	b	c	d
21	a	b	c	d	46	a	b	c	d
22	a	b	c	d	47	a	b	c	d
23	a	b	c	d	48	a	b	c	d
24	a	b	c	d	49	a	b	c	d
25	a	b	c	d	50	a	b	c	d

어 휘 Vocabulary

1	a	b	c	d	26	a	b	c	d
2	a	b	c	d	27	a	b	c	d
3	a	b	c	d	28	a	b	c	d
4	a	b	c	d	29	a	b	c	d
5	a	b	c	d	30	a	b	c	d
6	a	b	c	d	31	a	b	c	d
7	a	b	c	d	32	a	b	c	d
8	a	b	c	d	33	a	b	c	d
9	a	b	c	d	34	a	b	c	d
10	a	b	c	d	35	a	b	c	d
11	a	b	c	d	36	a	b	c	d
12	a	b	c	d	37	a	b	c	d
13	a	b	c	d	38	a	b	c	d
14	a	b	c	d	39	a	b	c	d
15	a	b	c	d	40	a	b	c	d
16	a	b	c	d	41	a	b	c	d
17	a	b	c	d	42	a	b	c	d
18	a	b	c	d	43	a	b	c	d
19	a	b	c	d	44	a	b	c	d
20	a	b	c	d	45	a	b	c	d
21	a	b	c	d	46	a	b	c	d
22	a	b	c	d	47	a	b	c	d
23	a	b	c	d	48	a	b	c	d
24	a	b	c	d	49	a	b	c	d
25	a	b	c	d	50	a	b	c	d

독 해 Reading Comprehension

1	a	b	c	d	26	a	b	c	d
2	a	b	c	d	27	a	b	c	d
3	a	b	c	d	28	a	b	c	d
4	a	b	c	d	29	a	b	c	d
5	a	b	c	d	30	a	b	c	d
6	a	b	c	d	31	a	b	c	d
7	a	b	c	d	32	a	b	c	d
8	a	b	c	d	33	a	b	c	d
9	a	b	c	d	34	a	b	c	d
10	a	b	c	d	35	a	b	c	d
11	a	b	c	d	36	a	b	c	d
12	a	b	c	d	37	a	b	c	d
13	a	b	c	d	38	a	b	c	d
14	a	b	c	d	39	a	b	c	d
15	a	b	c	d	40	a	b	c	d
16	a	b	c	d					
17	a	b	c	d					
18	a	b	c	d					
19	a	b	c	d					
20	a	b	c	d					
21	a	b	c	d					
22	a	b	c	d					
23	a	b	c	d					
24	a	b	c	d					
25	a	b	c	d					

주 민 등 록 번 호 National ID No.

0	0	0	0	0	0	–	0	0	0	0	0	0	0
1	1	1	1	1	1		1	1	1	1	1	1	1
2	2		2	2	2		2	2	2	2	2	2	2
3	3		3	3	3		3	3	3	3	3	3	3
4	4		4		4		4	4	4	4	4	4	4
5	5		5		5		5	5	5	5	5	5	5
6	6		6		6		6	6	6	6	6	6	6
7	7		7		7		7	7	7	7	7	7	7
8	8		8		8		8	8	8	8	8	8	8
9	9		9		9		9	9	9	9	9	9	9

고사실란 Room No.

0	0
1	1
2	2
3	3
4	4
5	5
	6
	7
	8
	9

수 험 번 호 Registration No.

0	0	0	0	0	0	0
1	1	1	1	1	1	1
2	2	2	2	2	2	2
3	3	3	3	3	3	3
4	4	4	4	4	4	4
5	5	5	5	5	5	5
6	6	6	6	6	6	6
7	7	7	7	7	7	7
8	8	8	8	8	8	8
9	9	9	9	9	9	9

비밀번호 Password

0	0	0	0
1	1	1	1
2	2	2	2
3	3	3	3
4	4	4	4
5	5	5	5
6	6	6	6
7	7	7	7
8	8	8	8
9	9	9	9

좌석번호 Seat No.

A	0
B	1
C	2
D	3
E	4
	5
	6
	7
	8
	9

서 약 본인은 필기구 및 기재오류와 답안지 훼손으로 인한 책임을 지고, 부정행위 처리규정을 준수할 것을 서약합니다.

답안작성시 유의사항

1. 답안 작성은 반드시 **컴퓨터용 싸인펜**을 사용해야 합니다.
2. 답안을 정정할 경우 수정테이프(수정액 불가)를 사용해야 합니다.
3. 본 답안지는 컴퓨터로 처리되므로 훼손해서는 안되며, 답안지 하단의 타이밍마크(|||)를 찢거나, 낙서 등으로 인한 훼손시 불이익이 발생할 수 있습니다.
4. 답안은 문항당 정답을 1개만 골라 ▮와 같이 정확히 기재해야 하며, 필기구 오류나 본인의 부주의로 잘못 표기한 경우에는 당 관리위원회의 OMR판독기의 판독결과에 따르며, 그 결과는 본인이 책임집니다.

   Good ▮ Bad

5. 감독관의 확인이 없는 답안지는 무효처리됩니다.

뒷면(Side2)

TEPS

Test of English Proficiency
developed by
Seoul National University

성명	영문	
	서명	

응시일자 : 20 년 월 일

〈부정행위 및 규정위반 처리규정〉

1. 모든 부정행위 및 규정위반 적발 및 이에 대한 조치는 TEPS관리위원회의 처리규정에 따라 이루어집니다.
2. 부정행위 및 규정위반 행위는 현장 적발 뿐만 아니라 사후에도 적발될 수 있으며 모두 동일한 조치가 취해집니다.
3. 부정행위 적발 시 당해 성적은 무효화되며 사안에 따라 최대 5년까지 TEPS관리위원회에서 주관하는 모든 시험의 응시자격이 제한됩니다.
4. 문제지 이외에 메모를 하는 행위와 시험 문제의 일부 또는 전부를 유출하거나 공개하는 경우 부정행위로 처리됩니다.
5. 각 파트별 시간을 준수하지 않거나, 시험 종료 후 답안 작성을 계속할 경우 규정위반으로 처리됩니다.

성 명 (성 · 이름순으로 기재)

EX H O N G G I L D O N G

A B C D E F G H I J K L M N O P Q R S T U V W X Y Z

단 체 구 분

학생	일반
⬯	⬯

질 문 란

1. 귀하의 TEPS 응시목적은?
ⓐ 입사지원 ⓑ 인사정책
ⓒ 개인실력측정 ⓓ 입시
ⓔ 국가고시 지원 ⓕ 기타

2. 귀하의 영어권 체류 경험은?
ⓐ 없다 ⓑ 6개월 미만
ⓒ 6개월 이상 1년 미만 ⓓ 1년 이상 3년 미만
ⓔ 3년 이상 5년 미만 ⓕ 5년 이상

3. 귀하께서 응시하고 계신 고사장에 대한 만족도는?
ⓐ 0점 ⓑ 1점
ⓒ 2점 ⓓ 3점
ⓔ 4점 ⓕ 5점

4. 최근 2년내 TEPS 응시횟수는?
ⓐ 없다 ⓑ 1회
ⓒ 2회 ⓓ 3회
ⓔ 4회 ⓕ 5회 이상

학력	재학	졸업	전공	직업
초등학교	⬯	⬯	인문학 ⬯	공무원 ⬯
중학교	⬯	⬯	사회과학 · 법학 ⬯	고시준비 ⬯
고등학교	⬯	⬯	경제학 · 경영학 ⬯	교사 ⬯
전문대학	⬯	⬯	자연과학 ⬯	군인 ⬯
대학교	⬯	⬯	의학 · 약학 · 간호학 ⬯	의료인 ⬯
대학원	⬯	⬯	공학 ⬯	자영업 ⬯
			교육학 ⬯	학생 ⬯
			음악 · 미술 · 체육 ⬯	회사원 ⬯
			기타 ⬯	무직 ⬯
				기타 ⬯

직종		직책
고위임직원 ⬯	무역 ⬯	임원 ⬯
전문직(과학 · 공학) ⬯	외환 ⬯	부장 ⬯
전문직(교육) ⬯	자금 ⬯	차장 ⬯
전문직(법률 · 회계 · 금융) ⬯	공무 ⬯	과장 ⬯
기술직 ⬯	업무 ⬯	대리 ⬯
영업 ⬯	품질관리 ⬯	계장 ⬯
홍보 ⬯	전산 ⬯	사원 ⬯
총무 ⬯	행정직 ⬯	인턴 ⬯
인사 ⬯	생산관리 ⬯	기타 ⬯
경리 ⬯	서비스 ⬯	
기획 ⬯	기타 ⬯	
구매 ⬯		

자르는 선

앞면(Side1)

TEPS

Test of English Proficiency
developed by
Seoul National University

수험번호 Registration No.	
성명 Name 한글	
성명 Name 한자	

문 제 지 번 호 Test Booklet No.	감독관확인란

청 해 Listening Comprehension

1–60 (a b c d)

문 법 Grammar

1–50 (a b c d)

어 휘 Vocabulary

1–50 (a b c d)

독 해 Reading Comprehension

1–40 (a b c d)

주 민 등 록 번 호 National ID No.

0–9

고사실란 Room No.

0–5, 0–9

수 험 번 호 Registration No.

0–9

비밀번호 Password

0–9

좌석번호 Seat No.

A B C D E, 0–9

서 약	본인은 필기구 및 기재오류와 답안지 훼손으로 인한 책임을 지고, 부정행위 처리규정을 준수할 것을 서약합니다.	

답안작성시 유의사항

1. 답안 작성은 반드시 **컴퓨터용 싸인펜**을 사용해야 합니다.
2. 답안을 정정할 경우 수정테이프(수정액 불가)를 사용해야 합니다.
3. 본 답안지는 컴퓨터로 처리되므로 훼손해서는 안되며, 답안지 하단의 타이핑마크(|||)를 찢거나, 낙서 등으로 인한 훼손시 불이익이 발생할 수 있습니다.
4. 답안은 문항당 정답을 1개만 골라 ▮와 같이 정확히 기재해야 하며, 필기구 오류나 본인의 부주의로 잘못 표기한 경우에는 당 관리위원회의 OMR판독기의 판독결과에 따르며, 그 결과는 본인이 책임집니다.

   Good ▮ Bad

5. 감독관의 확인이 없는 답안지는 무효처리됩니다.

뒷면(Side2)

TEPS

Test of English Proficiency
developed by
Seoul National University

성명	
영문	
서명	

응시일자 : 20 년 월 일

〈부정행위 및 규정위반 처리규정〉

1. 모든 부정행위 및 규정위반 적발 및 이에 대한 조치는 TEPS관리위원회의 처리규정에 따라 이루어집니다.

2. 부정행위 및 규정위반 행위는 현장 적발 뿐만 아니라 사후에도 적발될 수 있으며 모두 동일한 조치가 취해집니다.

3. 부정행위 적발 시 당해 성적은 무효화되며 사안에 따라 최대 5년까지 TEPS관리위원회에서 주관하는 모든 시험의 응시자격이 제한됩니다.

4. 문제지 이외에 메모를 하는 행위와 시험 문제의 일부 또는 전부를 유출하거나 공개하는 경우 부정행위로 처리됩니다.

5. 각 파트별 시간을 준수하지 않거나, 시험 종료 후 답안 작성을 계속할 경우 규정위반으로 처리됩니다.

성 명 (성 · 이름순으로 기재)

EX	H	O	N	G		G	I	L		D	O	N	G							
A	A	A	A	A	A	A	A	A	A	A	A	A	A	A	A	A	A	A	A	A
B	B	B	B	B	B	B	B	B	B	B	B	B	B	B	B	B	B	B	B	B
C	C	C	C	C	C	C	C	C	C	C	C	C	C	C	C	C	C	C	C	C
D	D	D	D	D	D	D	D	D	D	D	D	D	D	D	D	D	D	D	D	D
E	E	E	E	E	E	E	E	E	E	E	E	E	E	E	E	E	E	E	E	E
F	F	F	F	F	F	F	F	F	F	F	F	F	F	F	F	F	F	F	F	F
G	G	G	G	G	G	G	G	G	G	G	G	G	G	G	G	G	G	G	G	G
H	H	H	H	H	H	H	H	H	H	H	H	H	H	H	H	H	H	H	H	H
I	I	I	I	I	I	I	I	I	I	I	I	I	I	I	I	I	I	I	I	I
J	J	J	J	J	J	J	J	J	J	J	J	J	J	J	J	J	J	J	J	J
K	K	K	K	K	K	K	K	K	K	K	K	K	K	K	K	K	K	K	K	K
L	L	L	L	L	L	L	L	L	L	L	L	L	L	L	L	L	L	L	L	L
M	M	M	M	M	M	M	M	M	M	M	M	M	M	M	M	M	M	M	M	M
N	N	N	N	N	N	N	N	N	N	N	N	N	N	N	N	N	N	N	N	N
O	O	O	O	O	O	O	O	O	O	O	O	O	O	O	O	O	O	O	O	O
P	P	P	P	P	P	P	P	P	P	P	P	P	P	P	P	P	P	P	P	P
Q	Q	Q	Q	Q	Q	Q	Q	Q	Q	Q	Q	Q	Q	Q	Q	Q	Q	Q	Q	Q
R	R	R	R	R	R	R	R	R	R	R	R	R	R	R	R	R	R	R	R	R
S	S	S	S	S	S	S	S	S	S	S	S	S	S	S	S	S	S	S	S	S
T	T	T	T	T	T	T	T	T	T	T	T	T	T	T	T	T	T	T	T	T
U	U	U	U	U	U	U	U	U	U	U	U	U	U	U	U	U	U	U	U	U
V	V	V	V	V	V	V	V	V	V	V	V	V	V	V	V	V	V	V	V	V
W	W	W	W	W	W	W	W	W	W	W	W	W	W	W	W	W	W	W	W	W
X	X	X	X	X	X	X	X	X	X	X	X	X	X	X	X	X	X	X	X	X
Y	Y	Y	Y	Y	Y	Y	Y	Y	Y	Y	Y	Y	Y	Y	Y	Y	Y	Y	Y	Y
Z	Z	Z	Z	Z	Z	Z	Z	Z	Z	Z	Z	Z	Z	Z	Z	Z	Z	Z	Z	Z

단체구분

학생	일반
○	○

질문란

1. 귀하의 TEPS 응시목적은?
ⓐ 입사지원 ⓑ 인사정책
ⓒ 개인실력측정 ⓓ 입시
ⓔ 국가고시 지원 ⓕ 기타

2. 귀하의 영어권 체류 경험은?
ⓐ 없다 ⓑ 6개월 미만
ⓒ 6개월 이상 1년 미만 ⓓ 1년 이상 3년 미만
ⓔ 3년 이상 5년 미만 ⓕ 5년 이상

3. 귀하께서 응시하고 계신 고사장에 대한 만족도는?
ⓐ 0점 ⓑ 1점
ⓒ 2점 ⓓ 3점
ⓔ 4점 ⓕ 5점

4. 최근 2년내 TEPS 응시횟수는?
ⓐ 없다 ⓑ 1회
ⓒ 2회 ⓓ 3회
ⓔ 4회 ⓕ 5회 이상

학력 / 전공 / 직업

학력	재학	졸업	전공	직업
초등학교	○	○	인문학 ○	공무원 ○
중학교	○	○	사회과학 · 법학 ○	고시준비 ○
고등학교	○	○	경제학 · 경영학 ○	교사 ○
전문대학	○	○	자연과학 ○	군인 ○
대학교	○	○	의학 · 약학 · 간호학 ○	의료인 ○
대학원	○	○	공학 ○	자영업 ○
			교육학 ○	학생 ○
			음악 · 미술 · 체육 ○	회사원 ○
			기타 ○	무직 ○
				기타 ○

직종 / 직책

직종		직책
고위임직원 ○	무역 ○	임원 ○
전문직(과학 · 공학) ○	외환 ○	부장 ○
전문직(교육) ○	자금 ○	차장 ○
전문직(법률 · 회계 · 금융) ○	공무 ○	과장 ○
기술직 ○	업무 ○	대리 ○
영업 ○	품질관리 ○	계장 ○
홍보 ○	전산 ○	사원 ○
총무 ○	행정직 ○	인턴 ○
인사 ○	생산관리 ○	기타 ○
경리 ○	서비스 ○	
기획 ○	기타 ○	
구매 ○		

자르는 선

앞면(Side1)

TEPS

Test of English Proficiency
developed by
Seoul National University

수험번호 Registration No.	
성명 Name 한글	
성명 Name 한자	

문 제 지 번 호 Test Booklet No.	감독관확인란

청 해 Listening Comprehension

1	a b c d	26	a b c d	51	a b c d
2	a b c d	27	a b c d	52	a b c d
3	a b c d	28	a b c d	53	a b c d
4	a b c d	29	a b c d	54	a b c d
5	a b c d	30	a b c d	55	a b c d
6	a b c d	31	a b c d	56	a b c d
7	a b c d	32	a b c d	57	a b c d
8	a b c d	33	a b c d	58	a b c d
9	a b c d	34	a b c d	59	a b c d
10	a b c d	35	a b c d	60	a b c d
11	a b c d	36	a b c d		
12	a b c d	37	a b c d		
13	a b c d	38	a b c d		
14	a b c d	39	a b c d		
15	a b c d	40	a b c d		
16	a b c d	41	a b c d		
17	a b c d	42	a b c d		
18	a b c d	43	a b c d		
19	a b c d	44	a b c d		
20	a b c d	45	a b c d		
21	a b c d	46	a b c d		
22	a b c d	47	a b c d		
23	a b c d	48	a b c d		
24	a b c d	49	a b c d		
25	a b c d	50	a b c d		

문 법 Grammar

1	a b c d	26	a b c d
2	a b c d	27	a b c d
3	a b c d	28	a b c d
4	a b c d	29	a b c d
5	a b c d	30	a b c d
6	a b c d	31	a b c d
7	a b c d	32	a b c d
8	a b c d	33	a b c d
9	a b c d	34	a b c d
10	a b c d	35	a b c d
11	a b c d	36	a b c d
12	a b c d	37	a b c d
13	a b c d	38	a b c d
14	a b c d	39	a b c d
15	a b c d	40	a b c d
16	a b c d	41	a b c d
17	a b c d	42	a b c d
18	a b c d	43	a b c d
19	a b c d	44	a b c d
20	a b c d	45	a b c d
21	a b c d	46	a b c d
22	a b c d	47	a b c d
23	a b c d	48	a b c d
24	a b c d	49	a b c d
25	a b c d	50	a b c d

어 휘 Vocabulary

1	a b c d	26	a b c d
2	a b c d	27	a b c d
3	a b c d	28	a b c d
4	a b c d	29	a b c d
5	a b c d	30	a b c d
6	a b c d	31	a b c d
7	a b c d	32	a b c d
8	a b c d	33	a b c d
9	a b c d	34	a b c d
10	a b c d	35	a b c d
11	a b c d	36	a b c d
12	a b c d	37	a b c d
13	a b c d	38	a b c d
14	a b c d	39	a b c d
15	a b c d	40	a b c d
16	a b c d	41	a b c d
17	a b c d	42	a b c d
18	a b c d	43	a b c d
19	a b c d	44	a b c d
20	a b c d	45	a b c d
21	a b c d	46	a b c d
22	a b c d	47	a b c d
23	a b c d	48	a b c d
24	a b c d	49	a b c d
25	a b c d	50	a b c d

독 해 Reading Comprehension

1	a b c d	26	a b c d
2	a b c d	27	a b c d
3	a b c d	28	a b c d
4	a b c d	29	a b c d
5	a b c d	30	a b c d
6	a b c d	31	a b c d
7	a b c d	32	a b c d
8	a b c d	33	a b c d
9	a b c d	34	a b c d
10	a b c d	35	a b c d
11	a b c d	36	a b c d
12	a b c d	37	a b c d
13	a b c d	38	a b c d
14	a b c d	39	a b c d
15	a b c d	40	a b c d
16	a b c d		
17	a b c d		
18	a b c d		
19	a b c d		
20	a b c d		
21	a b c d		
22	a b c d		
23	a b c d		
24	a b c d		
25	a b c d		

주 민 등 록 번 호 National ID No.

고사실란 Room No.

수 험 번 호 Registration No.

비밀번호 Password

좌석번호 Seat No.

(Bubble grids of digits 0–9; 고사실란 first column 0–5; 좌석번호 letters A–E and digits 0–9)

서 약	본인은 필기구 및 기재오류와 답안지 훼손으로 인한 책임을 지고, 부정행위 처리규정을 준수할 것을 서약합니다.	

답안작성시 유의사항

1. 답안 작성은 반드시 **컴퓨터용 싸인펜**을 사용해야 합니다.
2. 답안을 정정할 경우 수정테이프(수정액 불가)를 사용해야 합니다.
3. 본 답안지는 컴퓨터로 처리되므로 훼손해서는 안되며, 답안지 하단의 타이핑마크(|||)를 찢거나, 낙서 등으로 인한 훼손시 불이익이 발생할 수 있습니다.
4. 답안은 문항당 정답을 1개만 골라 ▮와 같이 정확히 기재해야 하며, 필기구 오류나 본인의 부주의로 잘못 표기한 경우에는 당 관리위원회의 OMR판독기의 판독결과에 따르며, 그 결과는 본인이 책임집니다.

Good ▮ Bad

5. 감독관의 확인이 없는 답안지는 무효처리됩니다.

뒷면(Side2)

TEPS

Test of English Proficiency
developed by
Seoul National University

성명	영문	
	서명	

응시일자 : 20 년 월 일

〈부정행위 및 규정위반 처리규정〉

1. 모든 부정행위 및 규정위반 적발 및 이에 대한 조치는 TEPS관리위원회의 처리규정에 따라 이루어집니다.

2. 부정행위 및 규정위반 행위는 현장 적발 뿐만 아니라 사후에도 적발될 수 있으며 모두 동일한 조치가 취해집니다.

3. 부정행위 적발 시 당해 성적은 무효화되며 사안에 따라 최대 5년까지 TEPS관리위원회에서 주관하는 모든 시험의 응시자격이 제한됩니다.

4. 문제지 이외에 메모를 하는 행위와 시험 문제의 일부 또는 전부를 유출하거나 공개하는 경우 부정행위로 처리됩니다.

5. 각 파트별 시간을 준수하지 않거나, 시험 종료 후 답안 작성을 계속할 경우 규정위반으로 처리됩니다.

성 명 (성 · 이름순으로 기재)

EX	H	O	N	G		G	I	L		D	O	N	G							
A	A	A	A	A	A	A	A	A	A	A	A	A	A	A	A	A	A	A	A	A
B	B	B	B	B	B	B	B	B	B	B	B	B	B	B	B	B	B	B	B	B
C	C	C	C	C	C	C	C	C	C	C	C	C	C	C	C	C	C	C	C	C
D	D	D	D	D	D	D	D	D	D	D	D	D	D	D	D	D	D	D	D	D
E	E	E	E	E	E	E	E	E	E	E	E	E	E	E	E	E	E	E	E	E
F	F	F	F	F	F	F	F	F	F	F	F	F	F	F	F	F	F	F	F	F
G	G	G	G	G	G	G	G	G	G	G	G	G	G	G	G	G	G	G	G	G
H	H	H	H	H	H	H	H	H	H	H	H	H	H	H	H	H	H	H	H	H
I	I	I	I	I	I	I	I	I	I	I	I	I	I	I	I	I	I	I	I	I
J	J	J	J	J	J	J	J	J	J	J	J	J	J	J	J	J	J	J	J	J
K	K	K	K	K	K	K	K	K	K	K	K	K	K	K	K	K	K	K	K	K
L	L	L	L	L	L	L	L	L	L	L	L	L	L	L	L	L	L	L	L	L
M	M	M	M	M	M	M	M	M	M	M	M	M	M	M	M	M	M	M	M	M
N	N	N	N	N	N	N	N	N	N	N	N	N	N	N	N	N	N	N	N	N
O	O	O	O	O	O	O	O	O	O	O	O	O	O	O	O	O	O	O	O	O
P	P	P	P	P	P	P	P	P	P	P	P	P	P	P	P	P	P	P	P	P
Q	Q	Q	Q	Q	Q	Q	Q	Q	Q	Q	Q	Q	Q	Q	Q	Q	Q	Q	Q	Q
R	R	R	R	R	R	R	R	R	R	R	R	R	R	R	R	R	R	R	R	R
S	S	S	S	S	S	S	S	S	S	S	S	S	S	S	S	S	S	S	S	S
T	T	T	T	T	T	T	T	T	T	T	T	T	T	T	T	T	T	T	T	T
U	U	U	U	U	U	U	U	U	U	U	U	U	U	U	U	U	U	U	U	U
V	V	V	V	V	V	V	V	V	V	V	V	V	V	V	V	V	V	V	V	V
W	W	W	W	W	W	W	W	W	W	W	W	W	W	W	W	W	W	W	W	W
X	X	X	X	X	X	X	X	X	X	X	X	X	X	X	X	X	X	X	X	X
Y	Y	Y	Y	Y	Y	Y	Y	Y	Y	Y	Y	Y	Y	Y	Y	Y	Y	Y	Y	Y
Z	Z	Z	Z	Z	Z	Z	Z	Z	Z	Z	Z	Z	Z	Z	Z	Z	Z	Z	Z	Z

단 체 구 분

학생	일반
( )	( )

질 문 란

1. 귀하의 TEPS 응시목적은?
   ⓐ 입사지원 ⓑ 인사정책
   ⓒ 개인실력측정 ⓓ 입시
   ⓔ 국가고시 지원 ⓕ 기타

2. 귀하의 영어권 체류 경험은?
   ⓐ 없다 ⓑ 6개월 미만
   ⓒ 6개월 이상 1년 미만 ⓓ 1년 이상 3년 미만
   ⓔ 3년 이상 5년 미만 ⓕ 5년 이상

3. 귀하께서 응시하고 계신 고시장에 대한 만족도는?
   ⓐ 0점 ⓑ 1점
   ⓒ 2점 ⓓ 3점
   ⓔ 4점 ⓕ 5점

4. 최근 2년내 TEPS 응시횟수는?
   ⓐ 없다 ⓑ 1회
   ⓒ 2회 ⓓ 3회
   ⓔ 4회 ⓕ 5회 이상

학력	재학	졸업	전공	직업
초등학교	( )	( )	인문학 ( )	공무원 ( )
중학교	( )	( )	사회과학 · 법학 ( )	고시준비 ( )
고등학교	( )	( )	경제학 · 경영학 ( )	교사 ( )
전문대학	( )	( )	자연과학 ( )	군인 ( )
대학교	( )	( )	의학 · 약학 · 간호학 ( )	의료인 ( )
대학원	( )	( )	공학 ( )	자영업 ( )
			교육학 ( )	학생 ( )
			음악 · 미술 · 체육 ( )	회사원 ( )
			기타 ( )	무직 ( )
				기타 ( )

직종		직책
고위임직원 ( )	무역 ( )	임원 ( )
전문직(과학 · 공학) ( )	외환 ( )	부장 ( )
전문직(교육) ( )	자금 ( )	차장 ( )
전문직(법률 · 회계 · 금융) ( )	공무 ( )	과장 ( )
기술직 ( )	업무 ( )	대리 ( )
영업 ( )	품질관리 ( )	계장 ( )
홍보 ( )	전산 ( )	사원 ( )
총무 ( )	행정직 ( )	인턴 ( )
인사 ( )	생산관리 ( )	기타 ( )
경리 ( )	서비스 ( )	
기획 ( )	기타 ( )	
구매 ( )		

본 교재 동영상강의 HackersIngang.com